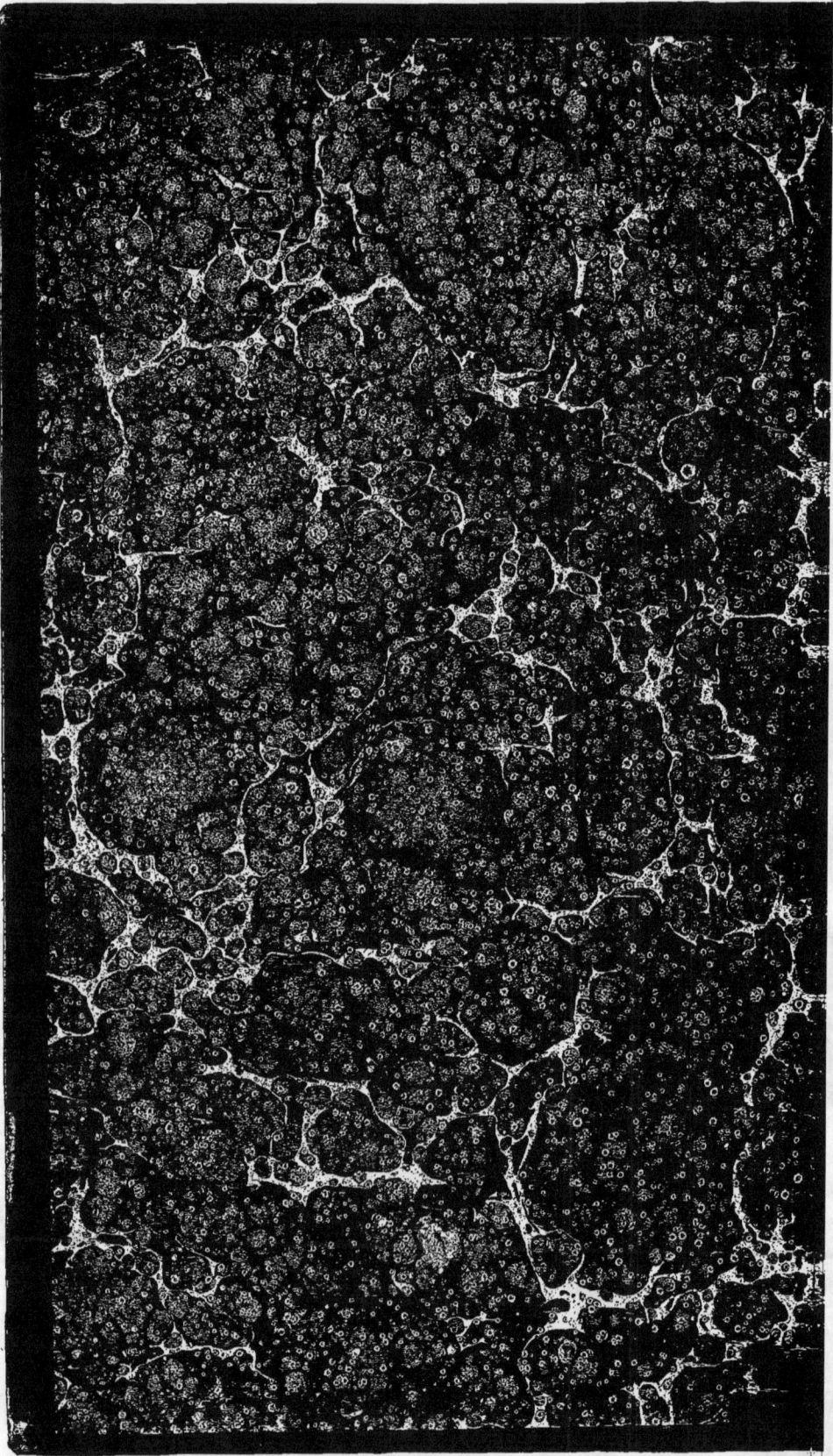

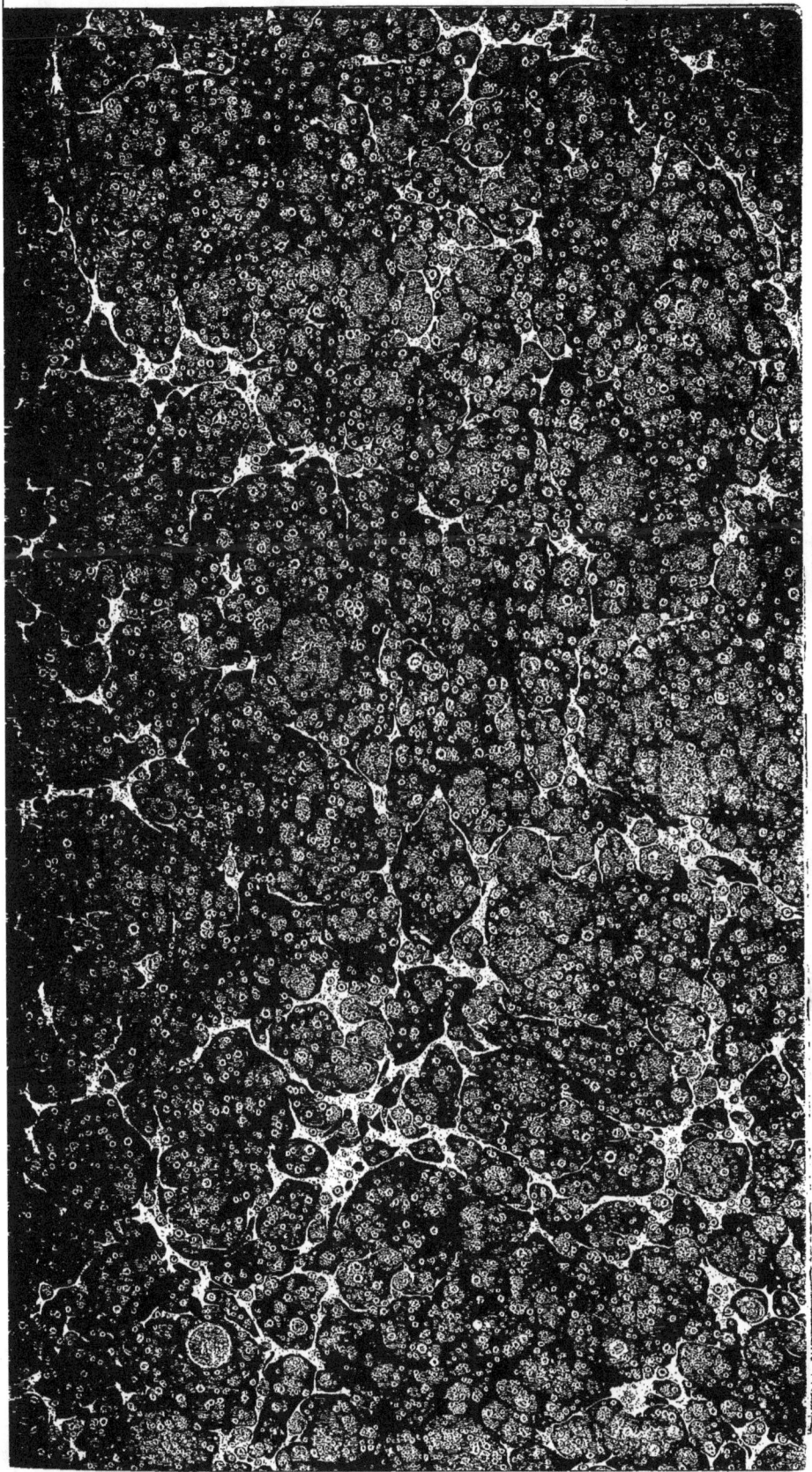

26111

NOUVEAU DICTIONNAIRE

UNIVERSEL

DES SYNONYMES

DE

LA LANGUE FRANÇAISE.

Rien n'est plus propre à enrichir une langue que la distinction des mots synonymes. On dit : *l'ordre agrandit l'espace :* cette vérité peut s'appliquer ici.

Si une bonne administration, une grande régularité dans la destination et dans l'emploi des fonds, augmentent réellement la richesse des individus, il en est de même de la richesse des langues.

Le libraire regardera comme contrefait tout exemplaire qui ne sera pas revêtu de sa signature.

A. Payen

Paris. — Imprimerie de J.-B. Gros, rue du Foin-St-Jacques, 18.

NOUVEAU DICTIONNAIRE

UNIVERSEL

DES SYNONYMES

DE

LA LANGUE FRANÇAISE,

Contenant les *Synonymes* de Girard, Beauzée, Roubaud, d'Alembert, etc., et généralement tout l'ancien Dictionnaire, mis en meilleur ordre, corrigé, augmenté d'un grand nombre de nouveaux Synonymes, et précédé d'une Introduction;

PAR

M. F. GUIZOT,

Ministre, membre de l'institut, professeur d'histoire a la faculté des lettres de l'académie de Paris, etc., etc.

Pluribus autem nominibus in eâdem re vulgò utimur, quæ tamen, si deducas, suam propriam quamdam vim ostendent.
Quint. Inst. Or. 6, 3, 47.

QUATRIÈME ÉDITION, REVUE ET CORRIGÉE AVEC SOIN.

TOME DEUXIÈME. I—Z.

PARIS,

CHEZ AIMÉ PAYEN, LIBRAIRE,
RUE DES FRANCS-BOURGEOIS-ST-MICHEL, 18.

1848.

DICTIONNAIRE UNIVERSEL

DES SYNONYMES

DE

LA LANGUE FRANÇAISE.

I

688. Ici, Là.

Ici est le lieu même où est la personne qui parle ; *là* est un lieu différent. Le premier marque et spécifie l'endroit ; le second est plus vague ; il a besoin, pour être entendu, d'être accompagné de quelque signe de l'œil ou de la main, ou d'avoir été déterminé auparavant dans le discours.

On dit venez *ici*, allez *là* : l'un est plus près, l'autre est plus éloigné. (B.)

689. Idée, Pensée, Imagination.

L'*idée* représente l'objet , la *pensée* le considère , l'*imagination* le forme. La première peint, la seconde examine, la troisième séduit.

On est sûr de plaire dans la conversation, quand on a des *idées* justes, des *pensées* fines, et des *imaginations* brillantes.

On ne s'entend pas, dans la plupart des contestations, faute de simplifier les *idées*. On reproche aux Anglais de trop creuser les *pensées*. On accuse les femmes de prendre souvent les *imaginations* pour des réalités. (G.)

690. Il faut, Il est nécessaire, On doit.

La première de ces expressions marque plus précisément une obligation de complaisance, de coutume, d'intérêt personnel ; *il faut* hurler avec les loups ; *il faut* suivre la mode ; *il faut* connaître avant que d'aimer. La seconde marque plus particulièrement une obligation essentielle et indispensable : *il est nécessaire* d'aimer Dieu pour être sauvé ; *il est nécessaire* d'être complaisant pour plaire. La troisième est plus propre à désigner une obligation de raison ou de bienséance : *on doit*, dans chaque chose, s'en rapporter aux maîtres de l'art ; *on doit* quelquefois éviter dans le public ce qui a du mérite dans le particulier. (G.)

691. Illusion, Chimère.

Une *illusion* est l'effet d'une chose ou d'une idée qui nous déçoit par une apparence trompeuse ; une *chimère* est une idée destituée de fondement.

Une *chimère* est ce qui n'existe point, ce qui ne peut exister, non plus que le monstre fabuleux auquel on donna le nom de *Chimère*. Une *illusion* est la manière fausse dont nous voyons une chose qui existe ou qui peut exister. La Bélise des *Femmes savantes*, qui croit tous les hommes amoureux d'elle, se met des *chimères* en tête : une femme qui aime se fait *illusion* sur la durée probable de l'amour qu'elle inspire.

Le mot *chimère* s'entend de la chose même dont nous supposons l'existence ; le mot *illusion*, de l'effet que produit sur nous la chose qui nous trompe. Une chose fausse est une *chimère* : une chose mal vue fait *illusion* ; l'erreur qu'elle cause est l'*illusion*.

La *chimère* étant une création de l'imagination, ne peut exister que par rapport à des objets entièrement soumis à l'imagination : l'*illusion* peut avoir lieu sur les objets des sens. On dit une *illusion* d'optique en parlant d'une apparence qui trompe la vue : l'*illusion* suppose une sorte de réalité, non dans l'apparence qui nous déçoit, mais dans certaines qualités qui causent notre erreur.

Les *illusions* sont presque toujours douces ; le cœur les choisit d'ordinaire pour flatter ses passions ou ses douleurs : les *chimères* dont se frappe l'imagination sont quelquefois effrayantes.

L'*illusion*, que peut détruire un examen approfondi de l'objet qui nous trompe, suppose au moins une demi-volonté de se laisser tromper. La *chimère* qui n'est fondée sur rien, ne laisse à celui qui l'a adoptée aucun moyen de la détruire : l'erreur qu'elle cause est plus involontaire ; c'est presque une maladie. Le bonheur s'entretient souvent d'*illusions* : la folie est fondée sur des *chimères*. (F. G.)

692. Imaginer, S'imaginer.

L'identité du verbe peut induire en erreur bien des gens sur le choix de ces deux termes, qui ont cependant des différences considérables, tant par rapport au sens que par rapport à la syntaxe.

Imaginer, c'est former quelque chose dans son esprit ; c'est, en quelque sorte, créer une idée, en être l'inventeur.

S'*imaginer*, c'est tantôt se représenter dans l'esprit, tantôt croire et se persuader quelque chose.

Imaginer ne peut jamais avoir pour complément immédiat qu'un nom ; mais s'*imaginer* peut être suivi immédiatement d'un nom, d'un infinitif, et d'une proposition incidente.

Celui qui *imagina* les premiers caractères de l'alphabet a bien des droits à la reconnaissance du genre humain.

Les esprits inquiets s'*imaginent* d'ordinaire les choses tout autrement qu'elles ne sont.

Le plupart des écrivains polémiques s'*imaginent* avoir bien humilié leurs adversaires lorsqu'ils leur ont dit beaucoup d'injures : c'est une méprise grossière ; ils se sont avilis eux-mêmes.

On s'*imagine* qu'on aura, quelque jour, le temps de penser à la mort ; et, sur cette fausse assurance, on passe sa vie sans y penser. (B.)

Imaginer se prête aux acceptions différentes de penser et de concevoir, créer ou inventer, combiner ou conjecturer, estimer ou présumer. S'*imaginer* signifie croire sans raison, ou légèrement, à ses pensées, à ses imaginations, à ses rêveries ; se persuader ce qu'on *imagine*, s'en faire un préjugé, le mettre bien avant dans son esprit, s'en repaître sans cesse ; en un mot, s'y attacher ou y attacher quelque importance.

Nos meilleurs écrivains confondent souvent ensemble s'*imaginer* et se *persuader*. Plusieurs, dit Malebranche, s'*imaginent* bien connaître la nature de leur esprit : plusieurs autres sont *persuadés* qu'ils n'est pas possible d'en rien connaître. On s'*imagine*, dit Pascal, qu'il y a quelque chose de réel et de solide dans les choses mêmes : on se *persuade* que si on avait obtenu cette charge on se reposerait ensuite avec plaisir ; et l'on ne sent pas la nature insatiable de la cupidité. Dans ces deux phrases, l'*imagination* et la *persuasion* vont de pair, ou l'une naît de l'autre.

Celui qui *imagine* une chose se la figure ; celui qui se l'*imagine*, se la figure telle qu'il l'*imagine*. Avec une *imagination* vive, un cerveau tendre, un esprit faible, on s'*imagine* tout ce qu'on *imagine*.

Quand on a mis tant d'esprit pour *imaginer* un système, comment s'*imaginer* qu'il est absurde ?

Je ne puis *imaginer* un pur athée ; je conçois qu'un sot s'*imagine* l'être.

Celui qui a beaucoup lu est sujet à s'*imaginer* qu'il *imagine* ce qui n'est qu'un souvenir.

Nous n'*imaginons* rien que d'après les impressions profondes que nous avons reçues. Ce fou qui s'*imaginait* que tous les vaisseaux du Pirée étaient à lui, s'était fort occupé de fortune et de commerce.

L'*imagination* est plus vive ou plus forte dans celui qui s'*imagine* que dans celui qui ne fait qu'*imaginer*. Celui qui *imagine* invente, et peut n'être pas persuadé lui-même; celui qui s'*imagine* s'identifie avec son invention; il est persuadé. (R.)

693. Imiter, Copier, Contrefaire.

Termes qui désignent en général l'action de faire ressembler.

On *imite* par estime; on *copie* par stérilité; on *contrefait* par amusement.

On *imite* par écrit; on *copie* les tableaux; on *contrefait* les personnes.

On *imite* en embellissant; on *copie* servilement; on *contrefait* en chargeant. (*Encycl.*, IV, 133.)

694. Immanquable, Infaillible.

Immanquable, ce qui ne peut *manquer*, ce qui arrivera certainement. *Infaillible*, qui ne peut être en défaut, errer, se tromper ou être trompé. *Immanquable* ne se dit que des choses : un événement est *immanquable*; le succès d'une entreprise bien combinée est *immanquable*. *Infaillible* se dit proprement des personnes, de la science, de l'opinion : un oracle est *infaillible*; la conséquence de deux prémisses évidentes est *infaillible*.

Infaillible, appliqué secondairement aux choses, diffère d'*immanquable* par son idée propre, par un rapport particulier à la science, au jugement porté sur les choses. *Immanquable* désigne la certitude objective, ou que l'objet est en lui-même certain; et *infaillible*, la certitude idéale qu'on a une science certaine de l'objet.

Un effet est *immanquable*, qui dépend d'une cause nécessaire : une prédiction est *infaillible*, qui procède d'une science certaine. Le lever du soleil est *immanquable*, c'est l'ordre de la nature; une règle d'arithmétique est *infaillible*, elle est fondée sur l'évidence.

Lorsque vous me dites qu'un effet est *infaillible*, c'est votre jugement que vous m'apprenez, sur le rapport des moyens avec la fin. Si vous me dites qu'il est *immanquable*, c'est la réalité de ce rapport nécessaire que vous me présentez, sans l'appuyer de votre croyance. Vous croyez quelquefois une affaire *infaillible*, qu'elle n'est rien moins qu'*immanquable*. Vous trouviez que le gain d'un bon procès était *infaillible*, et l'événement vous apprend qu'il n'était pas *immanquable*. Aussi, dans le cas où ces mots peuvent être assez indifféremment employés, *immanquable*, portant sur la nature ou l'ordre naturel des choses, dit-il quelque chose de plus fort et de plus affirmatif qu'*infaillible*, dans lequel il entre toujours de l'opinion, et par-là quelque incertitude , lorsque l'un et l'autre termes ne sont pas pris à toute rigueur.

Dans le style trop commun de l'exagération, on dira qu'une affaire qui doit réussir est *infaillible* ou *immanquable*, quoiqu'il puisse très-bien arriver qu'elle ne réussisse pas. De même on dit qu'une chose est impossible, lorsque le succès n'en est pas vraisemblable, quoiqu'il soit possible. (R.)

695. Immodéré, Démesuré, Excessif, Outré.

Immodéré, ce qui n'est pas *modéré,* ce qui est sans modération.

Démesuré, qui n'est rien moins que *mesuré. Démesuré* dit plus qu'*immodéré :* le dernier mot est purement négatif; il n'indique qu'un défaut de *modération;* et l'autre marque l'action positive de passer la mesure et d'aller beaucoup plus loin.

Excessif, qui excède ou sort des bornes, qui va trop loin. *Excessif* renferme aussi l'idée d'une chose nuisible, comme *excéder.*

Outré, qui passe outre, outre-passe, qui va par-delà. *Outre,* jadis *oultre,* est le latin *ultrà,* au-delà, par-delà, loin de là. La force des mots *outrer, outrance, outrage,* est trop généralement sentie, pour qu'il ne suffise pas d'avoir expliqué le sens de leur racine.

Ce qui passe le juste milieu et tend à l'extrême, est *immodéré.* Ce qui passe la mesure et ne garde plus de proportion , est *démesuré.* Ce qui passe par dessus les bornes et se répand au dehors, hors de là, est *excessif.* Ce qui passe de beaucoup le but et va loin par-delà , est *outré.*

La chose *immodérée* pèche par trop de force et d'action; la chose *démesurée* pèche beaucoup par trop d'étendue et de grandeur; la chose *excessive* pèche par surabondance et abus; la chose *outrée* pèche par violence et exagération.

Il faut retenir et contenir ce qui deviendrait *immodéré ;* il faut réprimer et resserrer ce qui serait *démesuré ;* il faut arrêter et réduire ce qui devient *excessif;* il faut adoucir et affaiblir ce qui est *outré.* (R.)

696. Immunité, Exemption.

L'*immunité* est la dispense d'une *charge* onéreuse : l'*exemption* est une exception à une *obligation* commune. L'*exemption* vous met hors de rang : l'*immunité* vous met à l'abri d'une servitude.

Immunité ne se dit proprement qu'en matière du jurisprudence et de finance : c'est une *exemption* de charges civiles ou de droits fiscaux. L'*exemption* s'étend à tous les genres de charges, de droits, de devoirs, d'obligations, dont on ne peut être affranchi; ainsi on dit *exemption* de soins, de vices, d'infirmités, etc., dans l'ordre ou moral ou physique.

L'*immunité* est proprement un titre en vertu duquel les personnes et les choses sont soustraites à quelque charge civile ou sociale.

L'*exemption* est l'affranchissement particulier de quelque charge à laquelle des personnes ou des choses auraient été soumises avec les autres, sans cette exception à la règle commune.

L'*immunité* est plutôt une sorte de droit établi et fondé sur la nature ou la qualité des choses. L'*exemption* est plutôt une sorte de privilége accordé en faveur ou par des considérations particulières. L'*immunité* des personnes et des biens ecclésiastiques, est un droit ancien ou une possession ancienne, fondée sur leur considération au culte divin. L'*exemption* des églises et des monastères soumis à la juridiction des évêques, est une faveur par laquelle les papes prouvent, au jugement des docteurs de l'Église, qu'ils ont la plénitude de puissance, mais non qu'ils aient la plénitude de justice. Sans doute c'est pour cette raison que l'*immunité* semble avoir quelque chose de respectable, et que l'*exemption* entraîne souvent quelque chose d'odieux.

Immunité s'applique principalement aux *exemptions* dont des corps, des communautés, des villes, un ordre de citoyens, jouissent. On dira plutôt *exemption* lorsqu'il s'agira de priviléges particuliers, personnels ou attachés à des offices qui ne tiennent point à l'ordre naturel de la société.

Immunité marque, d'une manière générale, la décharge ou l'*exemption* de charge, sans spécifier de laquelle ; c'est au mot *exemption* que cette fonction grammaticale est réservée. On dit l'*exemption* et non l'*immunité* des tailles, de droit, de franc-fief, de guet et de garde, de tutelle, d'hommage. On dit l'*immunité* plutôt que l'*exemption* des personnes, de lieux, d'un genre de commerce, d'une communauté. L'*immunité* tombe donc proprement sur les objets qui en jouissent ; et l'*exemption* détermine de quels avantages particuliers ils jouissent. La prérogative de l'*immunité* attachée à certains lieux, procure à ceux qui les habitent l'*exemption* de certains droits, de de certaines sujétions, de poursuites personnelles.

Les *libertés*, les *franchises*, les *immunités*, les *exemptions*, sont souvent associées et mêlées dans le style des réglements. On observe que les *libertés* et les *franchises* consistent à n'être point sujet à certaines charges ou devoirs ; au lieu que l'*immunité* et l'*exemption* consistent à en être déchargé par une concession particulière, sans laquelle on y serait sujet. (*Voyez* LIBERTÉ, FRANCHISE.) (R).

697. Imperfection, Défaut, Défectuosité.

Le *défaut* est ou le manque d'une bonne qualité, d'un avantage qu'il convient, mais qu'il n'est pas absolument nécessaire d'avoir pour être bien, on une qualité positive, répréhensible et désavantageuse qui contrarie, qui affaiblit, offusque ce qu'on a de beau, de bien. C'est un *défaut* de n'avoir pas ce qu'il *faut*, ou d'avoir ce qu'il ne *faut* pas pour être conforme à la règle, au modèle du bien, du beau, en ayant toutefois les conditions les plus essentielles à la règle, et les traits les plus caractéristiques des modèles.

La *défectuosité* est uniquement un *défaut de forme*, de conformation, de configuration, ou tout autre accident qui ôte à la chose une propriété. C'est une *défectuosité* dans un acte que de n'être point paraphé à toutes les apostilles ; ce *défaut de forme* rend l'acte défectueux et sujet à contestation. Une *défectuosité*, un accident, empêchent qu'un bloc de marbre ne soit taillé en statue ; ce mot ne se dit pas dans le sens moral où les formes ne font rien. La *défectuosité* rend la chose informe, difforme, ou non conforme, ou peu propre à sa destination.

Imperfection n'exprime proprement qu'un *défaut* négatif, l'absence, la privation, le manque : s'il désigne quelquefois des *défauts* graves, c'est de la manière la plus douce et la plus modérée, comme si l'on ne pouvait pas exiger qu'une chose fût parfaite.

L'*imperfection* fait que la chose n'a pas le degré de perfection qu'elle doit ou peut avoir. Le *défaut* fait que la chose n'a pas toute l'intégrité, toute la rectitude, ou toute la pureté qu'elle doit avoir. La *défectuosité* fait que la chose n'a pas tout le relief, toute la propriété, tout l'effet qu'elle doit avoir.

L'*imperfection* laisse quelque chose à désirer et à ajouter. Le *défaut* laisse quelque chose à reprendre et à corriger. La *défectuosité* laisse quelque chose à réformer et à suppléer.

L'*imperfection* dégénère en *défaut* ; le *défaut* en vice ; la *défectuosité* en difformité. (R.)

698. Impertinent, Insolent.

Impertinent, qui ne convient pas, ce qu'il n'appartient pas, ou celui à qui il n'appartient pas de faire, ce qui ne tient pas au sujet.

Ce mot vient de la racine qui désigne l'action de *tenir* : contenir, renfermer, d'où *pertinere*, appartenir, concerner, regarder, convenir, se rapporter à. Nous ne donnons point ordinairement à ce mot toute l'étendue qu'il a naturellement. L'usage est de qualifier d'*impertinent* ce qui, en heurtant les bienséances, les convenances, les égards établis, choque les personnes. Quelquefois c'est ce qui choque le sens commun. Au palais et en logique, on appelle quelquefois *impertinent* ce qui n'appartient pas à la question, ce qui n'y a point rapport, selon le sens primitif du mot.

Insolent, à la lettre, ce qui n'est pas accoutumé, ce qui n'est pas d'usage, ce dont on n'a pas l'habitude : du latin, *soleo*, avoir coutume, faire à l'ordinaire, aller par le chemin battu : nous disions autrefois *souloir*. Le sens propre de ce mot, nous l'exprimons ordinairement par celui d'*extraordinaire* : il est mieux rendu par celui d'*inaccoutumé*, qui est vraiment le mot propre ; car *extraordinaire* présente une trop grande idée avec un mouvement de surprise. On dit encore au palais *insolite* ; et ce mot était bon ; mais il ne se dit plus que d'un acte, d'une procédure, d'un jugement contraire à l'usage et aux règles. *Insolent* n'est qu'un mot de blâme, qui annonce une hardiesse vaine et injurieuse, *telle qu'on en voit peu d'exemples*. Donat appelle *insolent* celui qui agit contre la loi humaine et naturelle.

L'*impertinent* manque, avec impudence, aux égards qu'il convient d'avoir : l'*insolent* manque, avec arrogance, au respect qu'il doit porter. L'*impertinent* vous choque ; l'*insolent* vous insulte.

Quelquefois l'*impertinent* ne fait que mépriser les règles de bienséance ; il ne vous en veut pas, à vous. Toujours l'*insolent* affecte de dédaigner les personnes ; c'est à vous qu'il en veut.

L'*impertinent* est ridicule et insupportable : l'*insolent* est odieux et punissable. On fuit, on chasse l'*impertinent* : on repousse, on bannit l'*insolent*.

Les airs de la fatuité, de la prétention, sont *impertinents* : les airs de hauteur, de dédain, sont *insolents*. (R.)

699. Impétueux, Véhément, Violent, Fougueux.

La vigueur de l'essort et la rapidité de l'action sur un objet, caractérisent l'*impétuosité*. L'énergie et la rapidité constante des mouvements distinguent la *véhémence*. L'excès et l'abus, ou les ravages de la force, dénoncent la *violence*. La *violence* et l'éclat de l'explosion signalent la *fougue*.

Une bravoure *impétueuse* fait une belle action. Un caractère *véhément* exécute avec une grande vivacité de grandes choses. Une humeur *violente* se porte à tous les excès. Un homme *fougueux* fait de grands écarts.

Un style *impétueux* est très-rapide, et souvent trop ; il va par bonds et souvent au hasard. Une discours *véhément* va droit à ses fins, et avec toute la rapidité propre à accélérer le succès. Une satire qui ne ménage et ne respecte rien dans son audace emportée, est *violente*. L'ode inspirée par un véritable enthousiasme est *fougueuse*.

Impétueux et *véhément* ne s'appliquent qu'au mouvement et à ses causes ; avec cette différence que le mouvement *impétueux* est plus précipité et moins durable ou moins égal que celui de la *véhémence*. *Violent* se dit de tout genre d'excès et d'abus de la force. *Fougueux* ne tombe que sur les êtres animés ou personnifiés.

Impétueux et *véhément* se prennent au figuré, en bonne ou mauvaise part. *Violent* ne se prend qu'en mauvaise part, si ce n'est dans quelques applications détournées. *Fougueux* ne se prend guère qu'en mauvaise part, si ce n'est quand il s'agit d'un raisonnable enthousiasme. (R.)

700. Impie, Irréligieux, Incrédule.

L'*impie* s'élève contre la Divinité : l'homme *irréligieux* rejette toute espèce de culte et d'adoration ; l'*incrédule* en matière de religion dispute contre la croyance qui lui a été enseignée.

L'*incrédulité* peut tenir à la nature des dogmes enseignés : tel philosophe, *incrédule* dans le paganisme, a cru au christianisme dès qu'il l'a connu. L'*irréligion* est le résultat d'une opinion générale ; l'*impiété* est l'effet d'un déréglement de l'imagination.

L'*incrédulité* peut être plus ou moins affermie, plus ou moins absolue ; elle peut s'étendre jusqu'à l'athéisme, ou se borner à des doutes sur la religion que l'on n'a pas encore abandonnée. L'*irréligion* n'a qu'un seul type ; déiste ou athée, l'homme *irréligieux* est le même dans toutes ses actions, puisque son esprit se refuse à toute idée de la nécessité d'un culte et son cœur à tout acte d'amour. L'*incrédule* peut n'être pas un *impie*, si, se bornant à ne pas croire, il ne s'en fait pas un sujet de joie et de triomphe : il peut y avoir un *impie* qui ne soit pas *incrédule*, et qui, par un orgueil brutal et insensé, renie le Dieu qu'il croit dans son cœur. (F. G.)

701. Impoli, Grossier, Rustique.

C'est un plus grand défaut d'être *grossier* que d'être simplement *impoli* ; et c'en est encore un plus grand d'être *rustique*.

L'*impoli* manque de belles manières ; il ne plaît pas. Le *grossier* en a de désagréables ; il déplaît. Le *rustique* en a de choquantes ; il rebute.

L'*impolitesse* est le défaut des gens d'une médiocre éducation ; la *grossièreté* l'est de ceux qui en ont eu une mauvaise ; la *rusticité* l'est de ceux qui n'en ont point eu.

On souffre l'*impoli* dans le commerce du monde ; on évite le *grossier* ; on ne se lie point du tout avec le *rustique*. (G.)

702. Importun, Fâcheux.

Ce qui est *importun* nous agite, nous fatigue et nous tourmente. Ce qui est *fâcheux* nous déplaît, nous gêne ou nous ennuie. C'est un *fâcheux* voisinage que celui d'un lieu de mauvaise odeur : un bruit continuel est *importun*.

Il suffit de la privation de ce qui nous plaît pour rendre une chose *fâcheuse*; elle ne se rend *importune* que par une action qui nous contrarie; l'absence de la fortune est *fâcheuse*; les soins qu'elle exige sont quelquefois *importuns*.

Un *fâcheux* est celui qui par sa présence vient troubler des momens agréables pour nous : un *importun*, celui qui vient nous arracher à des occupations qui nous attachent. Un tiers est *fâcheux* quant il dérange un tête-à-tête; un homme affairé maudit l'*importun* qui vient l'interrompre.

L'*importunité* ne vient quelquefois que des circonstances où se trouve celui que l'on dérange; tel homme qu'on recevrait habituellement avec plaisir, n'est *importun* que pour avoir mal choisi son moment. Si le *fâcheux* ne l'était pas un peu par caractère, il s'apercevrait bien quand il gêne et se retirerait; car il suffit pour être *importun*, d'un moment, d'un mot, ou d'un mouvement qui dérange : le *fâcheux* prolonge l'ennui ou la gêne qu'il cause. (F. G.)

703. Impôt, Imposition, Tribut, Contribution, Subside, Subvention, Taxe, Taille.

Impôt, *impost*, latin *impositum*, ce qui est *posé*, *mis*, *assis sur*. *Imposition*, l'action d'*imposer*; l'acte par lequel on *impose*, l'impôt considéré relativement à cet acte. Ces mots expriment particulièrement, par leur valeur propre, l'assiette de la charge.

Tribut, en latin *tributum*, exprime le partage fait, accordé, assigné à la puissance, selon le sens du verbe *tribuere*. *Contribution* marque le concours de ceux qui *contribuent*, chacun pour leur contingent, à cette charge, avec un rapport particulier à la levée ou au paiement.

Subside, latin *subsidium*, désigne un soutien, un appui, une aide, et indique un acte volontaire, et un impôt subsidiaire ou secondaire.

Subvention, du latin *subvenire* (venir au secours), marque le secours, l'aide, l'assistance dans un besoin pressant, dans les nécessités de l'État.

Taxe, du celte *tas*, amas, élévation, marque le degré, la quotité, le *taux*, le prix en argent auquel les personnes sont taxées ou imposées par le réglement. Ce mot indique une estimation et la fixation de l'*impôt*.

Taille vient de *tal*, couper, diviser. Les collecteurs qui ne savaient pas écrire marquaient sur des *tailles* de bois par des *entailles* ce qu'ils recevaient d'une *imposition*; de là, dit-on, la dénomination de *taille*.

L'*impôt* est la *charge imposée*, en vertu de la confédération sociale et selon la nature des choses, sur les revenus particuliers, pour former un revenu public, essentiellement affecté aux dépenses nécessaires à la sûreté, à la stabilité, à la prospérité de l'État.

L'*imposition* est un tel *impôt* particulier, ou une telle portion de revenu public, établi en tel temps, de telle manière, avec telles conditions. Les *impositions* embrassent toutes les institutions de ce genre, et désignent particulièrement des charges variables, ajoutées à l'*impôt* primitif et permanent.

Le *tribut* est un droit *attribué* au prince sur ceux qui lui sont soumis, selon des institutions, des conventions, des traités, des règles particulières.

La *contribution* est proprement tel *tribut extraordinaire* additionnel, particulier, variable, payable par tel ordre de *personnes* qui *contribuent* au même objet. Elle est au *tribut* ce que l'*imposition* est à l'*impôt*.

Le *subside* est le secours accordé à celui qui le reçoit par ceux qui le paient. Si ce *subside* est l'*impôt* même, c'est l'*impôt* tel que les peuples ont consenti à le payer, mais rigoureusement un *impôt* secondaire ou auxiliaire.

La *subvention* est une *imposition* auxiliaire ou une augmentation d'*impôt* accordée ou exigée dans une nécessité pressante et seulement pour cette nécessité. C'est proprement un secours fait pour cesser avec le besoin.

La *taxe* est proprement une *imposition* extraordinaire en deniers ou sommes déterminées et proportionnelles, mises, dans certains cas, sur certaines personnes.

La *taille* est une *imposition* particulière sur la *roture*, et dans son origine une *capitation*, comme je l'ai fait remarquer. Mais on dit quelquefois les *tailles* en général, pour désigner en gros des *impositions* mises, ce semble, à titre de dépendance particulière, sur le peuple, ou plutôt des contributions populaires, variables, réparties et réglées sous une forme de *taxe*. Il semble qu'en usant de ce mot, on veuille affecter une sorte de note aux personnes.

L'*impôt* est payé par le *citoyen*, comme membre de la société. Les *impositions*, fondées sur le devoir naturel de l'*impôt*, sont des prescriptions faites à ce titre au citoyen par la souveraineté. On fait l'histoire économique de l'*impôt*, et le détail historique des *impositions*: j'aurais fondu l'une et l'autre dans l'*histoire des finances*, partie de l'*histoire générale* sans laquelle il n'y a point d'histoire.

Le *tribut* et les *contributions* sont payés par les sujets, les vassaux, les vaincus, et même des princes souverains, comme un gage de dépendance.

Le *subside* est payé par un peuple politiquement libre ou considéré comme tel, parce qu'il s'impose lui-même. Une puissance absolument indépendante paie des *subsides* à une autre puissance.

La *subvention* est payée passagèrement à la nécessité, par le citoyen comme par le sujet, et par les peuples politiquement libres comme par les autres. Les dons gratuits extraordinaires sont des espèces de *subventions*.

Les *taxes* sont payées par les sujets ou par certaine classe de sujets. Par-là, on entend les *taxes* régulières, fixes et permanentes, créées sans le concours des peuples.

Les *tailles* sont payées par le peuple, ainsi qu'elles l'ont été par des vassaux ou par des serfs. Les seigneurs levaient des *tailles* dans leurs domaines. (R.)

704. Imprécation, Malédiction, Exécration.

L'*imprécation* est, à la lettre, l'action de prier contre, du latin *precatio*, action de prier, et *in*, contre. La *malédiction* est l'action de maudire, du latin *dictio*, action de dire, et *malè*, mal. L'*exécration* est l'action d'*exécrer*, du latin *secratio*, *consecratio*, action de sacrer ou consacrer, et *ex*, dehors. *Exécration* exprime deux actions différentes, celle de perdre la qualité de *sacré*, et celle d'attirer ou provoquer contre quelqu'un la vengeance divine. Dans un sens relâché, il désigne encore une sainte horreur, l'horreur la plus profonde, ou même l'action digne de cette horreur. Il s'agit de l'*exécration* qui réclame la colère du ciel contre un objet.

L'*imprécation* est donc proprement une prière; la *malédiction*, un souhait ou un arrêt prononcé; l'*exécration* une sorte d'anathème religieux.

L'*imprécation* invoque la puissance contre un objet; la *malédiction* prononce son *malheur*; l'*exécration* le dévoue à la vengeance céleste.

Celui qui abuse indignement et impunément de son pouvoir contre celui qui ne peut se défendre, s'attire des *imprécations*; le faible opprimé ne peut qu'appeler au secours : celui qui se complaît dans le mal qu'il fait aux autres, ou même dans celui qu'il leur voit souffrir, s'attire des *malédictions*; la plainte dédaignée se change en cris de haine : celui qui viole audacieusement ce qu'il y a de plus sacré, s'attire des *exécrations*; le sacrilége est proprement et rigoureusement *exécrable*.

L'*imprécation* part de la colère et de la faiblesse : la *malédiction* vient aussi de la justice et de la puissance : l'*exécration* naît d'une horreur religieuse; et c'est pourquoi ce sentiment s'appelle aussi *exécration*, comme quand on dit avoir en *exécration*. (R.)

705. Imprévu, Inattendu, Inespéré, Inopiné.

Imprévu, ce qui arrive sans que nous l'ayons *prévu*. *Inattendu*, ce qui arrive sans que nous nous y soyons *attendus*. *Inespéré*, ce qui arrive que nous n'osions *espérer*. *Inopiné*, ce qui arrive subitement, sans que nous ayons pu l'*imaginer* ou y *songer*.

Imprévu regarde les choses qui forment l'objet particulier de notre *prévoyance ;* tels sont les événements intéressants qui surviennent dans nos affaires, nos entreprises, notre fortune, notre santé : nous tâchons de les prévoir, pour nous précautionner, nous prémunir, nous régler, nous conduire. Au milieu de notre course, un obstacle *imprévu* nous arrête.

Inattendu regarde les choses qui forment l'objet particulier de notre *attente ;* tels sont les événements ordinaires qui doivent naturellement arriver, qui sont dans l'ordre commun, auxquels nous sommes plus ou moins préparés. La visite d'une personne avec qui vous n'êtes pas en société ou en relation d'affaires, est *inattendue.*

Inespéré regarde les choses qui forment l'objet de nos *espérances,* et par conséquent de nos désirs ; tels sont les événements agréables qui nous délivrent d'une peine, qui nous procurent un plaisir, qui contribuent à notre satisfaction : nous les désirons, nous y croyons. Une faveur longtemps sollicitée en vain, est *inespérée.*

Inopiné regarde les choses qui font le sujet de notre *surprise ;* tels sont les événements extraordinaires qui surpassent notre conception, contrarient nos idées, ne nous tombent pas dans l'esprit, et qui arrivent à l'improviste ; nous n'y songions pas, nous ne les imaginions pas, nous n'y étions nullement préparés, nous avons peine à y croire. La chute subite d'un bâtiment neuf est *inopinée.*

Tout est *imprévu* pour qui ne s'occupe de rien. Tout est *inattendu* pour qui ne compte sur rien. Tout est *inespéré* pour qui n'oserait se flatter de rien. Tout est *inopiné* pour qui ne sait rien. (R.)

706. Impudent, Effronté, Éhonté.

Impudent, qui n'a point de *pudeur. Effronté,* qui n'a point de *front. Éhonté,* qui n'a point de *honte.*

L'*impudent* brave avec une excessive *effronterie* les lois de la bienséance, et viole de gaîté de cœur l'honnêteté publique. L'*effronté,* avec une hardiesse insolente, affronte ce qu'il devrait craindre, et franchit les bornes posées par la raison, la règle, la société. L'*éhonté,* avec une extrême *impudence,* se joue de l'honnêteté et de l'honneur, et livrera son front à l'infamie aussi tranquillement qu'il livre son cœur à l'iniquité.

L'*impudent* n'a point de décence ; il ne respecte ni les choses, ni les hommes, ni lui. L'*effronté* n'a point de considération ; il ne connaît ni frein, ni bornes, ni mesure. L'*éhonté* n'a plus de sentiment ; il n'y a rien qu'il n'ose, qu'il ne brave, qu'il ne viole de sang-froid.

L'*impudent* a secoué le premier des freins qui nous est imposé pour nous retenir dans la bonne voie et nous détourner du mal, la *pudeur.* L'*effronté* a surmonté le sentiment qui naturellement nous contient dans les bornes de la modération, la *crainte.* L'*éhonté* a rompu depuis le premier jusqu'au dernier des liens qui nous empêchent du moins de donner dans les excès et de nous y complaire, la *honte* et la *crainte de la honte*. (R.)

707. Inaction, Désœuvrement, Oisiveté.

Inaction, l'état de celui qui ne fait rien : *désœuvrement*, l'état de celui qui n'a rien à faire ; *oisiveté*, l'état de celui qui fait des riens, dont la vie se passe sans occupations importantes. L'*inaction* emporte la cessation de toute activité, au moins extérieure ; l'*oisiveté* comporte également et l'indolence et une activité employée à des choses inutiles ; le *désœuvrement* suppose toujours une activité sans emploi.

L'*inaction* ne peut être durable que pour les corps insensibles : l'*oisiveté* est un état permanent, entretenu par une activité sans fatigue. L'agitation, engendrée par une activité inutile, rend le *désœuvrement* impossible à supporter longtemps.

Après le travail, l'*inaction* a ses douceurs : pour beaucoup de gens, l'*oisiveté* est un état plein de charmes.

Un homme qui se repose n'est pas *désœuvré*, car il a quelque chose à faire, c'est de se reposer : il n'est point *oisif*, car le repos dont il a besoin pour rétablir ses forces, est pour lui une affaire importante ; il n'est qu'*inactif*.

Un homme qui se promène a l'air *désœuvré*, s'il se promène sans autre objet que celui de passer un temps dont il n'a rien à faire : s'il s'amuse, il n'est qu'*oisif* : pour retomber dans l'*inaction*, il faut qu'il s'arrête. (F. G.)

708. Inadvertance, Inattention.

J'aurais négligé d'assigner la différence de ces termes, si je n'avais vu des vocabulistes définir l'*inadvertance* un défaut d'attention, une action commise sans attention aux suites qu'elle peut avoir. Il me semble que c'est là précisément l'*inattention* et nullement l'*inadvertance*.

Selon la valeur propre des mots, l'*inadvertance* désigne le défaut ou la faute de n'avoir pas tourné ou porté ses regards sur un objet, de manière qu'on n'a pu traiter la chose comme elle l'exigeait ; et l'*inattention*, le défaut ou la faute de n'avoir pas *tendu* et fixé sa pensée sur un objet, de manière à pouvoir traiter la chose comme on le devait. Vous voyez une personne, et vous n'*attendez* pas à savoir les égards que vous devez observer ; si vous la *heurtez*, c'est une *inattention*. Vous n'*apercevez* pas cette personne, et vous n'êtes pas *averti* de l'attention que vous devez y faire ; si vous la choquez, c'est une *inadvertance*.

Dans l'*inadvertance*, vous n'avez pas pris garde, mais vous n'étiez point averti ; dans l'*inattention*, vous étiez averti de prendre garde, et vous ne l'avez pas fait. Dans le premier cas, vous auriez pu ; vous auriez dû, dans le second, éviter la faute. L'*inadvertance* est un accident involontaire; l'*inattention* est une négligence répréhensible : cependant l'*inadvertance*, si vous avez pu et dû la prévenir, est un tort comme l'*inattention*. Il y aura un défaut de prévoyance dans l'*inadvertance*; il y a dans l'*inattention* un défaut de soin.

Un homme abstrait, absorbé dans ses abstractions, est sujet à de grandes *inadvertances*; il ne voit ni n'entend. Un homme distrait, emporté par ses distractions, est sujet à de grandes *inattentions*; il voit sans remarquer, il entend sans distinguer.

Les gens vifs tombent dans des *inadvertances*, ils vont à leur but sans regarder autour d'eux. Les esprits légers tombent dans des *inattentions*; ils sont à peine tournés vers un objet qu'ils en regardent un autre.

Avec de fréquentes *inadvertances*, vous passerez pour étourdi dans la société : avec de fréquentes *inattentions*, vous passerez pour impoli.

109. Inaptitude, Incapacité, Insuffisance, Inhabileté.

L'*inaptitude* est le contraire de l'*aptitude*; et l'*aptitude* est une disposition naturelle et particulière qui rend fort propre à une chose.

L'*incapacité* est le contraire de la *capacité*; et la *capacité* est une faculté assez grande pour pouvoir saisir, embrasser et contenir son objet; et, par analogie, la faculté de concevoir, de comprendre, d'exécuter. C'est le sens propre du latin *capax* (capable), et de sa nombreuse famille.

L'*insuffisance* est le contraire de la *suffisance*, prise dans son vrai sens; et la *suffisance* est le pouvoir proportionnel, ou la possession des moyens nécessaires pour réussir.

L'*inhabileté*, ou, d'une manière positive et plus forte, la *malhabileté*, est le contraire de l'*habileté*; et l'*habileté* est cette qualité par laquelle une puissance exercée réunit à la supériorité d'intelligence la facilité de l'exécution.

L'*inaptitude* exclut tout talent; l'*incapacité*, tout pouvoir et tout espoir; l'*insuffisance*, des moyens proportionnés à la fin; l'*inhabileté*, le talent et l'art qui, dans les difficultés, font les bons et prompts succès.

Avec de l'*inaptitude*, il ne faut entreprendre que des choses aisées et simples. Avec de l'*incapacité*, il ne faut pas entreprendre. Avec de l'*insuffisance*, il faut peser avant que d'entreprendre. Avec de l'*inhabileté*, il faut travailler et acquérir pour entreprendre des choses difficiles.

J'aurai pu ajouter à ces mots celui d'*impéritie*, qui désigne l'ignorance de l'art qu'on professe, ou le défaut des connaissances nécessaires pour la fonction publique qu'on exerce, la grande *inhabileté* de celui qui doit savoir. (R.)

710. Incendie, Embrasement.

Je trouve dans un dictionnaire que l'*incendie* est un grand *embrasement*, et l'*embrasement* un grand *incendie*. Vaugelas remarque que les bons écrivains du temps du cardinal du Perron et de Coeffeteau évitaient le mot d'*incendie*; et même que les plus exacts de son temps préféraient celui d'*embrasement*. Selon lui, *embrasement* se dit d'un feu mis au hasard, et *incendie* d'un feu mis à dessein. Présentement, observe Bouhours, *incendie* n'est pas moins usité dans le sens d'*embrasement*.

Un corps est proprement *embrasé* lorsqu'il est pénétré de feu dans toute sa substance, sans que ce feu s'élance au-dessus de sa surface; circonstance qui distingue le corps *enflammé*. Le feu, lorsqu'il a pénétré toutes les parties d'une grande masse ou d'un amas de choses, forme l'*embrasement* proprement dit; comme il faut que tout brûle ou que tout soit en feu pour former le *brasier*. L'*embrasement* est donc une sorte de configuration ou de combustion totale, ou plutôt un feu général. L'*incendie*, au contraire, a des progrès successif : il s'allume, il s'accroît, il se communique, il gagne, il *embrase* des masses énormes, des maisons, des villages, des bois, des forêts.

Une étincelle allume un *incendie*, et l'*incendie* produit un vaste *embrasement*. L'*incendie* est un courant de feu, l'*embrasement* présente un brasier ardent. L'*incendie* porte, lance de toutes parts les flammes; dans l'*embrasement*, le feu est partout, tout brûle, tout se consume.

L'*incendie* de Rome, par Néron, commença dans la partie du cirque adossée au mont Palatin et au mont Cœlius. Faute de remparts et d'édifices revêtus de gros murs, et par le concours actif d'une foule d'incendiaires, l'*embrasement* fut bientôt général : l'*incendie* dura six jours et six nuits.

L'*embrasement* ne présente l'objet que sous un aspect physique; l'*incendie* le présente en outre sous un aspect moral. C'est l'effet naturel que nous considérons dans l'*embrasement*; c'est un malheur, et un grand malheur, que nous considérons dans l'*incendie*. La physique et la chimie s'occuperont de l'*embrasement* des corps; l'histoire nous retracera les terribles effets d'un grand *incendie*.

Il est inutile d'observer que ces mots, employés au figuré, se distinguent par les mêmes différences. Une guerre qui s'allume successivement entre plusieurs puissances, une révolte qui gagne d'une province à l'autre, forment des *incendies*. Une guerre qui est allumée tout à la fois en divers pays, une révolte qui a éclaté tout d'un coup dans plusieurs provinces, sont des *embrasements*.

Enfin, le mot *incendie* désigne proprement, par sa terminaison, ce qui est, l'état où est la chose; et *embrasement*, l'action, la cause, ce qui fait que la chose est dans cet état. (R.)

711. Incertitude, Doute, Irrésolution.

Dans le sens où ces mots sont synonymes, ils marquent tous les trois une indécision: mais l'*incertitude* vient de ce que l'événement des choses est inconnu; le *doute* vient de ce que l'esprit ne sait pas faire un choix; et l'*irrésolution* vient de ce que la volonté a de la peine à se déterminer.

On est dans l'*incertitude* sur le succès de ses démarches; dans le *doute* sur ce qu'on doit faire; et dans l'*irrésolution* sur ce qu'on veut faire.

L'homme sage ne sort guère de l'*incertitude* sur l'avenir du *doute* sur les opinions, et de l'*irrésolution* sur les engagements. (B.)

712. Inclination, Penchant.

L'*inclination* dit quelque chose de moins fort que le *penchant*. La première nous porte vers un objet, et l'autre nous y entraîne.

Il me semble aussi que l'*inclination* doive beaucoup à l'éducation, et que le *penchant* tienne plus du tempérament.

Le choix des compagnies est essentiel pour les jeunes gens, parce qu'à cet âge on prend aisément les *inclinations* de ceux qu'on fréquente. La nature a mis dans l'homme un *penchant* insurmontable vers le plaisir; il le cherche même au moment qu'il croit se faire violence.

On donne ordinairement à l'*inclination* un objet honnête; mais on suppose celui du *penchant* plus sensuel, et quelquefois même honteux. Ainsi, l'on dit qu'un homme a de l'*inclination* pour les arts et pour les sciences; qu'il a du *penchant* à la débauche et au libertinage. (G.)

713. Incroyable, Paradoxe.

On se sert d'*incroyable* en fait d'événements, et de *paradoxe* en fait d'opinions. On raconte des choses *incroyables*: on propose des *paradoxes*.

Le peuple et les enfants ne trouvent rien d'*incroyable* lorsque ce sont leurs maîtres qui parlent. Une proposition nouvelle, quoique vraie, risque d'être traitée de *paradoxe*, tandis qu'une vieille opinion, quoique extravagante, conserve tout son crédit. (G.)

714. Inculper, Accuser.

Dans le style du palais, style auquel appartiennent principalement ces termes, *inculper* a surtout le sens particulier d'impliquer, de mêler quelqu'un dans une mauvaise affaire. Le sens rigoureux d'*accuser*, est de dénoncer ouvertement et de traduire quelqu'un devant un juge, comme auteur ou coupable d'un délit, pour en poursuivre la punition.

L'*inculpation* n'est qu'une allégation et un reproche; l'*accusation* est un acte formel, et une action criminelle.

On *inculpe* celui qu'on ne craint pas de mettre en cause : on *accuse* celui qui est l'objet direct de l'action.

On *inculpe* proprement en matière légère; il s'agit d'une faute. On *accuse* surtout en matière plus ou moins grave; on *accuse* d'une mauvaise action, d'un vice.

On *inculpe*, soit en imputant ce qui est réellement faute, soit en imputant à faute ce qui ne l'est peut-être pas. On *accuse* d'un mal réel, d'une action mauvaise, d'une chose réellement répréhensible ou *reprochable*.

L'*inculpation* a l'air d'être arbitraire, précaire, conjecturale : l'*accusation* est décidée, prononcée, ferme. On impute en *inculpant*; on attaque en *accusant*.

On croit voir une sorte de malice dans l'*inculpation*; et dans l'*accusation*, une sorte de malveillance. (R.)

715. Incurable, Inguérissable.

Cure désigne proprement le traitement du mal; *guérison* exprime à la lettre le rétablissement de la santé. Le premier de ces mots annonce donc plutôt le moyen, et l'autre l'effet. Ainsi, le mal *incurable* est celui qui résiste à tous les remèdes; et la maladie *inguérissable*, celle qui ne laisse aucun espoir de salut.

La *cure* est l'ouvrage de l'art, ou elle est censée l'être : la *guérison* appartient bien autant à la nature qu'à l'art; elle s'opère quelquefois sans remèdes, et même malgré les remèdes.

La folie est un mal *incurable*, on ne la guérit pas; mais elle n'est pas *inguérissable*, on en guérit.

La faim et la soif, dit Nicole, sont des maladies mortelles : les causes en sont *incurables*; et si l'on n'en arrête l'effet pour quelque temps, elles l'emportent sur tous les remèdes. L'homme est toujours mourant d'une maladie *inguérissable* et toujours croissante : sa nature est de se détruire.

Je dis plutôt d'un mal qu'il est *incurable*, et d'une maladie qu'elle est *inguérissable*, parce que le mal n'attaque quelquefois que des organes ou des fonctions qui ne sont pas nécessaires à la vie et même à la santé, au lieu que la maladie attaque la santé même, si ce n'est pas toujours la vie. Or, la *cure* détruit bien le mal, mais c'est proprement la *guérison* qui rend la santé. Ainsi, le mal *incurable* n'est pas toujours funeste et mortel; il n'en est pas de même de la maladie *inguérissable*. On vit avec des maux *incurables;* quant à la maladie *inguérissable*, on en meurt.

La *cure* regarde proprement le mal, elle le combat; la *guérison* regarde la personne, elle lui rend la santé. Ainsi, le mal est plutôt *incurable*, et la maladie *inguérissable*. Un mal ne sera pas *incurable*, tandis que le malade, par sa mauvaise conduite, est *incurable*.

> Malade en état si piteux,
> Dites-vous, est *inguérissable;*
> Et puis, que faire d'un goutteux?
> La goutte est un mal *incurable*.

(R.)

716. Incursion, Irruption.

L'*incursion* est l'action de courir, de faire une course, de se jeter dans une voie, sur un objet étranger, pour en rapporter quelque avantage ou une satisfaction quelconque. L'*irruption* est l'action de rompre, de forcer les barrières, et de fondre avec impétuosité sur un nouveau champ, pour y porter et y répandre le ravage.

L'*incursion* est brusque et passagère: si l'on sort tout-à-coup de sa carrière, on y rentre bientôt. L'*irruption* est violente et soutenue: si l'on renverse la barrière, c'est pour se répandre. L'*incursion* est faite, comme une course, dans un esprit de retour; et l'*irruption* est un acte de violence fait dans un esprit de destruction ou de conquête. Un peuple barbare fait des *incursions* dans un pays pour le piller; il y fera des *irruptions* pour s'en emparer, s'il le peut, ou pour le dévaster, tant qu'il ne sera pas repoussé. Les Barbares qui détruisirent l'empire romain, commencèrent par des *incursions* qu'ils renouvelèrent souvent, parce que les empereurs payaient bien leur retraite; et finirent par de terribles *irruptions*, dont la violence ne s'arrêta que quand il ne leur resta plus qu'à s'asseoir, sur les ruines de l'empire. (R.)

717. Indemniser, Dédommager.

Indemniser, terme de palais, c'est *dédommager* quelqu'un d'une perte en vertu d'une obligation, d'un titre quelconque par lequel on était engagé. Les *indemnités* sont dans l'ordre de la justice, de l'équité, de la probité, du calcul; les *dédommagements* sont accordés par la bonté, par la bienveillance, par la pitié, par la charité, si toutefois ils ne sont pas rigoureusement dus. L'*indemnité* est par elle-

même plus rigoureuse et plus égale que le *dédommagement* : le dédommagement peut être plus ou moins faible ou léger, eu égard à
la perte que l'*indemnité* doit couvrir. On *indemnise* en argent ou en
valeurs égales, des pertes ou des privations appréciables en argent ou
en valeurs égales, celui qui ne doit pas les supporter : on *dédomm-
mage* par des compensations quelconques, des pertes ou des privations
de toute espèce, celui-là même à qui on aurait pu les laisser supporter.
L'*indemnité* vous rend la même somme de fortune : le *dédommagement* tend à vous rendre une somme semblable d'avantage ou de
bonheur.

Un propriétaire *indemnise* son fermier dans les cas majeurs, suivant
les conventions. Le riche *dédommage*, par bienfaisance, le pauvre
d'une perte fâcheuse. (R.)

718. Indifférence, Insensibilité.

Ces deux termes étant appliqués à l'âme, la peignent également
comme n'étant point émue par l'impression des objets extérieurs qui
semblent destinés à l'émouvoir. (B.)

L'*indifférence* est à l'âme ce que la tranquillité est au corps ; et la
léthargie est au corps ce que l'*insensibilité* est à l'âme : ces dernières
modifications sont, l'une et l'autre, l'excès des deux premières, et par
conséquent également vicieuses.

L'*indifférence* chasse du cœur les mouvements impétueux, les désirs fantastiques, les inclinations aveugles ; l'*insensibilité* en ferme
l'entrée à la tendre amitié, à la noble reconnaissance, à tous les sentiments les plus justes et les plus légitimes.

L'*indifférence* détruisant les passions, ou plutôt naissant de leur non
existence, fait que la raison, sans rivales, exerce plus librement son
empire : l'*insensibilité*, détruisant l'homme lui-même, en fait un être
sauvage et isolé, qui a rompu la plupart des liens qui l'attachaient au
reste de l'univers.

Par l'*indifférence* enfin, l'âme, tranquille et calme, ressemble à un
lac dont les eaux sans pente, sans courant à l'abri de l'action des
vents, et n'ayant d'elles-mêmes aucun mouvement particulier, ne prennent que celui que la rame du batelier leur imprime ; et, rendue lé-
thargique par l'*insensibilité*, elle est semblable à ces mers glaciales
qu'un froid excessif engourdit jusque dans le fond de leurs abîmes, et
dont il a tellement endurci la surface, que les impressions de tous les
objets qui la frappent y meurent sans pouvoir passer plus avant, et
même sans y avoir causé le moindre ébranlement ni l'altération la plus
légère.

L'*indifférence* fait des sages, et l'*insensibilité* fait des monstres.
(*Encycl.*, VII, 787.)

719. Indolent, Nonchalent, Paresseux, Négligent, Fainéant.

On est *indolent*, par défaut de sensibilité ; *nonchalant*, par défaut d'ardeur ; *paresseux*, par défaut d'action ; *négligent*, par défaut de soin.

Rien ne pique l'*indolent ;* il vit dans la tranquillité et hors des atteintes que donnent les fortes passions. Il est difficile d'animer le *nonchalant ;* il va mollement et lentement dans tout ce qu'il fait. L'amour du repos l'emporte, chez le *paresseux*, sur les avantages que procure le travail. L'inattention est l'apanage du *négligent ;* tout lui échappe, et il ne se pique point d'exactitude.

L'*indolence* émousse le goût ; la *nonchalance* craint la fatigue ; la *paresse* fuit la peine ; la *négligence* apporte les délais, et fait manquer l'occasion.

Je crois que l'amour est de toutes passions la plus propre à vaincre l'*indolence*. Il me semble qu'on surmonte plus aisément la *nonchalance* par la crainte du mal, que par l'espérance du bien. L'ambition fut toujours l'ennemie mortelle de la *paresse*. Des intérêts personnels et considérables ne souffrent point de *négligence*. (G.)

L'*indolent* craint la peine, il n'aime que la tranquillité. Le *nonchalant* craint la fatigue, il n'aime qu'un doux loisir. Le *négligent* craint l'application, il n'aime que la dissipation. Le *paresseux* craint l'action, il n'aime rien tant que le repos. Le *fainéant* craint le travail, il n'aime que l'oisiveté.

Faute de passions, de désirs, de goûts, d'appétits vifs, l'*indolent* ne prend point de part ou d'intérêt aux choses : s'il agit, il ne s'agite pas, ou ne s'agite pas assez pour en souffrir, et c'est ce qui constitue la tranquillité. Faute de chaleur, d'empressement, d'activité, d'énergie, le *nonchalant* n'a pas cœur à l'ouvrage ; lâche et lent, s'il agit c'est à son aise ou à loisir : et s'il prend la peine que la difficulté des choses exige, il se tient toujours fort loin de l'excès. Faute de zèle, de vigilance, de soin, de tenue, le *négligent* ne fait rien que trop tard et à demi : ce n'est point à faire qu'il se refuse, c'est à faire une chose qui demande de l'application, ou à donner à la chose l'application qu'elle demande ; il évite, par la distraction, la gêne et l'ennui. Faute de ressort, de courage, de volonté, de résolution, le *paresseux* reste comme il est, plutôt que de se mouvoir même pour être mieux, et lors même qu'il le voudrait : l'inaction est son élément ; cette inaction presque absolue, qui exclut jusqu'à l'action douce et uniforme qu'admet la tranquillité. Faute de bonne volonté, d'émulation, d'habitude, d'âme, le *fainéant* reste là, désœuvré, non comme le *paresseux* qui n'a pas la force d'entreprendre, mais parce qu'il a une volonté décidée de ne rien faire : il ne fait rien, même quand il fait quelque chose ; sa manière est de végéter, ou plutôt il croupit.

L'*indolence* semble prendre sa source dans une sorte d'apathie, dans l'indifférence ; la *nonchalance*, dans la froideur du tempérament, dans la langueur des organes ; la *négligence*, dans l'insouciance ; dans la légèreté de l'esprit ; la *paresse*, dans une sorte d'inertie, dans une grande mollesse : la *fainéantise*, dans la lâcheté de l'âme, dans une éducation et une vie oiseuses.

L'abbé Girard a sur ces termes, à peu de chose près, le même fonds d'idées ; peut-être était-il à propos de les approfondir et de les développer davantage. Dans deux articles différents, il semble même confondre le *nonchalant* et le *paresseux*. Le *nonchalant*, dit-il, va mollement et lentement dans tout ce qu'il fait ; il craint la fatigue ; et le *paresseux* craint la peine et la fatigue ; il est lent dans ses opérations.

Cet écrivain estime qu'on est *indolent* par défaut de sensibilité ; j'aimerais mieux dire par *indifférence* : car le propre de l'*indolent* est de ne se mettre en peine de rien, ou de se refuser à la peine, ce qui le suppose nécessairement *indifférent* et non pas nécessairement insensible. Cette *indifférence* naîtra de différentes causes, ou d'une mollesse qui reçoit bien les impressions, mais qui ne répond pas faute de ressort ; ou d'une insensibilité stupide contre laquelle tout aiguillon émousse, ou d'une sorte d'impassibilité par laquelle l'âme, élevée au-dessus de toute atteinte, jouit d'une paix inaltérable. (R.)

720. Induire en, Induire à.

Induire, conduire doucement, faire aller à, mettre dans ; on *induit* à faire et on *induit* à une chose. Mais on dit quelquefois *induire en ; induire en tentation, induire en erreur*. L'usage général est pour *induire à* une chose, au mal, au crime ; on ne dirait pas *induire en mal, en crime*, mais les uns disent *induire en erreur*, et les autres *induire à erreur*.

Induire en, c'est faire aller *dans*, faire tomber *dans* ; *induire à*, c'est faire aller *à* ou *vers*, ou mettre seulement sur la voie.

Induire quelqu'un *en* tentation, c'est le mettre dans l'état, à l'épreuve de la tentation, le tenter, le faire tenter ; *induire* quelqu'un *au* mal, c'est l'engager à mal faire, le mettre dans la disposition de faire le mal. La préposition *en* exprime l'état où l'on est, et la préposition *à* le but où l'on tend. *Induire en* est la façon de parler la plus naturelle, puisque *in* signifie *en* : *induire à*, suivi d'un substantif, est une manière de parler elliptique, car c'est proprement *induire à faire*. Entre ces deux locutions, il y a, ce me semble, la même différence qu'entre *conduire dans* et *conduire à* : on *conduit dans* le lieu où l'on est, on *conduit au* lieu où l'on veut aller.

Pourquoi ne dirait-on pas également, mais dans des cas différents, *induire en erreur*, comme on l'a toujours fait; et *induire à erreur*, comme l'ont affecté quelques personnes? Ces expressions n'ont pas le même sens; l'une et l'autre ont leur place distincte. A proprement parler, vous trompez celui que vous *induisez en erreur* en lui faisant adopter une chose fausse; vous faites que celui-là se trompe, que vous *induisez à erreur*, en lui suggérant des idées avec lesquelles il se trompera, s'il les suit; dans le second cas, vous êtes une cause éloignée de l'erreur, vous en êtes la cause immédiate dans le premier. Un principe mal entendu vous *induit à erreur*, car vous êtes dans l'*erreur* dès que vous l'entendez mal: une vérité imparfaitement connue vous *induit en erreur*; car, si elle ne vous trompe pas, puisque c'est une vérité, par-là même que vous la connaissez mal, elle vous expose à vous tromper vous-même.

« On peut *induire en erreur* en étant de bonne foi, mais à coup sûr ce n'est pas sans dessein que le méchant vous *induit à erreur*. » (R.)

721. Industrie, Savoir-Faire.

L'*industrie* est un tour ou une adresse de la conduite; le *savoir-faire* est un avantage d'art ou de talent.

Dans la nécessité, la ressource de l'*industrie* est plus prompte; celle du *savoir-faire* est plus sûre.

On nomme chevaliers d'*industrie* ceux qui, sans biens, sans emplois, sans métier, vivent néanmoins dans le monde d'une façon honnête, quoique aux dépens d'autrui. Il y a dans tous les états un *savoir-faire*, qui en augmente les profits et les honneurs, et qui s'acquiert plus par pénétration que par maximes. (G.)

722. Ineffable, Inénarrable, Indicible, Inexprimable.

Ineffable, de *fari*, *effari*, parler, proférer. *Inénarrable*, de *narrare*, narrer, raconter. *Indicible*, de *dicere*, dire, mettre au jour. *Inexprimable*, d'*exprimere*, exprimer, représenter fidèlement par la parole.

Ainsi donc on ne peut proférer le mot, parler de la chose, qui est *ineffable*; on se tait. On ne peut raconter les faits, rapporter dans toutes leurs circonstances les choses qui sont *inénarrables*; on les indique à peine. On ne peut dire, mettre dans tout son jour ce qui est *indicible*; on le fait entendre. On ne peut exprimer, peindre au naturel ce qui est *inexprimable*; on ne fait que l'affaiblir.

A l'égard des choses *ineffables*, il nous manque l'intelligence des choses ou la liberté d'en parler. A l'égard des choses *inénarrables*, il nous manque la faculté de les concevoir ou bien de les expliquer et de les développer entièrement. A l'égard des choses *indicibles*, il nous manque des idées nettes et des paroles convenables. A l'égard des choses *inexprimables*, il nous manque la force des couleurs ou la suffisance du discours.

C'est le mystère qui rend la chose *ineffable*. C'est le merveilleux qui rend la chose *inénarrable*. C'est le charme secret qui rend la chose *indicible*. C'est la force ou l'intensité qui rend la chose *inexprimable*.

Les attributs de Dieu, les mystères de la religion, les grâces divines, les secrets de la Providence, etc., sont *ineffables* : nous ne les comprenons pas, nous ne les pénétrons pas, nous en parlons mal.

Les grandeurs et la gloire de la Divinité, les merveilles de la nature, les prodiges de la création, les ravissements de la béatitude, les voies miraculeuses de la Providence, tous ces objets élevés au-dessus de l'esprit et du langage humain, sont *inénarrables*. Saint Paul, ravi au troisième ciel, y voit des choses *inénarrables*.

Les sentiments et les sensations, leur douceur et leur charme, les délices et les voluptés, l'attrait et la suavité de la grâce, le je ne sais quoi que l'on sent si bien sans pouvoir en démêler la vertu, c'est ce qu'on qualifie d'*indicicible* : on dit un plaisir, une satisfaction, une joie *indicibles*; on sent tout cela, mais on ne peut pas dire, définir, expliquer ce que c'est.

Tout ce qui est au-dessus de l'expression, tout ce qui est si fort, si extraordinaire, que la langue ou le discours ne peut le rendre sans l'affaiblir, tout cela est *inexprimable*.

Ineffable et *inénarrable* sont du style religieux; ils seraient bons dans tous les genres de sublime. *Indicible* est un mot de conversation : il faut l'y laisser; mais on pouvait l'étendre à tout ce qui ne peut ou ne doit pas être dit. *Inexprimable* est usité dans tous les styles, et devrait favoriser *exprimable*. (R.)

723. Ineffaçable, Indélébile.

Ineffaçable est un mot purement français, formé du verbe *effacer*, changer la face, altérer les formes, défigurer les traits, rendre méconnaissable. *Indélébile* est un mot purement latin, du verbe *delere*, renverser de fond en comble, ruiner, perdre tout-à-fait, détruire entièrement. Les théologiens, qui parlent si souvent latin en français, ont dit un *caractère indélébile*.

Il suffit qu'une empreinte ne soit pas nette et entière pour être effacée. Une chose est *indélébile* lorsqu'il est impossible de l'effacer, de l'ôter, de l'enlever, de la dissiper entièrement

Ineffaçable désigne donc proprement l'apparence de la chose empreinte sur une autre; lorsque cette apparence doit toujours être sensible, la chose est *ineffaçable*. *Indélébile* désigne proprement la *tenacité* d'une chose adhérente à une autre; lorsque cette adhérence est indestructible, la chose est *indélébile*.

Ainsi la forme est vraiment *ineffaçable*, et la matière *indélébile*. Rien ne fera disparaître aux yeux la marque, l'empreinte *ineffaçable*, rien n'enlèvera de dessus un corps l'enduit, la matière *indélébile* qui le couvre : l'écriture sera donc *ineffaçable*, et l'encre *indélébile*. Quoique l'encre soit *indélébile*, l'écriture ne sera pas *ineffaçable*, vous pouvez encore altérer et rayer les mots. La honte d'une mauvaise action n'est pas *ineffaçable;* on l'efface en l'ensevelissant dans un tissu de belles et bonnes actions. La gloire des grands noms est en elle-même *indélébile;* pour la détruire, il faut détruire les noms mêmes.

724, Ineffectif, Inefficace.

Le célèbre abbé de Rancé a dit *ineffectif*, et l'a dit tout seul, à ce que je crois. Ce qui est *ineffectif* n'est point suivi de l'effet qu'il avait seulement annoncé; et ce qui est *inefficace* ne produit pas l'effet qu'il devait produire. L'objet d'une chose *ineffective* ne s'effectue pas : la cause *inefficace* ne produit pas son objet.

Des promesses, des paroles, des prédictions, des signes, sont simplement *ineffectifs* quand l'effet manque, car il ne leur appartient pas de produire l'événement. Des causes, des agents, des facultés, des moyens, son *inefficaces* quand ils n'ont point leur effet, car ils concouraient du moins à produire l'événement. Vous direz d'un projet, d'un dessein, qu'il est *ineffectif*; et d'un secours, d'un remède, qu'il est *inefficace*. Une velléité qui se borne à un désir fugitif, et qui n'a point de puissance, est *ineffective :* une volonté qui se réduit en acte, mais qui échoue, est *inefficace*. L'abbé de Rancé a parlé de ces velléités, de ces désirs, de ces intentions sans vertu, quand il a employé l'épithète d'*ineffectif*. Dans ce sens, ce mot serait utile. (R.)

725. Inexorable, Inflexible, Impitoyable, Implacable.

Inexorable, qu'on ne gagne point, qu'on ne peut fléchir par les prières. *Inflexible*, qui ne fléchit point, qu'on ne peut plier; il ne s'agit que d'une acception morale de dureté. *Impitoyable*, qui est sans pitié, qu'on ne touche point. *Implacable*, qu'on ne peut apaiser, qu'on ne ramène point.

La sévérité de la justice et la jalouse obstination du pouvoir, rendent *inexorable*. La rigidité des principes et la roideur du caractère rendent *inflexible*. La férocité de l'humeur et l'insensibilité du cœur, rendent *impitoyable*. La violence de la colère et la profondeur du ressentiment, rendent *implacable*.

Vous avez beau vous humilier devant le personnage *inexorable*, vous ne le gagnez pas ; point de grâce. Vous avez beau chercher un faible au personnage *inflexible*, il ne cède pas ; point de rémission. Vous avez beau présenter au personnage *impitoyable* les objets les plus propres à l'attendrir, vous ne le touchez pas ; sans quartier. Vous avez beau faire des remontrances et offrir des satisfactions au personnage *implacable*, il ne se rend pas ; point de paix.

Il faudrait inspirer de la clémence à celui qui est *inexorable*, de la bénignité à celui qui est *inflexible*, de la pitié à celui qui est *impitoyable*, de la modération à celui qui est *implacable*.

Soyons donc fiers devant l'homme *inexorable*, fermes devant l'homme *inflexible*, constants devant l'homme *impitoyable*, flegmatiques avec l'homme *implacable*. (R.)

726. Infamie, Ignominie, Opprobre.

Infamie, formé de *in*, non ou sans, et de *fama*, réputation, autrefois *fame*, d'où *famé*, *diffamé*, *infâme*, etc. *Ignominie*, formé de la même négation, et de *nomen*, nom. *Opprobre*, formé de *ob*, devant, en face, et de *probrum*, blâme, reproche, affront, grande honte, opposé à *prob*, qui marque l'approbation, l'éloge, l'honnêteté et la probité.

Selon la force des termes, l'*infamie* ôte la réputation, flétrit l'honneur ; l'*ignominie* souille le nom, donne un vilain renom ; l'*opprobre* assujettit aux reproches, soumet aux outrages.

Selon les interprètes latins, le mot *infamia* diffère d'*ignominia*, en ce que l'*infamie* est répandue par la voie publique et l'*ignominie* prononcée par le juge. L'infamie est au contraire, dans notre langue, une peine infligée par la loi et non l'*ignominie* : *la Cour te déclare infâme*. Mais il y a aussi une *infamie* de fait. Tous les savants conviennent que l'*ignominie* est une note imprimée sur le nom, et Cicéron, l. 4 de sa *République*, observe que l'animadversion du jugement tombant sur le *nom*, elle s'appelle, pour cette raison, *ignominie*.

C'est donc le jugement qui frappe d'*infamie*. C'est l'opinion d'une profonde humiliation attachée aux supplices ou aux peines des crimes bas, qui fait l'*ignominie*. C'est l'abondance de l'*infamie* et de l'*ignominie*, versée, pour ainsi dire, à pleines mains, qui consomme l'*opprobre*.

C'est l'*ignominie* proprement dite qui se répand sur la famille d'un coupable ; car c'est elle qui répand la honte sur le nom. Il y a sans doute une *infamie* à périr par la main du bourreau : mais la décollation, par-là qu'elle n'est pas censée *ignominieuse*, ne fait point rejaillir la honte sur la famille ; les accessoires aggravants d'un supplice *ignominieux* vont jusqu'à l'*opprobre*.

Les idées de honte et de blâme sont communes à ces termes : l'*infamie* aggrave ces idées par celles de décri, de flétrissure, de déshonneur ; l'*ignominie*, par celles d'humiliation, d'avilissement, de turpitude ; l'*opprobre*, par celles de rebut, de scandale, d'anathème.

Une action *infâme* ou qui mérite l'*infamie*, nous l'appelons aussi *infamie*. Un avare fait des *infamies* pour avoir de l'argent. Une action *ignominieuse* ne s'appelle point une *ignominie* ; ce mot exprime uniquement une grande humiliation publique. Une action ne s'appellera pas non plus un *opprobre* ; mais on dit d'une personne abandonnée aux plus horribles excès, qu'elle est la honte et l'*opprobre* de sa famille, de son sexe. (R.)

727. Infatuer, Fasciner, Entêter.

Prévenir, préoccuper à l'excès ; tel est le sens figuré de ces termes. *Infatuer*, latin *infatuare*, signifie à la lettre rendre fou, faire perdre le sens, renverser l'esprit ou la tête : de *fatuus*, insensé, extravagant, qui parle sans savoir ce qu'il dit ; et n'oublions pas l'idée de *fat*. *Fasciner*, latin *fascinare*, signifie, dit-on, littéralement, soumettre par des regards, par des charmes, vaincre par l'œil, éblouir par des prestiges qui font voir les choses autrement qu'elles ne sont. Je crois que le sens littéral de ce mot, c'est de mettre un bandeau sur les yeux ; du latin *fascia*, bande, bandeau. *Entêter*, c'est, littéralement, porter à la tête, troubler la tête, offenser le cerveau : c'est l'effet produit figurément sur la tête prise pour l'esprit.

L'*infatuation* vous remplit si fort l'esprit d'une idée ou d'un objet qui vous plaît ou vous flatte, qu'il n'est guère possible de vous en détacher. La *fascination* vous aveugle ou vous éblouit si fort, que vous ne pouvez plus voir les objets tels qu'ils sont, et que vous es voyez tels que vous les imaginez, sans vouloir même qu'on vous dessille les yeux ou qu'on en ôte le bandeau. L'*entêtement* vous tourne l'esprit et vous possède si fort, qu'on ne sait comment vous faire entendre raison, et que vous ne voulez rien entendre.

On *infatue* les esprits vains, les têtes qui fermentent et qui s'exaltent. On *fascine* les esprits faibles et superficiels, les gens qu'on subjugue par leur crédulité opiniâtre. On *entête* les gens décidés, ceux qui se persuadent volontiers ce qui leur convient.

On nous *infatue* et nous nous *infatuons*. On nous *fascine* bien plus que nous ne nous *fascinons*. Nous nous *entêtons* bien plus qu'on ne nous *entête*.

Il y a une sorte d'engouement (1) dans celui qui est *infatué ;* et l'engouement empêche que la vérité ne passe jusqu'à son esprit. Il y a de l'aveuglement dans celui qui est *fasciné ;* et l'aveuglement fait qu'on ne croit plus qu'à ses visions. Il y a de la résolution dans celui qui est *entêté ;* et sa résolution ne lui permet pas de se départir de son idée.

Dans le sens commun à ces termes, nous disons, en conversation, *embabouiner, enfariner, empaumer,* pour jeter un ridicule sur la personne qui se laisse prévenir.

On *embabouine* celui qui se laisse puérilement amuser ou bercer comme un enfant, comme un sot.

Enfariner, à la lettre, poudrer avec de la farine : ce mot se dit, au figuré, pour désigner une légère teinture, une couche superficielle, une apparence de science. Ainsi, lorsqu'il s'agit d'exprimer par ce terme une prévention, cette prévention est légère, prise à la légère, inconsidérée, vaine et risible. On dit proverbialement, qu'un homme est venu, la gueule *enfarinée,* dire ou faire quelque chose, pour lui attribuer un empressement ridicule et une sotte confiance.

Empaumer, c'est recevoir dans la *paume* de la main, serrer fortement contre la *paume* de la main, frapper avec la *paume* de la main. Au figuré, on *empaume* l'esprit de quelqu'un, quand on s'en rend le maître de manière à lui faire croire ou lui faire faire tout ce qu'on veut, comme si on le tenait dans sa main. (R.)

728. Infection, Puanteur.

Infection vient du latin *inficere,* teindre, imprégner, souiller, corrompre : c'est la communication d'une mauvaise odeur qui répand la corruption d'un corps sur les autres. L'idée de la mauvaise odeur est propre à la *puanteur.*

Ainsi l'*infection* répand une *puanteur* contagieuse ; et la *puanteur* est l'odeur forte et désagréable exhalée des corps sales, pourris, ou de tout autre corps qui, à cet égard, s'assimile à ceux-là. La *puanteur* offense le nez et le cerveau ; l'*infection* porte la corruption et attaque la santé. Vous direz la *puanteur* d'un morceau de viande gâté, et l'*infection* des cadavres. La *puanteur* d'une personne sale nous fait reculer ; de grands marais répandent l'*infection* et la maladie dans un village, dans un canton.

Il y a des vapeurs *puantes,* telles que celle de la savate brûlée, qui sont salutaires dans certains accidents ; mais des vapeurs *infectes* sont toujours funestes ou malfaisantes.

---

(1) Engoué signifie littéralement qui en a jusqu'au gosier, qui a le passage du gosier bouché ou embarrassé.

On dit que la peste *infecte* une ville, ce n'est pas à dire qu'elle l'*empuantisse :* ce n'est pas la mauvaise odeur, c'est un air malsain qu'elle répand ; tant il est vrai que l'idée propre d'*infect* et de sa famille est celle d'une corruption contagieuse. On dit proverbialement que les paroles ne *puent* point, attendu qu'il y a des paroles sales et déshonnêtes, et que la saleté produit la mauvaise odeur ; tant il est vrai que l'idée propre de *puer* et de sa famille est celle de sentir mauvais par saleté.

Les mots de cette dernière famille ne sont employés qu'au propre ou dans des façons de parler populaires ou familières. Il n'en est pas de même de l'autre famille ; *infecter* est très-communément employé au moral et dans tous les genres de style : on dit *infecter* les esprits, les mœurs, l'enfance, un peuple, etc. , d'hérésie et de superstitions. (R.)

729. Inférer, Induire, Conclure.

Ces termes de philosophie indiquent l'action de tirer des conséquences de quelques propositions qu'on a établies.

L'idée propre d'*inférer* est de passer à quelque autre proposition, en vertu des rapports qu'elle a ou qu'on lui suppose avec les propositions précédentes. L'idée propre d'*induire* est de *conduire* à une autre idée ou au but par les rapports et la vertu des propositions *déduites* qui y mènent : l'idée propre de *conclure* est de terminer son raisonnement ou sa preuve, en vertu des rapports nécessaires ou démontrés des prémisses avec la conséquence.

Inférer marque l'action de porter, transporter, pour ainsi dire, l'esprit sur un autre objet : vous pouvez donc *inférer* d'un principe, d'un raisonnement, quelque chose de très-éloigné qui n'est ni annoncé, ni prévu, et dont ensuite il faudra développer et démontrer les rapports avec la thèse ou la vérité posée : par exemple, de ce qu'un homme est libre de droit, j'*infère*, par des raisonnements suivis et d'une conséquence à l'autre, qu'il faut laisser l'ouvrier convenir du salaire avec celui qui veut l'employer. *Induire* marque l'action de conduire à un but par la voie qui doit y mener : vous *induisez* donc par une suite de propositions, de déductions, de conséquences, qui naturellement et progressivement rapprochent l'esprit de la vérité à laquelle il s'agit de le faire parvenir : par exemple, la nécessité de renouveler tous les ans la dépense de l'agriculture, vous *induit* à celle de prélever les avances sur les produits de la culture, pour la maintenir dans le même état ; la nécessité de prélever ces avances, à celle de les laisser intactes, et exemptes de toutes autres charges ; la nécessité de les laisser intactes, à celle de rejeter ou d'imposer toute autre charge sur la portion des fruits appartenant au propriétaire, sous peine de dégrader la culture par la soustraction des avances, et c'est où vous en voulez venir. *Conclure* marque le dernier terme du raisonnement ou de l'argument qui prouve la proposition : vous *concluez* donc, par la conséquence que vous tirez de l'argument, comme une vérité prouvée qui met fin au raisonnement. Par exemple, vous dites : un être essentiellement bon et essentiellement juste : Dieu est l'être essentiellement bon ; donc il est essentiellement juste : ou bien, Dieu est bon ; donc il est juste. Cette dernière proposition est la *conclusion* qui, par une conséquence, *clôt*, pour ainsi dire, le discours. (R.)

730. Infidèle, Perfide.

Une femme *infidèle*, si elle est connue pour telle de la personne intéressée, n'est qu'*infidèle* : s'il la croit fidèle, elle est *perfide*. (La Bruyère, *Caract.*, ch. 3.)

D'après cela, on peut conclure que l'*infidélité* est un simple manque de foi, un simple violement des promesses qu'on avait faites, et que la *perfidie* ajoute à cela le vernis imposteur d'une *fidélité constante*.

L'*infidélité* peut n'être qu'une faiblesse ; la *perfidie* est un crime réfléchi. (B.)

731. Ingrat à, Ingrat envers.

Corneille a dit dans la scène seconde du dernier acte de Pompée :

> Mais voyant que ce prince *ingrat à* ses mérites....

A l'occasion de ce vers, M. de Voltaire avertit le lecteur que nous disons *ingrat envers quelqu'un*, et non pas *ingrat à quelqu'un*. Cette observation, très-juste, n'est point une critique du vers. Corneille, ou Achorée, ne dit pas que Ptolémée soit *ingrat envers Pompée* ; mais qu'il est *ingrat*, c'est-à-dire insensible *aux mérites* de cet illustre malheureux.

M. de Voltaire dit lui-même :

> *Ingrat à* tes bontés, *ingrate à* ton amour.
>
> *Mort de César*, act. I, sc. IV.

Racine avait dit :

> . . . . Ces mêmes dignités
> Ont rendu Bérénice *ingrate à* vos bontés.

On dira fort bien une terre *ingrate à* la culture, un esprit *ingrat aux* leçons. Un sujet est *ingrat* s'il ne prête point, s'il offre peu de choses à dire. Une terre *ingrate à* la culture ne répond pas aux soins, ne paie pas les peines du laboureur ; un esprit *ingrat aux* leçons n'en profite pas.

Ainsi on est *ingrat aux* choses, et *ingrat envers* les personnes. *Ingrat à* désigne l'indifférence, l'insensibilité, la résistance aux soins, aux efforts, au travail; ou l'inutilité, l'inefficacité, le peu d'effet du travail, des efforts, des forces sur l'objet *ingrat*. *Ingrat envers* désigne le vice de celui qui manque de gratitude, qui n'est pas reconnaissant, qui n'a pas les sentiments dus à son bienfaiteur.

732. Inhumer, Enterrer.

Inhumer signifie, à la lettre, comme *enterrer*, mettre en terre, déposer dans la terre, du latin *humus*, terre, et *in*, en. Le latin *inhumare* étant employé dans les épitaphes, les inscriptions, les actes, les registres mortuaires, *inhumer* a été affecté à la sépulture ecclésiastique, et il signifie *enterrer* avec des cérémonies religieuses, rendre les honneurs funèbres, ceux de la sépulture. *Enterrer* distingue donc l'acte matériel de mettre en terre; et *inhumer*, l'acte religieux de donner la sépulture.

On *enterre* tout ce qu'on cache en terre: on *inhume* l'homme à qui l'on rend les honneurs funèbres. Les ministres de la religion *inhument* les fidèles: un assassin *enterre* le cadavre de la personne qu'il a tuée. On *enterre* en tous lieux: on *inhume* proprement en terre sainte ou dans les lieux consacrés à cet usage pieux.

Inhumer ne se départ point de son caractère religieux. *Enterrer* prête, par sa valeur physique, à des applications figurées et relâchées. Ainsi, on dit d'un homme qu'il s'est *enterré*, qu'il s'*enterre tout vivant*, parce qu'il ne vit pas dans le monde et pour le monde, comme si on ne vivait pas quand on vit avec soi et pour soi. On dit qu'un local, une maison, des fonds, sont *enterrés*, quand ils sont cachés, entourés, dominés de toutes parts. On *enterre* un secret qu'on ne révèle pas. On *enterre*, ou plutôt on enfouit un talent dont on ne fait aucun usage. (R.)

733. Inimitié, Rancune.

L'*inimitié* est plus déclarée; elle paraît toujours ouvertement. La *rancune* est plus cachée; elle dissimule.

Les mauvais services et les discours désobligeants entretiennent l'*inimitié*; elle ne finit que lorsque, fatigué de nuire, on se raccommode, ou que, persuadé par des amis communs, on se réconcilie. Le souvenir d'un tort ou d'un affront reçu conserve la *rancune* dans le cœur; elle n'en sort que lorsqu'on n'a plus aucun désir de vengeance, ou qu'on pardonne sincèrement.

L'*inimitié* n'empêche pas toujours d'estimer son ennemi, ni de lui rendre justice; mais elle empêche de le caresser et de lui faire du bien autrement que par certains mouvements d'honneur et de grandeur d'âme, auxquels on sacrifie quelquefois sa vengeance. La *rancune* fait toujours embrasser avec plaisir l'occasion de se venger ; mais elle sait se couvrir de l'extérieur de l'amitié jusqu'au moment qu'elle trouve à se satisfaire.

Il y a quelquefois de la noblesse dans l'*inimitié* ; et il serait honteux de n'en point avoir pour certaines personnes : mais la *rancune* a toujours quelque chose de bas ; un courage fier refuse nettement le pardon, ou l'accorde de bonne grâce.

On a vu les sentiments être héréditaires, et l'*inimitié* se perpétuer dans les familles : les mœurs sont changées ; le fils ne veut du père que la succession des biens. Les réconciliations parfaites sont rares : il reste souvent bien de la *rancune* après celles qui paraissent être les plus sincères ; et la façon de pardonner qu'on attribue aux Italiens est assez celle de toutes les nations.

Je crois qu'il n'y a que les pertubateurs du repos public qui doivent être l'objet de l'*inimitié* d'un philosophe. S'il y a un cas où la *rancune* soit excusable, c'est à l'égard des traîtres ; leur crime est trop noir pour qu'on puisse penser à eux sans indignation. (G.)

734. Inintelligible, Inconcevable, Incompréhensible.

Ces trois termes marquent également ce qui n'est pas à la portée de l'intelligence humaine ; mais ils le marquent avec des nuances différentes.

Inintelligible se dit par rapport à l'expression ; *inconcevable*, par rapport à l'imagination ; *incompréhensible*, par rapport à la nature de l'esprit humain.

Ce qui est *inintelligible* est vicieux, il faut l'éviter : ce qui est *inconcevable* est surprenant, il faut s'en défier : ce qui est *incompréhensible* est sublime, il faut le respecter.

Les athées sont si peu fondés dans le malheureux parti qu'ils ont pris, que dès qu'on les presse de rendre compte de leurs opinions, ils ne tiennent que des propos vagues et *inintelligibles*. Nonobstant l'obscurité de leurs systèmes et les inconséquences de leurs principes, il est *inconcevable* combien ils séduisent de jeunes gens, à la faveur de quelques plaisanteries ingénieuses et de beaucoup d'impudence ; comme si toutes les raisons devaient disparaître devant l'effronterie, comme si la nature, dans laquelle ils affectent de se retrancher, n'avait pas elle-même des mystères aussi *incompréhensibles* que ceux de la révélation. (B.)

735. Injurier, Invectiver.

Injurier quelqu'un, lui dire des *injures* ou des paroles offensantes. *Invectiver* contre une personne ou une chose, se répandre contre elle en *invectives* ou discours véhéments. L'*injure* consiste ici particulièrement dans les termes, et l'*invective* dans les choses et la manière. Des flots d'*injures* ou de choses offensantes vomis sur un objet, sont des *invectives*. Ce mot vient du latin *invehere*, s'emporter contre : la *véhémence* et l'abondance le distinguent.

Le mépris, l'insolence, la grossièreté, *injurient* : la chaleur, la colère, le zèle, *invectivent*. Les *injures* appartiennent aux gens du peuple, à ceux qui sont faits pour en être. Les *invectives* sont pour les gens ardents qui s'abandonnent à leur vivacité, sans même abandonner la décence.

Une *injure* dite de sang-froid est plus piquante et plus humiliante qu'une longue et sanglante *invective* : il vaut encore mieux exciter une grande colère qu'un grand mépris.

L'homme qui se respecte n'*injurie* pas ; mais, violemment ému, il *invective* avec noblesse et dignité.

Dans une dispute littéraire, celui qui *injurie* est un sot, et celui qui *invective* est un fou.

On n'*injurie* que les personnes ; on *invective* aussi contre les choses, contre les vices, les abus, les mœurs.

Injurier désigne particulièrement l'effet produit par le discours, l'offense : *invectiver* désigne proprement la qualité distinctive de l'action, la véhémence. (R.)

736. Insidieux, Captieux.

Les vocabulistes entendent également par ces mots, *ce qui tend à surprendre :* ils les considèrent donc et les présentent comme synonymes.

En effet, ces mots annoncent un artifice employé pour surprendre, tromper, abuser.

Dans l'emploi des moyens *insidieux*, l'intention est d'induire en erreur ou en faute ; dans celui des moyens *captieux*, elle est d'emporter le consentement ou le suffrage.

Pour parvenir au premier but, on vous tend un piége ; pour atteindre au second, on jette sur vous une espèce de charme.

Les moyens *insidieux* sont de douces insinuations, des suggestions adroites, des finesses subtiles. Les moyens *captieux* sont des séductions spécieuses, des illusions éblouissantes, de belles apparences.

La malice des premiers est cachée, vous n'y voyez rien : la malice des seconds est parée de dehors trompeurs, vous voyez les choses tout autres qu'elles ne sont en effet.

Tout ce qui tend à surprendre, discours, actions, caresses, flatteries, présents, etc., s'appelle *insidieux*. On n'appelle *captieux* que les discours, les raisonnements, les questions, les termes, etc. Ceux-ci n'attaquent que l'esprit ou la raison : ceux-là vous attaquent de toutes parts. Comme les discours de Mithridate sont *insidieux* lorsqu'il frappe au cœur de Monime, pour l'ouvrir jusqu'au fond par l'épanouissement de la joie ! comme ils sont *captieux* lorsque son génie, planant au-dessus de tous les obstacles, vole de l'Asie jusque dans les murs de Rome !

L'artifice le plus grossier réussit quelquefois où les moyens les plus *insidieux* échouent : Troie se laisse prendre par un cheval de bois. Un argument *captieux* a, suivant les esprits, un succès que les raisons les plus solides n'auraient pas : l'éclair vous éblouit.

La galanterie est un mensonge *insidieux* de l'amour. La modestie est le langage le plus *captieux* de la vanité.

Ce que les raisonnements les plus *captieux* n'ont pas produit, souvent une caresse *insidieuse* l'opère.

Les présents d'une main intéressée sont *insidieux*. L'amour-propre est le plus *captieux* des sophistes. Craignez le serpent caché sous l'herbe : redoutez les chants mélodieux des sirènes. (R.)

737. Insinuer, Persuader, Suggérer.

On *insinue* finement et avec adresse : on *persuade* fortement et avec éloquence : on *suggère* par crédit et avec artifice.

Pour *insinuer*, il faut ménager le temps, l'occasion, l'air et la manière de dire les choses. Pour *persuader*, il faut faire sentir les raisons et l'avantage de ce qu'on propose. Pour *suggérer*, il faut avoir acquis de l'ascendant sur l'esprit des personnes.

Insinuer dit quelque chose de plus délicat. *Persuader* dit quelque chose de plus pathétique. *Suggérer* emporte quelquefois dans sa valeur quelque chose de frauduleux.

On couvre habilement ce qu'on veut *insinuer*. On propose nettement ce qu'on veut *persuader*. On fait valoir ce qu'on veut *suggérer*.

On croit souvent avoir pensé de soi-même ce qui a été *insinué* par d'autres. Il est arrivé plus d'une fois qu'un mauvais raisonnement a *persuadé* des gens qui ne s'étaient pas rendus à des preuves convaincantes et démonstratives. La société des personnes qui ne pensent et n'agissent qu'autant qu'elles sont *suggérées* par leurs domestiques, ne peut être d'un goût bien délicat. (G.)

738. Instant, Pressant, Urgent, Imminent.

Instant, qui ne s'arrête pas, qui insiste vivement, qui poursuit ardemment; mot formé de la négation *in*, et de *stans*, qui s'arrête, reste, demeure fixe. *Pressant*, participe de presser, mettre *près à près* ou tout contre, serrer de près, pousser fortement contre. *Urgent*, qui étreint ou serre très-étroitement, pique vivement, pousse violemment, contraint durement; du latin *urgere*. *Imminent*, du latin *imminere*, menacer de près, être prêt à tomber dessus, prendre sur, être tout contre.

Instant ne se dit que des prières, des demandes, des sollicitations, des poursuites qu'on fait avec continuité, persévérance, pour obtenir ce qu'on désire. *Pressant* se dit de tout ce qui ne souffre aucun délai, ou de ce qui ne laisse point de relâche, des personnes et des choses qui nous portent à l'action, ou qui veulent une prompte exécution. *Urgent* se dit de certaines choses qui nous aiguillonnent et nous travaillent toujours plus fortement, jusqu'à nous plonger dans la peine, la souffrance, le malheur, si nous n'y avons bientôt pourvu.

Ainsi les sollicitations *instantes* tendent à ravir, par une ardente persévérance et par une sorte de violence douce, notre consentement, ou à déterminer notre volonté en faveur d'un objet à l'égard duquel nous n'étions pas bien disposés. Les considérations *pressantes* nous poussent, avec une forte impulsion, à faire ou à faire au plus vite ce que nous ne ferions pas, ou ce que nous négligerions de faire, soit pour notre intérêt, soit pour un intérêt étranger. Les causes *urgentes* nous portent, avec une force majeure et violente, à les satisfaire, ou à sortir de l'état dans lequel elles nous tourmentent, si nous ne voulons aggraver le mal. Les dangers *imminents* nous avertissent, par leurs menaces, de ramasser nos forces pour nous dérober aussitôt à un mal très-prochain, sous peine d'en être tout à l'heure frappés.

Quelques grammairiens se servent indifféremment d'*imminent* ou *éminent*; faisons-leur en sentir la différence.

Éminent signifie toujours *grand*, plus grand que les autres, élevé au-dessus, qui surpasse : c'est un terme de comparaison. Il y a donc des cas où l'on pourrait absolument dire un péril *éminent*, mais dans le sens d'un grand péril; car *éminent* se prend aussi dans le sens propre : on dit *lieu éminent*. Mais il ne faut pas le dire, par la raison qu'on a confondu *éminent* avec *imminent*, et qu'il ne faut pas donner lieu de les confondre. Tous ceux qui savent la langue disent *péril imminent*, et non *éminent*, lorsqu'il s'agit d'un péril présent ou très-pressant, très-prochain. (R.)

739. Insuffisance, Incapacité, Inaptitude.

L'*insuffisance* vient du défaut de proportion entre les moyens et la fin ; l'*incapacité*, de la privation des moyens ; et l'*inaptitude*, de l'impossibilité d'acquérir aucuns moyens.

On peut souvent suppléer à l'*insuffisance* ; on peut quelquefois réparer l'*incapacité* ; mais l'*inaptitude* est sans remède. (B.)

740. Insurrection, Émeute, Sédition, Révolte.

L'*insurrection* est un soulèvement violent, plus ou moins général, plus ou moins prolongé, contre l'autorité qui gouverne : la *révolte* est une résistance aux ordres de l'autorité : l'*émeute* est le mouvement passager d'une petite partie du peuple, causé par quelque léger mécontentement : la *sédition* est le mouvement de mécontentement et d'agitation répandu dans les esprits du peuple.

La *révolte* peut être sourde, tranquille, et ne se porter à des actes de violence qu'au moment où un acte d'autorité qu'il faut repousser, la fait éclater. La *sédition* peut couver et se répandre dans les esprits avant de se manifester au dehors par des mouvements quelconques : l'*émeute* n'existe qu'au moment du mouvement : l'*insurrection* n'a lieu qu'au moment où la volonté du peuple se déclare contre l'autorité.

Un parlement peut être en *révolte* contre un seul acte d'autorité du souverain, sans employer d'autres moyens de résistance que des assemblées et des édits. L'*insurrection* peut comprendre toutes les classes de la société, se manifester contre tous les actes de l'autorité à laquelle on veut se soustraire, et par tous les moyens qu'on peut employer. L'*émeute* n'est jamais qu'un mouvement populaire, qui se borne souvent à des cris, et dont les moyens sont en général peu efficaces ou les résultats peu importants. La *sédition*, ordinairement excitée par des chefs qui animent, se manifeste et par les discours et par les actions. On dit, il y a eu une *émeute* à la halle ; une *révolte* dans telle ville ; telle province est en *insurrection* ; l'esprit de *sédition* peut être répandu dans tout un empire.

L'*émeute* une fois apaisée, il n'en est plus question ; la *révolte* réprimée, tout rentre dans le devoir. La *sédition* peut être calmée et laisser encore des suites à craindre : l'*insurrection* ne cesse guère que lorsque le parti qui la soutient est entièrement accablé.

L'*insurrection* peut être légitime contre une autorité usurpatrice, oppressive : la *révolte* peut avoir lieu contre des actes arbitraires ; mais elle est toujours répréhensible, parce qu'elle s'exerce contre une autorité légitime et par des moyens illégitimes : l'*émeute* est l'effet d'une mutinerie irréfléchie, qui ne considère ni le genre de l'autorité contre laquelle elle s'élève, ni le plus ou moins de justice de l'acte qui l'excite ;

ni le plus ou moins de légitimité des moyens qu'elle emploie. La *sédi-tion*, toujours coupable, est l'effet des menées de quelquesuns esprits turbulens et audacieux, auxquels tous motifs sont égaux, tous moyens sont bons, et, la plupart du temps, tous résultats indifférents.

Les *révoltés* ne marchent plus de concert avec l'autorité à laquelle ils devaient se soumettre (*retro volvere,* tourner en arrière). Les *insurgés* se soulèvent et marchent contre l'autorité qu'ils veulent renverser (*insurgere,* se lever contre). Les *séditieux* font schisme, se séparent des autres citoyens (*seditio, pro seditio,* l'action d'*aller à part, ségrégation ;* c'est ainsi qu'on appelait les retraites du peuple romain hors des murs). *Émeute* signifie simplement agitation, mouvement (*motus,* mouvement). (F. G.)

741. Intérieur, Dedans.

L'*intérieur* est caché par l'extérieur. Le *dedans* est renfermé par les dehors.

Il faut savoir pénétrer dans l'*intérieur* des hommes pour n'être pas la dupe de leur extérieur. Un bâtiment doit être commode en *dedans* et régulier en dehors.

Les politiques ne montrent jamais l'*intérieur* de leur âme ; ils retiennent au *dedans* d'eux-mêmes tous les mouvements de leurs passions. (G.)

742. Inventer, Trouver.

On *invente* de nouvelles choses par la force de l'imagination. On *trouve* des choses cachées, par la recherche et par l'étude. L'un marque la fécondité de l'esprit ; et l'autre, la pénétration.

La mécanique *invente* les outils et les machines : la physique *trouve* les causes et les effets.

Le baron de Ville a *inventé* la machine de Marly : Harvey a *trouvé* la circulation de sang. (G.)

743. Intérieur, Interne, Intrinsèque.

Intérieur se dit principalement des choses spirituelles : *interne* a plus de rapport aux parties du corps : *intrinsèque* s'applique à la valeur ou à la qualité qui résulte de l'essence des choses mêmes, indépendamment de l'estimation des hommes.

La dévotion doit être *intérieure :* les maladies *internes* sont les plus dangereuses : les fréquentes mutations des monnaies ont appris à faire attention à leur valeur *intrinsèque.* (G.)

Il n'y a point là de différence assignée entre *intérieur* et *interne ;* et il est faux qu'*interne* se dise plutôt du corps, et *intérieur* de l'esprit. Tout corps a un *intérieur* ou des parties *intérieures.* On dit l'*intérieur* et l'*extérieur* de la maison : les organes, tant *intérieurs* qu'*extérieurs*, des animaux : la surface *intérieure* et la surface *extérieure* d'un globe creux, etc., comme on dit le commerce *intérieur*, et le commerce *extérieur*, etc. Rien de plus usité que ce langage. Fénelon dit souvent les *opérations internes* du Saint-Esprit, les *douceurs internes* de la grâce, etc.

Intérieur signifie ce qui est dans la chose, sous sa surface, et non apparent, par opposition à *extérieur*, qui est apparent, hors de la chose, à sa surface. *Interne* signifie ce qui est profondément caché et enfoncé dans la chose et agit en elle, par opposition à *externe*, qui vient du dehors, et agit du dehors sur elle. *Intrinsèque* signifie ce qui fait comme partie de la chose, ce qui lui est propre ou essentiel, ce qui en fait le fond, par opposition à *extrinsèque*, qui n'est pas dans la constitution de la chose, ce qui tient à d'autres causes et au dehors.

Nous appelons *intérieur* tout ce qui n'est pas apparent, visible ou très-sensible. Nous appelons *interne* tout ce qui est si caché, si bien renfermé, si concentré dans la chose, qu'il faut en quelque manière pénétrer dans la chose même pour en découvrir le secret. Enfin, on distingue les propriétés et les qualités *intrinsèques* de toutes celles qui sont accidentelles, accessoires, adventices, adhérentes au sujet.

Intérieur est le mot vulgaire et de tous les styles. *Interne* est un mot de science, de médecine, de physique, de métaphysique et de théologie : et *intrinsèque* est un mot de métaphysique, de scolastique, de commerce. (R.)

744. Intrigue, Cabale, Brigue, Parti.

Une *intrigue* est la réunion des moyens employés par une ou plusieurs personnes pour un objet quelconque : une *brigue* est la réunion combinée des démarches de plusieurs personnes en faveur d'une seule : une *cabale* est l'association de plusieurs personnes pour ou contre une chose ou une personne : un *parti* est la réunion de plusieurs personnes dans un même intérêt ou une même opinion.

Un homme, par ses *intrigues*, peut se composer un *parti* de gens dévoués à ses intérêts, qui forme une *brigue* pour l'élever à quelque place, et une *cabale* pour renverser ses ennemis.

Une *intrigue* est toujours sourde, oblique et tortueuse, quelquefois lente : une *brigue* parle plus haut et agit toujours avec vivacité : une *cabale* emploie tantôt les menées couvertes, tantôt le bruit, selon ce que demande l'occasion : un *parti* se conduit suivant les passions de ceux qui le composent, sans règle, sans prudence, et souvent sans effet.

Une *brigue* n'a jamais pour objet que la nomination d'une personne à quelque emploi, et est nécessaire surtout dans les élections faites à la pluralité, où l'on a besoin de beaucoup de suffrages, et où l'on est obligé de les solliciter. Une *intrigue* s'emploie plus ordinairement à la cour, où l'on dépend d'un maître dont il faut diriger les volontés en ayant l'air de ne songer qu'à s'y soumettre. Une *cabale* est le moyen dont on se sert pour entraîner l'opinion publique, qu'il faut frapper de toutes les manières. Pour qu'un *parti* s'élève, il faut un endroit où des intérêts personnels peu pressants laissent le loisir de se livrer à ses passions ou à ses opinions : c'est rarement à la cour, souvent dans les républiques ; quelquefois en France, dans la littérature, qui n'offre pas de grands intérêts à compromettre ; rarement dans les affaires, où chacun songe trop à soi pour suivre le *parti* d'un autre.

Les différents personnages qui composent une *brigue* marchent tous d'un même pas, et suivent tous le même chemin sous les ordres d'un même chef. Les acteurs d'une *cabale*, plus livrés à leur industrie, et moins unis par un dessein positif, se reconnaissent à certains signes de ralliement. Les hommes d'un même *parti* se retrouvent, naturellement attirés par la conformité du langage et des opinions. Plusieurs personnes peuvent agir dans une même *intrigue* à l'insu les unes des autres.

L'esprit d'*intrigue* en suppose l'adresse en même temps que le goût : l'esprit de *cabale* n'est que le goût du bruit et des tracasseries : l'esprit de *parti* suppose de l'entêtement et des passions vives, quelquefois aveugles. Une *brigue* peut être formée par les circonstances et par un homme habile, sans qu'aucun de ceux qui la composent y ait été amené par une disposition particulière de son caractère.

Il peut y avoir de la grandeur dans un *parti* : il faut de la finesse dans une *intrigue* : une *brigue* puissante peut avoir quelque chose d'imposant ; il n'y a dans une *cabale* que de la petitesse et du ridicule. (F. G.)

745. Irrésolu, Indécis.

L'*irrésolu* ne sait à quoi se résoudre ; il est aussi lent à prendre un parti, que l'homme résolu est leste à le faire. L'*indécis* ne sait à quoi se décider ; il est aussi lent à avoir un sentiment, que l'homme décidé est leste à s'en former un. S'il ne s'agit que d'une *irrésolution* ou d'une *indécision* passagère, on est *irrésolu* tant qu'on est indéterminé sur ce qu'on doit faire ; et *indécis*, tant qu'on est incertain sur ce qu'on doit conclure. Dans le premier cas, on craint et on délibère ; dans le second, on doute et on examine. L'*irrésolu* flotte d'un parti à l'autre, sans s'arrêter définitivement à aucun : l'*indécis* balance entre des opinions, sans se fixer par un jugement.

On est surtout *irrésolu* dans les choses où il s'agit de se déterminer par goût ou par sentiment. On est proprement *indécis* dans celles où il faut se déterminer par raison et après une discussion.

On est quelquefois très-*décidé* sur la bonté d'un parti, sans être *résolu* à le suivre ; et quelquefois on est *résolu* à suivre un parti, sans être *décidé* sur sa bonté. L'*irrésolu* hésite plutôt sur ce qu'il fera ; l'*indécis*, sur ce qu'il doit faire.

Dans l'*irrésolution*, l'âme n'est affectée d'aucun objet assez fortement pour se porter vers lui de préférence. Dans l'*indécision*, l'esprit ne voit dans aucun objet des motifs assez puissants pour fixer son choix.

Une âme faible, craintive, pusillanime, indolente, sans énergie, sans élasticité, sera *irrésolue* ; un esprit faible, timide, lent, léger, dépourvu de lumières, dénué de sagacité, sera *indécis*.

Il faut exciter, piquer, aiguillonner, entraîner l'*irrésolu* ; il faut éclairer, instruire, persuader, convaincre l'*indécis*. Prenez de l'empire sur le cœur du premier, et de l'ascendant sur l'esprit du second.

L'*irrésolu* aime souvent qu'on le tire de son *irrésolution* ; il sent que c'est faiblesse, il se condamne. L'*indécis* résiste plutôt quand on veut le retirer de son *indécision* ; il se persuade volontiers que c'est prudence, il s'en applaudit.

L'*irrésolu* et l'*indécis* font le tourment de ceux qui ont à traiter avec eux. L'on ne conclut rien avec celui-ci ; l'on ne fait rien avec celui-là ; mais aussi sont-ils bien punis l'un et l'autre : l'*irrésolu*, par des regrets toujours renaissants ; l'*indécis*, par des inquiétudes éternelles.

Nous aimons assez l'homme *résolu*, il montre un certain courage ; et nous plaignons l'*irrésolu*, il nous paraît faible. Nous suspectons l'homme *décidé*, il pourrait être présomptueux ; et nous méprisons l'*indécis*, il nous paraît sot.

L'*irrésolu* n'est pas fait pour des professions dans lesquelles on est fréquemment obligé de se porter subitement à l'action, et de partir, pour ainsi dire, de la main, comme dans les armes. L'*indécis* n'est pas propre à réussir dans tout ce qui demande que l'on fasse sur-le-champ des combinaisons rapides, et que l'on juge sur le coup-d'œil ou sur de simples probabilités, comme dans les jeux de commerce.

Irrésolu paraît mieux convenir à l'égard des personnes : *indécis* convient également aux personnes et aux choses. Je dirais plutôt une question *indécise* qu'une question *irrésolue*, quoiqu'on dise *résoudre* une question : car ce mot indique l'opération de l'esprit qui *résout*. En fait de sciences, *résoudre* signifie lever, expliquer, faire disparaître les *difficultés* : *décider*, c'est juger, prononcer, lever l'*incertitude*. L'autorité *décide*, et le savoir *résout*. Il faut *résoudre* les difficultés pour *décider* le cas. (R.)

746. Ivre, Soul.

Ivre, que le vin a privé de l'usage de la raison : *soûl*, qui a bu autant de vin qu'il peut en boire.

Un homme *ivre* peut n'être pas *soûl*, c'est-à-dire qu'il peut n'être pas repu, rassasié de vin : un homme *soûl* est presque toujours *ivre*, parce que l'estomac est souvent plus fort que la tête.

Un homme *ivre* chancelle; un homme *soûl* tombe dans un coin pour y cuver son vin.

Au figuré, *ivre* se dit de ceux qui ont l'esprit troublé par les passions; *soûl*, de ceux qui sont ennuyés, lassés d'une chose. Être *ivre* de gloire, c'est être troublé par la gloire, par la passion de la gloire, par les plaisirs et l'agitation de la gloire. Etre *soûl* de gloire, c'est en être las, rassasié, n'en vouloir plus.

L'homme peut être *ivre* de bonheur, mais il n'en est jamais *soûl*. L'*ivresse* indique la faiblesse de nos facultés morales; être *soûl*, marque les bornes de nos forces, le rassasiement de nos désir. (F. G.)

J

747. Jaboter, Jaser, Caqueter.

Ceux qui *jabotent* ensemble, parlent et causent bas, avec un petit murmure, comme s'ils marmottaient. Ceux qui *jasent*, parlent et causent à leur aise, d'abondance de cœur, et trop. Ceux qui *caquètent*, parlent et causent sans utilité, sans solidité, avec assez d'éclat ou de bruit, avec peu d'égards ou d'attention pour les autres.

Causer, c'est s'entretenir familièrement. On cause sur des choses graves comme sur des choses frivoles; on cause d'affaires, comme pour son plaisir. *Jaboter, jaser, caqueter*, s'appliquent proprement à des conversations sans importance et sur des objets sans intérêt.

De jeunes filles ennuyées d'une conversation dont elles ne sont pas, s'en vont tout doucement *jaboter* dans un petit coin. Des amants qui n'ont plus rien à se communiquer, *jasent* encore longtemps. Des femmelettes réunies en cercle, sans aucun sujet de conversation, et sans raison dans leurs propos, *caquètent*. (R.)

748. Jaillir, Rejaillir.

Jaillir fut condamné sans raison par Vaugelas : l'usage l'a maintenu dans son ancienne possession. Ménage, qui le protégeait, observe que l'on dit *jaillir* pour marquer une action simple, absolue et directe; et *rejaillir*, pour signifier le redoublement de cette action. Cela est vrai dans tous les cas.

J'aime ces jeux où l'onde, en des canaux pressée,
Part, s'échappe et *jaillit*, avec force élancée.

Poëme *des Jardins*.

Cette description est la définition du mot simple : le sens du verbe composé est bien marqué dans cet autre vers du même poëme :

Faites courir, bondir et *rejaillir* cette onde.

Rejaillir signifie également *jaillir* plusieurs fois et *jaillir* de divers côtés. L'eau *jaillit* en un flot du tuyau droit ; elle sort avec impétuosité ; divisée en filets différents, comme une gerbe, elle *rejaillit* sur divers points de la circonférence.

La lumière *jaillit* du sein du soleil, et *rejaillit* sur l'immensité de l'espace.

Jaillir ne se dit que des fluides à qui le mouvement semble être en quelque sorte naturel : ils coulent, ils se répandent, ils s'élèvent comme d'eux-mêmes, tandis que les corps solides restent en repos et dans un état d'inertie, si on ne leur imprime un mouvement. Moïse fit *jaillir* une fontaine d'un rocher : le feu *jaillit* des veines du caillou.

Rejaillir se dit des fluides, et, par extension, des solides qui sont renvoyés, repoussés, réfléchis. La balle qui frappe contre la muraille est *réfléchie* ; mais la pierre qui se brise contre la muraille, *rejaillit* en morceaux.

Au figuré, on dira très-bien que les idées, les expressions, *jaillissent* d'un esprit fécond, d'une bouche éloquente : le poëte, après avoir maudit l'aridité d'un détail, sent tout à coup *un trait heureux jaillir d'un fonds stérile*. Ce mot exprimera bien l'abondance, la facilité, la vivacité. *Rejaillir* sert à exprimer, dans le genre moral, le retour, le contre-coup, l'action de retomber de l'un sur l'autre. La gloire des grands hommes *rejaillit* sur les princes qui savent les employer. Il n'y a point de malheur personnel qui ne *rejaillisse* sur plusieurs. (R.)

749. Jalousie, Émulation

La *jalousie* et l'*émulation* s'exercent sur le même objet qui est le bien ou le mérite des autres : en voici la différence.

L'*émulation* est un sentiment volontaire, courageux, sincère, qui rend l'âme féconde, qui la fait profiter de grands exemples, et la porte souvent au-dessus de ce qu'elle admire.

La *jalousie*, au contraire, est un mouvement violent, et comme un aveu contraint du mérite qui est hors d'elle : elle va même jusqu'à nier la vertu dans les sujets où elle existe ; ou, forcée de la reconnaître, elle lui refuse les éloges, ou lui envie les récompenses : passion stérile, qui laisse l'homme dans l'état où elle le trouve ; qui le remplit de lui-même, de l'idée de sa réputation ; qui le rend froid et sec sur les actions ou sur les ouvrages d'autrui, qui fait qu'il s'étonne de voir dans le monde d'autres talents que les siens, ou d'autres hommes avec les mêmes talents dont il se pique : vice honteux qui, par son excès, rentre toujours dans la vanité et dans la présomption ; et qui ne persuade pas tant à celui qui en est blessé, qu'il a plus d'esprit et de mérite que les autres, qu'il lui fait croire qu'il a lui seul de l'esprit et du mérite.

L'*émulation* et la *jalousie* ne se rencontrent guère que dans les personnes de même art, de mêmes talents et de même condition. Les plus vils artisans sont les plus sujets à la *jalousie*. Ceux qui font profession des arts libéraux ou de belles-lettres, les peintres, les musiciens, les orateurs, les poètes, tous ceux qui se mêlent d'écrire, ne devraient être capables que d'*émulation*. (La Bruyère, *Caract.*, 9.)

Au fond, la basse *jalousie* n'a rien de commun avec l'*émulation* si nécessaire aux talents : la première en est le poison, celle-ci en est l'aliment, et elle est également glorieuse à ceux qui en sont animés, et à ceux qui en sont l'objet. (B.)

750. À Jamais, Pour jamais.

Manières de parler elliptiques. *A jamais*, c'est-à-dire de manière à ne jamais finir, au point de ne jamais cesser, jusqu'à n'avoir jamais de terme ou de retour. *Pour jamais*, c'est-à-dire pour ne jamais finir, afin de ne jamais finir, pour une durée qui n'aura jamais de terme.

A jamais est fait pour exprimer énergiquement l'intensité de l'action, de la chose, par sa durée ; *pour jamais* exprime simplement l'étendue de l'action, de la chose, quant à sa durée. Cette dernière locution marque l'intensité, le fait, une circonstance de temps ; la première marque la force de la cause, l'énergie de l'action, la grandeur de l'effet. La passion dit *à jamais*, et le récit *pour jamais*.

Un homme est perdu *à jamais* quand le mal est tel qu'il est impossible de le réparer. Un homme est perdu *pour jamais* quand il est à croire qu'en effet il ne se relèvera pas de sa disgrâce. Une action est mémorable *à jamais* lorsqu'elle est si grande, si belle, si éclatante, qu'elle ne doit *jamais* être oubliée : mais une action n'est pas mémorable *pour jamais* ; car le souvenir immortel n'est ni établi par l'intention, ni mis en fait, ni susceptible de former une circonstance de l'action.

Pour augmenter l'énergie de la locution *à jamais*, on dit *à tout jamais*, au *au grand jamais*, tant il est vrai que l'énergie en est le caractère propre, et qu'elle appartient au langage de la passion. On ne dit point *pour tout jamais* : pourquoi ? parceque l'expression *pour jamais* ne désigne que la durée, et qu'une durée éternelle n'a pas, dans le langage froid et juste de la philosophie, de plus ou de moins.

Pour jamais exprime par une phrase négative, ce qu'exprime d'une manière positive *pour toujours*. Cette locution marque la durée entière du temps : l'autre exclut toute exception à cette durée, et par-là même elle en est plus forte : ce n'est pas seulement *tout, toujours*, c'est *tout, sans réserve* ; c'est *toujours dans la plus grande rigueur*. En disant qu'une chose ne *finit jamais*, il semble que vous vouliez marquer tous les points d'une durée dont vous désirez inutilement la fin, et que la chose en paraisse plus longue.

Deux amants se jurent d'être *à jamais* l'un à l'autre : deux époux sont l'un à l'autre *pour jamais*. La dernière phrase n'exprime que le fait, ce qui est. Dans la première, il s'agit d'exprimer la force des sentiments par la durée éternelle d'un attachement libre. (R.)

751. Joie, Gaieté.

La *joie* est dans le cœur ; la *gaîté* est dans les manières : l'une consiste dans un doux sentiment de l'âme ; l'autre, dans une agréable situation d'esprit.

Il arrive quelquefois que la possession d'un bien, dont l'espérance nous avait causé beaucoup de *joie*, nous procure beaucoup de chagrin. Il ne faut souvent qu'un tour d'imagination pour faire succéder une grande *gaieté* aux larmes qui paraissent les plus amères. (G.)

La *joie* consiste dans un sentiment de l'âme plus fort, dans une satisfaction plus pleine ; la *gaieté* dépend davantage du caractère, de l'humeur, du tempérament : l'une, sans paraître toujours au dehors, fait une vive impression au dedans ; l'autre éclate dans les yeux et sur le visage. On agit par *gaieté* ; on est affecté par la *joie*.

Les degrés de la *gaieté* ne sont ni bien vifs ni bien étendus ; mais ceux de la *joie* peuvent être portés au plus haut période : ce sont alors des transports, des ravissements, une véritable ivresse.

Une humeur enjouée jette de la *gaieté* dans les entretiens ; un événement heureux répand la *joie* jusqu'au fond du cœur. On plaît aux autres par la *gaieté* ; on peut tomber malade et mourir de *joie*. (*Encycl.*, VIII, 867.)

Le premier degré du sentiment agréable de notre existence est la *gaieté*. La *joie* est un sentiment plus pénétrant.

Les hommes qui ont de la *gaieté* n'étant pas d'ordinaire si ardents que le reste des hommes, ils ne sont peut-être pas capables des plus vives *joies* : mais les grandes *joies* durent peu, et laissent notre âme épuisée.

La *gaieté*, plus proportionnée à notre faiblesse que la *joie*, nous rend confiants et hardis ; donne un être et un intérêt aux choses les moins importantes; fait que nous nous plaisons par instinct en nous-mêmes, dans nos possessions, nos entours, notre esprit, notre suffisance, malgré d'assez grandes misères. Cette intime satisfaction nous conduit quelquefois à nous estimer nous-mêmes par de très-frivoles endroits; et il me semble que les personnes qui ont de la *gaieté*, sont ordinairement un peu plus vaines que les autres. (*Connaissance de l'esprit humain*, page 53.)

La *gaieté* est opposée à la *tristesse*, comme la *joie* l'est au *chagrin*. La *joie* et le *chagrin* sont des situations; la *tristesse* et la *gaieté* sont des caractères. Mais les caractères les plus suivis sont souvent distraits par les situations : et c'est ainsi qu'il arrive à l'homme *triste* d'être ivre de *joie*, et à l'homme *gai*, d'être accablé de *chagrin*. (*Encycl.*, VII, 423.)

752. Joindre, Accoster, Aborder.

On *joint* la compagnie dont on s'était écarté : on *accoste* le passant qu'on rencontre sur sa route : on *aborde* les gens de connaissance.

Les personnes se *joignent* pour être ensemble : elles s'*accostent* pour se connaître : elles s'*abordent* pour se saluer ou se parler.

Les amants et les rêveurs n'aiment pas qu'on se *joigne* à eux; la meilleure compagnie leur déplaît. Quel avantage d'*accoster* un menteur ou un taciturne ? On n'en est pas plus instruit. Personne ne s'empresse d'*aborder* les gens fiers et rustiques; il y a toujours du désagrément à craindre. (G.)

753. Jour, Journée.

Il me semble qu'il en est de la synonymie de ces deux termes, comme de celle d'*an* et d'*année*.

Le *jour* est un élément naturel du temps, comme l'*an* en est un élément déterminé. De là vient qu'on se sert du mot *jour* pour marquer une époque, ainsi que pour déterminer l'étendue d'une durée. De même que l'on fait abstraction de l'étendue des points élevés, on envisage aussi le *jour* sans attention à sa durée.

La *journée* est envisagée, au contraire, comme une durée déterminée, et divisible en plusieurs parties, à laquelle on rapporte les événements qui peuvent s'y rencontrer. De là vient que l'on qualifie la *journée* par les événements même qui en remplissent la durée.

La semaine est composée de sept *jours*; le mois ordinaire, de trente *jours*; et l'année, de trois cent soixante-cinq *jours*. On désigne la vie entière par la pluralité de ses éléments : nous avons vu de nos *jours* de grands événements. Quand on a passé ses beaux *jours* dans l'oisiveté ou dans la débauche, on est presque assuré de passer ses vieux *jours* dans la misère ou dans la douleur.

La *journée* est l'espace de temps qui s'écoule depuis l'heure où l'on se lève jusqu'à l'heure où l'on se couche. Quand le temps est serein et doux, il fait une belle *journée*. Une *journée* est heureuse ou malheureuse, agréable ou triste, à raison des événements qui s'y passent. La *journée* de Malplaquet fut fâcheuse pour la France, celle de Fontenoy fut glorieuse. On donne aussi le nom de *journée* au travail que l'on fait dans le cours d'une *journée*, et souvent au salaire même de ce travail.

Le mot de *jour* se prend quelquefois par la clarté du soleil quand il est sur l'horizon, et quelquefois pour les ouvertures pratiquées dans un bâtiment, à dessein d'y introduire cette clarté : dans aucun de ces deux sens, *jour* n'est synonyme à *journée*; et les exemples qui ne se prêteraient point aux distinctions que l'on vient d'assigner, rentreraient à coup sûr dans l'un des deux, soit proprement, soit figurément. (B.)

754. Joyau, Bijou.

Les *joyaux* sont plus beaux, plus riches, plus précieux; les *bijoux* sont plus jolis, plus agréables, plus curieux. Dans la comparaison, on voit le *joyau* plus en grand, et le *bijou* plus en petit. On dit les *joyaux* de la couronne, on les garde dans un trésor : une femme parle de ses *bijoux*, elle les serre dans un écrin.

Vous donnerez à des enfants quelques *bijoux*, et non des *joyaux*; une femme s'est réservé dans son contrat de mariage ses *joyaux*; c'est ainsi du moins qu'on disait autrefois, plutôt que ses *bijoux*. Le *joyau* est censé d'un plus grand prix que le *bijou*. On appelle *bijoutier* un amateur, par exemple de tableaux, qui n'aura dans son cabinet que des ouvrages qui ne seront pas d'un grand prix. Ainsi donc les *joyaux* sont pris, en général ou collectivement, pour marquer la richesse de l'ensemble, et un *bijou*, tel *bijou* en particulier, pour en marquer la qualité et l'usage.

Le *bijou* est toujours un ouvrage travaillé; le *joyau* n'est quelquefois que la matière brute. C'est surtout la façon que l'on considère dans le *bijou*, et la matière dans le *joyau*. Ainsi, la joaillerie se distingue de la bijouterie, en ce qu'elle comprend dans son négoce les pierreries qui ne sont pas taillées ou montées. On comprend dans la dénomination de *bijou* une quantité prodigieuse de choses usuelles, telles que des tabatières, des cannes, des étuis, et ces choses-là ne sont pas des *joyaux*, comme les pierreries.

755. Jugement, Sens.

Le *sens* intellectuel doit, selon le mot, et par une analogie évidente, être dans l'esprit ce que le *sens* matériel est dans le corps ; c'est la faculté de prévenir, connaître, distinguer, discerner les objets, leurs qualités, leurs rapports ; lorsque cette faculté lie, combine ces rapports, et prononce sur leur existence, c'est le *jugement*.

Le *sens* est, ce me semble, l'intelligence qui rend compte des choses ; et le *jugement*, la raison qui souscrit à ce compte : ou si l'on veut, le *sens* est le rapporteur qui expose le fait, ou le témoin qui en dépose ; et le *jugement*, le juge qui décide. Nous *jugeons* sur le rapport de nos *sens*.

Le *jugement* est selon le *sens*. Qui n'a point de *sens* n'a point de *jugement* ; qui a peu de *sens* a peu de *jugement* ; qui a perdu le *sens* a perdu le *jugement*. Il est évident que le *sens*, qui donne la connaissance des choses, règle le *jugement*, qui prononce sur l'état des choses.

Il est facile de comprendre pourquoi le *jugement* et le *sens* sont si souvent confondus : c'est la même faculté de l'esprit appliquée à des opérations différentes, mais liées ensemble. Ainsi, l'on dit partout que le *sens* est la faculté de comprendre et de *juger* raisonnablement, selon la droite raison ; mais il est clair que, quand cette faculté *juge*, c'est le *jugement*, et que l'idée de *juger* est absolument étrangère au mot *sens*, qui ne peut par lui-même énoncer que des idées analogues à celles des *sens* physiques.

Le *sens* est la raison qui éclaire : le *jugement* est la raison qui détermine. Ainsi, à proprement parler, le *jugement* n'est pas, comme le dit un moraliste profond, une grande lumière de l'esprit ; c'est la détermination à recevoir et à suivre, dans les choses morales et intellectuelles, la lumière que le *sens* lui présente.

Nous sentons bien que le *sens* n'est pas décidé, déterminé, fixe et ferme comme le *jugement*, lorsque nous disons *à mon sens*, pour marquer une sorte d'instinct, de goût, de penchant, une idée, une opinion légère, un avis qui n'est pas raisonné et décidé. Vous parlez ainsi pour dire que vous ne *jugez* pas, que vous ne portez pas un *jugement*, que c'est plutôt affaire de goût que de *jugement*.

Ce n'est pas que le *sens* ne juge ; mais alors, si nous ne l'appelons pas *jugement*, la raison en est que ces opérations sont si rapides, qu'on ne les distingue pas, qu'on ne les aperçoit pas ; on juge, on se détermine comme par instinct. On voit, on sent, pour ainsi dire, le *jugement* qui raisonne ou combine ; on dirait que le *sens* dispense de raisonner et de combiner dans ces cas-là.

L'homme d'un grand *sens* voit d'un coup d'œil, au loin, par-dessus tous les esprits, au fond des choses, et si bien, qu'il semble se passer de *jugement* : son coup d'œil vaut la réflexion et la méditation. Voir et juger est pour lui même chose.

Avec le *bon sens* on a le *jugement solide*. Un homme de *sens* aura de la profondeur dans le *jugement*. Le *sens commun* promet assez de *jugement* pour qu'on se conduise bien dans les conjonctures ordinaires de la vie. On dira plutôt un *grand sens* qu'un *grand jugement* ; je viens de dire pourquoi. Le *sens*, joint à l'habitude des affaires, rend le *jugement sûr*.

En vain vous auriez le *sens droit*, si vous n'avez pas le *jugement sain* : la droiture ou la rectitude de l'esprit suffit au *sens* ; outre la rectitude de l'esprit, il faut, pour le *jugement*, la droiture de l'âme. La passion qui n'est pas assez forte pour vous ôter le *sens*, est assez maligne pour corrompre votre *jugement* ; elle met en contradiction le *sens* qui voit bien les choses, avec le *jugement* qui obéit à la volonté pervertie. Il y a des juges éclairés et corrompus.

Celui qui n'a point de *sens* est bête et imbécile : celui qui n'a point de *jugement* est fou, extravagant.

L'homme *sensé* a de la rectitude, du discernement, de la sagesse dans l'esprit ; l'homme judicieux a de plus de la réflexion, de la critique et de la profondeur : on écoute l'homme *sensé*, on consulte l'homme *judicieux*.

Le *sens* regarde particulièrement la conduite, les affaires, les objets usuels : le *jugement* embrasse tous les objets du raisonnement. (R.)

756. Juriste, Jurisconsulte, Légiste.

Juriste, qui fait profession de la science du droit : *jurisconsulte*, qui consulte ou est consulté sur le droit, sur des points de droit ; *légiste*, qui fait profession de la science des lois.

Nous ne disons plus guère aujourd'hui que *jurisconsulte*, et nous appelons même *jurisconsultes* des gens qu'on ne consulte pas, mais qui seraient bons à consulter, tels que des juges habiles, qui ne sont, à proprement parler, que *juristes*. (R.)

Juriste est celui qui fait profession de la science du droit.

Légiste est celui qui fait profession de la science de la loi. Définissons *droit* et *loi*.

Droit est pris, en jurisprudence, pour la masse, la collection des lois qui régissent l'empire ; on dit *le corps du droit*.

Loi signifie règle prescrite : son effet est particulier, elle fait partie du *droit*. On ne dit pas *droit* criminel, mais bien *lois* criminelles.

La *loi* est donc au *droit* ce que la partie est au tout ; et c'est par cette distinction et l'application des exemples que nous reconnaîtrons le *juriste*.

L'avocat est *juriste*, le procureur *légiste*. (Anon.)

757. Justesse, Précision.

La *justesse* empêche de donner dans le faux, et la *précision* écarte l'inutile.

Le discours *précis* est une marque ordinaire de la *justesse* de l'esprit. (G.)

758. Juste, Équitable.

Ce qui est *juste* de fait, en vertu d'un droit parfait et rigoureux, l'exécution peut en être exigée par la force, si l'on n'y satisfait pas de bon gré. Ce qui est *équitable* ne se fait qu'en vertu d'un droit imparfait et non rigoureux; l'exécution ne peut en être exigée par les lois de la contrainte, elle est abandonnée à l'honneur et à la conscience de chacun.

Le contrat de louage donne au propriétaire le droit parfait d'exiger du locataire, même par force, le paiement du loyer; il est donc *juste* de le payer, et c'est une *injustice* d'éluder ou de refuser ce paiement. Le pauvre n'a qu'un droit imparfait à l'aumône qu'il demande, et il ne peut l'exiger par contrainte; mais le principe de l'égalité naturelle en fait un devoir à la conscience de l'homme riche. Il est donc *équitable* de remplir ce devoir; et si ce n'est pas une *injustice*, c'est au moins une *iniquité* de s'en dispenser quand on peut s'en acquitter.

Ce sont les lois positives qui décident de ce qui est *juste* ou *injuste* : ce sont les principes de la loi naturelle qui constatent le droit moins rigoureux d'après l'égalité naturelle, et qui, par conséquent, décident de ce qui est *équitable* ou inique (B.)

759. Justice, Équité.

L'objet propre de la *justice* est le respect de la propriété. L'objet de l'*équité*, en général, est le respect de l'humanité.

Votre *existence*, vos facultés, vos talents, votre travail, les fruits de votre travail, votre fortune votre réputation, votre honneur, sont à vous; la *justice* défend qu'on y porte atteinte, elle efface l'atteinte qu'on y a portée. Mes besoins, mes erreurs, mes misères, mes fautes, mes torts, sont de la faiblesse humaine; l'*équité* y compatit, elle vous engage à me faire du bien quand le bien est de le faire.

La *justice* nous sépare, en quelque sorte, nous isole, nous défend contre chacun et contre tous, comme s'ils étaient ou s'ils pouvaient devenir nos ennemis. L'*équité* nous rapproche, nous lie, nous confond, pour ainsi dire, ensemble comme amis, comme frères, comme membres du même corps : la propriété est exclusive; l'égalité est communicative,

La *justice* laisse une grande inégalité entre les hommes; l'*équité* travaille à la faire disparaître par une égalité de bonheur.

Pendant que la *justice* répare les torts que vous avez soufferts par l'injustice des hommes, l'*équité* vous presse de réparer envers eux les torts qu'ils souffrent par l'injustice du sort. Rendez le bien pour le bien; c'est encore un principe d'égalité : partout vous trouverez des compensations à faire.

Ne faites tort à personne, réparez les torts que vous aurez faits; voilà les préceptes de la *justice*. Ne faites point à autrui ce que vous ne voudriez point qu'on vous fît : faites à autrui ce que vous voudriez qu'on vous fît à vous-même : voilà les grands préceptes de l'*équité*... (R.)

Résumons : *justice*, dérivé de *jus*, droit, est, suivant les jurisconsultes, l'action de rendre à chacun ce que le droit ou la loi lui donne : elle ne peut exister que chez les hommes réunis en société, ayant adopté des règles positives.

L'*équité* est la loi naturelle, qui connaît moins les règles de convention, que le sentiment intime qui nous invite à agir envers les autres comme nous voudrions qu'on en usât envers nous.

La *justice* est inflexible; elle assure la tranquillité des états et veille à la sûreté des citoyens. Mais elle se trouve souvent en opposition avec l'*équité*; parce que, jugeant d'après des règles invariables, elle ne doit jamais voir que le fait; au lieu que l'*équité*, se rapprochant de l'intention, n'a d'autres lois que celles que la nature ou les circonstances lui dictent.

L'*équité* nous ramène à l'observance des lois naturelles : elles ne sont pas écrites, mais elles se font sentir; et c'est à ce cri du besoin d'aimer et de traiter les hommes en frères, que nous cédons. « On n'est homme, dit La Bruyère, que lorsqu'on est *équitable*. »

Un père dénaturé déshérite son fils : la *justice* doit confirmer ces dispositions, mais l'*équité* défend de les exécuter.

J'ai été frappé, injurié, j'ai reçu dommage : la *justice* m'offre un recours; mais si c'est par erreur, si la réparation que j'ai droit de prétendre entraîne la ruine d'un homme plus malheureux que coupable, dois-je la poursuivre ?

Tout est *juste* quand la loi prononce; c'est à l'*équité* à tempérer la rigueur de ses arrêts. (Anon.)

760. Justification, Apologie.

Justifier, montrer, prouver, déclarer l'innocence d'un accusé, la justice d'une demande, son bon droit : *apologie* est un mot grec, qui signifie discours pour la défense de quelqu'un, l'action de repousser, par écrit ou de vive voix, une inculpation.

La *justification* est le but de l'*apologie*; l'*apologie* est un moyen de *justification*. L'*apologie* n'est que la défense de l'accusé ; la preuve ou la manifestation de son innocence fait sa *justification*.

Le terme de *justification* se prend aussi dans le sens d'*apologie*, pour la défense d'un accusé ; mais il annonce alors une preuve complète, ou l'assurance du succès ; tandis que toute autre marque seulement le dessein et la tâche de se disculper. Je fais mon *apologie* quand je me défends ; et ma *justification*, quand je me défends d'une manière victorieuse. L'*apologie* n'est qu'un moyen de vous justifier : des pièces justificatives, les dépositions de témoins, etc., opèrent aussi votre *apologie*. (R.)

761. Justifier, Défendre.

L'un et l'autre veulent dire travailler à établir l'innocence ou le droit de quelqu'un : en voici les différences.

Justifier suppose le bon droit, ou au moins le succès : *défendre* suppose seulement le désir de réussir.

Cicéron *défendit* Milon ; mais il ne put parvenir à le *justifier*. L'innocence a rarement besoin de se *défendre ;* le temps la *justifie* presque toujours. (*Encycl.*, IV, 734.)

L

762. Labyrinthe, Dédale.

Labyrinthe, mot latin, grec, égyptien, est formé de l'article *L* (le), de *bire* (palais) et de *ein* (soleil). Le palais construit par plusieurs rois d'Égypte, dans le nome d'Héracléopolis, à l'honneur du soleil ou d'Hercule, représentait, par ses divisions et ses subdivisions infinies, celles de la révolution annuelle de cet astre, c'est-à-dire les mois, les jours, etc. Sur le modèle de ce palais, il en fut bâti trois autres : un en Crète, un autre à Lemnos, un troisième en Étrurie. *Dédale*, fameux ouvrier, construisit celui de Crète ; et le nom de l'ouvrier a été donné à l'ouvrage ; mais ce nom grec signifie habile, industrieux, bien exécuté, artistement varié, ingénieusement fabriqué.

Selon sa valeur primitive, *labyrinthe* désigne le dessin de l'ouvrage ; *dédale* marque l'habileté de l'ouvrier. *Labyrinthe* est devenu le nom propre des constructions, des plantations, des lieux dont les tours et les détours sont si multipliés, qu'on s'y égare et qu'on ne sait où trouver une issue ; il se dit au propre et au figuré. *Dédale*, nom détourné et appliqué de l'ouvrier à l'ouvrage, ne se dit guère que figurément des choses infiniment compliquées, qu'il est difficile de concevoir nettement et de tirer au clair, si ce n'est en poésie ou dans le style relevé. Ainsi nous disons le *labyrinthe de Versailles ;* mais le poète l'appellera fort bien un *dédale*, surtout en considérant la curiosité de l'ouvrage.

Dédale est un mot noble ; *labyrinthe* est un mot commun à tous les styles. On dira également le *labyrinthe* et le *dédale* des lois : on dira plutôt le *labyrinthe* que le *dédale* de la chicane. Le palais de la justice est un vaste *dédale*, et ses avenues sont quelquefois des *labyrinthes* dangereux. (R.)

763. Lâche, Poltron.

Le *lâche* recule, le *poltron* n'ose avancer : le premier ne se défend point, il manque de valeur ; le second n'attend point, il pèche par le courage. Il ne faut pas compter sur la résistance d'un *lâche* ni sur le secours d'un *poltron*. (G.)

764. Laconique, Concis.

L'idée commune attachée à ces deux mots est celle de brièveté ; voici les nuances qui les distinguent :

Laconique se dit des choses et des personnes : *concis* ne se dit guère que des choses, et principalement des ouvrages et du style, au lieu que *laconique* se dit principalement de la conversation ou de ce qui y a rapport.

Un homme très-*laconique*, une réponse *laconiqué*, une lettre *laconique* ; un ouvrage *concis*, un style *concis*.

Laconique suppose nécessairement peu de paroles ; *concis* ne suppose que les paroles nécessaires. Un ouvrage peut être long et *concis*, lorsqu'il embrasse un grand sujet : une réponse, une lettre, ne peuvent être à la fois longues et *laconiques*.

Laconique suppose une sorte d'affection et une espèce de défaut ; *concis* emporte pour l'ordinaire une idée de perfection : voilà un compliment bien *laconique* ; voilà un discours bien *concis* et bien énergique. (*Encycl.*)

765. Lac, Rets, Filet.

Espèces de piéges pour surprendre et prendre.

Le propre du *filet* est d'envelopper et de contenir ; celui des *rets*, d'arrêter et de retenir ; celui des *lacs*, de saisir et d'enlacer.

Les *lacs* sont formés de cordons enlacés, entremêlés, noués. Les *lacs d'amour* sont des chiffres entremêlés, des lettres enlacées, des cordons noués d'une certaine manière. Les *lacs* du chasseur sont des nœuds coulants. L'ouvrage tissu de ces *lacs* est un *lacis*.

Les *rets* sont formés d'un lacis ; ce sont des espèces de *filets* pour la chasse ou pour la pêche : il y en a de différentes sortes. Le mot *filet* est le genre à l'égard des *rets* et autres espèces de piéges tendus aux animaux.

Le *filet* est formé d'un assemblage ou plutôt d'un réseau de fils, de ficelles, de *lacs*, soit pour la chasse et la pêche, soit pour différents autres usages. *Filet* est d'un usage aussi étendu en français que *rete* l'était en latin.

Au figuré, nous dirons qu'une personne est prise dans les *lacs*, des *rets*, des *filets* qu'on lui a tendus, ou bien qu'elle leur a échappé ou qu'elle s'en est tirée, sans trop avoir égard à la différence propre des termes.

Les *lacs* sont plus fins, plus subtils, moins sensibles, moins compliqués : ils attirent, ils surprennent, ils attachent, selon la valeur et la définition propre du mot. Vous tombez dans les *lacs* d'un sophiste. Cette application du mot est très-ordinaire chez les Latins. Vous êtes pris dans les *lacs* d'une coquette : une coquette se prend dans ses propres *lacs*.

Rets ne se dit guère au figuré, mais il n'y a aucune raison de l'en exclure. Les *rets* vous arrêtent dans votre chemin, vous embarrassent dans des liens multipliés, vous retiennent malgré les efforts que vous faites pour vous en débarrasser. Il y a plus d'étendue, plus de force, plus de combinaisons, plus de liens dans les *rets* que dans les *lacs*.

Le *filet* est un piége caché ou déguisé, dans lequel on se trouve enveloppé sans pouvoir trouver une issue. Aux propriétés particulières des *rets*, il joint celle d'une capacité qui entoure et renferme comme dans un voile. Ainsi, quand plusieurs objets sont pris et enveloppés à la fois, on dit voilà un beaucoup de *filet*. (R.)

766. Laine, Toison.

Une *toison* est la totalité de la *laine* dont l'animal est revêtu ; on distingue différentes sortes de *laines* dans une *toison*.

Quoi qu'on en dise, il est infiniment plus avantageux de bien soigner les troupeaux du pays et leurs *laines*, que d'y établir des races plus parfaites, tirées de loin. L'introduction des meilleures brebis étrangères procure à peine deux ou trois belles *toisons* à grands frais.

On coupe, on enlève, on lave, on vend la *toison*, mais c'est la *laine* que l'industrie prépare et travaille de mille manières. La *toison* n'est qu'un objet de vente ; la *laine* est la matière mise en œuvre par différents arts. Je veux dire que la *toison* redevient *laine*, ou qu'elle en reprend le nom dans les mains de divers fabricants. (R.)

767. Lamentable, Déplorable.

Lamentable, qui mérite, qui excite des *lamentations*, c'est-à-dire des cris plaintifs, longs et immodérés. *Déplorable*, qui mérite, qui tire des pleurs, c'est-à-dire des larmes accompagnées de cris.

Les *lamentations* ne sont pas de simples *gémissements*.

Le *gémissement* est une voix plaintive, tendre, pitoyable, inarticulée ; il échappe d'un cœur serré ou oppressé : la *lamentation* est l'effusion d'un cœur qui ne peut, ni se contenir ni s'arrêter ; elle est grande, sombre, lugubre, opiniâtre. La colombe et la tourterelle *gémissent* et ne se *lamentent* pas. Cicéron définit la *lamentation*, une douleur exprimée par des cris immodérés et lugubres, *ejulatus* : le *gémissement*, dit le même philosophe, est quelquefois permis aux hommes ; les *lamentations* ne le sont pas même aux femmes. La *lamentation* se rapproche du *hurlement*, cri élevé, traînant et effrayant, propre aux loups et aux chiens qui semblent se désoler. Le *gémissement* ne marque que la sensibilité : la *lamentation* marque en général une sorte de faiblesse ; mais, dans de grandes calamités publiques, les *lamentations* paraîtront justes, naturelles, convenables : il faudrait que, comme celles de Jérémie, elles égalassent les calamités.

Il nous reste les pleurs et les cris mêlés de plaintes, qu'on aurait pu appeler *déploration*. Je demande la permission de me servir de ce mot, pour la commodité du discours. La *déploration* est plus vive et plus pathétique que la *lamentation*, plus lugubre et plus traînée elle-même que la *lamentation*. La *déploration* est d'un homme qui se désole, qui se désespère ; la *lamentation*, d'un homme qui ne peut se modérer, se consoler. Celui qui *déplore* son sort vous touche et vous attache ; celui qui se *lamente* sur le sien vous attriste et vous afflige.

L'objet *lamentable* est donc fait pour exciter en vous, par de fortes impressions, des sentiments si douloureux, qu'ils éclatent par des cris et s'exhalent par de longues plaintes et de longs regrets. L'objet *déplorable* est fait pour exciter en nous par des impressions touchantes, une sensibilité si vive, qu'il faut non-seulement des cris, mais encore des larmes amères pour exprimer notre douleur.

La situation des personnes est *déplorable* ; leurs cris même sont *lamentables*. (R.)

768. Lamentation, Plainte.

Ce sont également des expressions de la sensibilité de l'âme ; c'est en cela que consiste l'idée commune. (B.)

La *lamentation* est une *plainte* forte et continuée. La *plainte* s'exprime par le discours ; les gémissements accompagnent la *lamentation*.

On se *lamente* dans la douleur ; on se *plaint* du malheur.

L'homme qui se *plaint* demande justice, celui qui se *lamente* implore la pitié. (*Encycl.*, IX, 228.)

769. Lancer, Darder.

Lancer, jeter en avant avec violence, comme quand on porte un coup de *lance*. *Darder*, *lancer* avec violence un *dard* ou un trait perçant, frapper avec cette espèce de trait. Ainsi on *lance* toute sorte de corps pour atteindre au loin ; on ne *darde* que des instruments perçants, et on les *darde* pour percer.

Lancer n'a que la signification de jeter ; *darder* a de plus celle de frapper, percer, pénétrer. La couleuvre des Moluques se suspend à des branches d'arbre pour se *lancer* sur les animaux et les *darder*.

Le soleil *lance* et *darde* ses rayons : il les *lance*, lorsqu'il les répand dans le vide ou le vague des cieux ; il les *darde* lorsqu'il les jette à plomb sur un objet, le frappe et le pénètre.

Au figuré, *lancer* est d'un très-grand usage : on *lance* des regards, des eaux, des sarcasmes, des anathèmes, etc. *Darder* ne s'emploie guère qu'au propre. *Darder*, pris figurément, marquera plus de véhémence que *lancer*, avec la direction plus courte et l'intention formelle de frapper (R.)

770. Landes, Friches.

Lande annonce une étendue que *friche* ne demande pas. Il y a des *friches* dans des cantons, des *landes* dans des provinces. Les *landes* sont de mauvaises terres qui ne donnent que quelques misérables productions ; les *friches* sont des terres incultes ou négligées, auxquelles il ne manque que la culture. Dans un pays neuf, des colons cultivent d'abord les *friches*, et laissent les *landes*. La *lande* est telle par sa nature même ; la *friche* n'est telle que faute de culture.

On prétend, dans un dictionnaire, qu'on ne dit plus guère des *friches*, quoiqu'on dise tomber en *friche*. De l'expression très-usitée, *tomber en friche*, on entend surtout les terres qu'on abandonne ou qu'on néglige après les avoir cultivées. Les *landes* existent par elles-mêmes ; les *friches* se forment par notre négligence ou par dégénération.

On appelle encore *landes* les passages longs, secs, vains, vagues et ennuyeux d'un ouvrage. On dit d'une personne qui a de l'esprit naturel, mais sans acquit et sans connaissance pour le faire valoir, que c'est un *esprit en friche*. (R.)

771. Langage, Langue, Idiome, Dialecte, Patois, Jargon.

Ce qu'il y a de commun entre ces termes, c'est qu'ils marquent tous la manière d'exprimer les pensées ; c'est par-là qu'ils sont synonymes : voici les différences par où ils cessent de l'être.

Le mot de *langage* est le plus général, et il ne comprend dans sa signification que l'idée qui lui est commune avec tous les autres, celle de la manière d'exprimer les pensées, sans aucune autre détermination ; en sorte que l'on donne le nom de *langage* à tout ce qui fait ou paraît faire connaître les pensées ; de là vient que l'on dit même, le *langage* des yeux, un *langage* par signes, tel que celui des sourds et muets ; le geste est un *langage* muet.

Les autres mots ajoutent à cette idée générale et commune, celle du moyen dont on se sert pour rendre sensible l'expression des pensées : chacun de ces termes suppose que la parole est le moyen, et par conséquent que le *langage* est oral. C'est par cette nouvelle idée qu'ils diffèrent tous du mot *langage* ; mais puisqu'elle leur est commune, ils sont encore, à cet égard, synonymes entre eux, et il faut chercher les idées accessoires qui les distinguent.

Une *langue* est la totalité des usages propres d'une nation pour exprimer les pensées par la parole. Tout est usage dans les *langues* ; le matériel et la signification des mots, l'analogie et l'anomalie des terminaisons, la servitude ou la liberté des constructions, le purisme ou le barbarisme des ensembles. Les mots en sont consignés dans les dictionnaires ; l'analogie en est exposée dans les grammaires particulières de chacune.

Si, dans le *langage* oral d'une nation, on ne considère que l'expression des pensées par la parole, d'après les principes généraux et communs à tous les hommes, le nom de *langue* exprime parfaitement cette idée ; mais si l'on veut encore y ajouter les vues particulières à cette nation, et les tours singuliers qu'elles occasionnent nécessairement dans sa manière de parler, le terme d'*idiome* est alors celui qui convient le mieux à cette idée moins générale et plus restreinte. De là vient que l'on donne le nom d'*idiotisme* aux tours d'élocution qui sont propres à un *idiome :* c'est dans cette propriété que consistent les finesses et les délicatesses de chacun ; et on ne peut les apprendre que par la fréquentation des honnêtes gens de chaque nation, ou par la lecture assidue et réfléchie de ses meilleurs écrivains.

Si une *langue* est parlée par une nation composée de plusieurs peuples égaux, et dont les états sont indépendants les uns des autres, tels qu'étaient anciennement les Grecs, et tels que sont aujourd'hui les Italiens et les Allemands, avec l'usage général des mêmes mots et de la même syntaxe, chaque peuple peut avoir des usages propres sur la prononciation, ou sur la déclinaison des mêmes mots : ces usages subalternes, également légitimes, à cause de l'égalité des états où ils sont autorisés, constitue les *dialectes* de la *langue* nationale.

Si, comme les Romains autrefois, et comme les Français aujourd'hui, la nation est une par rapport au gouvernement, il ne peut y avoir dans sa manière de parler qu'un usage légitime, celui de la cour et des gens de lettres à qui elle doit des encouragements. Tout autre usage qui s'en écarte dans la prononciation, dans les terminaisons, ou de quelque autre façon que ce puisse être, ne fait ni une *langue* ou un *idiome* à part, ni un *dialecte* de la *langue* nationale : c'est un *patois* abandonné à la populace des provinces, et chaque province a le sien.

Un *jargon* est un *langage* particulier aux gens de certains états vils, comme les gueux et les filous de toute espèce, ou c'est un composé de façons de parler, qui tiennent à quelque défaut dominant de l'esprit ou du cœur, comme il arrive aux petits-maîtres, aux coquettes, etc. Le mot de *jargon* fait donc toujours naître une idée de mépris, qui ne se trouve point à la suite des termes précédents : et si on l'emploie quelquefois pour désigner quelque *langage* bien autorisé, c'est alors pour marquer le cas que l'on en fait dans le moment, plutôt que celui qu'il en faut faire dans tous les temps.

Le *langage* se sert de tout pour manifester les pensées. Les *langues* n'emploient que la parole. Les *idiomes* se sont appropriés exclusivement certaines façons de parler qui rendent difficile la traduction des pensées de l'un ou de l'autre. Les *dialectes* produisent dans la *langue* nationale des variétés qui nuisent quelquefois à l'intelligence ; mais qui sont ordinairement favorables à l'harmonie. Les expressions propres des *patois* sont des restes de l'ancien *langage* national, qui, bien examinés, peuvent servir à en retrouver les origines. La question que j'ai entendu faire si souvent, si le français est une *langue* ou un *jargon*, me paraît presque un crime de lèse-majesté nationale. (B.)

772. Languissant, Langoureux.

Languissant, qui languit, qui est en langueur ; *langoureux,* qui ne fait que languir, qui outre ou affecte la langueur.

Ainsi, on est naturellement *languissant*, et on fait artificieusement le *langoureux*. On a bien l'air *languissant*, mais on prend l'air *langoureux*.

S'il n'y a pas de l'affectation dans le *langoureux*, il y a du moins quelque chose d'excessif, d'immodéré, d'habituel, de singulier dans sa manière d'être. Ainsi, l'on dira d'un convalescent, qu'il est encore un peu *languissant*, et d'un autre ; qu'il est encore tout *langoureux*. Vous trouverez *langoureux* celui qui paraît toujours *languissant*.

Il ne suffit pas d'être *languissant* pour être appelé *langoureux*, il faut le paraître par des signes ou des démonstrations frappantes de langueur, et d'une langueur assez soutenue, et surtout mêlée de plaintes et de marques de sensibilité.

Aussi *langoureux* sert-il à exprimer cet espèce de langueur qu'on attribue à quelque passion violente, tandis que la langueur exprimée par le mot *languissant* ne désigne que l'abattement ou la simple diminution des forces. Des regards *languissants* sont *langoureux*, s'ils sont tendres en même temps. (R.)

773. Lares, Pénates.

Les *lares* et les *pénates* sont, dans la mythologie, des dieux ou des génies tutélaires des habitations, des maisons, des villes, des contrées, de tous les lieux.

Les *lares* peuvent être particulièrement considérés comme les dieux protecteurs de l'habitation et de la famille en général ; les *pénates*, comme les dieux tutélaires de la maison intérieure ou de la chose domestique. Les *lares* gardaient surtout la maison des ennemis du dehors ; les *pénates* la préservaient des accidents intérieurs.

Les *lares* président proprement à la sûreté ; les *pénates* président particulièrement au ménage.

Nous disons, poétiquement ou familièrement, nos *pénates*, et non pas nos *lares*, pour nos foyers domestiques. On va revoir ses *pénates*, on les salue. (R.)

774. Larmes, Pleurs.

Larmes est la dénomination propre de l'humeur limpide que la compression des muscles fait sortir du sac lacrymal et découler de l'œil. *Pleur*, mot détourné de sa signification naturelle, désigne une espèce particulière et une abondance de *larmes*, ou des *larmes* abondantes et accompagnées de cris, de sanglots, de lamentations, des éclats de la douleur. Le rire, la joie, l'artifice, comme la douleur, l'affliction, une surprise extraordinaire, enfin, toute cause physique qui produit une compression des muscles de l'œil, fait couler des *larmes*. Les *pleurs*, comme on l'a fort bien observé, sont toujours marqués par quelque chose de lugubre, par une émotion violente, des signes éclatants, une inspiration et une expiration précipitée.

Voyez ces termes mis en opposition par les bons écrivains ; les *pleurs* enchérissent toujours sur les *larmes*. Il ne faut pas, dit Saint-Évremont, que les *larmes d'une absence* soient aussi lugubres que les *pleurs des funérailles.* La *tragédie en pleurs,* dit Boileau, *nous* arrache des *larmes pour nous divertir.*

Rien n'est plus doux que de douces *larmes ;* tout est amer dans les *pleurs.* Les *larmes* soulagent, et les *pleurs* semblent aigrir la douleur.

Les *larmes* embellissent souvent la beauté ; les *pleurs* la défigurent.

L'homme dur, qui n'a jamais versé des *larmes,* versera des *pleurs,* et pas une *larme* ne tombera sur lui.

La sensibilité, la pitié, la tendresse, les passions douces, répandent des *larmes :* la colère, la fureur, le désespoir, les passions violentes, ne versent que des *pleurs.*

Le repentir sincère nous donne des *larmes ;* le remords déchirant n'a que des *pleurs.*

Les *larmes* des femmes, dit un proverbe espagnol, valent beaucoup et coûtent peu. Les *pleurs* des hommes valent peu et coûtent beaucoup.

On dit une *larme,* et non pas un *pleur :* voilà pourquoi j'ai dit qu'il y avait dans les *pleurs* une sorte d'abondance ou de continuité. Il n'appartient qu'à Bossuet de dire un *pleur,* et encore ce *pleur* est une lamentation, suivant le sens naturel du mot : là commencera ce *pleur* éternel ; là, ce grincement de dents qui n'aura jamais de fin. *Oraison funèbre d'Anne de Gonzague.* (R.)

775. Larron, Fripon, Filou, Voleur.

Ce sont des gens qui prennent ce qui ne leur appartient pas, avec les différences suivantes. Le *larron* prend en cachette ; il dérobe. Le *fripon* prend par finesse ; il trompe. Le *filou* prend avec adresse et subtilité ; il escamote. Le *voleur* prend de toutes manières, et même de force et avec violence.

Le *larron* craint d'être découvert ; le *fripon* d'être reconnu ; le *filou,* d'être surpris ; et le *voleur,* d'être pris. (G.)

776. Las, Fatigué, Harassé.

Ces trois termes dénotent également une sorte d'indisposition qui rend le corps inepte au mouvement et à l'action.

On est *las* quand on est affecté du sentiment désagréable de cette inaptitude ; et cette *lassitude,* faisant abstraction de toute cause, peut être forcée ou spontanée ; forcée, si elle est l'effet ou la suite d'un mouvement excessif ; spontanée, si elle n'a été précédée d'aucun exercice violent que l'on puisse en regarder comme la cause.

On est *fatigué* quand, par le travail ou le mouvement, on s'est mis dans cet état d'inaptitude.

On est *harassé* quand on ressent une *fatigue* excessive.

Quand on est *las* du travail, il faut le suspendre ou le changer ; car ce n'est quelquefois que l'uniformité qui *lasse*. Quand on est *fatigué*, il faut se reposer ; quand on est *harassé*, il faut se rétablir. (B.)

777. Lasciveté, Lubricité, Impudicité.

Penchants, passions, vices relatifs aux plaisirs des sens, à l'amour, à la luxure.

Les mots latins *lascivus, lascivia, lascivire*, expriment proprement l'idée de bondir, sauter, folâtrer. Nos mots *lascifs* et *lasciveté* ne désignent qu'une forte inclination aux plaisirs des sens, marquée par des mouvements particuliers. Le mot latin *lubricus* signifie glissant ou pente où l'on ne peut se retenir : nos mots *lubriques* et *lubricité* ne désignent que le penchant violent ou presque irrésistible d'un sexe vers l'autre. *Impudicité* marque, par la négation *in*, le contraire de la *chasteté*, de la *pudeur*, de la *pudicité*.

Le *lascif* tressaille à la vue de son objet ou à la seule idée du plaisir ; il désire vivement ; il jouit voluptueusement. Le *lubrique* est emporté vers son objet ; sans frein dans ses désirs, dans ses plaisirs, il est sans retenue. L'*impudique* se livre sans pudeur à un objet ou à ses goûts ; sans respect pour la pureté, il se souille de jouissances criminelles.

La *lasciveté* naît d'un tempérament amoureux, irritable, voluptueux. La *lubricité* consiste dans l'extrême pétulance, l'incontinence hardie, l'insatiable avidité de ce tempérament qui dévore son objet avant d'en jouir ; et qui, également irrité par la résistance et par la jouissance, va sans cesse demandant à son objet de nouveaux plaisirs, les provoque par la débauche. L'*impudicité* résulte des sentiments et des mœurs propres à ce tempérament et à ces vices, et contraires à la modération de la nature, à la sainteté des règles.

Ce qui dénote la *lasciveté*, la *lubricité*, l'*impudicité*, comme les regards, les gestes, les postures ; ce qui excite ces penchants, comme des vers, des livres, des tableaux ; tout cela s'appelle *lascif, lubrique, impudique*.

M. Beauzée dit, à la suite des Synonymes de l'abbé Girard, que la *luxure* est une habitude, un penchant criminel d'un sexe vers un autre ; la *lubricité*, l'influence sensible de ce penchant sur les mouvements indélibérés ; la *lasciveté*, la manifestation extérieure de ce penchant par des actes étudiés et prémédités. Je n'ai pas trouvé des raisons capables de justifier ces dernières assertions. (R.)

778. Lasser, Fatiguer.

La continuation d'une même chose *lasse* ; la peine *fatigue* : on se *lasse* à se tenir debout ; on se *fatigue* à travailler.

Être *las*, c'est ne pouvoir plus agir ; être *fatigué*, c'est avoir trop agi.

La *lassitude* se fait quelquefois sentir sans qu'on ait rien fait ; elle vient alors d'une disposition du corps et d'une lenteur de circulation dans le sang. La *fatigue* est toujours la suite de l'action ; elle suppose un travail rude, ou par la difficulté, ou par la longueur.

Dans le sens figuré, un suppliant *lasse* par sa persévérance, et il *fatigue* par ses importunités.

On se *lasse* d'attendre ; on se *fatigue* à poursuivre. (G.)

779. Le, Les.

Un écrivain attentif ne dira pas indifféremment *l'homme* est raisonnable, ou *les* hommes sont raisonnables.

Quand il s'agit de l'universalité des individus, je crois que le singulier de l'article est plus propre à en marquer la totalité physique sans restriction, parce qu'il en fait naturellement naître l'idée par celle de l'unité.

Le pluriel, au contraire, est plus propre à distinguer l'universalité morale, parce que ce nombre avertit naturellement du détail en montrant la pluralité ; et que le détail n'étant nécessaire que quand l'uniformité manque, le pluriel indique, par une conséquence assez analogue, que l'universalité n'est pas si entière qu'il ne puisse y avoir des exceptions.

L'usage de l'article singulier *le*, *la*, est donc particulièrement propre aux cas où l'attribut est, comme disent les philosophes, en matière nécessaire ; l'usage du pluriel *les* suppose, au contraire, que l'attribut est en matière contingente.

Ainsi il faut dire l'*homme* est raisonnable, pour faire entendre que la faculté de raisonner, qui est en effet l'ordre des choses nécessaires, appartient à toute l'espèce humaine et en est un attribut essentiel.

Mais on doit dire *les* hommes sont raisonnables, si l'on veut parler du bon usage de la raison, parce que cet attribut est en matière contingente, et que, dans le détail des individus, plusieurs se trouveraient exceptés de l'universalité.

(B. *Gramm. gén.*, l. 2, ch. 3.)

780. Légal, Légitime, Licite.

Légal se dit proprement des *formes*, des observances, des choses prescrites par la loi positive, sous peine, ou de nullité, ou d'animadversion de la part de la loi. *Légitime* se dit des choses fondées sur la *justice* essentielle ou sur la loi sociale dérivée de la *loi naturelle* de justice : en un mot, sur un droit qu'on ne peut violer sans tomber dans l'injustice. *Licite* se dit proprement des actions ou des choses que les lois regardent du moins comme indifférentes, et qu'elles rendraient moralement mauvaises si elles les défendaient.

C'est la forme qui rend la chose *légale;* c'est le *droit* qui rend la chose *légitime;* c'est le pouvoir qui rend la chose *licite.*

Une élection est *illégale,* si l'on n'y observe pas toutes les conditions requises par la loi. Une puissance est *illégitime,* si elle exerce la force sans droit, contre notre droit. Un commerce est *illicite,* quoique bon dans l'ordre naturel, si la loi le défend en vertu d'un droit.

Vous avez peut-être de *légitimes* sujets de plainte contre quelqu'un, mais sans pouvoir intenter une action *légale* contre lui; et la vengeance personnelle et arbitraire n'est jamais *licite.* (R.)

781. Légère, Inconstante, Volage, Changeante.

Tous ces mots sont synonymes. Ce sont des métaphores empruntées de différents objets : *léger,* des corps, tels que les plumes, qui, n'ayant pas assez de masse eu égard à leur surface, sont détournées et emportées çà et là, à chaque instant de leur chute; *inconstant,* de l'atmosphère, de l'air et des vents; *volage,* des oiseaux; *changeant,* de la surface de la terre ou du ciel, qui n'est pas un moment de même. (*Encycl.,* XVIII, 441.)

Une *légère* ne s'attache pas fortement; une *inconstante* ne s'attache pas pour long-temps; une *volage* ne s'attache pas à un seul; une *changeante* ne s'attache pas au même.

La *légère* se donne à un autre, parce que le premier ne la retient pas; l'*inconstante,* parce que son amour est fini; la *volage,* parce qu'elle veut goûter de plusieurs; et la *changeante,* parce qu'elle veut en goûter de différents.

Les hommes sont ordinairement plus *légers* et plus *inconstants* que les femmes; mais celles-ci sont plus *volages* et plus *changeantes* que les hommes. Ainsi, les premiers pèchent par un fonds d'indifférence qui fait cesser leur attachement; et les secondes, par un fonds d'amour qui leur fait souhaiter de nouveaux attachements. Par conséquent le mérite des hommes me paraît être dans la persévérance, et celui des femmes dans la résistance : le premier est plus rare; le second plus glorieux. Les uns doivent se munir contre les dégoûts, les autres contre les attaques : choses très-difficiles, j'ose même dire impossibles, à moins que la raison, de concert avec le cœur, ne soit également de la partie. (G.)

782. Légèrement, A la légère.

Légèrement énonce une simple modification de la manière dont les choses sont ou doivent être : *à la légère* désigne un costume différent de celui que les choses ont dans l'état naturel : l'adverbe marque une *particularité* ; la phrase adverbiale, une *singularité*.

Nous disons armé, vêtu *légèrement* et *à la légère*. Des soldats armés *légèrement* ont des armes et des vêtements qui ne les chargent point. Des soldats armés *à la légère* ont une espèce particulière d'armure qui les distingue.

Au figuré, comme au propre, *légèrement* se dit quelquefois en bonne part : par exemple, lorsqu'il signifie *superficiellement* ; mais au figuré nous ne disons *à la légère* qu'en mauvaise part.

Vous ne parlez que *légèrement* d'une chose que vous ne touchez qu'en passant ; et ce n'est pas en parler *à la légère*, vous faites bien.

Un panégyriste passe *légèrement* sur les défauts et les torts de son héros ; et certes il ne le fait pas *à la légère*, il agit avec réflexion et avec adresse.

Légèrement, pris au figuré, dans le même sens qu'*à la légère*, dénote ou un défaut de réflexion, d'examen, de jugement, ou un défaut d'égards, de ménagement, de bienséance. C'est agir ou inconsidérément ou lestement.

L'homme qui ne réfléchit pas agit *légèrement* ; l'homme frivole agit *à la légère*.

Vous parlez *légèrement* lorsqu'il vous échappe une parole imprudente. Vous parlez *à la légère* lorsque vous affectez dans vos discours un ton léger. (R.)

783. Lépreux, Ladre.

Le *lépreux* et le *ladre* sont attaqués de la même maladie. La *lèpre* est le genre de maladie : la *ladrerie* est cette maladie particulière dont un sujet est actuellement atteint.

Les hommes sont plutôt *lépreux*, et les animaux *ladres*. La *lèpre* était très-commune chez les Juifs : la *ladrerie* est assez commune parmi les cochons.

Au figuré, *lèpre* est un mot noble ; on dit *la lèpre du péché* : *ladrerie* est un mot dérisoire ; on appelle *ladrerie* une vilaine et sordide avarice.

Le nom de *lèpre* vient de l'Orient, comme la maladie qu'il désigne.

Ladre désigne l'état très-avancé de la maladie, celui où le corps, tout couvert d'ulcères ou d'écailles, parvient à un si haut degré d'insensibilité, qu'on le perce avec une aiguille sans qu'il en souffre aucune douleur.

Nous disons, tant au physique qu'au moral, qu'un homme est *ladre*, lorsqu'il paraît insensible, que rien ne le pique, qu'il souffre tout sans se plaindre. (R.)

784. Levant, Orient, Est.

Le *levant* est littéralement le lieu où le soleil paraît se lever par rapport à un pays : cette dénomination est tirée du *soleil levant*. L'*orient* est le lieu du ciel où le jour commence à luire, la lumière à briller : *or*, signifie jour, lumière. L'*est*, est le lieu de l'horizon d'où le vent souffle quand le soleil se lève ; le mot désigne le souffle, le vent *est* que le lever du soleil excite.

Le *levant* appartient proprement à la sphère , à la géographie ; l'*orient*, à la cosmogonie, à l'astronomie ; l'*est*, à la navigation, à la météorologie.

La terre qui est immédiatement devant nous et plus près du soleil *levant*, est notre *levant ;* mais tout l'espace de terre qu'il éclaire avant nous est l'*orient*. Nous appelons *Levant* une portion de l'empire Ottoman qui borne d'un côté une partie de l'Europe ; et les vastes contrées des Indes et autres pays éloignés s'appellent *Orient :* tant il est vrai que ce dernier mot a un sens plus vaste. Mais quand il s'agit de diriger notre marche ou de marquer sa direction , nous allons à l'*est* , à l'*ouest*, etc. (R.)

785. Lever, Élever, Soulever, Hausser, Exhausser.

On *lève* en dressant ou en mettant debout. On *élève*, en plaçant dans un lieu ou dans un ordre éminent. On *soulève*, en faisant perdre terre et portant en l'air. On *hausse*, en ajoutant un degré supérieur, soit de situation, soit de force, soit d'étendue. On *exhausse*, en augmentant la dimension perpendiculaire, c'est-à-dire en donnant plus de hauteur par une continuation de la chose même.

On dit *lever* une échelle, *élever* une statue, *soulever* un coffre ; *hausser* les épaules et la voix, *exhausser* un bâtiment. (G.)

786. Lever, Hausser.

L'action de *lever* a proprement pour objet d'ôter, de tirer, d'enlever la chose de la place où elle était. L'action de *hausser* a pour objet propre de donner plus de hauteur, plus d'élévation, un plus haut degré dans la ligne perpendiculaire, à la chose qu'on *hausse*.

Aussi le mot *lever* ne signifie-t-il, dans une foule de cas, qu'ôter une chose de dessus une autre , détacher une partie d'un tout, prendre ou supprimer ce qui était imposé, tirer ce qui était dans un lieu, sans aucune idée de *hausser*, de rendre plus haut, de mettre plus haut , caractère distinctif et ineffaçable de ce dernier terme.

En général, dans les cas où *lever*, outre son idée fondamentale, rappelle celle de hauteur, il désigne seulement la hauteur propre, naturelle, ordinaire d'un corps, qui, par un simple changement de situation et de direction, la reprend sans qu'il y ait rien d'ajouté à sa mesure naturelle, tandis que *hausser*, dans les mêmes cas et par opposition, demande un nouveau degré de hauteur ajouté à la hauteur que l'objet avait déjà.

Vous étiez assis, vous vous *levez*, et vous ne vous *haussez* pas ; vous êtes alors debout et dans votre hauteur : si vous vous mettez sur la pointe du pied, et que vous éleviez les bras tant que vous pouvez pour toucher un objet trop élevé pour vous, vous vous *haussez*, vous vous élevez au-dessus de votre hauteur naturelle. (R.)

787. Lever un plan, Faire un plan.

Lever un plan et *faire un plan*, sont deux opérations très-distinctes.

On *lève un plan* en travaillant sur le terrain, c'est-à-dire en prenant des angles et en mesurant des lignes, dont on écrit les dimensions dans un registre, afin de s'en ressouvenir *pour faire le plan*.

Faire un plan, c'est tracer en petit sur du papier, du carton ou toute autre matière semblable, les angles et les lignes déterminées sur le terrain dont on a *levé le plan* ; de manière que la figure tracée sur la carte ou décrite sur le papier soit tout-à-fait semblable à celle du terrain, et possède en petit, quant à ses dimensions, tout ce que l'autre contient en grand. (*Encycl.*, IX, 443.)

788. Libéralité, Largesse.

La *libéralité* est la vertu qui donne *librement*, gratuitement, généreusement, celle d'un homme *libre*, puissant, noble. Le don ou la chose donnée est une *libéralité*. Au figuré, on a dit *largesse* pour exprimer les dons faits d'une main *large*, *largâ manu*, disent les Latins, ou la grande étendue de ces dons.

La *libéralité* est un don généreux, la *largesse* une ample *libéralité*. Ce qu'on donne *libéralement* n'est pas dû ; ce qu'on donne *largement* n'est pas compté ou mesuré. S'il y a dans les *libéralités* de l'abondance, il y aura dans les *largesses* de la profusion. Mais la *libéralité* est toujours un don, tandis que la *largesse* n'est souvent que profusion dans la dépense. On peut payer *largement*, sans avoir le mérite de la *libéralité*.

L'économie peut suffire pour des *libéralités* ; pour des *largesses*, il faut de l'opulence. Dans les occasions d'exercer la charité, la bienfaisance, la bienveillance envers les pauvres, envers un client, envers un ami, on fait des *libéralités* ; dans les occasions d'apparat, des fêtes, des réjouissances envers la tourbe, la populace, la canaille, on fait des *largesses*. (R.)

789. Liberté, Franchise.

La *liberté* est le pouvoir de réduire en acte ses facultés, ou d'exercer sa volonté. La *franchise* est une exemption de charges ou de conditions onéreuses sur l'exercice de ses facultés et de sa volonté. La *liberté* exige la faculté et la possibilité présente de faire la chose : la *franchise* lui facilite l'exécution entière de la chose par la levée de quelque obstacle ou de quelque difficulté. La *liberté* peut être gênée, restreinte, traversée, arrêtée; la *franchise* la délivre de gênes et d'embarras.

La *liberté* a d'ailleurs un domaine infiniment plus étendu que la *franchise*. Il y a toutes sortes de *libertés* : *liberté* physique, *liberté* morale, *liberté* théologique, *liberté* civile, etc. La *franchise* n'a guère lieu que dans l'ordre politique, l'ordre civil, l'ordre moral. Je veux dire que l'usage du mot *franchise* est restreint à tel et tel ordre de choses; au lieu que partout où il s'agit de pouvoir faire ou ne pas faire, il y a *liberté*.

On dit qu'un peuple est politiquement *libre* lorsqu'il est gouverné par lui-même; est-ce qu'il n'est pas toujours gouverné par des lois et par des magistrats bons ou mauvais? On appelle un peuple *franc*, lorsqu'il n'est point assujetti à des impôts.

Il est faux que l'on soit *libre* dès qu'on n'obéit qu'aux lois : et si ces lois sont tyranniques? La *liberté* n'est que dans la jouissance pleine et entière de ses droits. Il est ridicule de se croire *franc* d'une charge, parce qu'on ne la supporte pas en personne; la *franchise* n'est réelle qu'autant que la charge ne retombe pas indirectement sur vous, comme la taille de votre fermier y retombe.

La *liberté* regarde également le droit naturel, le droit commun, le droit positif : la *franchise* n'est proprement que du droit positif. La *liberté* sera plutôt dans la règle générale; la *franchise*, dans l'exception particulière. La *liberté* suppose plutôt un droit; la *franchise*, un privilège. C'est pour une province une *liberté* que de s'imposer elle-même; c'est pour un ordre de citoyens une *franchise* que de n'être pas imposé.

La *liberté* est commune à la nation; la *franchise* est pour certain ordre de l'État ou pour de simples particuliers.

Le mot *franchise* s'applique principalement aux exemptions de droits pécuniaires, et c'est là surtout que la *franchise* est bien distinguée de la *liberté*.

Les lois prohibitives ôtent la *liberté* du commerce; les lois fiscales en ôtent la *franchise*. Un commerce est *libre* dans tous les ports; il n'est *franc* que dans les ports privilégiés : là, j'ai la *liberté* de passer avec une marchandise, en payant; une autre qui a la *franchise*, passe sons payer.

Au moral, la *franchise* est une *liberté* de parler exempte de toute dissimulation. Dans quelque sens qu'on prenne ce mot, dit M. de Voltaire, il donne toujours une idée de *liberté*.

La *franchise* fait dire ce qu'on pense ; là *liberté* fait oser dire ce qu'on dit. C'est la vérité, c'est la droiture qui inspire la *franchise* ; c'est la hardiesse, c'est le courage qui inspire la *liberté*. On parle avec *franchise* à ses amis, à ceux qui demandent des conseils : on parle avec *liberté* à des supérieurs, à ceux à qui l'on doit des ménagements. (R.)

790. Libertin, Vagabond, Bandit.

Le déréglement est le partage de tous les trois : mais le *libertin* pêche proprement contre les bonnes mœurs ; la passion ou l'amour du plaisir le domine. Le *vagabond* manque par la conduite ; l'indocilité ou l'amour excessif de la liberté l'écarte des bonnes compagnies. Le *bandit* pêche par le cœur et la probité, il ne se conforme pas même aux lois civiles. (G.)

791. Libre, Indépendant.

Un être *libre* est celui qui n'est asservi à aucune contrainte. Un être *indépendant* est celui qui n'est soumis à aucune considération. La *liberté* consiste dans l'affranchissement des actions ; l'*indépendance*, dans l'affranchissement des volontés. Un homme *libre* ne fait que ce qu'il veut ; un homme *indépendant* ne veut que ce qui lui plaît, sans avoir de motif qui l'oblige à diriger ses volontés d'un côté plutôt que d'un autre.

L'homme est un être *libre* : il a le choix de ses actions ; mais il n'est pas *indépendant*, parce qu'il a toujours des motifs qui déterminent ses volontés : il n'est jamais *indépendant* de son devoir, quoiqu'il soit *libre* de ne pas s'y conformer.

Un peuple *libre* est celui qui se gouverne par les lois qu'il s'est données, et qu'il peut changer sans qu'aucun individu soit privé de la faculté de concourir à ces changements. Un peuple, considéré comme peuple, est *indépendant* tant qu'il n'est soumis à aucune loi. L'*indépendance* politique ne peut exister dans l'état de civilisation, mais la *liberté* politique n'exclut pas les bonnes lois et le bon ordre : l'une consiste dans l'égalité des droits, l'autre dans la nullité des devoirs. Les troubles civils sont venus souvent de ce que l'on a confondu la *liberté* avec l'*indépendance*.

En ne parlant que des individus et des rapports sociaux, un homme *libre* est celui qui n'a pas d'engagement ; pour ne pas être *indépendant*, il suffit d'avoir des entours. Un homme qui n'est pas marié est *libre*, mais il a des parents ou des amis qu'il ne veut pas désobliger, il n'est pas *indépendant*.

Avoir l'esprit *libre* est avoir l'esprit dégagé des soins, des soucis qui l'assujettissent et le forcent à s'occuper de certaines idées. Un esprit *indépendant* est celui qui ne se laisse diriger par aucun préjugé et dominer par aucune autorité.

Une âme *libre* est celle que rien ne peut asservir ; un caractère *indépendant* est celui qui ne veut s'assujettir à rien.

Un homme ferme peut être *libre* sous la domination la plus dure, s'il n'y reste soumis que par sa volonté ; mais tant qu'il y veut rester soumis, il n'est point *indépendant*.

Le manque de *liberté* porte d'ordinaire sur les actions importantes de la vie, la *dépendance* sur les actions de détail ; car ce sont les seules qu'on puisse soumettre volontairement aux autres.

On peut être privé de sa *liberté* et le sentir à peine ; il y a des esclaves heureux. La *dépendance* se fait apercevoir à tous les instants ; poussée à un certain point, il est rare qu'elle ne soit pas pénible.

Un animal *libre* est *indépendant ;* car ses actions une fois *libres*, rien n'assujettit ses volontés. L'homme possède la *liberté* morale ; mais l'*indépendance* morale n'existe pour personne. (F. G.)

792. Se licencier, S'émanciper.

Se *licencier*, se donner congé, ou plutôt prendre la *licence*, dans l'acception usitée du mot. *Licence*, abus de la liberté, liberté immodérée. S'*émanciper*, se mettre hors de tutelle ou de puissance, ou plutôt prendre une *liberté* qu'on n'a pas ou qu'on ne prenait pas.

Se *licencier* dit manifestement plus que s'*émanciper*. Plus les femmes cherchent à s'*émanciper* et à se *licencier*, dit Bourdaloue, plus elles s'exposeront à des mécontentements et à des ennuis. Se *licencier* ne se dit qu'en matière morale, quand on sort des bornes du devoir, du respect, de la modestie. S'*émanciper* peut être familièrement dit dans les choses indifférentes qu'on n'avait pas osé faire, qui ne sont que hardies ; mais, à la rigueur, il marque seulement trop de liberté au lieu d'une vraie *licence*.

Qui s'*émancipe*, pourra bientôt se *licencier*. (R.)

793. Licite, Permis.

On peut faire l'un et l'autre : ce qui est *licite*, parce qu'aucune loi ne l'a déclaré mauvais ; ce qui est *permis*, parce qu'une loi expresse l'a autorisé.

Ce qui est *licite*, tant que la loi n'a rien prononcé de contraire, est indifférent en soi : ce qui est *permis*, avant que la loi s'expliquât, était mauvais en vertu d'une autre loi antérieure.

Ce qui cesse d'être *licite* devient *illicite*, et ces deux termes ont un rapport plus marqué à l'usage que l'on doit faire de sa liberté ; ils caractérisent les objets de nos devoirs. Ce qui cesse d'être *permis* devient défendu ; et ces termes ont un rapport plus marqué à l'empire de la loi : ils caractérisent notre dépendance.

L'usage de la viande est *licite* en soi ; mais l'Église l'ayant défendu pour certains jours de l'année, il n'est *permis* alors qu'à ceux qui, sur de justes motifs, sont dispensés de l'abstinence par l'autorité de l'Église même : il est *illicite* pour tous les autres. (B.)

794. Lier, Attacher.

On *lie* pour empêcher que les membres n'agissent, ou que les parties d'une chose ne se séparent. On *attache* pour arrêter une chose ou pour empêcher qu'elle ne s'éloigne.

On *lie* les pieds et les mains d'un criminel, et on l'*attache* à un poteau.

On *lie* un faisceau de verges avec une corde : on *attache* une planche avec un clou.

Dans le sens figuré, un homme est *lié* lorsqu'il n'a pas la liberté d'agir, et il est *attaché* quand il n'est pas en état de changer de parti ou de le quitter.

L'autorité et le pouvoir *lient*. L'intérêt et l'amour *attachent*.

Nous ne croyons pas être *liés* lorsque nous ne voyons pas nos liens ; et nous ne sentons pas que nous sommes *attachés* lorsque nous ne pensons point à faire usage de notre liberté (G.)

795. Lieu, Endroit, Place.

Lieu marque un total d'espace, *endroit* n'indique proprement que la partie d'un espace plus étendu, *place* insinue une idée d'ordre et d'arrangement. Ainsi l'on dit, le *lieu* de l'habitation, l'*endroit* d'un livre cité, la *place* d'un convive ou de quelqu'un qui a séance dans une assemblée.

On est dans le *lieu*. On cherche l'*endroit*. On occupe la *place*.

Paris est le *lieu* du monde le plus agréable. Les espions vont dans tous les *endroits* de la ville. Les premières *places* ne sont pas toujours les plus commodes.

Il faut, tant qu'on peut, préférer les *lieux* sains, les *endroits* connus, et les *places* convenables. (G.)

796. Limer, Polir.

Le sens propre de *limer* est d'enlever avec la lime les parties superficielles et saillantes d'un corps dur : celui de *polir* est de rendre, par le frottement, un corps uni, luisant, agréable à l'œil.

L'action de *limer* a plusieurs objets différents : on *lime* pour *polir*, pour amenuiser, pour scier ou couper. L'action de *polir* s'exerce par différents moyens : on *polit* avec la *lime*, avec l'émeril, avec le polissoir, etc.

Limer pour *polir*, c'est enlever les aspérités, les parties superflues, ce qu'un corps a de rude et de raboteux. *Polir* ajoute à cet effet celui de donner au corps la netteté, la clarté, le lustre qu'exige la perfection. Vous apercevrez les coups de *lime* sur l'ouvrage, si on ne lui a pas donné le *poli*.

Lime, au figuré, désigne fort bien la critique qui retranche, réforme, corrige, efface ce qu'il y aurait d'inégal, d'inexact, de dur, de rude dans un ouvrage d'esprit : *poli* désigne bien la dernière façon, la dernière main, la perfection, l'agrément et le brillant qu'il s'agit d'y mettre.

Polir fait que le travail de *limer* disparaît. L'exactitude, la correction, la précision, l'égalité, font un style *limé* : le style *poli* a de plus beaucoup d'élégance, une grande pureté, une douce harmonie, quelque chose de brillant ou de lumineux. Bossuet et Corneille ne s'occupent point à *limer* leur style ; Fénelon et Racine *polissent* le leur avec beaucoup de soin.

Bouhours dit : Il faut prendre garde de ne rien ôter de la substance et de l'agrément du discours, à force de le *limer* et de le *polir*. Voilà l'écrivain qui sent la force des termes, et les met à leur place. Il faut *polir* et *limer* un ouvrage, dit Saint-Évremond, afin d'en ôter la *première rudesse*, qui sent le travail de composition. Voilà un écrivain qui intervertit les termes et néglige son style. Il est clair que *polir* dit plus que *limer ;* qu'il ne s'agit pas de *limer* après qu'on a *poli ;* et qu'on ôte la première rudesse de la composition en *limant*, au lieu qu'on *polit* pour ôter toute trace de rudesse. (R.)

797. Limon, Fange, Boue, Bourbe, Crotte.

Ces termes désignent également une terre imbibée d'eau, mais non de la même manière.

Le *limon* est proprement une terre délayée, entraînée et enfin déposée par les eaux. Les rivières charrient et déposent du *limon*. Le *limon* rend l'eau trouble ; la liqueur rassise, le *limon* reste au fond. Le *limon* se pétrit : nous sommes tous pétris du même *limon*, du *limon* dont Adam fut formé. Ce mot s'emploie noblement, au figuré, pour exprimer notre origine.

> La nature vous a formé
> D'un *limon* moins grossier que le *limon* vulgaire.
>
> Mme Deshoulières.

La *fange* est une terre très-délayée, presque liquide, plus étalée que profonde, et assez claire. Ce qui est *fange* dans les campagnes, est *boue* dans les villes, c'est-à-dire, plus épais, plus sale, plus noir. M. de Voltaire ne suppose que de la *fange* dans les sillons des champs.

> Dans les sillons *fangeux* de la campagne humide,
> Le roi marche incertain, sans escorte et sans guide.

Boue renchérit sur *fange* ; et c'est pourquoi Port-Royal dit, il m'a tiré d'un abîme de *fange* et de *boue*. L'homme bas rampe dans la *fange* : l'animal immonde se vautre dans la *boue*. L'homme d'une très basse origine est né dans la *fange* : l'homme vil par ses mœurs est une âme de *boue*.

La *boue* est une terre détrempée plus ou moins épaisse, sale, noire et puante, telle que celle qui s'amasse dans les rues des villes après la pluie. En fait de bassesse, il n'y a rien au-dessous de la *boue*. On traîne dans la *boue* celui qu'on traite avec la dernière ignomonie. Celui qui passe d'un état élevé ou honoré à un état vil et méprisé, tombe dans la *boue*.

La *bourbe* est une *boue* profonde, entassée, très-épaisse, telle que celle qui se forme dans les eaux croupissantes, les étangs, les marais, ou qu'on laisse amonceler dans les campagnes : on y enfonce, on n'y saurait marcher, on ne s'en tire pas, on s'y embourbe, elle forme un *bourbier*. Un amas de *boue* s'appelle *bourbe* ; au figuré, une affaire embarrassée est un *bourbier*.

La *crotte* est une terre détrempée, *fange* ou *boue*, une poussière liée par les eaux de la pluie, qui rejaillit quand on y marche pésamment, s'attache aux vêtements, à la personne, etc., et les salit, les tache, les gâte. C'est dans les rues et autres lieux où l'on marche, qu'il y a de la *crotte* ; on s'y *crotte*. C'est la *crotte* qu'un carrosse, un cheval, font jaillir sur le pauvre passant. (R.)

Limon est le dépôt des eaux courantes.

Bourbe est le dépôt des eaux croupissantes ; *boue* est de la terre détrempée, telle que celle qu'on trouve dans les rues.

Fange est une vraie onomatopée qui peint le bruit que fait le pied sortant de la *boue* où il s'est empreint.

Crotte est moins la cause que l'effet ; c'est le verbe *crotter* qui le fournit, et qui donne l'idée de taches sales, de portions de *boue* attachées aux souliers, aux vêtements : on se *crotte* avec de la *boue*, et souvent on ne se *crotte* pas en marchant dans la *boue*.

Le Nil dépose le *limon* ; c'est au fond des mares d'eau croupissantes qu'on trouve de la *bourbe*. C'est après la pluie qu'on trouve de la *boue* dans les rues ; sa différence avec *fange* ne se fait pas sentir : la *boue* ne devient *crotte* que lorsqu'elle a taché ou gâté vos vêtements. (Anon.)

798. Liquide, Fluide.

Liquide, qui a, comme l'eau, la propriété, momentanée ou non, de couler : *fluide*, dont la nature est de couler, de n'être pas solide.

La *fluidité* est inséparable des *liquides*, mais la *liquidité* n'est pas essentielle aux *fluides*. L'air est un *fluide* quoiqu'il ne soit pas *liquide*. Dire d'une substance autre que l'eau, qu'elle est *liquide*, c'est dire que sous ce rapport elle est semblable à l'eau ; dire qu'elle est *fluide*, c'est dire simplement que ses particules n'ont pas entre elles cette force de cohésion qui les rendrait solidement unies.

La nature des *liquides* est de couler de haut en bas ; la *fluidité* s'exerce en tous sens ; on dit les *fluides* électriques. (F. G.)

799. Lisière, Bande, Barre.

Ces trois termes peuvent être considérés comme synonymes ; car ils désignent une idée générale qui leur est commune, beaucoup de longueur sur peu de largeur et d'épaisseur ; mais ils sont différenciés par des idées accessoires. La *lisière* est une longueur sur peu de largeur, prise ou levée sur les extrémités d'une pièce ou d'un tout. La *bande* est une longueur sur peu de largeur et d'épaisseur, qui est prise dans la pièce, ou même n'en a jamais fait partie. La *barre* est une pièce ou même un tout qui a beaucoup de longueur sur peu de largeur, avec quelque épaisseur, et qui peut faire résistance. Ainsi, l'on dit la *lisière* d'une province, d'un drap, d'une toile ; une *bande* de toile, d'étoffe, de papier ; une *barre* de bois ou de fer. (*Encycl.*, II, 57.)

800. Liste, Catalogue, Rôle, Nomenclature, Dénombrement.

Liste est une suite plus ou moins longue de simples et brièves indications, mises ordinairement les unes au-dessous des autres.

Catalogue est un mot grec, qui signifie recensement ou état détaillé. Le *catalogue* est fait avec un certain ordre, une certaine distribution, un dessein particulier, et même avec des explications et des éclaircissements. Ce n'est pas une simple *liste*, il contient plus d'indications, il est même quelquefois raisonné et accompagné de discours. On a fait un ouvrage très-savant sous le titre de *Catalogue des papes*. Un *catalogue* est bien ou mal fait, selon que les indications sont ou ne sont pas justes et suffisantes.

Rôle, autrefois *roole*, est le mot *rotulus*, *rotulum*, de la basse latinité, petit *rouleau* ; car on roulait autrefois ces sortes de *listes*, comme toutes les expéditions de justice, écrites sur des parchemins collés ou cousus à la suite les uns des autres. On dit le *rôle des tailles*, le *rôle des causes à plaider*, le *rôle des soldats*, le *rôle des ouvriers*, etc. Ces applications sont d'autant plus convenables, qu'il s'agit d'objets qui *roulent*, pour ainsi dire, ensemble, qui viennent chacun à leur tour, qui sont renfermés dans un certain cercle. Le *rôle* est une sorte de registre qui marque le rang, le tour, l'ordre à observer à l'égard des personnes qui sont engagées dans le même état, assujetties à la même condition, soumises à une règle commune.

Nomenclature signifie manifestation, exposition, *dénombrement* des *noms*. Les Romains appelaient *nomenclateurs* ces gens qui se chargeaient d'apprendre aux candidats les noms de tous les citoyens qu'ils rencontraient, afin que ces solliciteurs fussent en état de saluer chacun par son nom, selon la règle très-sensée de la civilité romaine. La *nomenclature* joue surtout un grand rôle dans la botanique. On pourrait définir ce mot, la grande science de la mémoire.

Le *dénombrement* (mot formé de *nombre*) est un compte détaillé des parties d'un certain tout, comme des habitants d'une ville, d'un empire ; et c'est là le cas où le mot est ordinairement employé. On veut savoir, fort inutilement, quant à l'objet qu'on a coutume de se proposer, le *nombre* des hommes qu'il y a dans un pays, et on en fait le *dénombrement*.

On appelle aussi *dénombrement*, en rhétorique, la division des parties d'un discours ; j'aimerais mieux dire énumération, ce mot est littéraire. Le *dénombrement* semble nous annoncer plutôt le *nombre* des objets ; l'énumération nous rappelle plutôt la division des parties ou les particularités de la chose. Vous ne faites pas le *dénombrement* des vertus de votre héros, vous en faites l'énumération.

L'histoire romaine dit *cens* pour *dénombrement*, à l'égard des habitants d'une ville, d'un pays et de leurs biens. Mais le mot *cens, census*, signifie proprement estimation, jugement, revenu ; et le *cens* avait pour objet, dans le *dénombrement des citoyens et de leurs biens*, de régler, sur leurs déclarations authentiques, la quotité des contributions de chacun, selon ses facultés, comme de connaître le nombre des combattants. Nous entendons par *recensement* une nouvelle vérification, en terme de droit, de finance, de commerce. (R.)

801. Littéralement, A la lettre.

Dans le sens littéral, ou conformément à la valeur des termes et des paroles, *littéralement* désigne le sens naturel et propre du discours ; *à la lettre*, désigne le sens strict et rigoureux. L'adverbe signifie, selon la force naturelle des termes et la signification grammaticale des expressions : la phrase adverbiale signifie, dans toute la rigueur morale et au pied de la *lettre*.

Il ne faut pas prendre *littéralement* ce qui ne se dit que par méta-

phore. Il ne faut pas prendre *à la lettre* ce qui ne se dit qu'en plaisantant.

Nous devons entendre *littéralement* les passages de l'Écriture, le
texte des canons, les lois, tout ce qui fait autorité, tant qu'il n'y a point
de raison naturelle et valable de leur attribuer un autre sens. Mais il
ne faut pas toujours les entendre *à la lettre* : car *la lettre tue; c'est
l'esprit qui vivifie.*

On rend *littéralement*, ou par une simple version, le texte d'un auteur, lorsque les expressions et les phrases correspondantes dans les
deux langues, ont les mêmes propriétés et font le même effet dans l'une
et dans l'autre.

On ne prend pas les compliments *à la lettre*, mais on tâche, tant
qu'on peut, d'en croire quelque chose ; on sait pourtant qu'ils ne signifient rien. (R.)

802. Littérature, Érudition, Savoir, Science, Doctrine.

Il y a, ce me semble, entre les quatre premières de ces qualités, un
ordre de gradation et de sublimité d'objet, suivant le rang où elles sont
ici placées. La *littérature* désigne simplement les connaissances qu'on
acquiert par les études ordinaires du collège; car ce mot n'est pas pris
ici dans le sens où il sert à dénommer en général l'occupation de l'étude
et les ouvrages qu'elle produit. L'*érudition* annonce les connaissances
les plus recherchées, mais dans l'ordre seulement des belles-lettres. Le
savoir dit quelque chose de plus étendu, principalement dans ce qui est
de pratique. La *science* enchérit par la profondeur des connaissances,
avec un rapport particulier à ce qui est de spéculation. Quant au mot
de *doctrine*, il ne se dit proprement qu'en fait de mœurs et de religion :
il emporte aussi une idée de choix dans le dogme, et d'attachement à un
parti ou à une secte.

La *littérature* fait les gens lettrés ; l'*érudition* fait les gens de lettres ;
le *savoir* fait les doctes ; la *science* fait les savants ; la *doctrine* fait les
gens instruits.

Il y a eu un temps où la noblesse se piquait de n'avoir pas même les
premiers éléments de *littérature*. Le goût de l'*érudition* fournit des
amusements infinis à une vie tranquille et retirée. Il faut, dans le *savoir*,
préférer l'utile au brillant. Le reproche d'orgueil qu'on fait à la *science*
n'est qu'une orgueilleuse insulte de la part de l'ignorance. On suit
ordinairement la *doctrine* de ses maîtres, sans trop examiner si elle est
bonne. (G.)

803. Livre, Franc.

C'es deux mots ne sont plus aujourd'hui synonymes, comme on le répétait d'après Bouhours.

La *livre* se divisait autrefois en vingt sous, et le sou en quatre liards, ou douze deniers. Pour se conformer au calcul décimal, les nouvelles lois ont décidé que le *franc* se diviserait en cent parties, appelées centimes.

L'emploi qu'on faisait autrefois indistinctement des mots *franc* et *livre*, parce qu'ils avaient la même signification, a fait croire que dans le nouveau système il devait en être de même, et qu'une pièce de 5 *francs* représentait 5 *livres* ou les 5/6 d'un écu de 6 *livres*.

Cette opinion est une erreur manifeste : le *franc* est une nouvelle unité différente de la *livre*. Les lois avaient trouvé moyen d'altérer sans cesse le poids de la *livre* ; celui du *franc* est invariablement cinq grammes ; et, par un heureux hasard, les cinq grammes se sont trouvés très-rapprochés du poids de la pièce d'argent qui aurait représenté notre ancienne *livre*. Présentement on ne s'exprime plus que par *franc*. On dira 3 *francs*, 22 *francs*, 33 *francs*, etc. (*Man. Rep.*)

804. Livrer, Délivrer.

Livrer, mettre en main, au pouvoir, dans la possession de quelqu'un ; et *délivrer*, remettre dans les mains, au pouvoir, en liberté ou à la libre disposition de quelqu'un.

Délivrer a deux acceptions différentes : la première, celle du latin *liberare*, affranchir, mettre en liberté ; la seconde, celle de *livrer*, mettre entre les mains de quelqu'un, spécialement ce qui était retenu, ce à quoi l'on était tenu. Celui qui *délivre* une chose, la *livre* en se libérant ou en s'acquittant : on se *libère*, s'acquitte, en la *livrant*. *Délivrer*, dans le sens de *livrer*, ajoute à ce dernier l'idée d'une charge dont on s'acquitte ou d'un marché qu'on exécute.

Livrer n'exprime donc que la simple tradition d'une main à l'autre, à quelque titre que ce soit. *Délivrer* exprime l'action de *livrer*, dans les formes ou dans les règles, en vertu d'une charge ou d'une obligation dont on s'acquitte à l'égard de la personne qui est en attente ou en souffrance. Vous *délivrez* la chose que vous devez *livrer*. Vous gardez ce que vous le *livrez* pas : vous retiendriez à la personne ce que vous avez à lui *délivrer*. La *livraison* change la possession de la chose : la *délivrance* acquitte l'un et satisfait l'autre. On vous *livre* des effets qu'on veut mettre dans vos mains ; on vous *délivre* les effets d'une succession que vous recueillez.

Il est clair qu'on ne peut pas se servir du mot *délivrer*, dans les cas où il pourrait signifier *affranchir* ; alors il est opposé à *livrer*. (R.)

805. Logique, Dialectique.

La *logique* est une science qui a pour objet la recherche de la vérité. La *dialectique* est un art qui sert de moyen à la *logique* dans cette recherche.

La *logique* s'occupe du fond des idées ; la *dialectique*, de la manière de les présenter, des formes du langage.

La *logique* s'applique à distinguer le vrai du faux ; la *dialectique*, à présenter une proposition de manière à ce qu'elle paraisse vraie : on peut employer la *dialectique* pour soutenir une chose fausse. Un bon *dialecticien* peut être un mauvais *logicien*. (F. G.)

806. Logis, Logement.

Logis désigne une retraite suffisante pour établir une demeure : *logement* annonce de plus une destination personnelle.

En effet, on dit, un bon ou un mauvais *logis* ; un *logis* spacieux, commode, grand ou petit : et l'on ne dit pas mon *logis*, votre *logis*, le *logis* du concierge, j'ai un beau *logis* ou un *logis* commode, parce que les adjectifs possessifs et le verbe *avoir* marquent une destination personnelle qu'exclut le mot de *logis*.

Mais le mot de *logement*, qui renferme d'abord la signification de *logis*, et en outre l'idée accessoire d'une destination personnelle, se construit comme le mot *logis*, et s'adapte en outre avec tout ce qui caractérise la destination. Ainsi, l'on dit un bon ou un mauvais *logement*, un *logement* spacieux, commode, grand ou petit ; mais on dit encore mon *logement*, votre *logement*, le *logement* du concierge, j'ai un beau *logement*, ou un *logement* commode.

Le maréchal des *logis* est un officier qui met la craie pour marquer les *logis* qui seront occupés par ceux de la suite de la cour ; et on le nomme ainsi parce qu'il n'est chargé d'aucune destination personnelle dans cette opération.

Mais l'officier municipal qui assigne aux troupes, par des billets, les lieux de retraite où chacun doit se rendre, distribue en effet les *logements*, parce que chacun de ces billets détermine une destination personnelle. (B.)

807. Loisir, Oisiveté.

Tous deux sont relatifs au temps et à la faculté d'agir. Le *loisir* est un temps de liberté ; on peut en disposer pour agir ou pour ne pas agir, pour un genre d'action ou pour un autre : l'*oisiveté* est un temps d'inaction ; la liberté pouvait en disposer autrement, mais elle a fait son choix. L'*oisiveté* est l'abus du *loisir*.

Le *loisir* d'un homme de bien occasionne souvent beaucoup de bonnes actions. L'*oisiveté* ne peut occasionner que des maux.

Les troubles de la république romaine nous ont valu les *OEuvres philosophiques* de Cicéron. Quelles leçons nous aurions perdues, si ce grand homme s'était livré à l'*oisiveté*, au lieu de consacrer son *loisir* à l'étude de la sagesse ! (B.)

808. Longuement, Longtemps.

Longuement, disait Vaugelas, n'est plus en usage à la cour, où il était si usité il n'y a que vingt ans ; c'est pourquoi l'on n'oserait plus s'en servir dans le beau langage : on dit *longtemps* au lieu de *longuement*.

Longtemps ne veut pas dire *longuement*, et je doute que *longuement* ait jamais été employé dans le sens pur et simple de *longtemps* : il y ajoute l'idée d'un augmentatif, bien, très, fort, *plus longtemps* qu'à l'ordinaire, que les autres, que la chose ne l'exige, etc.

L'Académie observe que *longuement* ne se disait qu'en plaisantant, et pour marquer qu'un discours, qu'un sermon a ennuyé. On dit sans plaisanter que quelqu'un a prêché *longuement*.

Longtemps désigne seulement une certaine mesure, une durée de temps, d'existence, d'action : *longuement* exprime, à la lettre, une action faite d'une *manière* plus ou moins *longue*, lente, paresseuse, languissante, etc.

Tant qu'on intéresse ou qu'on amuse, on ne parle pas *longuement*, quoiqu'on parle *longtemps*.

Avec une abondance d'idées on parle *longtemps* : avec une abondance de paroles on parle *longuement*. (R.)

809. Lorsque, Quand.

Ce sont deux mots de l'ordre de ceux que la grammaire nomme conjonctions, pour marquer de certaines dépendances et circonstances dans les événements qu'ils joignent : mais *quand* paraît plus propre pour marquer la circonstance du temps, et *lorsque* paraît mieux convenir pour marquer celle de l'occasion. Ainsi je dirais : il faut travailler *quand* on est jeune ; il faut être docile *lorsqu'on* nous reprend à propos. On ne fait jamais tant de folies que *quand* on aime ; on se fait aimer *lorsqu'on* aime : le chanoine va à l'église *quand* la cloche l'avertit d'y aller ; et il fait son devoir *lorsqu'il* assiste aux offices.

Cette différence paraîtra peut-être trop subtile ; mais pour être délicate, elle n'en est pas moins réelle ; on peut même se la rendre plus sensible, si l'on veut : il n'y a pour cet effet qu'à substituer, dans les exemples que je viens de donner, d'autres termes à la place de *quand* et *lorsque*. L'on verra que des expressions qui ne marquent précisément que la circonstance du temps, telles que celles-ci, *dans le temps que, au moment que, aux heures que,* conviendraient parfaitement à la place du mot *quand*, et qu'elles n'y changeraient rien au sens ; mais qu'elles ne conviendraient point à la place de *lorsque*, et qu'elles y altéreraient le sens : au lieu que des expressions qui marquent d'autres circonstances que celles du temps, y conviendraient bien à la place du mot *lorsque*, et n'y conviendraient pas à la place du mot *quand*. Car enfin, dire qu'il faut travailler *quand* on est jeune, c'est dire qu'il faut travailler dans le temps et non dans l'occasion de la jeunesse : mais dire qu'il faut être docile *lorsqu'on* nous reprend à propos, c'est dire qu'il faut l'être dans les occasions, et non dans le temps où l'on nous reprend. De même, en disant qu'on ne fait jamais tant de folies que *quand* on aime, on veut dire que le temps où l'on est amoureux est celui où l'on fait le plus de folies ; et non que ce soit faire des folies que d'aimer. Mais en disant qu'on se fait aimer *lorsqu'on* aime, on veut dire qu'on se fait aimer en aimant : il n'est point alors question du temps où l'on se fait aimer, mais de ce qui est propre à se faire aimer. Il est aussi très-clair, dans le troisième exemple, que *quand* signifie que le chanoine va à l'église aux heures que la cloche l'y appelle ; et que *lorsque* marque uniquement qu'il fait son devoir en assistant aux offices, et non qu'il le remplit dans le temps qu'il y assiste ; car peut-être y manque-t-il alors en n'y assistant pas comme il le faut.

Cette substitution de termes justifie mes observations sur la différence de ces deux mots, et peut servir en d'autres occasions pour faire un choix entre eux. Il y aura peut-être quelques personnes qui, en lisant cet éclaircissement, penseront que je n'aurais pas mal fait d'en mettre à quelques autres articles ; mais je prends la liberté de leur dire que je n'ai jamais eu le dessein d'ennuyer par de longues dissertations ; je les prie même de me pardonner celle-ci : je ne veux qu'indiquer les différences des synonymes, et le faire de manière que cet ouvrage n'ôte pas au lecteur le plaisir d'y mettre quelque chose de lui.

L'explication est claire : mais la distinction sur quoi est-elle fondée ? Est-il vrai que le mot *quand* exprime proprement la circonstance du temps ? Est-il vrai que le mot *lorsque* marque celle de l'occasion ? C'est ce qu'il fallait prouver d'abord.

L'usage confond si bien la valeur de ces mots, qu'ils sont généralement employés, et par les meilleurs écrivains, tantôt dans un sens, tantôt dans un autre, et même identiquement dans la même phrase, comme dans ces vers de Racine :

> Si tu m'aimais, Phédine, il fallait me pleurer,
> *Quand* d'un titre funeste on me vint honorer ;
> Et *lorsque*, m'arrachant du doux sein de la Grèce,
> Dans ce climat barbare on traîna ta maîtresse.

Mais l'étymologie nous donne l'intelligence parfaite que l'usage nous refuse : elle démontre que la propriété de marquer la circonstance du temps appartient à *lorsque*, et que toute autre circonstance peut aussi être indiquée par le mot *quand*; ce qui accuse l'abbé Girard de la plus forte des méprises.

Lors est la même chose que l'*heure*, de l'oriental *or*, latin *hora*, italien *ora*, français *heure*. *Lors de son élection, de son décès*, signifie sans doute *à l'heure, au temps de son décès*; donc le propre de *lorsque* est évidemment de marquer la circonstance des temps. *Quand* désigne proprement la liaison, l'ensemble, comme le mot oriental *cad* prononcé *caud :* la vertu de ce mot est donc d'indiquer un rapport indéterminé entre deux choses sans aucune idée particulière de temps. Le latin *quando* ne la présente pas davantage. Il signifie particulièrement *fois*, la *fois que*, cette *fois*, etc. Le mot *quand* n'exprime qu'une liaison, un enchaînement, un concours de choses arrivées dans tel cas, telle occasion, telle circonstance. Par cette qualité générique même, il devient propre à désiger la circonstance particulière du temps, circonstance que le concours suppose : seul même il peut la désigner dans l'interrogation ; car le mot *lorsque* ne peut être employé pour demander *en quel temps?* On ne dira pas, *lorsque viendrez-vous?* Il faut nécessairement dire, *quand viendrez-vous?* Pourquoi n'interroge-t-on point par *lorsque?* parce que le mot *que* forme union, et suppose déjà une autre idée ou une partie de phrase. *Lorsque* signifie *à cette heure*, et non *à quelle heure.*

Il est à observer que *quand* se prend encore tantôt pour *quoique*, tantôt pour *si*. Ainsi vous direz : Je ne ferais pas une injustice *quand* la loi me l'ordonnerait ; c'est-à-dire, quoique la loi me l'ordonnât, ou mieux *dans le cas même* où la loi me l'ordonnerait. *Quand* cet homme ne réussira pas dans son entreprise, que vous en reviendra-t-il? C'est-à-dire, si cet homme ne réussit pas, supposé qu'il ne réussisse pas, dans le cas où il ne réussirait pas, etc. Il est évident que dans ces exemples, *quand* ne signifie pas en tel temps, mais en tel cas ; or, dans ces mêmes exemples, on ne peut pas dire *lorsque* ; et c'est par la raison qu'il ne signifie pas *en tel cas*, et qu'il signifie *en tel temps*. Donc la vertu propre du mot *quand* est de marquer la circonstance *du cas*. (R.)

810. Louche, Équivoque, Amphibologique.

Ces trois mots désignent également un défaut de netteté qui vient d'un double sens, c'est en quoi ils sont synonymes ; mais ils indiquent ce défaut de diverses manières qui les différencient.

Ce qui rend une phrase *louche*, vient de la disposition particulière des mots qui la composent, lorsque les mots semblent au premier aspect avoir un certain rapport, quoique véritablement ils en aient un autre ; c'est ainsi que les personnes *louches* paraissent regarder d'un côté pendant qu'elles regardent d'un autre. Si, en parlant d'Alexandre, on disait : *Germanicus a égalé sa vertu, et son bonheur n'a jamais eu de pareil,* ce serait, selon la *Rem.* 119 de Vaugelas, une phrase *louche,* parce que la conjonction *et* semble réunir *sa vertu et son bonheur* comme complément du verbe *a égalé,* au lieu que *son bonheur* est le sujet d'une seconde proposition réunie à la première par la conjonction.

« Je sais bien, continue Vaugelas, en parlant de ce vice d'élocution, et son observation doit être adoptée, je sais bien qu'il y a assez de gens qui nommeraient ceci un scrupule, et non pas une faute, parce que la lecture de toute la période fait entendre le sens, et ne permet pas d'en douter ; mais toujours ils ne peuvent pas nier que le lecteur et l'auditeur n'y soient trompés d'abord ; et, quoiqu'ils ne le soient pas longtemps, il est certain qu'ils ne sont pas bien aises de l'avoir été, et que naturellement on n'aime pas à se méprendre : enfin, c'est une imperfection qu'il faut éviter, pour petite qu'elle soit , s'il est vrai qu'il faille toujours faire les choses de la façon la plus parfaite qu'il se peut, surtout lorsqu'en matière de langage, il s'agit de la clarté de l'expression. »

L'Académie , dans son observation sur cette *Rem.* 119, ne trouve point condamnable la phrase de Vaugelas , parce que l'attribut *n'a jamais eu de pareil,* vient immédiatement après *son bonheur,* qui en est le sujet. Elle ne trouve la phrase vicieuse et *louche,* que quand le sujet de la seconde proposition est éloigné de son verbe par un grand nombre de mots, comme : *Je condamne sa paresse , et les fautes que sa nonchalance lui fait faire en beaucoup d'occasions, m'ont toujours paru inexcusables.* Cette dernière phrase est bien plus vicieuse que la première ; mais si l'on ne veut regarder que comme un scrupule la difficulté de Vaugelas, au moins faut-il convenir que c'est un scrupule bien fondé.

Ce qui rend une phrase *équivoque,* vient de l'indétermination essentielle à certains mots, lorsqu'ils sont employés de manière que l'application actuelle n'en est pas fixée avec assez de précision.

Tels sont les mots conjonctifs *qui, que, dont ;* parce que n'ayant par eux-mêmes ni nombre, ni genre déterminé, la relation en devient nécessairement douteuse, pour peu qu'ils ne tiennent pas immédiatement à leur antécédent. De là naît l'*équivoque* de cette phrase : *Il faut imiter l'obéissance du Sauveur qui a commencé sa vie et l'a terminée :* le mot *qui* semble se rapporter à *Sauveur,* tandis que la raison exige qu'il se rapporte à l'obéissance.

Tels sont encore les pronoms de la troisième personne, *il, elle, lui, ils, eux, elles, leur,* les mots démonstratifs *celui, celle, ceux, celles,* et les mots *le, la, les,* quand ils ne sont pas immédiatement avant un nom, parce que les objets dont on parle étant de la troisième personne, dès qu'il y a dans le même discours plusieurs noms du même genre et du même nombre, il doit y avoir incertitude sur la relation de ces mots indéterminés, si l'on n'a soin de rendre cette relation bien sensible par quelques-uns de ces moyens, qui ne manquent guère à ceux qui savent écrire. De là l'*équivoque* de cette phrase citée dans la *Rem.* 549 de Vaugelas : *Je vois bien que de trouver de la recommandation aux paroles, c'est chose que malaisément je puis espérer de ma fortune : voilà pourquoi je la cherche aux effets;* « ce *la,* dit Vaugelas, est *équivoque;* car selon le sens, il se rapporte à *recommandation,* et selon la construction des paroles, il se rapporte à *fortune,* qui est le substantif le plus proche, et il convient à *fortune* aussi bien qu'à *recommandation.* » De là encore l'*équivoque* de cette phrase : *Il estimait le duc, et dit qu'il était vivement touché de ce refus :* on ne sait à qui se rapporte *il était touché,* si c'est au duc ou à celui qui l'estimait.

Tels sont enfin les adjectifs possessifs *son, sa, ses, leur, sien,* parce que la troisième personne déterminée à laquelle ils doivent se rapporter, peut être incertaine à leur égard comme à l'égard des pronoms personnels, et pour la même raison. De là l'*équivoque* de cette phrase : *Lysias promit à son père de n'abandonner jamais ses amis :* s'agit-il des amis de Lysias ou de ceux de son père?

Toute phrase *louche* ou *équivoque* est, par-là même, *amphibologique.* Ce dernier terme est plus général, et comprend sous soi les deux premiers, comme le genre comprend les espèces. Toute expression susceptible de deux sens différents est *amphibologique,* selon la force du terme; et c'est tout ce qu'il signifie : les deux autres ajoutent à cette idée principale l'indication des causes qui doublent le sens.

De quelque manière qu'une phrase soit *amphibologique,* elle a l'espèce de vice la plus condamnable, puisqu'elle pèche contre la netteté, qui est, selon Quintilien et suivant la raison, la première qualité du discours : il faut donc corriger ce qui est *louche,* en rectifiant la construction, et éclaircir ce qui est *équivoque,* en déterminant d'une manière bien précise l'application des termes généraux. (B.)

811. Lourd, Pesant.

Le mot de *lourd* regarde plus proprement ce qui charge le corps : celui de *pesant* a un rapport plus particulier à ce qui charge l'esprit. Il faut de la force pour porter l'un, et de la supériorité de génie pour soutenir l'autre.

L'homme faible trouve *lourd* ce que le robuste trouve léger. L'administration de toutes les affaires d'un État est un fardeau bien *pesant* pour un seul. (G.)

M. l'abbé Girard compare ces termes, en prenant l'un dans le sens propre, et l'autre dans le sens figuré. Mais on peut les comparer, en les prenant tous deux, ou dans le sens primitif, ou dans le sens figuré.

Dans le premier sens, tout corps est *pesant*, parce que la *pesanteur* est la tendance générale des corps vers le centre; mais on ne peut appeler *lourd* que ceux qui ont une *pesanteur* considérable, relativement ou à leur masse, ou à la force qu'on y suppose. Le léger n'est l'opposé que du *lourd*, et ce n'est que par extention que quelquefois on l'oppose au *pesant*.

Différents hommes porteront des charges plus ou moins *pesantes*, à raison de la différence de leurs forces; mais un homme faible trouvera trop *lourd* un fardeau qui ne paraît à un homme vigoureux qu'une charge légère.

Dans le sens figuré, et quand il s'agit de l'esprit, il me semble que le mot de *lourd* enchérit encore sur celui de *pesant;* que l'esprit *pesant* conçoit avec peine, avance lentement, et fait peu de progrès; et que l'esprit *lourd* ne conçoit rien, n'avance point, et ne fait aucun progrès.

La médiocrité est l'apanage des esprits *pesants;* mais on peut en tirer quelque parti : la stupidité est le caractère des esprits *lourds*, on n'en peut rien tirer (B.)

812. Loyal, Franc.

La difficulté de trouver un synonyme à *loyal* est une preuve démonstrative de son utilité. Il faudrait, s'il nous manquait, exprimer l'idée du mot par une phrase. Et s'il y a des personnes *loyales*, comment exprimer leur qualité propre autrement que par le substantif *loyauté?*

On a coutume de joindre ensemble les deux épithètes *franc* et *loyal :* homme *franc* et *loyal*, procédé *franc* et *loyal.* Il y a donc des rapport particuliers entre la *franchise* et la *loyauté ;* et la *loyauté* renchérit sur la *franchise.*

La *loyauté* est une *franchise* de mœurs et de manières, par laquelle l'âme se montre et se déploie avec cette liberté et cette aisance qui annoncent tout à la fois et la pureté et la noblesse des sentiments. L'homme *franc* est droit et ouvert; l'homme *loyal* est *franc* avec une sorte de générosité, avec cet abandon de l'homme sûr de lui-même, et qui non-seulement ne dissimule rien, mais encore n'a rien à dissimuler de ce qui peut servir à le faire connaître et juger. L'homme *franc* a le caractère vrai : l'homme *loyal* relève ce caractère par une sorte de naïveté, par une sorte de noblesse, par un sorte de grâce dans les manières.

On dit qu'une marchandise est *loyale*, quand elle est bonne, bien conditionnée. Si l'on pouvait dire qu'elle est *franche*, ce serait pour marquer qu'on n'y trouve ni mélange, ni alliage, ni apprêt, ni altération. On approuve celle-ci, on loue l'autre.

Les vocabulistes expliquent le mot *loyauté* par ceux de *fidélité* et de *probité* : ils définissent l'homme *loyal*, un homme plein de probité et d'honneur : ils donnent pour *déloyal* celui qui n'a ni parole, ni foi, ni loi ; et la *déloyauté* est infidélité, perfidie. La *loyauté* est donc une fidélité, et par conséquent un probité *franche*, naturelle, pure, noble, généreuse, sans apprêt, sans efforts, et, pour ainsi dire, sans aucune sorte d'imperfection.

L'*homme loyal* ressemble beaucoup au *galant homme*, pris, non pas pour l'homme de bonne compagnie ou d'un commerce agréable, mais pour l'homme de probité, d'un commerce aussi facile que sûr.

Le *galant* homme met dans le commerce la droiture, l'honnêteté, la probité que l'homme *loyal* a dans le caractère. Vous avez raison de compter sur les procédés honnêtes de la part du *galant* homme ; il ne vous faudra qu'un mot de l'homme *loyal* pour être sûr de ses sentiments et de sa conduite. Confiez sans crainte vos intérêts au *galant* homme ; rapportez-vous-en à l'homme *loyal*, qui sera plutôt pour vous que pour lui. Il faut traiter avec le *galant* homme pour le connaître ; il n'y a, pour ainsi dire, qu'à voir, qu'à entendre l'homme *loyal*, pour le connaître à fond. Le *galant* homme aura de la franchise : l'omme *loyal* a la franchise d'un cœur ouvert. Le *galant* homme fait bien ce qu'il doit : l'homme *loyal* le fait comme si c'etait son plaisir, et c'est en effet son plaisir. (R.)

813. Lumière, Lueur, Clarté, Éclat, Splendeur.

M. d'Alembert a dit : « *Éclat* est une *lumière* vive et passagère ; *lueur*, une *lumière* faible et durable ; *clarté*, une *lumière* durable et vive. Ces trois mots se prennent au figuré et au propre : *splendeur* ne se dit qu'au figuré ; la *splendeur* d'un empire. »

L'abbé Girard avait, ce me semble, mieux dit : « La *lueur* est un commencement de *clarté*, et la *splendeur* en est la perfection : ce sont les trois différens degrés de *lumière*. (Et l'*éclat* ?)...... Tout le secours de la *lueur*, ajoute-t-il, se borne à faire apercevoir et découvrir les objets : la *clarté* les fait parfaitement distinguer et connaître ; la *splendeur* les montre dans leur *éclat* (dans tout leur *éclat*, dans leur plus grand *éclat*). »

La *lumière* est ce au moyen de quoi les objets sont visibles, ce qui fait le jour, ce qui fait que nous voyons. Les autres mots n'expriment que des modification et des gradations de la *lumière*. La *lueur* est une *lumière* faible, un *commencement de clarté*, un rayon ; mais ce n'est nullement une porpriété de la *lueur* d'être durable ; il est bien plutôt à présumer qu'elle sera *passagère* et *fugitive*, epithètes qu'on y joint si souvent, et avec raison, puisqu'il est dans la nature de ce qui est faible de s'évanouir, de se dissiper, de périr bientôt. Un feu follet jette une *lueur* ; une *lueur* d'espérance ne se soutient pas ; cependant une *lueur* peut absolument être durable.

La *clarté* est une *lumière* suffisante, un jour pur et qui chasse les ombres : comme la *lueur*, elle peut fort bien n'être pas durable. Un éclair produit un très vive *clarté* qui vous laisse à l'instant dans une obscurité profonde. On voit nettement et assez, quand on voit *clair*. Il y a une *clarté* pâle et faible, comme un *clarté* vive et brillante.

Éclat désigne une grande *lumière*, comme un grand bruit : l'*éclat* est un forte et très brillante *lumière*, une *clarté* aussi abondante que vive. Nulle raison de dire qu'il n'est que passager ; l'*éclat* du soleil, l'*éclat* du diamant, l'*éclat* de la gloire, sont ou peuvent être fort durables.

La *splendeur* est la plus grande *lumière*, un l'*éclat* éblouissant, la plénitude de la *lumière* et de l'*éclat*. Ce mot se dit au propre, et proprement du soleil et des astres qui renferment la plénitude de la *lumière*. Au figuré, il est synonyme de pompe, magnificence, etc.

Ainsi donc la *lueur* est une *lumière* faible et légère ; la *clarté*, une *lumière* assez vive, et plus ou mois pure ; l'*éclat*, une *lumière* brillante ou une vive *clarté* ; la *splendeur*, la plus grande *lumière* et le plus vif *éclat*.

La *lumière* fait voir, la *lueur* fait voir imparfaitement et confusément ; la *clarté* fait voir distinctement et nettement ; l'*éclat* fait voir facilement et parfaitement, mais quelquefois en affectant trop fortement la vue pour qu'elle puisse le soutenir long-temps ou le fixer ; la *splendeur* fait voir tout l'*éclat* de la chose, et avec tant d'*éclat* que les yeux en sont éblouis.

La *lumière* est en opposition dirècte avec les ténèbres. La *lueur* perce ces mêmes térèbres. La *clarté* dissipe l'obscurité. L'*éclat* chasse les ombres. La *splendeur* est toute *lumière*.

Dans l'usage figuré de ces termes, on observera les mêmes différences et la même gradation. (R.)

814. Luxe, Faste, Somptuosité, Magnificence.

Ces mot désignent de grandes, grosses ou fortes dépenses : le *luxe*, une dépense excessive, désordonnée ; le *faste*, un dépense d'apparat, d'éclat ; la *somptuosité*, un dépense extraordinaire, généreuse ; la *magnificence*, une dépense dans le grand et le beau. *Luxe* ne doit être pris qu'en mauvaise part, comme il le fut toujours. *Faste* suit naturellement la même règle. On veut y mettre des exceptions qui n'ont pourtant pas lieu au figuré, quand on dit, par exemple, *faste* de science, de vertu, de douleur, etc. *Somptuosité* a besoin d'idées accessoires pour qu'il énonce l'excès ou l'abus d'une manière déterminée. *Magnificence* est proprement un terme d'éloge, exprimant une qualité des personnes ; il annonce même une vertu noble et sublime ; mais aussi la *magnificence* peut tomber dans le *faste* et le *luxe*.

Le *luxe* joue la richesse ou l'opulence : déréglement d'esprit et de conduite. Le *faste* joue la grandeur, la majesté : vanité des vanités. La *somptuosité* annonce la grandeur et l'opulence : grande puissance déployée avec une grande énergie. La *magnificence* annonce l'opulence et la grandeur, relevées par la manière et par l'objet ; c'est, pour ainsi dire, la majesté dans toute sa gloire, si des ombres étrangères ne l'obscurcissent.

Considérez le *luxe* épouvantable de ces rois de Perse, qui promettent les plus grandes récompenses à ceux qui inventeront de nouveaux plaisirs et de nouveaux moyens de dépense, et vous prédirez les victoires d'Alexandre. Considérez le *faste* triomphal de ces Romains qui étalent les dépouilles, les images et le deuil des peuples vaincus, et transportez-vous ensuite au milieu des ruines immenses qu'ils ont dispersées dans de vastes déserts. Élevez jusqu'au sommet des pyramides d'Égypte vos regards étonnés de leur *somptuosité* ; baissez-les ensuite sur ces monceaux d'ossements humains qui se sont accumulés autour d'elles pour leur construction. Parcourez curieusement toutes les *magnificences* du château de Versailles ; mais regardez ensuite à ses fondements, et cherchez enfin tout autour les beautés de la nature.

Le *luxe* est malheureusement de tous les états ; il y en a jusque chez le bas peuple ; il se glisse dans le genre de dépenses les plus communes. Le *faste* ne se trouve proprement que chez les riches, dans leurs bâtiments, dans leurs meubles, dans leurs habillements, dans leurs équipages et leur train ; mais l'appareil ne convient que dans les fêtes, les cérémonies, les solennités. La *somptuosité* concerne proprement les festins, les édifices, les monuments, les choses d'éclat : il est peu d'hommes assez opulents pour cacher en tout genre une *somptuosité* habituelle. La *magnificence* ne sied qu'aux grands qui, aux moyens de faire des dépenses extraordinaires, joignent des titres pour les rendre éclatantes, mais par un usage bien entendu, qui les fait estimer, honorer et glorifier, en rendant leur *magnificence* aussi utile qu'agréable au public. (R.)

M

815. Mafflé, Joufflu.

Mafflé, qui a le visage plein et large. *Joufflu*, qui a de grosses joues.

Joufflu n'exprime que l'embonpoint des joues. *Mafflé* exprime proprement la grosseur de la partie antérieure du visage, celle des lèvres et des parties voisines : mais par une suite assez naturelle, il a désigné l'embonpoint du visage entier, et enfin celui même de la taille ou du corps.

On veut que *mafflé* ne se dise guère que des femmes, et *joufflu* des enfants. Pourquoi donc restreindre l'emploi propre et naturel des termes ? Pourquoi l'homme qui a un gros visage ne serait-il pas *mafflé*? pourquoi une personne faite, qui aurait de grosses joues, ne serait-elle pas *joufflue*?

Qu'on peigne les vents *joufflus*, c'est leur vrai costume. Mais pourquoi ces petits Amours tout *mafflés* en sont-ils plus jolis ?

Les Asiatiques et les Africains aiment les grosses *mafflées*, c'est leur goût. Je ne sais si l'on s'est jamais avisé de peindre la beauté *joufflue*. (R.)

816. Majesté, Dignité.

Majesté, grandeur extérieure, et qui convient aux premiers rangs : *dignité*, grandeur, qui peut se manifester extérieurement, mais qui tient davantage aux qualités intérieures et essentielles, et peut se trouver dans tous les rangs, parce qu'il y a dans tous une grandeur relative. La *majesté* n'appartient qu'aux rois et aux princes; la *dignité* paternelle est de toutes les classes. Dans tous les états, l'honnête homme, injustement soupçonné, peut montrer la *dignité* de l'innocence.

Le maintien a de la *dignité* quand il annonce des qualités propres à imposer : la *majesté* peut tenir seulement à une belle représentation. On peut revêtir un homme d'une *dignité* effective : le titre de *majesté* n'est que la marque du rang des rois.

La *dignité* royale comprend tout l'assemblage des devoirs et des prérogatives de la royauté ; la *majesté* royale n'est que l'éclat du trône.

On dit la *majesté* du style, et la *dignité* des pensées (F. G.)

817. Maint, Plusieurs.

Maint, dit La Bruyère, est un mot qu'on ne devait jamais abandonner, et par la facilité qu'il y avait à le couler dans le style, et par son origine qui est française. Vaugelas remarquait qu'à moins d'être employé dans un poème héroïque, il ne serait pas bien reçu, si ce n'est en raillant. Thomas Corneille rapportait qu'il pouvait encore figurer avec grâce, non-seulement dans une épigramme ou dans un conte, mais encore dans un poème héroïque, surtout quand on le répète, comme dans ce vers :

Dans *maints* et *maints* combats sa valeur éprouvée.

On ne le souffre que dans le style marotique et dans l'enjouement de la conversation.

Maint signifie *plusieurs :* mais *plusieurs* marque purement et simplement la pluralité, le nombre, tandis que *maint* réduit la *pluralité* à une sorte d'unité, comme si les objets formaient une exception, un tout séparé du reste, un corps à part.

La locution, *maint auteur*, semble annoncer un nombre d'auteurs qui forment une sorte de classe, et comme s'ils faisaient cause commune : *plusieurs* n'annonce que le nombre, sans désigner aucun rapport particulier entre eux, si ce n'est qu'ils ont la même opinion, la même marche, le même titre, quelque chose de semblable. Ces mots disent plus que *quelques-uns*, et moins que *beaucoup*.

Maint a le privilége rare de se répéter et d'exprimer par sa répétition un assez grand nombre. On dit *maint* et *maint*, comme *tant* et *tant*. Ces sortes de licences contribuent beaucoup à donner aux langues des formes distinctives qui les rendent intraduisibles, quant à la grâce et au génie ; et par là elles ont quelque chose de précieux. La locution *maint et maint* est si commode, qu'on ne peut, en quelque manière, s'empêcher de s'en servir de temps en temps, et de dire *mainte et mainte fois*. (R.)

818. Maintenir, Soutenir.

Maintenir, c'est, à la lettre, *tenir la main* à une chose, la *tenir* dans le même état : *soutenir*, c'est *tenir* une chose *par-dessous* ou *en dessous*, la *tenir* à une place. On *maintient* ce qui est déjà tenu, et qu'il faut tenir encore pour qu'il subsiste dans le même état : on *soutient* ce qui a besoin d'être tenu par une force particulière, et qui courrait risque, sans cela, de tomber.

C'est surtout la vigilance qui *maintient :* c'est surtout la force qui *soutient*. La puissance *soutient* les lois ; les magistrats en *maintiennent* l'exécution. On *soutient* ce qui est faible, chancelant : on *maintient* ce qui est variable, changeant.

Il faut de la force pour *soutenir* toujours son caractère : il faut de l'habileté pour *maintenir* longtemps son crédit.

Vous *soutenez* des assauts, des efforts : vous *maintenez* les choses dans l'ordre et à leur place. Vous *soutenez* votre droit contre celui qui l'attaque : vous *maintenez* les prérogatives de votre place lorsque vous ne les négligez pas.

On *maintient* son dire en insistant par sa constance : on *soutient* son opinion en combattant pour elle avec des preuves.

La santé se *maintient* par le régime ; la vie se *soutient* par la subsistance.

Des juges vous *maintiennent* dans la possession de vos biens ; des amis vous *soutiennent* dans vos entreprises : l'établissement qui reste dans le même état, se *maintient ;* celui qui résiste aux choses, se *soutient*. (R.)

819. Maintien, Contenance.

Ces deux termes sont également destinés à exprimer l'habitude extérieure de tout le corps, relativement à quelques vues ; et c'est la différence de ces vues qui distingue ces deux synonymes.

Le *maintien* est le même pour tous les états, et ne varie qu'à raison des circonstances. La *contenance* varie aussi selon les circonstances, mais chaque état a la sienne.

Le *maintien* est pour marquer des égards aux autres hommes, il est bon quand il est honnête. La *contenance* est pour imposer aux autres hommes ; elle est bonne quand elle annonce ce qu'elle doit annoncer dans l'occasion : celle du prêtre doit être grave, modeste, recueillie ; celle du magistrat, grave et sérieuse ; celle du militaire, fière et délibérée, etc. D'où il suit qu'il ne faut avoir de la *contenance* que quand on est en exercice, mais qu'il faut toujours avoir un *maintien* honnête et décent. Le *maintien* est pour la société ; il est de tous les temps : la *contenance* est pour la représentation, hors de là c'est pédantisme.

Le *maintien* séant marque de l'éducation, et même du jugement ; il décèle quelquefois des vices : il ne faut pas trop compter sur les vertus qu'il semble annoncer ; il prouve plus en mal qu'en bien. La *contenance* indique, selon les conjonctures, de l'assurance, de la fermeté, de l'usage, de la présence d'esprit, de l'aisance, du courage, etc., et marque qu'on a vraiment ces dispositions, soit dans le cœur, soit dans l'esprit ; mais elle est souvent un masque imposteur. Il y a une infinité de bonnes *contenances*, parce qu'il y a des états différents, et que les positions varient : mais il n'y a qu'un bon *maintien*, parce que l'honnêteté civile est une et invariable. (*Encyclopédie,* VIII; IX, 882.) (B.)

820. Maison des champs, Maison de campagne.

On nomme ainsi une maison située hors de la ville : mais il y a quelque différence entre les deux expressions.

L'idée des champs réveille celle de la culture, parce qu'on ne les a distingués les uns des autres que pour les mettre en valeur ; et l'idée de la campagne réveille celle de la ville, à cause de l'opposition, de la liberté dont on jouit d'un côté, avec la contrainte où l'on est de l'autre.

Cela posé, une *maison des champs* est une habitation avec les accessoires nécessaires aux vues économiques qui l'ont fait construire ou acheter, comme un verger, un potager, une basse-cour, des écuries pour toutes sortes de bétail, un vivier, etc. *Une maison de campagne* est une habitation avec les accessoires nécessaires aux vues de liberté, d'indépendance et de plaisir qui en ont suggéré l'acquisition, comme avenues, remises, jardins, parterre, bosquets, parc même, etc.

Voilà sur quoi est fondé ce que dit le P. Bouhours de ces deux expressions, que la seconde est plus noble que la première : c'est qu'une *maison de campagne* convient aux gens de qualité, vu que leur état suppose de l'aisance ; et qu'une *maison des champs* convient à la bourgeoisie, dont l'état semble exiger plus d'économie dans la dépense.

Cependant rien n'empêche qu'on ne puisse parler de la *maison de campagne* d'un bourgeois, s'il en a une ; et de la *maison des champs* d'un chancelier de France, si sa maison n'est en effet que cela : dans le premier cas, c'est peindre le luxe du petit bourgeois ; dans le second, c'est caractériser la noble simplicité du magistrat : dans tous les deux, c'est parler avec justesse et faire justice. (B.)

821. Maison, Hôtel, Palais, Château.

Ce sont des édifices également destinés au logement des hommes ; c'est en quoi ces mots sont synonymes. La différence de ces noms vient de celle des états particuliers qui occupent ces édifices.

Les bourgeois occupent des *maisons :* les grands à la ville occupent des *hôtels :* les rois, les princes et les évêques, y ont des *palais :* les seigneurs ont des *châteaux* dans leurs terres. (B.)

822. Maison, Logis.

Ce sont deux termes également destinés à marquer l'habitation. Mais le mot de *maison* marque plus particulièrement l'édifice : celui de *logis* est plus relatif à l'usage.

On *loge* dans une *maison ;* et une *maison* a plusieurs corps de *logis*, qui peuvent être occupés par différentes personnes : on peut même établir dans une *maison* autant de *logis* qu'il y a de chambres, pourvu que chaque chambre soit suffisante aux besoins de ceux qu'on y loge. (B.)

823. Maladresse, Malhabileté.

L'un et l'autre expriment un défaut d'aptitude pour réussir. Mais il y a entre ces deux termes une différence : c'est que la *maladresse* se dit, dans le sens propre, du peu d'aptitude aux exercices du corps ; et que la *malhabileté* ne se dit que du manque d'aptitude aux fonctions de l'esprit.

Un joueur de billard est *maladroit ;* un négociateur est *malhabile.*

Comme nous aimons assez à rendre sensibles les idées intellectuelles, par des métaphores tirées des choses corporelles, on nomme quelquefois, au figuré, *maladresse*, le manque d'intelligence et de capacité pour les opérations qui dépendent des vues de l'esprit ; mais il n'y a pas réciprocité , et l'on ne nommera jamais *malhabileté* le défaut d'aptitude aux exercice corporels.

On peut donc dire qu'un négociateur est *maladroit ;* mais on ne dira pas qu'un joueur de billard soit *malhabile.* (B.)

824. Malavisé, Imprudent.

Avisé, qui *voit* à sa chose, qui voit bien. *Prudent*, qui voit en avant, qui aperçoit ou loin.

Celui qui ne s'avise pas des choses dont il doit s'aviser, est *malavisé ;* celui qui ne voit pas aussi avant dans la chose qu'il aurait dû y voir, est *imprudent.* Le *malavisé* ne regarde pas assez à la chose qu'il fait ; il la fait mal : l'*imprudent* ne sait pas bien la valeur de ce qu'il fait , il fait mal. Le premier n'a pas pris conseil des circonstances et des convenances ; il les choque : le second n'a pas approfondi les conséquences et les suites de la chose ; elle tourne contre lui. Celui-là manque d'attention, de circonspection : celui-ci manque de sagesse, d'application, de prévoyance. Le *malavisé* qui ne se soucie point de voir les difficultés, est un sot. L'*imprudent* qui ne s'embarrasse pas de courir des risques, est un fou.

A dire tout ce qu'on pense sans savoir devant qui on parle, on est fort *malavisé.* A dire des choses qui peuvent offenser quelqu'un qui peut se venger, on est fort *imprudent.* (R.)

825. Malcontent, Mécontent.

Tous deux signifient *qui n'est pas satisfait ;* mais avec quelques différences qu'il est essentiel d'observer.

Il me semble que l'on est *malcontent* quand on n'est pas aussi satisfait que l'on avait droit de l'attendre ; et que l'on est *mécontent*, quand on n'a reçu aucune satisfaction.

De là vient que *malcontent*, ainsi que l'observe l'Académie dans son dictionnaire, se dit plus particulièrement du supérieur à l'égard de l'inférieur, parce que l'inférieur est censé du moins avoir fait quelque chose pour la satisfaction du supérieur : au contraire, *mécontent* se dira plutôt de l'inférieur à l'égard du supérieur, par une raison contraire. Ainsi, un prince peut être *malcontent* des services de quelqu'un de ses sujets ; un père, de l'application de son fils ; un maître, des progrès de son élève ; un citoyen, du travail d'un ouvrier, etc. Un sujet, au contraire, peut être *mécontent* des passe-droits que lui fait le prince ; un fils, de la prédilection trop marquée de son père pour un autre de ses enfants ; un élève, de la négligence ou de l'impéritie de son maître ; un ouvrier, du salaire que l'on a donné à son travail.

Malcontent et *mécontent* ayant un sens passif, il faut appliquer dans des sens contraires les verbes *contenter mal* et *mécontenter*, qui ont le sens actif. Ainsi, les inférieurs *contentent mal* les supérieurs, et les supérieurs *mécontentent* les inférieurs.

Malcontent exige toujours un complément avec la préposition *de;* et ce complément exprime ce qui aurait dû donner une entière satisfaction. *Mécontent* peut s'employer d'une manière absolue et sans complément.

De là vient qu'il se prend quelquefois substantivement, et dans cette acception il ne se dit qu'au pluriel. Mais *malcontent* ne peut jamais se prendre substantivement, quoique le P. Bouhours ait écrit : « C'est la coutume des *malcontents* de se plaindre. » C'est dans cet écrivain une véritable faute, qui vient de ce qu'on n'avait pas encore, de son temps, démêlé les justes différences des deux termes dont il s'agit (B.)

826. Malentendu, Quiproquo.

Malentendu, erreur qui vient de ce qu'on a mal entendu ou mal compris quelque chose : *quiproquo*, erreur qui consiste à prendre une chose pour une autre (*qui pro quo*). Une personne se méprend sur l'heure du rendez-vous qu'on lui a donné, c'est un *malentendu :* chargée de commissions pour deux autres personnes, elle dit à l'une ce qu'elle devait dire à l'autre et *vice versâ*, c'est un *quiproquo*.

Un *quiproquo* est souvent l'effet d'un *malentendu*. (F. G.)

827. Malfaisant, Nuisible, Pernicieux.

Malfaisant, dont la nature est de faire le mal : *nuisible*, qui produit un mal, soit par sa nature, soit par les circonstances : *pernicieux*, qui détruit ou met en danger ce qui est exposé à son influence. L'air d'une contrée est *malfaisant* par sa nature, ou bien il peut être *nuisible* seulement à certains tempéraments auxquels il devient *pernicieux* si l'on ne prend pas les précautions nécessaires.

Un homme a un caractère *malfaisant :* un autre fait, pour vous être utile, une démarche que les circonstances rendent *nuisible :* un conseil *pernicieux* est celui qui peut vous perdre. (F. G.)

828. Malfamé, Diffamé.

Malfamé, qui n'a pas une bonne réputation : *diffamé*, qui est perdu de réputation.

Un homme *malfamé* est celui que sa conduite, ses principes, ont insensiblement mis en mauvaise réputation auprès de beaucoup de gens. Un homme *diffamé* est celui qu'un éclat déshonorant a perdu de réputation aux yeux de tout le monde.

On n'est *malfamé* que dans l'opinion et par elle. La *diffamation* peut être le résultat d'un acte juridique, d'une procédure infamante.

On évite un homme *malfamé*, il semble qu'on le craigne ; on fait honte à un homme *diffamé*, on rougirait de le recevoir.

La *diffamation* peut ne pas diffamer, si elle est juste, si le public ne l'admet pas ; mais un homme *malfamé* n'est jamais honoré en public, parce que c'est le public lui-même qui a prononcé sur son compte. (F. G.)

829. Mal parler, Parler mal.

M. Beauzé pense que ces deux expressions ne sont pas synonymes. *Mal parler* tombe, selon lui, sur les choses que l'on dit ; et *parler mal*, sur la manière de les dire : le premier est contre la morale, et le second contre la grammaire.

« C'est *mal parler* que de dire des choses offensantes, surtout à ceux à qui l'on doit du respect ; de tenir des propos inconsidérés, déplacés, qui peuvent nuire à celui qui les tient ou à ceux dont on parle. C'est *parler mal* que d'employer des expressions hors d'usage ; d'user de termes équivoques ; de construire d'une manière embarrassée ou à contre-sens ; d'affecter des figures gigantesques en parlant de choses communes ou médiocres ; de choquer la quantité en faisant longues les syllabes qui doivent être brèves, ou brèves les syllabes qui doivent être longues.

» Il ne faut ni *mal parler* des absents, ni *parler mal* devant les savants, etc. »

Pour moi, je ne vois dans ces deux manières de parler qu'une différence de construction sans aucune différence de sens ; et je dirais également, il ne faut ni *mal parler* devant les savants, ni *parler mal* des absenst. Il en est de *mal* comme de *bien :* or, on a dit l'art de *bien parler*, comme l'art de *bien penser*, dans un sens grammatical. *Mal* se met également devant ou après mille autres verbes avec la même signification : vous direz *mal enfourner* ou *enfourner mal* une affaire. *(R.)*

830. Malheur, Accident, Désastre.

Tous ces mots annoncent et désignent un fâcheux événement. Mais *malheur* s'applique particulièrement aux événements de fortune et de choses étrangères à la personne. L'*accident* regarde proprement ce qui arrive dans la personne même.

C'est un *malheur* de perdre son argent ou son ami ; c'est un *accident* de tomber ou d'être blessé ; c'est un *désastre* de se voir tout à coup ruiné et déshonoré dans le monde.

On dit un grand *malheur*, un cruel *accident*, et un *désastre* affreux. (G.)

831. Malheureux, Misérable.

Le P. Bouhours observe que l'on dit indifféremment une vie *malheureuse*, une vie *misérable ;* et que, pour dire d'un homme que c'est un méchant homme, on dit indifféremment, c'est un *malheureux*, c'est un *misérable*. Ce n'est pas que ces deux mots aient une signification identique, et soient parfaitement synonymes : c'est qu'ils expriment tous deux, quoique sous des aspects différents, une idée qui leur est commune, et la seule à laquelle on fasse attention dans les exemples proposés ; c'est l'idée d'une situation fâcheuse et affligeante.

Mais *malheureux* présente directement cette idée fondamentale ; et *misérable* n'exprime directement que la commisération qui la suppose, comme l'effet suppose la cause.

On peut être *malheureux* par quelques accidents imprévus et fâcheux, sans être réduit pour cela à un état digne de compassion : mais celui qui est *misérable*, est réellement réduit à cet état ; il est excessivement *malheureux*.

Malheureux est donc moins énergique que *misérable ;* et il peut y avoir des cas où, pour parler avec justesse, il ne serait pas indifférent de dire une vie *malheureuse*, ou une vie *misérable*.

Ulysse errant sur toutes les mers, exposé à toutes sortes de périls, essuyant toutes sortes d'aventures fâcheuses, cherchant sans cesse sa chère Ithaque qui semblait le fuir, menait alors une vie *malheureuse*.

Philoctète, abandonné par les Grecs dans l'île de Lemnos, en proie à la douleur la plus aiguë et aux horreurs de l'indigence et de la solitude, y mena pendant plusieurs années une vie *misérable*.

On est *malheureux* au jeu, on n'y est pas *misérable* : mais on peut devenir *misérable* à force d'y être *malheureux*.

On plaint proprement les *malheureux*, et c'est tout ce qu'exige l'humanité ; mais on doit assister les *misérables*, ou avoir du moins pitié de leur sort.

Voici deux vers de Racine, où ces deux mots sont employés avec les différences que je viens d'assigner :

> Haï, craint, envié, souvent plus *misérable*
> Que tous les *malheureux* que mon pouvoir accable.

Quelquefois ces mots sont employés, non pas pour caractériser simplement une situation fâcheuse et affligeante, mais pour indiquer que l'être auquel on les applique est digne de cette situation : et c'est dans ce second sens que l'on dit d'un méchant, d'un fourbe, d'un homme sans mœurs, sans pudeur, sans aucune élévation d'âme, que c'est un *malheureux* ou un *misérable*.

Mais comme il y a des choses qui doivent exciter la pitié sans être soumises aux événements fortuits qui font les *malheureux*, il y a bien des cas où il serait ridicule d'employer cet adjectif, quoique l'on puisse très-bien employer celui de *misérable*.

C'est ainsi que l'on dit d'un écrivain dont on ne fait point de cas, que c'est un auteur *misérable*, un *misérable* poète, un *misérable* historien, un *misérable* grammairien ; et de ses écrits, que ce sont de *misérables* rapsodies, un poème *misérable*, un *misérable* commentaire, etc. (B.)

832. Malice, Malignité, Méchanceté.

Ces mots expriment tous trois une disposition à nuire, contraire par conséquent à cette bienveillance universelle, également recommandée par la loi naturelle et par la religion. (B.)

Il y a dans la *malice* de la facilité et de la ruse, peu d'audace, point d'atrocité. Le *malicieux* veut faire de petites peines, et non causer de grands malheurs ; quelquefois il veut seulement se donner une sorte de supériorité sur ceux qu'il tourmente ; il s'estime de pouvoir le mal, plus qu'il n'y a de plaisir à en faire.

Il y a dans la *malignité* plus de suite, plus de profondeur, plus de dissimulation, plus d'activité que dans la *malice*.

La *malignité* n'est pas aussi dure et aussi atroce que la *méchanceté*; elle fait verser des larmes, mais elle s'attendrirait peut-être si elle les voyait couler.

Le substantif *malignité* a une tout autre force que son adjectif *malin*;

on permet aux enfants d'être *malins* ; on ne leur passe la *malignité* en quoi que ce soit, parce que c'est l'état d'une âme qui a perdu l'instinct de la bienveillance, qui désire le malheur de ses semblables, et souvent en jouit. (*Encycl.*, IX, 946.)

On leur passe des *malices*, on va quelquefois jusqu'à les y encourager, parce que, sans tenir à rien de révoltant, la *malice* suppose une sorte d'esprit dont on peut tirer parti par la suite. Cette sorte d'indulgence est pourtant dangereuse ; la ruse que suppose la *malice* dispose insensiblement à la *malignité*, parce que rien ne coûte à l'amour-propre pour réussir ; et de la *malignité* à la *méchanceté* il y a si peu de distance, qu'il n'est pas difficile de prendre l'une pour l'autre. (B.)

833. Malin, Malicieux, Mauvais, Méchant.

Le *malin* l'est de sang-froid ; il est rusé ; quand il nuit, c'est un tour qu'il joue : pour s'en défendre, il faut s'en défier. Le *mauvais* l'est par emportement, il est violent ; quand il nuit, il satisfait sa passion : pour n'en rien craindre, il ne faut pas l'offenser. Le *méchant* l'est par tempérament ; il est dangereux ; quand il nuit, il suit son inclination : pour en être à couvert, le meilleur est de le fuir. Le *malicieux* l'est par caprice ; il est obstiné ; s'il nuit, c'est de rage : pour l'apaiser, il faut lui céder.

L'amour est un dieu *malin* qui se moque de ceux qui l'adorent. Le poltron fait le *mauvais* quand il ne voit plus d'ennemis. Les hommes sont quelquefois plus *méchants* que les femmes ; mais les femmes sont toujours plus *malicieuses* que les hommes. (G.)

Si le *malicieux* nuit de rage, il ne l'est donc point par *caprice* ; car la *rage* n'est point un *caprice*. Mais le *malicieux* ne nuit pas de *rage*. L'enfant qui médite une *malice*, le fait souvent de sang-froid ; et la rage ne médite point.

Cicéron dit que la *malice* est une manière de nuire rusée et fallacieuse, et qu'elle veut même quelquefois passer pour prudence. L'épithète latine *maliciosus*, est synonyme de fin, rusé, artificieux. Le propre de la *malice* est de cacher ses desseins et sa marche. Ainsi l'on dit un *innocent fourré de malice* : ainsi l'on dit la *malice du péché*, pour désigner le venin caché qu'il renferme : ainsi l'on dit qu'on a fait une chose nuisible sans *malice*, sans mauvaise intention. Disons qu'il y a divers degrés ou plutôt différentes sortes de *malice*, depuis la *malice agréable* jusqu'à la *malice noire*. Les Latins disaient *malitia mala*, pour exprimer celle dans laquelle il entrait de la méchanceté. *Malicieux* est donc le plus faible de tous ces termes, puisqu'il ne se prend pas même toujours dans un sens odieux.

« Le *malin*, dit encore l'abbé Girard, l'est de sang-froid. »

N'est-ce pas le *malicieux* que l'auteur nous donne pour le *malin ?* Il a été trompé sans doute par l'abus que l'on fait de ce dernier mot, surtout en parlant des enfants. On appelle, et fort mal à propos, *malin* un enfant qui fait des *malices* assez ingénieuses ; et ses *tours malins* ne sont que des *malices :* il n'est donc que *malicieux.* Absolument parlant, un enfant peut être *malin* dans le sens propre du mot, mais il ne l'est que comme un enfant.

Il y a dans l'homme *malin* de la *malice* et de la *méchanceté*, mais sa *malice* est plus malveillante, plus malfaisante et plus profonde que celle de l'homme purement *malicieux :* mais sa *méchanceté* est couverte, dissimulée, artificieuse sans la brutalité, sans la violence, sans l'abandon de l'homme proprement *méchant.* Le *malin* prend plaisir à faire du mal.

L'abbé Girard poursuit ainsi : « Le *mauvais* l'est par emportement. »

Ne dirait-on pas que l'emportement fait le *mauvais ?* cependant on peut être *mauvais,* sans être proprement emporté, quoique la dureté, la brutalité, la violence du caractère, contribuent à rendre *mauvais :* il y a même des gens emportés qui sont très-bons. En général, une chose est *mauvaise* quand elle a quelque vice ou quelque défaut essentiel, ou qu'elle n'a pas les qualités relatives à l'usage qu'on en fait, à l'idée qu'on en a, au service qu'on en attend. C'est ainsi que du pain est *mauvais,* qu'une action est *mauvaise,* que l'air est *mauvais.*

Le *mauvais* ne vaut rien. Un homme est *mauvais* quand au lieu de l'indulgence, de la douceur, de l'humanité, de l'équité, des qualités qui font l'homme bon, il a les vices contraires qui font que dans l'occasion qu'il y a d'exercer ces vertus caractéristiques de l'homme ou de l'espèce, il fait du mal.

Le *méchant* est animé de la haine du bien, de ses semblables, de ce qu'il doit aimer, de ce qu'il doit faire. Il est possible qu'on naisse avec des dispositions prochaines pour le devenir ; car il naît des monstres. Il n'est que trop facile de le devenir avec un caractère dur et féroce, avec une humeur atrabilaire, avec des passions aigries, avec l'ignorance et le mépris de tous les principes, avec des habitudes licencieuses. Le *méchant* est *mauvais,* quand il a l'occasion de faire du mal ; mais de plus, il cherche les occasions d'en faire. (R.)

834. Maltraiter, Traiter mal.

Traiter signifie agir avec quelqu'un de telle ou telle manière : d'où vient que *maltraiter* et *traiter mal* désignent également une manière d'agir qui ne saurait convenir à celui qui en est l'objet. Mais la différence des constructions en met une grande dans le sens.

Maltraiter signifie faire outrage à quelqu'un, soit de paroles, soit de coups de main. *Traiter mal* signifie faire faire mauvaise chère à quelqu'un, ou n'en pas user avec lui à son gré.

Un homme violent et grossier *maltraite* ceux qui ont affaire à lui : un homme avare et mesquin *traite mal* ceux qu'il est forcé d'inviter à manger.

Maltraité en un mot vient de *maltraiter* ; *mal traité* en deux mots vient de *traiter mal*.

Tel qui a été *mal traité* au jeu, n'avait que cette ressource pour n'être pas *maltraité* à l'audience du grand contre qui il a joué. (B.)

835. Maniaque, Lunatique, Furieux.

Maniaque, possédé de manie, comme *démoniaque*, possédé du démon.

Maniaque et *lunatique* ont originairement le même sens; car de *man, lune*, les Grecs firent *mania*, fureur, maladie causée, à ce qu'ils croyaient, par la lune : de là, *maniaque, lunatique* chez les Latins, qui, par ce mot, exprimaient également une fureur produite par les mêmes influences. Mais ils appelaient *lunatique*, celui qui n'avait que des accès périodiques de folie ; tandis que la folie du *maniaque* n'a rien de régulier : et il en est de même de celle du *furieux*. Ils distinguaient le *furieux* du *maniaque*, en ce que la *fureur*, produite par la bile noire, entraîne un renversement total d'esprit et une folie absolue; au lieu que la manie produite par différentes causes sur un esprit faible, ne suppose qu'un trouble violent dans l'esprit et une pure démence.

Depuis que le demi-savoir, qui sait tout, a dissipé d'un souffle les influences de la lune sur le corps humain, il n'y a plus de *lunatiques* que les chevaux, dont la vue se trouble ou s'éclaircit selon les phases de la lune ; et s'il y a des hommes *lunatiques*, ce sont des gens d'une humeur changeante et fantasque, la lune n'y fait rien.

Il reste le *furieux* et le *maniaque*. Le *maniaque* est une espèce particulière de fou *furieux* qui, sans fièvre et dans un délire perpétuel, se jette sur tout ce qui se présente à lui, brise avec une force prodigieuse jusqu'à de grosse chaînes, ne sent pas, même nu en plein air, le froid le plus cuisant, etc. Il y a des *furieux* qui n'ont que des accès violents d'une fièvre chaude : il y en a même qui, hors de la crise, paraissent assez raisonnables pour que la loi leur ait permis de se marier et de tester dans leur bon sens. (B.)

836. Manifeste, Notoire, Public.

Manifeste, qui est mis en lumière, à portée d'être connu de tout le monde ; *manifester*, c'est mettre au jour ce qui était, en quelque sorte, dans les ténèbres.

Notoire, ce qui est fort connu, ce qui l'est d'une manière certaine. Ce mot est proprement un terme de droit ; et les jurisconsultes nous apprennent qu'on appelait *notaria* les accusations et les informations qui donnaient la connaissance et la preuve du fait. La *notoriété* fait preuve. Ce qui est *notoire* est si bien connu, qu'il est certain et indubitable.

Public, pris adjectivement, s'applique à toute sorte d'objets assez généralement connus. Ce que tout le monde voit, ce que tout le monde dit, ce que tout le monde croit, etc., est également *public*. C'est ici ce que tout le monde sait où connaît ; mais ce mot ne marque que l'étendue de la connaissance, sans établir par lui-même la certitude de la chose, ce qui est propre au mot *notoire*.

Il est donc facile de connaître ce qui est *manifeste* ; ce qui est *notoire* est bien certainement connu : on connaît assez généralement ce qui est *public*.

La chose *manifeste* n'est plus cachée : la chose *notoire* n'est plus incertaine : la chose *publique* n'est pas secrète.

Il n'y a point à dissimuler sur ce qui est *manifeste* ; à contester sur ce qui est *notoire* ; à se taire sur ce qui est *public*.

Notoire et *public* n'ont rapport qu'à la connaissance qu'on a des choses ; mais *manifeste* désignera plus la qualité des choses considérées en elles-mêmes, dans le sens de ses deux autres synonymes *clair* et *évident*.

Rien de caché dans ce qui est *manifeste* ; rien d'obscur dans ce qui est *clair* ; rien d'incertain dans ce qui est *évident*.

Il est bien facile de connaître ce qui est *manifeste*, de concevoir ce qui est *clair*, de se convaincre de ce qui est *évident*. (R.)

837. Manigance, Machination, Manége.

Manigance est un mot bas : faudrait-il le rejeter ? ne faut-il pas des mots bas pour représenter les choses basses ? ne sont-ils pas plutôt les noms propres de ces choses ? *Machination* est, au contraire, un mot noble : ne cesserait-il pas de l'être, s'il s'appliquait à des choses qui ne peuvent être anoblies ? *Manége* est enfin de mise partout : et ne faut-il pas de ces termes communs pour exprimer des idées communes à divers genres de choses ? Sans cette distinction, sans cette variété, ou plutôt sans cette diversité, une langue n'aurait qu'une couleur et qu'un style.

Manége et *manigance* viennent de main, *manus*, man. La main, l'instrument le plus adroit, ou, pour mieux dire, l'instrument par excellence, est naturellement faite pour désigner l'adresse, la dextérité, l'artifice, la finesse, la subtilité, et c'est une propriété que toutes les langues ont affectée à ces noms différens. Ainsi donc le *manége* est une manière adroite d'agir ou de faire, de manier. La *manigance* est un mauvais *manége*, une manière rusée de faire des choses basses, de vilaines choses, furtivement et sous main.

Quant au mot *machination*, tout le monde sent qu'il doit exprimer l'action d'assembler ou de combiner des ressorts ou des moyens cachés pour venir à bout d'un dessein qu'on n'oserait mettre au jour.

La *manigance* est donc un emploi de petites manœuvres cachées et artificieuses pour parvenir à quelque fin. La *machination* est l'action de concerter et de conduire sourdement des artifices odieux qui tendent à une mauvaise fin. Le *manége* est une conduite habile, ou plutôt adroite, avec laquelle on manie, on ménage si bien les esprits et les choses, qu'on les amène insensiblement à ses fins.

La *manigance* est naturelle au brouillon qui n'a que de petits moyens. La *machination* convient à ces gens sans honneur et sans vertus, pour qui tous les moyens sont bons, et les moyens les plus lâches les meilleurs. Le *manége* est la ressource familière de ceux qui vivent dans des lieux où l'on ne fait rien, où l'on n'a rien, où l'on n'est rien que par *manége*.

Le petit peuple n'entend guère que la *manigance :* l'intérêt, la passion, la malignité, enseignent la *machination :* la Cour est la grande école du *manége*.

Les sots sont tous coupables de *manigance*. Il n'y a que de malhonnêtes gens qui le soient de *machination*. Il faut des gens fins, souples et stylés, pour le *manége*.

838. Manœuvre, Manouvrier.

Le *manœuvre* est un ouvrier subalterne qui sert ceux qui font l'ouvrage. Le *manouvrier* est un ouvrier mercenaire qui gagne sa vie à travailler pour ceux qui ordonnent ou entreprennent l'ouvrage.

Manœuvre est la dénomination propre de certains aides qui servent les maçons et les couvreurs dans les fonctions qui ne demandent point d'art ou d'apprentissage. *Manouvrier* est une dénomination générale qui s'applique à toutes les sortes de gens de journée salariés. Le *manouvrier* diffère du *journalier*, en ce que le *journalier* tire son nom de la *journée* qu'il fait et qu'il gagne, tandis que le *manouvrier* tire proprement le sien de son *ouvrage* et de son industrie. Vous regardez le *manœuvre* relativement au métier qu'il fait ; vous considérez le *manouvrier* relativement au rang qu'il occupe dans la société.

Le *manœuvre* est un petit ouvrier ; le *manouvrier* est un pauvre *manœuvre.*

Pour désigner un mauvais ouvrier, nous disons quelquefois : *c'est un manœuvre ;* la raison en est qu'on appelle proprement *manœuvre* celui qui n'est employé qu'aux plus simples travaux, ou qui apprend l'art plutôt qu'il ne l'exerce. Mais le *manouvrier* peut être fort habile ; et s'il n'est pas entrepreneur ou maître, ce n'est pas faute de capacité, mais parce qu'il est atteint du vice de pauvreté. (R.)

839. Manque, Défaut, Faute, Manquement.

On a coutume de distinguer *manque* et *défaut* de *faute* et *manquement ;* des idées particulières m'obligent à traiter de tous ces mots dans le même article, et j'espère qu'il n'en resultera aucune confusion.

Le *manque* est l'absence de la quantité qu'il devrait y avoir, ce qui s'en *manque* pour qu'une chose soit complète ou entière, par opposition à ce qu'il y aurait de trop. Le *défaut* est l'absence de la chose qu'on n'a pas, de ce qu'on désirerait, de ce qu'on n'a pas en sa possession, par opposition à ce qu'on y a.

Dans un sac qui doit être de mille francs, vous trouvez trente livres à dire, il y a trente livres de *manque ;* le *manque,* le *déficit* est de trente livres : c'est ainsi qu'on parle, et vous ne direz pas la *défaut* pour *manque.* Le *manque* est donc en effet ce qui s'en *manque,* ou ce qui *manque* d'une quantité déterminée, fixée, ordonnée. Mais ces rapports ne sont nullement indiqués par le *défaut :* le *défaut* existe toutes les fois que vous n'avez pas une chose, ou que la chose cesse, comme quand on dit le *défaut de la cuirasse,* ou au *défaut de l'épaule :* le *manque* est toujour relatif, le *défaut* plutôt absolu.

Le *manque* d'esprit dit qu'on n'a pas la dose d'esprit ordinaire ou convenable. Le *défaut* d'esprit exprime une privation quelconque, et même la nullité. Le *manque* suppose donc une règle ou une mesure donnée, ce qui le distingue du *défaut,* qui en fait abstraction.

La *faute* est synonyme de *manquement.* Le *manquement* est, dit-on, une *faute* d'omission, tandis que la *faute* est tantôt de commettre ce qui n'est pas permis, et tantôt d'omettre ce qui était prescrit. Ne nous y trompons pas, le *manquement* n'exclut pas l'action positive : une insulte est un *manquement* de respect ; or l'insulte est une action, une *faute* très positive. Il faut donc dire que la *faute* s'appelle *manquement* lorsqu'on la considère comme une action par laquelle on *manque* à une règle, à une loi.

Par la *faute,* on fait mal ; par le *manquement,* on observe pas la règle. Dans la *faute* il y a toujours une omission qui forme le *manquement* proprement dit. Le *manquement* est fait à la règle ; ainsi nous disons *manquement de foi, de respect, de parole :* nous ne disons pas une *faute de parole, de respect, de foi;* ce terme marque l'opposition au bien, le mal.

Manquement paraît donc plus faible que *faute :* aussi a-t-on dit que le *manquement* est une *faute* légère.

Comme on dit *manquement,* on dit aussi *manque de foi. Manque* exprime la nature, l'espèce de la chose, d'une manière générale : *manquement* exprime l'action ou l'omission par laquelle on est coupable de ce *manque.* On dit le *manque de foi* et un *manquement de foi :* le *manque de foi* n'existe que par et dans le *manquement.* (R.)

840. Mansuétude, Douceur, Bonté.

Le mot *mansuétude,* renfermé dans le style religieux, n'a pas fait une grande fortune, et parce qu'il est isolé dans notre langue, et parce qu'on n'en a jamais déterminé la juste valeur. Il entre dans la *mansuétude* de la *douceur,* il y entre de la *bonté,* mais elle n'est ni la *douceur,* ni la *bonté* pure. En associant la *mansuétude* avec la *douceur,* en l'associant avec la *bonté,* je ne prétends pas associer et comparer ensemble ces deux dernières qualités, trop manifestement distinctes : je ne fais que les rapprocher, pour chercher les rapports qu'elles ont avec la *mansuétude,* et donner une idée suffisante de cette dernière qualité, dont il nous manque une notion assez précise.

Les interprètes latins disent que *mansuetus* est comme *manu assuetus,* littéralement *accoutumé par la main,* c'est-à-dire apprivoisé, adouci, familiarisé par les caresses, les flatteries ; telles que l'action de passer doucement la main sur le corps d'un animal, pour l'amadouer. En effet, les Latins opposaient *mansuetus* à *ferus,* l'animal sauvage et farouche à l'animal doux et privé.

Mais cette idée est bien faible et bien petite pour une aussi grande vertu que la *mansuétude,* qui suppose les plus belles qualités de l'âme et qui ne fait presque que perfectionner ces qualités par un exercice habituel et constant. M. de Gébelin élève notre esprit bien plus haut. En convenant que *suetus, suetudo,* marquent la coutume, il cherche et trouve dans la racine *man* l'acception de *bonté,* celle de *bonté* parfaite. Les premiers Latins disaient *manus* pour bon : de là *manna,* manne, suc doux et mielleux : de là *immanis,* qui n'est pas bon, qui est cruel, outré : de là vraisemblablement *humanus,* humain : de là aussi *amœnus,* doux et agréable, etc. (1).

_____

(1) Je ne puis m'empêcher de relever ici la manie qu'ont eue plusieurs étymologistes, et spécialement les disciples de Court de Gébelin, d'aller chercher bien loin ce qu'ils avaient tout près d'eux. Faire dériver *mansuetus* de *manu assuetus,* c'est se conformer à la vraisemblance, à l'esprit de l'antiquité et à l'usage des Romains. Cependant M. de

La *bonté* formera donc le fond de la *mansuétude*. Mais la *mansué-tude* est l'habitude d'être *bon*, ou une *bonté* constamment exercée et nécessairement perfectionnée par cette pratique constante : aussi est-elle la *bonté* la plus *douce*, la plus égale, la plus parfaite. C'est la *bénignité*, quant il s'agit de se prêter au bien, à l'indulgence, à la clémence, à la bienfaisance : c'est la *débonnaireté* quand il faut être patient, modéré, résigné jusqu'à la longanimité. Aussi l'Académie l'a-t-elle appelée *bénignité*, *débonnaireté*, *douceur* d'âme. Aussi les écrivains sacrés, et spécialement saint Paul, associent-ils souvent la *mansuétude* avec la *bonté*, la *bénignité*, la *patience*, l'humilité, la longanimité, la modération, etc. Il en est de même des philosophes profanes de l'ancienne Rome.

L'idée de la plus grande *douceur* est inséparable de tant de *bonté*. Enfin la constance propre à la *mansuétude* se réduit à une égalité d'âme qui, en même temps qu'elle nous rend *doux*, traitables et faciles, lorsque c'est à nous à exercer la *bonté*, nous donne la force, la fermeté, l'espèce d'immobilité par laquelle on résiste aux impulsions de la colère et à toutes les atteintes étrangères sans en être ébranlé. C'est avec ces traits que Speusippe peint la *mansuétude ;* et Festus, en la retenant toujours dans le juste milieu de la modération, ne veut pas même que la miséricorde l'attriste.

Ainsi la *mansuétude* est une constante égalité de l'âme, qui, fondée sur une *bonté* inaltérable, et accompagnée d'une *douceur* inépuisable, supporte le mal de la même manière et avec la même vertu dont elle fait le bien.

La *mansuétude* n'est proprement, dans notre langue, qu'une vertu chrétienne ; elle est néanmoins dans l'ordre purement moral, telle que les Latins nous l'ont transmise, et je ne vois aucune raison pour borner ainsi l'usage d'un terme si précieux et si distingué de tous ses prétendus synonymes. (R.)

841. Marchandises, Denrées.

Le mot *marchandise* sert souvent, comme un terme générique, à désigner en gros tous les objets de commerce : mais souvent aussi on le met en opposition avec *denrée*, et alors il doit indiquer une classe particulière d'objets de commerce. Cette opposition n'est pas nouvelle ; et

---

Gébelin, et après lui M. Roubaud, ne s'en contentent pas ; et, sous le prétexte de donner une origine plus noble à un mot qui n'avait pas, lors de sa formation, le sens qu'il a reçu depuis, et sous lequel ces savants l'envisagent, ils se jettent dans des recherches aussi inutiles qu'éloignées du véritable esprit des langues anciennes. (*Note de l'Éditeur.*)

quoique du Cange assure que, dans la basse latinité, *denrée* exprimait toute sorte de *marchandises*, l'un et l'autre mot annoncent, et jusque dans les actes publics, deux objets différents.

Les *denrées* sont les productions de la terre qui, brutes ou préparées, se vendent ou se débitent, jusque dans le plus petit détail, pour les besoins de la vie, et se consomment au premier usage : les *marchandises* opposées à *denrées* sont les matières premières, travaillées, façonnées, manufacturées, simples ou combinées, appropriées par l'industrie à divers usages, ou faites pour l'être, et qui ne se consomment que par un usage plus ou moins long.

Divers vocabulistes définissent la *denrée*, ce qui se vend pour la nourriture et pour la subsistance des hommes et des bêtes. D'autres disent, après Savary, que le mot *denrée* est le nom qu'on donne aux plantes propres à notre nourriture, comme artichauts, carottes, navets, panais, choux ; et qu'on peut distinguer les grosses *denrées*, telles que les blés, le foin, le vin, le bois (à brûler) ; et les menues, comme les fromages, les fruits, les graines, les légumes. Tous ces objets concourent à notre subsistance ; et au premier usage qu'on en a fait en ce genre, ils se détruisent. Mais les métaux, les lins, les chanvres, les draperies, les merceries, les toiles, les bonneteries, etc., sont purement des *marchandises*, et non des *denrées*, parce qu'ils forment des matières durables, ou des ouvrages d'industrie destinés à d'autres besoins que ceux de notre subsistance journalière, et qui ne s'usent que par une consommation lente.

La *denrée* est proprement ce qui se vend et qui se débite ; la *marchandise*, ce qui se trafique, ce qui se revend. Le vigneron qui vend son vin, le vin de son cru, vend une *denrée :* le marchand qui l'achète et le revend, vend une *marchandise*. Est marchand qui vend une *marchandise*, et n'est pas marchand qui vend ses *denrées*. (R.)

842. Mari, Époux.

Mari désigne la qualité physique. *Époux* marque l'engagement social ; c'est le terme sacramental ou moral. Le *mari* répond à la *femme*, comme le mâle à la femelle. L'*époux* répond à l'*épouse* comme un conjoint à l'autre.

Époux est donc par lui-même un mot plus noble ; il est seul du haut style : *mari* est plus familier.

Le mot *mari* annonce la puissance ; le mot *époux* n'annonce que l'union. Qui prend un *mari*, prend un maître ; qui prend une *épouse*, prend une compagne. Une femme est en puissance de *mari :* le *mari* est le chef et le maître de la communauté : deux *époux* sont l'un à l'autre.

Le *mari* a les droits, et l'*époux* les devoirs. Tel qui ne se souvient pas qu'il est *époux*, n'oublie pas qu'il est *mari*. (R.)

843. Marquer, Indiquer, Désigner.

Le propre du verbe *marquer* est de distinguer et de faire discerner un objet par des caractères particuliers, de manière qu'on ne puisse pas le méconnaître ou le confondre avec un autre. Le propre d'*indiquer* est de donner des lumières, des renseignements sur un objet qu'on ignore ou qu'on cherche, de manière à diriger nos regards, nos pas, nos soins, nos pensées, pour le voir, le remarquer, le trouver. Le propre de *désigner* est d'enseigner ou d'annoncer la chose cachée par le rapport de certaines figures avec elle, de manière que, sans la mettre sous nos yeux, nous la sachions et nous en soyons certains.

Les *marques*, comme les empreintes, les caractères, les taches, ou propres, ou appliquées à l'objet, le font connaître et reconnaître au milieu d'une infinité d'autres, par quelque propriété distinctive, ou par des traits exclusifs. Les *indices*, comme les *indications*, les notions, les renseignements, nous montrent, par la lumière et l'instruction, l'objet, le but, la voie, et nous aident, en nous dirigeant, à y parvenir. Les *signes*, comme la *signature*, les *signaux*, les *signalements*, par leur vertu significative ou démonstrative, fondée sur une liaison nécessaire ou établie avec l'objet, nous apprennent que la chose est, où elle est, ce qu'elle est.

Le cadran *marque* les heures, le baromètre *marque* les degrés de la pesanteur de l'air.

L'*index* d'un livre *indique* la division et la place des matières : votre doigt *indique* l'objet éloigné que vous voulez montrer : une carte vous *indique* votre route.

La fumée *désigne* le feu : le signalement *désigne* la personne : l'enseigne *désigne* le marchand : les pavillons différents *désignent* les nations : le pouls *désigne* l'état de la santé. (R.)

844. Marri, Fâché, Repentant.

Marri mériterait d'être conservé, soit parce qu'il est affecté surtout à un genre particulier de style (au style religieux), et que c'est, dans une langue, une perfection, que d'avoir des mots, des locutions, des formes exclusivement propres aux différents genres du discours, soit parce qu'il exprime seul l'espèce de tristesse et de chagrin que les Latins appelaient *mœror*.

Fâché est un mot plus vague ; il exprime un déplaisir quelconque, et jusqu'à un mécontentement léger et passager. La vertu propre du mot est d'exprimer une sorte de colère, un commencement de colère, un ressentiment, le mouvement d'un sang ou d'un cœur *échauffé*.

On peut être *fâché* sans qu'il y ait lieu au *regret ;* mais le *regret* est inséparable du *repentir.* On n'est *repentant* que comme on est *marri* de ses propres actions : mais le mot *repentant* ne tombe pas toujours, comme *marri*, sur des *fautes.*

L'homme *marri* de ses fautes, les pleure, les déplore ; et, dans sa douleur amère et profonde, il demande sa grâce, il demande son pardon avec les sentiments et les accents tendres et pathétiques d'un cœur contrit qui mérite de l'obtenir. L'homme *fâché* de ses fautes, les déteste, s'en indigne ; et, dans son ressentiment, tourné contre lui-même, il commence, en quelque sorte, à venger sur lui le tort ou l'offense qu'il s'agit de réparer. L'homme *repentant* de ses fautes, s'en tourmente et les abjure ; et, dans ses regrets justes et réfléchis, il sent la nécessité, il reconnaît le devoir de réparer ses torts et d'expier ses offenses.

C'est la douleur que vous voyez dominer dans l'homme *marri ;* il semble n'avoir pas même d'autre sentiment. C'est l'humeur que vous croyez voir dominer dans l'homme *fâché ;* mais ses motifs la corrigent. C'est le regret qui domine l'homme *repentant ;* et ce regret est en lui-même salutaire. (R.)

845. Massacre, Carnage, Boucherie, Tuerie.

Massacrer signifie littéralement assommer avec une *massue*, ou d'une manière *exécrable :* c'est tuer, écraser, déchirer impitoyablement, jusqu'à ne pas laisser aux objets leur forme sensible. Ainsi l'on dit d'un ouvrage très-mal fait, très-défiguré, qu'il est *massacré.*

Carnage vient de *car, carn, chair :* c'est proprement l'action de *faire chair*, de mettre en pièces ou à mort une multitude d'êtres vivants. On dit qu'un animal vit de *carnage* lorsqu'il se nourrit de chair.

La *boucherie* est proprement le lieu où l'on rassemble et tue les animaux, pour notre *bouche*, pour notre nourriture. Mais ce mot exprime aussi l'action même de les tuer ; et c'est une *boucherie* que de tuer une grande quantité de personnes dans le même lieu.

Tuerie est de même le lieu particulier où l'on tue des animaux, mais sans aucune autre indication donnée par le mot même. Ainsi, quand il désigne l'action de faire tuer, de faire périr beaucoup de gens, il n'exprime ni dessein, ni intention ; et c'est pourquoi il se dit particulièrement des meurtres qui arrivent, comme par accident ou par malheur, dans une grande presse, un grand tumulte, une grande bagarre ; ce qui a fait dire, avec quelque raison, que ce mot n'est pas noble ; mais c'est le mot propre et nécessaire pour exprimer le cas que je viens de décrire.

La barbarie, la férocité, l'atrocité, dans toute leur horreur, ordonnent le *massacre.* La soif du sang, la fureur effrénée, l'*acharnement*, poursuivent le *carnage*. L'humeur sanguinaine, l'ardeur de dévorer sa proie, l'impitoyable cruauté, font une *boucherie*. Une aveugle impétuosité, un horrible désordre, les chocs tumultueux d'une foule emportée, causent une *tuerie*.

Il y a cette différence entre *tuerie* et *boucherie*, pris dans le sens propre et pour des lieux particuliers, qu'à la *tuerie* on ne fait que tuer les animaux, et qu'à la *boucherie* on en étale et vend la chair. La *tuerie* est ordinairement dans la *boucherie*. Il a souvent été question de transférer les *tueries* (et non les *boucheries*) hors des grandes villes ; ce qui serait bon, si le prix de la viande n'en était pas augmenté. (R.)

846. Mater, Mortifier, Macérer.

Mat, de la même famille que *bat*, battre ; en oriental, tuer ; grec ματζω, écraser, broyer ; latin *mactare*, tuer, assommer, égorger. Ce mot, employé d'une manière figurée ou adoucie, veut dire dompter, soumettre, subjuguer. Saumaise dit que *mattus* veut dire, en latin, triste, mortifie, dompté, subjugué.

Mortifier est, à la lettre, faire *mort*, commencer la corruption, opérer la destruction. La *mortification*, dit très-pertinemment Bossuet, est un essai, un apprentissage et un commencement de *mort*. Ce mot désigne physiquement l'altération des mixtes, un changement de figuré, la perte de la qualité caractéristique, la soustraction de la chaleur vivifiante. Son premier effet est d'attendrir, d'amollir, d'énerver. Au figuré, *mortifier* signifie réprimer, abaisser, humilier, faire honte, couvrir de confusion.

Macérer vint de *mac*, mâchoire, et tout ce qui sert à concasser, à broyer, à briser, à meurtrir, à exprimer le suc des mixtes. Cette dernière idée est propre à la *macération* physique. Ce mot tient particulièrement à *macer*, maigre : l'effet propre de cette action est d'amaigrir, d'atténuer, de rendre souple, et par conséquent d'attendrir, d'amollir, de flétrir, de réduire une chose à l'état d'un corps mâché, meurtri, épuisé.

Ces mots ne sont pas synonymes dans toutes leurs applications : il faut les distinguer par leurs applications mêmes.

On dit *mater* des animaux, et particulièrement des oiseaux : on les *mate* en les dressant, en les domptant, en les apprivoisant, en les exerçant à leur faire faire ce qu'on veut. On dit *mortifier* des corps, et particulièrement des viandes et des chairs : on les *mortifie* en les dépouillant des principes de leur mouvement ou de leur vie, en amortissant leur force, en détruisant le tissu de leurs parties, en les altérant pour les amollir ou les attendrir, ou les mener à la putréfaction, comme quand on bat la viande ou qu'on la laisse exposée à l'air. On dit *macérer* des mixtes, et surtout des plantes, en affaiblissant leur vertu, en les faisant tremper ou rouir dans une liqueur, en faisant passer leurs principes dans la liqueur même, en les flétrissant par quelque moyen semblable.

En style chrétien, on dit également *mater, mortifier, macérer* son corps ou sa chair. Vous *matez* le corps par les violences que vous lui faites pour le dompter, le réduire en servitude, comme dit saint Paul : vous le *mortifiez* par le soin que vous prenez de réprimer ses appétits, d'amortir ses désirs, de briser l'aiguillon de la chair ; vous le *macérez* par les exercices qui le tourmentent et le tiennent dans un état de souffrance. (R.)

847. Matière, Sujet.

« La *matière*, dit l'abbé Girard, est ce qu'on emploie dans le travail ; le *sujet* est ce sur quoi l'on travaille.

» La *matière* d'un discours consiste dans les mots, dans les phrases et dans les pensées. Le *sujet* est ce qu'on explique par ces mots, par ces phrases et par ces pensées.

» Les raisonnements, les passages de l'Écriture sainte, les pensées des Pères de l'Église, les caractères des passions, et les maximes de morale, sont la *matière* des sermons. Les mystères de la foi et les préceptes de l'Évangile en doivent être le *sujet*. »

L'auteur prend évidemment ici la *matière* pour les *matériaux* ; or, *matière* n'est point, dans cette acception, synonyme de *sujet*. On ne dira jamais que les mots, les pensées, les raisonnements, sont le *sujet* d'un discours ; c'est la *matière* dont ils sont composés. Mais outre cette *matière* ou ces *matériaux* qu'on met en œuvre, il y a une *matière* sur laquelle on travaille, dont on traite, qu'on explique ; et c'est celle-là qui est synonyme de *sujet* : le *sujet* est la *matière* particulière dont nous traitons.

La *matière* est le genre d'objets dont on traite ; le *sujet* est l'objet particulier qu'on traite. Un ouvrage roule sur une *matière*, et on traite divers *sujets*. Les vérités de l'Évangile sont la *matière* des sermons : un sermon a pour *sujet* quelqu'une de ces vérités.

Il faut posséder toute la *matière* pour bien traiter le plus petit *sujet*. Tout tient à tout. (R.)

848. Matinal, Matineux, Matinier.

De ces trois mots, dit Vaugelas, *matineux* est le meilleur ; c'est celui qui est le plus en usage, soit en parlant, soit en écrivant, soit en prose ou en vers. *Matinal* n'est pas si bon, il s'en faut de beaucoup : les uns le trouvent trop vieux, et les autres trop nouveau ; et l'un et l'autre ne procèdent que de ce qu'on ne l'entend pas dire souvent. *Matineux* et *matinal* se disent seulement des personnes ; il serait ridicule de dire l'*étoile matineuse* ou *matinale*. Pour *matinier*, il ne se dit plus, ni en prose ni en vers, ni pour les personnes, ni pour autre chose, surtout au masculin ; car il serait insupportable de dire un *astre matinier :* mais au féminin, l'*étoile matinière* pourrait trouver sa place quelquefois.

« L'académie, dit Th. Corneille sur cette remarque, a été du sentiment de Vaugelas en faveur de *matineux,* quoique plusieurs aient témoigné qu'ils diraient plutôt à une femme *vous êtes bien matinale,* plutôt que *vous êtes bien matineuse.* » *Matinier* signifie ce qui appartient au matin : il n'est en usage que joint à *étoile ; étoile matinière.*

Matinal a prévalu depuis sur *matineux ;* et l'académie a jugé que le premier doit s'appliquer à celui qui s'est levé matin, et le second, à celui qui est dans l'habitude de se lever matin. Si l'usage d'appliquer *matinal* aux personnes se maintient ; il faut nécessairement adopter cette distinction. (R.)

849. Mécontents, Malintentionnés.

Les *mécontents* ne sont pas satisfaits du gouvernement, des ministres, de l'administration des affaires ; ils désirent qu'on y fasse quelque changement. Les *malintentionnés* ne sont pas satisfaits de leur propre situation, et pensent à s'en procurer une qui soit à leur gré.

Il y a des *mécontents* dans les temps de trouble, parce que la tempête fait aisément perdre la tête à un pilote qui n'a pas assez d'expérience et de lumières, et que la manœuvre peut en souffrir. Il y a des *malintentionnés* dans tous les temps, parce que dans tous les temps il y a des passions, et que les passions sont toujours injustes. (B.)

850. Méfiance, Défiance.

La *méfiance* est une crainte habituelle d'être trompé. La *défiance* est un doute, que les qualités qui nous seraient utiles ou agréables, soient dans les hommes, ou dans les choses, ou en nous-mêmes.

La *méfiance* est l'instinct du caractère timide et pervers. La *défiance* est l'effet de l'expérience et de la réflexion.

Le *méfiant* juge les hommes par lui-même, et les craint. Le *défiant* en pense mal, et en attend peu.

On naît *méfiant.* Pour être *défiant,* il suffit de penser, d'observer, et d'avoir vécu.

On se *méfie* du caractère et des intentions d'un homme : on se *défie* de son esprit et de ses talents. (*Encycl.,* X, 301.)

851. Se méfier, Se défier.

Ces deux mots marquent en général le défaut de confiance en quelqu'un ou en quelque chose, avec les différences suivantes :

1°. Se *méfier* exprime un sentiment plus faible que se *défier.* Exemple : cet homme ne me paraît pas franc, je m'en *méfie :* cet autre est un fourbe avéré, je m'en *défie.*

2° Se *méfier* marque une disposition passagère et qui pourra cesser. Se *défier* marque une disposition habituelle et constante. Fxemple : il faut se *méfier* de ceux qu'on ne connaît pas encore, et se *défier* de ceux dont on a été une fois trompé.

3° Se *méfier* appartient plus au sentiment dont on est affecté actuellement; se *défier* tient plus au caractère. Exemple : il est presque également dangereux dans la société de n'être jamais *méfiant*, et d'avoir le caractère *défiant ;* de ne se *méfier* de personne, et de se *défier* de tout le monde.

4° On se *méfie* des choses qu'on croit; on se *défie* des choses qu'on ne croit pas. Je me *méfie* que cet homme est un fripon, et je me *défie* de la vertu qu'il affecte. Je me *méfie* qu'un tel dit du mal de moi; mais quand il en dirait du bien, je me *défierais* de ses louanges.

5° On se *méfie* des défauts, on se *défie* des vices. Exemple : il faut se *méfier* de la légèreté des hommes, et se *défier* de leur perfidie.

6° On se *méfie* des qualités de l'esprit, on se *défie* de celles du cœur. Exemple : je me *méfie* de la capacité de mon intendant, et je me *défie* de sa probité.

7° On se *méfie* dans les autres d'une bonne qualité qui est réellement en eux, mais dont on n'attend pas l'effet qu'elle semble promettre ; on se *défie* d'une bonne qualité qui n'est qu'apparente. Exemple : un général d'armée dira : Je n'ai point donné de bataille cette campagne, parce que je me *méfiais* de l'ardeur que mes troupes témoignaient, et qui n'aurait pas duré longtemps, et je me *défiais* de la bonne volonté apparente de ceux qui devaient exécuter mes ordres.

8° Au contraire, quand il s'agit de soi-même, on se *méfie* d'une mauvaise qualité qu'on a ; on se *défie* d'une bonne qualité dont on n'attend pas tout l'effet qu'elle semble promettre : il faut se *méfier* de sa faiblesse, et se *défier* quelquefois de ses forces mêmes.

9° La *méfiance* suppose qu'on fait peu de cas de celui qui en est l'objet; la *défiance* suppose quelquefois de l'estime. Exemple : un général doit quelquefois se *méfier* de l'habileté de ses lieutenants, et se *défier* toujours des mouvements qu'un ennemi actif et rusé fait en sa présence. (*Encycl.*)

852. Mélancolique, Atrabilaire.

Le *mélancoïque* et l'*atrabilaire* sont tourmentés d'une bile noire et tenace, qui, adhérente aux viscères, trouble les digestions ; envoie des vapeurs épaisses au cerveau, arrête et vicie les humeurs, et cause enfin le plus grand désordre dans toute l'économie animale.

La *mélancolie*, susceptible de gradations, ne va que par excès jusqu'à l'*atrabile* (qu'on me permette ce mot).

Il y a une *mélancolie* douce, agréable même : l'*atrabile* est toujours cruelle et terrible. Une simple tristesse vous donne l'air *mélancolique* qui intéresse, mais l'habitude de l'âme et la férocité des traits donnent cet air *atrabilaire* qui effraie.

Le *mélancolique* est dans un état de langueur et d'anxiété ; sa tristesse est morne et inquiète. L'*atrabilaire* est dans un état de fermentation et d'angoisse ; sa tristesse est sombre et farouche. Le *mélancolique* évite le monde, il veut être seul : l'*atrabilaire* repousse les hommes, et il ne peut vivre avec lui-même. La *mélancolie* attendrit d'abord le cœur que l'*atrabile* endurcit. Le *mélancolique*, sensible à l'intérêt que vous lui témoignez, l'est encore aux peines de ses semblables : l'*atrabilaire*, ennemi des autres et de lui-même, voudrait ne voir que des êtres plus malheureux que lui.

On est d'un tempérament *mélancolique*, on a l'humeur *atrabilaire*. Le *mélancolique* meurt lentement, c'est l'*atrabilaire* qui se tue. (R.)

853. Mêler, Mélanger, Mixtionner.

Mêler est le verbe simple et le genre : *mélanger* et *mixtionner* sont des dérivés ; ils modifient et restreignent l'idée simple.

Mêler, c'est mettre ensemble, avec, dans, entre, etc., à dessein ou sans dessein, avec art ou sans art, avec une sorte de confusion quelconque, toutes sortes de choses, de quelque manière que ce soit, en brouillant, en joignant, en incorporant, en déplaçant, en alliant, etc. *Mélanger*, c'est assembler, assortir ou composer, combiner à dessein et avec art, des choses qui doivent naturellement se convenir, pour obtenir par leur agrégation et leur variété, un résultat avantageux et un nouveau tout. *Mixtionner* c'est *mélanger*, fondre des drogues dans des liqueurs, de manière qu'elles restent incorporées, et que la composition produise des effets particuliers.

On *mêle*, on incorpore ensemble des liqueurs ; on *mêle*, on bat les cartes : on *mêle*, on brouille maladroitement des écheveaux. Le peintre *mélange* habilement ses couleurs : le *mélange* industrieux des couleurs fait la peinture. L'on *mixtionne* artificiellement des substances étrangères les unes aux autres, que l'on fond ou confond ensemble, et c'est proprement la drogue qui distingue la *mixtion*. Un breuvage *mixtionné* est dénaturé.

Vous *mêlez* le vin avec l'eau pour le boire : vous *mélangez* différentes sortes de vins pour les corriger ou améliorer l'un par l'autre et en faire un autre vin : vous *mixtionneriez* le vin que vous frelateriez avec des drogues. (R.)

854. Mémoire, Souvenir, Ressouvenir, Réminiscence.

Ces quatre mots expriment également l'attention renouvelée de l'esprit à des idées qu'il a déjà aperçues. Mais la différence des points de vue accessoires qu'ils ajoutent à cette idée commune, assigne à ces mots des caractères distinctifs, qui n'échappent point à la justesse des bons écrivains, dans le temps même qu'ils s'en doutent le moins.

La *mémoire* et le *souvenir* expriment une attention libre de l'esprit à des idées qu'il n'a point oubliées, quoiqu'il ait discontinué de s'en occuper. Les idées avaient fait des impressions durables; on y a jeté par choix un nouveau coup d'œil : c'est une action de l'âme.

Le *ressouvenir* et la *réminiscence* expriment une attention fortuite à des idées que l'esprit avait entièrement oubliées et perdues de vue : ces idées n'avaient fait qu'une impression légère, qui avait été étouffée ou totalement effacée par de plus fortes ou de plus récentes; elles se présentent d'elles-mêmes, ou du moins sans aucun concours de notre part ; c'est un événement où l'âme est purement passive.

On se rappelle donc la *mémoire* ou le *souvenir* des choses quand on veut; cela dépend uniquement de la liberté de l'âme. Mais la *mémoire* ne concerne que les idées de l'esprit; c'est l'acte d'une faculté subordonnée à l'intelligence, elle sert à l'éclairer ; au lieu que le *souvenir* regarde les idées qui intéressent le cœur, c'est l'acte d'une faculté nécessaire à la sensibilité, elle sert à l'échauffer.

C'est dans ce sens que l'auteur du *Père de famille* a écrit : Rapportez tout au dernier moment, où la *mémoire* des faits les plus éclatants ne vaudra pas le *souvenir* d'un verre d'eau présenté à celui qui a soif.

On a le *ressouvenir* ou la *réminiscence* des choses quand on peut ; cela tient à des causes indépendantes de notre liberté. Mais le *ressouvenir* ramène tout à la fois les idées effacées et la conviction de leur préexistence; l'esprit les reconnaît; au lieu que la *réminiscence* ne fait que réveiller les idées anciennes, sans rappeler aucune trace de cette préexistence : l'esprit croit les connaître pour la première fois.

La *réminiscence* peut faire jouir sans scrupule des plaisirs de l'invention. C'est un piége où maints auteurs ont été pris. (*Encyc.*, X, 326.)

855. Ménage, Ménagement, Épargne.

On se sert du mot de *ménage* en fait de dépense ordinaire ; de celui de *ménagement* dans la conduite des affaires ; et de celui d'*épargne* à l'égard des revenus.

Le *ménage* est le talent des femmes ; il empêche de se trouver court dans le besoin. Le *ménagement* est du ressort des maris ; il fait qu'on n'est jamais dérangé. L'*épargne* convient aux pères ; elle sert à amasser pour l'établissement de leurs enfants. (G.)

856. Mensonge, Menterie.

Une *menterie* est une simple fausseté avancée dans l'intention de tromper : le *mensonge* est une fausseté méditée, combinée, composée de manière à tromper, à séduire, à abuser. Cette dernière assertion n'est point une supposition gratuite. Le *mensonge* est la *menterie* à laquelle on a fort songé, qu'on a méditée, arrangée, composée avec art. Le *mensonge* est aussi fable et fiction ; la poésie, dit-on, vit de *mensonges* : le *mensonge* et les vers sont de tout temps amis, dit La Fontaine.

Et c'est pourquoi *mensonge* est du style noble, et *menterie* du style très-familier. Le *mensonge* est une grande et profonde *menterie* : il est inspiré par quelque intérêt important, il vise à un but élevé. La *menterie* n'a ni motifs, ni les mêmes présomptions, elle est simple et familière : c'est un *mensonge* léger, badin, du moins sans conséquence, si l'on se borne à l'usage.

Vous n'accuserez pas sérieusement quelqu'un en face, de *mensonge*; vous l'offenseriez : le *mensonge* est en général grave. Vous lui reprocherez en plaisantant une *menterie* ; il n'en sera pas blessé : la *menterie* est plus ou moins légère.

L'hypocrisie est un *mensonge* continuel d'action, ou, comme dit La Bruyère, un *mensonge* de toute la personne ; car elle est artificieuse, profonde et séduisante.

Un plaisant ne met dans son jeu que de la *menterie*, car il n'y met ni l'intention, ni l'importance, ni la malignité d'un mauvais dessein.

Par des *mensonges* on se rend odieux, et par des *menteries*, méprisable. *Menteries* et *mensonges* rendent indigne de foi : eh ! qui croirait dans les grandes choses celui qu'il ne croit pas dans les petites.

Le fourbe fait des *mensonges*, le bavard dit des *menteries*. Celui-ci ne trompe personne, l'autre trompe les plus fins.

La civilité du monde est *menterie* plutôt que *mensonge*, elle ne trompe personne. (R.)

857. Menu, Délié, Mince.

Le *menu* n'a quelquefois rapport qu'à la grosseur dont il manque, et d'autres fois il en a à la grandeur en tous sens. Le *délié* n'est opposé qu'à la grosseur, supposant toujours une sorte de longueur. Le *mince* n'attaque que l'épaisseur, pouvant beaucoup avoir des autres dimensions. Ainsi l'on dit une jambe et une écriture *menues*, un fil *délié*, une planche et une étoffe *minces*. (G.)

858. Merci, Miséricorde.

Nous disons demander, crier *merci*, *miséricorde*, c'est-à-dire grâce et pardon.

On demande *merci* comme on demande pardon, même pour les fautes les plus légères, comme on demande quartier ou grâce de reproches, de railleries. On demande *miséricorde* comme on implore la clémence dans des cas graves, pour des fautes graves, comme on implore la pitié, des secours dans de grands dangers, dans de vives alarmes. Si quelqu'un vous excède de quelque manière, vous criez *merci :* dans une grande calamité, le peuple crie *miséricorde.*

Merci ne se dit plus que dans certaines phrases particulières : dèslors il a perdu son ancienne noblesse ; et il ne convient plus que dans des occasions communes. Les grandes idées morales appartiennent à *miséricorde.*

L'on demande *merci* à celui à la discrétion de qui l'on est, et qui fait trop sentir sa supériorité : l'on implore la *miséricorde* de celui qui peut punir et pardonner, perdre et sauver. Le faible demande *merci ;* le criminel implore la *miséricorde.* On implore la *miséricorde* de Dieu, celle du prince : on demande *merci* au plus fort.

On est, on se remet, on s'abandonne à la *merci*, à la *miséricorde* de quelqu'un, c'est-à-dire à sa discrétion.

On est à la *merci* des bêtes féroces, des causes aveugles comme des êtres intelligents : la *miséricorde* n'appartient qu'aux êtres sensibles, bons par leur nature, capables de pitié.

Merci exprime également la grâce que l'on fait et celle que l'on rend : *grand merci* signifie *je vous remercie*, je vous rends grâces : *miséricorde* ne désigne que la vertu qui fait grâce, et les actes de cett vertu : on a de la *miséricorde*, on fait *miséricorde* ou des actes de *miséricorde*, mais on ne rend pas *miséricorde* comme on rend grâces.

Merci vient du latin *merces*, prix, récompense ; et, par extension, faveur, grâce. On mérite en quelque sorte sa grâce, en s'humiliant pour la demander ; on reconnaît, on commence à payer du moins la grâce qu'on a reçue, par celle que l'on rend. Voilà comment ce mot a naturellement deux sens.

Quant à *miséricorde*, ce mot exprime littéralement la sensibilité du *cœur* (*cor, cord*), l'attendrissement de l'âme sur la *misère*, sur les maux d'autrui. C'est une sorte de pitié envers celui qui souffre. (R.)

859. Mériter, Être digne.

Le *mérite* est proprement dans les actions, les œuvres, les services qui, selon la raison, la justice, l'équité, mènent à la récompense, exigent un prix, donnent un droit.

Digne signifie, mot à mot, qui domine sur les autres, qui est distin gué par ses qualités, soit par la naissance, soit par sa place, par son talent, par sa vertu, par son *mérite*.

Ainsi l'on *mérite* par ses actions, par ses services : l'on est *digne* par ses qualités, par sa supériorité. Le *mérite* donne une sorte de droit la *dignité* donne un titre. Ce qu'on *mérite* est récompense dans quelque sens. On est aussi *digne* de récompense et même d'une faveur. Celui qui *mérite* s'est rendu *digne* par sa conduite, ses travaux, le bon emploi de ses qualités et de ses talents. *Mériter*, être *digne*, se prennent en bonne et en mauvaise part.

« Dès qu'on suppose, dit Burlamaqui, que l'homme se trouve, par sa nature et par son état, assujetti à suivre certaines règles de conduite, l'observation de ces règles fait la perfection de la nature humaine et de son état.... En conséquence, nous reconnaissons que ceux qui répondent à leur destination, qui *font ce qu'ils doivent*, et contribuent ainsi au bien et à la perfection du système de l'humanité, sont *dignes* de notre approbation, de notre estime et de notre bienveillance; qu'ils peuvent raisonnablement *exiger* de nous ces sentiments, et qu'ils ont quelque *droit* aux effets avantageux qui en sont les suites naturelles.... Tels sont les fondements du *mérite*. »

S'agit-il d'une place qui se donne aux services ? celui qui a rendu le plus de services la *mérite*. Ne faut-il pour une place que de la capacité? celui qui a donné le plus de preuves de capacité en est le plus *digne*.

A celui qui demande une chose destinée à servir de récompense, vous répondrez, sans l'offenser, qu'il ne la point *méritée* : vous ne lui direz point qu'il n'en est pas *digne*, à moins qu'il n'ait *mérité* l'exclusion : vous l'offenseriez. Dans le premier cas, c'est lui dire seulement qu'il n'a pas assez de service; dans le second, c'est le taxer au moins d'incapacité.

Nous disons souvent un *homme de mérite*, et quelquefois familièrement un *digne homme*. L'honnêteté, la probité, la droiture, la franchise, qui forment le fond du caractère de la personne, font le *digne homme*; il est *digne* d'estime, de confiance, de bienveillance. Des qualités excellentes et remarquables, le bon emploi de ces qualités, l'emploi propre à nous assurer l'approbation des honnêtes gens et la considération publique, c'est là ce qui fait l'homme de *mérite*; il *mérite* bien de la société, de la patrie, de l'humanité. (R).

860. Mésaise, Malaise.

Le *mésaise* n'est que la simple privation d'aise ou de bien-être, et le *malaise* un mal positif, ennemi de l'aise ou du bien-être. *Mésaise* marquera proprement une situation dans laquelle, après avoir cessé d'être bien, on n'est pas encore mal; et le *malaise*, une situation dans laquelle on est mal, sans avoir un mal déterminé. (R.)

861. Mésurer, Abuser.

Mal user. Il y donc deux manières générales de *mal user* distinctes et importantes à distinguer.

Il y a un emploi de choses qui est *mauvais*, il y en a un qui est *méchant ;* et voilà ce qui différencie nos deux verbes. On *mésuse* de la chose qu'on emploie mal ; on *abuse* de la chose qu'on emploie à faire du mal. Or, dans le premier cas, on pèche contre la raison, contre la sagesse, contre ses intérêts, contre le bon ordre ; et dans le second, on pèche contre la justice, contre la probité. On *mésuse* par *déréglement,* en agissant, comme on dit, à tort et à travers, sans rime ni raison : on *abuse* par *excès,* et en outre-passant son pouvoir, ses droits, les droits de la liberté.

Les jurisconsultes ont défini la liberté, le droit d'user et d'*abuser :* ce n'est pas là le mot, il fallait dire *mésuser.* Je *mésuse* de ma liberté si je fais une sottise qui me nuit, mais j'en ai le droit. Si je m'en sers pour nuire à autrui, j'en *abuse* alors, et j'outre-passe mon droit ; mais c'est licence et non pas liberté. Une mauvaise tête *mésuse* de vos bienfaits ; un mauvais cœur en *abuse.* Un ami indiscret *mésusera* du sécret que vous lui confiez ; un ami perfide en *abusera* contre vous-même. (B.)

862. Métal. Métail.

Le *métal* est une matière tirée du sein de la terre.

Métail signifie un *alliage* de *métaux,* une composition, ou simplement un mélange.

Métal marque donc un *métal* quelconque, pur et simple ; *métail,* une composition de *métaux,* ou un mélange dans lequel il entre quelque *métal.* Ainsi, quand nous voudrons enrichir la langue et parler clairement, nous dirons que l'or est un *métal,* que l'argent est un *métal ;* et que le similor est un *métail,* que le tombac est un *métail.*

Si les choses n'étaient pas telles, j'ose dire qu'elles devraient l'être. Il est ridicule de dire qu'une tabatière d'or de Manheim n'est pas d'or, mais qu'elle est de *métal,* comme si l'or n'était pas un *métal :* la contradiction ou l'équivoque cesse, si l'on dit qu'elle est de *métail.* (R.)

863. Métamorphoser, Transformer.

Opérer un changement de forme.

La *métamorphose* appartient à la mythologie ; le mot dénomme les changements de formes opérés par les dieux de la fable. La *transformation* appartient également à l'ordre naturel et à l'ordre surnaturel, le mot indique tout changement de forme quelconque, même dans le langage des sciences exactes.

Métamorphose n'exprime, au propre, qu'un changement de forme ; *transformation* désigne encore quelquefois d'autres changements, comme la transmutation ou la conversion des métaux, la transsubstantiation ou le changement de substance, etc. Les mystiques appellent *transformation* l'état d'une âme confondue, perdue, abîmée, pour ainsi dire, en Dieu par la contemplation.

La *métamorphose* emporte toujours une idée de merveilleux ; et il n'en est pas de même de la *transformation*, suivant ce qui vient d'être remarqué. Ainsi, au figuré, la *métamorphose* est une *transformation* merveilleuse, extraordinaire, étonnante, un changement prodigieux, inattendu, incroyable, de manières, de conduite, de sentiments, de caractère ou de mœurs. La *métamorphose* est d'ailleurs une *transformation* si entière, que l'objet, ne conservant aucun de ses traits, est absolument méconnaissable. La *transformation* sera plus simple et plus facile ; elle s'arrête même ordinairement aux apparences et aux manières.

Le libertin se *transforme* quelquefois par respect humain ; il est *métamorphosé* par la conversion. (R.)

864. Métier, Profession, Art.

Le *métier* est un genre de service que l'on rend dans la société : la *profession* est un genre d'état auquel on se dévoue : l'*art* est un genre d'industrie qu'on exerce.

Métier désigne la condition qu'on remplit ; *profession*, la destination que l'on suit ; *art*, le talent qu'on cultive.

Le *métier* fait l'ouvrier, l'homme de travail : la *profession* fait l'homme d'un tel ordre, d'une telle classe : l'*art* fait l'artisan, l'artiste, l'homme habile.

Le *métier* demande un travail de la main ; la *profession*, un travail quelconque ; l'*art*, un travail de l'esprit, sans exclure comme sans exiger le travail de la main.

Ainsi vous dites le *métier* de boulanger, le *métier* de chaudronnier, le *métier* de maçon. Mais on dit la *profession* de commerçant, d'avocat, de médecin, et non pas le *métier* ; car ces gens-là ne travaillent pas de la main. Enfin, on dit également l'*art* de la serrurerie ou de l'horlogerie, de la peinture ou de la sculpture, de la rhétorique ou de la poésie, pour désigner le génie des choses, sans égard à la manière de les exécuter.

Cependant le mot de *métier* est quelquefois relevé par son régime ; ainsi l'on dit le *métier des armes*.

La *profession* se prend pour la livrée que l'on porte ou l'affiche qu'on se donne ; ainsi l'on dit *profession* d'être honnête homme , homme d'honneur, bon citoyen , etc. : on est joueur, ivrogne de *profession.*

Enfin, l'*art* se prend pour l'adresse, l'habileté en tout genre : ainsi on dit l'*art d'aimer*, l'*art de plaire*, etc., etc. (R.)

865. Mettre, Poser, Placer.

Mettre a un sens plus général ; *poser* et *placer* en ont un plus restreint : mais *poser*, c'est mettre avec justesse, dans le sens et de la manière dont les choses doivent être mises ; *placer*, c'est les mettre avec ordre dans le rang et le lieu qui leur conviennent. Pour bien *poser*, il faut de l'adresse dans la main : pour bien *placer*, il faut du goût et de la science.

On *met* des colonnes pour soutenir un édifice ; on les *pose* sur des bases ; on les *place* avec symétrie. (G.)

866. Mignon, Mignard, Gentil, Joli.

Une élégante régularité dans de petites formes, la délicatesse des traits, les agréments propres de la petitesse, constituent le *mignon*. La délicatesse et la douceur dans des traits animés , l'air et les manières gracieuses, une expression tendre, distinguent le *mignard.* Un assortiment de traits fins qui sied ou ne messied pas ; cette vivacité franche qui, par ses façons, donne de l'agrément et semble donner de l'esprit à tout ; cette facilité naturelle de manières qui a toujours de la grâce et fait disparaître les défauts , caractérisent le *gentil.* L'élégance et la finesse des traits du *mignon*, la douceur tendre du *mignard* ou la vivacité riante du *gentil*, l'air de la grâce ou d'un ensemble formé pour les grâces, brillent dans le *joli.*

On est plutôt *mignon* et *joli* par les traits et les formes ; on est plutôt *mignard* et *gentil* par l'air et les manières.

Le *mignon* plaît. Le *mignard* montre l'intention de plaire, et il plaît s'il est naturel. Le *gentil* n'a pas besoin de songer à plaire. Le *joli* plaît parce qu'il est précisément fait pour plaire. (R.)

867. Minutie, Babiole, Bagatelle, Gentillesse, Vétille, Misère.

Minutie désigne la qualité de fort peu de chose, de chose de peu de conséquence, de ce *qui n'est pas essentiel*, *qui ne fait rien au gros de l'affaire.*

Babiole, hochet, joujou d'enfant, ce qui n'est pas digne d'un homme fait.

Bagatelle désigne une chose qui n'a point de valeur ou qui n'a que fort peu de prix.

Gentillesse désigne, dans ses différentes applications, des agréments légers, des traits fins, des ornements délicats, de jolies choses, et spécialement de petits ouvrages délicatement travaillés et curieux par la façon. On achète des *gentillesses* à la foire.

Les *vétilles* sont de petites choses qui gênent, embarrassent, arrêtent.

Je ne sais pourquoi les vocabulistes négligent de remarquer l'acception de *misère*, pris pour une bagatelle, un rien, une chose méprisable, qui ne doit faire aucune sensation. On dit sans cesse qu'une chose n'est qu'une *misère*, qu'il ne faut faire aucune attention à de petites *misères*.

Ainsi *minutie* désigne proprement la petitesse, le peu de conséquence d'une chose qu'on néglige, qu'on laisse de côté : *babiole*, la puérilité, le peu d'intérêt d'une chose qui ne peut occuper, qui ne convient qu'à des enfants : *bagatelle*, le peu de valeur, la frivolité d'une chose qu'on ne peut estimer, dont on ne saurait faire grand cas : *gentillesse*, la légèreté, le peu de solidité d'une chose qui n'a que le mérite de l'agrément : *vétille*, la futilité, le peu de force d'une chose dont on ne doit pas s'embarrasser : *misère*, la pauvreté, la nullité d'une chose qu'on compte pour rien, qui ne doit pas affecter, qu'on méprise. (R.)

868. Mirer, Viser.

Mirer, regarder, considérer attentivement. *Viser*, tendre, diriger la vue vers un point. *Mirer* n'exprime que l'action de considérer ; *viser* indique la fin ou le terme de l'action. On *mire* un objet et on *vise* un but, comme dit Malherbe dans sa traduction des *Bienfaits de Sénèque*. *Mirer* ne se dit guère qu'au propre ; et *viser* s'emploie souvent au figuré, pour désigner les *vues* que l'on a, l'objet qu'on a en *vue*.

Un canonnier *mire* une tour et *vise* à l'abattre.

Nous avons beau *mirer* les objets, nous y sommes toujours trompés plus ou moins. Nous avons beau *viser* droit à un but, les voies qui y mènent n'y mènent pas toujours. (R.)

869. Mobilier, Mobiliaire.

Termes de droit et d'économie. *Meuble*, chose *mobile* ou transportable. *Mobilier*, qui est *meuble*, qui fait *meuble* : *mobiliaire*, qui a rapport aux *meubles*, au *mobilier* (pris substantivement), ou qui est regardé comme *meuble*, lors même que ce n'est pas un *meuble* proprement dit. *Mobilier* marque la qualité de la chose ; *mobiliaire*, une relation quelconque avec la chose.

Les lits, les tables, les chaises, sont proprement des effets *mobiliers ;*

l'argent, les obligations, les récoltes coupées, sont proprement *mobi-liaires;* ils ne sont pas *meubles*, mais on les assimile aux *meubles*. La richesse *mobilière* est en *meubles ;* la richesse *mobiliaire* est en effets de tous genres, ou *meubles* ou assimilés aux *meubles*, et rangés dans cette classe. *Mobiliaire* a donc par lui-même une plus grande étendue de sens que *mobilier*, quoiqu'on attribue à ce dernier la même capacité. Quand nous voudrons dire que quelqu'un a fait des dispositions relatives à ses meubles, nous dirons des dispositions *mo-bilières*. La justice relative aux meubles, ou plutôt au *mobilier*, s'ap-pellera *mobilière*. (R.)

870. Modification, Modifier, Modificatif, Modifiable.

Dans l'école, *modification* est synonyme à mode ou accident. Dans l'usage commun de la société, il se dit des choses et des personnes : des choses, par exemple, d'un acte, d'une promesse, d'une proposition, lorsqu'on la restreint à des bornes dont on convient. Le *modificatif* est la chose qui *modifie :* le *modifiable* est la chose qu'on peut *modifier*. Un homme qui a de la justesse dans l'esprit, et qui sait combien il y a peu de propositions généralement vraies en morale, les énonce tou-jours avec quelque *modificatif* qui les restreint à leur juste étendue, et qui les rend incontestables dans la conversation et dans les écrits. Il n'y a point de cause qui n'ait son effet; il n'y a point d'effet qui ne *modifie* la cause sur laquelle la chose agit. Il n'y a point un atome dans la nature qui ne soit exposé à l'action d'une infinité de causes diverses. Moins un être est libre, plus on est sûr de le *modifier*, et plus la *modification* lui est nécessairement attachée. Les *modifica-tions* qui nous ont été imprimées nous changent sans ressource et pour le moment, et pour toute la suite de la vie, parce qu'il ne se peut jamais faire que ce qui a été une fois tel n'ait pas été tel. (*Encycl.*)

871. Moment, Instant.

Un *moment* n'est pas long : un instant est encore plus court.

Le mot de *moment* a une signification plus étendue ; il se prend quelquefois pour le temps en général, et il est d'usage dans le sens figuré. Le mot d'*instant* a une signification plus resserrée; il marque la plus petite durée du temps, et n'est jamais employé que dans le sens littéral.

Tout dépend de savoir prendre le *moment* favorable; quelque-fois un *instant* trop tôt ou trop tard est tout ce qui fait la différence du succès à l'infortune.

Quelque sage et quelque heureux qu'on soit, on a toujours quelque fâcheux *moment* qu'on ne saurait prévoir. Il ne faut souvent qu'un *instant* pour changer la face entière des choses qu'on croyait le mieux établies.

Tous les *moments* sont chers à qui connaît le prix du temps.

Chaque *instant* de la vie est un pas vers la mort.

(G.)

872. Monde, Univers.

Monde ne renferme dans sa valeur que l'idée d'un être seul quoique général : c'est ce qui existe. L'*univers* renferme l'idée de plusieurs êtres, ou plutôt celle de toutes les parties du *monde*; c'est tout ce qui existe. Le premier de ces mots se prend quelquefois dans un sens particulier, comme quand on dit l'ancien et le nouveau *monde*; et dans un sens figuré, comme quand on dit, en ce *monde* et en l'autre, le beau *monde*, le grand *monde*, le *monde* poli. Le second se prend toujours à la lettre et dans un sens qui n'excepte rien. C'est pourquoi il faut souvent joindre le mot *tout* avec celui de *monde*. Mais il n'est pas nécessaire de donner cette épithète au mot *univers*. On dira, par exemple, que le soleil échauffe *tout* le *monde*, et qu'il est le foyer de l'*univers*. (G.)

873. Le grand monde, Le beau monde.

- L'académie a dit : On appelle le *grand monde*, la cour et les gens de haute qualité ; et l'on dit le *beau monde*, pour signifier les gens les plus polis. Ces notions sont justes. C'est la naissance et le rang qui font la grandeur, et par conséquent le *grand monde :* c'est une politesse aisée tout à la fois et noble, l'élégance des formes, une certaine fleur d'esprit, la délicatesse du goût, la finesse du tact, l'urbanité dans le langage, un certain charme dans les manières, c'est là ce qui fait le *beau monde* ; car c'est la perfection et l'éclat qui constituent la beauté.

Le *grand monde* est la première classe de la société; le *beau monde* est l'élite du *monde poli.*

Le *grand monde* est un grand tourbillon qu'il faut voir de loin pour ne pas en être froissé ou foulé. Le *beau monde* est un cercle qu'il faut voir quelquefois pour se polir et s'*urbaniser*. (R.)

874. Moquerie, Plaisanterie, Raillerie.

La *moquerie* se prend en mauvaise part ; la *raillerie* peut être prise en bonne ou en mauvaise part, suivant les circonstances. La *plaisanterie* en soi ne peut être prise qu'en bonne part.

La *moquerie* est une dérision qui vient du mépris qu'on a pour quelqu'un ; elle est plus offensante même qu'une injure qui ne suppose que de la colère. La *raillerie* est une dérision qui désapprouve seulement, et qui tient plus de la pénétration de l'esprit que de la sévérité du jugement : elle peut être offensante si elle tend à découvrir ou à exagérer les vices du cœur, à déprécier les qualités de l'esprit auxquelles on a des prétentions ; hors de là elle peut même être agréable à celui qui en est l'objet. La *plaisanterie* est un badinage fin et délicat sur des objets peu intéressants ; l'effet ne peut en être que de réjouir, pourvu que l'usage en soit modéré.

La *moquerie* est outrageante ; la *raillerie* peut être innocente, obligeante ou piquante. La *plaisanterie* est agréable, si elle est ingénieuse ; et fade, si elle manque de sel. (B.)

875. Mont, montagne, Montueux, Montagneux.

Il y a des pays *montueux* et des pays *montagneux*. Les *monts* font les pays *montueux* ; et les *montagnes*, les pays *montagneux*.

L'Académie, Bouhours, et M. Beauzée surtout, ont fort bien observé que le *mont* désigne une masse détachée, ou réellement, ou idéalement, de toute autre, et que ce mot ne se dit guère en prose qu'avec un nom propre, le *mont Sinaï*, le *mont Parnasse*, le *mont Atlas*, le *mont Taurus*, le *mont Cenis*, les *monts Pyrénées*, etc. : au lieu que le mot de *montagne* ne forme qu'une dénomination vague, désignant seulement l'espèce de corps ou de masse, sans aucune distinction individuelle ; aussi faut-il qu'il soit suivi de la préposition *de* pour être appliqué à des objets individuels, et l'on dit les *montagnes des Alpes*, les *montagnes* de Suisse, etc.

L'usage ne suppose-t-il pas manifestement entre eux quelque différence physique, marquée par une modification particulière dans le mot composé ? La *montagne* ne réveille-t-elle pas toujours dans notre esprit l'idée d'une masse plus forte, plus grosse, plus large, plus vaste, en général plus grande que *mont* ? Le *mont* est opposé au *val* ou vallon ; on court par *monts* et par *vaux* : la *montagne* est proprement opposée à la *plaine* ; on mène paître un troupeau de la *plaine* sur la *montagne*. Si une province est divisée en deux parties, l'une fort élevée à l'égard de l'autre, la partie élevée s'appelle la *montagne*, et l'autre la *plaine*. La *montagne* a toujours quelque chose de grand et d'extraordinaire : le *mont* varie et s'abaisse même par degrés jusqu'à devenir un *monticule*.

Ainsi, un pays fort inégal, tout coupé de terres, de collines, de *monticules*, de *monts*, est *montueux*. Un pays, tantôt très-élevé, tantôt très-bas, entre-coupé de *montagnes* et de plaines, hérissé d'un côté, uni de l'autre, est *montagneux*. (R.)

876. Mot, Parole.

La *parole* exprime la pensée : le *mot* représente l'idée qui sert à former la pensée. C'est pour faire usage de la *parole* que le *mot* est établi. La première est naturelle, générale et universelle chez les hommes. Le second est arbitraire et varié, selon les divers usages des peuples. Le oui et le non sont toujours, et en tous lieux, les mêmes *paroles ;* mais ce ne sont pas les mêmes *mots* qui les expriment en toutes sortes de langues et dans toutes sortes d'occasions.

On a le don de la *parole*, et la science des *mots*. On donne du tour et de la justesse à celle-là : on choisit et l'on range ceux-ci.

Il est de l'essence de la *parole* d'avoir un sens et de former une proposition ; mais le *mot* n'a, pour l'ordinaire, qu'une valeur propre à faire partie de ce sens ou de cette proposition. Ainsi les *paroles* diffèrent entre elles par la différence des sens qu'elles ont : le mauvais sens fait la mauvaise *parole ;* et les *mots* diffèrent entre eux, ou par la simple articulation de la voix, ou par les diverses significations qu'on y a attachées : le mauvais *mot* n'est tel, que parce qu'il n'est point en usage dans le monde poli.

L'abondance des *paroles* ne vient pas toujours de la fécondité et de l'étendue de l'esprit. L'abondance des *mots* ne fait la richesse de la langue, qu'autant qu'elle a pour origine la diversité et l'abondance des idées. (G.)

877. Mot, Terme, Expression.

Le *mot* est de la langue ; l'usage en décide. Le *terme* est du sujet ; la convenance en fait la bonté. L'*expression* est la pensée ; le tour en fait le mérite.

La pureté du langage dépend des *mots :* sa précision dépend des *termes,* et son brillant, des *expressions*.

Tout discours travaillé demande que les *mots* soient français, que les *termes* soient propres, et que les *expressions* soient nobles.

Un *mot* hasardé choque moins qu'un *mot* qui a vieilli. Les *termes* d'arts sont aujourd'hui moins ignorés dans le grand monde ; il en est pourtant qui n'ont de grâce que dans la bouche de ceux qui font profession de ces arts. Les *expressions* guindées et trop recherchées font à l'égard du discours, ce que le fard fait à l'égard de la beauté du sexe ; employées pour embellir, elles enlaidissent. (G.)

Mot me paraît principalement relatif au matériel, ou à la signification formelle qui constitue l'espèce : *terme* se rapporte plutôt à la signification objective qui détermine l'idée, ou aux différents sens dont elle est susceptible.

Leurrer, par exemple, est un *mot* de deux syllabes : voilà ce qui en concerne le matériel ; et par rapport à la signification formelle, ce *mot* est un verbe, au présent de l'infinitif. Si l'on veut parler de la signification objective dans le sens propre, LEURRER est un *terme* de fauconnerie ; et dans le sens figuré, où nous l'employons au lieu de TROMPER par de fausses apparences, c'est un *terme* métaphorique. Ce serait parler sans justesse et confondre les nuances, que de dire que LEURRER est un *terme* de deux syllabes, et que ce *terme* est à l'infinitif ; ou bien que LEURRER, dans son sens propre, est un *mot* de fauconnerie ; ou, dans le sens figuré, un *mot* métaphorique e.

On dit *terme* d'art, *terme* de palais, *terme* de géométrie, etc., pour désigner certains *mots* qui ne sont usités que dans le langage propre des arts, du palais, de la géométrie, etc.; ou dont le sens propre n'est usité que dans ce langage, et sert de fondement à un sens figuré dans le langage ordinaire et commun.

Les *mots* sont grands ou petits, harmonieux ou rudes, déclinables on indéclinables, etc. : tout cela tient au matériel du signe ou à la manière dont il signifie. Les *termes* sont sublimes ou bas, énergiques ou faibles, propres ou impropres : tout cela tient à la signification objective. (B.)

878. Mou, Indolent.

Un homme *mou* ne soutient pas ses entreprises : un *indolent* ne veut rien entreprendre. Le premier manque de courage et de fermeté; on l'arrête, on le tourne, on l'intimide, et on le fait changer aisément : le second manque de volonté et d'émulation : on ne peut le piquer ni le rendre sensible.

L'homme *mou* ne vaut rien à la tête d'un parti ; l'homme *indolent* n'est pas propre à le former. (G.)

879. Mur, Murailles.

Le *mur* est un ouvrage de maçonnerie ; la *muraille* est une sorte d'édifice. Le *mur* est susceptible de différentes dimensions ; la *muraille* est un *mur* étendu dans ses différentes dimensions : on dit les *murs* du jardin, et les *murailles* d'une ville.

L'architecte, le maçon, distinguent différentes espèces de *murs*; ils considèrent surtout les qualités de leur construction. Le voyageur, le curieux, s'arrêteront plutôt à l'espèce appelée *murailles;* ils en considèreront surtout la force, la grandeur et la beauté.

Le propre du *mur* est d'arrêter, de retenir, de séparer, de partager, de fermer : l'idée du mot celte, qui signifie pierre, est celle d'arrêter, de former une barrière. L'idée particulière de la *muraille* est celle de couvrir, de défendre, de fortifier, ou de servir de rempart, de boulevart.

Les *murs* domestiques nous séparent les uns des autres, et nous bornent. A la Chine, en Égypte et en Angleterre, on construisit une grande *muraille* pour défendre le côté faible de l'empire contre les barbares.

Pendant la guerre, les soldats romains n'allaient jamais se renfermer dans les *murailles* des villes ; ils étaient toujours campés ; mais ils bordaient leurs camps de *murs*, de fossés, de palissades. (R.)

880. Mutation, Changement, Révolution.

Mutation est une nouvelle supposition d'objet. Son action est physique ; et si quelquefois on s'en sert au figuré, c'est en lui conservant toute sa force d'origine.

Changement est une expression vague, indéterminée, qui se modifie ; au lieu que *mutation* est un terme absolu. L'usage, en respectant sa force d'expression, l'a relégué dans le vocabulaire de la jurisprudence. Si quelquefois on s'en sert dans le style soutenu, l'Académie observe que ce n'est qu'au pluriel.

Le *changement* résulte d'un simple altération, d'une simple modification ; les adjectifs en déterminent la force et l'étendue.

Les *mutations* sont l'effet de la lutte des principes opposés ou divers ; les *changements* multipliés les amènent ; et les maux accrus par cette fluctuation rapide, qui ne laisse que peu ou point d'espace pour le bien, finissent par causer les *révolutions*, ces crises de la maladie du corps social, qui l'épurent en le gangrenant, le guérissent ou le dissolvent. Par les *changements*, vous jugerez de l'insuffisance des vues et des moyens. Par les fréquentes *mutations*, vous jugerez de l'incertitude ou de l'absence des principes, et par le tout, vous prédirez les *révolutions*.

Révolution est, au propre, le mouvement periodique d'un astre, et son retour au point de départ. L'acception figurée qu'il prend ici, est absolument métaphorique.

Les empires, en *révolution*, sont une liqueur en fermentation, qui se trouble et se décompose pour former un nouveau corps. Sa vapeur enivre et asphyxie, et cette effervescence dure jusqu'au moment où la partie spiritueuse se dégageant, rejette ou précipite toutes les parties hétérogènes.

Le *changement* n'est qu'une altération ; la *mutation* est une succession d'objets ; la *révolution* est une décomposition totale. (R.)

881. Mutuel, Réciproque.

Le mot *mutuel* désigne l'échange, le mot *réciproque*, le retour. Le premier exprime l'action de donner et de recevoir de part et d'autre ;

et le second, l'action de rendre selon qu'on reçoit, c'est-à-dire, la réaction.

L'échange est libre et volontaire; *on donne en échange*, et cette action est *mutuelle*. Le retour est dû ou exigé : *on paie de retour*, et cette action est *réciproque*.

Les choses qui s'échangent sont *mutuelles* : les choses qui se compensent sont *réciproques*. L'affection est *mutuelle* dès qu'on s'aime l'un l'autre : elle est *réciproque* lorsqu'on se rend sentiment pour sentiment.

Des services volontaires, désintéressés sont *mutuels;* des services imposés, mérités, acquittés de part et d'autre, sont *réciproques*. Des amis se rendent l'un à l'autre des services *mutuels* : les maîtres et les domestiques s'acquittent les uns envers les autres par des services *réciproques*.

Mutuel ne se dit guère qu'en matière de volonté, de sentiment, de société : *amitié mutuelle, obligation mutuelle, don mutuel. Réciproque* s'étend sur une foule de choses éloignées de cette idée : on dit des *termes réciproques*, des *verbes réciproques*, des *figures réciproques,* des *influences réciproques,* etc. , pour exprimer particulièrement la réaction, la corrélation, le retour, la *réciprocation* ou l'action de rendre la pareille. (R.)

N

882. Nabot, Ragot, Trapu.

Le *nabot* est beaucoup trop petit; il doit être gros en même temps qu'il est court. Le *ragot*, s'il n'est pas plus petit ou plus court, est au moins plus vilain, plus difforme, plus ridicule ; il a une configuration vicieuse, une mauvaise encolure. C'est ce que Scarron a fort bien observé dans le portrait de son *Ragotin*. Le *nabot* est donc ridiculement petit; le *ragot*, ridiculement petit, est ridicule dans sa conformation. Court, rond, ramassé, taillé dans le fort, avec un air vigoureux et robuste, un homme est trapu. (R.)

883. Naïf, Naturel.

Ce qui est *naïf* naît du sujet, et en sort sans effort ; c'est l'opposé du réfléchi, et c'est le sentiment seul qui l'inspire aux bons esprits. Ce qui est *naturel* appartient au sujet, mais il n'éclot que par la réflexion; il n'est opposé qu'au recherché, et c'est à la finesse de l'esprit qu'il est donné d'en reconnaître les bornes.

Tel que cette aimable rougeur qui, tout à coup, et sans le consentement de la volonté, trahit les mouvements secrets d'une âme ingénue, le *naïf* échappe à un génie éclairé par un esprit juste et guidé par une sensibilité fine et délicate : mais il ne doit rien à l'art ; il ne peut être ni commandé ni retenu. « On dirait qu'une pensée *naturelle* devrait venir à tout le monde, dit le P. Bouhours ; on l'avait, ce semble, dans la tête avant de la lire ; elle paraît aisée à trouver, et ne coûte rien dès qu'on la rencontre ; elle vient encore moins de l'esprit de celui qui pense, que de la chose dont on parle.

« Toute pensée *naïve* est *naturelle ;* mais toute pensée *naturelle* n'est pas *naïve.* » (B.)

884. Une naïveté, La naïveté.

Ce qu'on appelle une *naïveté* est une pensée, un trait d'imagination, un sentiment qui nous échappe malgré nous, et qui peut quelquefois nous faire tort à nous-mêmes. C'est l'expression de la légèreté, de la vivacité, de l'ignorance, de l'imprudence, souvent de tout cela à la fois. Telle est la réponse de la femme à son mari agonisant, qui lui désignait un autre mari : « Prends un tel, il te convient, crois-moi. » Hélas ! dit la femme, j'y songeais.

La *naïveté* consiste dans je ne sais quel air simple et ingénu ; mais spirituel et raisonnable, tel qu'est celui d'un villageois de bon sens, ou d'un enfant qui a de l'esprit ; elle fait les charmes du discours. Tel est le ton de ce madrigal :

> Vous n'écrivez que pour écrire,
> C'est pour vous un amusement ;
> Moi qui vous aime tendrement,
> Je n'écris que pour vous le dire.

(B.)

885. Naïveté, Candeur, Ingénuité.

La *naïveté* est l'expression la plus simple et la plus naturelle d'une idée dont le fond peut être fin et délicat ; et cette expression simple a tant de grâce et d'autant plus de mérite, quelle est le chef-d'œuvre de l'art dans ceux à qui elle n'est pas naturelle.

La *candeur* est le sentiment intérieur de la pureté de son âme, qui empêche de penser qu'on ait rien à dissimuler.

L'*ingénuité* peut être une suite de la sottise, quand elle n'est pas l'effet de l'inexpérience ; mais la *naïveté* n'est souvent que l'ignorance des choses de convention, faciles à apprendre, et bonnes à dédaigner ; et la *candeur* est la première marque d'une belle âme. (Duclos.) *Considér. sur les mœurs de ce siècle,* chap. xiij, édit. de 1764.

886. Narrer, Raconter, Conter.

Narrer est de la rhétorique et d'apparat, on ne regarde proprement qu'à la manière. Raconter est de l'instruction, et en tout genre de choses : on regarde surtout à la vérité et à la fidelité. Conter est de la conversation ou dans le genre familier ; on regarde au fond et à la forme.

On narre avec étude ou avec art, pour attacher, intéresser, prévenir un auditoire, un tribunal, le public qui juge. On raconte avec exactitude, pour rendre compte, expliquer les faits. On conte avec agrément, pour amuser, pour plaire, et récréer sa société.

La narration doit être claire, élégante, facile, concise. Le récit doit être simple, fidèle, circonstancié, exempt de réticences et de détours. Le conte doit être familier, court, piquant et curieux. Le conte a ses règles comme la narration ; c'est de même un genre d'ouvrage : le récit a ses lois plutôt que des règles ; il doit peindre les faits, comme la parole, les pensées. (R.)

887. Nation, Peuple.

Dans le sens littéral et primitif, le mot nation marque un rapport commun de naissance, d'origine ; et peuple, un rapport de nombre et d'ensemble. La nation est une grande famille ; le peuple est un grande assemblée. La nation consiste dans les descendans d'un même père ; et le peuple, dans la multitude d'hommes rassemblés en un même lieu.

La même langue dans la bouche de deux peuples éloignés, comme les Bretons et les Gallois, annonce qu'ils ne sont originairement qu'une nation. La confusion des langues dans l'idiome d'une nation., tel que l'anglais, annonce qu'elle n'est, quant à sa composition, qu'un peuple mêlé.

Un peuple étranger qui forme une colonie dans un pays lointain, est encore anglais, allemand, français ; il l'est de nation ou d'origine.

Politiquement parlant, la nation et le peuple conservent leur caractère propre et leurs différences naturelles. La nation est une grande famille politique à l'instar de la famille naturelle. Le peuple est une grande multitude rassemblée et réunie par des liens communs.

Nous considérons particulièrement dans la nation la puissance, les droits des citoyens, les relations civiles et politiques. Nous considérons dans le peuple la sujétion, le besoin surtout de la protection, et des rapports divers de tout genre.

Un roi est le chef d'une nation et le père d'un peuple.

La nation est le corps des citoyens ; le peuple est l'ensemble des régnicoles.

L'État étant conquis et soumis à un nouvel ordre de choses, la *nation* proprement dite est détruite, mais le *peuple* reste.

Le *peuple* est encore distingué de la *nation* comme un ordre particulier de l'État. La *nation* est le tout ; le *peuple* est la partie, et cette partie est composée d'un grande multitude. La *nation* se divise en plusieurs ordres, et le *peuple* en est le dernier.

888. Naturel, Tempérament, Constitution, Complexion.

Naturel annonce les propriétés, les qualités, les dispositions, les inclinations, les goûts ; en un mot, le caractère qu'on a reçu de la nature avec lequel on est né. Ce mot se prend ordinairement dans un sens moral : on le dit quelquefois dans le sens physique de *constitution*.

Le *tempérament* est proprement ce qui fait l'humeur, ce que produit dans le corps animal le mélange avec la dose des humeurs tempérées ou modérées l'une par l'autre.

Le mélange des humeurs produit dans le corps le *tempérament* L'humeur dominante forme le *tempérament* sanguin ou bilieux, chaud ou froid, bouillant ou flegmatique, etc. Le bon *tempérament* résulte surtout de l'équilibre des humeurs.

La *constitution* s'étend plus loin : elle consiste dans la composition et l'ordonnance des différens élémens des corps, des différentes parties d'un tout, qui le *constituent* ou l'*établissent* tel, ou qui fondent ou forment son existence, son *état*, sa manière propre et *stable* d'être.

La force ou l'irritabilité des nefs influe sur la *constitution* du corps.

La *complexion* indique proprement les habitudes formées, les plis pris, les penchans ou les dispositions habituelles, soit qu'elles naissent du *tempérament* ou des humeurs, soit qu'elles naissent de quelque autre élément *constitutif* du corps. Les médecins distinguent quatre *complexions* générales, selon que l'une des quatre humeurs prédomine.

Le *naturel* est donc formé de l'assemblage des qualités naturelles ; le *tempérament*, du mélange des humeurs ; la *constitution*, du système entier des parties constitutives du corps ; la *complexion*, des habitudes dominantes que le corps a contractées.

Le *naturel* fait le caractère, le fond du caractère ; le *tempérament* l'humeur, l'humeur dominante ; la *constitution*, la santé, la base ou le premier principe de la santé ; la *complexion*, la disposition, la disposition habituelle du corps. (R.)

889. Nef, Navire.

Nef n'est, depuis longtemps, qu'un terme poétique ; et tant pis. Il peut être considéré comme le mot simple, et employé comme genre.

Navire distingue une espèce de bâtiment de haut-bord pour aller en mer, il sert aussi à désigner collectivement tous les grands bâtiments ou les vaisseaux. *Nef* devrait au moins servir de genre à l'égard des petits bâtiments, et *navire* à l'égard des autres.

Nef marque proprement quelque chose d'élevé, de construit sur l'eau; *navire*, une maison flottante, une habitation pour aller sur mer.

Nef distingue l'élévation et la forme : ainsi l'on dit *nef* d'église, et l'on appelle *nefs* certains petits vases qui ont la forme d'une *nef* : *navire* exprime particulièrement l'idée d'aller, de nager, de voguer, de *naviguer*; le *navire* est la *nef* qui va. (R.)

890. Nègre, Noir.

Nègre est le latin *niger*, noir. Les Portugais, qui les premiers découvrirent la côte occidentale de l'Afrique, appelèrent *Negro* le peuple de couleur *noire* répandu sur la plus grande partie de cette côte, et le pays *Nigritie*. Les *nègres* étaient auparavant désignés par le nom commun d'*Éthiopiens*.

Le *nègre* est proprement l'homme d'un tel pays; et le *noir*, l'homme d'une telle couleur.

Vous opposez les *noirs* aux blancs; et des *nègres* vous faites une sorte de bétail.

Si la couleur des *noirs* en fait physiquement une autre espèce d'hommes, comment arrive-t-il que les *nègres* transplantés dans d'autres climats blanchissent d'une génération à l'autre; et que les Européens noircissent, transplantés dans celui des *noirs*, sans croisement de races, et par des changements gradués du noir au blanc et du blanc au noir. (R.)

891. Néologie, Néologisme.

La *néologie* annonce un genre nouveau de langage, des manières nouvelles de parler, l'invention ou l'application nouvelle des termes. Le *néologisme* marquera l'abus ou l'affectation à se servir de mots nouveaux, d'expressions et de mots ridiculement détournés de leur sens naturel ou de leur emploi ordinaire; et c'est ainsi qu'on l'entend.

Les grammairiens ont autrefois agité la question, s'il est permis de faire des mots nouveaux : il valait autant demander s'il est permis d'acquérir ne nouvelles idées et de nouvelles richesses? Il y a donc une *néologie* louable, utile, nécessaire, opposée au *néologisme*.

La *néologie* a ses lois et ses règles : la première de ces lois est de n'ajouter à la langue que ce qui lui manque; la première de ces règles est de suivre, dans la formation des nouveaux mots, le génie, l'analogie et les formes propres de la langue. Des mots vains et superflus, qui ne font que surcharger la langue d'une abondance stérile; des mots et des expressions baroques et bizarres, qui réveillent l'idée du barbarisme, sont du *néologisme* tout pur. (R.)

892. Net, Propre.

Ces adjectifs sont synonymes, en tant qu'on les oppose à *sale*.

Net, ce qui est blanc, clair, poli, sans ordure, sans souillure, sans tache, sans défaut, sans mélange étranger. *Propre* exprime ce qui constitue l'essence, ce qui appartient en propre, ce qui est convenable ou disposé pour une fin ; mais par une ellipse particulière à notre langue, selon la remarque de Gébelin, il prend la signification de *net*, *ajusté*.

La *propreté* ajoute donc à la *netteté* l'idée d'un arrangement ou d'une disposition convenable à la destination et à l'usage de la chose. La *netteté* n'est que le premier élément de la *propreté*. Une chose est *propre* quand elle est *nette* et arrangée comme il convient.

On dit d'un gros mangeur qui ne laisse rien dans les plats, qu'il fait les plats *nets* : mais ces plats-là ne sont pas pourtant *propres*, il faut les laver pour qu'on y mange. (R.)

893. Neuf, Nouveau, Récent.

Ce qui n'a point servi est *neuf*. Ce qui n'avait pas encore paru est *nouveau*. Ce qui vient d'arriver est *récent*.

On dit d'un habit, qu'il est *neuf* ; d'une mode, qu'elle est *nouvelle* ; et d'un fait, qu'il est *récent*.

Une pensée est *neuve* par le tour qu'on lui donne: *nouvelle*, par le sens qu'elle exprime ; *récente*, par le temps de sa production.

Celui qui n'a pas encore l'expérience et l'usage du monde, est un homme *neuf*. Celui qui ne commence que d'y entrer, ou qui est le premier de son nom, est un homme *nouveau*. L'on est moins touché des anciennes histoires que des *récentes*. (G.)

894. Nippes, Hardes.

Nippes, dit Gébelin, signifie *hardes*, habillements avec lesquels on est toujours propre, et qui se lavent.

Hardes, dit encore ce savant, c'est tout l'équipage d'une personne, tout ce qui est destiné à être porté sur soi. *Hardes*, en français, signifie troupe, bande, compagnie de bêtes, d'oiseaux.

Les *hardes* sont expressément distinguées des *nippes* dans divers passages d'auteurs connus. Ainsi Molière fait dire à son *Avare* : que l'emprunteur prendra, pour une partie de la somme, des *hardes*, *nippes* et bijoux.

Les dictionnaires nous donnent le mot *nippes* pour un terme générique qui se dit *tant des habits que des meubles*, et de tout ce qui sert à l'ajustement et à la parure ; et le mot *hardes* pour un terme collectif qui désigne *tout ce qui sert à l'habillement*, et par conséquent à la parure, et par extension, *des meubles destinés à parer une chambre.*

Nippes indique donc également et des habits et des meubles, et *hardes* n'indique proprement que des habits ou des habillements quelconques.

Quand il s'agit de désigner l'habillement, en quoi ces deux termes diffèrent-ils l'un de l'autre ? En ce que le mot *hardes* renferme toutes les sortes de vêtements qu'on porte sur soi pour quelque fin que ce soit, pour l'utilité, pour la nécessité, pour l'agrément : mais les *nippes* sont des *hardes* destinées surtout à la propreté et à la parure, comme le linge dont on change, et qu'on lave pour être propre. S'il est parlé dans la même phrase de *hardes* et de *nippes*, les *hardes* sont de gros vêtements qui couvrent ; et l'on parle de *nippes* pour marquer précisément ce qu'il y a des *hardes* de parure et de propreté.

S'ils désignent des meubles, quels meubles particuliers désignent-ils l'un ou l'autre ? *Nippes* désigne de même les meubles ou plutôt les effets employés pour la propreté, comme le linge de table ou de lit : *hardes* ne peut désigner que certains petits meubles portatifs et à l'usage de la personne, comme des étuis, des couteaux.

Le mot *hardes* marque nécessairement une collection, un amas, un paquet ; tandis que *nippes* ne fait qu'indiquer le genre d'objets ou de choses.

Hardes n'a point de singulier, et *nippes* en a un, quoiqu'il soit plus fréquemment employé au pluriel. Les *hardes* se prennent donc en gros ; les *nippes* peuvent être considérées en détail.

Hardes se dit également de ce qui concerne les hommes et les femmes ; *nippes* se dit plutôt de ce qui concerne les femmes, comme si la propreté et la parure étaient particulièrement affectées à ce sexe, ou si leurs *nippes* formaient la partie principale de leurs effets ou de leurs jouissances. (R.)

895. Nocher, Pilote, Nautonnier.

On a dit *nocher* et *nautonnier* ; on ne dit guère ni l'un ni l'autre, si ce n'est en poésie, et je ne sais pourquoi. Le *nocher* est proprement le maître, le patron, le chef, le conducteur du bâtiment ; le *pilote* est un conducteur. Le *nocher* conduit sa barque ; le *pilote* gouverne son vaisseau en habile *navigateur* et sous les ordres d'un capitaine.

Le *nautonnier* travaille à la manœuvre du bâtiment : c'est ce qu'exprime la terminaison du mot. Il n'est pas le *matelot*, car celui-ci est proprement attaché au service des *mâts*, des navires à *mâts*. Il n'est pas le *marinier*, car celui-ci ne sert proprement que sur mer, ou, par extension, sur les grandes rivières. Il n'est pas le *batelier*, car celui-ci ne mène qu'un bateau : le *nautonnier* Caron conduit un barque. (R.)

896. Noircir, Dénigrer.

Dénigrer est le latin *denigrare*, composé de *nigrare*, noircir, rendre noir ; *dénigrer*, travailler à rendre noir par décoloration ou dégradation de couleur, comme il arrive à ce qui se ternit, se flétrit, s'obscurcit. *Dénigrer* ne se dit qu'au figuré : *noircir* prend, au figuré, l'idée rigoureuse de *noirceur*.

L'idée de *dénigrer* est de peindre en noir : celle de *noircir* est de peindre des plus noires couleurs.

Celui qui vous *dénigre* veut vous nuire ; il attaque votre réputation, il ravale votre mérite. Celui qui vous *noircit* veut vous perdre ; il attaque votre honneur, il vous perd de réputation ; le calomniateur *noircit*, le détracteur *dénigre*.

L'action de *noircir* est d'autant plus odieuse qu'elle ne tombe que sur l'innocence, la vertu, la probité, l'honneur et les mœurs. L'action de *dénigrer*, toujours maligne, mais moins méchante par elle-même, et avec un ressort beaucoup plus étendu, roule sur tous les genres de réputation et de mérite, sur les talents agréables comme sur les qualités essentielles, en un mot, sur toutes sortes d'avantages. Il faut à celui qui vous *noircit* que vous paraissiez vicieux, méchant, criminel : il suffit quelquefois a celui qui vous *dénigre* que vous passiez pour ignorant, ridicule, sot, etc.

Les savants se *dénigrent* quelquefois les uns les autres : ceux qui n'ont d'autre raison de les haïr que leur science, sans avoir même l'espérance de les *dénigrer* efficacement, les *noircissent*.

A *noircir* les autres, il y a d'abord un effet certain : c'est celui de commencer par être soi-même *noirci*. *Dénigrer* ses concurrents, c'est au moins parler comme l'envie ; et l'envie est un hommage rendu au mérite, comme l'hypocrisie en est un rendu à la vertu.

Par la raison que *noircir* attaque l'honneur, il ne se dit que des personnes ou de leurs actions morales. Par la raison que *dénigrer* s'adresse à tout genre de mérite, il s'applique aux choses ; car on tâche de rabaisser leur prix, de les rendre méprisables. On *dénigre* un ouvrage, une marchandise ; on ne les *noircit* pas : on *dénigre* et on *noircit* un auteur, un marchand. (R.)

897. Noise, Querelle, Rixe, etc.

Il y a différentes sortes de disputes ou de combats de paroles, dans lesquels les esprits s'entre-choquent plus ou moins, par divers motifs, avec des conséquences différentes, enfin, avec des caractères particuliers qui leur ont fait donner divers noms. Je demande la permission de rassembler ici les notions de ces termes, quoiqu'ils ne soient pas annoncés dans mon titre. Tous ces objets s'éclairent les uns les autres.

L'opposition des *opinions*, le désir de défendre la sienne, l'envie de la faire prévaloir, l'opiniâtreté à ne pas céder, la vivacité qui s'en mêle, forment et maintiennent la *dispute*.

La force et l'éclat de la discussion ou plutôt de la contestation, l'esprit de parti impétueux et obstiné, les altercations vives et multipliées, avec les grands mouvements de l'opposition, portés même jusqu'au tumulte, font et distinguent le *débat*.

L'alternative de la parole qui passe d'une bouche à l'autre, la contestation tout entrecoupée de réponses, de répliques, de ripostes, qui sont plutôt des mots et des saillies que des raisonnements suivis, l'impatience que la contradiction excite et qui excite la vivacité de la contradiction, et même des cris, mais sans querelle établie, forment l'*altercation*.

La confusion et l'embarras des choses, la difficulté de les débrouiller et de les éclaircir, la dissension portée dans les esprits par la diversité de sentiments ou d'intérêts brouillés comme les affaires, l'attache à son sens ou à son intérêt avec des raisons apparentes pour s'y tenir, et sans raisons suffisantes pour s'en départir, produisent les *démêlés*.

La différence de sentiments, de volonté, de prétentions, etc., qui intéressent, piquent, compromettent la fortune, l'honnêteté, l'honneur, quelque passion ; l'amour-propre, la mésintelligence qui se refuse à l'accord et provoque le conflit, l'humeur ou la passion qui veut avoir raison ou satisfaction de la chose, produisent le *différent*.

Ces sortes de divisions sont quelquefois accompagnées ou suivies de *querelle*, de *noise*, de *rixe*, etc.

La *querelle* est, à la lettre, une plainte vive et emportée contre quelqu'un : *quereller*, se plaindre avec emportement, traiter mal, accabler de reproches.

La *noise* est une sorte de *querelle* méchante, maligne, faite pour *nuire*, molester, vexer, ou de manière à causer du mal, du tort, du tourment.

La *rixe* est une sorte de *querelle* accompagnée d'injures, de coups, ou du moins de menaces, de gestes ou de signes insultants d'une vive colère. La *rixe* est une petite guerre entre des particuliers. C'est là un terme de pratique ; et dès lors ce mot indique une *querelle* qui mérite l'animadversion de la justice. *Riote* est un diminutif de *rixe :* il indique une petite *querelle* populaire, de ménage, de société, etc. Ce mot est bas.

Les gens pétulants et emportés sont sujets aux *querelles*. Les personnes aigres, acariâtres, sont sujettes aux *noises*. Le peuple grossier et brutal est sujet aux *rixes*. (R.)

898. Nom, Renom, Renommée.

Volito per ora virûm, je vole de bouche en bouche : voilà l'idée commune de ces trois termes. Ils signifient *ce qu'on* publie *de quelqu'un* ; tandis que *réputation* exprime littéralement *ce qu'on en* pense ; et la *célébrité*, l'éloge *qu'on en fait*. Mais dans l'usage, le *nom* annonce plutôt une sorte de *célébrité*, le *renom* se rapporte mieux à la *réputation* ; la *renommée* est au-dessus de l'une et de l'autre. Sans épithètes, ces trois synonymes se prennent communément en bonne part : mais le mot *nom* ne se dit guère que dans le genre noble, au lieu qu'on dit d'un artisan qu'il a du *renom* ; le *renom* est la réputation d'être un bon ouvrier : la *renommée* n'est que dans le grand. Employés comme synonymes les uns des autres, ils désignent divers degrés d'une *grande réputation* : le *renom* ajoute au *nom* et la *renommée* au *renom*.

Nom signifie *ce qui fait connaître* et *reconnaître*. Avec l'acception de *renom*, il n'est d'usage que dans certaines phrases, *acquérir, se faire un nom ; avoir, laisser un nom*, c'est-à-dire, se faire connaître, être bien connu. Il ne s'emploie que dans un sens absolu ; vous avez un *nom* et non pas du *nom*, quoiqu'on ait dit *un peu de nom, quelque nom*, au lieu de *renom*. Il rejette le régime composé : on n'acquiert pas le *nom* d'être homme d'honneur ; on en acquiert le *renom*.

Le *renom* est le *nom* répété, redoublé, répandu : il emporte donc un plus grand *nom*, une plus grande réputation. Quand il est employé d'une manière absolue, comme dans ces exemples : *homme de renom, ville de renom*, il prend le sens de *renommée* qui ne s'emploie pas de cette sorte.

La *renommée* est un très-grand *nom*, un *nom* partout connu ; le *renom* qui a le plus d'éclat et de durée ; une réputation aussi haute que vaste, formée par le concours des *cent voix*, par une sorte de concert ou d'accord unanime, et même par une espèce de jugement public, qui, sur des faits et des titres connus, et même éclatants, fixe l'opinion et la mémoire. Ce mot ne signifie quelquefois que le bruit qui court, ou même l'estimation commune. Souvent il annonce un personnage allégorique qui sème les bruits et distribue les réputations.

Par le *nom*, vous êtes connu, distingué : par le *renom*, on fait du bruit, on a de la vogue : par la *renommée*, vous êtes fameux, tout est rempli de votre *nom*, et il est durable. Le *nom* vous tire de l'obscurité ; le *renom* vous donne de l'éclat : la *renommée* vous couronne de toute sa gloire. Le *nom* vous a élevé au-dessus de votre sphère ; le *renom* vous a élevé au-dessus de vos pairs ; la *renommée* vous a élevé sur le grand théâtre où les réputations n'ont ni bornes, ni fin. En deux mots, ce que le *nom* commence, le *renom* l'avance, la *renommée* le consomme.

Avec un mérite brillant et les circonstances, on se fait un *nom*. Des qualités et des succès qui éblouissent les esprits et flattent la faveur populaire, dépend le *renom*. Aux places élevées, aux talens sublimes, aux qualités transcendantes, à ce qui produit de profondes impressions et de grands effets, s'attache la *renommée*.

Le *nom* est un bruit qui flatte ; le *renom*, un bruit qui étourdit ; la *renommée*, un bruit qui transporte : tout cela n'est que bruit.

Combien d'hommes qui sacrifient leur repos pour avoir un *nom*! Combien qui sacrifient leur honneur pour avoir du *renom*! Combien qui sacrifient leur vertu et leur bonheur pour avoir de la *renommée* ! (R.)

899. Nommer; Appeler.

« On *nomme*, dit l'abbé Girard, pour distinguer dans le discours : on *appelle* pour faire venir dans le besoin. Le Seigneur *appela* tous les animaux, et les *nomma* devant Adam pour l'instruire de leurs noms : tel est le sens du texte hébreu. Il ne faut pas toujour *nommer* les choses par leur nom, ni *appeler* toutes sortes de gens à son secours. »

Appeler n'est point synonyme de *nommer*, lorsqu'il signifie inviter à venir à soi, comme dans le cas posé par l'abbé Girard. Appelez-*moi cet homme*, et nommez-*moi cet homme*, sont de phrases fort différentes. *C'est toi qui l'as* nommé, *je le dis et me* nomme, ce n'est pas dire, *c'est toi qui l'as* appelé *je le dis et* m'appelle. Mais dans une acception secondaire *appeler* signifie dire le nom de la personne ou lui donner un nom, sans l'intention de la faire venir à soi ou à son secours ; et c'est alors qu'il devient synonyme de *nommer*, et c'est la différence des synonymes que nous cherchons.

Nommer, dire le *nom* ou donner un *nom*; je viens d'expliquer le sens de ce dernier mot. *Appeler*, formé de *pel*, annonce proprement des singes faits avec la main : l'*appel* est un signal pour faire venir. Mais, comme en appelant il est assez ordinaire que l'on *nomme* les personnes, on a dit *appeler pour nommer : comment* l'appelez-*vous? comment se* nomme-*t-il? Nommer*, marque le *nom propre* de la personne : *appeler* n'énonce qu'un signe ou une qualification distinctive, quelle qu'elle soit. On *nomme* quelqu'un par son nom; on l'*appelle* de diverses manières.

La belle Hélène fit trois fois le tour du cheval de bois pour découvrir le piége ; et, dans l'espérance que les Grecs se trahiraient par surprise, elle *appela* leurs principaux capitaines en les *nommant* par leur *noms*, et en contrefaisant la voix de diverses de leurs femmes.

Appeler demande à sa suite quelque nom ou quelque signe particulier pour qu'il signifie *nommer :* mais on ne *nomme* les gens que par leurs noms, ou propres, ou patronymiques, ou usités ; et on les *appelle*, ou de leurs noms, ou par leurs qualités, ou de différentes qualifications.

Vous *nommez* Tibère, et vous l'*appelez* monstre. Vous *nommez* Louis XII, et vous l'*appelez* le père du peuple. Vous *nommez* Bayard ou du Terrail, et vous l'*appelez* le chevalier sans peur et sans reproche.

Plusieurs anciens peuples (et il reste des traces de cet usage dans le Nord), en *nommant* un tel, l'*appelaient* fils d'un tel ; il n'y avait pas moyen de renier son père.

Jean de Montigny, premier président du parlement de Paris, fut *appelé le Boulanger* par le peuple reconnaissant des secours qu'il lui avait procurés dans une disette. Après lui, sa famille se *nomma* le *Boulanger*. (R.)

900. Nonne, Nonnette, Nonnain.

Noms donnés autrefois aux religieuses, et employés encore dans le style badin.

Nonne est le mot simple ; il signifie une fille religieuse. *Nonnette* est un diminutif de *nonne;* c'est une jeune religieuse. *Nonnain* est une fille d'un ordre religieux ou appartenant à un corps de religieuses.

Le premier de ces termes exprime donc l'état ou la qualité de la personne ; le second, sa jeunesse, ou quelque chose de tendre ou de fin ; le troisième, un rapport particulier de la personne avec l'ordre ou la société dont elle est.

La *nonne* diffère de la *religieuse* en ce qu'elle est agrégée à une famille et soumise à une mère spirituelle, au lieu que l'autre est vouée à une espèce particulière de religion, et soumise à une règle. (R.)

901. Notes, Remarques, Observation, Considérations, Réflexions.

Les *notes* disent quelque chose de court et de précis. Les *remarques* annoncent un choix et une distinction. Les *observations* désignent quelque chose de critique et de recherché. Les *réflexions* expriment seulement quelque chose d'ajouté aux pensées de l'auteur.

Les *notes* sont souvent nécessaires ; les *remarques* sont quelquefois utiles ; les *observations* doivent être savantes ; les *réflexions* ne sont pas toujours justes.

Le changement des mœurs et des usages fait que la plupart des auteurs ont besoin de *notes*. Il y aurait peut-être d'aussi bonnes *remar ques* à faire sur les modernes que sur les anciens. Les *observations* historiques qu'on a faites rendent l'antiquité plus connue. Les *réflexions* ne servent, le plus souvent, qu'à faire perdre de vue la première pensée. (G.)

Les *notes* servent proprement à éclaircir ou expliquer un texte : les *remarques*, à relever dans un ouvrage ou dans un sujet ce qui arrête ou mérite particulièrement l'attention : les *observations*, à découvrir, par un nouvel examen, des choses nouvelles, et à conduire, par de nouveaux développements ou d'un ouvrage ou d'un sujet, à des résultats du moins plus certains : les *considérations*, à développer avec étendue les différents rapports d'un objet intéressant et la raison des choses, en présentant l'objet distinct sous ses différentes faces : les *réflexions*, à creuser les idées ou à tirer de nouvelles pensées du fond des choses.

Les *notes* doivent être claires, courtes, précises, comme les notices et les notions ; car il ne s'agit que d'expliquer des mots, des passages, des allusions, en un mot, de dissiper quelques obscurités ; et si elles étaient fort étendues, elles seraient commentaires.

Les *remarques* doivent être nouvelles, utiles, critiques ; car il serait peu judicieux de vouloir faire remarquer ce que tout le monde remarque, ou ce que personne ne se soucie de remarquer.

Les *observations* doivent être lumineuses, curieuses, savantes ; car c'est pour démêler ce qu'il y a de plus fin, découvrir ce qui est caché, développer ce qui est intéressant, qu'on met une attention particulière à observer, qu'on étudie les choses, qu'on exerce avec constance sa sagacité et sa critique.

M. Beauzée donnerait, ce me semble, lieu de croire qu'il confond les *observations* avec les *remarques ;* car il dit que le mot d'*observations* sert à exprimer les *remarques* que l'on fait dans la société ou sur les ouvrages ; et il ajoute que les *observations* demandent de la sagacité pour démêler ce qui est le moins sensible, et du goût pour choisir ce qui est plus digne d'attention, et pour rejeter ce qui n'en mérite point. L'abbé Girard estime que les *remarques* annoncent un choix et une distinction, et que les *observations* désignent quelque chose de critique et de recherché. Il y a certainement plus de recherches dans les *observations* que dans les *remarques :* vous *remarquez* ce qui vous frappe, et vous *observez* pour découvrir et savoir. Il faut, sans doute, dans les unes et dans les autres, du goût et de la critique : mais dans les *remarques*, c'est plutôt la critique de l'homme de goût qui sent ; et dans les *observations*, celle d'un savant qui interroge les choses, les détaille, les creuse, les possède.

Les *considérations* doivent être étendues et profondes ; elle ne s'exercent proprement que sur des objets *considérables,* faits pour être *considérés*, dignes de *considérations*, selon le rapport naturel que ces mots ont entre eux.

Les *réflexions* doivent être naturelles sans être triviales, exprimées d'une manière neuve et piquante, plutôt judicieuses et solides que subtiles et ingénieuses; car il faut qu'elles naissent du sujet, qu'elles instruisent et se gravent dans l'esprit. (R.)

902. Notifier, Signifier.

Notifier, c'est *signifier* formellement et nettement, d'une manière authentique, dans les formes, de façon que la chose soit non-seulement connue, mais indubitable, constante, notoire. Vous *signifiez* ce que vous déclarez avec une résolution expresse aux personnes : vous *notifiez* ce que vous leur *signifiez* en règle ou avec les conditions propres à donner à votre *signification* la valeur convenable ou le poids nécessaire. Ce qu'on vous a *signifié*, vous ne pouvez l'ignorer : vous ne pouvez pas éluder ce qu'on vous a *notifié*.

On *notifie* des ordres, de manière à ne laisser que la ressource de l'obéissance : on *signifie* ses intentions, de manière à ne pas laisser l'excuse de l'ignorance.

Vous *notifiez* à un valet ou à un ouvrier de sortir de chez vous : vous le chassez, il s'en va : vous ne voudriez pas le *signifier* à une personne de votre société, mais l'on entend ce que vous voulez dire, et l'on part. (R.)

903. Nourrir, Alimenter, Sustenter.

Ces termes ne sont tous les trois synonymes qu'autant qu'ils désignent un soin relatif à la conservation de la vie par les aliments.

Nourrir, c'est fournir à la substance des corps vivants, de manière qu'elle soit conservée par vos aliments qui se transforment en cette substance même. *Alimenter*, c'est fournir à leur substance, de manière qu'ils aient toujours des aliments pour se *nourrir*. *Sustenter*, c'est pourvoir à leurs besoins rigoureux et pressants, de manière que, par vos aliments, ils aient ce qui est nécessaire pour vivre.

L'idée nécessaire d'*alimenter* est d'entretenir d'aliments ; aussi n'exprime-t-il point celle d'entretenir immédiatement la vie ou la substance, ou l'existence même des objets ; acception des mots *nourrir* et *sustenter*. Ainsi l'aliment, le pain, par exemple, n'*alimente* pas, il *nourrit* et *sustente*. Tout aliment, en tant qu'il entretient notre substance, *nourrit* : la nourriture suffisante et nécessaire pour soutenir la vie *sustente*. Il y a donc une mesure donnée de nourriture pour *sustenter*; mais, avec plus ou moins d'aliments, on est *nourri*, bien ou mal, trop ou trop peu, ou avec toute autre sorte de modifications. On sait déjà que *nourrir* signifie entretenir la substance par la conversion de l'aliment en cette substance; au lieu que *sustenter* signifie seulement soutenir la vie sans aucun rapport à la manière dont l'effet est opéré par les aliments. (R.)

904. Nourrissant, Nutritif, Nourricier.

Nourrissant, qui nourrit, qui nourrit beaucoup. *Nutritif*, qui a la faculté de nourrir, de se convertir en la substance de l'objet. *Nourricier*, qui opère la nutrition, qui se répand dans le corps pour en augmenter la substance. Le premier de ces termes marque l'effet; le second, la puissance; le troisième, l'action.

Les *mets nourrissants* abondent en *parties nutritives*, dont l'estomac extrait une grande quantité de *sucs nourriciers*.

Nourrissant est le mot usité. *Nutritif* est un mot dogmatique : les médecins disent *un remède purgatif et nutritif:* on distingue par la qualification de *nutritives* les parties subtiles des aliments propres à la nutrition, des autres substances grossières qui en sont séparées par l'effervescence de l'estomac. Le mot *nourricier* appartient proprement à la physique des corps animés, et spécialement des plantes. (R.)

905. Nue, Nuée, Nuage.

Il semble que *nue* marque plus particulièrement les vapeurs les plus élevées; que *nuée* désigne mieux une grande quantité de vapeurs étendues dans l'air et promettant de l'orage; et que *nuage* soit plus propre à caractériser un amas de vapeurs fort condensées.

Ainsi l'idée de *nue* fait penser à l'élévation; celle de *nuée*, à la quantité et à l'orage; et celle de *nuage* à l'obscurité.

On dit donc d'un oiseau qu'il se perd dans les *nues*, pour dire qu'il s'élève fort haut dans la région de l'air; qu'une *nuée* s'étend vers la droite, pour marquer ce qui est exposé aux accidents dont elle menace; et qu'un *nuage* ne tardera point à crever, pour indiquer qu'il est extraordinairement condensé et noir.

Ces idées accessoires deviennent presque les principales dans le sens figuré.

On dit, élever quelqu'un jusqu'aux *nues*, pour dire, le louer excessivement : faire sauter quelqu'un aux *nues*, pour dire, l'impatienter, faire qu'il s'emporte : tomber des *nues*, pour dire, être extrêmement surpris et étonné, ou quelquefois embarrassé, comme on l'est quand on tombe de haut. Un homme tombé des *nues*, pour désigner un homme qui n'est connu, ni avoué de personne sur la terre : se perdre dans les *nues*, en parlant de quelqu'un qui, dans ses discours et dans ses raisonnements, s'élève de manière à faire perdre aux autres, et à perdre lui-même de vue le sujet qu'il traite, ou ce qu'il a entrepris de prouver. On voit dominer dans toutes ces phrases l'idée d'élévation, celle des vapeurs a disparu ; et dans tous ces cas, on ne pourrait se servir ni de *nuée* , ni de *nuage*, qui ne reveilleraient point l'idée d'élévation que l'on envisage principalement.

On dit figurément qu'une *nuée* se forme, et ne tardera pas à éclater, pour faire entendre qu'une entreprise , un complot, une conspiration, un projet de punition ou de vengeance se prépare, et n'est pas loin de se manifester par des effets frappants : et l'on dit une *nuée* d'hommes, d'oiseaux, d'animaux, pour une troupe considérable des uns ou des autres. On voit dominer ici l'idée de la quantité , ou de quelque chose de sinistre.

Enfin l'on dit, un *nuage* de poussière , pour marquer l'obscurcissement de l'air par la quantité de poussière qui y est élevée. Avoir un *nuage* devant les yeux, pour désigner quelque chose que ce soit qui empêche de voir distinctement ; et plus figurément encore on appelle *nuages* les doutes, les incertitudes et les ignorances de l'esprit humain. Ici c'est l'idée d'obscurité qui est principalement envisagé. (B.)

906. Nuer, Nuancer.

Nuer vient de *nue*. Les couleurs variées produisent à peu près sur un fond le même effet que les nues sur le ciel.

Nuer et *nuancer* signifient , dit-on, mêler et assortir les couleurs, de manière qu'il se fasse une diminution insensible d'une couleur à l'autre, ou d'une même couleur, en la faisant passer du clair à l'obscur, ou de l'obscur au clair. Les anciens dictionnaires semblent avoir uniquement affecté au verbe *nuer* la première de ces idées, qui attribue à ce mot la seule propriété d'assortir les couleurs par une diminution insensible. *Nuancer* désignerait donc l'assortiment des différentes teintes de la même couleur; ce mot , inconnu aux vocabulistes de ce temps-là, est encore peu usité,

Nuer signifie proprement former des nuances, soit avec différentes couleurs, soit d'une seule ; *nuancer*, assortir ces *nuances* selon leurs propres rapports. Il est à observer que *nuer* un dessin signifie marquer sur les fleurs les couleurs que l'ouvrier doit employer : ainsi le dessinateur *nue* , et l'ouvrier *nuance*. Dans le Dictionnaire du Commerce, *nuer*, c'est disposer les couleurs selon leurs *nuances;* et *nuancer*, disposer les *nuances* de l'étoffe, de la tapisserie, de la broderie.

Nuer se dit proprement de ces sortes d'ouvrages : cependant les fleuristes disent *une fleur bien nuée ;* l'anémone, appelée *albertine*, est *nuée* d'incarnat. Les naturalistes diront que des papillons et des chenilles étalent une riche variété de couleurs *nuées* avec un art infini,

Dans ces applications, *nuer* indique une diversité de couleurs. Les

brodeurs appellent *or nué* l'or employé avec de la soie dans une ouvrage, de sorte que l'or serve comme de fond au tableau, et que la soie
serve à donner les couleurs convenables aux figures.

Nuer ne se dit point au figuré ; mais on y dit *nuancer*, pour désigner la différence fine, délicate, imperceptible qui se trouve entre les
mots, les idées, les mêmes espèces de choses, comme vertus, passions, etc., et c'est une raison d'approprier au mot *nuancer* l'expression particulière des nuances de la même chose ou de la même couleur.

En dernière analyse, *nuer* exprime l'action ou l'art d'assortir et de
distribuer sur un fond ou un tissu les couleurs ou leurs teintes, selon
les rapports qu'elles ont entre elles, avec le fond et avec les objets
qu'elles figurent, représentent ou imitent. *Nuancer* exprime l'action
ou l'art d'observer, de distinguer, d'employer les nuances, soit celles
qui forment ou marquent le passage d'une couleur à une autre, soit
celles qui marquent ou forment les différens degrés d'une couleur, selon que la chose l'exige. (R.)

907. Nul, Aucun.

Nul, *ne ullus*, *ne unus*, pas un, pas un seul, *aucun*, *aliquis
unus*, quelqu'un. *Nul* porte avec lui sa négation ; *aucun* en attend
une pour en devenir le synonyme. *Nul* a plus de force exclusive et
absolue qu'*aucun*. *Nul* exclut *chacun*, chaque individu, chaque
chose, d'une manière déterminée, depuis la première jusqu'à la dernière : *aucun*, négatif, exclut *quelqu'un*, celui-ci ou celui-là, une
chose et une autre, d'une manière indéterminée. *Nul n'ose*, c'est-à-
dire qu'il n'y a *pas un seul* qui ose ; *aucun* d'eux *n'ose*, c'est-à-dire
qu'il ne se trouve pas *quelqu'un* qui ose. L'homme négatif est sans
égards, n'a *nul* égard pour vos prières; il les rejette absolument :
l'homme honnête et capable d'égard n'a *aucun* égard à vos prières
dans telle occasion, il ne se rend pas. La justice rigoureuse qui ne fait
nulle acception des personnes, n'en fera *nulle* en votre faveur : l'é-
quité, moins sévère, qui fait quelquefois acception des malheureux et
des faibles n'en fera *aucune*. Vous n'aurez *nulle* considération, quand
vous devez n'en avoir pas la moindre : vous n'en avez *aucune*, quand
vous auriez pu en avoir quelqu'une.

De la force des termes, il résulte que *nul* peut et droit en général être
employé en régime, toute comme *aucun*, quoi qu'en disent quelques
grammairiens. Selon eux, au lieu de dire : *les injures ne firent sur lui*
nulle *impression*, il faudrait dire : *les injures ne firent sur lui* aucune *impression*. Pourquoi donc, si un terme renchérit sur l'autre, si
vous avez besoin de marquer une parfaite insensibilité, s'il est utile
d'aggraver le reproche ? *Nul* ajoute à *aucun*, comme *point* à *pas*. Si

l'oreille préfère quelquefois *aucun* à *nul*, il n'en faut pas moins que la justesse de l'expression l'emporte, dans les cas graves, sur la délicatesse de l'oreille.

Nous disons fort bien, *je n'ai vu cet homme-là* nulle *part ; je ne fais* nul *cas de celui-ci, je ne dois* nul *égard à l'autre ; un contrat est* nul *et de* nul *effet.* Les personnes les plus délicates parlent ainsi. Une observation grammaticale à faire, c'est que, loin d'exclure *nul* du régime, il est absolument nécessaire, lorsque la phrase ne porte point de négation, et la raison en est que, sans une négation particulière, *aucun* signifie *quelqu'un* ou *quelque*. Et c'est pourquoi on a bien dit : *le bien est de* nulle considération *devant Dieu, mais non pas devant les hommes ; cette pièce est de* nulle valeur *; cette machine est bien inventée, mais elle est de* nul *usage.* On ne dirait pas qu'une chose est d'*aucun* usage, d'*aucun* valeur, d'*aucune* considération, pour exprimer qu'elle n'en a point : *aucun* ne prend ce sens que dans la proposition négative. Des historiens disent : *Il y avait peine de mort contre quiconque avait tué volontairement* aucun *de ces animaux ; il n'appartient qu'à ceux qui ignorent la liaison de toutes les espèces de connaissances entre elles, d'en mépriser* aucune *partie.* *Aucun* est là mis en mauvais style, à la vérité, mais dans son vrai sens, pour *quelqu'un* ou *quelque*.

Nul se dit au nominatif, pour *personne*, sans rapport à un nom exprimé. *Nul ne sait s'il est digne d'amour ou de haine ;* nul *ne va au Père que par le Fils.* *Nul* désigne là, sans aucun nom, de la manière la plus précise et la plus propre au style énergique des sentences, l'universalité des hommes. *Aucun* se lie nécessairement avec un nom : ainsi vous direz, *aucun auteur, aucune raison, aucun de ces gens-là.*

Nul se prend encore dans une autre acception absolument étrangère à *aucun* : il marque l'invalidité, la nullité d'une acte et autres choses semblables. On dit aussi, en ce sens, qu'un *homme est nul*, quand il n'a ni vertu, ni caractère. Cette acception sert bien encore à confirmer la force négative du mot, qui réduit les choses à rien, qui fait qu'elles sont comme si elles n'étaient pas. (R.)

908. Numéral, Numérique.

Le mot *numérique* n'est pas la même chose que *numéral ;* car la chose *numérale* forme toujours un nombre ; mais il n'en est pas de même de la chose *numérique*. *Trois* est un nom *numéral* ou un nom de nombre : mais une différence *numérique* n'est pas même cette différence dans le nombre, c'est celle d'un individu à un autre. *Numéral* signifie ce qui dénomme un nombre ; *numérique*, ce qui a rapport aux nombres. Les lettres *numérales* servent de chiffres, les vers *numéraux* marquent des dates ; mais les rapports *numériques* sont seulement tirés des nombres ; l'arithmétique *numérique* se sert seulement de chiffres au lieu de lettres. (R.)

O

909. Obéissance, Soumission.

L'*obéissance* est une action ; la *soumission* est un résultat de la volonté. La *soumission* peut être passive, l'*obéissance* est nécessairement active ; ainsi l'on se *soumet* à une maladie que Dieu nous envoie, lorsqu'on ne peut rien faire pour l'empêcher : on *obeit* à sa loi en faisant ce qu'elle ordonne ou en évitant ce qu'elle défend.

L'*obéissance* peut être absolument forcée : la *soumission* ne l'est que jusqu'à un certain point ; car elle n'existe pas tant que la volonté y résiste. Pour se *soumettre*, il faut le vouloir ; et quoique la volonté puisse être forcée par des considérations auxquelles on cède avec répugnance, la *soumission* n'en est pas moins volontaire. L'*obéissance* peut être involontaire ou même contraire à la volonté ; on peut *obéir* à un mouvement qui entraîne sans que l'on y songe, ou bien à une force irrésistible qui nous pousse malgré nous. On se *soumet* à une autorité à laquelle il serait dangereux de résister.

L'*obéissance* peut être feinte ; la *soumission* peut n'être qu'extérieure. Celui qui feint d'*obéir* trompe sur son action ; celui qui feint de se *soumettre* ne trompe que sur sa volonté : son *obéissance* réelle à l'ordre qu'on lui donne peut être l'effet d'une feinte *soumission* à l'autorité qui le lui prescrit.

L'*obéissance* est un acte momentané et qui se renouvelle à chaque occasion d'*obéir* ; la *soumission* est une disposition générale à remplir tous les ordres qu'on pourra recevoir, à subir tous les traitements auxquels on pourra être exposé. Un enfant peut manquer d'*obéissance* un jour et en avoir le lendemain : celui qui n'*obéit* pas toujours n'a pas de *soumission*.

L'*obéissance* peut être simplement une chose de devoir et de principes : la *soumission* tient davantage au caractère.

L'*obéissance* peut conserver une sorte de fierté, et n'exclut pas les remontrances. La *soumission*, plus humble, ne se permet pas même les murmures.

L'*obéissance*, en dirigeant les actions, laisse tout le reste libre : la *soumission* s'étend quelquefois jusqu'aux mouvements du cœur, jusqu'aux réflexions de l'esprit. On *soumet* sa raison à la foi, et son âme aux afflictions. (F. G.)

910. Obliger, Contraindre, Forcer, Violenter.

L'*obligation* lie, engage : la *contrainte* moleste, contrarie : la *force* emporte, entraîne : la *violence* maltraite, outrage.

L'*obligation* empêche ou entraîne la liberté; la *contrainte* la tourmente; la *force* l'ôte; la *violence* la viôle, si on me permet de le dire.

Ainsi, *obliger* est un acte de pouvoir qui impose un devoir ou une nécessité. *Contraindre* est un acte de persécution ou d'obsession, qui arrache plutôt qu'il n'obtient un consentement. *Forcer* est un acte de puissance et de vigueur, qui, par son énergie, détruit celle d'une volonté opposée. *Violenter* est un acte d'emportement ou de brutalité, qui emploie le droit et les ressources du plus fort à dompter une volonté rebelle et opiniâtre.

Les préceptes de l'Évangile *obligent*, dès qu'on est chrétien, mais sans *contraindre*, car on est parfaitement libre d'obéir ou de désobéir. Les persécutions d'un importun vous *contraignent* quelquefois, mais sans vous *forcer*, car vous pouvez y résister encore. Une puissance irrésistible qui vient sur nous quand nous suivons la direction opposée, nous *force* à reculer sans nous *violenter* ; car il est naturel que nous nous déterminions, sans attendre la violence, à renoncer à ce que nous ne pouvons pas faire. Un maître inique et absolu, qui vous ordonne une chose honteuse ou injuste, vous *violentera*, pour vaincre par de mauvais traitements votre résistance, et vous mener au crime malgré vos efforts.

On s'*oblige* soi-même quand on s'engage. On se *contraint* quand on se gêne fort. On s'efforce plutôt qu'on ne se *force* dans les choses qu'on fait avec répugnance. On ne se *violente* pas ; car on ne peut pas vouloir efficacement et faire tout ensemble des choses contraires. (R.)

911. Obliger, Engager.

Obliger dit quelque chose de plus fort ; *engager* dit quelque chose de plus gracieux. On nous *oblige* à faire une chose, en nous en imposant le devoir ou la nécessité. On nous y *engage* par des promesses ou par de bonnes manières.

Les bienséances *obligent* souvent ceux qui vivent dans le grand monde à des corvées qui ne sont point de leur goût. La complaisance *engage* quelquefois dans de mauvaises affaires ceux qui ne choisissent pas assez bien leurs compagnies. (G.)

912. Obliger à faire, Obliger de faire.

Th. Corneille et Bouhours ont remarqué, et prouvé par l'usage, que plusieurs de nos verbes, tels qu'*obliger*, *contraindre*, *forcer*, s'ef-

forcer, tâcher, etc., prennent également après eux la préposition *à* et la préposition *de*, quand ils sont suivis d'un autre verbe, comme d'un régime. Ainsi l'on dit *obliger, contraindre, forcer*, etc., *à faire* ou *de faire*. Il est sans doute plus naturel de dire *à* ou *de* devant un verbe, selon qu'on dit l'un ou l'autre devant un substantif, *obliger à faire* une chose, comme obliger à une chose, etc. ; mais l'usage a ses licences, et même ses raisons pour s'écarter de la règle générale. Il s'agirait donc de trouver dans ces deux manières de s'exprimer une différence générale qui en déterminât le sens particulier et en réglât l'emploi.

Si je ne me trompe, 1° la préposition *à*, placée entre les deux verbes, marque particulièrement le rapport, l'influence et l'action de la cause, de la puissance, du sujet qui *oblige, force* ou *contraint :* au lieu que la préposition *de* marque spécialement l'effet de cette cause et de cette action sur l'objet ou le sujet qui est *contraint, forcé* ou *obligé*. 2° La préposition *à* désigne plutôt le genre d'action et le but, sans aucun rapport déterminé de temps ; au lieu que la préposition *de* annonce plutôt l'acte et l'exécution, ou présente ou prochaine, et par conséquent avec une détermination de temps assez précise.

Je prouve la première de ces distinctions relative à la cause et à l'effet. Nous disons plutôt *à* lorsque le verbe régisseur est à l'actif, et *de* lorsqu'il est au passif. Vous vous *obligez* à faire une chose, et vous êtes *obligé* de la faire. La nécessité nous *force* à nous aider, et nous sommes forcés de nous aider. La résistance vous *contraint à* user de force, et vous êtes *contraint d'*en user.... Corneille observe qu'on met plutôt *de* que *à* après le passif. Bouhours observe, et confirme par des exemples, que nos bons auteurs le pratiquent presque toujours ainsi. Or, il est à remarquer qu'avec le verbe passif vous n'êtes pas même *obligé d'*énoncer la cause ; ainsi vous dites : *je suis obligé de* partir, *forcé de* me défendre, *contraint de* céder, sans autre énonciation. L'actif énonce au contraire nécessairement la cause ; ainsi vous direz : la loi m'*oblige*, le respect me *force*, la fortune me *contraint*.

Je prouve la seconde différence relative à l'action et à l'acte. La préposition *à* désigne précisément le genre et l'objet de l'obligation, tandis que par *de* l'obligation se fait sentir dans l'acte ou à l'égard de l'exécution de la chose. Ainsi la religion *oblige* le diffamateur *à* réparer l'honneur de son prochain aux dépens du sien propre ; c'est un devoir qu'il doit remplir : mais la justice l'*oblige*, par une condamnation, *de* faire à sa partie réparation d'honneur ; c'est une peine qu'il subit. Vous vous occupez *à* une chose quand elle est l'objet de vos occupations, ou que c'est votre genre d'occupation ordinaire ; vous vous occupez *de* la chose, quand vous y songez, quand vous y travaillez actuellement. L'ambition *force* le courtisan *à* ramper ; il faudra qu'il rampe : quand il rampe, elle le *force de* ramper.

Aussi dit-on *à* plutôt que *de* lorsqu'il ne s'agit que d'une obligation morale et générale à remplir dans l'occasion ; au lieu qu'on dit bien plutôt *de* que *à* lorsqu'il s'agit d'une nécessité physique et présente, dans le temps même de l'exécution. Je ne sais même, disait Bouhours, si, quand *obligé* emporte une obligation étroite de conscience, *à* ne serait pas mieux que *de.* Oui, certes, lorsqu'on ne parle que d'une loi, d'une règle, d'une autorité qui vous impose un devoir ou une nécessité, abstraction faite de la circonstance du temps ; mais dans la circonstance du temps, on est *obligé* par une force d'agir ainsi. La charité vous *oblige à* pardonner lorsque vous serez offensé ; vous êtes *obligé de* pardonner dans le cas précis de l'offense.

Cette seconde distinction s'accorde parfaitement avec la première, et elles se confirment l'une l'autre. L'actif, qui demande après lui la préposition *à*, n'exprime que l'existence de l'obligation, mais le passif, qui suppose déjà l'existence de l'obligation, en marque l'accomplissement et l'effet par la préposition *de.* (R.)

913. Obscène, Déshonnête.

Obscène dit beaucoup plus que *déshonnête* dans le même ordre de choses.

La chose *obscène* viole ouvertement les vertus que la chose *déshonnête* blesse. Je dis *ouvertement*, car c'est ce que la préposition *ob* exprime. L'*obscénité* ajoute à la *déshonnêteté* l'immodestie ou plutôt la licence impudente. Violer, tromper, commettre un adultère, dit Cicéron, c'est chose *déshonnête*, honteuse en soi ; mais cela se dit sans *obscénité.* Il paraît que les Latins étendaient plus loin que nous l'emploi du mot *obscène.*

O femmes ! souvenez-vous bien qu'une pensée *déshonnête* fait perdre la pureté, et qu'une parole *obscène* fait perdre la pudeur.

Des pensées *déshonnêtes* se présentent quelquefois aux cœurs les plus purs ; mais des manières *obscènes* appartiennent à la plus sale corruption.

Obscène ne se dit communément que de certaines choses, de choses apparentes, des paroles, des tableaux, des postures, de ce qu'on peut appeler des *nudités* : *déshonnête* convient généralement à toute chose qui blesse la pudeur ou la pureté. On a pourtant des idées, des imaginations *obscènes*, lorsque les idées forment des images qu'on se plaît à considérer ; mais la plus légère pensée peut être *déshonnête.* En général, l'*obscénité* fait tableau, et ce tableau prononce fortement ce qu'il y a de plus *déshonnête.* On dira bien, avec l'Académie, un poète *obscène*, et de même d'un peintre, d'un auteur, d'une personne quelconque ; mais, selon la remarque de Bouhours, on ne dira guère une personne *déshonnête*. (R.)

914. Obscur, Sombre, Ténébreux.

Obscur, qui n'est pas clair, privé de clarté. *Sombre*, qui n'a qu'une faible lumière, qui est à l'ombre. *Ténébreux*, qui est sans lumière, noir.

Obscur, faute de *clarté*, de manière que les objets sont au moins plus difficiles à voir ou à distinguer. *Sombre*, faute de *jour*, de manière que la lumière éclaire moins les objets que les ombres ne les effacent. *Ténébreux*, faute de toute *lumière*, de manière qu'on ne voit rien, on ne voit pas.

Un lieu est *obscur*, qui n'est pas assez éclairé. Un bois est *sombre*, dont l'épaisseur, interceptant le jour, n'y laisse pénétrer qu'une faible et triste lumière. L'enfer est *ténébreux*, ou s'il s'y élève quelque *sombre* lueur, elle ne sert qu'à rendre les ténèbres visibles et plus affreuses. Des nuages épais, et la fuite du jour, rendent le temps *obscur* : des nuées *sombres* et l'appareil de la nuit, le rendent *sombre*. La nuit, la nuit parfaite, le rend *ténébreux*.

L'*obscurité* inspire des pensées et des sentiments différents, selon ses degrés et ses modifications. Le *sombre* inspire la tristesse et la crainte. Les *ténèbres* inspirent l'horreur et l'effroi.

Ces mots, au figuré, s'appliquent à des objets divers ; et cette diversité d'application sert encore à l'intelligence de leur sens propre.

Un homme est *obscur*, qui n'est pas connu, qui est confondu dans la foule, qu'on ne remarque pas. Sa vie est *obscure* si elle est cachée, inconnue, sans éclat, sans appareil. Dans tous ces cas, l'*obscurité* empêche de connaître, de remarquer, de distinguer. Il en est de même de l'*obscurité* des temps du passé et de l'avenir, où l'on ne voit rien de clair.

Sombre ne se dit figurément que de l'air du visage, de l'humeur, des personnes, des pensées, etc. *Sombre* est couvert, triste, renfrogné, repoussant : une humeur *sombre* est inquiète, chagrine, rêveuse, mélancolique, atrabilaire.

Ténébreux se dit proprement des actions, des projets, des entreprises odieuses et secrètes, enveloppées de voiles impénétrables. (R.)

915. Obséder, Assiéger.

Obséder signifie littéralement *assiéger*.

Au propre, on *assiège* une ville, une place, un ennemi, etc. *Obséder* ne se dit qu'au figuré. Il paraît qu'*obséder* a été spécialement emprunté du latin pour le style mystique. Dans ce style, il suffit de dire qu'un homme est *obsédé*, pour faire entendre qu'il l'est par le malin esprit, qui s'attache à le poursuivre d'illusions pour le posséder.

Les personnes et les choses nous *assiégent*, comme nous *assiégeons* les choses et les personnes. Il n'y a que les personnes ou les êtres intelligents, et des êtres moraux qui *obsèdent*; ils n'*obsèdent* que les personnes.

On *assiége* par l'assiduité, les assauts, les poursuites, pour parvenir à un but quelconque : on *obsède* par l'assiduité, l'artifice, la malignité, pour parvenir à gagner et gouverner la personne. Ainsi, *obséder* quelqu'un, c'est l'*assiéger* sans cesse, le circonvenir ou l'envelopper par les circuits artificieux de la séduction, pour s'emparer de son esprit et de ses volontés. L'*obsession* a pour but la *possession*. (R.)

916. Observation, Observance.

Selon la remarque de Bouhours, *observance* signifie proprement règle, institut, constitution religieuse, réforme. Nous disons les *observances régulières*, l'*étroite observance*. Nous appelons aussi *observances* les cérémonies légales, les pratiques extérieures. Nous disons les *observances* de la loi de Moïse.

On a dit aussi l'*observance* pour l'*observation* des commandements de Dieu, des règles d'un monastère, etc. Ainsi, comme le remarque Bouhours, la règle, qui est elle-même l'*observance*, a conduit insensiblement à l'*observance* de la règle.

Il résulte de là qu'*observance* se dit pour et comme *observation*, en matière religieuse : dans tout autre cas, on ne dit qu'*observation*. On ne dira pas l'*observance* des lois civiles ou des règles de l'art.

Il en résulte encore, que l'*observance* regarde proprement les règles monastiques et les pratiques cérémonielles. On loue un religieux de son zèle pour l'exacte *observance des constitutions* de son ordre : on loue les gentils de leur zèle pour l'*observation de la loi naturelle*. On dira l'*observance du jeûne*, et l'*observation des préceptes de la charité*.

L'*observance* est proprement le résultat de l'*observation*, ou l'*observation* accomplie. L'*observation* fait, exécute : l'*observance* suppose la chose faite, exécutée. En suivant la même idée, *observation* sera plus propre à désigner une action particulière, l'*observation* particulière d'un précepte, les *observations* différentes des différents préceptes ; et *observance*, l'exécution habituelle et entière, l'*observation* fidèle, constante, absolue de la loi. (R.)

917. Observer, Garder, Accomplir.

Ces termes sont synonymes dans le sens de faire suivre, exécuter ce qui est prescrit par un commandement, une règle, une loi.

Le sens propre d'*observer* est d'avoir sous les yeux, de donner son attention à. Le sens propre de *garder* est de tenir sous sa *garde*, d'avoir toujours ses *regards* sur l'objet, pour le conserver, le maintenir, le défendre. Le sens propre d'*accomplir* est celui d'achever, de remplir, de compléter, de consommer.

Vous *observez* la loi par votre attention à exécuter ce qu'elle prescrit : vous la *gardez* par le soin continuel de veiller à ce qu'elle ne soit violée en aucun point : vous l'*accomplissez* par votre exactitude à remplir entièrement et finalement tout ce qu'elle ordonnait.

Observer marque proprement la fidélité à son devoir ; *garder*, la persévérance et la continuité ; *accomplir*, la perfection ou la consommation de l'œuvre.

Le précepte qui n'oblige qu'à certaines actions et dans certains cas, comme le précepte du jeûne, vous l'*observez*. L'obligation qui vous lie sans cesse, et que vous pouvez à chaque instant violer, comme la foi conjugale, vous la *gardez*. L'œuvre qu'il s'agit de terminer ou de mettre à fin, comme une pénitence imposée, vous l'*accomplissez*. (R.)

918. Obstacle, Empêchement.

L'*obstacle* est devant vous, il vous arrête : l'*empêchement* est çà et là autour de vous, il vous retient. Pour avancer, il faut surmonter, aplanir l'*obstacle* : pour aller librement, il faut ôter l'*empêchement*, le lever.

L'*obstacle* a quelque chose de grand, d'élevé, de résistant ; et c'est pourquoi il faut le vaincre, le surmonter ; il faut encore le détruire ou passer par-dessus. L'*empêchement* a quelque chose de gênant, d'incommode, d'embarrassant ; et c'est pourquoi il faut l'ôter, le lever, ou s'en débarrasser ; c'est un lien à rompre.

L'*obstacle* se trouve surtout dans les grandes entreprises et avec de grandes difficultés ; l'*empêchement*, dans les actions ordinaires et avec des difficultés ordinaires. Les *obstacles* allument le courage ; les *empêchements* l'impatientent.

Celui qui craint les difficultés, voit partout des *obstacles*. Celui qui manque de bonne volonté, a toujours des *empêchements*. (R.)

919. Occasion, Occurrence, Conjoncture, Cas, Circonstance.

Occasion se dit pour l'arrivée de quelque chose de nouveau, soit que cela se présente ou qu'on le cherche, et dans un sens assez indéterminé pour le temps comme pour l'objet. *Occurrence* se dit uniquement pour ce qui arrive sans qu'on le cherche, et avec un rapport fixé au temps présent. *Conjoncture* sert à marquer la situation qui provient d'un concours d'événements, d'affaires ou d'intérêts. *Cas* s'emploie pour indiquer le fond de l'affaire, avec un rapport singulier à l'espèce et à la particularité de la chose. *Circonstance* ne porte que l'idée d'un accompagnement, ou d'une chose accessoire à une autre qui est la principale.

On connaît les gens dans l'*occasion*. Il faut se comporter selon l'*occurrence* des temps. Ce sont ordinairement les *conjonctures* qui déterminent au parti qu'on prend. Quelques politiques prétendent qu'il y a des *cas* où la raison défend de consulter la vertu. La diversité des *circonstances* fait que le même homme pense différemment sur la même chose.

Quoique tous ces mots s'unissent assez indifféremment avec les mêmes épithètes, il me semble pourtant qu'ils en affectent quelques-unes en propre, et qu'on dit quelquefois avec choix, une belle *occasion*, une *occurrence* favorable, une *conjoncture* avantageuse, un *cas* pressant, une *circonstance* délicate; et qu'on ne dirait pas une *occasion* heureuse, une *occurrence* délicate, une belle *conjoncture*, un *cas* avantageux, une *circonstance* pressante. (G.)

920. Odeur, Senteur.

L'*odeur* est l'émanation des corps, sensible à l'odorat; et la *senteur* est cette même émanation sentie par l'odorat. L'*odeur* peut absolument n'être pas sentie, il suffit qu'elle s'exhale; il faut que la *senteur* le soit, elle frappe le sens. L'*odeur* peut être assez légère et faible pour qu'elle soit insensible; mais la *senteur* est toujours plus ou moins forte ou abondante, pour qu'elle affecte l'organe : aussi n'appelle-t-on *senteur* qu'une *odeur* forte. L'*odeur* est commune à une infinité de corps : la *senteur* est propre à certains corps *odoriférants*, tels que les aromates, certaines fleurs, certains fruits. On ne dit pas qu'un corps qui ne sent rien, n'a point de *senteur;* il n'a point d'*odeur*. La *senteur* se répand au loin, prédomine, absorbe les *odeurs* faibles ou délicates.

Odeur est donc le terme générique; et c'est celui qu'on emploie pour exprimer l'espèce particulière d'*odeur* de chaque espèce de corps, au lieu que *senteur* ne se dit guère que d'une manière vague et indéterminée, pour une forte *odeur*. Nous disons l'*odeur* et non la *senteur* du plâtre, du charbon, du thym, etc., pour distinguer les espèces. Un bois a l'*odeur*, et non la *senteur* de la rose. Un mélange a une *odeur*, et non une *senteur* vineuse. Au pluriel, les *odeurs* et les *senteurs* sont également des parfums agréables destinés à embaumer, à parfumer, à faire sentir bon.

On dit figurément *odeur de sainteté*, l'*odeur des vertus*, etc. *Senteur* ne se dit que dans le sens propre. (R.)

921. Odieux, Haïssable.

Ce dernier terme est infiniment plus faible de *haine* que le premier. Si l'objet *haïssable* est digne de haine, l'objet *odieux* est digne de toute votre haine.

Avec certains défauts, on est *haïssable* : avec certains vices, on est *odieux*. Un homme méchant, pervers, dangereux, est *odieux* : une personne incommode, fâcheuse, impatientante, contrariante, devient *haïssable*.

Il n'y a point d'homme si parfait, qu'il ne soit *haïssable* pour un autre. Il n'y a point de méchant si endurci, qu'il ne soit quelquefois *odieux* à lui-même.

Haïssable ne se dit guère que des personnes ou de leurs manières, et dans le style modéré. *Odieux* se dit dans tous les styles, des personnes et des choses. (R.)

922. Odorant, Odoriférant.

On a beau dire que ces deux termes signifient la même chose, *odoriférant* doit ajouter une idée à celle d'*odorant*, par l'addition du mot *fer*, qui signifie porter, produire, pousser au dehors, jeter, répandre. Ainsi Pline donne à l'Arabie l'épithète d'*odoriférante* (*odorifera*), parce qu'elle produit les parfums, et non celle d'*odorante* (*odora*) ; car ce mot ne rendrait pas son idée. *Odoriférant* exprime la propriété de produire l'odeur, de l'exhaler de son sein, de la répandre au loin ; tandis qu'*odorant* désigne seulement la chose qui a de l'odeur, qui en donne, qui en jette. Le corps *odoriférant* est donc naturellement très-*odorant*. On flaire, on sent ce qui est *odorant :* on n'a pas besoin de flairer ce qui est *odoriférant*, il se fait sentir. Aussi l'Académie dit-elle une *fleur odorante*, un *bois odorant*, et des *parfums odoriférants*, des *aromates odoriférants*. Les corps *odoriférants* parfument, embaument ; les corps *odorants* ont une odeur agréable, sentent bon. (R.)

923. OEillade, Coup d'œil, Regard.

L'*œillade* est un *coup d'œil* ou un *regard* jeté comme furtivement, avec dessein et avec une expression marquée. Le *coup d'œil* est un *regard* fugitif ou jeté comme en passant ; le *regard* est l'action de la vue qui se porte sur l'objet qu'on veut voir,

Il y a toujours dans l'*œillade* une intention et un intérêt visible : on jette des *œillades* amoureuses, jalouses, animées, favorables, etc. On donne un *coup d'œil* pour voir en gros : on jette un *coup d'œil* à dessein ou par hasard ; et il y a des *coups d'œil* très-expressifs. Les *regards* se portent, se jettent, se lancent, se fixent sur les objets ; ils forment l'action propre de la vue, et même une sorte de langage naturel.

Les passions dissimulées jettent des *œillades*. La légèreté jette un *coup d'œil* vain ; mais là fierté lance un *coup d'œil* dédaigneux. Chaque passion a son *regard*, et le *regard* prend toute sorte de caractères, *regard de colère*, *regard de pitié*, *regard doux* ou *sévère*, etc.

OEillade parle aux yeux. Il y a tel *coup d'œil* qui ne dit rien, et tel autre qui dit plus qu'un long discours, et qui compromet moins. Tout se peint dans les *regards*, au moral comme au physique.

Les amants trahissent par les *œillades* l'intelligence qu'ils veulent cacher. Il y a un *coup d'œil* d'avis qu'on jette inutilement sur ceux qui ne pensent pas à ce qu'ils disent. Le *regard* ou la manière de *regarder* propre à chacun, indique ou décèle le caractère à celui qui sait lire sur les visages.

OEillade ne se dit qu'au propre et dans le style familier. Dans le style soutenu, il faut dire *coup d'œil* pour œillade. *Coup d'œil* se dit au figuré, comme *regard*. (R.)

924. OEuvre, Ouvrage.

OEuvre dit précisément une chose faite ; mais *ouvrage* dit une chose travaillée et faite avec art. Les bons chrétiens font de bonnes *œuvres ;* les bons ouvriers font de bons *ouvrages*.

Le mot d'*œuvre* convient mieux à l'égard de ce que le cœur et les passions engagent à faire. Le mot d'*ouvrage* est plus propre à l'égard de ce qui dépend de l'esprit ou de la science. Ainsi l'on dit une *œuvre* de miséricorde et une *œuvre* d'iniquité, un *ouvrage* de bon goût et un *ouvrage* de critique.

OEuvres, au pluriel, se dit pour le recueil de tous les *ouvrages* d'un auteur ; mais lorsqu'on les indique en particulier, ou qu'on leur joint quelque épithète, on se sert du mot d'*ouvrages*.

Il y a dans les *OEuvres* de Boileau un petit *ouvrage*, qui n'est presque rien, mais qu'on dit avoir produit un grand effet, en arrêtant le ridicule qu'on était prêt à se donner par la condamnation de la philosophie de Descartes ; c'est l'Arrêt de l'université de Stagire. (G.)

OEuvre exprime proprement l'action d'une puissance, ce qui est fait, produit par un *agent : ouvrage*, le travail de l'industrie, ce qui est fait, exécuté par un *ouvrier*. On dit, l'*œuvre* de la création est l'*ouvrage* de six jours : la création est elle-même l'*œuvre* de la Toute-Puissance : le monde sorti des mains du Créateur dans six jours d'exécution, est son *ouvrage*. La force productive est dans l'*œuvre ;* l'effet de son action est dans l'*ouvrage*. L'*œuvre* de la rédemption est ce que Jésus-Christ a fait pour le salut des hommes ; et son *ouvrage* est leur salut. Nous admirons dans les *œuvres* de la nature son énergie, et dans ses *ouvrages* leur beauté. La puissance et l'action de l'agent font l'*œuvre* : l'*ouvrage* est le résultat du travail et de l'industrie. On dit *œuvre* et non *ouvrage* de la chair. L'artisan fait des *ouvrages*, et son chef-d'*œuvre* est la plus belle production de son talent.

L'*œuvre* est l'action, l'action faite par une puissance : or, qu'est-ce que la morale considère? les actions, les actions bonnes ou mauvaises, le bien et le mal, la vertu et le vice, principes de ces actions. L'*ouvrage* est le travail, ce qui résulte ou reste de ce travail : or, qu'est-ce que la science entend par *ouvrage*? les discours, les écrits, les pièces, les traités, les livres ; et l'art, le mérite, les beautés ou les défauts qui sont dans l'*ouvrage* même. L'*œuvre* morale n'est qu'une action bonne ou mauvaise, selon les mœurs, et cette action est produite par la miséricorde, par l'iniquité, etc. L'*ouvrage* littéraire est une *chose* bonne ou mauvaise, selon la science ; on trouve dans la chose même de la critique et du goût.

Mais les *ouvrages* d'esprit sont des *productions* d'un auteur : aussi les appelle-t-on quelquefois *œuvres*, *œuvres* de théâtre, *œuvres* morales, *œuvres* mêlées, *œuvres* complètes, *œuvres* posthumes, etc. L'abbé Girard prétend qu'*œuvres* se dit, au pluriel, du receuil de *tous les ouvrages* d'un auteur, et que lorsqu'on les indique en particulier, et qu'on leur joint quelque épithète, on se sert du mot d'*ouvrages*. Ce qui signifie un recueil entier, c'est le mot *œuvre* au singulier et au masculin, quand il s'agit de gravures ; l'*œuvre* de Calot, l'*œuvre* de Balechou.

Œuvre est le titre de certains ouvrages. Les *œuvres* annoncent l'auteur ; les *ouvrages* le supposent : l'*œuvre* est sa production ; le livre est son *ouvrage*. L'*œuvre* est l'*ouvrage*, en tant qu'il est fait par l'auteur et considéré comme tel ; l'*ouvrage* est bien fait par l'auteur, mais on le considère tel qu'il est en lui-même ou indépendamment de ce rapport. Ainsi l'on juge l'*ouvrage* et non l'*œuvre* : l'*ouvrage* est bon ou mauvais en lui-même et sans égard à celui qui l'a fait ; mais à l'*œuvre* on connaît l'*ouvrier*, on juge l'homme.

Avec les données précédentes, mes lecteurs se rendront facilement raison des différentes manières usitées d'employer ces termes. Par exemple, on dit mettre en *œuvre* des matériaux : mettre des matériaux en *œuvre*, c'est donner la forme ou la façon à la matière, l'employer à faire quelque *ouvrage*. L'action d'employer ou de former est propre à l'ouvrier, à la personne, et c'est là l'*œuvre*. La matière employée, mise en *œuvre*, qui a reçu la forme, est l'*ouvrage*.

La nature, dit un illustre écrivain, fait le mérite ; et la fortune le *met en œuvre*. La fortune fait ainsi, par ses influences, le prix de l'*ouvrage*.

On dira se mettre à l'*œuvre* et se mettre à l'*ouvrage*. On se met à l'*œuvre*, quand on commence son travail ; on se met à l'*ouvrage*, quand on commence à donner, par son travail, des formes à la matière. (R.)

925. Office, Charge.

Ces termes désignent également des titres qui donnent le pouvoir d'exercer quelque fonction publique. (B.)

On confond souvent *charge* et *office* : et en effet tout *office* est une *charge*, mais toute *charge* n'est pas un *office*. Ainsi les *charges* dans les parlements sont de véritables *offices* : mais les places d'échevins, consuls et autres *charges* municipales, ne sont pas des *offices* en titre, quoique ce soient des *charges* ; parce que ceux qui les remplissent ne les tiennent que pour un temps, sans autre titre que celui de leur élection : au lieu que les *offices* proprements dits sont une qualité permanente, et en conséquence sont aussi appelés *états*. (*Encyclop.*, XI, 414.)

926. Office, Ministère, Charge, Emploi.

L'idée propre d'*office*, c'est d'obliger à faire un chose utile à la société : celle de *ministère* est d'agir pour un autre, au nom d'un autre, d'un maître qui commande : celle de *charge*, de porter un fardeau, ou de faire une chose pénible pour un bien ou un avantage commun : celle d'*emploi*, d'être attaché à un travail qui est commandé.

L'*office* impose un devoir ; le *ministère*, un service ; la *charge*, des fonctions ; l'*emploi*, de l'occupation.

L'*office* donne en même temps un pouvoir, une autorité pour faire ; le *ministère*, une qualité, un titre pour représenter les personnes, disposer des choses ; la *charge*, des prérogatives, des priviléges qui honorent ou distinguent le titulaire ; l'*emploi*, des salaires, des émoluments qui paient ou récompensent le travail. (R.)

927. Offrande, Oblation.

Dans un sens rigoureux, l'*oblation* est l'action d'offrir ; et l'*offrande* est la chose à offrir, et ensuite la chose offerte.

L'*offrande* est donc proprement la chose destinée pour l'*oblation*. Si l'usage, intervertissant les idées, attribue également à l'*oblation* l'idée de l'*offrande*, et à l'*offrande* l'idée de l'*oblation*, la différence n'en existe pas moins dans les mots ; et le sens primitif de l'un n'est que le sens détourné de l'autre.

L'*offrande* se fait, dit-on, à Dieu, à ses saints, et même à ses ministres : l'*oblation* ne se fait qu'à Dieu. L'*oblation* est alors un vrai sacrifice : l'*offrande* est seulement un don religieux. L'*offrande* du pain et du vin dans le sacrifice de la messe, est une *oblation*. Les présents que les fidèles font à l'autel, sont proprement des *offrandes*.

Oblation a toujours un sens plus rigoureux qu'*offrande ;* et il ne se dit que pour exprimer le sacrifice ou le don fait avec les cérémonies religieuses prescrites à cet effet. Ainsi toute *offrande* n'est pas *oblation :* et l'idée du don, ou même du dévouement, suffit pour constituer une *offrande* sans aucune cérémonie. (R.)

928. Offusquer, Obscurcir.

Offusquer signifie empêcher de voir ou d'être vu, du moins de voir ou d'être vu clairement dans sa clarté naturelle, par l'interposition ou l'opposition d'un corps, d'un obstacle. *Obscurcir* exprime l'action simple et vague de faire perdre à un objet sa lumière ou son éclat, sans aucun rapport indiqué ni au moyen ni à la vue.

Le soleil est *obscurci* lorsqu'il a perdu son éclat : si vous le considérez dans les nuages, il est *offusqué*. Les nuages l'*obscurcissent* et l'*offusquent :* ils l'*obscurcissent* en lui ôtant sa lumière ; ils l'*offusquent* en vous empêchant de le voir, ou en l'empêchant d'être vu.

Les passions *obscurcissent* l'entendement de quelque manière qu'elles le troublent : elles l'*offusquent* en élevant autour de lui des nuages, ou en s'interposant entre lui et la vérité.

La grandeur nous *offusque*, et nous tâchons de l'*obscurcir*.

La gloire de Miltiade *offusquait* l'esprit de Thémistocle : la gloire de Thémistocle *obscurcit* celle de Miltiade. Vous pouvez dire que la gloire de Thémistocle *offusque* celle de Miltiade ; mais non que celle de Miltiade *obscurcit* l'esprit de Thémistocle. La raison en est que l'*offuscation* tombe ou sur vous qui voyez et considérez l'objet, ou sur l'objet lui-même, au lieu que l'*obscurcissement* ne touche que l'objet seul.

L'objet qui vous éblouit, vous *offusque ;* et vous n'en soutenez la lumière qu'à mesure qu'il s'*obscurcit*.

Trop de paroles *offusquent* le discours ; et cette surabondance fait perdre de vue ce que vous dites, ce qui vaut quelquefois son prix. Trop de brièveté dans l'expression *obscurcit* l'idée ; mais cette *obscurité* vous donne un air de profondeur, ce qui a bien aussi son mérite. (R.)

929. Oisif, Oiseux.

Termes qui annoncent également l'inaction et l'inutilité.

Être *oisif*, c'est ne rien faire, être sans action, sans occupation : être *oiseux*, c'est avoir quelque rapport à l'oisiveté, soit par goût, parce qu'on l'aime ; par habitude, parce qu'on y passe sa vie ; ou par ressemblance, parce qu'on est inutile.

On doit donc appeler *oisifs* l'homme, les animaux, les êtres qu'on regarde comme actifs, si l'on veut dire qu'ils sont *actuellement* dans l'*inaction ;* mais si l'on veut dire qu'ils en ont l'habitude, on doit les appeler *oiseux*, ainsi que de toutes les choses *inutiles*, comme l'inaction, quand même ce seraient des actions.

Tel qui paraît *oisif* peut être occupé très-sérieusement ; car la contention de l'esprit est souvent un exercice plus pénible que le travail corporel ; mais si ses pensées n'aboutissent qu'à des projets chimériques, à des systèmes sans fondement ou sans proportion, ce ne sont plus que des réflexions *oiseuses.* (B.)

Avec du loisir, on est *oisif ;* avec de l'oisiveté, on est *oiseux.*

Oisif n'exprime proprement que l'acte, un état passager, l'inaction actuelle : *oiseux* marque l'habitude, la qualité ou l'état permanent, l'inertie. On est *oisif* dès qu'on n'est pas en activité ; quand on croupit dans l'inaction, on est *oiseux.*

Un ouvrier qui n'a point d'ouvrage est *oisif :* un ouvrier qui ne veut pas travailler est *oiseux.* Le premier ne fait rien, quoique peut-être il voulût faire quelque chose : le second ne fait rien, parce qu'il ne veut pas faire, et même quand il fait quelque chose, mais d'inutile ou d'*oiseux.* (R.)

930. Ombrageux, Soupçonneux, Méfiant.

L'*ombrageux* voit tout en noir, tout l'offusque. Le *soupçonneux* voit tout en mal, tout le choque. Le *méfiant* est toujours en garde, il craint tout.

Ombrageux se dit, au figuré, de personnes qu'un rien offusque ; il est pris en mauvaise part. C'est le caractère de l'homme timide, que son ombre effraie.

Le *soupçonneux* vit de soupçons, et conjecture toujours le mal. L'*ombrageux* peut revenir, et lorsqu'il a touché l'objet, il se rassure ; mais le *soupçonneux* est inquiet, quand il n'y a même rien qui puisse justifier ses craintes. Le premier se trompe en s'arrêtant à la surface ; celui-ci néglige les apparences, et présume le mal lorsqu'il ne le voit pas.

L'homme *méfiant* se tient en garde : ce n'est pas de l'ombre, c'est de la personne, c'est de la chose qu'il a peur.

L'*ombrageux* s'arrête aux apparences ; le *soupçonneux* à la supposition ; le *méfiant* à la crainte d'être trompé. (R.)

931. On, L'on.

Ces deux expressions sont entièrement semblables pour le sens ; elles ne diffèrent dans l'usage que par rapport à la délicatesse de l'oreille, pour éviter la cacophonie. Il me paraît qu'on doit se servir de *l'on* après *et*, *si*, *ou*, et même après *que*, lorsque le mot qui suit commence par la syllabe *com*; qu'ailleurs, il est ordinairement mieux de se servir d'*on*.

Que *l'on* convienne toujours de la valeur des termes, si *l'on* veut s'entendre. *On* peut commencer à lire cet ouvrage par où *l'on* voudra; et *l'on* doit le lire à plus d'une reprise.

Quelquefois la poésie met *l'on* au lieu d'*on*, uniquement pour la mesure du vers. (G.)

Dans l'écriture abrégée, *hom* voulait dire *homo*, *homme*. *Hom*, *hon*, se prononce *on* : par succession de temps, on a écrit comme on prononçait. *On dit* signifie donc *homme dit*. *On* ou *homme dit* est une proposition particulière; car *on* signifie un homme quelconque, quelqu'un, et des gens. *L'on*, *l'homme dit*, est une proposition générale; *l'on* signifie les hommes, la généralité, la multitude du moins. *On* est un pronom indéfini : *l'on* est une expression collective.

Cette distinction si naturelle de sens, Vaugelas, Dumarsais, et presque tous nos habiles grammairiens, l'ont reconnue. Dumarsais reproche même à l'abbé Girard de ne pas l'avoir observée. « Quand nous disons *si l'on* au lieu de *si on*, dit-il en parlant du bâillement, l'*l* n'est point alors une lettre euphonique, quoi qu'en dise l'abbé Girard. *On* est un abrégé de *homme*; on dit *l'on* comme on dit *l'homme*. *On* marque une proposition indéfinie, *individuum vagum*. » Comment se peut-il donc que ce grammairien philosophe conclue ensuite, avec la foule, qu'*il est indifférent pour le sens de dire, on dit ou l'on dit*, et que c'est à l'oreille à décider lequel doit être préféré?

C'est une règle que quand on répète plusieurs *on* ou *l'on*, il faut toujours dire de même. *On* loue, *on* blâme, *on* crie, et non pas *on* dit et *l'on* fait. (R.)

932. Ondes, Flots, Vagues.

Les *ondes* sont l'effet naturel de la fluidité d'une eau qui coule; elles ne s'appliquent guère qu'à l'égard des rivières, et laissent une idée de calme ou de cours paisible. Les *flots* viennent d'un mouvement accidentel, mais assez ordinaire; ils indiquent un peu d'agitation, et s'appliquent proprement à la mer. Les *vagues* proviennent d'un mouvement plus violent; elles marquent par conséquent une plus forte agitation, et s'appliquent également aux rivières comme à la mer.

On coule sur les *ondes*; on est porté sur les *flots*; on est entraîné par les *vagues*.

Un terrain raboteux rend les *ondes* inégales : un grand vent fait enfler les *flots*, et excite des *vagues* (G.)

933. On ne saurait, On ne peut.

On ne saurait paraît plus propre pour marquer l'impuissance où l'on est de faire une chose. *On ne peut* semble marquer plus précisément et avec plus d'énergie l'impossibilité de la chose en elle-même. C'est peut-être par cette raison que la particule *pas*, qui fortifie la négation, ne se joint jamais avec la première de ces expressions, et qu'elle accompagne souvent l'autre avec grâce.

Ce qu'*on ne saurait* faire est trop difficile. Ce qu'*on ne peut* faire est impossible.

On ne saurait bien servir deux maîtres. *On ne peut* pas obéir en même temps à deux ordres opposés.

On ne saurait aimer une personne dont on a lieu de se plaindre. *On ne peut* pas en aimer une pour qui la nature nous a donné de l'aversion.

Un esprit vif *ne saurait* s'appliquer à de longs ouvrages. Un esprit grossier *ne peut* pas en faire de délicats. (G.)

934. Opter, Choisir.

On *opte* en se déterminant pour une chose, parce qu'on ne peut les avoir toutes. On *choisit* en comparant les choses, parce qu'on veut avoir la meilleure. L'un ne suppose qu'une simple décision de la volonté, pour savoir à quoi s'en tenir; l'autre suppose un discernement de l'esprit, pour s'en tenir à ce qu'il y a de mieux.

Entre deux choses parfaitement égales, il y a à *opter*, mais il n'y a pas à *choisir*.

On est quelquefois contraint d'*opter*, mais on ne l'est jamais de *choisir*. Le *choix* est un plein exercice de la liberté; c'est pourquoi, lorsque le sens ou l'expression marque une nécessité absolue', il est mieux de se servir du mot d'*opter* que de celui de *choisir*; de là vient que l'usage dit, puisqu'il est impossible de servir en même temps deux maîtres, il faut *opter*.

Le mot de *choisir* ne me paraît pas non plus être tout à fait à sa place lorsqu'on parle de choses entièrement disproportionnées, à moins qu'il n'y soit employé dans un sens ironique. Par exemple, je ne dirais pas, il faut *choisir* ou de Dieu ou du monde ; mais je dirais, il faut *opter*; car le *choix* étant une préférence fondée sur la comparaison des choses, il n'y a pas lieu, ou il n'y a point de comparaison à faire. Un prédicateur dirait cependant avec beaucoup de grâce : « Messieurs, le joug du Seigneur est doux, et nous conduit au comble de tous les biens ; le joug du monde est dur, et nous plonge dans l'abîme de tous les maux : *choisissez* maintenant auquel des deux vous voulez-vous soumettre ; » parce qu'alors il se trouve une fine ironie dans l'emploi de *choisir.*

Je ne connais point de droit de *choix ;* mais il y a un droit d'*option* : c'est lorsque entre plusieurs choses à distribuer, on a droit de prendre avant les autres celle qu'on veut. Quand on a ce droit, on a par conséquent la liberté de *choisir :* car on peut *opter* par *choix,* en examinant quelle est la meilleure ; comme on peut *opter* sans *choix,* en se déterminant indifféremment pour la première venue.

Nous n'*optons* que pour nous ; mais nous *choisissons* quelquefois pour les autres.

On peut *opter* sans *choisir ;* il n'y a qu'à suivre le hasard ou le conseil d'autrui : mais on ne peut *choisir* sans *opter,* quand on *choisit* pour soi.

Lorsque les choses sont à notre *option,* il faut tâcher de faire un bon *choix.*

Entre le vice et la vertu il n'y a point d'accommodement ; il faut *opter* pour l'un ou pour l'autre. Rien ne me paraît plus difficile à *choisir* qu'un ami.

Si j'avais à *opter* entre un ami fort zélé, mais indiscret, et un ami discret, mais moins zélé, je *choisirais* le dernier. (G.)

935. Orage, Tempête, Bourrasque, Ouragan.

L'*orage* produit le tonnerre, la pluie, la grêle, la *tempête.* La *tempête* est un vent violent, accompagné ordinairement de pluie ou de grêle, et qui s'élève quelquefois pendant l'*orage,* quelquefois sans *orage.* Les *orages* de mer portent ordinairement le nom de *tempêtes,* parce que la *tempête,* c'est-à-dire le grand vent, est pour les vaisseaux la partie essentielle de l'*orage,* ce qui leur fait courir le plus de danger. Il y a des *orages* sans *tempête,* quand la pluie et le tonnerre ne sont pas accompagnés de vent : il y a des *tempêtes* sans *orages.*

Orage s'emploie au figuré pour signifier le choc et l'agitation des sentiments qui se combattent ; on dit les *orages* des passions. *Tempête* exprime un effet plus violent et plus momentané ; on dit, cette nouvelle excita dans son âme une violente *tempête.*

Ces deux expressions s'appliquent aux coups de la fortune : l'*orage* est plus prévu, on le voit se former : la *tempête* se manifeste au moment où elle éclate ; on songe alors à se mettre à l'abri.

L'*ouragan* est un tourbillon qui s'élève pendant l'*orage* ou fait partie de la *tempête :* il ne s'emploie qu'au propre.

La *bourrasque* est un coup de vent passager en mer, comme l'*ouragan* un tourbillon passager sur terre : il se dit, au figuré, des saillies brusques et momentanées d'une humeur bizarre (F. G.)

936. Ordinaire, Commun, Vulgaire, Trivial.

Le fréquent usage rend les choses *ordinaires*, *communes*, *vulgaires* et *triviales* ; mais il y a à cet égard un ordre de gradation entre ces mots, qui fait que *trivial* dit quelque chose de plus usité que *vulgaire*, qui, à son tour, enchérit sur *commun*, et celui-ci sur *ordinaire*. Il me paraît aussi qu'*ordinaire* est d'un usage plus marqué pour la répétition des actions ; *commun*, pour la multitude des objets ; *vulgaire*, pour la connaissance des faits, et *trivial*, pour la tournure du discours.

La dissimulation est *ordinaire* à la cour. Les monstres sont *communs* en Afrique. Les disputes de religion ont rendu *vulgaires* bien des faits qui n'étaient connus que des savants. De tous les genres d'écrire, il n'y a que le comique où les expressions *triviales* puissent trouver place.

Ces mots peuvent être considérés dans un autre sens que dans celui du fréquent usage : ils se disent souvent par rapport au petit mérite des choses ; et ils ont encore un ordre de gradation, de façon que le dernier de ces mots est celui qui ôte le plus au mérite. Ce qui est *ordinaire* n'a rien de distingué. Ce qui est *commun*, n'a rien de recherché. Ce qui est *vulgaire* n'a rien de noble. Ce qui est *trivial* a quelque chose de bas. (G.)

937. Ordonner, Commander.

Le *commandement* est la notification de l'*ordre*. Celui qui gouverne *ordonne* : celui qui fait exécuter *commande*. On *ordonne*, en vertu de l'autorité, à celui qui doit obéir : on *commande*, en vertu d'un pouvoir ou d'une charge, à celui qui doit exécuter.

Il faut la puissance, la force, pour *ordonner* : il faut une domination, une supériorité, pour *commander*. Un maître *ordonne*, un chef *commande*. La loi, la justice *ordonnent*, la force en main ; un général, un officier *commande*, par son grade, une armée, une troupe ; comme une citadelle commande une ville, ou une montagne la plaine, par son élévation. Un général *ordonne* un assaut à des troupes ; l'officier principal le *commande* ou le conduit.

L'action d'*ordonner* a toujours quelque chose de plus absolu, de plus impérieux que celle de *commander*. Les pouvoirs distribués pour *commander* n'*ordonnent* qu'au nom du roi. On *ordonne* comme on veut de la chose dont on dispose : un souverain n'oublie pas qu'il est homme, et qu'il *commande* à des hommes.

La même différence est sensible dans des applications éloignées du ton absolu de l'autorité. Le médecin qui gouverne un malade *ordonne* les remèdes : un particulier qui emploie un artisan lui *commande* un ouvrage. (R.)

938. Ordre, Règle.

Ils sont l'un et l'autre une sage disposition des choses ; mais le mot d'*ordre* a plus de rapport à l'effet qui résulte de cette disposition, et celui de *règle* en a davantage à l'autorité et au modèle qui conduisent la disposition.

On observe l'*ordre* : on suit la *règle*. Le premier est un effet de la seconde. (G.)

939. Orgueil, Vanité, Présomption.

L'*orgueil* fait que nous nous estimons. La *vanité* fait que nous voulons être estimés. La *présomption* fait que nous nous flattons d'un vain pouvoir.

L'*orgueilleux* se considère dans ses propres idées : plein et bouffi de lui-même, il est uniquement occupé de sa personne. Le *vain* se regarde dans les idées d'autrui : avide d'estime, il désire d'occuper la pensée de tout le monde. Le *présomptueux* porte son espérance audacieuse jusqu'à la chimère : hardi à entreprendre, il s'imagine pouvoir venir à bout de tout.

La plus grande peine que l'on puisse faire à un *orgueilleux*, est de lui mettre ses défauts sous les yeux. On ne saurait mieux mortifier un homme *vain*, qu'en ne faisant aucune attention aux avantages dont il veut se faire honneur. Pour confondre le *présomptueux*, il n'y a qu'à le présenter à l'exécution. (G.)

940. Origine, Source.

L'*origine* est le premier commencement des choses qui ont une suite : la *source* est le principe ou la cause qui produit une succession de choses. L'*origine* met au jour ce qui n'y était point : la *source* répand au dehors ce qu'elle renfermait dans son sein. Les choses prennent naissance à leur *origine* ; elles tiennent leur existence de leur *source*. L'*origine* nous apprend dans quel temps, en quel lieu, de quelle manière les objets ont paru au jour ; la *source* nous découvre le principe fécond d'où les choses découlent, procèdent, émanent avec plus ou moins de continuité ou d'abondance.

Les familles tirent leur *origine* d'un homme connu, du moins jadis, qu'elles appellent leur auteur, parce qu'il l'est de leur noblesse ; mais cet homme nouveau, et très-nouveau, avait un père et des aïeux inconnus, et peut-être est-il bon d'ignorer la *source* de son illustration, ce qu'il a fait pour y parvenir, et ce que la fortune a fait pour l'y élever.

Toute *origine* est petite ; l'embryon d'un géant n'est pas moins imperceptible que celui d'un nain. Toute *source* est primitivement faible ;

les plus grands fleuves, comme les ruisseaux que vous franchissez d'un pas, descendent d'un filet d'eau.

Il est curieux de savoir les *origines*, si elles peuvent nous éclairer. Il est bon de connaître les *sources*, si nous pouvons y puiser. (R.)

941. Orner, Parer, Décorer.

Orner, ajouter à une chose les accessoires destinés à l'embellir. *Parer*, orner comme pour un jour de fête ou d'apparat. *Décorer*, donner à une chose les ornements convenables, nécessaires, décents, appropriés à l'usage qu'on en veut faire.

Une maison qui vient d'être bâtie a besoin d'être *décorée*, au moins de papiers, de glaces, etc. ; on l'*orne* ensuite avec plus ou moins de magnificence ; on peut, les jours de cérémonie, la *parer* de fleurs et d'autres ornements étrangers.

Les catholiques *décorent* leurs églises de tableaux représentant l'histoire du saint auquel ils la dédient : ils l'*ornent* plus ou moins de marbres, de pilastres ; ils *parent* l'autel les jours de grandes fêtes.

Une femme est *parée* quand son vêtement annonce plus d'apprêt qu'à l'ordinaire : sa robe peut tous les jours être *ornée* d'un simple ruban. Un homme n'est *décoré* que par un ordre qui désigne son mérite ou sa dignité.

On dit d'un fripon qu'il *décore* sa conduite d'une apparence d'honnêteté ; d'un menteur, qu'il *orne* la vérité ; d'un hypocrite, qu'il se *pare* d'un faux zèle. (F. G.)

942. Os, Ossements.

Les *os* prennent le nom d'*ossements* lorsque, desséchés, dépouillés de chair et de tout ce qui sert à les unir, ils ne composent plus aucun ensemble, et n'appartiennent plus à un corps particulier. Cette dénomination générique, qui ne s'emploie qu'au pluriel, n'a plus lieu dès qu'on désigne les *os* par leur nom ou leur caractère propre et la place qu'ils occupaient dans le corps dont ils faisaient partie : ainsi, on a trouvé un champ rempli d'*ossements*, parmi lesquels on a distingué les *os* de la tête d'un cheval et ceux du bras d'un homme. (F. G.)

943. Ourdir, Tramer.

Au propre, *ourdir* signifie disposer les fils pour faire une toile ; et *tramer*, passer des fils entre et à travers les fils tendus sur le métier. On commence par faire la chaîne ; et, par l'entrelacement des fils passés dans un sens contraire ou en travers, on forme la trame.

Ces termes ne se confondent point dans le sens propre ; mais au figuré on dit, sans avoir égard à leur idée rigoureuse, *ourdir* et *tra-*

mer un mauvais dessein, une trahison, etc. Cependant il est bien sensible que *tramer* dit plus qu'*ourdir*; c'est un dessein plus arrêté, une intrigue plus forte, des mesures plus concertées, des apprêts plus avancés pour l'exécution. *Ourdir*, c'est commencer; on *ourdit* même une *trame*: *tramer*, c'est avancer l'ouvrage de manière à lui donner la consistance convenable; la chose étant *tramée*, elle est toute prête.

Si donc il est utile de déterminer l'état de la chose et d'en distinguer les progrès, il l'est aussi d'employer figurément le mot *ourdir*, pour annoncer le commencement d'un projet, un dessin informe, les premières idées et les premiers traits de la chose; et celui de *tramer* pour annoncer une intrigue qui se noue, des moyens qui se combinent, et la forme et la consistance que la chose commence à prendre.

Nous disons aussi, dans le même sens, *machiner*, qui marque quelque chose de plus artificieux, de plus profond, de plus compliqué, et même de plus bas ou de plus odieux. (R.)

944. Outil, Instrument.

L'*outil* est une invention utile, usuelle, simple, maniable, dont les arts mécaniques se servent pour faire des travaux et des ouvrages simples et communs. L'*instrument* est une invention adroite, ingénieuse, dont les arts plus relevés et les sciences mêmes se servent pour faire des opérations et des ouvrages d'un ordre supérieur ou plus relevé. Si la chose était plus compliquée, plus savante, plus puissante, ce serait une *machine*. L'*engin* annoncerait surtout l'esprit d'invention, une sorte de génie.

On dit les *outils* d'un menuisier, d'un charpentier; et des *instruments* de chirurgie, de mathématiques. L'*agriculture* a des *outils* et des *instruments*: la pioche est un *outil*, la grande charrue est un *instrument*. Le luthier fait avec des *outils* des *instruments* de musique. L'*instrument* est en lui-même un ouvrage supérieur à l'*outil*.

L'*outil* est, en quelque sorte, le supplément de la main; elle s'en aide. L'*instrument* est un supplément de l'intelligence ou de l'habileté. L'*outil* ne fait qu'obéir; l'*instrument* exécute avec art. L'*outil* a sa propriété, l'*instrument* a son habileté, si je puis parler ainsi, ou son industrie propre. Il y a des *instruments* qui, une fois mis en action, font tout par eux-mêmes; l'*outil* suit la main.

La nécessité a inventé les *outils*: la science a imaginé les *instruments*. En perfectionnant les *outils*, on en vient aux *instruments*.

Par les *outils* d'un peuple, vous connaissez son genre d'industrie; par ses *instruments*, vous connaissez quel est chez lui l'état des arts et des sciences.

Celui qui, le premier, considéra le bras de l'homme et ses manœuvres avec la sagacité de l'observateur, fut l'inventeur d'*outils* le plus fécond , et le premier créateur d'*instruments*. La main , modèle d'un nombre prodigieux d'*outils*, est le premier des *instruments*. (R.)

945. Outrageant, Outrageux.

Outrageant, participe présent du verbe *outrager*, converti en adjectif verbal, exprime l'action d'*outrager*. *Outrageux*, formé du substantif *outrage*, espèce particulière d'offense , désigne la nature de la chose, sa propriété ou son caractère, l'effet qu'elle doit par elle-même produire ; elle est faite pour *outrager*, c'est le propre de la chose d'offenser cruellement. Ainsi un discours , un procédé *outrageant* fait un outrage : le discours, le procédé *outrageux* fait outrage.

L'Académie observe qu'*outrageant* ne se dit que des choses, tandis qu'*outrageux* s'applique également aux personnes. Cette observation confirme la distinction précédente ; car un homme *outrageux* a l'intention et le dessein , l'habitude et le défaut , le caractère et l'humeur qui portent à outrager: (R.)

946. Outré, Indigné.

On est *outré* par le sentiment violent d'une injure personelle. Il suffit , pour être *indigné* , du sentiment de droiture et de justice , qui fait qu'une âme honnête se soulève contre une mauvaise action , que l'effet nous en soit personnel ou étranger. Le premier sentiment porte sur le tort que l'on nous a fait ; le second, sur l'action que l'on a commise : on est *outré* du mauvais procédé d'un ami, *indigné* de la perfidie qu'il a mise dans sa conduite. (F. G.)

947. Ouvrage de l'esprit, Ouvrage d'esprit.

Quoique l'esprit ait part à l'un et à l'autre, ce qui fait la synonymie des deux expressions , ce sont pourtant des choses différentes.

Tout ce que les hommes inventent dans les sciences et dans les arts, est un *ouvrage de l'esprit* : les compositions ingénieuses des gens de lettres, soit en prose, soit en vers, sont des *ouvrages d'esprit*.

On entend par *ouvrage de l'esprit* un ouvrage de la raison et de cette intelligence qui distingue l'homme de la bête : on entend par *ouvrage d'esprit* un ouvrage de la raison polie, et de cette fine intelligence qui distingue un homme d'un homme. (Bouhours, *Mém. nouv.*, tom. I.)

Les systèmes des règles qui constituent la logique, la rhétorique, la poétique, sont de beaux *ouvrages de l'esprit* : la Théorie des sentiments agréables , le *Lutrin*, la *Henriade*, *Athalie*, *Tartufe*, sont d'excellents *ouvrages d'esprit*. (B.)

P

948. Pacage, Pâturage, Pâtis, Pâture.

Le *pacage* est un lieu propre pour nourrir et engraisser du bétail. Le *pâturage* est un champ où le bétail *pâture* et se repaît. Le *pâtis* est une terre où l'on met paître le bétail. La *pâture* est un terrain inculte où le bétail trouve quelque chose à paître.

On dit de *bons pacages*, de *gras pâturages*, un *simple pâtis*, une *vaine pâture*.

Pacage désigne la qualité de la terre et la production propre dont elle se couvre. *Pâturage* marque la propriété de la terre et l'abondance de la production propre au bétail, et l'usage qu'on en fait. *Pâtis* rappelle seulement l'action simple de *paître*; le bétail y trouve à *paître*, c'est-à-dire, de l'herbe à *brouter* ou à manger sur pied. *Pâture* ne se prend, dans l'acception présente, que pour un lieu vain et entièrement négligé, qui ne peut donner qu'une herbe rare, courte et pauvre. (R.)

Pacage est un terme de coutume; il désigne plutôt le droit de faire *paître* que la dépaissance elle-même. Ce droit s'exerçait pendant un certain temps de l'année, soit dans les chaumes, soit dans les prés, après la fauchaison. Le mot *pâturage* étant générique, ne suffisait pas pour exprimer une action limitée; on fit *pacage*. On a dit ensuite, par extension, *pacages* gras et *pacager*; mais l'Académie observe que c'est un terme de coutume.

Pâturage est d'un usage général, il désigne un lieu couvert d'herbes, où les troupeaux paissent habituellement. On dit aussi droit de *pâturage*, mais dans un autre sens, comme dans les communaux, les marais et les landes, où l'on peut mener *paître* dans toutes les saisons de l'année. Ainsi l'un désigne une faculté limitée, et l'autre un droit habituel.

Les *pâtis* sont des espèces de landes ou de friches, où l'herbe est rare et ne se fauche pas : on sait que la nature dans les lieux arides et secs, compense, par l'exellence et la salubrité des sucs, l'abondance qu'on n'y trouve pas.

Pâture est un mot générique, employé au propre et au figuré; c'est la nourriture qu'on trouve dans les *pâturages*, les *pâtis* ou les *pacages*. Si *pacage* n'avait pas son acception propre, si *pâturage* n'était pas un terme trop vague, si *pâtis* n'eût pas désigné une étendue indéfinie et la nature du terrain, on n'eût pas donné une valeur nouvelle au mot *pâture*, dont l'effet est pris ici pour la cause. (Anon.)

949. Pacifique, Paisible.

Pacifique, opposé à la guerre ; *paisible*, où se trouve la paix. *Pacifique* est un caractère ; *paisible* est un état. Un caractère *paisible* est celui dont la disposition est telle, qu'il ne s'y trouve rien qui trouble sa paix ou celle des autres : un caractère *pacifique* peut être agité et mis en mouvement par l'amour de la paix.

Un homme *pacifique* ne demeurera pas *paisible* spectateur d'une querelle, un homme *paisible* pourra passer sans s'en inquiéter. Le repos d'un prince *pacifique* sera violemment troublé par une menace de guerre ; un prince guerrier peut être *paisible* au milieu des combats. L'homme *pacifique* ne craint que la guerre et les querelles ; l'homme *paisible* est naturellement éloigné de toute espèce d'agitation. Ainsi, l'humeur *pacifique* peut s'allier avec une très grande activité d'esprit ; une humeur *paisible* est en général le résultat d'une sorte d'indolence. Un sommeil *paisible* est un sommeil que rien ne trouble : tel est celui qu'a peint Boileau dans le Lutrin (chant I).

> Là, parmi les douceurs d'un tranquille silence,
> Règne sur le duvet une molle indolence :
> C'est là que le prélat, muni d'un déjeuner,
> Dormant d'un léger somme, attendait le dîner.

Paisible indique le repos ; *pacifique*, l'amour du repos, de la paix.

Un règne *pacifique* est celui qui n'a été marqué par aucune guerre ; un règne *paisible* est celui qui n'a été troublé par aucune agitation. (F. G.)

950. Pâle, Blême, Livide, Hâve, Blafard.

Faible de coloris, ou défiguré par une teinte de blanc sans éclat, un objet est *pâle*. Très-*pâle*, dépouillé de toute la vivacité de ses couleurs, ou plutôt changé de couleur, un objet est *blême*. Plombé et taché, ou chamarré de noir, un objet est *livide*. Morne et défiguré par le décharnement, un objet est *hâve*. *Pâle* jusqu'à l'affadissement, blanchi jusqu'à l'extinction de ses couleurs, un objet est *blafard*.

Le teint d'une personne est *pâle* dès qu'il n'est pas assez animé : si les chairs ont perdu leur couleur propre et leur vie, il est *blême*. Il est *livide* lorsqu'un mélange de blanc et de noir lui donne une couleur sombre et rembrunie. Quand la couleur est morte ou effacée par un blanc mat ou inanimé, il est *blafard*. On dira plutôt une mine *hâve*, qu'un teint *hâve*, parce que le mot teint n'exprime que le coloris, et que le mot *hâve* rassemble deux qualités, celle de la couleur qui est

d'un blanc-brun, et celle de la maigreur qui n'est pas applicable au
teint.

Un convalescent est *pâle*. Une personne saisie de crainte est *blême*.
Un malheureux tout meurtri de coups est *livide*. Un pénitent consumé
par des macérations est *hâve*. Une femme crépie de blanc est *bla-
farde*.

Un objet est *pâle* ou naturellement ou par accident. Cette épithète
s'applique aux personnes, aux couleurs, à toutes sortes de lumières,
aux corps lumineux. Une personne est *pâle*, une couleur est *pâle*, une
lumière est *pâle*, le soleil est *pâle*.

Un objet n'est guère *blême* que par accident. Cette épithète ne convient qu'aux personnes ou aux êtres personnifiés ; et dans les personnes, il n'y a que le visage, le teint ou sa couleur qui soit *blême*.

Des coups, des contusions, des maladies, l'épanchement du sang et
sa corruption, rendent *livide* une personne ou plutôt son teint, ses
chairs, sa peau.

Hâve ne s'applique aussi qu'aux personnes, et proprement à l'air, au
visage, à son ensemble. Les yeux creux, enfoncés, éteints, contribuent,
comme les joues creuses, *pâles*, décharnées, à former un visage *hâve*.

Blafard se dit en général de toute couleur, de toute lumière qui n'a
point d'éclat ou de vivacité, de tous les objets qui tirent sur le blanc ou
qui blanchissent en se décolorant. La soleil, offusqué par des vapeurs
qui ne font qu'amortir ses feux sans le cacher, est *blafard*. (R.)

951. Panégyrique, Éloge.

Le *panégyrique* est un *éloge* mêlé d'enthousiasme et d'exaltation :
l'*éloge* peut être accompagné de blâme : le *panégyrique* exclut et repousse le blâme ; il n'est illimité que sur la louange.

L'*éloge* peut être partiel : on fait l'*éloge* de la conduite d'un homme
en certaine occasion, quoiqu'en général on n'estime pas son caractère ;
de son cœur, quoiqu'on ne fasse pas cas de son esprit. Le *panégyrique* est général, absolu, comprend toutes les parties du caractère d'un
homme, toutes les particularités de sa conduite.

L'*éloge* peut être vrai, même quand il tombe sur l'homme le moins
louable, car il n'en est guère qui ne mérite quelque louange : il est
difficile que le *panégyrique* ne soit pas outré, même quand il s'agit
du plus grand homme, car il n'en est guère qui ne mérite quelque
blâme.

La plupart des *éloges* académiques sont des *panégyriques*.

L'*éloge* peut être simple, naturel, amené par hasard : le *panégyrique* ne se fait guère sans apprêt, et à moins d'être dicté par un grand
enthousiasme, il demande beaucoup d'adresse et d'art.

Un *éloge* touchant peut sortir de toutes les bouches : un bon *panégyrique* a besoin d'un orateur. (F. G.)

952. Parabole, Allégorie.

Il me semble que la *parabole* a pour objet les maximes de morale ; l'*allégorie*, les faits d'histoire. L'une et l'autre sont une espèce de voile qu'on peut rendre plus ou moins transparent, et dont on se sert pour couvrir le sens principal, en ne le présentant que sous l'apparence d'un autre. Ce déguisement se fait dans la *parabole* par la substitution d'un autre sujet, peint avec des couleurs convenables à celui qu'on a en vue. Il s'exécute dans l'*allégorie*, en introduisant des personnages étrangers et arbitraires au lieu des véritables, ou en changeant le fond réel de la description en quelque chose d'imaginé.

Les *paraboles* sont fréquentes dans les instructions que nous donne le Nouveau Testament. L'*allégorie* fait le caractère de la plupart des ouvrages orientaux. (G.)

953. Parade, Ostentation.

Dans les choses morales, *parade* est regardé comme synonyme d'*ostentation*.

Ils diffèrent en ce que *parade* sert plutôt à désigner l'action et sa fin, ou son but ; et *ostentation*, la manière de faire l'action et son principe, ou sa cause.

On *fait* plutôt *parade* d'une chose qu'on n'en *fait ostentation* : l'usage ordinaire est d'exprimer l'action par le premier de ces mots.

On fait une chose, non avec *parade*, mais avec *ostentation ;* ce qui désigne la manière de faire.

On se met en *parade* pour être vu ; on s'y montre avec *ostentation*. On fait une chose *pour la parade ;* on la fait *par ostentation. Pour*, marque la fin ; et *par*, le principe.

Parade ne désigne que l'appareil extérieur ; l'*ostentation* seule est le vice : l'*ostentation* fait *parade* des choses.

Une chose de *parade* est faite pour les occasions d'apparat, ou avec appareil : une chose d'*ostentation* se fait par vanité, par vaine gloire.

On a des habits de *parade* pour la cérémonie : celui qui est réduit à se faire valoir par ses habits, les étale avec *ostentation*. (R.)

954. Paralogisme, Sophisme.

Le *paralogisme* n'est qu'un raisonnement faux, un argument vicieux, une conclusion mal tirée ou contraire aux règles. Le *sophisme* est un trait d'artifice, un raisonnement insidieux, un argument captieux. Telle est la distinction qui paraît être reçue.

Le *paralogisme* et le *sophisme* induisent en erreur : le *paralogisme*, par défaut de lumière ou d'application ; le *sophisme*, par malice ou par une subtilité méchante. Je me trompe par un *paralogisme ;*

par un *sophisme*, on m'abuse. Le *paralogisme* est contraire aux règles du raisonnement : le *sophisme* l'est de plus à la droiture d'intention. *Paralogisme* est un terme dogmatique ; et par-là même il désigne plutôt une opposition aux règles de l'art : *sophisme* est un terme plus familier, et il désigne plutôt l'art d'abuser, ou le métier de chicaner ; c'est aussi l'idée propre à tous les mots français de la même famille. (R.)

955. Parasite, Écornifleur.

Gens qu'on appelle trivialement *piqueurs d'assiettes, chercheurs de franches lippées, écumeurs de marmites,* parce qu'ils font métier d'aller manger à la table d'autrui.

L'assiduité à une table et l'art de s'y maintenir distinguent le *parasite* : l'avidité de manger et l'art de surprendre des repas distinguent l'*écornifleur*. Le *parasite* a du moins l'air de chercher le maître et de s'en occuper ; il prend des formes : l'*écornifleur* a l'air de ne chercher que la table et de s'en occuper uniquement ; il n'a guère besoin que d'impudence. Le *parasite* sait se faire donner ce qu'il convoite, et du moins on le souffre : l'*écornifleur* escroque souvent ce qu'on n'a pas envie de lui donner, et on le souffre impatiemment. Le *parasite* paie en empressements, en complaisances, en bassesses, sa commensalité : l'*écornifleur* mange, le repas est payé. Il y a des *parasites* qu'on est bien aise de conserver : il n'y a pas un *écornifleur* dont on ne tâche de se défaire. (R.)

956. Paresse, Fainéantise.

La *paresse* est un moindre vice que la *fainéantise :* celle-là semble avoir sa source dans le tempérament ; et celle-ci dans le caractère de l'âme. La première s'applique à l'action de l'esprit comme à celle du corps : la seconde ne convient qu'à cette dernière sorte d'action.

Le *paresseux* craint la peine et la fatigue : il est lent dans ses opérations, et fait traîner l'ouvrage. Le *fainéant* aime à être désœuvré, il hait l'occupation et fuit le travail. (G.)

957. Parfait, Fini.

Le *parfait* regarde proprement la beauté qui naît du dessein et de la construction de l'ouvrage ; et le *fini,* celle qui vient du travail et de la main de l'ouvrier. L'un exclut tout défaut ; et l'autre montre un soin particulier et une attention au plus petit détail.

Ce qu'on peut mieux faire n'est pas *parfait.* Ce qu'on peut encore travailler n'est pas *fini.*

Les anciens se sont plus attachés au *parfait ;* et les modernes au *fini.* (G.)

958. Partager, Répartir, Distribuer.

Partager une chose, c'est la diviser en différentes parts, qu'on *répartit* ensuite en les assignant à différentes personnes ou à différents objets, qu'on *distribue* en les appliquant à leurs différentes destinations.

On *partage* ce qui est un ; on *répartit* ce qui est déjà *partagé ;* on *distribue* tout ce qui est divisé ou susceptible de division.

Partager suppose, au moment du partage, la possession ou la présence totale de la chose qu'on *partage : répartir* exprime la *distribution* régulière et combinée de toutes les parties : on peut *distribuer* sans ordre, sans choix, sans disposition préliminaires. Ainsi on *partage* une somme d'argent avant d'en rien dépenser : on la *répartit* lorsque les différentes portions en sont encore réunies dans une même main ou dans un même lieu ; on peut la *distribuer* à mesure, sans que l'emploi des différentes parties en soit combiné ou déterminé par quelque idée de justice ou de proportion.

Partager renferme une intention ; *répartir* une disposition ; *distribuer* n'est qu'une action.

Partager n'exprime que l'intention de faire participer un certain nombre de personnes ou d'objets à une même chose sans aucun rapport au motif qui détermine le *partage ;* un *partage* peut être légal ou arbitraire, volontaire ou obligé. *Répartir* suppose des considérations tirées des droits des personnes ou de l'avantage de la chose ; une distribution n'a quelquefois d'autres règles que le hasard. Ainsi le *partage* d'une succession se fera selon le gré du père ou selon la loi : la *répartition* des emplois d'une république se fera d'après les talents de ceux qui y prétendent ; la *répartition* d'une somme entre des créanciers, selon les droits qu'ils peuvent avoir. On *distribue* de l'argent au peuple en le lui jetant par les fenêtres, sans s'embarrasser qui l'attrape. (F. G.)

959. Participer, Prendre part.

Participer au malheur de quelqu'un, c'est le partager réellement ; y *prendre part*, c'est s'unir, par sentiment, à la douleur qu'il en reçoit.

On *participe* à une chose dans laquelle on a une part réelle et personnelle : on *prend part* d'affection à la chose dans laquelle on a aucun intérêt. Deux camarades *participent* à une bonne action et à la récompense qui en revient ; un tiers désintéressé *prend part* à la joie qu'ils en ressentent. (F. G.)

960. Partie, Part, Portion.

La *partie* est ce qu'on détache du tout. La *part* est ce qui en doit revenir. La *portion* est ce qu'on en reçoit. Le premier de ces mots a rapport à l'assemblage ; le second, au droit de propriété ; et le troisième à la quantité.

On dit une *partie* d'un livre et une *partie* du corps humain ; une *part* de gâteau, et une *part* d'enfant dans la succession ; une *portion* d'héritage et une *portion* de réfectoire.

Dans la coutume de Normandie, toutes les filles qui viennent à partager, ne peuvent pas avoir plus de la troisième *partie* des biens pour leur *part*, qui se partage entre elles par égales *portions*. (G.)

961. Pas, Point.

Pas énonce simplement la négation ; *point* appuie avec force, et semble affirmer. Le premier souvent ne nie la chose qu'en partie ou avec modification : le second la nie toujours absolument, totalement et sans réserve. Voilà pourquoi l'un se place très-bien devant les modificatifs, et que l'autre y aurait mauvaise grâce. On dirait donc, n'être *pas* bien riche, et n'avoir *pas* même le nécessaire ; mais si l'on voulait se servir de *point*, il faudrait ôter les modifications, et dire, n'être *point* riche, n'avoir *point* le nécessaire.

Cette même raison fait que *pas* est toujours employé avec les mots qui servent à marquer le degré de qualité ou de quantité, tels que BEAUCOUP, FORT, UN, et autres semblables ; que *point* figure mieux à la fin de la phrase, devant la particule DE, avec DU TOUT, qui, au lieu de restreindre la négation, en confirme la totalité.

Pour l'ordinaire, il n'y a *pas* beaucoup d'argent chez les gens de lettres. La plupart des philosophes ne sont *pas* fort raisonnables. Qui n'a *pas* un sou à dépenser, n'a *pas* un grain de mérite à faire paraître. Si, pour avoir du bien, il en coûte à la probité, je n'en veux *point*. Il n'y a point de ressource dans une personne qui n'a *point* d'esprit. Rien n'est sûr avec les capricieux : vous croyez être bien, *point* du tout ; l'instant de la plus belle humeur est suivi de la plus fâcheuse. (G.)

Telle personne n'est *pas* riche, mais elle n'est peut-être *pas* fort éloignée de l'être. Telle autre n'est *point* riche, et il s'en faut bien qu'elle le soit.

On n'a *pas* d'esprit quand on n'en est pas pourvu ; on n'a *point* d'esprit quand on en est dénué.

Vous ne croyez *pas* une chose qu'on ne peut vous persuader. Vous ne croyez *point* celle que votre esprit rejette absolument. (R.)

962. Passer, Se passer.

Ces deux termes désignent également une existence passagère et bornée ; mais ils la présentent sous des aspects différens.

Passer se rapporte à la totalité de l'existence ; *se passer* a trait aux différentes époques de l'existence. Le temps *passe* si rapidement, qu'à peine avons-nous le loisir de former des projets, bien loin d'avoir celui de les exécuter. Une partie de la vie *se passe* à désirer l'avenir; et l'autre, à regretter le passé.

Les choses qui *passent* n'ont qu'une existence bornée ; les choses qui *se passent* ont une existence qui varie et se dégrade. Un grand motif de consolation, c'est que les maux de cette vie *passent* assez promptement, et que ceux même qui paraissent les plus obstinés, *se passent* à la longue, et disparaissent enfin.

Ce qui *passe* n'est point durable; ce qui *se passe* n'est point stable. La beauté *passe*; et une femme qui veut fixer son mari pour toujours, doit plutôt recourir à la vertu qui ne *passe* point. Bien des femmes qui se voient abandonnées de ceux qui leur faisaient la cour, aiment mieux accuser les hommes d'inconstance, de légèreté ou même d'injustice, que de reconnaître de bonne foi que leur beauté *se passe* insensiblement, et que le charme s'affaiblit. (B.)

Les verbes neutres diffèrent des mêmes verbes accompagnés du pronom, en ce que les neutres désignent d'une manière générale la propriété ou la qualité, le sort ou la destination du sujet, l'état de la chose ou le fait et l'événement final : au lieu que les autres désignent d'une manière particulière les changements successifs, l'action progressive, le travail ou la crise qui attaque actuellement le sujet et conduit à l'événement final.

La qualité et le sort des choses qui *passent*, c'est de n'avoir qu'une existence bornée et de finir. L'état actuel et la révolution des choses qui *se passent,* c'est d'être sur leur déclin ou dans une crise de décadence qui annonce leur fin.

Les fleurs et les fruits *passent :* ils n'ont qu'une saison. Les fleurs et les fruits *se passent* lorsqu'ils se fanent ou se flétrissent.

Bouhours observe que s'il s'agissait, par exemple, de la beauté en général, on dirait *la beauté passe;* mais que s'il s'agit d'une belle personne qui commence à vieillir, on dira plus proprement et plus élégamment *sa beauté se passe :* c'est que le but de la beauté en général est de *passer ;* mais l'événement particulier à telle beauté, c'est de *se passer* par des altérations successives.

Comme le mot *passer* n'a trait qu'à la durée et à la fin, on s'en sert particulièrement pour marquer le peu de durée des choses. Comme le verbe *se passer* désigne particulièrement une action ou une révolution, il sert particulièrement à indiquer un rapport à l'emploi des choses. Ainsi, Bouhours remarque, avec ce goût fin qui le distingue, et sans pouvoir en rendre raison, que quand on parle du temps, seulement pour exprimer la rapidité avec laquelle il s'échappe, on dit le temps *passe*, les jours *passent :* mais que quand on parle du temps avec rapport à l'usage que nous en faisons, on dit qu'il *se passe*.

La vie *passe*, et elle *se passe* à perdre la plus grande partie du temps.

La vaine joie *passe* comme un éclair : la peine *se passe* avec le temps et la réflexion.

Passons à quelques autres verbes qui de même, dans un sens neutre, désignent simplement la qualité, la destination, le résultat et l'événement ; tandis qu'avec la forme réciproque, ils indiquent une succession d'efforts, de changements, de progrès, jusque vers le terme de l'événement final.

Des fleurs, des oiseaux *panachent*; c'est leur propriété que de prendre les couleurs ou les formes d'un *panache*. Les oiseaux, les fleurs *se panachent* lorsque, par le développement et l'énergie de cette propriété, ils prennent en effet ces couleurs ou ces formes.

La viande *pourrit*, les confitures *chancissent*, le pain *moisit*, et ce sont des accidents que ces objets doivent éprouver, ou même qu'ils éprouvent actuellement. La viande *se pourrit*, les confitures *se chancissent*, le pain *se moisit*; ces objets sont alors dans la crise ou fermentation qui produit la *pourriture*, la *chancissure* ou la *moisissure*.

Un homme *meurt* qui rend le dernier soupir ; un homme *se meurt* qui se débat contre la mort. (R.)

963. Patelin, Patelineur, Papelard.

L'opinion commune sur l'origine du mot *patelin*, est que la langue l'a reçu de l'auteur de l'ancienne farce intitulée l'*Avocat Patelin*. Quel qu'en soit le créateur, le mot est bien fait ; et vous en trouvez aussitôt le sens par ses rapports marqués, soit avec la dénomination de *patte-pelue*, donnée à celui qui fait comme le loup imitant la patte de brebis pour attirer l'agneau, soit avec la phrase très-usitée, *faire patte de velours*; c'est ce que fait le *patelin*, *patte douce* (*lenis*, doux). *Papelard* semblerait venir de *palpator*, flatteur, par une transposition très-naturelle de la lettre L. Le *papelard* est en paroles, selon les idées reçues, ce que le *patelin* est par ses manières.

Le Dictionnaire de l'Académie appelle *patelin* l'homme souple et artificieux qui, par des *manières* flatteuses et insinuantes, *fait venir* les autres à ses fins. Il appelle *patelineur* celui qui, par des *manières* souples et artificieuses, *tâche de faire venir* les autres à ses fins. Le *papelard* est ordinairement un hypocrite, un faux dévot ; mais c'est aussi tout homme caressant et rusé, qui flatte et amadoue avec de *belles paroles*, pour séduire. Celui-ci a dessein de tromper ; les autres ont dessein de gagner les gens.

Patelin marque la qualité, le défaut, le vice. *Patelineur* marque l'action de faire le *patelin*, l'habitude du *patelinage*.

Papelard marque le vice, la manie, l'affectation, l'excès.

On est *patelin* par caractère, et par un caractère souple et artificieux. On est *patelineur* par le fait et par les manières propres du *patelin*. On est *papelard* par hypocrisie et par un manège caché. (C. R.)

964. Pâtre, Pasteur, Berger.

Pâtre se prend dans un sens générique et collectif, pour désigner tout gardien de toute espèce de troupeaux, comme le bouvier, le chevrier, le porcher, le berger ; et il se dit particulièrement de ceux qui gardent le gros bétail, les bœufs, les vaches, etc. *Pasteur* se prend quelquefois dans un sens générique ; mais il se dit proprement de celui qui garde le menu bétail. Le *berger* n'est qu'un gardien de moutons ou de brebis, ou plutôt il en est l'éducateur.

Nous avons coutume d'attribuer au *pâtre* des mœurs grossières. Je ne sais si ce n'est point par une sorte de rapport qu'on suppose entre l'homme et le gros bétail qu'on met particulièrement sous sa garde. Nous supposons, au contraire, dans le *berger*, des mœurs simples et douces, comme à son troupeau. Nous donnons plutôt au *pasteur* des qualités morales, surtout pour l'administration, parce qu'il n'est guère employé qu'au figuré pour désigner des chefs spirituels ou temporels. (R.)

965. Pauvreté, Indigence, Disette, Besoin, Nécessité.

La *pauvreté* est une situation de fortune opposée à celle des richesses, dans laquelle on est privé des commodités de la vie, et dont on n'est pas toujours le maître de sortir ; c'est pourquoi l'on dit que *pauvreté* n'est pas vice. L'*indigence* enchérit sur la *pauvreté* ; on y manque des choses nécessaires ; elle est, dans l'état de fortune, l'extrémité la plus basse, ayant à l'autre bout pour antagoniste, la supériorité que fournissent les biens immenses : il n'y a point d'homme qui ne puisse s'en tirer, à moins qu'il ne soit hors d'état de travailler. La *disette* est un manque de vivres, dont l'opposé est l'abondance ; elle semble venir d'un accident, ou d'un défaut de provisions, plutôt que d'un défaut de biens-fonds. Le *besoin* et la *nécessité* ont moins de rapport à l'état et à la situation habituelle que les trois mots précédents : mais ils en ont davantage au secours qu'on attend, ou au remède qu'on cherche ; avec cette différence entre eux deux, que le *besoin* semble moins pressant que la *nécessité*.

Une heureuse étoile ou d'heureux talents tirent de la *pauvreté* ceux qui y sont nés, et la prodigalité y plonge les riches. Un travail assidu est le remède contre l'*indigence* ; si l'on manque d'y avoir recours, elle devient une juste punition de la fainéantise. Les sages précautions préviennent la *disette ;* les consommations superflues et immodérées la causent quelquefois. Quand on est dans le *besoin*, c'est à ses amis qu'il faut demander de l'aide ; mais il faut aussi s'aider soi-même, de peur de les importuner. Le moyen d'être secouru dans une extrême *nécessité*, est d'implorer les personnes vraiment charitables.

Les lettres ne sont guère cultivées au milieu des richesses , et elles le sont mal dans la *pauvreté ;* une fortune honnête est leur état convenable. Le plus noble et le plus doux plaisir que procurent les grands biens à ceux qui les possèdent , est de pouvoir répandre un superflu qui fournisse le nécessaire à ceux qui sont dans l'*indigence ;* s'ils pensent et usent autrement de leur fortune, ils en sont indignes. Les *disettes* qui arrivent dans un État, sont une marque indubitable que la police n'y est pas parfaite, ou qu'elle n'y est pas fidèlement administrée. On connaît le véritable ami dans le *besoin ;* mais tant qu'on peut, il ne faut pas se mettre dans le cas de faire cette épreuve. Un grand cœur ne se laisse point abattre dans la *nécessité :* il cherche des expédients pour en sortir, ou il la souffre avec une patience que l'obscurité n'empêche pas d'être héroïque. (G.)

966. Pauvre, Indigent, Nécessiteux, Mendiant, gueux.

Je ne suis point pauvre, disait un bon paysan qui n'avait pour tout bien que ses bras , et sur ses bras une famille ; mais à qui l'on offrait la charité quand il demandait du travail. Il y a le *pauvre* qui demande du travail pour vivre , et le *pauvre* qui demande l'aumône et qui en vit. Le premier est un homme *pauvre ;* le second est ce qu'on appelle *un pauvre, un mendiant , un gueux. Pauvre* de profession , il fait le métier de *mendiant* , et communément avec la livrée du *gueux* , il mendie, il gueuse. *Pauvreté* n'est pas vice, sans doute ; mais la mendicité est l'abus et la honte de la *pauvreté.* Je ne dis pas que le *mendiant* soit coupable, et encore moins punissable ; je dis seulement que c'est ou sa faute ou celle d'autrui d'en être réduit là. Quoi qu'il en soit, il fallait d'abord distinguer le *pauvre* , l'*indigent* , le *nécessiteux*, le *gueux*, qui ne sont que dans le besoin , d'avec ceux qui se font un état de la mendicité.

Le *pauvre* a peu ; il est mal partagé, il manque de fortune.

L'*indigent* n'a point de bien ; il éprouve le besoin, il pâtit.

Le *nécessiteux* est dans les liens et les douleurs de la nécessité, d'un besoin urgent, d'une détresse dont il ne peut se tirer.

Le *mendiant* tend la main en demandant et pour recevoir la charité.

Gueux signifie dépouillé, denué de biens. Nous disons un *gueux revêtu*, par la raison que le propre du *gueux* est d'être nu, dénué,

dépouillé. Les *guenilles* sont l'épuipage du *gueux* : on dit *un équi-*
page de gueux. Nous appelons hyperboliquement *gueux* celui qui
n'a pas la fortune et le costume de son état. *Gueux* est un mot inju-
rieux ; il indique, au physique et au moral, un désordre, un déréglé-
ment : vous appelez *gueux* un misérable, un fripon, un homme vil, etc.
Les *gueux* sont de vilains *pauvres*, des *mendiants* suspects, des fai-
néants vagabonds.

Le *pauvre* n'a qu'une existence précaire : il est exposé au besoin.
L'*indigent* est dans le besoin ; il éprouve de la souffrance. Le *néces-*
siteux est dans une extrême détresse ; il manque des nécessités de la
vie. Le *mendiant* professe, pour ainsi dire, la misère ; il va sollicitant
la charité publique. Le *gueux*, gueusant, étale la nudité ou le dénue-
ment de la misère ; il mendie avec l'appareil le plus dégoûtant et le
plus révoltant.

La *pauvreté* est une condition laborieuse ; l'*indigence* une dangereuse crise ; la *nécessité* une maladie mortelle ; la *mendicité* une profession infâme ; la *gueuserie*, prise pour le métier fainéant de *gueuser*,
est la plus vile et la plus odieuse mendicité. (R.)

967. Paie, Solde, Salaire.

Le *salaire* est le prix ou la rétribution due à un travail, à un service.
La *paie* est le *salaire* continu d'un travail ou d'un service continu ou
rendu chaque jour. La *solde* est le prix ou la *paie* d'un service rendu
par une personne *soudoyée*, c'est-à-dire, engagée et obligée à le rendre
moyennant ce *salaire*, et, dans une autre acception, le paiement ou
l'acquit final d'un compte.

Il ne faut pas définir la *paie*, ce qu'on donne aux gens de guerre
pour leur *solde*, comme si elle ne regardait que les soldats : on dit aussi
la *paie* des ouvriers quand on leur distribue tout à la fois le *salaire*
qu'ils ont gagné dans un certain temps, par une suite de travaux.

Quoique la *solde* regarde, selon l'usage ordinaire, le *soldat*, il faut
observer que *soldat* vient de *solde*, et non *solde* de *soldat*. Ainsi, il
y avait des *soldes* avant qu'il n'y eût des *soldats* ; et l'on dit *soudoyer*,
avoir, tenir à la *solde* des agents, des espions, etc., engagés et payés
pour d'autres genres de service.

Le *salaire* concerne proprement l'ouvrier, qui, pour gagner chaque
jour sa vie, travaille pour autrui chaque jour. Mais ce mot s'applique
aussi généralement à toute rétribution légitimement et rigoureusement
due pour tout genre de soin : ainsi l'on dit que toute peine mérite
salaire.

Paie désigne particulièrement l'action de payer, de distribuer, de
délivrer actuellement la *solde* ou les *salaires* que l'on doit, selon les
conventions qui ont été faites. *Solde* désigne surtout l'engagement par

lequel on s'est mis au service et sous la puissance d'autrui pour tel genre de service avec la condition de la *solde*. *Salaire* désigne spécialement un droit et un besoin rigoureux dans celui qui le gagne. (R.)

968. Payer, Acquitter.

Payer, donner ce dont on est convenu, le prix d'une chose.

Acquitter, décharger d'un fardeau, libérer ou délivrer d'une charge, rendre tranquille et libre.

Ainsi *payer*, c'est remplir la condition d'un marché en livrant le prix convenu d'une chose ou d'un service qu'on reçoit. *Acquitter*, c'est remplir une charge imposée, de manière à être libéré et quitte avec celui envers qui elle était imposée.

On *paie* des denrées, des marchandises, des services, des travaux, etc., ce qu'on reçoit moyennant un prix; mais on n'*acquitte* pas ces objets. On *acquitte* des obligations, des billets, des contrats, ce qui engage et grève à quelque titre; et ce n'est pas dans ce sens qu'on les *paie*. On s'*acquitte* d'un devoir, et l'on ne le *paie* pas. En *payant* une dette, on s'*acquitte* envers son créancier. Le *paiement* termine le marché; l'*acquit* décharge la personne ou la chose.

Vous *payez* un droit pour prix de quelque équivalent : vous *acquittez* un droit à titre de charge. Vous *payez* des impôts, le tribut, à raison des avantages que vous retirez de la protection et des dépenses publiques : vous *acquittez* des droits de péage et d'entrée, dans la simple idée d'acquérir ou de recouvrer la liberté de passer et d'entrer.

On *paie* les personnes et l'on s'*acquitte* envers elles. Vous *acquittez* quelqu'un lorsque vous payez pour lui. *Acquitter*, c'est toujours décharger; *payer*, c'est satisfaire.

On ne *paie* pas un bienfait, il est gratuit; mais on *acquitte* envers le bienfaiteur les obligations de la reconnaissance, c'est un devoir.

On dit *payer de paroles, d'excuses; payer de sa tête, de sa personne, payer d'ingratitude, de mépris; payer de complaisance, d'attention; payer d'audace, d'effronterie*, etc. C'est comme si l'on disait métaphoriquement *payer en telle ou telle monnaie;* il s'agit de la manière de remplir les conditions données, ou de donner en retour, en réponse, en revanche. Il n'en est pas de même d'*acquitter;* on *acquitte* ou on n'*acquitte* pas; la chose à faire est toute déterminée par l'obligation. La raison de cette différence est que le mot *payer* n'exprime que l'action de donner, livrer, faire; et que l'action entraîne les particularités; au lieu qu'*acquitter* marque l'effet de rendre quitte, et par conséquent il suppose qu'on fait ce qui est prescrit pour rendre quitte. A la vérité, on dit s'*acquitter* bien ou mal d'un emploi, parce qu'en morale il ne s'agit pas seulement de faire, il faut bien faire. (R.)

969. Avoir peine, Avoir de la peine à faire une chose.

Nous disons de même, *avoir pitié* et *avoir de la pitié, avoir envie* et *avoir de l'envie ; avoir horreur* et *avoir de l'horreur*, etc. *Avoir pitié, honte, soif*, c'est l'équivalent et l'explication des verbes qui seraient formés de ces noms. *Aimer, estimer, craindre*, etc., signifient *avoir amour, estime, crainte*. Les Latins disent *misereri*, avoir pitié ; *pudere*, avoir honte ; *sitire*, avoir soif, etc.

Dans la phrase, *avoir peine, pitié, horreur*, ces noms sont des noms d'*espèce*, pris dans un sens indéfini, sans extension et sans restriction, sans gradation et sans qualification. Dans la phrase, *avoir de la peine, de la pitié, de l'horreur*, ces noms, précédés de l'article, sont pris dans un sens particulier ou individuel et susceptibles de restriction, d'extension, de qualification, en un mot de modifications différentes.

La phrase *avoir peine, honte*, etc., exprime uniquement l'espèce de sentiment qu'on a, le genre de disposition où l'on est. La phrase *avoir de la peine, de la honte*, etc., marque tel effet qu'on sent, certaine épreuve qu'on fait, avec telle circonstance, dans un sens particulier ou particularisé.

Vous *avez peine* à faire la chose à laquelle vous répugnez naturellement ; vous *avez de la peine* à faire ce que vous ne faites qu'avec plus ou moins de difficulté.

Nous *avons peine* à concevoir ce qui choque nos idées ; nous *avons de la peine* à concevoir ce qui ne nous est pas présenté d'une manière claire et intelligible.

Il est clair que le nom sans l'article donne au discours plus de rapidité que le nom précédé de l'article. Il est sensible qu'il doit lui donner plus de force ; puisqu'il exclut la restriction que le nom souffre ordinairement dans le second cas, si les accessoires n'en changent la valeur. (R.)

970. Penchant, Pente, Propension, Inclination.

Au propre, le *penchant* est une direction qui porte la chose vers le bas : la *pente* est un abaissement progressif qui mène la chose de haut en bas : la *propension* est une tendance naturelle de la chose vers un terme qui l'attire puissamment : l'*inclination* est une impression qui fait plier ou courber la chose d'un côté.

Nous disons, au propre, le *penchant* d'une montagne, d'une colline, et la *pente* d'une montagne, d'une rivière. Le *penchant* est un point quelconque d'inclinaison ou d'abaissement, avec opposition au sommet : la *pente* comprend tous les points du *penchant*, ou les divers degrés d'inclinaison sur la surface du plan incliné. Vous êtes sur le *penchant* de la montagne quand vous la descendez : vous suivez, vous graduez, vous mesurez sa *pente* ou l'étendue de son abaissement. Nous disons proprement la *pente* et non le *penchant* d'une rivière, parce que la rivière a une inclinaison prolongée et progressive, tandis qu'elle n'a pas un sommet. *Propension* est un terme métaphysique qui désigne une sorte de force interne par laquelle un objet gravite ou tend en bas : ainsi les corps graves ont une *propension* naturelle vers le bas ou leur centre. *Inclination* ne se dit guère dans un sens physique, que quand il s'agit de courber son corps ou sa tête, ou de pencher doucement un autre corps ; comme quand on verse par *inclination*. Hors de là, et s'il est question de lignes et de plans, on dit *inclinaison* : l'inclinai- son de l'axe de la terre.

Le *penchant* et la *pente* ne figurent guère dans la métaphysique : il n'en est pas de même de la *propension*, et surtout de l'*inclination*. L'*inclination* est une impression reçue, qui nous porte vers certaines choses. Ainsi, nous avons de l'*inclination* pour le bonheur, pour la conservation de notre être ; nous avons de l'*inclination* pour les scien- ces, etc., ce sont là nos mobiles. Quand une *inclination* est si forte et si puissante, que l'âme est dans un état violent si elle ne se réunit à son objet, comme un corps s'il n'est pas dans son centre, c'est une *pro- pension*. En métaphysique, l'*inclination* devient *propension*, comme en morale elle devient *penchant*, par un accroissement de force et d'énergie.

En morale, le *penchant* marque une forte impulsion ; la *pente*, une situation glissante ; la *propension*, un puissant attrait ; l'*inclination*, une sorte de goût ou une disposition favorable. (R.)

971. Pendant que, Tandis que.

Pendant que n'est guère employé que pour désigner la circonstance ou l'époque commune des choses ; au lieu que *tandis que*, par un usage familier aujourd'hui, sert à marquer des rapports moraux entre deux choses, et à faire sortir les oppositions, les contrastes, les disparates, comme si l'on disait *au contraire, au lieu que, au rebours*.

Ainsi Bossuet, pour présenter uniquement les faits dans leurs rapports chronologiques, se sert toujours du premier terme, comme dans les phrases suivantes. *Pendant que* la valeur de Constantin maintenait l'empire dans une souveraine tranquillité, le repos de sa famille fut troublé par les artifices de Fauste sa femme : *pendant que* Rome était affligée d'une peste épouvantable, saint Grégoire le Grand fut élevé malgré lui sur le siége de saint Pierre; il apaise la peste par ses priè- res : *pendant que* la puissance des Perses était si bien réprimée par Héraclius, Mahomet s'érigea en prophète parmi les Sarrasins, etc. Jean-

Baptiste Rousseau veut, au contraire, exprimer l'opposition ou le contraste par *tandis que*, dans les passages suivants :

> C'est l'asile du juste ; et la simple innocence
> Y trouve son repos ; *tandis que* la licence
> N'y trouve qu'un sujet d'effroi.

> *Tandis que* votre bras faisait le sort du monde,
> Vos bienfaits ont daigné descendre jusqu'à moi.

(R.)

972. Pensée, Penser.

Le mot *pensée* ne désigne que l'action de *penser* ; tandis que *penser* en marque la manière propre et distinctive.

Avec des traits si caractérisés, *penser* a nécessairement et manifestement une énergie que *pensée* ne peut jamais acquérir. Frappé du grand sens et de l'excellence du mot, La Bruyère le trouve beau, et vante ses effets en poésie. *Penser* est le verbe changé en substantif par une conversion familière à notre langue. Ainsi nous disons le *rire* d'une personne, le *parler* d'une autre, le *faire* d'une artiste, etc. Or, ces substantifs verbaux marquent le genre, l'espèce, la manière propre de *rire*, de *parler*, de *faire* de la personne : et c'est précisément ce que marque le *penser*. Ce n'est pas tout : *penser* et *pensée* diffèrent essentiellement quant à la forme : de là une différence naturelle de sens. *Pensée* a, comme l'italien *pensata*, une terminaison passive : c'est la *chose pensée*, l'effet ou le produit de l'action de *penser*. *Penser*, au contraire, a la forme active du verbe : il désigne l'action, l'opération, l'efficacité, la cause productive. Aussi le *penser* a-t-il une activité et une efficacité particulière ; c'est le travail et le tourment de l'esprit : il le tient et pensant et pensif ; il l'attache à ses *pensées*, et le mène de l'une à l'autre.

Avec des *pensées* on est pensant ; avec des *pensers* on est pensif.

Les *pensées* inspirées et entretenues par une douce rêverie, par un tendre souvenir, par un sentiment affectueux, sont des *pensers*, et ces *pensers* nourrissent la rêverie.

L'amour vous tient dans d'éternelles *pensées*, et ces *pensers* sont une de ses plus douces jouissances.

Nous nous consumons en *pensées* plutôt tristes qu'agréables. A la grande douleur succèdent de mélancoliques *pensers* qu'on aime mieux que la joie. (R.)

973. Pensée, Perception, Sensation, Conscience, Idée, Notion.

Ce n'est pas moi qui présente ces termes comme synonymes ; je les trouve associés de la sorte et avec *opération de l'esprit* (définition

particulière d'un mot) dans le XIe volume de l'ancienne Encyclopédie :
je les rapporte pour examiner les explications qu'on en donne.

« Tous ces termes, dit l'auteur de l'article, semblent être synonymes, du moins à des esprits superficiels et paresseux, qui les emploient
indifféremment dans leur façon de s'expliquer : mais comme il n'y a
point de mots absolument synonymes, et qu'ils ne le sont tout au plus
que par la ressemblance que produit en eux l'idée générale qui leur est
commune à tous, je vais marquer leur différence délicate, c'est-à-dire
la manière dont chacun diversifie une idée principale par l'idée accessoire qui lui constitue un caractère propre et singulier. Cette idée principale est celle de la *pensée ;* et les idées accessoires qui les distinguent,
en sorte qu'ils ne sont point parfaitement synonymes, en sont les diverses nuances. » Je doute que mes lecteurs aperçoivent une grande
synonymie entre tous ces mots divers, et que personne les confonde au
point de dire , par exemple , *sensation* pour *idée* , ou *notion* pour
conscience. Quoi qu'il en soit, en examinant les idées de l'auteur, je
me bornerai à y ramener ou à y opposer les *notions* simples, communes et usitées de ces termes, métaphysiquement pris, sans m'embarrasser ni des sens particuliers que chaque école peut leur donner dans
son langage, ni des acceptions détournées qu'il a plu à l'usage de leur
attribuer. Je traite de la langue que tout le monde parle, et que nous
devons tous entendre.

« On peut regarder le mot *pensée* comme celui qui exprime toutes
les opérations de l'âme : ainsi j'appellerai *pensée* tout ce que l'âme
éprouve, soit par des impressions étrangères , soit par l'usage qu'elle
fait de sa réflexion ; et *opération* la *pensée,* en tant qu'elle est propre
à produire quelque changement dans l'âme, et, par ce moyen, à l'éclairer et à la guider. »

Tous ces termes annoncent des modifications de l'âme. La *pensée* est
l'*opération* propre de l'esprit. L'âme pense et sent : le cœur sent et
l'esprit pense. A mettre une différence entre la *pensée* et l'*opération* de
l'esprit, il faut dire que *pensée* ne présente qu'un acte pur et simple, et
qu'*opération* indique un action, un travail de l'esprit.

« J'appelle *perception* l'impression qui se produit en nous par la
présence des objets. »

La *perception* est, pour ainsi dire, la vision de l'objet présent, qui,
par l'impression qu'il fait sur l'entendement, s'en fait *apercevoir* et
connaître. *Apercevoir* n'est pas simplement *recevoir* les impressions
des objets, c'est encore les leur rapporter comme à leur cause ou à leur
source. Cette dernière opération suppose manifestement la réflexion
d'après l'impression reçue.

« J'appelle *sensation* cette même impression qui se produit en nous,
en tant qu'elle vient par les sens. »

La *sensation* est la *perception* excitée dans l'âme par la force des impressions produites sur nos *sens* ou sur les organes du corps, à la présence des objets extérieurs et sensibles. La *sensation* est donc une sorte de *perception* matérielle. Il y a des *perceptions* purement intellectuelles, telles que celles des objets spirituels, des choses abstraites, des *notions* générales, des objets moraux : elles appartiennent à l'entendement pur, et l'esprit n'a pas besoin de s'en former des images corporelles. La *sensation* va donc, pour ainsi dire, à l'âme par le sens; car c'est l'âme qui sent, et non le corps. La *sensation* est dans l'âme, qui en éprouve de la douleur, du plaisir ou autre sentiment, en même temps qu'il s'y forme des *perceptions* corporelles.

« J'appelle *conscience* la connaissance qu'on prend des objets. »

En métaphysique, la *conscience* est le sentiment intérieur que nous avons des objets, sans en avoir reçu l'idée par une impression étrangère. Nous avons le sentiment intérieur de notre existence, de nos pensées, de notre liberté, sans qu'on nous en donne l'*idée*.

Nous n'avons la connaissance des objets étrangers que par les idées que nos impressions nous en donnent : cette connaissance est une *perception* acquise, ce sentiment est *conscience*. En morale, la *conscience* est le sentiment intérieur de ce qui est bien et de ce qui est mal. Il est des objets dont nous jugeons bien sans réflexion, comme par instinct, mais par sentiment, par ce sentiment intérieur qui fait la *conscience*. La *conscience* est donc avec raison regardée comme un *sens intime*.

Ceci donne la différence propre de la *sensation* (1) et du *sentiment*. Le *sentiment* appartient à cette espèce de sens intime; et la *sensation* est dans la dépendance des sens corporels. Le *sentiment* est en nous comme une modification de l'âme, comme une chose qui nous est propre : la *sensation* vient du dehors, elle va dans l'âme porter une *idée* ou réveiller quelque *sentiment*. Le *sentiment* est à l'âme comme la *pensée* qu'elle produit : la *sensation* est à l'âme comme l'*idée* qu'elle reçoit. Vous voyez un enfant dans quelque danger, une *sensation* pénible vous trouble, et un *sentiment* impétueux vous fait voler à son secours. La *sensation* est passive et toujours passagère : le *sentiment* est actif et souvent très-durable. La *sensation* est proprement physique; mais le *sentiment* est moral. Les *sensations* ne sont que des accidens; les *sensations* forment nos affections, nos passions, nos vertus, nos vices, notre naturel, notre caractère, nos mœurs, notre bonheur ou notre malheur. Reprenons.

« J'appelle *idée* la connaissance qu'on prend des objets comme image. »

---

(1) *Voyez* le synonyme de l'abbé Girard, *sentiment, sensation, perception*. (*Note de l'Éditeur.*)

L'*idée* est, en effet, selon le sens propre du mot, l'*image*, la représentation des objets, intimement unie à l'âme ou gravée dans son entendement. C'est par l'*idée* ou la représentation immédiate des choses,
que l'esprit les aperçoit et les reconnaît : c'est par cette *idée*, conservée
dans la mémoire, que la mémoire nous les rappelle.

« J'appelle *notion* toute *idée* qui est notre propre ouvrage. »

Toute *idée* qui est notre propre ouvrage est notre *pensée*, et non
pas une *notion*. L'*idée* représente l'objet; la *notion* en représente
quelques détails. Si l'*idée*, dit Leibnitz, représente ce qu'un objet a de
commun avec les autres individus de son espèce, c'est alors une *notion*; et, en effet, elle en considère et compare alors les qualités communes. La *notion* déploie l'*idée* de la chose, mais d'une manière suc-
cincte et imparfaite.

Après ces *notions*, un peu hasardées, notre auteur continue :

« On ne peut, dit-il, prendre indifféremment ces termes l'un pour
l'autre, qu'autant qu'on n'a besoin que de l'idée principale qu'ils signifient. » Ces cas sont rares, et il n'y en a peut-être point où tel de ces
mots puisse être employé pour tel autre; comme *conscience* pour *sensation* : et l'auteur le reconnaît lui-même tout aussitôt.

« On peut, dit-il, appeler les *idées* simples indifféremment *perceptions* ou *idées*; mais on ne doit point les appeler *notions*, parce qu'elles
ne sont pas l'ouvrage de l'esprit. On ne doit pas dire la notion du blanc;
il faut dire la *perception* du blanc. »

On ne dit pas la *notion* du blanc, parce que l'*idée* du blanc est une
idée simple et première qui ne s'analyse pas; et la *notion* est un essai
d'analyse. On ne dit pas non plus la *pensée* du blanc, quoique, selon
l'auteur, la *pensée* soit tout ce que l'âme éprouve. Ainsi, ce n'est point
parce que la *notion* est l'ouvrage de l'esprit, qu'on ne dira pas la *notion*
au lieu de la *perception* ou l'*idée* du blanc.

On dira indifféremment *perception* ou *idée*, lorsque leur différence
n'influera pas sur le sens de la proposition ; ce qui arrive assez souvent.
Mais s'il existe entre ces termes une différence, il est des cas où l'un
des deux ne peut pas être mis à la place de l'autre sans entraîner une
confusion et une erreur. Selon l'auteur, la *perception* est l'*impression*, et l'*idée* est l'*image* : or l'*impression* diffère manifestement de
l'*image* imprimée. Dans la réalité, la *perception* est l'action d'aper -
voir; or cette action doit être quelquefois nécessairement distinguée
de l'*image* imprimée dans l'esprit, c'est-à-dire de l'*idée*. La *perception*
suppose l'objet présent à l'esprit, elle suppose que l'esprit le considère :
il n'en est pas de même de l'*idée*; elle reste gravée dans l'esprit sans
que l'objet lui soit présent, sans que son *image* lui soit présente.
L'esprit a la *perception* de l'objet par le moyen de l'*idée*; et il a
souvent l'*idée* de l'objet sans en avoir la *perception* actuelle. Enfin ,

on ne dira jamais que la *perception* représente les objets ; on ne dira jamais que l'*idée* les aperçoive ; donc il ne faut pas appeler indistinctement *idées* ou *perceptions*, les *idées* mêmes simples.

Nous dirons également des *idées* ou des *perceptions* claires ou obscures, distinctes ou confuses, simples ou complexes, parce qu'il ne s'agit ici que de considérer des qualités communes aux *idées* et aux *perceptions*, sans aucun égard à l'attention que l'esprit peut leur donner, et à la manière dont il peut les envisager. Nous dirons encore que l'esprit forme, avec ses *perceptions* ou ses *idées* combinées, des jugements et des raisonnements ; car il est évident que l'esprit donne alors à l'*idée* l'attention que la *perception* exige. Mais s'il faut exprimer formellement cette attention, c'est de la *perception* et non de l'*idée* qu'on parlera.

« Les *notions*, à leur tour, continue l'auteur, peuvent être considérées comme *images* ; on peut, par conséquent, leur donner le nom d'*idées*, mais jamais celui de *perceptions* ; ce serait faire entendre qu'elles ne sont pas notre ouvrage : on peut dire la *notion* de la hardiesse, et non la *perception* de la hardiesse : ou si l'on veut faire usage de ce terme, il faut dire les *perceptions* qui composent la *notion* de la hardiesse. »

Notre métaphysicien revient toujours à son idée que la *notion* est notre propre ouvrage, tandis que les *idées* et les *perceptions* sont produites en nous. Mais il y a des *notions*, comme des *idées* ou des *perceptions*, reçues et acquises. La *notion* peut être considérée comme une *image* ; elle est même un petit tableau, puisqu'elle expose divers traits de la chose. La *notion* peut donc s'appeler *idée* ; mais moins parce que ce dernier mot signifie *image*, que parce que, dans une acception secondaire, une *idée* se prend pour un court exposé, ou pour un assemblage de rapports considérés dans la chose : ainsi l'on donne une *idée*, un petit précis, une légère notice d'une affaire.

Quant à *perception*, il ne se dit pas pour *notion*, parce que la *perception* ne se présente que comme une *idée* simple, au lieu que la *notion* comprend plusieurs *idées*, et parce que la *perception* n'est que la vue de l'objet qui se fait connaître à nous ; tandis que la *notion* en est une connaissance distincte et détaillée qui le fait mieux connaître. Si les *perceptions* composent, comme on le dit, la *notion* de la hardiesse, il est évident qu'on a des *perceptions* de la hardiesse, et que la *notion* n'en est qu'un assemblage.

Enfin, l'article de l'Encyclopédie est terminé par cette observation : « Une chose qu'il faut encore remarquer sur les mots d'*idée* et de *notion*, c'est que le premier signifie une *perception* considérée comme *image* ; et le second, une *idée* que l'esprit a lui-même formée : les *idées* et les *notions* ne peuvent appartenir qu'aux êtres qui sont capables de réflexion; quant aux bêtes, si tant est qu'elles *pensent*, et qu'elles ne soient point de purs automates, elles n'ont que des *sensation* et des *perceptions;* et ce qui devient pour elle une *perception*, devient *idée* à notre égard, par la réflexion que nous faisons que cette *perception* représente quelque chose. »

S'il est vrai que les bêtes n'aient pas de *notions*, puisque les *notions* entraînent des réflexions, des comparaisons, des jugements, je demande pourquoi l'auteur refuse nettement des *idées* aux animaux, quand il n'ose leur refuser des *pensées?* Pourquoi il leur refuse des *idées*, sous prétexte qu'elles sont des images, pendant que les corps mêmes retracent des images? Pourquoi il leur refuse des *idées*, quand il leur accorde des *perceptions* qui ne font apercevoir les objets que par des *idées* ou des images? (R.)

974. Penser, Songer, Rêver.

On *pense* tranquillement et avec ordre pour connaître son objet. On *songe* avec plus d'inquiétude et sans suite, pour parvenir à ce qu'on souhaite. On *rêve* d'une manière abstraite et profonde pour s'occuper agréablement.

Le philosophe *pense* à l'arrangement de son système : l'homme embarrassé d'affaires *songe* aux expédients pour en sortir : l'amant solitaire *rêve* à ses amours.

Le plaisir de *rêver* est peut-être le plus doux, mais le moins utile et le moins raisonnable de tous.

J'ai souvent remarqué que les choses obscures ne paraissent claires qu'à ceux qui ne savent pas *penser* nettement; ils entendent tout sans pouvoir rien expliquer. Est-il sage de *songer* aux besoins de l'avenir d'une manière qui fasse perdre la jouissance des biens présents? (G.)

975. Penseur, Méditatif, Pensif, Rêveur.

Un *penseur* est un homme d'une grande force et d'une grande habitude de pensée; un esprit *méditatif* est un esprit porté à la méditation : on n'est *pensif* qu'au moment où une pensée occupe; *rêveur*, qu'au moment où on se livre à la rêverie.

L'air *rêveur* donne à la physionomie quelque chose de vague et de distrait; l'air *pensif*, quelque chose de sérieux et de préoccupé. M. Delille, en peignant la mélancolie, a dit :

> . . . L'astre du soir la voit souvent *rêveuse*
> Regarder tendrement sa lumière amoureuse.

Et plus loin :

> *Pensive*, et sur sa main laissant tomber sa tête,
> Un tendre souvenir est sa plus douce fête,
>
> *L'Imag.*, chant. III.

Un *penseur* est rarement *pensif* ou *rêveur* : sa physionomie annonce ordinairement la liberté d'esprit, qui résulte de la facilité et de la netteté de ses pensées. Le silence d'un esprit *méditatif* marque la réflexion et non la préoccupation : habitué à la méditation ; il s'y livre sans fatigue et s'y arrache sans peine.

Un *penseur* ne s'attache ordinairement qu'à des idées générales et à de grands objets : un esprit *méditatif* trouve partout des sujets de méditations qui le ramènent à des idées importantes. Un projet qui occupe l'esprit rend *pensif* ; un sentiment qui remplit l'âme et l'imagination rend *rêveur*.

La crainte rend *pensif* ; l'espérance, mêlée de crainte, peut rendre *rêveur* : les souvenirs rendent *rêveur*, le passé semble le domaine de la *rêverie*. (F. G.)

976. Perçant, Pénétrant.

Le mot de *perçant* tient de la force de la lumière et du coup d'œil ; celui de *pénétrant* tient de la force de l'attention et de la réflexion. Un esprit *perçant* voit les choses au travers des voiles dont on les couvre : il est difficile de lui cacher la vérité ; il ne se laisse pas tromper. Un esprit *pénétrant* approfondit les choses sans s'arrêter à la superficie : il n'est pas aisé de lui donner le change ; il ne se laisse point amuser. (G.)

977. Perméable, Pénétrable.

Ces deux termes appartiennent au langage didactique de la physique, et se disent de tout corps dont l'existence n'exclurait pas la coexistence d'un autre corps dans le même espace ; mais ils s'entendent dans des sens différents.

Un corps est *perméable* lorsque ses pores sont capables de laisser le passage à quelque autre corps ; c'est ainsi qu'un corps transparent est *perméable* à la lumière.

Un corps serait *pénétrable*, si le même espace qu'il occuperait tout entier pouvait encore admettre un autre corps sans déplacer le premier.

Il est aisé de voir que la *pénétrabilité* est une qualité purement hypothétique, imaginée par le péripatétisme, pour ne pas rester court sur les phénomènes crus trop légèrement, ou trop difficiles à expliquer ; elle implique contradiction. Les corps sont *perméables* à d'autres corps ; cela est attesté en mille manières par les faits naturels et par les expériences de l'art : mais les corps sont *impénétrables* les uns à l'égard des autres. (B.)

978. Périphrase, Circonlocution.

La *périphrase*, et de même la *circonlocution*, consiste à dire en plus de paroles ce qu'on aurait pu dire en moins, selon la définition de Quintilien.

La *périphrase* suppose la *phrase* : or nous entendons par *phrase* une proposition composée de divers termes, et qui forme un sens. La *circonlocution* suppose la *locution*; et nous entendons par *locution*, une certaine manière de s'exprimer qui a quelque chose de particulier. Ainsi la *périphrase* devrait naturellement rouler sur une proposition entière, et la *circonlocution*, sur une expression quelconque. Par *circonlocution*, vous appellerez Louis XII *le père du peuple;* Alexandre; *le vainqueur de Darius* : ce n'est pas là une *phrase*. Par *périphrase*, vous direz que le *soleil sort des bras de Thétys,* ou qu'*il se replonge dans l'Océan,* pour dire qu'il se lève ou qu'il se couche : chacune de ces propositions a un sens complet. Cette différence est dans les termes, quoiqu'on n'y ait point d'égard; car, ainsi que l'observe Dumarsais, la *périphrase* tient aussi la place d'un mot, quoique ce soit plutôt l'office de la *circonlocution.*

Périphrase est proprement un terme de rhétorique : la *périphrase* est une figure par laquelle, à l'expression simple d'une idée, vous substituez une description ou une expression plus développée, pour rendre le discours plus agréable, plus noble, plus sensible, plus frappant, plus intéressant, plus pittoresque. *Circonlocution* est un terme plus simple : la *circonlocution* sera plutôt une expression détournée, développée et substituée à l'expression naturelle, sans art, ou moins par art et avec une intention oratoire ou poétique, que par nécessité, par convenance, pour la commodité, pour l'utilité, soit parce qu'on n'a pas le mot ou l'expression propre, soit parce qu'il est à propos de s'en abstenir, soit parce qu'il s'agit de faciliter l'intelligence des choses. La *circonlocution* serait donc la *périphrase* commune, familière, sans prétention de style et de recherche dans l'élocution : la *périphrase* serait donc la *circonlocution* oratoire ou poétique, faite pour embellir ou relever le discours.

Dans la conversation ordinaire, nous usons de *circonlocutions* pour faire entendre ce que nous ne voulons pas ou ne pouvons pas dire d'une manière expresse; et ces détours ne s'appellent pas des *périphrases.* Mais vous appelez *périphrases* des *circonlocutions* inutiles, superflues, étudiées, affectées, opposées à la simplicité naturelle de la conversation. Ainsi la *circonlocution* sert plutôt à voiler, déguiser, à affaiblir ou adoucir, par une manière détournée, ce que la *périphrase* a plutôt pour objet de développer, d'éclairer ou de renforcer, et d'étaler par une exposition plus circonstanciée et plus frappante. (R).

979. Perpétuel, Continuel, Éternel, Immortel, Sempiternel.

Perpétuel, appliqué au temps, à la durée, désigne proprement l'action de traverser, pour ainsi dire, toute l'étendue du temps, d'aller toujours, de ne pas finir.

Continuel marque proprement l'action qui se fait avec tenue, suite, constance, sans relâche, sans interruption, ce à quoi on tient la main et longtemps, qui ne cesse pas.

Éternel désigne l'état, la qualité de ce qui est de tout temps, en tout temps, dans tous les temps. Mais ce mot ne signifierait-il pas plutôt l'*être*, celui qui *est*, celui qui est même avant et après les temps ? car l'Éternel, proprement dit, n'a pas commencé d'être.

Immortel. Il marque la qualité de ce qui ne meurt pas, de ce qui vit toujours.

Sempiternel. Ce mot qualifie ce qui est à jamais, ce qui existe toujours, ce qui ne s'évanouira pas.

Ainsi *perpétuel* désigne le cours et la durée d'une chose qui va ou qui revient toujours : *continuel*, le cours ou la durée prolongée d'une chose qui ne s'arrête pas, ou une suite longue de choses qui se succèdent rapidement : *éternel*, la durée de l'objet qui n'a ni commencement ni fin, ou du moins qui n'a point de fin : *immortel*, la durée de l'être qui ne meurt pas ou ne passe pas : *simpiternel*, la durée de la chose qui existe toujours ou qui ne périra pas.

Par la valeur propre des termes, *perpétuel* et *continuel* expriment une action ou un cours de choses, avec cette différence que *perpétuel* exclut toute borne à la durée de la chose dans l'avenir, et que *continuel* marque une chose commencée et suivie, sans rien déterminer sur sa durée future. *Éternel, immortel, sempiternel* ne font proprement qu'annoncer un état permanent et illimité dans sa durée; mais avec cette différence qu'*éternel* exprime littéralement la durée du temps ; *immortel*, la durée de la vie ; *sempiternel*, la durée de l'existence. Dans un sens strict, *éternel* exclut un commencement, de même qu'une fin, *immortel* et *sempiternel* font abstraction du commencement.

Le mot *perpétuel* n'exclut ni n'exige la continuation rigoureuse et absolue, sans interruption et sans intermission : ainsi nous disons également le *mouvement perpétuel* (et il ne cesse jamais), et des *rentes perpétuelles* (et elles ne font que revenir à certaines époques).

Le mot *continuel* ne souffre point d'interruption, ou il veut une succession rapide sans autres accessoires : ainsi, des pluies sont longues et *continuelles*, dans une saison, mais à la fin elles cessent. Si des maux *continuels,* ou qui ne laissent point de relâche, duraient toujours, ils seraient *perpétuels.*

Le mot *éternel* réunit les idées de *continuité* et de *perpétuité,* toujours avec une idée plus ou moins sévère et même effrayante ; ou plutôt il emporte toute la *continuité* et la *perpétuité* du temps : c'est dans ce dernier sens que Dieu est *éternel;* dans un autre sens, les peines de l'enfer sont *éternelles,* ou sans cesse et sans fin.

Le mot *immortel* marque la sorte d'éternité de l'être vivant, ou d'un être personnifié, et de tout objet à qui l'on attribue la vie : l'âme est *immortelle;* la gloire qui ne passe point, qui vit dans la mémoire des hommes, est *immortelle,* etc.

Le mot *sempiternel* rappelle une sorte d'éternité successive qui parcourt, comme par degrés, toute la suite des temps, pour ainsi dire, jour par jour, tous les jours, toujours (*semper*), pour ne jamais finir ; mais ce mot, purement latin, n'est point usité, et il ne se dit qu'en raillant, d'une femme très-vieille, et qui, ce semble, ne peut mourir.

Ces termes se relâchent de leur sévérité, et ne marquent souvent qu'une durée, ou un temps plus ou moins long. Ainsi un supérieur de couvent est *perpétuel,* lorsqu'il l'est pour sa vie ; et on érige des monuments *perpétuels* qui durent tant qu'ils peuvent : des plaintes très-longues et très-fréquentes sont *continuelles :* ce qui dure outre mesure, contre notre attente ou l'ordre commun, de manière à fatiguer, à excéder, est *éternel :* ce qui mérite ou laisse une longue et glorieuse mémoire, est *immortel :* la personne qui passe les bornes de la vie, et qu'on semble ennuyé de voir vivre, est *sempiternelle.* Ces applications en disent assez pour que le lecteur distingue aisément ce qui se prend en bonne ou mauvaise part. (R.)

980. Persévérer, Persister.

Persévérer signifie continuer avec attache, ou plutôt poursuivre avec une longue constance, ce qu'on avait commencé et même continué. *Persister* signifie soutenir avec attachement, et confirmer avec une ferme assurance, ce qu'on a décidé ou résolu.

Persévérer se dit proprement des actions et de la conduite ; *persister,* des opinions et de la volonté. C'est dans la pratique ou l'exercice d'une chose, dans le bien ou dans le mal, dans un genre d'occupations ou de vie, qu'on *persévère :* c'est dans son sentiment ou dans son dire, dans sa détermination ou dans sa résolution, dans sa manière de penser ou de vouloir, qu'on *persiste.*

Vous ne *persistez* pas dans le travail ou l'étude ; vous y *persévérez :* vous *persistez* dans votre déposition ; et vous n'y *persévérez* qu'autant qu'il est question d'actes répétés ou d'affirmations multipliées. Pour *persévérer,* il faut toujours agir de même, sans se démentir ;

pour *persister*, il n'y a qu'à demeurer ferme, sans varier. Celui qui *persévère* dans sa révolte se comporte toujours en rebelle ; il faut l'arrêter dans sa marche : celui qui *persiste* dans sa révolte y est fermement attaché ; il faudrait changer ses sentiments.

J'ai dit que *persévérer* marquait l'attache, je veux dire une assiduité soutenue : j'ai dit que *persister* marquait l'attachement, je veux dire une volonté ferme. Il suffit d'un acte de récolement pour qu'un témoin *persiste* dans sa déposition : il faut une suite d'épreuves pour qu'un fidèle soit censé *persévérer* dans sa foi. On *persévère* par l'habitude de faire, et c'est ce qui demande une longue constance : on *persiste* par la force de la résolution, et c'est ce qui annonce la fermeté.

A *persévérer*, on arrive à son but : à *persister*, on demeure dans le même état. Rien ne résiste à celui qui *persévère* : celui qui *persiste* résiste à tout. Celui qui *persévèrera* jusqu'à la fin sera sauvé. (R.)

981. Personnage, Rôle.

Ces deux termes désignent également l'objet d'une représentation, soit sur la scène, soit dans le monde.

Le terme de *personnage* est plus relatif au caractère de l'objet représenté ; celui de *rôle*, à l'art qu'exige la représentation : le choix des épithètes dont ils s'accommodent dépend de cette distinction.

Un *personnage* est considérable ou peu important ; noble ou bas ; principal ou subordonné ; grand ou petit ; intéressant ou froid ; amoureux, ambitieux, fier, etc. Un *rôle* est aisé ou difficile ; soutenu ou démenti ; rendu avec intelligence et avec feu ; estropié ou exécuté maussadement.

C'est au poète à décider les *personnages* et à les caractériser ; c'est à l'acteur à choisir son *rôle*, à l'étudier et à le bien rendre.

Il est presque impossible à un méchant de faire longtemps, sans se démentir, le *rôle* d'homme de bien : ce *rôle* est trop difficile pour lui, parce qu'il le tiendrait dans une contrainte d'autant plus gênante, que l'acteur est plus loin de ressembler au *personnage* qu'il veut jouer. (B.)

982. Pesanteur, Poids, Gravité.

La *pesanteur* est dans le corps une qualité qu'on sent et qu'on distingue par elle-même. Le *poids* est la mesure ou le degré de cette qualité ; on ne le connaît que par comparaison. La *gravité* est précisément la même chose que la *pesanteur*, avec un peu de mélange de l'idée du *poids*, c'est-à-dire qu'elle désigne une certaine mesure générale et indéfinie de *pesanteur*. Ce mot, pris dans le sens physique, est un terme dogmatique de science, qui n'est guère d'usage que dans l'occasion où l'on parle d'équilibre, et lorsqu'on le joint avec le mot de

CENTRE : ainsi l'on dit que pour mettre un corps dans l'équilibre, il faut trouver le centre de *gravité*; mais on s'en sert plus fréquemment au figuré, lorsqu'il s'agit de mœurs et de manières.

On dit absolument, et dans un sens indéfini, qu'une chose a de la *pesanteur*; mais on dit relativement et d'une manière déterminée, qu'elle est d'un tel *poids*; de deux livres, par exemple, de trois, de quatre, etc.

Mille raisons prouvent la *pesanteur* de l'air, et le mercure en marque le *poids*.

Au siècle d'Aristote, la *pesanteur* des corps était une qualité occulte qui les faisait tendre vers leur centre; et de notre temps, elle est une impulsion ou un mouvement inconnu qui les envoie dans les places que la nature leur a assignées. Le *poids* seul a d'abord réglé la valeur des monnaies; ensuite l'autorité les a fait valoir par l'empreinte du coin.

Dans le sens figuré, la *pesanteur* se prend en mauvaise part; elle est alors une qualité opposée à celle qui provient de la pénétration et de la vivacité de l'esprit. Le *poids* s'y prend en bonne part; il s'applique à cette sorte de mérite qui naît de l'habileté jointe à un extérieur réservé, et qui procure à celui qui le possède du crédit et de l'autorité sur l'esprit des autres.

Rien n'est si propre à délivrer l'esprit de la *pesanteur* naturelle, que le commerce des dames et de la cour. La réputation donne plus de *poids*, chez le commun du peuple, que le vrai mérite.

L'étude du cabinet rend savant, et la réflexion rend sage; mais l'une et l'autre émoussent quelquefois la vivacité de l'esprit, et le font paraître *pesant* dans la conversation, quoiqu'il pense finement. (G.)

983. Pestilent, Pestilentiel, Pestilentieux, Pestiféré.

Pestilent, qui tient de la peste, du caractère de peste, qui est contagieux. *Pestilentiel*, qui est infecté de la peste, qui est propre à répandre la contagion. *Pestilentieux*, qui est tout infecté et tout infect de peste, qui est fait pour répandre de tous côtés la contagion. *Pestiféré*, qui produit, porte, communique, répand partout la peste, la contagion.

Une chose est *pestilente*, qui peut exciter ou communiquer un venin : on dit une fièvre *pestilente*, un souffle *pestilent*, un air *pestilent*, etc. Cicéron oppose les lieux *pestilens* aux lieux *salubres* : leur infection peut causer ou communiquer la contagion.

Pestilentiel tient à *pestilence*, et *pestilence* marque le règne de la peste, une contagion établie, une influence épidémique. Des maladies *pestilentielles*, comme les fièvres malignes et les petites-véroles pourprées, sont propres à engendrer de funestes épidémies : des exhalaisons ou des vapeurs *pestilentielles* sont les miasmes ou les émanations propres de la corruption, de la contagion, ce qui les distingue fortement des vapeurs *pestilentes*.

De tous ces mots celui de *pestilentiel* nous est le plus familier.

Pestilentieux marque, par sa finale, la force, l'activité, l'opiniâtreté de la contagion : mais ce mot, adopté dans le dernier Dictionnaire de l'Académie, n'est pas usité ; et s'il est quelquefois employé, il paraît, par les citations de l'Académie, que c'est dans un sens religieux ou moral. Ainsi on dira des discours *pestilentieux*, des sentiments *pestilentieux*, une doctrine *pestilentieuse*. C'est ainsi que le sens moral peut être utilement distingué du sens physique. Les Latins, qui n'avaient que les mots *pestilens* et *pestifer*, disaient au figuré, des *citoyens pestifères*, un *tribunal pestifère*, des *vices pestifères*, une *joie pestifère*.

Dans notre langue, *pestifère* est un terme didactique, comme *somnifère*, *mortifère*, etc. Une odeur *pestifère*, une vapeur *pestifère*, communique, apporte en effet la peste, la contagion, l'épidémie. (R).

984. Pétulance, Turbulence, Vivacité.

La *pétulance* est une *vivacité* impétueuse ; la *turbulence* une *vivacité* désordonnée.

La *vivacité* se porte promptement à ce qu'elle désire, la *pétulance* s'y porte brusquement et impétueusement ; la *turbulence* ne veut et ne désire que le mouvement, le bruit et l'agitation.

La *vivacité* dans les actions est le contraire de la lenteur ; la *pétulance* indique le manque de réflexion ; la *turbulence* le manque d'idées et le besoin de mouvement.

Un homme, à tout âge, une femme peuvent avoir de la *vivacité* ; la *pétulance* n'est permise qu'à un jeune homme, la *turbulence* n'est supportable que dans un enfant.

La *vivacité* est toujours agréable, la *pétulance* quelquefois effrayante ; la *turbulence* toujours importune.

On a de la *vivacité* dans l'esprit, dans le caractère, comme dans les actions ; la *pétulance* ne se montre que dans les mouvements ; la *turbulance* est un mouvement perpétuel sans règle et sans but.

La *vivacité* peut être le caractère naturel d'une nation. Des peuples *turbulents* peuvent ne devoir leur inquiétude qu'à un défaut de police, à une situation pénible ou à un mauvais gouvernement. La *pétulance*, qui se manifeste par un mouvement brusque et spontané, ne peut appartenir qu'aux individus. (F. G.)

985. Peu, Guère.

Peu est l'opposé de *beaucoup*; et *guère* en devient une forte négation. S'il n'y a *guère* d'une chose, non-seulement il n'y en a pas *beaucoup*, mais il n'y en a pas assez, il n'y en a pas ce qu'il faut ; il y en a
trop peu, *fort peu*, il n'y en a presque point. L'usage est parfaitement
conforme à cette observation.

Mais je dois remarquer d'abord que *peu* affirme positivement la petite quantité, et que *guère* ne fait que l'indiquer ou la supposer. *Peu*
détermine une petite quantité ; et dès-lors il convient au ton positif, à
l'assertion formelle, à l'opinion décidée. *Guère* ne détermine rien sur
la petite quantité ; et dès-lors il laisse nécessairement un doute et quelque chose de vague dans l'idée de *peu*. A la vérité, dès qu'il exclut la
quantité, il laisse *bien peu* de chose.

Qui ne voit *guère*, dit La Fontaine, n'a *guère* à dire : ce n'est pas à
dire que qui sait *peu* parlé *peu*. Savoir *peu* et parler *peu*, expriment
l'opposition formelle à *beaucoup ;* ne voir *guère*, n'avoir *guère* à dire,
indique l'idée vague de *pas grand'chose;* mais l'esprit invite, par cette
manière de parler, à diminuer l'objet, le réduit presque à rien, comme
on le verra par d'autres exemples.

Un homme qui a *peu* d'argent, en a, et peut-être assez : un homme
qui n'en a *guère*, en manque ou en manquera. Vous demandez d'un
plat, *peu;* mais si l'on ne vous en sert pas assez, vous trouvez qu'il n'y
en a *guère*, qu'il y en a *trop peu*, *bien peu*. Vous rencontrerez mille
exemples semblables, où *guère* indique une *quantité suffisante*, tandis
que *peu* ne marque que la petite quantité, sans accessoire.

Il y a différents degrés de *peu : bien peu, fort peu, trop peu, très-
peu, tant soit peu, si peu que rien*. Il n'en est pas ainsi de *guère*, il
désigne le *peu* comme indivisible : il exclut donc naturellement, par
son emploi négatif, tout ce qu'il peut exclure, et il ne laisse du *peu*
que ce qu'il est obligé d'en laisser, *le moins*.

Avec *peu*, on fait quelquefois *beaucoup :* avec *trop peu*, on ne fait
guère, on ne fait pas grand'chose.

Peu, qui comporte des degrés de comparaison, ne se place pas devant des comparatifs ou des termes de comparaison : or c'est précisément le contraire de son synonyme. On dit qu'une personne n'est *guère
mieux*, ou *guère meilleure* qu'une autre ; et il faudrait dire qu'elle
est, non pas peu mais substantivement, *un peu mieux*, *un peu meilleure* qu'une autre. Or il est évident qu'*un peu* marque une différence
sensible, un jugement positif, une quantité certaine; au lieu que *guère*
n'indique alors qu'une quantité insensible, un jugement douteux, une
différence insensible ou si légère, qu'on n'en fait pas cas.

S'il n'y a *guère moins* de probabilité pour une opinion que pour

une autre, elles sont presque également probables ; s'il y en a *un peu
plus* pour celle-là que pour celle-ci, elles le sont inégalement. Ainsi
guère dit ordinairement moins, ou marque moins de grandeur et de
quantité que *peu*.

Aussi l'Académie observe-t-elle que *guère* se met souvent pour
presque, *presque point*, comme quand ce mot est suivi d'un *que*. Par
exemple, il n'y a *guère que* lui qui fût capable de faire cela ; c'est-à-
dire, il est presque le seul, peut-être le seul homme capable de le
faire : s'il y en a d'autres, il y en a *fort peu*.

Enfin, il est très-ordinaire d'employer le mot *guère* pour adoucir la
force et modérer l'énergie de la négation absolue *pas* ou *point*, par un
air d'exception ou de doute. Ainsi, pour ne pas dire sèchement qu'une
femme est laide vous dites qu'elle n'est *guère* jolie ; et vous diriez
qu'elle n'est pas fort jolie, pour dire qu'elle l'est *peu* ou qu'elle ne l'est
que *peu*. (R.)

986. Peur, Frayeur, Terreur.

Ces trois expressions marquent par gradation les divers états de l'âme,
plus ou moins troublée par la vue de quelque danger. Si cette vue est
vive et subite, elle cause la *peur ;* si elle est plus frappante et réfléchie,
elle produit la *frayeur ;* si elle abat notre esprit, c'est la *terreur.*

La *peur* est souvent un faible de la machine pour le soin de sa conservation, dans l'idée qu'il y a du péril. La *frayeur* est un trouble
plus grand, plus frappant, plus persévérant. La *terreur* est une passion accablante de l'âme, causée par la présence réelle, ou par l'idée
très-forte d'un grand péril.

Pyrrhus eut moins de *peur* des forces de la république romaine, que
d'admiration pour ses procédés. Attila faisait un trafic continuel de la
frayeur des Romains ; mais Julien, par sa sagesse, sa constance, son
économie, sa valeur, et une suite perpétuelle d'actions héroïques, re-
chassa les Barbares des frontières de son empire ; et la *terreur* que son
nom leur inspirait les contint tant qu'il vécut.

Dans la peur qu'Auguste eût toujours devant les yeux d'éprouver le
sort de son prédécesseur, il ne songea qu'à s'éloigner de sa conduite :
voilà la clef de toute la vie d'Octave.

On lit qu'après la bataille de Cannes la *frayeur* fut extrême dans
Rome : mais il n'en est pas de la consternation d'un peuple libre et
belliqueux, qui trouve toujours des ressources dans son courage,
comme de celle d'un peuple esclave, qui ne sent que sa faiblesse.

On ne saurait exprimer la *terreur* que répandit César lorsqu'il passa
le Rubicon ; Pompée lui-même, éperdu, ne sut que fuir, abandonner
l'Italie, et gagner promptement la mer. (*Encycl.*, XII, 480.)

987. Piquant, Poignant.

Piquer signifie *percer* dans, entamer légèrement avec une pointe, faire par ce moyen un petit trou : la *piqûre* est plus ou moins légère; elle ne fait qu'une petite ouverture; elle ne pénètre pas très-avant dans un corps épais et gros. Nous disons *poindre*, plutôt dans le sens de *percer*, paraître, commencer à luire comme le jour, ou à pousser comme les herbes, quand on n'en voit qu'une petite *pointe*, que dans le sens littéral de *piquer*. Cependant on dit en proverbe, *poignez vi lain, il vous oindra, oignez vilain il vous poindra* : mais, dans cet exemple, le mot ne désigne que vaguement l'action de faire du mal ou de la peine. Il faut donc consulter ses dérivés; or, ces dérivés désignent quelque chose de très-piquant, très-perçant, très-aigu, plus ou moins profond et douloureux. Ainsi la *ponction* n'est pas une simple *piqûre*; la *componction* est une vive douleur ; un *poignard* est une arme cruelle, et qui cause une grande douleur, etc.

Poignant dit donc plus que *piquant*. Un point de côté vous *poind* et ne vous *pique* pas; il vous cause une vive douleur avec des élancements, comme si l'on vous donnait des coups de lancettes, et non de petits coups d'épingles. Une injure *poignante pique* jusqu'au vif, *perce* jusqu'au cœur. Le *piquant* est même quelquefois très-agréable: il réveille, il chatouille : on est toujours blessé, toujours souffrant de ce qui est *poignant*.

La différence ordinairement observée dans l'usage de ces mots, consiste en ce que *piquant* s'applique à la cause, à la chose qui pique; et *poignant*, au mal, à la douleur que vous éprouvez. Un trait est *piquant*, et votre mal est *poignant :* vous dites une *raillerie piquante* et *une douleur poignante* : une épigramme est *piquante*, et le remords est *poignant*. Ce mot est surtout une qualification de l'effet ou de la cause interne, tandis que l'autre désigne proprement l'action d'une cause extérieure. (R.)

988. Pis, Pire.

Cherchez le mot *pis;* vous le trouverez partout qualifié d'abord d'*adjectif comparatif*. Je l'ai cru sur la foi de l'autorité, je pourrais dire sur la foi publique. Mais en tâchant de découvrir une différence entre *pire* et *pis*, *adjectifs*, je n'ai pu reconnaître dans ce dernier qu'un adverbe.

Si *pis* était adjectif, il serait du moins quelquefois joint à un substantif, puisque c'est là l'office propre de l'adjectif. Or, il ne l'est jamais; du moins je ne le trouve dans aucun exemple à citer. On ne dira pas *un remède* pis *que le mal;* on ne dira pas qu'un malade est dans un *pis* état qu'il n'était, etc.; c'est toujours *pire* que vous joignez à un substantif.

On suppose que *pis* est adjectif dans les phrases suivantes : *il n'y a rien qui soit* pis *que cela*; *ce que j'y trouve de* pis; *il ne me saurait rien arriver de* pis. Or, ces exemples ne prouvent rien. *Pis* est adverbe dans ces phrases, comme *mieux* dans celles-ci : *il n'y a rien qui soit* mieux *que cela*; *ce que j'y trouve de* mieux, etc. Pis est l'opposé de *mieux*, et il se place de même dans le même cas, comme adverbe : *pire* est l'opposé de *meilleur*, et il s'emploie de même seul comme adjectif.

Pis adjectif aurait un féminin, car ce mot ne saurait être des deux genres : serait-ce *pire*? Mais *pire* est *pire*, mot des deux genres; et il est ridicule de supposer qu'un adjectif qui est masculin et féminin, ait encore, on ne sait pourquoi, un autre masculin. *Pire* est le latin *pejor*, des deux genres, comme *meilleur*, *melior* : *pis* est l'adverbe *pejùs*, comme *mieux* est *meliùs*.

Pis est adverbe; on en convient : or, s'il n'est point de cas où il ne puisse être reconnu pour adverbe, comme *mieux*, il n'est que cela. Ainsi, *pire* n'est qu'adjectif comme *meilleur*; c'est un point convenu: il n'y a que le peuple qui dise *tant pire de mal en pire*, etc. Pis signifie *plus mal*; et *pire*, *plus mauvais*.

Je sais que *pis* et *pire* s'emploient substantivement et dans le degré superlatif, mais celui-ci comme adjectif, et celui-là comme adverbe. On dit *le pis*, comme *le mieux*; et *le pire*, comme *le meilleur*. Dans ces manières de parler elliptiques, *pire* suppose un substantif sous-entendu, dont il exprime la qualité, et auquel il se rapporte : *pis* suppose un verbe sous-entendu dont il modifie l'expression.

Le pis, le pis du pis, qui pis est; ce qu'il y a de pis, le pis aller, toutes ces locutions et autres semblables annoncent par le mot *pis* ce qui est, ce qu'il y a, ce qui arrive, ce qui se fait *de plus mal*. *Pis* qualifie l'espèce d'action ou d'existence qui serait exprimée par le verbe sous-entendu. On fait *du pis* qu'on peut; quand on fait *aussi mal* ou autant de mal qu'on peut, comme on fait du *mieux* qu'on peut. L'un *prend les choses au pis, aussi mal* qu'il est possible, tandis que l'autre les *prend bien* ou *en bien*, autant que cela se peut. Ce que vous *trouvez de pis*, est ce qui vous paraît *être plus mal*, ce qu'il peut *arriver de plus mal*.

Pis désigne adverbialement comme *plus mal*, le *pire état*, le *pire événement*; ainsi que *mieux*, quand on dit *le mieux*, désigne le *meilleur état*, la *meilleure action*.

Le *pire* réveille toujours l'idée d'un substantif, par lequel vous expliquerez votre phrase. Qui choisit prend *le pire*, c'est-à-dire, le plus mauvais parti, l'objet le plus mauvais. Il n'y a point de degré du mé-

diocre *au pire*, c'est-à-dire, entre le degré médiocre ou moyen, et le
degré *pire*, ou le plus bas. Toujours *le pire* se rapporte à un mal ou à
un autre substantif équivalent et suffisamment indiqué ; et c'est *le pire*
ou le plus grand des maux comparés.

Tout rentre ainsi dans la règle ; et il ne reste ni bizarrerie, ni incon-
séquence, ni difficulté, ni synonymie. (R.)

989. Pitié, Compassion, Commisération.

La *pitié* est proprement la qualité de l'âme, qui dirige sur les malheureux le sentiment de la bienveillance ou plutôt de la charité universelle. La *compassion* est le sentiment de *pitié* actuellement excité
dans l'âme par des malheureux dont la douleur nous frappe droit au
cœur. La *commisération* est l'expression sensible d'un vif intérêt qui,
excité dans l'âme par la *compassion*, se répand sur les malheureux
avec plus ou moins d'effet.

La *pitié* résulte d'une correspondance générale établie dans la constitution et l'organisation des êtres sensibles, en vertu de laquelle, si
vous faites résonner dans les uns les cordes de la douleur, vous les
ébranlez dans les autres. Chaque homme, dit Montaigne, porte la forme
entière de l'humaine condition. La *compassion* est l'effet actuellement
produit dans ce système d'harmonie par le seul mouvement imprimé à
une touche, et non, comme le dit Pope, l'effet d'une imagination qui
s'élève par degrés de l'idée vive au sentiment réel de la misère des
hommes : l'âme est émue avant que l'imagination travaille ; aussi les
bêtes donnent-elles des signes sensibles de *compassion*. La *commisération*, en vertu du mouvement communiqué, forme un accord harmonieux par lequel les âmes se répondent les unes aux autres, et la
voix de l'attendrissement se mêle avec celle de la souffrance : un cri de
plainte excite une exclamation.

La *pitié* nous conduit naturellement au grand précepte de ne pas
faire aux autres ce que nous ne voudrions pas qu'on nous fît : elle nous
apprend par sentiment ce que la raison démontre à la rigueur, que
l'intérêt de chacun est celui de tous, et que l'intérêt de l'humanité
est celui de chacun. La *compassion* ou la *pitié*, appliquée à des cas
particuliers, fournit de si fortes preuves de ces vérités, qu'elle va jusqu'à désarmer l'ennemi furieux, qui se croit alors et se trouve en effet
plus heureux de sauver sa victime suppliante que de l'immoler à sa colère. Voyez Marcellus, considérant ce peuple infortuné qu'il vient d'é-
craser et d'ensevelir sous les ruines de Syracuse ; il frémit de sa gloire,
et il en est puni comme d'un grand crime par les larmes amères et in-
tarissables d'une *commisération* stérile et désespérée. (R.)

990. Plaindre, Regretter.

On *plaint* le malheureux : on *regrette* l'absent. L'un est un mouvement de la pitié, et l'autre est un effet de l'attachement.

La douleur arrache nos *plaintes*. Le repentir excite nos *regrets*.

Un courtisan en faveur est l'objet de l'envie : et, lorsqu'il tombe dans la disgrâce, personne ne le *plaint*. Les princes les plus loués pendant leur vie ne sont pas toujours les plus *regrettés* après leur mort.

Le mot de *plaindre*, employé pour soi-même, change un peu la signification qu'il a, lorsqu'il est employé pour autrui. Retenant alors l'idée commune et générale de sensibilité, il cesse de représenter ce mouvement particulier de pitié, qu'il fait sentir lorsqu'il est question des autres, et au lieu de marquer un simple sentiment, il emporte, de plus, dans sa signification, la manifestation de ce sentiment. Nous *plaignons* les autres lorsque nous sommes touchés de leurs maux ; cela se passe au dedans de nous, ou du moins peut s'y passer sans que nous le témoignions au dehors. Nous nous *plaignons* de nos maux lorsque nous voulons que les autres en soient touchés : il faut pour cela les faire connaître. Ce mot est encore quelquefois employé dans un autre sens que celui dans lequel je viens de le définir ; au lieu d'un sentiment de pitié, il en marque un de repentir : on dit en ce sens qu'on *plaint* ses pas, qu'un avare se *plaint* de toutes choses, jusqu'au pain qu'il mange.

Quelque occupé qu'on soit de soi-même, il est des moments où l'on *plaint* les autres malheureux. Il est bien difficile, quelque philosophie qu'on ait, de souffrir longtemps sans se *plaindre*. Les gens intéressés *plaignent* tous les pas qui ne mènent à rien. Souvent on ne fait semblant de *regretter* le passé que pour insulter au présent.

Un cœur dur ne *plaint* personne. Un courage féroce ne se *plaint* jamais. Un paresseux *plaint* sa peine plus qu'un autre. Un parfait indifférent ne *regrette* rien.

La bonne maxime serait, à mon avis, de *plaindre* les autres, lorsqu'ils souffrent sans l'avoir mérité ; de ne se *plaindre* que quand on peut par-là se procurer du soulagement ; de ne *plaindre* ses peines, que lorsque la sagesse n'a pas dicté de se les donner ; et de *regretter* seulement ce qui méritait d'être estimé. (G.)

991. Plaisir, Bonheur, Félicité.

Ce qu'on appelle *bonheur* est une idée abstraite composée de quelques idées de *plaisir* : car qui n'a qu'un moment de *plaisir* n'est point un homme *heureux* ; de même qu'un moment de douleur ne fait point un homme malheureux.

Le *plaisir* est plus rapide que le *bonheur*, et le *bonheur* plus pas-

sager que la *félicité*. Quand on dit je suis *heureux* dans ce moment,
on abuse du mot, cela veut dire j'ai du *plaisir*. Quand on a des *plaisirs* un peu répétés, on peut, dans cet espace de temps, se dire *heureux* : quand ce *bonheur* dure un peu plus, c'est un état de *félicité·*
On est quelquefois bien loin d'être *heureux* dans la prospérité, comme
un malade dégoûté ne mange rien d'un grand festin préparé pour lui.
(*Encycl.*, VIII, 194.)

992. Plaisir, Délice, Volupté.

L'idée de *plaisir* est d'une bien plus vaste étendue que celle de
délice et de *volupté*, parce que le mot a rapport à un plus grand
nombre d'objets que les deux autres ; ce qui concerne l'esprit, le cœur,
les sens, la fortune, enfin, tout est capable de nous procurer du
plaisir. L'idée de *délice* enchérit, par la force du sentiment sur
celle de *plaisir* ; mais elle est bien moins étendue par l'objet : elle se
borne proprement à la sensation, et regarde surtout celle de bonne
chère. L'idée de la *volupté* est toute sensuelle, et semble désigner,
dans les organes, quelque chose de délicat qui raffine et augmente le
goût.

Les vrais philosophes cherchent le *plaisir* dans toutes leurs occupations, et ils s'en font un de remplir leur devoir. C'est un *délice* pour
certaines personnes de boire à la glace, même en hiver, et cela est indifférent pour d'autres, même en été. Les femmes poussent ordinairement la sensibilité jusqu'à la *volupté*, mais ce moment de sensation ne
dure guère ; tout est chez elles aussi rapide que ravissant.

Tout ce que je viens de dire ne regarde ces mots que dans le sens où
ils marquent un sentiment ou une situation gracieuse de l'âme. Mais ils
ont encore, surtout au pluriel, un autre sens, selon lequel ils expriment
l'objet, ou la cause de ce sentiment, comme quand on dit d'une personne qu'elle se livre entièrement aux *plaisirs*, qu'elle jouit des *délices* de la campagne, qu'elle se plonge dans les *voluptés*. Pris dans ce
dernier sens, ils ont également, comme dans l'autre, leurs différences
et leurs délicatesses particulières. Alors le mot de *plaisirs* a plus de
rapport aux pratiques personnelles, aux usages et au passe-temps ; tels
que la table, le jeu, les spectacles et les galanteries. Celui de *délices* en
a davantage aux agréments que la nature, l'art et l'opulence, fournissent ; tels que de belles habitations, des commodités recherchées et
des compagnies choisies. Celui de *voluptés* désigne proprement des
excès qui tiennent de la mollesse, de la débauche et du libertinage,
recherchés par un goût outré, assaisonnés par l'oisiveté, et préparés
par la dépense, tels qu'on dit avoir été ceux où Tibère s'abandonnait
dans l'île de Caprée. (G.)

993. Plausible, Probable, Vraisemblable.

Plausible, qu'on peut approuver ; *probable,* qu'on peut prouver par des raisonnements ; *vraisemblable,* qu'on peut supposer vrai.

Une excuse est *plausible* quand elle présente des apparences spécieuses ; une opinion est *probable* quand elle a beaucoup de preuves en sa faveur ; un fait est *vraisemblable,* quand ce qu'on en raconte ressemble à ce qui doit être vrai.

Le *vraisemblable* est ce que les apparences approchent le plus de la certitude ; le *probable,* ce que la réflexion fait paraître *vraisemblable ;* le *plausible,* ce que la bonne volonté peut admettre comme *probable.* (F. G.)

994. Plein, Rempli.

Il n'en peut plus tenir dans ce qui est *plein.* On n'en peut pas mettre davantage dans ce qui est *rempli.* Le premier a un rapport particulier à la capacité du vaisseau, et le second, à ce qui doit être reçu dans cette capacité.

Au noces de Cana, les vases furent *remplis* d'eau, et, par miracle, ils se trouvèrent *pleins* de vin. (G.)

995. Plier, Ployer.

Vaugelas a très-bien observé que ces mots ont deux significations fort différentes ; mais on n'a pas voulu l'entendre : et *plier* a pris, presque partout, la place de *ployer,* sans toutefois l'exclure de la langue, car les bons écrivains, et surtout les poètes, *ploient* encore des choses que la foule n'a aucune raison de *plier.*

Tout le monde sait, dit Vaugelas, que *plier* veut dire faire des *plis* ou mettre par *plis,* comme *plier* du papier, du linge ; et *ployer* signifie céder, obéir, et, en quelque façon, succomber, comme *ployer sous le faix,* une planche qui *ploie à force d'être chargée.* Mais comme on a dit aussi *plier* pour céder ou obéir, *ployer* a paru dès lors inutile.

Plier c'est mettre en double ou par *plis,* de manière qu'une partie de la chose se rabatte sur l'autre : *ployer,* c'est mettre en forme de boule ou d'arc, de manière que les deux bouts de la chose se rapprochent plus ou moins. On *plie* à plat ; on *ploie* en rond. Personne ne contestera qu'on ne *plie* de la sorte : la preuve que c'est ainsi qu'on *ploie,* est dans l'usage général et constant d'expliquer ce mot par ceux de *courber* et *fléchir. Plier* et ployer diffèrent donc comme la *courbure* du *pli.* Le papier que vous plissez, vous le *pliez ;* le papier que vous roulez, vous le *ployez.* Cette distinction fort claire démontre l'utilité des deux mots.

On avait *plié* ce que vous *dépliez* : on avait *ployé* ce que vous *déployez*. *Deployer* est-il un mot inutile, et le confondez-vous avec *déplier ?* Pourquoi donc abandonner *ployer* ou le confondre avec *plier ?* Vous ne *pliez* ni ne *dépliez* l'étendard que vous *roulez* où *déroulez*, vous le *ployez* et *déployez*.

Plier se dit particulièrement des corps minces et flasques, ou du moins fort souples, qui se plissent facilement et gardent leur *pli* : *ployer* se dit particulièrement des corps roides et élastiques qui fléchissent sous l'effort et tendent à se rétablir dans leur premier état. On *plie* de la mousseline, et on *ploie* une branche d'arbre. Quand je dis *particulièrement*, je ne dis pas exclusivement et sans exception. (R.)

996. Plus, Davantage.

Ces mots sont également comparatifs, et marquent dans tous les deux la supériorité ; c'est en quoi ils sont synonymes : voici en quoi ils diffèrent.

Plus s'emploie pour établir explicitement et directement une comparaison ; *davantage* en rappelle implicitement l'idée, et la renverse : après *plus*, on met ordinairement un *que*, qui amène le second terme, ou le terme conséquent du rapport énoncé dans la phrase comparative; après *davantage*, on ne doit jamais mettre *que* parce que le second terme est énoncé auparavant.

Ainsi l'on dira, par une comparaison directe et explicite, les Romains ont *plus* de bonne foi que les Grecs ; l'aîné est *plus* riche que le cadet. Mais, dans la comparaison inverse et implicite, il faut dire les Grecs n'ont guère de bonne foi, les Romains en ont *davantage ;* le cadet est riche, mais l'aîné l'est *davantage*.

Dès que la comparaison est directe, et que le terme conséquent est amené par un *que*, on ne doit pas, quoi qu'en dise le P. Bouhours, se servir de *davantage*. Ainsi l'on ne doit pas dire, conformément à la décision de cet écrivain : Vous avez tort de me reprocher que je suis emporté, je ne le suis pas *davantage* que vous : il n'y a rien qu'il faille *davantage* éviter, en écrivant, que les équivoques : jamais on ne vous connut *davantage* que depuis qu'on ne vous voit *plus*. Il faut dire, dans le premier exemple, je ne le suis pas *plus* que vous ; dans le second, il n'y a rien qu'il faille éviter avec *plus* de soin que les équivoques ; et dans le troisième, jamais on ne vous connut *mieux* que depuis qu'on ne vous voit *plus*. (B.)

997. Poison, Venin.

On désigne par-là certaines choses qui peuvent attaquer les principes de la vie par quelque qualité maligne ; c'est le sens propre et primitif : dans le sens figuré, on le dit des choses qui tendent à ruiner les principes de la religion, de la morale, de la subordination politique, de la société ou de l'honnêteté civile.

Poison, dans le sens propre, se dit des plantes ou des préparations dont l'usage est dangereux pour la vie : *venin* se dit spécialement du suc de ces plantes, ou de certaine liqueur qui sort du corps de quelques animaux.

La ciguë est un *poison :* le suc qu'on en exprime en est le *venin.*

Le sublimé est un *poison* violent ; il renferme un *venin* corrosif qui donne la mort avec des douleurs cruelles.

Tout *poison* produit son effet par le *venin* qu'il renferme ; mais on ne peut pas dire qu'il y ait *poison* partout où il y a du *venin :* et jamais on ne dira, par exemple, le *poison* de la vipère et du scorpion.

Le mot *poison* suppose une contexture naturelle ou artificielle dans les parties propres à contenir et à cacher le *venin* qui s'y trouve ; et le mot de *venin* désigne plus particulièrement le suc, ou la liqueur qui attaque les principes de la vie.

C'est avec cette différence que ces deux termes s'emploient dans le sens figuré, et il faut peut-être ajouter que le terme de *poison* y désigne une malignité préparée avec art, ou cachée du moins sous des apparences trompeuses ; au lieu que le terme de *venin* ne réveille que l'idée de malignité subtile et dangereuse, sans aucune attention aux apparences extérieures.

Certains philosophes modernes affectent de répandre dans leurs écrits un *poison* d'autant plus séduisant, qu'ils font continuellement l'éloge de l'humanité, de la raison, de l'équité, des lois : mais aux yeux de la saine raison, qu'ils outragent en l'invoquant, rien n'est plus subtil que le *venin* de cette audacieuse philosophie, qui attaque en effet les fondements de la société même. (B.)

Le *poison*, de sa nature, est mortel ; quelquefois le *venin* n'est que malfaisant. Le *poison* se forme d'un *venin* mortel. Le *venin* est dans la chose, et la chose elle-même est un *poison*, considérée relativement aux ravages qu'elle produit dans les corps, quand on l'a avalée. On dit qu'une plante est un *poison*, pour exprimer sa propriété distinctive à l'égard de l'animal qui la mangerait comme une autre plante. On ne dit pas qu'un animal est un *poison*, il n'a que du *venin* ; car sa propriété n'est pas d'empoisonner comme aliment. Le *venin* est la qualité maligne de la chose : le *poison* est le contraire de l'aliment, quant à l'effet. La nature donne seule le *venin :* l'art emploie, extrait, prépare les *poisons*. (R.)

998. Le point du jour, La pointe du jour.

Pour juger entre ces deux manières de parler, il faut en connaître la valeur. Le *point* et la *pointe du jour* diffèrent naturellement entre eux

comme le *point* et la *pointe*. Ainsi le *point* et la *pointe du jour* s'accordent à désigner le plus petit jour, par la raison que le *point* et la
pointe désignent ce qu'il y a de plus petit.

Le *point* est la plus petite division de l'étendue : la *pointe* est le
plus petit bout de la chose. Le *point du jour* est le premier et le plus
simple élément de la *journée* qui commence à courir : la *pointe du
jour* est la première et la plus légère apparence du *jour* qui commence
à luire. Le *jour* est la clarté répandue dans le monde ; la *journée* est la
succession des temps renfermés dans la durée du *jour* : or, la *pointe*
est au *point*, comme le *jour* à la *journée*.

Je m'explique. La *pointe* fait le *point* ; la *pointe* de l'aiguille fait le
point de couture, un ouvrage : la *pointe du jour* fait le *point du jour*
ou le commencement du temps que dure le *jour*. La *pointe* fait partie
du corps ; le *point* en est un ouvrage distinct. La *pointe du jour* est
le premier rayon du jour qui commence à poindre ou à percer les ténèbres ; c'est la naissance du jour : le *point du jour* est le premier instant qui commence à marquer la division des époques différentes de là
journée ou du jour considéré dans sa durée ; c'est l'origine du temps.
Le *point du jour* est le commencement de la durée, comme le midi en
est le milieu : la *pointe du jour* est le commencement de la clarté,
comme le grand jour en est la plénitude ou l'éclat. L'observateur se lève
avant le *point du jour* pour considérer la petite *pointe du jour*. Vous
partez au *point du jour* à cette époque, et vous marchez à la *pointe
du jour* ou à la clarté du jour naissant. Vous mesurez le temps par le
point du jour : la *pointe du jour* vous fait distinguer les objets.

On dit la *petite pointe du jour* et non le *petit point*. Le *point* est
ordinairement censé n'avoir point d'étendue. Le *point du jour* est donc
regardé comme indivisible : la *pointe*, au contraire, a plus ou moins de
longueur et de grosseur ; et c'est une raison pour dire la *petite pointe
du jour*. (R.)

999. Poli, Policé.

Ces deux termes, également relatifs aux devoirs réciproques des individus dans la société, sont synonymes par cette idée commune ; mais
les idées accessoires mettent entre eux une grande différence.

Poli ne suppose que des signes extérieurs de bienveillance ; signes
toujours équivoques, et, par malheur, souvent contradictoires avec les
actions : *policé* suppose des lois qui constatent les devoirs réciproques
de la bienveillance commune, et une puissance autorisée à maintenir
l'exécution des lois. (B.)

Les peuples les plus *polis* ne sont pas aussi les plus vertueux : les
mœurs simples et sévères ne se trouvent que parmi ceux que la raison
et l'équité ont *policés*, et qui n'ont pas encore abusé de l'esprit pour se
corrompre.

Les peuples *policés* valent mieux que les peuples *polis*.

Chez les barbares, les lois doivent former les mœurs : chez les peuples *policés*, les mœurs perfectionnent les lois, et quelquefois y suppléent ; une fausse *politesse* les fait oublier. (Duclos, *Considér. sur les mœurs de ce siècle*, chap. I, édit. de 1764.)

1000. Poltron, Lâche.

L'abbé Girard dit que le *lâche* recule, et que le *poltron* n'avance pas ; il a raison : mais l'application est commune aux deux, et ce n'est pas par un simple jeu de mots et de traits insignifiants qu'on peut les distinguer.

Lâche est une expression figurée qui regarde la force ; non-seulement c'est le manque d'énergie, mais c'est l'incapacité de tension. Le péril effraie tellement l'homme *lâche*, qu'il ne conçoit pas même l'idée de la résistance.

Poltron est, selon les uns, l'ellipse de *pollex truncatus*, pouce coupé (moyen dont se servaient ceux qui craignaient d'aller à la guerre) ; selon d'autres, c'est l'allemand *polster*, qui signifie oreiller, parce qu'on suppose que le *poltron* aime à rester au lit. La première étymologie me paraît plus naturelle, d'autant que l'usage l'a, pour ainsi dire, consacrée, en donnant le nom de *poltron* aux oiseaux de proie auxquels on coupe l'ongle du doigt de derrière.

Poltron est celui qui craint le danger, qui se laisse aller à la peur. Il diffère du *lâche*, en ce que celui-ci n'ose ni reculer ni se servir de ses armes, et que le *poltron*, qui n'est qu'intimidé, met tout en usage pour se sauver.

Le *lâche* tombe, s'abandonne et se laisse achever. Le *poltron* dort l'œil ouvert, il fuit, il craint le bruit de la guerre ; mais, s'il est forcé, il se bat, et se bat bien : aussi dit-on qu'il ne faut pas le révolter, au lieu que l'*épée du lâche ne fit jamais de mal*.

La *lâcheté* suppose l'abandon absolu du devoir, l'incapacité de le remplir ; la *poltronnerie*, prévoyance trop inquiète, n'est quelquefois qu'un excès de prudence, au lieu que l'autre est l'excès de faiblesse. Par l'abandon de l'un, vous jugerez de sa *lâcheté ;* par sa prévoyance outrée, vous jugerez de la *poltronnerie* de l'autre.

Ces deux qualifications sont toujours prises en mauvaise part : celle de *lâche*, infiniment plus fâcheuse, conserve toujours la force de son origine, sans jamais être modifiée.

Par *lâche* ou *lâcheté*, on caractérise l'individu, on embrasse, pour ainsi dire, toutes les actions de sa vie : *poltron* a un sens moins étendu, il ne s'applique qu'à certaines circonstances. On rit quelquefois d'une *poltronnerie*, mais non pas d'une *lâcheté :* celle-ci est vice, l'autre n'est qu'un défaut. (R.)

1001. Pontife, Prélat, Évêque.

Pontife, qui fait ou dirige les choses sublimes, les choses saintes, celles de la religion. Le latin *pontifex* qualifie l'homme chargé des choses sacrées, puissant en matière de religion, chef religieux. Le *pontife,* dit Cicéron, préside aux choses sacrées.

Prélat, qui est élevé au-dessus des autres, placé dans un rang haut, distingué par sa place, selon la valeur du latin *prœlatus,* qu'il nous a plu d'appliquer à l'ordre ecclésiastique exclusivement à tout autre. Il y a dans l'Église deux ordres de *prélats :* les *évêques* prennent le premier; le second est composé d'abbés, de généraux d'ordre, de doyens, etc., qui ont des droits honorifiques, tels que celui de porter la crosse et la mitre, etc. A Rome, les ecclésiastiques qui ont le droit de porter l'habit violet s'appellent *prélats.* Le *prélat* est distingué par la supériorité et par des honneurs.

Évêque, espèce de magistrat qui, par une consécration ou destination particulière exerce une juridiction et veille au gouvernement d'un district, d'un diocèse. C'est le grec επισκοπος, lat. *episcopus,* inspecteur, surveillant, intendant.

Ainsi vous êtes *pontife* par la puissance et par la hauteur des fonctions que vous exercez dans l'Église : vous êtes *prélat* par la dignité et par le rang que vous occupez dans la hiérarchie ecclésiastique : vous êtes *évêque* par la consécration et par le gouvernement spirituel que vous avez d'un diocèse. Le *pontificat* est une domination ; la *prélature* une distinction ; l'*épiscopat,* une charge. La domination du *pontife* lui donne le droit de commander et de présider : la distinction du *prélat* lui attribue la préséance et des prérogatives honorifiques : la charge d'*évêque* impose le devoir de veiller et de pourvoir aux besoins spirituels d'un troupeau.

Dans le langage ordinaire, le nom de *pontife* n'est donné qu'au *souverain pontife* (au pape), aux *pontifes* de l'ancienne Rome ou autres anciens, aux saints *évêques* dont l'Église fait l'office : ces cas-là exceptés, *pontife* ne se dit que dans le style relevé, pour désigner un *évêque;* et ce nom imprime toujours la vénération. *Prélat* est de tous les styles, et surtout du style poétique, qui ne s'accommode pas du mot d'*évêque;* mais ce nom, qui n'exprime ni juridiction ni office particulier, a quelquefois excité la censure, qui s'égaie sur l'oisiveté, l'inutilité, le faste, l'ambition, les vices de quelques individus de cet ordre : ainsi ce nom n'est pas toujours aussi respecté qu'il est respectable. *Évêque* est le nom propre et vulgaire des *prélats* chargés de la conduite spirituelle d'un diocèse : ce nom honorable distingue des simples prêtres l'ordre éminent de ceux qui jouissent de toute la gloire et de tous les pouvoirs du sacerdoce ; et chaque *évêque* se distingue des autres par le nom de la ville où il est censé résider. (R.)

1002. Porter, Apporter, Transporter, Emporter.

Porter n'a précisément rapport qu'à la charge du fardeau. *Apporter* renferme l'idée du fardeau et celle du lieu où l'on *porte. Transporter* a rapport non-seulement au fardeau et au lieu où l'on doit le *porter*, mais encore à l'endroit d'où l'on le prend. *Emporter* enchérit par-dessus toutes ces idées, en y ajoutant une attribution de propriété à l'égard de la chose dont on se charge.

Nous faisons *porter* ce que, par faiblesse ou par bienséance, nous ne pouvons *porter* nous-mêmes. Nous ordonnons qu'on nous *apporte* ce que nous souhaitons avoir. Nous faisons *transporter* ce que nous voulons changer de place. Nous permettons d'*emporter* ce que nous laissons aux autres, ou ce que nous leur donnons.

Les crocheteurs *portent* les fardeaux dont on les charge. Les domestiques *apportent* ce que leurs maîtres les envoient chercher. Les voituriers *transportent* les marchandises que les commerçants envoient d'une ville dans une autre. Les voleurs *emportent* ce qu'ils ont pris.

Virgile a loué le pieux Énée d'avoir *porté* son père Anchise sur ses épaules, pour le sauver du sac de Troie. Saint Luc nous apprend que les premiers fidèles *apportaient* aux apôtres le prix des biens qu'ils vendaient. L'histoire nous montre, à n'en pouvoir douter, que la Providence punit toujours l'abus de l'autorité, en la *transportant* en d'autres mains. Si un de nos traducteurs avait bien fait attention aux idées accessoires qui caractérisent les synonymes, il n'aurait pas dit que le malin esprit *emporta* Jésus-Christ, au lieu de dire qu'il le *transporta.* (G.)

1003. Poster, Aposter.

On *poste* pour observer ou pour défendre. On *aposte* pour faire un mauvais coup. La troupe est *postée;* l'assassin est *aposté.* (G.)

1004. Posture, Attitude.

Posture, manière dont le corps est mis, *posé* (lat. *positus*). *Attitude*, manière convenable d'être du corps, de la tête, etc. : c'est le latin *aptitudo*, disposition propre, convenable; mot qui, passant par la langue italienne, a pris un *t* au lieu du *p*, *attitudine.*

La *posture* est une manière de poser le corps, plus ou moins éloignée de son habitude ordinaire : l'*attitude* est une manière de tenir le corps, plus ou moins convenable à la circonstance présente. La *posture*, même la plus commode, n'est jamais sans gêne, et on en change : l'*attitude*, même la moins ordinaire, est dans la nature ou la convenance des choses, et on s'y maintient; sinon l'*attitude* devient *posture.* La *posture* de suppliant est une *attitude* fort contrainte.

La *posture* marque la position, et la position est mobile. L'*attitude*

marque la contenance, et la contenance est ferme. Une personne souf-
frante ne fait que changer de *posture* : l'homme constant gardera
longtemps la même *attitude*.

La *posture* est singulière ; elle a toujours quelque chose qui, sortant de la nature ou de l'état ordinaire du corps, se fait remarquer.
L'*attitude* est pittoresque ; elle est l'expression naturelle du caractère,
de la passion, de l'état actuel de l'âme.

Les positions forcées, outrées, bizarres, celle de la caricature ou de
la charge, s'appelleront des *postures*. Les formes nobles, agréables,
expressives, du maintien et de la contenance, s'appelleront des *attitudes*.

Ces postures sont au corps ce que les grimaces sont au visage : ces
attitudes sont au corps ce que l'air est à la figure.

Les baladins font des *postures* ridicules pour exciter le rire ; les acteurs prennent des *attitudes* nobles pour représenter leur personnage.

Celui qui pour marcher prend l'*attitude* d'un danseur, se met dans
une *posture* ridicule. L'*attitude* naturelle, convenable et belle, dans
la danse n'est qu'une *posture* affectée, outrée et risible hors de là.

Enfin la *posture* embrasse le corps entier, au lieu que l'*attitude*
n'est quelquefois que de certaine partie, telle que la tête.

Posture est le terme vulgaire ; *attitude* est un terme d'art, employé
par le peintre, le sculpteur, le danseur, etc. (R.)

1005. Poudre, Poussière.

La *poudre* est la terre desséchée, divisée et réduite en petites molécules : la *poussière* est la *poudre* la plus fine, que le moindre vent
enlève, qui s'envole, se dissipe, s'attache aux corps qu'elle rencontre.

Lorsque la terre est si desséchée qu'elle se met en *poudre*, il s'élève
dans les chemins beaucoup de *poussière*, et les voyageurs en sont couverts. Si vous réduisez un corps en *poudre*, il s'en élève une *poussière*
incommode et souvent dangereuse. On dit du tabac en *poudre*, quand
il est trop fin, que c'est de la *poussière*.

Dans le style hyperbolique, il suffit de renverser et de détruire pour
mettre en *poudre* ; il faut renverser de fond en comble et dissiper pour
réduire en *poussière*.

Nous appelons *poudres* différentes sortes de compositions ou de
substances broyées, pulvérisées et semblables à la *poudre* : ainsi nous
disons *poudre de senteur*, *poudre à canon*, *poudre à poudrer*, etc.
Nous appellerons *poussière* tout ce qu'il y aura de plus subtil et de
plus fin, comme cette matière qui s'élève sur les étamines des fleurs
pour les féconder. (R.)

1006. Pour, Afin.

Ces deux mots sont synomymes dans le sens où ils signifient qu'on fait une chose en vue d'une autre : mais *pour* marque une vue plus présente; *afin* en marque une plus éloignée.

On se présente devant le prince *pour* lui faire sa cour : on lui fait sa cour *afin* d'en obtenir des grâces.

Il me semble que le premier de ces mots convient mieux lorsque la chose qu'on fait en vue de l'autre en est une cause plus infaillible; et que le second est plus à sa place, lorsque la chose qu'on a en vue en faisant l'autre en est une suite moins nécessaire.

On tire le canon sur une place assiégée *pour* y faire une brèche, et *afin* de pouvoir la prendre par assaut, ou de l'obliger à se rendre.

Pour regardé plus particulièrement un effet qui doit être produit. *Afin* regade proprement un but où l'on veut parvenir.

Les filles d'un certain âge font tout ce qu'elles peuvent *pour* plaire , *afin* de se procurer un mari. (G.)

1007. Pour, Quant.

Ces deux mots sont très-synonymes. Pour me paraît cependant avoir meilleure grâce dans le discours, lorsqu'il s'agit de la personne ou de la chose qui régit le verbe suivant : *quant* me paraît y mieux figurer lorsqu'il s'agit de ce qui est régi par le verbe. Je dirais donc : *Pour* moi, je ne me mêle d'aucune affaire étrangère; *quant* à moi, tout m'est indifférent.

La religion des personnes éclairées consiste dans une foi vive, dans une morale pure , et dans une conduite simple , guidée par l'autorité divine et soutenue par la raison. *Pour* celle du peuple, elle consiste dans une crédulité aveugle et dans les pratiques extérieures autorisées par l'éducation et affermies par la force de l'habitude. *Quant* à celle des gens d'église, on ne la connaîtra au juste que quand on en aura séparé les intérêts temporels. (G.)

1008. Pourtant, Cependant, Néanmoins, Toutefois.

Pourtant a plus de force et plus d'énergie; il assure avec fermeté, malgré tout ce qui pourrait être opposé. *Cependant* est moins absolu et moins ferme; il affirme seulement contre les apparences contraires. *Néanmoins* distingue deux choses qui paraissent opposées, et il en soutient une sans détruire l'autre. *Toutefois* dit proprement une chose par exception : il fait entendre qu'elle n'est arrivée que dans l'occasion dont on parle.

Que toute la terre s'arme contre la vérité, on n'empêchera *pourtant*
pas qu'elle ne triomphe. Quelques docteurs se piquent d'une morale
sévère ; ils recherchent *cependant* tout ce qui peut flatter la sensualité.
Corneille n'est pas toujours égal à lui-même ; *néanmoins* Corneille est
un excellent auteur. Que ne haïssait pas Néron ? *toutefois* il aimait
Poppée. (G.)

1009. Pouvoir, Puissance, Faculté.

Ces mots sont expliqués et pris ici dans le sens physique et littéral. Ils
signifient tous une disposition dans le sujet, par le moyen de laquelle il
il est capable d'agir ou de produire un effet ; mais le *pouvoir* vient des
secours ou de la liberté d'agir : la *puissance* vient des forces ; et la *faculté* vient des propriétés naturelles.

L'homme, sans la grâce, n'a pas le *pouvoir* de faire le bien. La jeunesse manque de savoir pour délibérer, et la vieillesse manque de *puissance* pour exécuter. L'âme humaine a la *faculté* de raisonner, et en
même temps la facilité de s'en acquitter tout de travers.

Faut-il regarder le *pouvoir* de mal faire comme un défaut dans
l'être raisonnable, et serait-il mieux que toute sa *puissance* se bornât
au bien ? J'avais dit oui dans ma précédente édition ; et dans celle-ci je
laisse répondre Pope, qui dit non. La *faculté* de désirer sert à rendre
l'homme habile et laborieux ; mais elle contribue aussi à le rendre malheureux.

Le *pouvoir* diminue. La *puissance* s'affaiblit. La *faculté* se perd.

L'habitude diminue beaucoup le *pouvoir* de la liberté. L'âge n'affaiblit que la *puissance*, et non le désir de satisfaire ses passions. L'âme
ne perd ses *facultés* que par les accidents qui arrivent dans les organes
du corps. (G.)

1010. Précipice, Gouffre, Abîme.

On tombe dans le *précipice*. On est englouti par le *gouffre*. On se
perd dans l'*abîme*. Le premier emporte avec lui l'idée d'un vide es-
carpé de toutes parts, d'où il est presque impossible de se retirer quand
on y est. Le second renferme une idée particulière de voracité insatiable, qui entraîne, fait disparaître et consume tout ce qui en approche. Le troisième emporte l'idée d'une profondeur immense, jusqu'où
l'on ne saurait parvenir, et où l'on perd également de vue le point d'où
l'on est parti et celui où l'on voulait aller.

Le *précipice* a des bords glissants et dangereux pour ceux qui marchent sans précaution, et inaccessibles pour ceux qui sont dedans : la
chute est rude. Le *gouffre* a des tours et des circuits dont on ne peut
se dégager dès qu'on y fait un pas ; et l'on y est emporté malgré soi.

L'*abîme* ne présente que des routes obscures et incertaines qu'auct
but ne termine : on s'y jette quelquefois tête baissée, dans l'espérance (
trouver une issue ; mais le courage rebuté y abandonne l'homme, et
laisse dans un chaos de doutes et d'inquiétudes accablantes.

Le chemin de la fortune est à la cour environné de mille *précipice*,
où chacun vous pousse de son mieux. Une femme débauchée est u
gouffre de malheurs : tout y périt, la vertu, les biens et la santé. Sou
vent la raison du philosophe, à force de chercher de l'évidence en tou
ne fait que se creuser un *abîme* de ténèbres.

L'avarice est le *précipice* de l'équité. Paris est le *gouffre* des pro
vinces. L'infini est l'*abîme* du raisonnement. (G.)

1011. Précis, Concis.

Précis regarde ce qu'on dit ; et *concis*, la manière dont on le dit
L'un a la chose pour objet, et l'autre l'expression. Le premier va ai
fait, l'autre en abrége l'expression.

Le discours *précis* ne s'écarte pas du sujet, rejette les idées étran
gères, et méprise tout ce qui est hors de propos. Le discours *conci*
explique et énonce en très-peu de mots, et bannit tout le surabon
dant.

Les digressions empêchent d'être *précis*, et le style diffus est l'opposé du *concis*.

La première de ces qualités est bonne en toute occasion ; la second(
ne convient pas avec toutes sortes de personnes, parce que le demi-
mot ne suffit pas à la plupart des gens ; il faut leur dire le mot entier. (G.)

1012. Précis, Succinct, Concis.

Le *précis* et le *succinct* regardent les idées ; le *précis* rejette celles
qui sont étrangères, et n'admet que celles qui tiennent au sujet ; le *succinct* se débarrasse des idées inutiles, et ne choisit que celles qui sont
essentielles au but.

Le *concis* est relatif à l'expression ; il rejette les mots superflus, évite
les circonlocutions inutiles, et ne fait usage que des termes les plus
propres et les plus énergiques.

L'opposé du *précis* est le prolixe ; l'opposé du *succinct* est l'étendu ;
l'opposé du *concis* est le diffus.

On peut dire du *succinct* et du *précis* ce que Quintilien disait de
Démosthènes et de Cicéron : « On ne peut rien ôter au premier, on ne
peut rien ajouter au second. » Si l'on retranche du *succinct*, on devient
obscur ; si l'on ajoute au *précis*, on devient prolixe : au contraire, en
ajoutant au *succinct*, on ne fait que l'étendre ; en retranchant du *pré-*

cis, on le ramène au *succinct*. Mais on ne peut ni retrancher ni ajouter au *concis* : si vous en retranchez, vous devenez obscur et vous fatiguez ; si vous y ajoutez, vous devenez diffus et vous ennuyez. (B.)

1013. Précision, Abstraction.

Serait-il nécessaire d'avertir que le mot d'*abstraction* n'est pris ici que dans le sens physique, selon lequel on dit communément faire *abstraction* d'une chose ; et non dans le sens qui a rapport à celui de *distraction*. Je crois l'observation inutile ; la voilà néanmoins faite en faveur d'un lecteur à qui la concurrence du mot de *précision* ne serait pas d'abord saisir son juste point de vue. J'ajoute que ces deux mots ont une idée commune qui les rend synonymes ; que cette idée est peinte aux yeux mêmes dans leur étymologie ; qu'elle est celle d'une séparation faite par la force de l'esprit dans la considération des objets ; et que, bien loin qu'il faille s'écarter de cette signification essentielle à l'un et à l'autre de ces mots, pour chercher leur propre différence, je pense qu'il serait très-difficile de la trouver ailleurs que dans les diversités de cette idée principale et synonyme, et de former sans elle leurs caractères particuliers. Les voici donc sur ce plan, tels que je suis capable de les représenter.

La *précision* sépare les choses véritablement distinctes, pour empêcher la confusion qui naît du mélange des idées. L'*abstraction* sépare les choses réellement inséparables, pour les considérer à part indépendamment les unes des autres. La première est un effet de la justesse et de la netteté de l'entendement, qui fait qu'on ajoute rien d'inutile et hors d'œuvre au sujet qu'on traite, en le prenant néanmoins dans sa juste totalité ; par conséquent elle convient partout, dans les affaires comme dans les sciences. La seconde est l'effort d'un esprit métaphysique, qui écarte du point de vue tout ce qu'on veut détacher du sujet qu'on traite : elle le mutile un peu, mais elle contribue quelquefois à la découverte de la vérité, et quelquefois elle entraîne dans l'erreur : il s'en faut donc servir, mais en même temps s'en défier.

Il me semble que la *précision* a plus de rapport aux choses qu'on peut non-seulement considérer à part, mais qu'on peut aussi concevoir être l'une sans l'autre, telles que seraient, par exemple, l'aumône et l'esprit de charité. Il me paraît que l'*abstraction* regarde plus particulièrement les choses qu'on peut, à la vérité, considérer à part, mais qu'on ne saurait concevoir être l'une sans l'autre ; telles que sont, par exemple, le corps et l'étendue. Ainsi le but de la *précision* est de ne point sortir du sujet, en éloignant pour cet effet tout ce qui lui est étranger ; et celui de l'*abstraction* est de ne pas entrer dans toute l'étendue du sujet, en n'en prenant qu'une partie, sans aucun égard à l'autre.

Il n'y a point de science plus certaine ni plus claire que la géo-

métrie, parce qu'elle fait des *précisions* exactes : on y a cependant
mêlé certaines *abstractions* métaphysiques, qui font que les géomè-
tres tombent dans l'erreur comme les autres ; non pas, à la vérité,
quand il est question de grandeur et de mesure, mais quand il est
question de physique.

On ne saurait se faire des idées trop *précises ;* mais il est quelquefois dangereux d'en avoir de trop *abstraites.* Les premières sont la
voie la plus sûre pour aller au vrai dans les sciences, et au but dans
les affaires ; au lieu que les secondes souvent nous en éloignent.

La *précision* est un don de la nature né avec l'esprit : ceux qui en
sont doués sont d'un excellent commerce pour la conversation ; on
les écoute avec plaisir, parce qu'ils écoutent aussi de leur côté ; ils
entendent également ce qu'on leur dit, comme ils font entendre également ce qu'ils disent. L'*abstraction* est un fruit de l'étude produit
par une profonde application : ceux à qui elle est familière, parlent
quelquefois avec trop de subtilité des choses communes ; les sujets
simples et naturels deviennent, dans leurs discours, très-difficiles à
comprendre, par la manière dont ils les traitent.

Les idées *précises* embellissent le langage ordinaire ; elles en
font, selon moi, le sublime. Les idées *abstraites* y sont fatiguantes ;
elles ne me paraissent bien placées que dans les écoles ou dans certaines conversations savantes.

On exprime par des idées *précises* les vérités les plus simples et
les plus sensibles : mais on ne peut souvent les prouver que par des
idées très-*abstraites.* (G.)

1014. Prédication, Sermon.

On s'applique à la *prédication,* et l'on fait un *sermon.* L'une est la
fonction du prédicateur, l'autre est son ouvrage.

Les jeunes ecclésiastiques qui cherchent à briller s'attachent à la
prédication, et négligent la science. La plupart des *sermons* sont de
la troisième main dans le débit ; l'auteur et le copiste en ont fait
leur profit avant l'orateur.

Les discours faits aux infidèles, pour leur annoncer l'Évangile, se
nomment *prédications.* Ceux qui sont faits aux chrétiens, pour nourrir leur piété, sont des *sermons.*

Les apôtres ont fait autrefois des *prédications* remplies de solides
vérités. Les prêtres aujourd'hui font des *sermons* pleins de brillantes
figures. (G.)

1015. Prédiction. Prophétie.

Annonce des choses futures. La *prédiction* peut porter sur des événements soumis aux calculs de la prévoyance. La *prophétie,* toujours

indépendante de la raison, ne peut être que l'effet de l'inspiration : ainsi on *prédit* une éclipse, ou l'événement d'un procès. Daniel avait *prophétisé* la venue de Jésus-Christ.

Chez les païens, l'art de la divination avait ses règles. Les aruspices, d'après le vol des oiseaux ou les entrailles des victimes, faisaient des *prédictions :* Apollon avait accordé à Cassandre le don de *prophétie ;* elle ne consultait que l'esprit du Dieu. (F. G.)

1016. Prééminence, Supériorité.

La *prééminence* est l'attribut d'un homme plus élevé en dignité que les autres ; la *supériorité* est celui d'un homme plus grand que les autres par ses qualités personnelles. On peut dire que la *supériorité* dépend de la taille ; la *prééminence*, du siége sur lequel on est placé.

La *prééminence* tient à l'opinion ; la *supériorité* est de fait : on peut accorder la *prééminence* à certaines qualités ; l'opinion décide souvent de leur prix : la *supériorité* d'esprit est une chose réelle qu'on ne peut disputer ni déplacer. (F. G. R.)

1017. Premier, Primitif.

Si l'on conçoit une suite de plusieurs êtres qui se succèdent dans un certain espace de temps ou d'étendue, celui de ces êtres qui est à la tête de cette suite, qui la commence, est celui que l'on appelle, pour cela même, *premier* ou *primitif ;* les idées accessoires qui différencient ces deux mots en font disparaître la synonymie.

Premier se dit en parlant de plusieurs êtres réels ou abstraits, entièrement distingués les uns des autres, mais que l'on envisage seulement comme appartenant à la même suite. *Primitif* se dit en parlant des différents états successifs d'un même être.

L'enchaînement des révolutions occasionées par les événements, et préparées par les passions, ramène enfin Rome à son gouvernement *primitif,* qui était monarchique. Depuis qu'elle eut chassé les rois, jusqu'au temps où elle fut asservie par les empereurs, elle fut gouvernée par deux chefs, sous le nom de *consuls,* dont l'autorité suprême était annuelle : les deux *premiers* furent L. Junius Brutus et L. Tarquinius Collatinus.

La langue que parlait Adam et Eve est la *première* de toutes les langues ; et si les différents idiomes qui distinguent les nations ne sont que différentes formes de cette langue, elle est aussi la langue *primitive* du genre humain : on peut appuyer cette opinion par bien des preuves.

Si l'on ne comparait que les mœurs des *premiers* chrétiens avec les nôtres, et la discipline rigoureuse de l'église *primitive* avec l'indulgence que l'Église d'aujourd'hui est forcée d'avoir, on serait tenté de croire que nous n'avons pas conservé la religion des *premiers* siècles ; et c'est par ce sophisme que les novateurs ont séduit les peuples, en leur cachant ou leur déguisant les preuves invincibles de l'immortalité de la doctrine *primitive*, et de l'indéfectibilité de l'Église qui en est dépositaire. (B.)

1018. Préoccupation, Prévention, Préjugé.

Préoccupation désigne l'action d'occuper, de saisir l'esprit mal à propos ; *prévention*, celle de prévenir, de disposer d'avance l'esprit ; *préjugé*, celle de juger, de croire trop tôt. (R.)

Tous ces termes, dit Beauzée, expriment une disposition intérieure, opposée à la connaissance certaine de la vérité. La *préoccupation* et la *prévention* sont des dispositions qui empêchent l'esprit d'acquérir les connaissances nécessaires pour juger régulièrement des choses ; avec cette différence que la *préoccupation* est dans le cœur, et qu'elle rend injuste, au lieu que la *prévention* est dans l'esprit, et qu'elle l'aveugle. Le *préjugé* est un jugement porté précipitamment sur quelque objet, après un exercice insuffisant des facultés intellectuelles.

Il semble que l'amour-propre soit le premier principe de la *préoccupation* : un homme *préoccupé* ne connaît rien de si vrai que ses idées, rien de si solide que ses systèmes, rien de si raisonnable que ses goûts, rien de si juste que de satisfaire ses passions, rien de si équitable que de sacrifier tout à ses intérêts. La paresse semble être le premier principe de la *prévention* : il est trop pénible pour un paresseux d'examiner par lui-même, et de ne se décider que d'après des réflexions trop lentes ; il aime mieux se déterminer par l'autorité de ses maîtres, par l'approbation des personnes qui font un certain bruit dans le monde, par les usages que la coutume a autorisés, par les habitudes que l'éducation lui a fait prendre. Les *préjugés* naissent de l'une de ces deux sources : les unes viennent de trop de confiance en ses propres lumières ; ce sont des effets de la *préoccupation* : les autres viennent de trop de confiance aux lumières d'autrui ; ce sont des effets de la *prévention* : ces deux dispositions se fortifient ensuite par les *préjugés* mêmes qu'elles ont fait naître ; et l'on voit enfin la *préoccupation* dégénérer en brutalité, et la *prévention* en opiniâtreté.

Il est nécessaire d'être en garde contre les décisions de l'amour-propre, pour ne pas se *préoccuper* injustement. Il est sage de suspendre son jugement sur les insinuations du dehors, pour ne pas se laisser *prévenir* aveuglément. Il est raisonnable d'examiner mûrement, pour ne pas se remplir l'esprit de *préjugés*, dont on a ensuite bien de la peine à se détromper, ou dont on ne se détrompe jamais. (B.)

La *préoccupation* n'est pas seulement dans le cœur : vous avez l'esprit *préoccupé*, comme vous l'avez *occupé ;* et c'est aussi ce que vous répondez pour vous excuser de n'avoir pas entendu ce qu'on vous disait. La *prévention* tient fort souvent au cœur ; la *prévention* des pères et mères pour leurs enfants vient de là. Le cœur, comme dit Saint-Évremont, a ses *préventions* aussi bien que l'esprit. La *prévention* et la *préoccupation* mènent au *préjugé*.

La *préoccupation* est l'état d'un esprit si plein, si possédé de certaines idées, qu'il ne peut plus en entendre ou en concevoir de contraires. La *prévention* est une disposition de l'âme telle qu'elle la fait pencher à juger plus ou moins favorablement ou défavorablement d'un objet. Le *préjugé* est un jugement anticipé, ou une croyance établie sans un examen suffisant ou une connaissance convenable de la chose.

La *préoccupation* ôte la liberté de l'esprit ; elle l'absorbe. La *prévention* ôte l'impartialité du jugement ; elle suborne. Le *préjugé* ôte le doute raisonnable ; il tranche.

La *préoccupation* n'est jamais bonne à rien ; elle fait tort même à la vérité, par là même qu'elle empêche l'erreur de se défendre. Il y a des *préventions* justes et raisonnables : ainsi la justice et la raison veulent que nous consultions nos *préventions* pour l'homme d'une probité reconnue, et contre l'homme suspect et de mauvaise foi, si nous avons à traiter avec eux. Les *préjugés* seront légitimes lorsque, fondés sur des présomptions fortes, ils ne formeront que des jugements provisoires, sur lesquels l'esprit se repose, en attendant une instruction plus ample. Le *préjugé* n'est alors qu'une opinion.

La *préoccupation* naît de quelque impression vive et profonde qui remplit de son objet la capacité de l'esprit et captive la pensée. La *prévention* naît de certains rapports qui, en nous intéressant à l'égard d'un objet, ne permettent pas à l'âme de conserver son équilibre et son indifférence. Les *préjugés* naissent surtout de la faiblesse et de la paresse de l'esprit, qui aime mieux juger et croire que douter et apprendre. (R.)

1019. Prérogative, Privilége.

La *prérogative* regarde les honneurs et les préférences personnelles ; elle vient principalement de la subordination ou des relations que les personnes ont entre elles. Le *privilége* regarde quelque avantage d'intérêt ou de fonction ; il vient de la concession du prince ou des statuts de la société.

La naissance donne des *prérogatives*. Les charges donnent des *priviléges*. (G.)

1020. Près, Proche.

Proche exprime le superlatif, une grande proximité, un étroit voisinage. Nous disons qu'un homme a *approché fort près*, *très-près* du but ; il en a été *proche* ou *tout proche*.

Ces prépositions doivent être suivies de la particule *de ;* mais quelquefois on la supprime dans le discours familier, pour abréger, quand elles ont pour régime un substantif de plusieurs syllabes, et mieux encore un régime composé : *près* ou *proche le Pont-Neuf*, *la porte Saint-Antoine*. Mais la préposition *de* se met quelquefois devant *près*, et non pas devant *proche*. Voir *de près*, suivre *de près*, serrer *de près*, tenir *de près*, toucher *de près*, etc. , et non *de proche*. Dans ces cas-là, *près* acquiert la valeur de *proche*, celle d'une grande proximité ; et par là même il en exclut l'usage. .

Le mot *près* se prend donc adverbialement ; il n'en est pas de même de *proche* : mais *proche* se prend adjectivement, et il n'en est pas de même de *près*. Je sais qu'on a coutume de dire que *proche* est, ainsi que *près*, adverbe dans ces phrases : ces deux villages sont *tout proches* ou *tout près ;* ces deux amis logent *assez près* ou *assez proche ;* mais il est aisé de remarquer que, dans ces cas-là, le régime est seulement sous-entendu, et qu'on entend alors *près* ou *proche d'ici*, ou *l'un de l'autre*.

On dit *près* et non *proche* de faire, de tomber, de partir, de parler, de périr, et autres verbes.

Proche ne s'emploie qu'au propre et dans le langage ordinaire, pour exprimer une proximité de lieu ou de temps ; il est beaucoup moins usité que son synonyme. *Près* est très-usité dans tous les genres de style : il s'emploie selon diverses acceptions et dans une foule d'expressions figurées. (R.)

1021. Présenter, Offrir.

Présenter signifie littéralement mettre devant, sous la main, devant ou sous les yeux de quelqu'un ; *présent*, ce qui est *près*, devant, en *présence ;* de *præ*, devant, et *ens*, qui est. *Offrir* signifie porter devant, mettre en avant : *offre*, ce qu'on met en avant, ce qu'on propose ; de *ferre*, porter, et *ob*, devant, en avant.

Il n'y a personne qui ne conçoive d'abord la différence qu'il y a entre faire une *offre*, et une *présentation :* on sait donc ce qui distingue *offrir* de *présenter*. Vous *présentez* à quelqu'un ce que vous avez à lui donner de la main à la main ; vous ne *présentez* que ce qui est *présent :* vous *offrez* ce que vous désirez de donner ou de faire, sans qu'il soit nécessaire de livrer ou d'exécuter actuellement la chose ; vous *offrez* ce qui n'est pas *présent*, comme ce qui l'est. *Présenter*, c'est *offrir* une chose *présente : offrir*, c'est proposer une chose quelconque, *présente* ou absente. Vous *présentez* ce que vous avez à la main, sous la main : vous *offrez* ce que vous avez à votre disposition, en votre pouvoir. *Présenter* un bouquet, c'est *offrir* un présent. Vous *présentez* des hommages par des signes actuels de respect et de soumission : vous *offrez* des services par la proposition d'en rendre quand l'occasion s'en *présentera*. Rien n'est plus simple et plus palpable ; on ne confond pas une *présentation* avec une *proposition*.

On *présente* donc à une personne, afin qu'elle reçoive ou qu'elle prenne, comme de la main à la main : on lui *offre*, afin qu'elle accepte ou qu'elle agrée. *Recevoir*, c'est prendre ce qu'on vous donne : *accepter*, c'est consentir à ce qu'on vous propose (1). Il suffit qu'on trouve bon ce que vous *offrez* : il faut que vous remettiez en quelque sorte à la personne ce que vous lui *présentez*. Si vous ne faites pas connaître la valeur des mots *recevoir* et *accepter*, vous expliquez une énigme par une autre.

Vous *présentez* quelqu'un dans une société ; il est reçu, admis. Il *offre* de faire la partie qu'on voudra, et ses *offres* sont agréées ou acceptées.

On *offre* de faire, de dire, d'aller, etc. ; choses à venir : on *présente* les remercîments qu'on fait, l'hommage qu'on rend, le placet qu'on donne, choses qu'on rend présentes. On *offre* de payer : on *présente* l'argent en payement. On *offre* de faire des réparations d'honneur, et on *présente* ses soumissions pour les faire.

On *présente* ce qu'on a ; on *offre* ce qu'on peut.

Personne ne vous *présente* de secours quand vous êtes dans la détresse ; tout le monde vous *offre* ses services quand vous n'en avez pas besoin. (R.)

1022. Présomption, Conjecture.

Présomption, action de *présumer*, c'est-à-dire de prendre d'avance un avis, une opinion ; ou l'opinion prise d'avance, un jugement préalable, *opinio presumpta*, disent les jurisconsultes.

Conjecture, de *conjicere*, *conjectare*, jeter ensemble ou avec, au-

---

(1) L'abbé Girard dit que *recevoir* exclut simplement le refus ; et qu'*accepter* semble marquer un consentement ou une approbation plus expresse. Cette distinction est insuffisante. *Recevoir* comporte, pour ainsi dire, une prise de possession de la chose, tandis qu'*accepter* n'exprime que le consentement ou l'agrément donné à la chose. Ce que vous avez *reçu*, vous l'avez ; mais vous n'avez fait qu'autoriser ce que vous avez *accepté*. Un négociant *accepte* et ne *reçoit* pas une lettre de change. Vous *recevez* même malgré vous, mais vous n'*acceptez* que de plein gré. (R.) *Voyez* le synonyme *Recevoir, Accepter*.

gurer, deviner, interpréter, par une allusion marquée à l'action de jeter les dés, de tirer au sort.

La *présomption* est une opinion fondée sur des motifs de crédulité : la *conjecture* est une opinion établie sur de simples apparences. La *présomption* est plus forte de raison que la *conjecture*. La *présomption* forme un préjugé légitime ; la *conjecture* n'est qu'un simple pronostic.

La *présomption* est réelle, je veux dire fondée sur des faits certains, des vérités connues, des commencements de preuves : la *conjecture* est idéale, je veux dire tirée par des raisonnements, des interprétations, des suppositions. La *présomption* est donnée par les choses : la *conjecture* est trouvée par l'imagination.

La *présomption* attend la certitude : la *conjecture* tend à la découverte. La *présomption* a lieu surtout à l'égard des faits positifs, dans les affaires civils, pour des actions morales à juger : elle est familière au jurisconsulte et à l'orateur. La *conjecture* s'exerce principalement sur des choses cachées, des vérités inconnues, des principes éloignés à découvrir : elle est familière au philosophe et au savant. Il ne suffit pas de *présumer*, il faut prouver : il ne suffit pas de *conjecturer*, il faut trouver. La *présomption* doit se changer en conviction ; la *conjecture* en réalité.

La *présomption* est un poids qui fait pencher la balance, mais qui ne la fait pas tomber. La *conjecture* n'est qu'une voie ouverte pour chercher la vérité. (R.)

1023. Pressentir, Se douter, Soupçonner.

On *pressent* ce qui doit arriver ; on *soupçonne* une chose cachée ; on se *doute* de celle qui n'est pas tout-à-fait connue.

Pressentir exprime une idée vague et peu arrêtée, comme celle qu'on peut avoir de l'avenir : *soupçonner*, une idée confuse et légèrement motivée, comme on peut l'avoir sur une chose qui ne se manifeste point extérieurement. *Se douter* est l'expression d'une croyance qui n'a pas acquis le degré de certitude dont elle est susceptible.

Pressentir un événement tient ordinairement à la nature des circonstances, qui semblent se disposer de manière à l'amener : *soupçonner* une chose tient surtout à l'idée qu'on a du caractère et des sentiments de ceux qui doivent l'avoir faite : *se douter* d'un fait, c'est en juger sur certaines apparences qui le rendent probable.

On *pressent* une résolution avant qu'elle soit prise : on *soupçonne* des intentions avant que rien les ait fait connaître : on *s'en doute* au moment où elles commencent à se manifester.

Un homme appelé dans le cabinet d'un ministre *pressent* de quelle affaire on va lui parler : il *soupçonne* quels sont les motifs qu'on peut avoir pour s'adresser à lui ; et au ton qu'on prend avec lui, il *se doute* bientôt des propositions qu'on va lui faire. (F. G.)

1024. Sous le prétexte, Sur le prétexte.

Ces deux locutions sont bonnes, selon Bouhours, et même également usitées ; ce qu'il prouve par des citations. Sans rien contester à l'usage, j'observerai que la préposition *sur* ne s'accorde point avec le sens du mot *prétexte*, qui, formé du latin *prætextere* (tendre devant, mettre dessus, couvrir), désigne un *tissu*, un voile, une enveloppe, ce qui cache, couvre, déguise la chose : or la chose qui est couverte est *sous* ce qui la couvre, et non *sur*.

Quoi qu'il en soit, l'usage a-t-il prétendu donner le même sens à deux prépositions contraires, telles que *sous* et *sur* ? il me paraît plus naturel de penser qu'il a laissé à chacune son sens naturel, et qu'il en résulte deux prépositions différentes. On fonde, on établit, on appuie *sur* : on couvre, on dissimule, on cache *sous*. Ainsi on fonde, on appuie ses desseins, ses actions, *sur un prétexte* : on cache ses desseins, ses motifs, *sous un prétexte*. Le *prétexte* est une raison fausse, feinte, apparente et mauvaise. Quand on fait une chose sans raison, on la fait *sur un prétexte* ; quand on la fait pour des raisons qu'on dissimule, on la fait *sous un prétexte*. Dans le premier cas, on veut s'autoriser, se disculper ; dans le second, se déguiser, en imposer. On cherche un *prétexte sur* quoi l'on s'appuie pour s'autoriser à faire la sottise ou le mal qu'on a envie de faire : on imagine un *prétexte sous* lequel on fasse passer une action ou une entreprise pour toute autre chose que ce qu'elle est. Le premier *prétexte* a pour objet de nous tromper par une fausseté ; et le second, de nous séduire par une imposture. On prendra une résolution *sur un prétexte* plausible : on déguise ses vrais motifs *sous un prétexte* spécieux.

On laisse aller le mal, *sur le prétexte* qu'il est impossible d'y remédier : on protége les abus *sous le prétexte* qu'ils tiennent à des choses utiles ; mais en effet parce qu'ils sont utiles à ceux qui les protégent. Dans la première phrase, le *prétexte* n'est qu'une mauvaise raison qu'on donne de sa conduite ; et dans la seconde, un déguisement de ses vrais motifs...

Sur le prétexte de la fragilité humaine, il y a des gens qui se pardonnent bonnement leurs fautes ; mais, *sous prétexte* de justice, leur malignité ne pardonne pas celles des autres.

Vous trouvez assez de gens qui, *sur le prétexte* qu'il serait ridicule de ne pas être et faire comme tout le monde, se rendent fort ridicules. Vous voyez des gens qui ne se conviennent plus, se quitter *sous divers prétextes* qui ne trompent personne. On fait mieux encore, c'est de se quitter sans *prétexte*. (R.)

1025. Prêtrise, Sacerdoce.

La *prêtrise* et le *sacerdoce* désignent, dans les idées de la religion, l'ordre et le caractère indélébile en vertu duquel on a le pouvoir d'offrir le saint sacrifice et d'administrer les sacrements. Mais avec la simple *prêtrise* on n'a pas le pouvoir de conférer les ordres, ni celui de confirmation, ni même celui d'exercer, sans une juridiction ou sans une approbation particulière, le pouvoir de confesser; tandis que cette approbation est accordée et que ces deux sacrements sont administrés par l'évêque, en vertu d'une consécration spéciale; et c'est ce qui le constitue dans la plénitude du *sacerdoce*, qui, dans toute son étendue, renferme plus de pouvoirs et de droits que la simple *prêtrise*.

Sacerdoce est aussi un mot générique qui s'applique également à tous les genres des prêtres chrétiens, juifs et païens, au lieu que la *prêtrise* n'a d'usage qu'à l'égard des prêtres de la religion chrétienne, quoique nous disions les prêtres païens ou juifs. Enfin, *prêtrise* est le mot vulgaire, et *sacerdoce* est un mot noble. (R.)

1026. Se prévaloir, Se targuer, Se glorifier.

Se prévaloir d'une chose, c'est s'en faire un droit; *s'en targuer*, s'en faire un avantage; *s'en glorifier*, s'en faire un mérite.

Un homme *se glorifie* de sa noblesse, comme si le mérite lui en appartenait; il *s'en targue*, comme d'un avantage auquel tous les autres doivent porter respect et envie; il *s'en prévaut*, comme d'un droit qui les oblige à lui céder.

On ne *se prévaut* guère sans usurpation : on ne *se targue* point sans ridicule; on peut *se glorifier* à bon droit.

Ainsi on peu *se glorifier* d'une bonne action que l'injustice vous reproche; mais elle perd tout son effet si l'on *s'en targue*, et tout son mérite si l'on *s'en prévaut*.

Se glorifier a pour but de s'élever soi-même; *se targuer*, d'humilier les autres; *se prévaloir*, de l'emporter sur eux.

On peut *se glorifier* d'un mérite faux : on ne *se targue* que d'un avantage réel, mais dont on s'exagère l'importance : on ne *se prévaut* que d'un avantage reconnu, mais dont on étend trop les droits. (F. G.)

1027. Prier, Supplier.

C'est demander avec ardeur et avec soumission à ceux qui sont en état d'accorder ce que l'on désire.

Supplier est beaucoup plus respectueux que *prier*, et marque dans celui qui demande un désir plus vif et un besoin plus urgent d'obtenir : nous *prions* nos égaux et nos amis de nous rendre quelque service;

nous *supplions* le roi et les personnes constituées en dignité de nous accorder quelque grâce, ou de nous rendre justice.

En parlant des grands, ou en leur adressant la parole, on doit également se servir de *supplier* ; j'ai *supplié* le roi de, etc. ; sire, je *supplie* votre majesté de, etc. Mais s'il s'agit de Dieu, on ne dit que *prier* en parlant de lui, et l'on peut dire *prier* ou *supplier* en lui adressant la parole ; je *prie* Dieu que cela soit ; mon Dieu, je vous *prie* d'avoir pitié de moi ; je vous *supplie*, ô mon Dieu, d'avoir pitié de moi. Le degré d'ardeur décide le choix entre ces deux dernières phrases.

D'où vient cette différence par rapport à Dieu et aux grands de la terre ? car l'usage même, que l'on donne ordinairement pour dernière raison, a aussi les siennes. Ne serait-ce pas parce que la supériorité des grands étant accidentelle, et en quelque sorte précaire, vu les droits imprescriptibles de l'égalité naturelle, on ne doit se permettre aucune expression qui puisse leur rappeler trop clairement ces droits, et donner quelque atteinte à leur prééminence ? Au contraire, la grandeur de Dieu est si incontestable, que le choix des expressions ne doit plus tomber que sur nos besoins ; et elle est si supérieure à notre néant, que les différences de nos façons de parler sont nulles à son égard.

Au reste, il faut remarquer encore que l'on dit *prier* Dieu, sans autre addition ; mais on ne peut dire *supplier* le roi, sans ajouter de quoi on le *supplie*. *Prier* Dieu est un devoir indispensable, et dont l'objet est constant ; *supplier* le roi ou les grands est un acte accidentel, et dont l'objet doit être déterminé. (B.)

Il me semble que la véritable raison de dire, à l'égard de Dieu, *prier*, c'est que ce mot se prend alors dans un sens religieux, et qu'il est consacré pour marquer un acte de culte, un hommage de religion, un devoir et un exercice de piété. *Prier*, c'est faire la prière, ses prières, les prières par lesquelles on rend un devoir et un culte. Aussi disons-nous *prier Dieu* dans un sens absolu, sans addition, sans spécifier ce qu'on lui demande ; car l'objet de cet acte est constant et connu, comme l'observe M. Beauzée : mais on ne dit pas *supplier Dieu*, sans ajouter, déterminer et spécifier la grâce qu'on désire obtenir ; car ce mot ne désigne qu'un acte particulier et une manière particulière et accidentelle de *prier*.

Mais à l'égard des grands de la terre, le mot *prier* rentrera nécessairement dans son acception vulgaire. Nous ne dirons pas *prier le roi et les grands*, dans un sens absolu et sans addition : on ne fait point la prière aux grands ; on leur demande accidentellement une chose ou une autre. Ainsi, pour marquer le respect particulier qu'on leur porte, et la distance à laquelle on se tient d'eux, il faudra communément dire *supplier* au lieu de *prier*, qui les confondrait dans la foule de ceux qu'on a coutume de *prier*. (R.)

1028. Prier de dîner, Prier à dîner, Inviter à dîner.

Ces trois phrases qui semblent d'abord signifier la même chose, parce qu'en effet il y a un sens fondamental qui leur est commun, ont pourtant des différences qu'il ne faut pas confondre.

Prier, en général, suppose moins d'appareil qu'*inviter*, et *prier de dîner* en suppose moins que *prier à dîner*.

Prier marque plus de familiarité ; et *inviter*, plus de considération : *prier de dîner* est un terme de rencontre ou d'occasion ; et *prier à dîner* marque un dessein prémédité.

Si quelqu'un avec qui je puis prendre un ton familier se trouve chez moi à l'heure du *dîner*, et que je lui propose d'y rester pour faire ce repas avec moi, tel qu'il a été préparé pour moi, je le *prie de dîner*. Si je vais exprès, ou si j'envoie chez lui, pour l'engager de venir dîner chez moi, alors je le *prie à dîner*, et je dois ajouter quelque chose à l'ordinaire. Mais si je fais la même démarche à l'égard de quelqu'un à qui je dois plus de considération, je l'*invite à dîner*, et ma table doit avoir une augmentation marquée.

Quand on *prie de dîner*, c'est sans apprêt ; quand on *prie à dîner*, l'apprêt ne doit être qu'un meilleur ordinaire ; mais quand on *invite à dîner*, l'apprêt doit sentir la cérémonie. (B.)

1029. Principe, Élément.

Principe, du latin *principium*, racine *præ*, avant, est ce par quoi les choses existent. C'est la cause ; àvant le principe, il n'y a rien.

Le *principe* est la cause première sans laquelle rien n'existerait.

Élément, du latin *elementum*, dérivé d'*alere*, *allactare*, nourrir des premiers aliments que la nature présente, de la chose à laquelle nous devons accroissement et conservation.

Élément, en physique, prend la qualité de principe. Nous disons *élément* en parlant d'un corps simple qui entre dans la composition de la matière, et par le moyen duquel elle existe dans son *intégralité*.

On n'est pas encore d'accord sur le nombre d'*éléments* qui composent la matière. Les uns n'en admettent qu'un, d'autres trois : les quatre avaient prévalu ; mais la décomposition de l'eau les a réduits au moins à trois. Jusqu'à ce qu'on parvienne à décomposer les autres, n'affirmons rien et cherchons. La chaleur est le *principe* de la vie, l'air est notre élément.

Les *éléments* des sciences et des arts sont les premières règles qui dérivent des *principes*, c'est-à-dire de l'objet. La nécessité fut le *principe* de la formation des langues ; c'est dans la grammaire, qui établit le rapport des sons, qu'on en trouve les *éléments*.

Dans tous les cas, le *principe* est aux *éléments* ce que la cause est à l'effet. Les *éléments* n'existeraient pas sans le *principe*, mais celui-ci peut exister sans effets.

La physique et la chimie ont nommé *principe* les corps simples qui entraient dans la composition des mixtes. Ces sciences, raisonnant sur la nature des corps, on dû donner ce nom à tout ce qui les constituait tels ; car le *principe* de la matière n'existe pas hors de la matière.

La métaphysique, raisonnant sur des choses abstraites, n'admet pour *principe* que la cause première : elle a donné, comme la physique, le nom d'*élément* à la partie inhérente au tout. Dieu est le *principe ;* la bonté est un de ses *éléments*. Connaisons le *principe*, nourrissons-nous des *éléments*. Cette leçon s'applique à tout. (R.)

1030. Privé, Apprivoisé.

« Les animaux *privés*, dit l'abbé Girard, le sont naturellement ; et les *apprivoisés* le sont par l'art et par l'industrie des hommes. Le chien, le bœuf et le cheval sont des animaux *privés* : l'ours et le lion sont quelquefois *apprivoisés*. Les bêtes sauvages ne sont pas *privées ;* les farouches ne sont pas *apprivoisées*. »

Ce n'est pas assez ; il faut ajouter que l'animal *apprivoisé* devient *privé*, c'est-à-dire familier : car *apprivoiser* signifie rendre *privé*, familier, traitable. Rectifiez, d'après cette idée, celle de l'abbé Girard. Les chiens et autres animaux qui naissent au milieu de nous sont naturellement *privés* : votre moineau, votre serin, vos tourterelles, ne sont *privés* que parce que vous les avez *apprivoisés*. L'éléphant *apprivoisé* devient si *privé*, qu'il rend avec docilité une foule de services domestiques, et qu'un enfant le mène plus facilement avec une baguette, que vous ne menez votre cheval avec la bride, le fouet et l'éperon.

Le lion guéri d'une blessure par l'esclave fugitif Androclès, devint si *privé*, qu'il parcourait librement les rues de Rome sans donner aux enfants même le moindre sujet de crainte. Un lion *apprivoisé* valut au Carthaginois Hannon, son maître, l'exil que lui infligèrent ses compatriotes, tremblant qu'un homme capable de dompter une bête féroce ne captivât bientôt le peuple. (R.)

1031. Se priver, S'abstenir.

S'abstenir n'exprime qu'une action ; *se priver* exprime aussi le sentiment qui l'accompagne. On peut *s'abstenir* d'une chose indifférente ; on ne *se prive* que d'une jouissance.

Pour sentir la *privation*, il faut avoir connu la jouissance : ainsi l'on ne *se prive* guère que des choses que l'on possède ou dont on a déjà joui ; on peut *s'abstenir* des choses que l'on ne connaît pas, et on ne *s'abstient* que de celles que l'on ne tenait pas encore. On *se prive* de ce qu'on donne; on *s'abstient* de toucher à ce qui appartient à un autre. Quand on dit *se priver* de vin, le mot de *priver* porte sur l'idée de la jouissance passée, à laquelle on renonce; quand on dit *s'abstenir* de vin, on ne songe qu'à la chose qu'on ne fera pas, sans rappeler celle qu'on a déjà faite.

On ne *s'abstient* guère qu'autant que le commande le devoir ou la prudence; on peut *se priver* par sentiment de quelque chose de plus : ainsi les catholiques *s'abstiennent* de manger de la viande les jours où l'Église le défend; ils peuvent *s'en priver* un autre jour par mortification et par surcroît de zèle.

Se priver ne s'applique guère aux choses de devoir, parce qu'en faisant son devoir on ne doit pas s'occuper de ses sacrifices.

On *s'abstient* avec courage, quand il le faut : on *se prive* avec regret, ou, si c'est pour quelqu'un qu'on aime, avec plaisir. (F. G.)

1032. Priver, Frustrer.

On *prive* un homme de ses biens, on le *frustre* de ses espérances. *Priver*, c'est détruire ou interrompre une possession existante; *frustrer*, c'est tromper une attente fondée sur des droits ou des promesses.

On peut *priver* légitimement quelqu'un de quelque chose, et par un acte d'autorité, l'idée de trahison ou d'injustice entre toujours dans celle de *frustrer*. Un père mécontent *prive* son fils de son héritage; un frère intrigant et fourbe *frustre* son frère des droits qu'il avait à la succession paternelle. (F. G.)

1033. Prix, Récompense.

Prix désigne la valeur des choses, l'estime qu'on en fait, ce qu'on en donne. La *récompense* est ce qu'on rend, ce qu'on *dispense* en *compensation*, pour rétribution.

Dans le sens naturel et rigoureux, le *prix* est la valeur vénale d'une chose : la *récompense* est le retour dû au mérite. Le *prix* est ce que la chose vaut; la *récompense*, ce que la chose mérite. Vous payez le *prix* de la chose que vous achetez : vous donnez une *récompense* pour le service qu'on vous a rendu.

Le *prix* est l'avantage naturel qu'on retire de sa chose, selon la valeur de la chose; la *récompense*, un avantage quelconque que l'on tient des personnes, et selon la reconnaissance des personnes. Les *prix* sont estimés, réglés, convenus; c'est affaire de justice : les *récompenses* sont plus ou moins arbitraires, volontaires, variables; c'est affaire d'équité. La concurrence détermine les *prix*; les convenances déterminent les *récompenses*.

Le salaire d'un ouvrier est le *prix* de son travail : une gratification sera la *récompense* de son assiduité. Les gages sont le *prix* des services d'un domestique ; un legs ou une pension de retraite sera la *récompense* de ses longs et agréables services : vous le payez, parce qu'il vous sert ; vous le *récompensez* de ce qu'il vous aura bien servi. Vous aviez perdu quelque effet d'un grand *prix* : vous donnez une *récompense* honnête à celui qui vous le rapporte.

La vertu, dit un écrivain plus célèbre autrefois qu'aujourd'hui, la vertu est le *prix* d'elle-même, et sa propre *récompense*. En effet, la vertu seule vaut ce qu'elle coûte, et la rétribution de l'homme vertueux est de devenir plus vertueux.

Un bienfait n'a point de *prix* : il ne se paie pas, mais il se reconnaît ; et la gratitude en est la *récompense*.

A la Chine, il n'y a point d'action patriotique qui n'ait un *prix* que les lois y ont affecté. Ailleurs il y a des actions patriotiques qui attirent quelquefois des *récompenses*.

J'ai dit que le mot *prix* marquait naturellement la comparaison, le concours, l'estimation, la préférence. Aussi l'on met des *prix* au concours : ces *prix* sont de nobles salaires assignés à de nobles travaux ; et la justice est censée les adjuger. On propose, on promet aussi des *récompenses*; mais les *récompenses* semblent toujours avoir une teinte de faveur et de grâce : vous les donnez et les distribuez toujours à votre gré.

On gagne, on remporte un *prix :* on obtient, on reçoit une *récompense*. Les *prix* sont pour les dignes : La Rochefoucault prétend que les *récompenses* tombent plutôt sur les apparences du mérite que sur le mérite même. (R.)

1034. Probité, Intégrité, Honnêteté.

La *probité* est une vertu à l'*épreuve* et digne de toute *approbation*. En morale, l'*intégrité* est une pureté de mœurs qui n'a souffert aucune atteinte, une sorte d'innocence sans tache, une vertu entière. L'*honnêteté* est de faire ce qui est bon en soi, ce qui mérite d'être *honoré*, le bien qui nous est imposé.

La *probité* est la qualité de l'homme ferme et constant à respecter les droits d'autrui et à rendre à chacun ce qui lui appartient, selon les règles essentielles du juste. L'*intégrité* est la qualité de l'homme ferme et constant à remplir ce qu'il doit, sans que sa fidélité soit jamais altérée. L'*honnêteté* est la qualité de l'homme ferme et constant à pratiquer le bien que la morale prescrit, d'après les règles imprimées par la nature dans le cœur humain.

La *probité* est d'un cœur droit ; son principe est l'amour de l'ordre : vertu du caractère. L'*intégrité* est d'un cœur pur ; son principe est l'amour de ses devoirs : vertu d'une conscience timorée. L'*honnêteté* est d'un cœur bon (je voudrais dire *bien né*); son principe est l'amour du bien : vertu des belles âmes.

La *probité* est une vertu de société; elle ne s'exerce qu'envers les autres hommes. L'*intégrité* est la vertu pure de son état; tantôt elle n'intéresse que nous seuls, comme l'*intégrité* d'une vierge; tantôt elle intéresse les autres, comme l'*intégrité* d'un juge. L'*honnêteté* est la vertu de l'homme dans tout état possible : on est honnête pour soi comme pour autrui; on l'est seul comme dans la société.

La *probité* défend; elle défend de faire tort à personne, ou même de faire aux autres ce que nous ne voudrions pas qu'ils nous fissent. L'*intégrité* se défend et se conserve; elle se défend contre les atteintes qu'on voudrait lui porter. L'*honnêteté* défend, comme la *probité;* elle commande plus que l'*intégrité;* elle commande de faire à autrui ce que nous voudrions qu'il nous fût fait à nous-mêmes; car cela est conforme à la raison et à la vertu.

La *probité* rend le commerce d'une personne sûr; l'*intégrité* le rend sain; l'*honnêteté* le rend doux et salutaire.

La *probité* exclut toute injustice; l'*intégrité*, la corruption; l'*honnêteté*, le mal et même les mauvaises manières de faire le bien.

Qui n'aurait, dit Duclos, que la *probité* qu'exigent les lois civiles, et ne s'abstiendrait que de ce qu'elles punissent, serait encore un assez malhonnête homme, je dis même *très-malhonnête homme;* car il serait malin, détracteur, dur, féroce, menteur, fourbe, ingrat, perfide, injuste de mille manières. Qui n'aurait que l'*intégrité* qui empêche qu'on ne se vende à prix d'argent ou qu'on ne se prostitue à un vil intérêt, serait certes très-corrompu : les partialités, les considérations, les brigues, les cabales, corrompent l'*intégrité* de la justice, comme l'observe Bossuet. Qui ne ferait le bien par de bons motifs, qui ne le préférerait au mal que par des calculs d'intérêt personnel, serait sans *honnêteté;* car, comme dit Horace, les méchants s'abstiennent du mal par la crainte de la peine, et les bons, par amour pour la vertu.

Il ne faut qu'un mensonge pour violer la *probité;* car il ne vaut pas mieux tromper que trahir, et manquer à sa pensée qu'à sa parole. Il est bien difficile de conserver l'*intégrité* des mœurs, s'il ne faut qu'une pensée pour perdre la pureté, ou une prévention pour manquer à la droiture : mais le soleil a des taches qui n'altèrent ni sa beauté, ni la pureté de sa lumière, ni ses influences bienfaisantes. S'il faut suivre constamment les inspirations de l'*honnêteté* pour en remplir les conditions, l'*honnêteté* parfaite est la vertu elle-même.

L'*honnêteté* prend dans le monde tant de formes différentes, qu'on oublie ce qu'elle est : il y a l'*honnêteté* des manières et celle des mœurs; l'*honnêteté* des femmes et celle des hommes; l'*honnêteté* de

convention et l'*honnêteté* naturelle, etc. ; mais dans toutes ces acceptions, le mot annonce quelque chose de séant, de convenable, de bien
placé, de favorable, de gracieux, pour autrui ; et c'est un des caractères distinctifs de l'*honnêteté* essentielle.

Quoi qu'il en soit, celui qui viole la *probité*, est un coquin (c'est le
mot) : celui qui a perdu son *intégrité*, est vicieux : celui qui n'a pas
l'*honnêteté* dans le cœur, est au moins mauvais. (R.)

1035. Probité, Vertu, Honneur.

On entend également par ces trois termes, l'heureuse habitude de
fuir le mal, et de faire le bien. (B.)

On entend parler que de *probité*, de *vertu* et d'*honneur ;* mais
tous ceux qui emploient ces expressions en ont-ils des idées uniformes ?
Tâchons de les distinguer.

Le premier devoir de la *probité* est l'observation des lois ; mais qui
n'aurait que la *probité* qu'elles exigent, et ne s'abstiendrait que de ce
qu'elles punissent, serait encore assez malhonnête homme. Les hommes venant à se polir et à s'éclairer, ceux dont l'âme était la plus honnête, ont suppléé aux lois par la morale, en établissant, par une convention tacite, des procédés auxquels l'usage a donné force de loi
parmi les honnêtes gens, et qui sont le supplément des lois positives.
Il n'y a point, à la vérité, de punition prononcée contre les infrac-
teurs, mais elle n'en est pas moins réelle ; le mépris et la honte en sont
le châtiment, et c'est le plus sensible pour ceux qui sont dignes de le
ressentir : l'opinion publique, qui exerce la justice à cet égard, y
met des proportions exactes, et fait des distinctions très-fines.

On juge les hommes sur leur état, leur éducation, leur situation,
leurs lumières. Il semble qu'on soit convenu de différentes espèces de
probités, qu'on ne soit obligé qu'à celle de son état, et qu'on ne
puisse avoir que celle de son esprit. On est plus sévère à l'égard de
ceux qui, étant exposés en vue, peuvent servir d'exemple, que sur
ceux qui sont dans l'obscurité. Moins on exige d'un homme dont on
devrait beaucoup prétendre, plus on lui fait injure : en fait de procédés, on est bien près du mépris quand on a droit à l'indulgence.

Pour éclaircir enfin ce qui regarde la *probité*, il s'agit de savoir si
l'obéissance aux lois et la pratique des procédés d'usage, suffisent pour
constituer l'honnête homme. On verra, si l'on y réfléchit, que cela
n'est pas encore suffisant pour la parfaite *probité*. En effet, avec un
cœur dur, un esprit malin, un caractère féroce, et des sentiments bas,
par intérêt, par orgueil ou par crainte, on peut avoir cette *probité* qui
met à couvert de tout reproche de la part des hommes. Mais il y a un
juge plus éclairé, plus sévère et plus juste que les lois et les mœurs ;
c'est le sentiment intérieur, qu'on appelle la conscience : la conscience

parle à tous les hommes qui ne se sont pas, à force de dépravation, rendus indignes de l'entendre.

Doit-on regarder comme innocent un trait de satire, ou même de plaisanterie, de la part d'un supérieur, qui porte quelquefois un coup irréparable à celui qui en est l'objet ; un secours gratuit refusé par négligence à celui dont le sort en dépend ; tant d'autres fautes que tout le monde sent, et qu'on s'interdit si peu ? Voilà cependant ce qu'une *probité* exacte doit s'interdire, et dont la conscience est le juge infaillible. Cette connaissance fait la mesure de nos obligations ; nous sommes tenus à l'égard d'autrui de tout ce qu'à sa place nous serions en droit de prétendre. Les hommes ont encore droit d'attendre de nous non-seulement ce qu'ils regardent avec raison comme juste, mais ce que nous regardons nous-mêmes comme tel, quoique les autres ne l'aient ni exigé, ni prévu : notre propre conscience fait l'étendue de leurs droits sur nous. Plus on a de lumières, plus on a de devoirs à remplir.

Il y a un autre principe d'intelligence sur ce sujet, supérieur à l'esprit même ; c'est la sensibilité d'âme qui donne une sorte de sagacité sur les choses honnêtes, et va plus loin que la pénétration de l'esprit seul. On pourrait dire que le cœur a des idées qui lui sont propres, qu'il y a des idées inaccessibles à ceux qui ont le sentiment froid ! l'esprit seul peut et doit faire l'homme de *probité :* la sensibilité prépare l'homme *vertueux.* Je vais m'expliquer.

Tout ce que les lois exigent, ce que les mœurs recommandent, ce que la conscience inspire, se trouve renfermé dans cet axiome si connu et si peu développé : « Ne faites point à autrui ce que vous ne voudriez pas qui vous fût fait. » L'observation exacte et précise de cette maxime fait la *probité.* « Faites à autrui ce que vous voudriez qui vous fût fait. » Voilà la *vertu.*

La fidélité aux lois, aux mœurs et à la conscience, qui ne sont guère que prohibitives, fait l'exacte *probité :* la *vertu*, supérieure à la *probité*, exige qu'on fasse le bien, et y détermine. La *probité* défend, il faut obéir : la *vertu* commande, mais l'obéissance est libre, à moins que la *vertu* n'emprunte la voix de la religion. On estime la *probité*, on respecte la *vertu.* La *probité* consiste presque dans l'inaction ; la *vertu* agit. On doit de la reconnaissance à la *vertu :* on pourrait s'en dispenser à l'égard de la *probité*, parce qu'un homme éclairé, n'eût-il que son intérêt pour objet, n'a pas, pour y parvenir, de moyens plus sûrs que la *probité.*

En distinguant la *vertu* et la *probité*, en observant la différence de leur nature, il est encore nécessaire, pour connaître le prix de l'une et de l'autre, de faire attention aux personnes, aux temps et aux circonstances. Il y a tel homme dont la *probité* mérite plus d'éloges que la *vertu* d'un autre. Ne doit-on attendre que les mêmes actions de ceux qui ont des moyens si différents ? Un homme, au sein de l'opulence, n'aura-t-il que les devoirs, les obligations de celui qui est assiégé par tous les besoins? Cela ne serait pas juste. La *probité* est la *vertu* des pauvres, la *vertu* doit être la *probité* des riches.

On rapporte quelquefois à la *vertu* des actions où elle a eu peu de part. Un service offert par vanité, ou rendu par faiblesse, fait peu d'honneur à la *vertu*. D'un autre côté, on loue et on doit louer les actes de la *probité* où l'on sent un principe de *vertu*. Un homme remet un dépôt dont il avait seul le secret : il n'a fait que son devoir, puisque le contraire serait un crime ; cependant son action lui fait honneur, et doit lui en faire : on juge que celui qui ne fait pas le mal dans certaines circonstances, est capable de faire le bien ; dans un acte simple de *probité*, c'est la *vertu* qu'on loue.

Les éloges qu'on donne à de certaines *probités*, à de certaines *vertus*, ne font que le blâme du commun des hommes ; cependant on ne doit pas les refuser : il ne faut pas rechercher avec trop de sévérité le principe des actions, quand elles tendent au bien de la société.

Outre la *vertu* et la *probité*, qui doivent être les principes de nos actions, il y en a un troisième, très-digne d'être examiné : c'est l'*honneur;* il est différent de la *probité :* peut-être ne l'est-il pas de la *vertu:* mais il lui donne de l'éclat, et me paraît être une qualité de plus.

L'homme de *probité* se conduit par éducation, par habitude, par intérêt ou crainte. L'homme *vertueux* agit avec bonté. L'homme d'*honneur* pense et sent avec noblesse ; ce n'est pas aux lois qu'il obéit, ce n'est pas la reflexion, encore moins l'imitation qui le dirigent ; il pense, il parle et agit avec une sorte de hauteur, et semble être son propre législateur à lui-même.

L'*honneur* est l'instinct de la *vertu*, et il en fait le courage. Il n'examine point ; il agit sans feinte, même sans prudence, et ne connaît point cette timidité ou cette fausse honte qui étouffe tant de *vertus* dans les âmes faibles ; car les caractères faibles ont le double inconvénient de ne pouvoir pas répondre de leurs *vertus*, et de servir d'instruments aux vices de tous ceux qui les gouvernent.

Quoique l'*honneur* soit une qualité naturelle, il se développe par l'éducation, se soutient par les principes, et se fortifie par les exemples. On ne saurait donc trop en réveiller les idées, en réchauffer le sentiment, en relever les avantages et la gloire, et attaquer tout ce qui peut y porter atteinte.

Le relâchememt des mœurs n'empêche pas qu'on ne vante beaucoup l'*honneur* et la *vertu* : ceux qui en ont le moins savent combien il leur importe que les autres en aient. On aurait rougi autrefois d'avancer de certaines maximes, si on les eût contredites par ses actions ; les discours formaient un préjugé favorable sur les sentiments : aujourd'hui les discours tirent si peu à conséquence, qu'on pourrait quelquefois dire d'un homme, qu'il a de la *probité*, quoiqu'il en fasse l'éloge.

On prétend qu'il a régné autrefois parmi nous un fanatisme d'*honneur*, et l'on rapporte cette heureuse manie à un siècle encore barbare. Il serait à désirer qu'elle se renouvelât de nos jours ; les lumières que nous avons acquises serviraient à régler cet engouement, sans le refroidir. D'ailleurs, on ne doit pas craindre l'excès en cette matière : la *probité* a ses limites, et, pour le commun des hommes, c'est beaucoup que de les atteindre ; mais la *vertu* et l'*honneur* peuvent s'étendre et s'élever à l'infini ; on peut toujours en reculer les bornes, on ne les passe jamais. (Duclos, *Considér. sur les mœurs de ce siècle*, ch. IV, édit. de 1764.)

1036. Problématique, Douteux, Incertain.

Problématique, du grec πρόϐλημα, proposition à éclaircir. *Douteux*, latin *dubius*, de *du*, *duo*, deux, et de *via*, changé en *bia*, qui a deux voies, l'embarras entre deux chemins. *Incertain*, qui n'est pas *certain*, qui peut être combattu, qui n'a pas une vérité irrésistible.

Il n'y a point encore de raison de prononcer dans les choses *problématiques :* il n'y a pas de raisons suffisantes pour se décider dans les choses *douteuses :* il n'y a pas assez de raisons de croire dans les choses *incertaines*. Dans le premier cas, l'esprit est indifférent pour et contre ; dans le second, entre le pour et le contre, il est embarrassé ; dans le troisième, il voit le pour et craint le contre.

Vous chercherez la solution de ce qui est *problématique*, la vérification de ce qui est *douteux*, la confirmation de ce qui est *incertain*.

Problématique est un terme de science : on dit une *question* ou une *proposition problématique ;* c'est un *problème* à résoudre. Mais le *doute* et l'*incertitude* nous accompagnent partout : les pensées, les opinions, les cas, les événements, les faits, etc., sont *douteux* et *incertains*. *Douteux* ne se dit proprement que des choses, tandis qu'*incertain* se dit des personnes, mais dans un autre sens. (R.)

1037. Procéder, Provenir, Émaner, Découler, Dériver.

Ces termes désignent le rapport des choses avec leur origine.

Procéder, aller hors de, en avant, en lumière, sortir de : *pro*, dehors, en avant, et *cedere*, quitter sa place. *Provenir*, venir de là ici, être produit et mis au jour : il désigne le cours de la chose depuis le lieu d'où elle *vient*. *Émaner*, sortir, jaillir d'un lieu, d'un corps, se répandre au dehors, de toutes parts : *man* sifinie eau, et particulièrement la source assez abondante pour verser, surgir, répandre. *Découler*, *couler* de, *couler* lentement, par un canal : *col*, tuyau, canal. *Dériver*, se détourner, s'éloigner de la source ou de la *rive*,

Procéder indique particulièrement le principe et un certain ordre dans les choses : *provenir*, la cause et les moyens ou la manière de produire l'effet : *émaner*, la source et l'action de répandre avec force : *découler*, la source, la voie et l'écoulement successif : *dériver*, la source ou la racine, l'action d'en tirer la chose, ses modifications.

Je dis que *procéder* marque un principe, ou ce qui fait que les choses sont ou sont ainsi : le discours *procède* de la pensée ; le mal *procède* d'un vice. J'ajoute que ce mot emporte une idée d'ordre ; car cette idée se trouve dans les différentes acceptions et dans tous les mots de la même famille : ainsi on *procède* avec ordre dans les affaires ; les *procédés* forment la bonne conduite. Un *procédé* de l'art est une méthode ; une *procédure* est une instruction régulière ; une *procession* est une marche bien ordonnée.

Je dis que *provenir* désigne la cause et sa manière d'opérer : ainsi, pour savoir d'où les choses *proviennent*, il faut remonter des effets jusqu'aux causes, et expliquer comment les causes produisent les effets. Une éclipse *provient* de l'interposition d'un corps opaque qui intercepte la lumière d'un astre ; la licence *provient* de l'impunité qui relâche tous les freins.

Procéder et *provenir* ont bien plus de rapports ensemble qu'avec les trois autres verbes. *Provenir* est plus du discours ordinaire, et *procéder*, du style philosophique ou relevé. On cherche d'où *proviennent* les effets sensibles, communs, physiques ou moraux : on cherche d'où *procèdent* les choses métaphysiques, les objets intellectuels. Ces mots ne se disent qu'au figuré, tandis que les autres s'emploient, et dans un sens figuré, et dans le sens propre.

J'ai dit qu'*émaner* indique une source qui se répand avec force ou avec abondance de toutes parts ; caractère d'une puissance active et féconde. C'est ainsi que la lumière *émane* du sein du soleil ; que, d'un grand principe, il *émane* des vérités innombrables.

J'ai dit que *découler* indique mieux la source d'où les choses *découlent*, et la voie par laquelle elles coulent avec plus de suite que d'activité. C'est pourquoi l'eau *découle* d'une fontaine par un tuyau, la sueur *découle* du corps par les pores de la peau, une conséquence *découle* des prémisses dans un raisonnement. *Découler* s'applique proprement aux liquides dont l'écoulement est perceptible et successif, tels que l'eau ; mais *émaner* concerne plutôt l'émission des fluides subtils, tels que la lumière.

J'ai dit que *dériver* regardait les choses tirées et détournées de leur source, de laquelle elles s'éloignent plus ou moins : idée particulière à ce terme. Ainsi l'eau d'un canal *dérive* ou est *dérivée* d'un ruisseau : le revenu public *dérive* du revenu territorial : divers mots *dérivent* d'une racine commune.

1038. Proche, Prochain, Voisin.

Proche 'annonce une proximité quelconque ou de lieu ou de temps. etc. , et même un moindre éloignement ; *prochain*, une grande proximité ou de temps ou de lieu, une proximité très-grande, ou relativement grande ; *voisin*, une grande proximité locale.

Saint-Denis est *proche* de Paris ; une saison est *proche* de sa fin. Douvres est le port d'Angleterre *prochain*, le plus *prochain* ; l'été *prochain* est le premier été qui arrivera. L'Espagne est *voisine* de la France ; mais une saison n'est pas *voisine* d'une autre.

Proche n'indique pas toujours une proximité absolue, une chose *voisine* ou vraiment *prochaine*. Si je dis que la ville la plus *proche* d'un hameau en est à quinze lieues, je n'entends pas dire qu'elle soit *prochaine* ou *voisine*, je dis seulement que c'est la ville la moins éloignée. Quand vous direz figurément que Régnard est l'auteur comique le plus *proche* de Molière, vous n'excluez pas un intervalle assez grand entre l'un et l'autre.

Nous disons substantivement et figurément *proches* pour parent ; le *prochain* pour hommes ou les hommes en général ; un *voisin*, pour une personne qui loge près de nous. (R.)

1039. Prodige, Miracle, Merveille.

Prodigium quasi prodicium, disent les interprètes latins : le *prodige* est une chose qui *prédit*, annonce d'avance, présage ; de *pro*, en avant, devant, et *dic*, montrer, *indiquer* Cicéron, l. 2 *de Natur. Deor.*, dit formellement que les signes des choses futures sont appelés *prodiges*, parce qu'ils *prédisent* ou *présagent*. Le *prodige* est ce qui est mis au jour, ce qui fait spectacle, ce qui excite la curiosité, ce qui va plus avant, plus loin, au-dessus.

Miraculum quasi res mira : le *miracle* est une chose que l'on regarde avec étonnement, que l'on contemple , que l'on *admire ;* de *mir*, voir, *mirer*, admirer. La terminaison neutre des Latins, *um*, signifie chose. Le *miracle* est, comme le dit Valère-Maxime, un effet dont on ne peut découvrir la cause et donner la raison ; ou, selon saint Augustin, ce qui passe notre espérance et notre conception ; ou, dans l'acception rigoureuse de la théologie, ce qui est au-dessus des forces de la nature et contraire à ses lois. *Merveille*, en espagnol *maravillia*, en italien, *maraviglia,* est le latin *mirabilitas*, ou plutôt *res mirabilis*, chose admirable, digne d'admiration. La *merveille* est grande, belle, sublime, admirable : c'est l'ouvrage qu'on regarde comme un chef-d'œuvre et avec des sentiments d'approbation et de satisfaction.

Ces trois termes indiquent quelque chose de surprenant et d'extraordinaire : mais le *prodige* est un phénomène éclatant qui sort du cours ordinaire des choses ; le *miracle*, un étrange événement qui arrive contre l'ordre naturel des choses ; la *meveille*, une œuvre admirable qui efface tout un genre de choses. Le *prodige* surpasse les idées communes ; le *miracle*, toute notre intelligence ; la *merveille*, notre attente et notre imagination. Le *prodige* annonce un nouvel ordre de choses, et les grandes influences d'une cause secrète : le *miracle* annonce un ordre surnaturel de choses, et les forces irrésistibles d'une puissance supérieure : la *merveille* annonce le plus bel ordre de choses, et les curieux artifices d'une industrie éminente. Ainsi une cause cachée fait les *prodiges ;* une puissance extraordinaire, les *miracles ;* un industrie rare, les *merveilles.*

Que, sans cause connue, le soleil perde tout-à-coup sa lumière, c'est un *prodige.* Que sans moyen naturel, le muet parle au sourd étonné de l'entendre, c'est un double *miracle.* Que par un savant artifice, l'homme s'élève dans les airs et les parcoure, c'est une *merveille.*

Les magiciens de Pharaon font des *prodiges :* Moïse fait des *miracles :* saint Paul, ravi au troisième ciel, voit des *merveilles* inénarrables.

A mesure que la nature nous a rélévé ses lois, ses phénomènes effrayans, tels que les apparitions de nouveaux corps célestes, les éclipses, les lumières boréales, les feux électriques, ont cessé d'être des *prodiges ;* et le ciel, en perdant ses signes prophétiques, n'en a pas moins publié la gloire de son auteur. A mesure que la religion chrétienne s'est établie et affermie sur des fondemens inébranlables, les *miracles,* moins nécessaires, sont devenus plus rares ; et ils ont laissé la foi se reposer, pour ainsi dire, sur le *miracle* toujours subsistant de son établissement. A mesure que les arts ont été portés à une haute perfection, ces premières *merveilles* n'ont plus été que des instruments et des inventions communes, et nous n'en jouissons plus qu'avec ingratitude. (R.)

1040. Prodigue, Dissipateur.

Le *prodigue* pousse sa dépense à l'excès, au-delà des bornes. Le *dissipateur* ne garde dans la sienne ni règle, ni mesure, ni bienséance. Le premier s'écarte des règles de l'économie, le second donne dans l'extrémité opposée à l'avarice. Les dépenses du *prodigue* peuvent être en elles-mêmes brillantes et bonnes, mais il y a excès : l'homme trop libéral est *prodigue.* Les dépenses du *dissipateur* sont folles et extravagantes : le *prodigue* devient *dissipateur.* Toute dépense inutile, toute profusion peut être regardée comme *prodigalité :* toute dépense destructive est *dissipation.* La prodigalité commence la ruine, la dissipation la consomme.

C'est ordinairement la vanité qui fait le *prodigue :* le déréglement fait le *dissipateur.*

Dissipateur ne se dit qu'en mauvaise part. *Prodigue,* suivant l'application qu'on en fait, ne prend pas ce caractère : on dit, en forme de louange, *prodigue* de ses soins, de ses services, de son sang, de sa vie, etc. (R.)

Le *prodigue* ne fait pas toujours des dépenses inutiles, mais il y met de la profusion. L'avare, en certaines occasions, est *prodigue;* mais il n'est jamais *dissipateur.* On est *prodigue* toutes les fois que la dépense est nécessaire, mais qu'elle est poussée trop loin. On a dit d'un général, qu'il était *prodigue* du sang de ses soldats, en opposition avec celui qui en était *avare.* Le caractère de ce dernier est de ne pas faire assez; celui du *prodigue* est de faire trop.

Le *dissipateur* est celui qui, sans raisons, sans motifs et sans utilité, répand çà et là. Il pourra dilapider sa fortune en dépenses étroites, mesquines et mal entendues, sans être pour cela *prodigue.* L'un fait trop bien ce qu'il fait; l'autre fait trop de petites choses ou de choses inutiles. Le premier sera plutôt grand et libéral; le second, futile et inconsidéré; c'est le tonneau des Danaïdes. L'un dépense et l'autre gaspille. (Anon.)

1041. Production, Ouvrage.

Produire, ou plutôt le latin *producere,* signifie littéralement mettre en avant, au dehors, au jour, en face, au loin ou au long. Une de ses acceptions principales est celle d'engendrer; enfanter, donner naissance, tirer de soi, causer par son efficacité propre; et c'est ici l'acception particulière du mot *production.* Ainsi nous disons les *productions* de la terre, de la nature, de l'esprit, du génie, de toute cause qui produit par elle-même, qui donne l'être à ce qui ne l'avait pas, qui tire une chose de sa propre substance ou de son fonds. *Ouvrage* est le latin *opera,* ce qu'on fait, travail, ce qu'opère l'industrie : ainsi le mot *ouvrage* peut bien désigner un *production;* mais il sert à désigner en général tous les genres de travaux et d'objets d'industrie. On dit des *ouvrages* de menuiserie, de broderie, de tapisserie; et ce ne sont pas là des *productions.* Dans les *productions,* c'est la substance de la chose que l'on considère; et dans les *ouvrages,* la forme. La *production* et l'*ouvrage,* mis en opposition, diffèrent comme le *producteur* et l'*ouvrier.* La *production* donne l'être; l'*ouvrier* travaille la *production* ou la chose *produite.*

La *production* est l'ouvrage de la fécondité : l'*ouvrage* est le résultat du travail. La *production* sort du sein de la cause productive; l'*ouvrage* sort des mains de l'ouvrier industrieux. La *production* reçoit l'être; et l'*ouvrage,* la forme.

L'arbre est une *production* de la terre ; la charpente est un *ouvrage* formé de cette *production* par la façon qu'on lui a donnée.

L'univers est la *production* ou la création d'une puissance infinie qui l'a fait de rien : il est l'*ouvrage* d'une intelligence infinie qui a donné à la matière ces formes merveilleuses et cette ordonnance faite pour jeter dans l'extase l'âme sensible.

Je sais qu'on dit quelquefois les *productions de l'art* comme les *productions de la nature*, fort mal à propos, ainsi que je m'en plains, si c'est dans le sens propre et physique ; très à propos, si c'est au moral et au figuré, pour exprimer l'esprit et le mérite de l'invention. Ainsi nous disons fort bien les *productions* de l'esprit, de l'imagination, du talent, du génie ; parce qu'en effet ces puissances produisent, enfantent, créent, en quelque sorte, leurs pensées, les tirent d'elles-mêmes, leur donnent l'existence ; et cet emploi figuré du mot est une preuve et une démonstration nouvelle de sa valeur propre. Mais, par la même raison, les *ouvrages* seront fort improprement appelés *productions* au figuré, s'ils n'ont aucun mérite d'invention et de nouveauté, s'ils ne donnent que de nouvelles formes à des compilations ou à des abrégés. En mettant en œuvre les pensées d'autrui, on peut faire un *ouvrage* ; mais il faut créer pour donner des *productions*. Nous dirons les *productions* d'un *auteur* ; car le propre de l'*auteur* est d'augmenter la somme des lumières : nous dirons les *ouvrages* d'un *écrivain* ; car il n'y a qu'à rapporter et à tourner les choses à sa manière pour être *écrivain*. Voulez-vous être *auteur*, dit M. de Voltaire, voulez-vous faire un livre ? qu'il soit utile et neuf, ou du moins infiniment agréable. (R.)

1042. Profanation, Sacrilége.

La *profanation* est une irrévérence commise envers les choses consacrées par la religion ; le *sacrilége* est un crime commis envers la Divinité même : ainsi, dans la religion catholique, la *profanation* des saints mystères est un *sacrilége*, parce que la présence de Dieu en fait un attentat contre la Divinité. On commet une *profanation* sur l'autel ; un *sacrilége* sur la personne du prêtre, qui est le ministre et comme le représentant de Dieu.

Le *sacrilége* ne peut se commettre qu'avec une intention criminelle ; la *profanation* peut avoir lieu par oubli ou par ignorance. Un *profane* est celui qui n'a pas le droit d'être admis à la participation des choses saintes : un *sacrilége* est celui qui attente aux choses divines. (F. G.)

1043. Proférer, Articuler, Prononcer.

Proférer, c'est prononcer des paroles à haute et intelligible voix. *Articuler*, c'est prononcer distinctement ou marquer les syllabes en les liant ensemble. *Prononcer*, c'est exprimer ou faire entendre par le moyen de la voix.

L'homme seul *profère* des *paroles*, car seul il parle pour exprimer ses pensées. Quelques oiseaux *articulent* parfaitement des syllabes, des mots, et plusieurs de suite ; on est même parvenu à en apprendre à des chiens : mais il ne sagit ici que du matériel des mots. La différence des climats et des habitudes fait que les habitants d'une région ne peuvent pas *prononcer* ce que d'autres *prononcent* avec une grande facilité : cependant le travail triomphe de l'organe même le plus ingrat.

Une personne confuse ou interdite ne pourra pas *proférer* une parole ; c'est tout si elle balbutie. Lorsque le canal du nez est obstrué par l'enchifrènement, il n'est plus possible de bien *articuler* les lettres et les syllabes nasales ; et l'on dit qu'une personne parle du nez, lorsqu'en effet la voix sonore ne passe point par le nez. Les peuples qui parlent la même langue ne la *prononcent* pas tous de même : c'est dans ce sens que l'on dit que chaque province a son accent.

En général, les paroles sacramentales doivent être *proférées* ou dites à haute et intelligible voix, comme dans le mariage. Il faut *articuler* très-distinctement les paroles de la consécration, et par conséquent de manière que les mots liés ensemble fassent entendre une phrase, et non des syllabes détachées. Il suffit que ces paroles soient *prononcées* assez haut pour que le prêtre s'entende lui-même.

En grammaire, *articuler* ne se prend que dans un sens physique, pour exprimer l'action de l'instrument vocal. *Proférer* n'a d'autre idée physique distincte, que celle de parler de manière à être entendu et compris ; mais avec une idée morale et d'intention et d'attention. *Prononcer* s'emploie dans différents sens et avec des rapports divers, soit physiques, soit moraux. Il y a des *articulations* fortes et des *articulations* faibles ; il y en a de labiales et de linguales, etc. Il ne suffit pas d'*articuler* distinctement, il faut bien *prononcer*, c'est-à-dire faire sonner les mots, comme le font les gens les plus polis et les plus instruits. On distingue aussi la *prononciation* oratoire de la *prononciation* familière. Tandis qu'on ne *profère* que tout haut, on *prononce* ou haut ou bas, etc. Nous disons *proférer des formules*, *proférer des blasphèmes*, pour marquer le poids qu'on veut donner aux paroles, ou l'éclat qu'on leur donne. Nous disons *prononcer un discours*, *prononcer un jugement*, pour marquer la solennité de l'acte, l'autorité de la personne ; idées accessoires qu'il me suffit d'indiquer. (R.)

1044. Proie, Butin.

Le mot *proie* sert proprement à désigner ce que les animaux carnassiers ravissent et mangent, leur chasse : le mot *butin* est proprement affecté à désigner ce qu'on a pris en guerre ou sur l'ennemi, des dépouilles. Mais l'un et l'autre sont le plus souvent employés dans des sens plus vagues, le premier avec une idée distinctive de destruction, le second avec une idée caractéristique de *pillage*.

L'appétit féroce cherche une *proie* : l'avide cupidité cherche du *butin*. L'animal carnassier court à sa *proie* pour la déchirer et en faire sa pâture : l'abeille diligente vole au *butin* pour l'enlever et l'emporter dans sa ruche. Le chasseur poursuit sa *proie* ; le maraudeur fait du *butin*. Un édifice est en *proie* aux flammes qui le consument : le glanage est un *butin* que l'on ravit au propriétaire du champ, s'il ne le donne lui-même. Dans toutes ces applications, la destruction et le pillage sont distinctement exprimés et marqués fortement.

Celui qui ne vit que de *butin* sera la *proie* de la misère : celui qui s'en engraisse sera la *proie* de la corruption.

Il faut bien que les animaux soient la *proie* de l'homme, si l'homme ne veut pas être la *proie* des animaux ; car ils font la guerre ou à sa personne ou à ses ouvrages. Il faut bien que la justice rende en entier aux propriétaires le *butin* qu'elle a repris sur des brigands, à moins qu'elle ne prétende participer au brigandage ; car la protection ou la puissance tutélaire est déjà payée.

Chez les peuples anthropophages, le prisonnier de guerre est rigoureusement la *proie* du vainqueur ; il est mangé : chez des peuples barbares, du moins quant à leur droit des gens, les prisonniers de guerre étaient une partie du *butin* ; on les faisait esclaves.

Toute chose est, dans la nature, la *proie* d'une autre, qui le sera d'une autre à son tour, et ainsi à l'infini : tout change, tandis que l'ordre est toujours le même. Le naturaliste est tout étonné, en remontant et en étudiant les Alpes, d'y trouver, à différents degrés, les productions distinctives de tous les climats, et il en revient chargé d'un *butin* auquel la terre entière semble avoir contribué.

Quelques-unes des phrases précédentes indiquent au lecteur que le mot *butin* ne se prend pas toujours, comme *proie*, dans un sens odieux. (R.)

1045. Projet, Dessein.

Le *projet* est un plan ou un arrangement de moyens pour l'exécution d'un *dessein* : le *dessein* est ce qu'on veut exécuter.

On dit ordinairement des *projets*, qu'ils sont beaux ; des *desseins*, qu'ils sont grands.

La beauté des *projets* dépend de l'ordre et de la magnificence qu'on y remarque. La grandeur des *desseins* dépend de l'avantage et de la gloire qu'ils peuvent procurer. Il ne faut pas toujours se laisser éblouir par cette beauté ni par cette grandeur ; car souvent la pratique ne s'accorde pas avec la spéculation. L'ordre admirable d'un système , et l'idée avantageuse qu'on s'en est formée, n'empêchent pas quelquefois que les *projets* n'échouent , et qu'on ne se trouve dans l'impossibilité de venir à bout de son *dessein.*

L'expérience de tous les siècles nous apprend que les têtes à grands *desseins* et les esprits féconds en beaux *projets* sont sujets à donner dans la chimère.

Le mot de *projet* se prend aussi pour la chose même qu'on veut exécuter , ainsi que celui de *dessein.* Mais quoique ces mots soient alors encore plus synonymes, on ne laisse pas d'y trouver une différence qui se fait sentir à ceux qui ont le goût fin et délicat. La voici telle que j'ai pu la développer. Il me semble que le *projet* regarde alors quelque chose de plus éloigné , et le *dessein* quelque chose de plus près. On fait des *projets* pour l'avenir : on forme des *desseins* pour le temps présent. Le premier est plus vague ; l'autre est plus déterminé.

Le *projet* d'un avare est de s'enrichir ; son *dessein* est d'amasser.

Un bon ministre d'État n'a d'autre *projet* que la gloire du prince et le bonheur des sujets. Un bon général d'armée a autant d'attention à cacher ses *desseins* qu'à découvrir ceux de l'ennemi.

L'union de tous les États de l'Europe dans un corps de république , pour le gouvernement général ou la discrétion des intérêts , sans rien changer néanmoins dans le gouvernement intérieur et particulier de chacun d'eux , était un *projet* digne de Henri IV, plus noble , mais peut-être plus difficile à exécuter que le *dessein* de la monarchie universelle, dont l'Espagne était alors occupée (G.)

1046. Promenade, Promenoir.

Promenoir est un mot presque oublié , quoiqu'il désigne une espèce particulière de *promenade* utile à distinguer. Cependant on lit dans un poème récent : *Le Luxembourg, gai promenoir,* et j'en loue l'auteur. *Promenade* dit , selon Bouhours, quelque chose de plus naturel ; et *promenoir* tient plus de l'art. Des plaines , des prairies , ajoute-t-il , sont des *promenades :* des *promenoirs* sont des lieux plantés selon les alignements de l'art. Le *promenoir* est en effet de l'art ; mais la *promenade* est ou de l'art ou de la nature. Les Tuileries , les Champs-Élysées, sont des *promenoirs* et des *promenades ;* la plaine de Grenelle , des bois, sont des *promenades,* et non des *promenoirs.* Tout lieu où l'on se promène est *promenade ;* il n'y a de *promenoir* que le lieu destiné, arrangé, disposé exprès pour qu'on s'y promène.

Les anciens en construisaient toujours autour de leurs théâtres; les philosophes en avaient dans leurs lycées; usage bon à suivre. Nos trop grandes villes manquent de *promenoirs* (surtout couverts dans les temps de pluie), et souvent il faut aller chercher trop loin les *promenades* : de là les inconvéniens d'une vie sédentaire, le trop grand usage des voitures, les dangers de l'isolement, de la séparation, des amusements privés, etc.

Promenade signifie proprement l'action de se promener, et, par extension, le lieu où l'on se promène.

Promenoir signifie uniquement et à la lettre un lieu destiné pour la promenade. (R.)

1047. Promettre, S'engager, Donner parole.

Promettre suppose un accord où tout l'avantage est du côté de celui à qui l'on *promet*, et tout le pouvoir d'obliger du côté de celui qui *promet* : *donner parole* ne lie que celui qui la donne, mais sans exprimer de quel côté est l'avantage. On ne *s'engage* que par une convention mutuelle où les avantages sont compensés des deux côtés. On *s'engage* à livrer tel jour une marchandise que celui qui la reçoit *s'engage* à payer. On *donne parole* de revenir tel jour pour terminer une affaire. On *promet* de rendre un service à celui qui en a besoin. On *promet* à son neveu de payer ses dettes; on *s'y engage* envers les créanciers pour qu'ils ne fassent pas de bruit; on *donne sa parole* que, s'il en fait de nouvelles, on ne les paiera plus.

On est lié envers celui à qui l'on a *promis*, par les espérances qu'on lui a données; envers celui avec qui l'on *s'engage*, par les droits qu'il peut faire valoir. Celui qui *donne sa parole* est lié envers lui-même par l'honneur qui l'oblige à la tenir.

On est déshonoré pour manquer à sa *parole*, décrédité si l'on manque à ses *engagements* : celui qui manque à sa *promesse*, doit s'attendre au moins à des reproches.

On ne doit pas *promettre* légèrement, *s'engager* sans précaution, *donner sa parole* sans avoir la certitude qu'on pourra la tenir.

Il ne faut point prodiguer ses *promesses* ou multiplier ses *engagements* : *donner sa parole* pour des riens, c'est l'avilir. (F. G.)

1048. Promptitude, Célérité, Vitesse, Diligence.

La synonymie des ces termes consiste en ce que primitivement ils énoncent tous un mouvement expéditif.

La *promptitude* fait commencer aussitôt; la *célérité* fait agir de suite; la *vitesse* emploie tous les moments avec activité; la *diligence* choisit les voies les plus courtes et les moyens les plus efficaces.

La *promptitude* exclut les délais; la *célérité* ne souffre point d'interruption; la *vitesse* est ennemie de la lenteur; la *diligence* met tout à profit, et fuit les longueurs.

Il faut obliger avec *promptitude;* faire ses affaires avec *célérité;* courir avec *vitesse* au secours des malheureux; et travailler avec *diligence* à sa propre perfection. (B.)

1049. Propre à, Propre pour.

Propre à désigne des dispositions plus ou moins éloignées, une aptitude ou un capacité nécessaire, mais peut-être insuffisante, une vocation ou une destination encore imparfaite. *Propre pour* marque des dispositions prochaines, une capacité plutôt qu'une aptitude entière et absolue, une vocation ou une destination immédiate. En deux mots, la première de ces locutions désigne plutôt un pouvoir éloigné, et la seconde, un pouvoir prochain.

Ainsi, l'homme *propre à* une chose a des talens relatifs à la chose : l'homme *propre pour* la chose a le talent même de la chose. Un savant en état de donner de bonnes leçons, est *propre pour* une chaire; un jeune homme en état de recevoir ses instructions, est *propre aux* sciences : le premier a toutes les qualités et les conditions requises pour instruire actuellement; le second a les qualités et les conditions nécessaires pour s'instruire ou être instruit avec le temps. On est tout formé à l'égard de la chose *pour* laquelle on est *propre :* il faudra se former à l'égard de la chose *à* laquelle on est *propre.* Un objet est *propre pour* faire, et *propre à* devenir.

Un bois est *propre pour* teindre ou donner la teinture : une étoffe est *propre à* teindre ou à recevoir la teinture. (R.)

1050. Prosternation, Prostration.

Ces mots expriment l'action de se *prosterner* devant quelqu'un, ou de se baisser, par une profonde révérence, jusqu'à ses genoux, jusqu'à ses pieds.

La *prosternation* est proprement l'action par laquelle on se prosterne; et la *prostration* l'action par laquelle on est prosterné.

Il résulte de là que *prosternation* n'indique qu'un acte de respect, et que *prostration* marque un état ou une posture plus ou moins durable de respect. Dans la *prosternation* simple, on s'incline profondément et on se relève : dans la *prostration*, on reste profondément incliné.

Aussi le mot de *prostration* sert-il à marquer un sorte de culte,

tandis que celui de *prosternation* n'annonce qu'une humble révérence. Le premier se prend plutôt dans un sens religieux que le second.

On salue avec *prosternation* : on adore avec *prostration*.

Les Chinois font plusieurs *prosternations* quand ils se présentent devant l'empereur ; plusieurs *prostrations* quand ils honorent l'image de Confucius.

La *prostration* est donc une *prosternation* profonde, et qui, par sa forme ou sa durée, tient de l'adoration. (R.)

1051. Protection, Auspices.

On se met sous la *protection* d'un homme puissant qui saura vous défendre ; on se présente sous les *auspices* d'un homme considéré qui vous fera regarder favorablement.

Les *auspices* (d'*auspex* pour *avispex*, qui examine les oiseaux, *qui aves inspicit*) sont cette apparence que présentent à la première vue les circonstances qui vous environnent, et d'après lesquelles on est porté à juger plus ou moins avantageusement de ce qui vous regarde. La *protection* (de *protegere*, défendre, couvrir) est un abri tutélaire sous lequel on est à couvert des dangers et des insultes.

C'était d'après les *auspices* favorables ou défavorables que les anciens jugeaient du succès d'une entreprise : on est *protégé* contre la tempête par un toit hospitalier, contre l'infortune par un ami généreux. On dit qu'un homme est né sous les *auspices* d'une étoile bienfaisante, ou qu'une divinité bienveillante l'a pris sous sa *protection*. Dans le premier cas, on juge que sa destinée sera heureuse ; dans le second, on peut en être sûr.

Il peut y avoir des *auspices* funestes, mais il est possible qu'ils trompent : il peut y avoir une *protection* dangereuse, et alors il est difficile d'y échapper.

Il faut entrer dans le monde sous les *auspices* d'un honnête homme ; il faut se mettre, en entrant dans les affaires, sous la *protection* d'un homme habile ou puissant.

Pour paraître sous les *auspices* de votre égal, il suffit qu'il soit plus connu que vous des gens à qui vous voulez vous présenter : on ne cherche la *protection* que de celui qui a sur nous quelque supériorité. (F. G.)

1052. Proverbe, Adage.

Mots ou dits sentencieux et familiers ou populaires. Les *proverbes*, dit Bouhours, sont les sentences du peuple ; et les sentences sont les *proverbes* des honnêtes gens. Je croirais qu'il y a beaucoup de *proverbes* qui valent bien les sentences des honnêtes gens ; et je vois que beaucoup de sentences d'honnêtes gens, tels, par exemple, que La Fontaine et Molière, deviennent *proverbes*. Nous ne disons guère *adage* qu'en y joignant l'épithète de *vieux : est-ce que la raison vieillit, ou qu'il ne se trouve d'*adages* que chez les anciens ?

Le *proverbe* est une sentence populaire ou un mot familier et plein de sens : *adage* est un *proverbe* piquant et plein de sel. Le *proverbe* annonce une vérité naïve, tirée de l'observation ; l'*adage* donne à cette vérité une pointe pour la rendre plus pénétrante. Il n'y a que du sens et de la précision dans le *proverbe ;* il y a de l'esprit et de la finesse dans l'*adage*. Le *proverbe* instruit ; l'*adage* excite. Le *proverbe* qui joint à l'instruction des motifs d'agir, est un *adage*.

Tout ce qui reluit n'est pas or ; monnaie fait tout ; nul n'est prophète dans son pays ; tel maître, tel valet : voilà de simples *proverbes* qui nous apprennent ce qui est, ce qui se passe, ce qu'on a observé, sans autre circonstance remarquable que la précision des phrases. *Bonne renommée vaut mieux que ceinture dorée ; un tiens vaut mieux que deux tu l'auras ; la mélancolie ne paie pas les dettes ; faites bien, bien vaut bien :* voilà des *proverbes* qui deviennent *adages* par une tournure singulière, par l'invitation qu'ils nous font, par la règle de conduite qu'ils nous donnent. (R.)

10 53. Prouesse, Exploit.

Avons-nous trop de mots qui expriment les actions de courage, de bravoure, de valeur, d'héroïsme, pour avilir celui de *prouesse*, comme on l'a fait, en le renvoyant au style moqueur ? Le mot *exploit*, naturellement si éloigné de l'idée d'une vertu militaire, suffit-il pour caractériser les différents genres d'actions propres à chacune de ces qualités ?

Il est fâcheux que les romans de chevalerie, à force de célébrer les extravagantes *prouesses* de leurs chevaliers errants, aient décrié ce mot, beaucoup mieux marqué que celui d'*exploit*, au coin de la valeur et de l'héroïsme. La *prouesse* n'est plus proprement que l'action d'un chevalier, d'un paladin ; l'*exploit* est d'un grand capitaine, d'un général. Le roman raconte les *prouesses* d'Amadis et d'Esplandian ; et l'histoire dira les *exploits* d'Alexandre et de César. Il n'y a qu'un aventurier qui fasse des *prouesses*, et qu'un homme ridiculement vain qui parle de ses *prouesse :* le héros, le conquérant, font des *exploits ;* et c'est aux *exploits* que la renommée et la gloire s'attachent. Un trait de courage singulier, étonnant, mais sans un grand dessein et un grand intérêt, pourrait peut-être s'appeler fort bien encore une *prouesses ;* mais il faut pour l'*exploit* de grands intérêts et de grands effets. Je voudrais du moins dire la *prouesse* du soldat qui fait un beau coup de main, et l'*exploit* du capitaine qui force la victoire ou qui fait rougir la fortune. S'il faut absolument que *prouesse* n'exprime plus qu'un ridicule, je voudrais qu'on n'employât pas aussi le mot d'*exploit* dans le même sens. (R.)

1054. Publicain, Financier, Traitant, Partisan, Maltôtier.

Le *publicain* est littéralement le percepteur des revenus publics ; il ne s'applique qu'à la finance de l'antiquité.

Financier, intéressé dans les *finances* de l'État, lève l'impôt en argent fin, et non en nature ; il est ou fermier, ou régisseur, ou entrepreneur.

Les *traitants* étaient ceux qui traitaient pour une certaine somme, pour la rentrée d'un recouvrement particulier. On appela *traitant* celui qui, à la création de certains offices, s'en chargea pour les revendre à son profit, celui qui acheta les droits du domaine sur les îles et alluvions des rivières navigables.

Partisan présente l'idée du soldat qui met à contribution le pays ennemi. C'est une dénomination odieuse qu'on donnait au *traitant* qui se chargeait d'une levée vexatoire.

Le *maltôtier* était une dénomination injurieuse qu'on donnait aux *traitants* qui vexaient. *Financier* est plus noble ; *traitant* plus en sous-ordre ; *partisan* plus odieux ; *maltôtier* plus méprisable. (R.)

1055. Pureté, Chasteté, Pudicité, Continence.

Nous considérerons ces termes dans leur sens moral, relatif à l'usage des plaisirs charnels, que je désignerai, dans le cours de cet article, par le mot seul de *plaisirs*.

La *pureté* morale désigne en général l'intégrité, l'honnêteté, la droiture, l'innocence, la candeur naturelle des mœurs, ou plutôt de l'âme. Dans un sens restreint, c'est la *chasteté*, germe de *pureté*, qui a tant d'influence sur la bonté des mœurs, et qui est si recommandable aux yeux de la raison et de la religion : mais c'est la *chasteté* la plus pure, la plus entière, la plus parfaite, exempte de toute souillure, de tout ce qui pourrait l'altérer ou la ternir.

La *pudeur* est l'aversion marquée de la corruption, de tout ce qui est déshonnête et honteux ; une honte chaste et naïve qui s'exprime ordinairement par la rougeur du visage ; la modestie naturelle d'un cœur pur. La *pudicité* se manifeste, se défend et se conserve par la *pudeur :* c'est la qualité qui empêche de faire des choses dont on doive rougir, et qui fait même quelquefois rougir de ce qui n'est permis qu'en secret. Si elle cède au devoir, ce n'est qu'en combattant le plaisir et en le reserrant dans les limites les plus étroites : elle ne connaît que le plaisir honnête, et elle le craint : mais elle repousse avec force l'attentat.

Le mot *continence* exprime sensiblement l'action et l'effort de se *contenir*, soit en s'*abstenant* des plaisirs qu'on désire, soit en se *retenant* dans la jouissance. Le latin *continentia* est synonyme de tempérance, modération, sobriété, ce qui ne suppose pas la privation totale : il s'applique même à toutes les jouissances modérées par une grande retenue.

La *pureté* est l'état de l'âme qui conserve la fleur de l'innocence, sans que le souffle de la corruption en ait ni altéré l'intégrité, ni terni la couleur propre. La *chasteté* est une vertu forte et sévère qui dompte le corps, l'épure et tient constamment ses appétits ou ses jouissances dans un respect sacré de la loi. La *pudicité* est une qualité délicate et vertueuse qui met toujours la pudeur devant les désirs et les plaisirs, pour se sauver de la honte ou de la *déshonnêteté*, ou de l'immodestie. La *continence* est le mérite sublime de résister invinciblement à la soif des plaisirs, et de frustrer la nature elle-même de ses droits, par le sacrifice continuel de ses appétits, et un empire sans cesse combattu, mais toujours conservé, sur ses sens. C'est proprement par le cœur qu'on est *pur ;* et il suffit de se complaire dans une pensée *impure*, ou de favoriser un désir *impur*, pour perdre et corrompre la *pureté*. Avec un corps intact on est *chaste ;* mais la vertu de la *chasteté* est dans le cœur : la pensée et le désir l'offensent ; elle se perd par des actions volontaires et illégitimes. La *pudicité* veut l'intégrité du corps et la modestie du plaisir honnête ; elle se perd même par la violence et la licence d'un ravisseur. La *continence* ne retient que le corps ; elle se perd par la faiblesse. (R.)

1056. Purger, Purifier, Épurer.

Purger signifie agir pour rendre *pur*, travailler à ce qu'une chose soit *pure*, faire en sorte qu'elle le devienne. *Purifier* signifie donner ou rendre à la chose sa *pureté*, la faire par soi-même *pure*, exécuter et consommer l'action propre de sa *purification*. *Épurer* signifie rendre la chose toujours plus *pure*, à force de la dépouiller de ce qui l'empêche de l'être parfaitement. Ainsi l'action de *purger* tend à procurer ou à opérer la *pureté ;* celle de *purifier* rend ou produit la *pureté ;* l'action d'*épurer* tend à perfectionner ou à consommer la *pureté*.

Cherchons maintenant, dans les acceptions particulières de chacun de ces termes, l'idée propre et distinctive qui leur est affectée par l'usage.

Quelle est l'idée commune des différentes acceptions du mot *purger ?* Celle de débarrasser ou de délivrer la chose de ce qui s'y trouve de sale ou de nuisible. Ainsi on *purge*, on se *purge* en évacuant, en expulsant du corps ce qui est contraire à la santé : on *purge* les laines dont on détache les ordures : on *purge* les métaux en les séparant des matières étrangères qui les dégradent : on *purge* un jardin de mauvaises herbes qu'on arrache pour qu'elles ne nuisent pas aux bonnes : on *purge* une terre des hypothèques qui la grèvent : on *purge* la mémoire d'un mort en la déchargeant de ce qui l'a flétrie : on *purge* une contrée, une société, des voleurs, des fripons dont on la délivrée : on *purge* son esprit d'erreurs et de prejugés funestes ou pernicieux. On *purge* donc en ôtant ce qui gâte et nuit, mais surtout les matières étrangères qui forment un grossier alliage ou un désagréable mélange avec la chose.

L'idée commune des différentes acceptions du mot *purifier* est de dissiper ou de détruire ce qu'il y a de mauvais et de vicieux dans la substance de la chose. Le feu *purifie* les métaux qu'il met en fusion. Les vents *purifient* l'air qui se corrompt, comme l'eau, dans le calme. Les eaux, en se divisant et se filtrant, déposent les principes de leurs mauvaises qualités, elles se *purifient*. Le suc des aliments purs va *purifier* le sang dont il pénètre la masse. Le cœur se *purifie* par la pénitence qui le brise, le réforme et l'anime d'un feu nouveau. Des principes purs et salutaires *purifient* les mœurs, les actions, les intentions, l'âme. L'ange *purifie* les lèvres d'Isaïe avec un charbon de l'autel. Toutes ces applications ordinaires du mot *purifier* supposent une cause ou une vertu active, pénétrante, efficace, qui s'insinue dans les substances, consume ou dissipe ce qu'elles ont d'impur, les raffine, les *subtilise*, les spiritualise, les change en bien et en mieux.

L'idée propre à toutes les acceptions du mot *épurer* est celle de donner un nouveau degré de pureté, de bonté, d'agrément, de netteté, de clarté, de finesse, de délicatesse, d'élévation, en un mot, de perfection. C'est donc en enlever non-seulement ce qui est impur ou mauvais, mais encore ce qui n'est pas assez pur, assez bon. Les métaux s'*épurent* par des fusions réitérées qui les raffinent de plus en plus. Le sucre, bien *épuré*, prend une blancheur éclatante. Vous *épurez* le mercure en le sublimant. Les liqueurs deviennent plus claires, plus limpides, plus parfaites, à mesure qu'elles s'*épurent*. Une diction plus nette, plus châtiée, plus élégante, *épure* le style. Le langage qui s'*épure*, se polit. Le goût le plus *épuré* est le plus fin et le plus délicat. Le cœur, les sentiments, l'âme, les idées, la foi, s'*épurent* en s'élevant, en s'ennoblissant, en se réformant, en se perfectionnant. Bossuet blâme la doctrine *trop sublime et trop épurée* (trop désintéressée) de Fénelon. *Épurer* ne désigne que l'effet sans le rapport déterminé que *purifier* marque avec la cause et les moyens de le produire. (R.)

Q

1057. Qualité, Talent.

Les *qualités* forment le caractère de la personne ; les *talents* en font l'ornement. Les premières rendent bon ou mauvais et influent fortement sur l'habitude des mœurs ; les seconds rendent utile ou amusant, et ont grande part au cas qu'on fait des gens.

On peut se servir du mot *qualité* en bien et en mal ; mais on ne prend qu'en bonne part celui de *talent*.

L'homme est un mélange de bonnes et de mauvaises *qualités*, quelquefois bizarre jusqu'à rassembler en lui les extrêmes. Il y a des gens à *talents* sujets à se faire valoir, et dont il faut souffrir pour jouir : mais, à cet égard, je crois qu'il vaut encore mieux essuyer le caprice du renchéri que la fatigue de l'ennuyeux.

Les *qualités* du cœur sont les plus essentielles : celles de l'esprit sont les plus brillantes. Les *talents* qui servent aux besoins sont les plus nécessaires : ceux qui servent aux plaisirs sont les mieux récompensés.

On se fait aimer ou haïr par ses *qualités* : on se fait rechercher par ses *talents*.

Des *qualités* excellentes, jointes à de rares *talents*, font le parfait mérite. (G.)

1058. Quant à moi, Pour moi.

La phrase *quant à moi* s'est sauvée de l'oubli ; quoique l'humeur de quelques grammairiens, la déférence des écrivains élégants, la note de vieillesse (espèce de flétrissure) imprimée sur cette manière de parler, concourussent à l'y condamner. Ce qu'il y a de bizarre, c'est qu'en désapprouvant *quant à moi*, on approuve *quant à vous*.

On est étonné d'entendre l'abbé Girard prononcer que *ces mots sont très-synonymes*. On ne comprend pas trop comment il trouve meilleure grâce à *pour*, lorsque *moi* se rapporte à la personne ou à la chose qui régit le verbe suivant ; et à *quant*, lorsque le pronom se rapporte à ce qui est réglé par le verbe. En quoi consiste cette bonne grâce, qui n'est ni dans le sens, ni dans les sons, ni dans l'arrangement mécanique des mots ? Que je dise, *pour moi, tout m'est indifférent*; et *quant à moi, je ne me mêle d'aucune affaire*, ces deux phrases sont-elles moins harmonieuses que celles-ci : *pour moi, je ne me mêle d'aucune affaire; quant à moi, tout m'est indifférent?* Je répondrai pour l'abbé Girard, que *à moi* formant un régime indirect, il s'accorde naturellement et fort bien avec le régime du verbe suivant, auquel il semble appartenir ; et que *moi*, au commencement de la phrase, semble naturellement demander après lui *je*, d'autant plus que *pour moi* répond au latin *ego verò* (*mais moi*) qui exige, dans le verbe suivant, la première personne. Ainsi *quant à moi* ferait tomber l'action du verbe suivant sur la personne ; et *pour moi* mettrait la personne même en action. Mais ces subtilités n'ont rien de solide, et les plus agréables comme les plus purs écrivains trouvent souvent meilleure grâce aux deux locutions employées avec des constructions opposées au goût de l'abbé Girard.

Ainsi l'Académie dit dans son Dictionnaire, *quant à lui*, *il* en usera comme il lui plaira : Trévoux, *quant à moi*, *je* suis étonné ; Malherbe, *quant à moi*, *je* dispute avant que je m'engage ; et *quant à nous*, *étant* où vous êtes, *nous* sommes dans notre élément : Fontenelle (dialogue trente-huitième), après avoir dit, *pour moi*, *je* veux vous imiter en tout ; *quant à moi*, *je* ne tenterai rien qu'avec de bonnes précautions : J.-J. Rousseau (Lettre sur les ouvrages de Rameau), *quant à moi*, j'en pourrai mal juger, faute de lumières ; La Fontaine,

> Phèdre, sur ce sujet, dit fort élégamment :
> Il n'est rien tel que l'œil du maître ;
> *Quant à moi*, j'y mettrais encor l'œil de l'amant.

> Contre de telles gens, *quant à moi*, je réclame, etc.

Tous nos anciens auteurs, et surtout Amyot, le premier modèle de l'élégance française, parlent ainsi presque à chaque page ; et, en général, on se sert de *quant à moi*, sans aucun égard au reste de la phrase.

Quoiqu'en effet on dise communément *quant à moi*, *je*, il y a tant d'exemples contraires, que le nombre des exceptions ne permet pas d'en faire un règle. Ainsi Racine dit, Androm. 4, 5 :

> *Pour moi*, loin de contraindre un si juste courroux,
> Il *me* soulagera peut-être autant que vous.

Voltaire, Henriade, ch. 2 :

> *Pour moi*, qui de l'État embrassant la défense,
> Laissai toujours aux cieux le soin de leur vengeance,
> On ne *m'a* jamais vu, surpassant mon pouvoir,
> D'une indiscrète main profaner l'encensoir.

Enfin, *quant à moi* et *pour moi* sont de véritables phrases, mais elliptiques : dès-lors le pronom n'a aucune sorte de rapport grammatical avec la construction du reste de la proposition. Expliquons ces phrases ; car enfin il s'agit ici de synonymie et non de bonne grâce ; et prouvons que l'abbé Girard trahit légèrement sa propre cause en les déclarant *très-synonymes*.

Quant est le latin *quantùm*, autant que : *quant à moi* est la phrase latine *quantùm ad me spectat attinet*, autant que la chose me regarde ou me concerne, selon l'intérêt que j'y prends ou l'opinion que j'en ai. J'ai souvent répété que *pour* marquait la manifestation, la présence ou l'égard, la considération : *pour moi* signifie si je me mets en avant, pour en dire mon avis, à l'égard de mes sentiments, pour ce qui est de moi, ou de la part que j'y prends. J'ai déjà observé que *pour moi* sert à rendre le latin *ego verò*, mais moi, et moi, moi au contraire. La première de ces locutions marque donc littéralement un intérêt à la chose et un rapport établi ; et la seconde n'indique qu'un jugement ou un fait. *Quant* marque aussi une mesure et une proposition ; et *pour*, quelque chose de vague seulement.

Quant à moi, inspiré par un intérêt particulier, prend un air plus décidé, plus tranchant. *Pour moi*, ne désignant aucun motif, n'a ni faste, ni prétention. Vous direz modestement et avec un air de doute, *pour moi*, je penserais, je ferais ; vous direz avec fermeté et d'une manière résolue, *quant à moi*, je pense, je fais. On se met sur son *quant à soi*, pour dire *quant à moi* ; car pourquoi le *quant à soi* marquerait-il la fierté, la hauteur, la suffisance, si ce n'est par l'espèce de ton important ou d'autorité qu'on prend en disant *quant à moi?* (R.)

1059. Quasi, Presque.

Quasi, mot purement latin, est dit elliptiquement pour *quâ ratione si*, de même que si, de la même manière, comme si. *Presque* est la même chose que *près de*, *près d'être*. Il est *quasi* homme, c'est comme s'il était homme : *il est presque homme*, il est près d'être homme.

Quasi marque donc la ressemblance ; il suppose un peu de différence entre un objet et un autre : *pesque* marque l'approximation ; il suppose peu de distance entre un objet et un autre. *Quasi* est un terme de similitude, et *presque* un terme de mesure.

Les mœurs des femmes sont *quasi* celles des hommes, ou les mœurs des hommes sont *quasi* celles des femmes : il s'agit là de comparer des choses semblables. A mesurer une femme entre la coiffure et la chaussure, elle n'a *presque* que la moitié de sa taille exagérée : il s'agit ici de comparer des grandeurs.

Parmi les méchans, celui qui n'est pas méchant est *quasi* bon ou *comme* bon. Parmi ceux qui courent, ceux qui ont *presque* atteint le but ou qui ont été *près* de l'atteindre, ne sont pas plus avancés que ceux qui n'ont pas couru.

Les mœurs, en changeant, changent jusqu'à la valeur des termes, au point qu'à la fin ces termes ne ressemblent *quasi* plus à eux-mêmes : ainsi, *aimer* ne signifie plus *aimer*. Pour un pauvre qui n'a jamais compté jusqu'à dix écus, mille écus sont *presque* autant que dix mille, et dix mille *presque* autant que cent mille : c'est toujours une somme innombrable.

Dites hardiment à une mère coquette qu'elle est *quasi* jeune comme sa fille, elle vous croira : elle voudra vous faire accroire qu'elle est *presque* aussi grande que sa fille, qui a quatre pouces de plus qu'elle, et vous n'oserez pas la démentir.

Dans ces diverses applications, *quasi* désigne toujours un rapport de mœurs, de traits, de manières, des tableaux comparés, et *presque* un rapport d'étendue, de quantité, d'avancement, des grandeurs comparées. Si l'on n'a point d'égard à ces caractères distinctifs, et qu'on les réduise à leur idée commune d'*à peu près ou peu s'en faut*, sans spécifier la nature des rapports, *quasi* ne laissera que la plus petite différence, tandis que *presque* laissera une différence toujours petite, mais plus ou moins. La raison de ce jugement est que *quasi* signifie de la *même manière*, et qu'il exige par conséquent une grande conformité; au lieu que *près*, ainsi qu'on l'a déjà vu, est susceptible de plus ou de moins, et que dès-lors il ne saurait avoir, sans addition, un sens aussi étroit et aussi rigoureux. Ainsi, ce qui n'arrive *presque* jamais, arrive rarement, très-rarement : ce qui n'arrive *quasi* jamais, arrive le plus rarement, si rarement que c'est comme s'il n'arrivait jamais. Un homme est *presque* mort lorsqu'il est *près* de mourir ou qu'il a peu de temps à vivre; il est *quasi* mort, lorsqu'il est comme mort, mort ou autant vaut. Ce n'est *presque* rien ou pas grande chose, ce n'est *quasi* rien ou comme rien. (R.)

1060. Quereller, Gronder.

On *querelle* ceux qu'on n'a pas le droit de *gronder :* on *gronde* ses amis, ses enfants, ses gens.

Gronder suppose une sorte d'autorité, de supériorité, ou du moins de droit; il faut que celui que l'on *gronde* soit au moins censé avoir tort : pour *quereller*, il suffit d'avoir de l'humeur; on *querelle* son égal, et même son supérieur : « on *querelle* les malheureux, dit Vauvenargues, pour se dispenser de les plaindre. »

Celui qu'on *gronde* ne peut répondre que par des excuses; celui qu'on *querelle* peut *quereller* à son tour : un mari brusque *gronde* sa femme pour un rien : un amant jaloux *querelle* sa maîtresse sur un simple soupçon.

Quereller, c'est se plaindre souvent sans raison (*querela*, plainte, exclamation douloureuse) : *gronder*, c'est reprocher un tort toujours avec une apparence de justice.

L'homme *querelleur* cherche chicane, *querelle* à tout le monde; il se plaît à disputer; il est contrariant : le *grondeur* ne cherche pas de quoi exercer son humeur *grondeuse,* il voit des torts partout et les reproche sans ménagement : il est grognon.

On peut *gronder* pour l'intérêt de celui que l'on *gronde ;* on ne *querelle* jamais que pour le sien.

Pour qu'une *gronderie* fasse de l'effet, il faut avoir en *grondant* un ton égal, modéré, froid, qui ressemble à celui de la raison : le ton de la *querelle* est celui du chagrin ou de la colère. (F. G.)

1061. Questionner, Interroger, Demander.

On *questionne,* on *interroge* et l'on *demande,* pour savoir : mais il semble que *questionner* fasse sentir un esprit de curiosité ; qu'*interroger* suppose de l'autorité ; et que *demander* ait quelque chose de plus civil et de plus respectueux.

Questionner et *interroger* font seuls un sens ; mais il faut ajouter un cas (1) à *demander ;* c'est-à-dire que, pour faire un sens parfait, il faut marquer la chose qu'on *demande.*

L'espion *questionne* les gens. Le juge *interroge* les criminels. Le soldat *demande* l'ordre au général. (G.)

R

1062. Race, Lignée, Famille, Maison.

Les différentes désignations de la parenté déterminent divers rapports d'existence que l'on peut considérer dans les personnes du même sang : *parenté* annonce les mêmes pères et mères, le même sang : *race* marque l'origine, la première origine des personnes : *lignée* exprime une file, une suite d'enfants et de petits-enfants : *famille* désigne ceux qui sont élevés, nourris, qui existent, vivent par leur chef : *maison* indique ici ceux qui sont faits pour demeurer et vivre ensemble.

Race a donc trait particulièrement à une souche, une extraction commune ; *lignée* à la filiation, à la descendance commune ; *famille,* à une extraction commune ; *maison,* à un berceau, à des titres communs.

La *race* rappelle son auteur, son fondateur : la *lignée,* les enfants, les descendants : la *famille,* les chefs et les membres : la *maison,* l'origine et les ancêtres.

Nous disons la *race* des Héraclides, issue d'Hercule ; la *race* des Brutus, issue de celui qui chassa les rois ; la *race* des Capétiens, issue d'Hugues Capet : indice de la source. Nous disons la *lignée* d'Abraham,

---

(1) Il faudrait dire un complément ; car notre langue n'a pas de cas, ou n'en a du moins que dans les pronoms, *je, me, moi,* etc. (B.)

la *lignée* de saint Louis, la *lignée* de Henri IV, dans la généalogie de leurs descendants en *ligne* directe : indice d'une succession suivie. Nous disons la *famille* royale, une telle *famille*, une *famille*, en parlant des plus proches parents : indice d'une intimité particulière. Nous disons la *maison* de Lorraine, la *maison* de Saxe, pour distinguer les grandes *familles* sorties du même lieu, de la même *maison* : indice d'une habitation commune et paternelle, relevé par une idée accessoire de grandeur.

Le général athénien Iphicrate, fils d'un cordonnier, répondit à Hermodius, qui lui reprochait sa naissance : *J'aime mieux être le premier de ma race que le dernier :* il fut en effet l'*auteur* de sa noblesse. Dieu promit à Abraham une *lignée* aussi nombreuse que les étoiles du ciel : en effet, ce patriarche eut une postérité innombrable. On conviendra bien que les *familles*, je veux dire ce qu'on appelle par distinction *des familles*, n'ont presque plus rien de commun que leur nom, nom que l'on se dépêche d'abjurer à l'envi : en effet, leurs *membres*, les pères même et les enfants, ne *vivent* plus guère *ensemble*. A la Chine, il n'y a point de *maisons*, il n'y a que des *familles*, et il n'y a peut-être de *familles* que là, si l'on prend ce mot dans sa plus respectable acception : en effet, si les vertus et les actions illustres d'un homme ne sont pas celles de toute sa *lignée*, comment formeraient-elles des *maisons* illustres ?

Il y a toute sorte de *races :* je veux dire que *race* est susceptible de toute sorte de qualifications morales ou civiles, honorables ou injurieuses. Il y a de bonnes et de mauvaises *races*, des *races* patriciennes ou plébéiennes, mais surtout des *races* anciennes et illustres, qui remontent de génération en génération, de siècle en siècle, jusqu'à quelque personnage distingué. On se sert quelquefois du mot *race* pour qualifier une espèce de gens qui, par un caractère distinctif, semblent avoir été jetés dans le même moule et frappés au même coin : *race d'usuriers, race de pédants, race de vipères.*

Lignée ne se dit que dans le sens propre : un homme laisse une *lignée* nombreuse ; un autre ne laisse point de *lignée*. Cependant ce mot est quelquefois distingué par l'idée d'une noblesse ancienne, comme la noblesse de *race* ou d'extraction. On trouve souvent dans les anciens titres, *noble et de noble lignée* ou *lignage*. On disait autrefois un grand, un haut *lignage*, une grande, une haute *lignée*. *Lignage* est inusité aujourd'hui ; *lignée* subsiste encore, surtout en généalogie.

Le mot de *famille* a diverses acceptions si connues, qu'il serait inutile de s'y arrêter. Dans l'ordre civil, il y a des *familles* notables, honnêtes, bonnes, bourgeoises, roturières, plébéiennes, tout comme des *familles* nobles, grandes, illustres, puissantes.

Il n'y a que des *maisons* illustres ou très-nobles : il n'y a de *maisons* que dans les sociétés civiles où il se trouve une grande inégalité de condition. On dit fort bien des *maisons* souveraines, cela s'entend ; mais on ne comprend pas si bien comment tant de *familles* sont tout à coup érigées en *maisons*, sans titres ni d'ancienneté, ni d'illustration. (R.)

1063. Radieux, Rayonnant.

D'abord le corps *radieux* est tout *rayonnant* de lumière. L'effusion abondante de la lumière rend le corps *radieux ;* et l'émission de plusieurs traits de lumière le rend *rayonnant*. Vous distinguez les rayons du corps *rayonnant :* dans le corps *radieux*, ils sont tous confondus.

Le soleil est *radieux* à son midi ; à son coucher, il est encore *rayonnant :* l'aurore *rayonnante* commence à jeter des feux, l'aurore *radieuse* est dans tout son éclat.

L'éclat suppose la sérénité ; mais des rayons épars ne l'exigent pas. Ainsi l'objet *rayonnant* n'a pas besoin d'être serein comme l'objet *radieux* doit l'être ; et au figuré, cette sérénité, signe de la satisfaction et de la joie, c'est précisément ce qui éclate dans l'air, dans le visage, sur le front *radieux*.

Le soleil est *radieux* avec un ciel pur : à travers les nuées transparentes, il n'est que *rayonnant*.

A proprement parler, les rayons émanent du corps *radieux*, et ils environnent un corps *rayonnant*.

En optique, le point *radieux* jette de son sein une infinité de rayons : le cristal frappé d'une vive lumière, est tout *rayonnant*.

Une femme couverte de diamants est *rayonnante ;* mais elle n'en est pas plus *radieuse*. Une paysanne parée de sa seule joie, et d'une joie pure, est *radieuse* sans être *rayonnante*.

Nous disons familièrement d'un homme qui a un air de bonne santé, de contentement, de jubilation, qu'il est *radieux :* nous disons de quelqu'un qui vient de remporter un avantage honorable, un grand prix, une victoire, qu'il est tout *rayonnant* de gloire. Le premier est plein de satisfaction ou de joie : les hommages, les honneurs, environnent le second.

Enfin, le mot *radieux* marque la propriété, la qualité de la chose ; et le mot *rayonnant*, une circonstance de la chose, le fait présent.

Un corps lumineux par lui-même est plus ou moins *radieux ;* et quand il répand sa lumière, il est plus ou moins *rayonnant*.

Le soleil de justice est *radieux* par lui-même : Jésus-Christ sera *rayonnant* quand il viendra juger les vivants et les morts. (R.)

1064. Raillerie, Moquerie, Persiflage.

La *raillerie* est une plaisanterie malicieuse ; la *moquerie*, une plaisanterie mordante ; le *persiflage*, une plaisanterie piquante, fine et légère.

La *raillerie* se sert de tout ; la *moquerie* ne porte que sur les défauts ou les ridicules, ou ce qu'elle veut faire passer pour tel ; le *persiflage* choisit les plus légers, ou les attaque légèrement.

La *raillerie* peut tourmenter un peu, mais sans offenser ; l'art du *persiflage* consiste à piquer finement, mais sans blesser ; la *moquerie* ne peut guère avoir d'autre objet que de blesser.

La *moquerie* peut tomber sur les absents comme sur les présents : pour que la *raillerie* soit piquante, il faut que celui qui en est l'objet en sente quelque chose : on ne *persifle* qu'en face.

La *moquerie* parle ouvertement ; la *raillerie* doit être détournée ; le *persiflage* se compose de contre-vérités.

La *raillerie* peut être douce et même obligeante ; le *persiflage* peut être innocent ; la *moquerie* est toujours désagréable à celui qui en est l'objet.

Il faut de la finesse pour *persifler*, de la gaieté pour *railler* ; pour se *moquer*, il ne faut que rencontrer ou supposer des ridicules.

Le ton du *persiflage* ne se trouve guère que dans la bonne compagnie : le ton *railleur* n'est pas toujours de bon goût : le ton *moqueur* est rarement aimable.

Le *persiflage* devient fatigant à la longue : un *railleur* de profession se fait peu considérer : un esprit *moqueur* finit par se faire haïr. (F. G.)

1065. Râle, Râlement.

Ces mots imitent parfaitement le bruit ou les sons *rauques* qui sortent de la gorge lorsque les canaux de la respiration sont obstrués ou embarrassés, dans l'agonie surtout.

Mais est-ce donc pour ne rien dire que de *râle* on a tiré *râlement* ? Je croirai que ces deux mots signifient la même chose, quand on m'aura persuadé que *raisonnement* ne veut dire autre chose que *raison*, et ainsi de mille autres exemples semblables.

Je l'ai déjà dit ailleurs en passant, et il est bon de le rappeler ici : la terminaison substantive *ment* désigne la puissance, le moyen, l'instrument, ce qui fait qu'une chose est ainsi, ce qu'opère l'agent, ce par quoi un effet est produit. Ainsi *râle* exprime le bruit que l'on fait en *râlant* ; et *râlement* marque la crise qui fait qu'on *râle*, qui donne le *râle*. Un agonisant a le *râle* ; et vous voyez la poitrine oppressée, la gorge embarrassée, la respiration troublée par le *râlement*. (R.)

1066. Rancidité, Rancissure.

Ces termes désignent la corruption des graisses et des huiles qui ont contracté un goût fort et âcre, une odeur puante ou désagréable, et ordinairement une couleur jaune, soit en vieillissant, soit par la chaleur. Le lard, la viande salée, les confitures même, deviennent *rances*.

Rancissure, dit-on, qualité de ce qui est *rance*, synonyme de *rancidité*, mais peu usité. La *rancissure* n'est pas proprement la qualité de *rance* : ce mot n'est pas plus synonyme de *rancidité*, que *pourriture* ne l'est de *putridité*. Enfin *rancissure* est un mot ancien dans la langue, qui mérite d'être conservé autant au moins que *rancidité*, qui paraît être un mot nouveau ou fort peu usité ci-devant, puisque le premier dictionnaire de l'Académie n'en a pas fait mention. Nous disons aussi substantivement le *rance*, ou pour marquer l'odeur de la chose *rance*, ou pour distinguer la partie *rancie* du reste de la chose.

Je l'ai déjà dit, *ité* marque la qualité ; *ure* marque l'effet. La *rancidité* est donc la qualité du corps *rance* ; la *rancissure* est donc l'effet éprouvé par le corps *ranci*. La *rancidité* gît dans les principes qui vicient le corps : la *rancissure* est dans les parties qui sont viciées. Il faudrait combattre la *rancidité* comme on combat la *putridité*, cause du mal : il faut ôter la *rancissure*, s'il est possible, comme on ôte la *pourriture*, produit du mal. (R.)

1067. Rapiécer, Rapiéceter, Rapetasser.

Rapiécer, c'est mettre des pièces ou remettre une pièce, sans modification. *Rapiéceter*, c'est remettre sans cesse de nouvelles pièces, ou mettre beaucoup de petites pièces, *et* marque dans ce verbe la réduplication ou un diminutif. *Rapetasser*, c'est mettre grossièrement de grosses pièces et les entasser. On *rapièce* un bas, du linge, un rideau, auquel on met proprement une pièce : on *rapiécète* le linge, les vêtements qu'on est toujours à *rapiécer*, où l'on ne voit que pièces et petites pièces : on *rapetasse* les vieilles hardes qui ne sont plus que des lambeaux recousus ensemble ou appliqués les uns sur les autres. (R.)

1068. Rapport, Analogie.

Les choses ont *rapport* l'une à l'autre par une sorte de liaison, soit de conséquence, d'hypothèse, de motif ou d'objet. Elles ont de l'*analogie* entre elles par une simple ressemblance dans l'usage ou dans la signification. (G.)

1069. Rapport à, Rapport avec.

Une chose a *rapport à* une autre quand l'une conduit à l'autre ; ou parce qu'elle en dépend, ou parce qu'elle en vient, ou parce qu'elle en fait souvenir, ou pour quelque autre raison : ainsi, les sujets ont *rapport aux* princes, les effets *aux* causes, les copies *aux* originaux.

Une chose a *rapport avec* une autre chose, quand elle lui est proportionnée, conforme, semblable.

Une copie, en matière de peinture, a *rapport* avec l'original, si elle lui ressemble, et qu'elle en représente tous les traits ; mais bien qu'elle soit imparfaite, elle ne laisse pas d'avoir *rapport à* l'original. (*Bouhours.*)

Les action humaines, quelques *rapports* qu'elles aient *avec* les lois et *avec* les maximes les plus sévères de la morale, ne sont bonnes qu'autant qu'elles ont *rapport à* une bonne fin. (B.)

1070. Rassurer, Assurer quelqu'un.

J'intervertis ici l'ordre dans lequel j'ai coutume d'annoncer les synonymes, pour indiquer d'abord, par l'acception connue du premier, l'acception singulière qu'il s'agit de considérer dans le second ; à savoir se tranquilliser, calmer ses inquiétudes ou ses craintes, inspirer de la confiance, donner de l'assurance, mettre dans un état de sécurité.

Après que nos grands poètes ont employé le mot *assurer* dans le sens de *rassurer*, depuis Malherbe jusqu'à Rousseau, je n'oserais souscrire à la proscription prononcée contre cet usage : il paraît bien établi en poésie.

La poesie, pour se faire une langue propre, détourne le mots de leurs applications usitées dans la prose : c'est son droit, c'est l'esprit de la chose même. Ainsi, que les prosateurs ne disent point *assurer* pour *tranquilliser* quelqu'un, ce ne sera pour les poètes qu'un nouveau motif de parler ainsi, pourvu que ce langage n'ait rien de forcé, rien que de juste. Mais ici, le poète n'a point osé, la poésie n'a point imaginé ; elle s'est contentée de conserver une acception autrefois reçue dans tous les genres d'écrire. Amyot dit (Vie d'Artaxercès), que ce prince allait lui-même montrant la tête de Cyrus à ceux de ses soldats qui fuyaient, pour les *assurer*. Il serait facile de multiplier les exemples.

Il est tout naturel qu'on n'ait pas refusé au mot *assurer* une acception qu'on a généralement donnée à ceux de *rassurer* et d'*assurance*. Il doit, au contraire, paraître singulier qu'on ne puisse pas dire d'un homme qui qui a de l'*assurance*, qu'il est *assuré*, et qu'on dise d'un homme qu'il est *rassuré*, quand il n'a pu être *assuré*. D'ailleurs *assurer* signifie proprement *affermir*, *rendre ferme*, inspirer de l'*assurance :* et ne rend-on pas une personne ferme tout comme une chose ? Et pourquoi enfin ne dirait-on pas, selon l'usage de l'élocution figurée, *assurer* l'esprit de quelqu'un, *assurer* quelqu'un, s'*assurer*, comme on dit, au propre, *assurer* sa main, ses pas, sa tête, son corps ? Madame de Sévigné dit fort bien, en parlant de M. de l'omponne : « En vérité, je ne m'accoutume point à la chute de ce ministre, je le croyais plus *assuré* que les autres, parce qu'il n'avait point de faveur. »

La poésie a donc eu raison de conserver la manière de parler que la prose a laissé perdre.

L'emploi poétique d'*assurer* ainsi justifié, il ne diffère, dans ce sens, de son composé *r'assurer*, que par la préposition *re*, *r'*, qui marque la réitération, le doublement, le retour, le rétablissement de la chose dans son état, ou le redoublement d'action et d'efforts pour l'y ramener. Ainsi vous *assurez* celui qui n'est pas ferme ou résolu, qui n'a pas assez de force et de confiance, qui n'est pas dans un état de sécurité : vous *rassurez* celui qui est abandonné à la crainte ou à la terreur, qui est tout à fait hors de l'assiette naturelle, qui ne peut être ramené et tranquillisé qu'avec beaucoup de soins, de secours, de réconfort. Le premier n'a pas, dans l'état où il est, toute l'énergie dont il a besoin : le second a perdu, dans la crise où il se trouve, celle dont il éprouve la nécessité. La différence est du plus au moins.

Je suis debout, assez ferme pour ne pas tomber si on ne me pousse pas violemment ; je crains l'impulsion : je me roidis, je me mets en défense, je m'*assure :* j'ai reçu le choc ; je m'ébranle, mon corps chancèle, mes mains cherchent un soutien ou un appui, je redouble d'efforts, je me *rassure*. Transportez au moral ou appliquez figurément cette image.

Dans les *Horaces*, Camille, en exposant les vicissitudes qu'elle a éprouvées en un seul jour, dit :

> Un oracle m'*assure*, un songe me travaille,
> La paix calme l'effroi que me fait la bataille.

Ce mot est là très-bien employé. En effet, d'abord l'oracle *assure* Camille en confirmant ses espérances, en lui inspirant la confiance qu'elle n'osait concevoir d'épouser Curiace ; il ne la *rassure* pas, car il ne la fait point passer de la crainte à la sécurité ; mais si le *songe* avait d'abord *travaillé* Camille, et que l'oracle eût ensuite calmé ses craintes, dissipé son effroi, elle aurait été, à proprement parler, *rassurée*, puisqu'elle aurait passé d'un état d'alarme à celui de la tranquillité ou d'une espérance légitime. (R.)

1071. Ravager, Désoler, Dévaster, Saccager.

Les actions exprimées par chacun de ces verbes sont si fréquemment et si naturellement réunies et mêlées dans la plupart des cas où l'on a coutume de les employer, qu'il n'est pas étonnant que leurs idées distinctives soient souvent confondues et même réduites à l'idée commune de destruction. Cependant l'idée rigoureuse de *ravager* est d'enlever, renverser, emporter, entraîner les productions et les biens par une action violente, subite, impérieuse : celle de *désoler* est de dissiper, chasser, exterminer, détruire la population jusqu'à faire d'une contrée une solitude, ou à la réduire à un sol nu par des attentats ou par des influences malignes, funestes et mortelles : celle de *dévaster* est de tout moissonner, renverser, écraser, détruire dans une étendue plus ou moins vaste de pays, de manière à n'y laisser qu'un désert sans habitants et sans trace de culture, avec une fureur sans frein, sans arrêt et sans bornes : celle de *saccager* est de livrer au carnage, remplir de meurtres, inonder de sang une ville, des lieux peuplés, avec une férocité armée d'instruments de mort, de désolation, de destruction.

Les torrents, les flammes, les tempêtes, *ravageront* les campagnes. La guerre, la peste, la famine, *désoleront* un pays. Tous ces moyens terribles, la tyrannie fiscale surtout, des inondations de barbares, *dévasteront* un empire. Des soldats effrénés, des vainqueurs féroces, des barbares, *saccageront* une ville prise d'assaut.

Des brigands qui ne cherchent que le butin, *ravagent*. Des pirates qui veulent aussi une proie ou des esclaves, *désolent*. Des barbares qui se plaisent à détruire, *dévastent*. Des vainqueurs effrénés qui n'ambitionnent que de signaler leur vengeance, *saccagent*.

Rien ne résiste au *ravage*; il est rapide et terrible. Rien n'arrête la *désolation*; elle est cruelle et impitoyable. La *dévastation* n'épargne rien; elle est féroce et infatigable. Le *saccagement* ne respecte rien; il est aveugle et sourd.

Le *ravage* répand l'alarme et la terreur; la *désolation*, le deuil et le désespoir; la *dévastation*, l'épouvante et l'horreur; le *sac*, la consternation et l'horreur du jour. (R.)

1072. Réaliser, Effectuer, Exécuter.

C'est accomplir ce qui avait été envisagé d'avance; mais chacun de ces verbes énonce cet accomplissement sous des points de vue différents.

Réaliser, c'est accomplir ce que des apparences ont donné lieu d'espérer. *Effectuer*, c'est accomplir ce que des promesses formelles ont donné droit d'attendre. *Exécuter*, c'est accomplir une chose conformément au plan que l'on s'en est formé auparavant.

Ainsi, *réaliser* a rapport aux apparences ; *effectuer* a quelque engagement, et *exécuter*, a un dessein.

On ne *réalise* guère dans le monde la bienveillance dont on *affecte* si fort de donner de vaines démonstrations : la bonne foi y est si rare, qu'on y est réduit à encourager par des éloges ceux qui ont assez de droiture pour *effectuer* les engagements qu'ils ont contractés : il semble qu'il y ait un projet universel d'anéantir toute probité, et que l'on travaille à l'envi à l'*exécuter*. (B.)

1073. Rebelle, Insurgent.

Ces termes désignent également *celui qui s'élève contre*. *Rebelle* est tiré de la racine *bal, bel*, qui marque l'élévation, et qui désigne aussi *la main levée* pour lancer, repousser, résister : de là le latin *bellum*, guerre ; *bellare*, faire la guerre. Ainsi, *rebellare* signifie recommencer la guerre, ainsi que repousser, repulluler, s'élever malgré les obstacles. *Insurgent* est formé de *surg*, source, *surgere*, sourdre ou se lever, *insurgere*, s'élever contre, s'opposer hautement. Il est clair que ce mot n'exprimant que l'opposition ou la résistance simple, sans autre rapport, il n'a point ce caractère odieux affecté à celui de *rebelle* par un usage constant et fondé sur les rapports naturels du mot, quant il est appliqué aux personnes.

Insurgent, qualification aujourd'hui si connue, n'est pas aussi nouveau qu'on pourrait le croire. Le dictionnaire de Trévoux remarque que les relations et les gazettes ont, dans différentes occasions, donné le nom d'*insurgents* aux levées extraordinaires de troupes faites en Hongrie pour la défense du pays ou pour quelque autre grand dessein ; ce genre de levée extraordinaire s'appelait *insurrection*.

L'auteur de l'*Esprit des Lois*, liv. 8, ch. 11, parle d'après Aristote (Polit. liv. 11, chap. 10), de l'*insurrection* usitée chez le Crétois, pour tenir les cosmes ou magistrats annuels dans la dépendance des lois ; de simples citoyens se soulevaient contre eux, les chassaient et les réduisaient à une condition privée. Le *liberum veto* des Polonais est une *insurrection* légale et même constitutionnelle. Ainsi, l'usage établi de ces mots confirme le sens favorable attribué à celui d'*insurgent* tout comme l'emploi qu'on en a fait dans la querelle de la Grande-Bretagne avec ses colonies d'Amérique. Les colons étaient appelés *rebelles* par les royalistes, et *insurgents* par leurs amis.

L'*insurgent* fait donc une action légitime ou légale ; et le *rebelle*, une action perverse et criminelle. Le premier use de son droit ou de sa liberté, pour s'opposer à une résolution ou s'élever contre une entreprise : le second abuse de sa liberté et de ses moyens, pour s'opposer à l'exécution des lois et s'élever contre l'autorité légitime. Il ne faudra que des réclamations authentiques et fermes qui arrêtent les desseins contraires, pour être appelé *insurgent*. Il faut des voies de fait violentes qui arrêtent le cours de la justice, pour être déclaré *rebelle*. Si l'*insurgent* s'arme, c'est contre l'oppression et pour la défense de la patrie : le *rebelle* s'arme pour ses propres desseins et contre la république elle-même. Celui-là résiste à la puissance ennemie ; celui-ci va attaquer la puissance tutélaire.

D'*insurgent* nous avons fait *insurgence* : nous avions déjà *insurrection*. L'*insurrection* est l'action de se soulever contre : l'*insurgence* est un état d'*insurrection* continuée et soutenue. (Voyez l'article suivant.) (R.)

1074. Rébellion, Révolte.

Rébellion marque la désobéissance et le soulèvement ; *révolte*, la défection et la perfidie. Le *rebelle* s'élève contre l'autorité qui le presse ; le *révolté* s'est tourné contre la société à laquelle il était voué. La *rébellion* a un motif apparent, la contrainte exercée par l'autorité : il n'y a pas un motif apparent dans la *révolte*, effet d'une inconstance effrénée. L'objet du *rebelle* est de se soustraire ou d'échapper à la puissance : l'objet du *révolté* est de renverser et détruire la puissance et les lois qu'il a reconnues. La *rébellion* fait résistance : la *révolte* fait une révolution. La *rébellion* secoue le joug, la *révolte* le brise.

Si nous oublions cette différence essentielle et primitive des mots, nous les distinguerons encore par leur formation. Selon sa terminaison si souvent expliquée (1), *rébellion* marque l'action des personnes ; et *révolte* marque l'état des choses. Un acte de résistance ferme fait *rébellion* ; une *rébellion* ouverte et soutenue par des actes éclatants et multipliés de violence fait *révolte*. La *rébellion* est la levée de boucliers : la *révolte* est la guerre déclarée. La *rébellion* passe à la *révolte*. Ce que la *rébellion* commence, la *révolte* le consomme. Il faut étouffer la *rébellion* à sa naissance, pour qu'elle ne dégénère pas en *révolte*.

Ainsi, dans un sens spirituel, lorsque la chair résiste à l'esprit, c'est une *rébellion* : si elle lui dispute opiniâtrement l'empire, c'est une *révolte*, un état de guerre. Un péché est une *rébellion* contre Dieu ; l'impiété constante, une *révolte*.

Cependant la *rébellion* est quelquefois soutenue comme la *révolte*. On persiste, on persévère dans sa *rébellion* par une résistance inflexible, par une résolution ferme, par un attachement opiniâtre à ses desseins : mais les actes hostiles, les attentats, les désordres publics se succèdent, se multiplient, s'étendent sans cesse dans la *révolte* qui constitue un état de guerre.

Enfin, la *révolte* a toujours quelque chose de grand, de violent, de

---

(1) *Voyez* l'Introduction du Dictionnaire.

terrible et de funeste, tandis que la *rébellion* n'est quelquefois qu'une désobéissance, une opposition, une résistance, coupable sans doute et punissable, mais sans de grands troubles et de grands dangers. Ainsi, un particulier fait *rébellion* à la justice, quand il s'oppose à l'exécution de ses décrets ; mais lorsqu'un peuple en furie trouble, par une suite d'attentats, l'ordre essentiel de la société, il y a *révolte*. (R.)

1075. Recevoir, Accepter.

Nous *recevons* ce qu'on nous donne ou ce qu'on nous envoie. Nous *acceptons* ce qu'on nous offre.

On *reçoit* des grâces ; on *accepte* des services.

Recevoir, exclut simplement le refus. *Accepter*, semble marquer un consentement ou une approbation plus expresse.

Il faut toujours être reconnaissant des bienfaits qu'on a *reçus*. Il ne faut jamais rejeter ce qu'on a *accepté* (G.) (1).

1076. Rechigner, Refrogner.

Rechigner, marque de la répugnance, du dégoût, du mécontentement par un air rude et des grimaces repoussantes. *Refrogner* ou *renfrogner*, contracter ou plisser son front de manière à marquer de la rêverie, de l'humeur, de la tristesse. Borel dit que *reciner*, le même que *rechigner*, vient de *canis*, chien, parce que c'est faire comme un chien qu'on fâche. *Refrogner* vient de *front ;* et il exprime le *froncement*, les plis, les rides multipliées. Le *refrognement* est donc proprement sur le front : le *rechignement* est plus sur la bouche.

Le *rechignement* et le *refrognement* marquent la mauvaise humeur : mais le *rechignement* est fait pour la témoigner, et le *refrognement* la décèle en la concentrant. Lorsqu'on fait une chose à contrecœur, on *rechigne* pour manifester sa répugnance : lors même qu'on veut cacher la peine qu'on éprouve, on se *renfrogne*. Je veux dire que le *rechignement* est plutôt un acte fait à dessein que le *refrognement*.

La vieillesse est assez *refrognée* et laide par elle-même, sans être encore *rechignée* et dégoûtante, selon la pensée de Molière.

Les enfants sont sujets à n'obéir qu'en *rechignant ;* n'acceptez pas cette fausse obéissance. Mais si, pour leur faire l'humeur, vous vous *refrognez* le visage, vous ne leur apprendrez pas à se corriger ; vous leur ferez peut-être peur : cela ne vaut pas mieux.

Je voudrais que les beautés dédaigneuses considérassent dans leur miroir combien une figure est laide et repoussante avec un air *rechi-*

(1) *Voyez*, sur ce synonyme, la remarque de Roubaud au synonyme *présenter, offrir.*

gné; et que les prudes *renfrognées* considérassent dans le leur combien elles ont l'air d'être chagrines et souffrantes de leur vertu.

Pourquoi *rechigner* à faire ce que vous faisiez avec tant de plaisir ? Ah ! j'entends, on vient de vous l'ordonner. On fait une censure générale, et votre visage se *refrogne!* prenez-y donc garde, vous vous trahissez.

Celui qui vous donne une chose en *rechignant*, vous la jette au visage. Celui qui prend un air *refrogné* pour paraître grave, prend un masque pour un visage. (R.)

1077. Rechute, Récidive.

La *rechute* et la *récidive* marque l'action de *retomber :* mais la *rechute* est de retomber dans un état funeste; et la *récidive*, de retomber dans un mauvais cas.

Mais l'idée de *tomber* est essentielle et rigoureuse dans la *rechute* et non dans la *récidive*. On dit se *relever* d'une *chute :* après qu'on s'en est relevé, on retombe par la *rechute*. Mais on dit se *mettre* dans un mauvais *cas*; et après qu'on s'en est tiré, on s'y remet par la *récidive*. Il résulte de là que la *rechute* marque la faiblesse ou la légèreté; et la *récidive*, l'opiniâtreté ou l'imprudence. C'est parce qu'on n'est pas assez ferme ou assez constant qu'on fait une *rechute :* c'est parce qu'on ne veut pas se corriger ou s'observer qu'on passe à la *récidive*. Guéri ou rétabli, jusqu'à un certain point, dans son premier état, on *retombe :* puni ou pardonné vainement, on *récidive*, on recommence. Il y a donc, en général, plus de malice dans la *récidive* que dans la *rechute*, et plus de malheur dans la *rechute* que dans la *récidive*.

Cependant ces termes, quoiqu'ils aient à peu près le même sens, ne se confondent point, parce qu'ils sont exclusivement consacrés à quelque ordre particulier de choses. *Rechute* est un terme de médecine et de morale : un malade ou un pécheur fait une *rechute*. *Récidive* est un terme de jurisprudence et de lois pénales : un coupable, un délinquant, fait une *récidive*. La *rechute* est donc une maladie funeste, ou du corps, ou de l'âme : la *récidive* est un délit ou une faute punissable selon la loi. La *rechute* est plus dangereuse que la première maladie : la *récidive* est plus sévèrement punie que le premier délit. Leur synonymie consiste donc à désigner le retour dans la même faute ou dans le même mal. (R.)

1078. Réclamer, Revendiquer.

Réclamer, se récrier contre, s'opposer en criant, appeler hautement ou à grands cris, protester ou revenir contre. *Revendiquer*, réclamer,

répéter sa chose, son bien, sa propriété ; *réclamer* la force, la vengeance, l'autorité, la justice, pour ravoir sa chose, en poursuivre le
recouvrement par les voies de droit et de fait contre celui qui l'a usurpée ou qui la retient.

Vous *réclamez* à quelque titre que ce soit, et vous *réclamez* l'indulgence, l'amitié, la bienfaisance et les secours, comme la justice et vos
droits : vous *revendiquez* à titre de propriété et en *réclamant* la justice et la force. Dans un cas litigieux, vous *réclamez* ce que vous
revendiqueriez avec un droit certain et reconnu.

Vous *réclamez* en vous opposant à toute sorte de prétention : vous
revendiquez en vous opposant à l'usurpation. La *réclamation* est une
demande, un appel. La *revendication* est une action, une poursuite.
La *réclamation* conserve vos droits ; la *revendication* poursuit la
restitution d'un bien.

Un effet perdu dont on ne connaît pas le maître, vous le *réclamez* ;
un effet volé qu'on ne veut pas vous rendre, vous le *revendiquez*.

Il y a des gens habiles à *réclamer* ces petits mots, ces petits riens
qui courent le monde sans que leur auteur les *réclame* : tant pis pour
eux, car sans doute ils n'ont guère d'autres titres de gloire.

Un auteur mal accueilli ne manque pas de *réclamer* contre le jugement du public ; et il en appelle à lui dont il est bien sûr, et à la postérité qui ne l'entend pas. Un petit auteur, vain de quelques petites
pensées, est tout prêt à *revendiquer* ce que d'autres ont pensé, bien
ou mal, comme lui : ainsi Boileau parle, au nom de Longin, d'un de
ces sots esprits qui ne pouvait voir la plus froide pensée dans Xénophon
sans la *revendiquer*.

L'homme est toujours mineur à certains égards ; et la nature *réclame*
toujours pour lui les droits inaliénables qu'il n'a pu céder qu'à la violence ou dans le délire. Les Romains, en donnant le nom de *vindicte* à
la baguette dont ils frappaient l'esclave pour l'affranchir, semblaient
reconnaître qu'on ne faisait que restituer à ce malheureux la liberté
qu'il avait le droit de *revendiquer*.

Il est des ouvrages que personne ne s'avise de *réclamer* : mais si jamais un sot s'avise d'en *revendiquer* un, il lui restera ; car ce sera un
sot ouvrage. Le pauvre est fait pour *réclamer* les secours des riches ;
mais il n'a rien à *revendiquer* sur leur fortune.

Plusieurs auteurs anciens ont beaucoup à *réclamer* dans les œuvres
de La Fontaine, mais peu à *revendiquer* ; car cet homme change en or
tout ce qu'il touche.

Il y a des personnages fort opulents qui, si chacun *revendiquait*
utilement ce qui lui appartient dans leur fortune, *réclameraient* enfin
la clémence et la charité publique. Mais soyons de bonne foi : s'il y a
plus de ces gens-là que jadis, ces fortunes sont plus partagées. (R.)

1079. Récolter, Recueillir.

Je ne conçois pas comment *récolter* a eu le malheur de déplaire à
des gens de goût, maîtres de l'art; un mot si clair, si bon, si utile, si
usité! Pourquoi de *récolte* n'aurait-on pas fait *récolter*, comme de *la-
bour* on a fait *labourer*? *Recueillir* ne porte point l'idée propre de
récolter; et *récolter* est une manière très-particulière de *recueillir*.
Récolter nous dit ce qu'on *recueille*, des grains, des fruits, les productions de la terre. On ne *récolte* pas ces productions comme on *recueille* des raretés, des suffrages, des nouvelles, des pensées, des débris, une succession, etc.

On peut même *recueillir* des fruits de la terre sans les *récolter*. Le
décimateur *recueille* et ne *récolte* pas. Celui qui glane après la mois-
son ne *récolte* pas, mais il *recueille* ou ramasse des épis. *Récolter*,
c'est *recueillir*, suivant les procédés de l'économie rurale, toute une
sorte de grains et d'autres productions cultivées qui sont sur pied,
dans la saison de leur maturité, pour les serrer ou les arranger de manière à les conserver.

Je sais que le mot *recueillir*, en latin *recolligere*, composé de *colligere*, cueillir, amassé, mettre ensemble et avec choix, s'est dit proprement des fruits de la terre; mais il s'est appliqué à tant d'autres
objets disparates, qu'il ne conserve plus qu'une idée confuse de sa première destination. Il a donc fallu recourir à un nouveau mot qui ex-
primât sensiblement l'idée d'une pure opération aussi importante et
aussi essentielle à caractériser que celle de la *récolte*.

On *récolte*, à proprement parler, ce qui se coupe, comme les grains,
les foins, les raisins, et, en général, les grands objets de culture ; on
recueille ce qui s'arrache, les fruits, les légumes, les racines, et autres objets moins importants, et tel est l'emploi ordinaire de ces termes.

On ne *récolte*, entre les productions de la terre, que celles de la
culture ; et on ne fait proprement que *recueillir* les autres. Ainsi on
récolte du blé, et on *recueille* du sel.

L'un *récolte* des grains, l'autre *récolte* des vins; celui-ci *recueille*
des laines, celui-là *recueille* des soies.

La production que ce laboureur vient de *récolter*, est le prix qu'il
recueille de ses dépenses et de ses sueurs.

Il y a le temps de *récolter*; et si l'on empêche le cultivateur de saisir
ce temps, l'on fait gâter et perdre ses productions : or le droit de détruire les récoltes est encore plus absurde que celui de *recueillir* où
l'on n'a pas semé.

Vous direz qu'un pays *recueille* du blé, des vins, des fourrages,
pour marquer la nature de ses productions : vous direz qu'on y a ré-

colté, cette année, peu de fourrages, beaucoup de vins, assez de blé, pour marquer la quantité de sa *récolte*.

Enfin, *récolter* veut dire *faire la récolte ;* il est donc propre pour désigner tous les rapports particuliers de la *récolte* : c'est là son véritable emploi dans la langue du cultivateur; et il faut au moins laisser à chaque art sa langue. (R.)

1080. Reconnaissance, Gratitude.

Reconnaissance, composé de *connaissance*, marque littéralement le essouvenir qu'on a d'un objet, la mémoire d'un objet qu'on a connu, 'aveu par lequel on *reconnaît* et on certifie une chose, ou enfin une sorte de compensation dont on se confesse redevable. La *reconnaissance* rappelle la *connaissance*. *Gratitude* désigne le *gré* qu'on sait à quelqu'un, l'affection qu'on ressent d'une *grâce*, le sentiment qui nous rend un bienfaiteur *cher* et *agréable*. L'idée de *reconnaissance* est ici relative aux services, aux bienfaits qui demandent de la *gratitude*.

La *reconnaissance* est le souvenir, l'aveu d'un service, d'un bienfait reçu : la *gratitude* est le sentiment, le retour inspiré par un bienfait, par un service.

Il suffirait, ce semble, d'être juste pour avoir de la *reconnaissance :* il faut être sensible pour avoir de la *gratitude*. Mais est-on juste sans être sensible, surtout en matièe de bienfaits? La *reconnaissance* est le commencement de la *gratitude*, et la *gratitude* est le complément de la *reconnaissance*. En un mot, la *gratitude* est la *reconnaissance* d'un bon cœur, je veux dire d'un grand cœur.

La *reconnaissance* pèse sur le cœur sans la *gratitude :* la *gratitude* est douce au cœur comme le bienfait.

La *reconnaissance* rend ce qu'elle doit, elle s'acquitte : la *gratitude* ne compte pas ce qu'elle rend, elle doit toujours. La *reconnaissance* est la soummission à un devoir, on le remplit : la *gratitude* est l'amour de ce devoir, on n'en a jamais assez fait.

La *reconnaissance* est animée par un esprit d'équité qui fait que vous vous imposez un devoir qu'on ne prétend pas vous imposer : la *gratitude* est animée par un sentiment vif, qui fait que vous mettez autant de générosité à recevoir que vous en auriez mis à donner.

Se souvenir des services, déclarer hautement les services, être disposé à rendre services pour services, ce sont là trois genres, ou mieux les trois conditions de la pure et parfaite *reconnaissance*. La *gratitude* est d'aimer à se rappeler les bienfaits, d'aimer à publier les bienfaits, d'aimer à rendre, autant qu'on le peut, bienfaits sur bienfaits, mais tout cela n'est qu'un.

Celui qui oublie les services est *méconnaissant ;* celui qui tâche de les oublier est *ingrat.*

Il y a une hypocrisie de *reconnaissance*, qui consiste à se répandre fastueusement en démonstrations de *reconnaissance*, pour se dispenser de tout autre devoir et s'en croire quitte. La *gratitude* est d'abord timide comme l'amour, elle n'a point de paroles, point de voix ; mais une fois rassurée, quelle effusion de sentiment! et comme ils coulent de source ! Même abondance de bienfaits, quand ils seront en son pouvoir.

La présence du bienfaiteur gêne quelquefois la *reconnaissance ;* elle est honteuse d'être encore en arrière. La présence du bienfaiteur est une nouvelle jouissance pour la *gratitude ;* elle va toujours au-devant de lui. Servez-vous de ces règles, quand vous voudrez juger votre propre cœur.

Il y a de légers services qui n'imposent qu'une légère *reconnaissance,* et qu'on oublie ensuite. Mais, prenez-y garde! il reste encore alors dans une âme sensible un sentiment confus de bienveillance pour les personnes, et c'est la *gratitude* elle-même : le service est oublié, l'homme officieux ne l'est pas.

La *reconnaissance* est due au bienfait ; la *gratitude* l'est à la bienfaisance. Service pour service, c'est la *reconnaissance :* sentiment pour sentiment, c'est la *gratitude.*

Celui qui ne veut point de *reconnaissance,* est l'homme qui mérite toute votre *gratitude.*

1081. Récréation, Amusement, Divertissement, Réjouissance.

Ces quatre mots sont synonymes, et ont la dissipation ou le plaisir pour fondement. *Récréation* désigne un terme court de délassement ; c'est un simple passe-temps pour distraire l'esprit de ses fatigues. *Amusement* est une occupation légère, de peu d'importance et qui plaît. *Divertissement* est accompagné de plaisirs plus vifs, plus étendus. *Réjouissance* se marque par des actions extérieures, des danses, des cris de joie, des acclamations de plusieurs personnes.

La comédie fut toujours la *récréation* ou le délassement des grands hommes ; le *divertissement* des gens polis et *l'amusement* du peuple : elle fait une partie des *réjouissances* publiques dans certains événements.

Amusement, suivant l'idée que je m'en fais encore, porte sur des occupations faciles et agréables qu'on prend pour éviter l'ennui. *Récréation* appartient plus que *l'amusement* au délassement de l'esprit, et indique un besoin de l'âme plus marqué. *Réjouissance* est affecté aux fêtes publiques du monde et de l'Église. *Divertissement* est le terme générique qui renferme les *amusements*, les *récréations* et les *réjouissances* publiques.

« Les *divertissements* de ce pays, dit à son cher Aza une Péruvienne si connue par la finesse de son goût et par la justesse de son discernement, les *divertissements* de ce pays me semblent aussi peu naturels que ses mœurs. Ils consistent dans une gaieté violente, excitée par des ris éclatants, auxquels l'âme ne paraît prendre aucune part ; et dans des jeux insipides, dont l'or fait tout le plaisir ; dans une conversation si frivole et si répétée, qu'elle ressemble bien davantage au gazouillement des oiseaux qu'à l'entretien d'une assemblée d'êtres pensants ; ou dans la fréquentation de deux spectacles, dont l'un humilie l'humanité, et l'autre exprime toujours la joie et la tristesse indifféremment par des chants et des danses. Ils tâchent en vain, par de tels moyens, de se procurer des *divertissements* réels, un *amusement* agréable ; de donner quelque distraction à leurs chagrins, quelque *récréation* à leurs esprits : cela n'est pas possible. Leurs *réjouissances* même, n'ont d'attraits que pour le peuple, et ne sont point consacrées, comme les nôtres, au culte du soleil : leurs regards, leurs discours, leurs réflexions, ne se tournent jamais à l'honneur de cet astre divin. Enfin leurs froids *amusements*, leurs puériles *récréations*, leurs *divertissements* affectés, leurs ridicules *réjouissances*, loin de m'égayer, de me plaire, de me convenir, me rappellent encore avec plus de regret la différence des jours heureux que je passais avec toi. » (*Encycl.*)

1082. Rectitude, Droiture.

La *rectitude* n'a commencé à figurer dans la langue que sous le règne de Louis XIV. Messieurs de Port-Royal en ont fait un fréquent usage.

Il manquait un terme pour exprimer la qualité physique d'une chose *droite*. Nous disons une *ligne droite*. *Droiture* ne s'emploie qu'au figuré : il fallait donc un mot pour rendre son idée dans le sens propre ; et *rectitude* se présentait naturellement. La *rectitude* d'une ligne convenait donc parfaitement au géomètre qui a des figures *rectilignes*. *Rectifier* signifie littéralement donner la *rectitude*. Ce mot convenait donc parfaitement pour désigner la juste direction, le vrai sens, l'ordre parfait des choses physiques, soit de la nature, soit de l'art. Des objets physiques, il a naturellement passé aux objets métaphysiques ; et on a dit la *rectitude* d'un jugement, comme la *rectitude* d'une ligne.

Bouhours, avec son goût et sa sagacité ordinaire, avait fort bien observé que *droiture* ne se dit proprement que de l'âme, pour marquer la probité, la bonne foi, des vues honnêtes et pures ; et que, si ce mot s'applique à l'esprit, c'est seulement par rapport à la probité, et non à l'égard de l'intelligence. Ainsi la *droiture* de l'esprit n'est que la suite ou le complément de la *droiture* du cœur. La *droiture* est donc proprement une qualité morale : la *rectitude* est une qualité intellectuelle ou physique. La *rectitude* d'un jugement sera dans sa justesse ; et sa *droiture*, dans sa justice. La *rectitude* est d'un bon esprit ; la *droiture*, d'un cœur honnête. Un esprit de travers manquera de *rectitude ;* un esprit partial, de *droiture.*

Ainsi, dans le sens physique, l'abbé de La Chambre a dit, la *rectitude de la vue ;* et dans le sens métaphysique, un écrivain moderne observe que tout homme qui aura un peu de *rectitude dans le jugement* concevra facilement la difficulté ou plutôt la chimère de vouloir enlever des ballons d'une grandeur démesurée avec d'aussi petits moyens que ceux qu'on a employés jusqu'à présent.

La *rectitude* exprime la conformité de la chose avec la règle, sa parfaite régularité, son exacte ordonnance. La *droiture* désigne la juste direction vers un but, l'indication de la bonne voie, le rapport des moyens avec la fin.

Ainsi la *droiture* montre le but et la voie ; la *rectitude* conduit au but en suivant constamment la voie. La *rectitude* applique jusqu'à la fin ce que la *droiture* enseigne : l'un dirige, l'autre exécute. Il ne suffit pas de la *droiture*, il faut la *rectitude ;* car il ne suffit pas d'indiquer la règle, il faut que l'action ou la conduite s'y conforme parfaitement. La *droiture* est donc plutôt dans l'intention, dans le dessein, dans le conseil : la *rectitude* est dans l'action, dans la conduite, dans l'application constante de la règle.

Fléchier dit fort bien que la *droiture* est une pureté de motif et d'intention qui attache l'âme au bien pour le bien même : l'abbé de Rancé dit fort bien que les bonnes intentions ne font pas la *rectitude* des œuvres. L'abbé de Vertot distingue parfaitement ces deux termes, en disant que Coriolan, content de la *droiture* de ses intentions, allait au bien sans ménagement, et que peut-être ce défaut de ménagement entraînait quelquefois dans sa conduite un défaut de *rectitude.* (R.)

1083. Recueil, Collection.

1° *Recueil* signifie rigoureusement l'amas des choses recueillies : *collection* exprime proprement l'action de rassembler plusieurs choses. C'est par la *collection* que vous formez le *recueil*, comme par le travail vous faites l'ouvrage. *Recueil* ne marque pas l'action de *recueillir ;* on a voulu que *collection* désignât les choses même rassemblées.

2° *Recueil* exprime l'idée redoublée de *recueillir* ou de réunir ensemble ; en latin, *recolligere : collection* n'exprime que l'idée simple de *cueillir* ou mettre ensemble ; en latin, *colligere.* Ainsi le *recueil* n'est pas une simple *collection :* les choses que la *collection* met ensemble, le *recueil* les unit, les lie, les resserre plus étroitement. La *collection* forme un amas, un assemblage ; le *recueil* forme un corps ou un tout : il y a du moins plus de liaison, de dépendance et de rapport entre les parties d'un *recueil* qu'entre celles d'une *collection*.

D'un *recueil* de pensées, vous faites un livre : avec une *collection* de livres, vous composez une bibliothèque. Ce *recueil* est un ouvrage particulier : cette *collection* n'est qu'un assemblage de choses.

Par cette raison, l'on dit plutôt un *recueil* de poésies, d'anecdotes, de chansons, de pièces ou imprimées ou manuscrites, réunies en un corps ; et une *collection* de plantes, de coquilles, de médailles, d'antiquités rassemblées dans un cabinet.

3° On appelle plutôt *recueil* une petite *collection ;* et *collection* un grand *recueil*. Vous donnerez un *recueil* de pièces fugitives, de pensées choisies, de quelques œuvres d'un auteur : vous donnerez la *collection* des conciles, des pères, des historiens, des ouvrages d'un auteur fécond, ou de divers auteurs qui ont travaillé dans le même genre.

La raison de cette différence est dans la valeur même des mots. L'action de *recueillir*, par la force réduplicative du terme, marque plus de réflexions, de recherches et de soins que celle de rassembler. Vous faites un *recueil* de choses d'élite, que vous croyez dignes d'être conservées ; vous faites une *collection* de tout ce qui se présente sur un sujet traité par divers auteur, ou sur divers sujets traités par le même. Le *recueil* doit être choisi ; la *collection* doit être complète, autant qu'il est possible. Il faut du goût, des lumières, de la critique, pour faire un bon *recueil ;* il faut du savoir, de la patience, des bibliothèques pour faire de belles *collections*. La *collection* fait plus de volumes ; le *recueil* doit faire de meilleurs livres.

Au lieu d'ouvrages d'esprit, il se fait des entreprises de librairie, de petits *recueils* et de vastes *collections*. Ajoutons-y des traductions, les unes nouvelles, les autres renouvelées ; et c'est à peu près toute l'histoire littéraire d'aujourd'hui.

La plupart des *recueils* ne sont pas faits par des hommes de lettres ; la plupart des *collections* ne sont pas faites pour les gens de lettres. Je ne trouve pas assez à profiter dans les unes ; j'ai trop peu d'argent à dépenser et de temps à perdre pour profiter des autres. (R.)

1084. Reculer, Rétrograder.

L'idée d'aller en arrière est commune aux mots *rétrograder* et *reculer*, pris dans le sens neutre. *Reculer*, suivant la force étymologique du mot, c'est aller dans une direction opposée à celle du *visage ;* *rétrograder*, c'est littéralement marcher (*gradi*) en arrière (*retrò*), ou retourner sur ses pas.

Il résulte de cette distinction littérale, que *reculer* suppose uniquement une direction contraire à la direction ordinaire et naturelle de la marche, au lieu que *rétrograder* suppose déjà une marche avancée, suivie d'un mouvement contraire. Le canon, au moment de son explosion, *recule* et ne *rétrograde* pas. Lorsque vous faites plusieurs tours de promenade dans une allée, on ne dira pas que vous *avancez* et que vous *reculez*; car *avancer*, à proprement parler, signifie s'approcher d'un but; et *reculer*, c'est s'en éloigner : alors vous allez et vous venez.

Reculer est le mot vulgaire ; il tient aux mots *recul, reculons, reculement, reculade.* Les hommes, les animaux, les voitures, etc., *reculent.*

Rétrograde appartient à la géométrie et à la physique ; il en est de même de *rétrograder* et de *rétrogradation.* On dit que certaines planètes *rétrogradent* lorsqu'elles semblent *reculer* dans l'écliptique, et se mouvoir dans un sens opposé à l'ordre des signes, c'est-à-dire d'orient en occident. Cependant il est propre à donner plus de précision au discours dans certains cas.

Reculer prend aussi souvent un sens accessoire et moral, au lieu que *rétrograder* n'a qu'un sens physique et rigoureux. Le lâche *recule*, le brave *recule* aussi : l'un, parce que la peur l'entraîne ; l'autre, pour mieux prendre l'avantage. Clytemnestre dit au soleil :

> Recule, ils t'ont appris ce funeste chemin.

Dans ces applications et autres semblables, il se joint une idée morale au mot *reculer*; mais quand il ne s'agira que du sens physique, *rétrograder* sera mieux placé.

Il y a une façon d'aller en arrière que *rétrograder* n'exprime pas, et que *reculer* n'exprime qu'amphibologiquement ; c'est celle de l'écrevisse, ou celle d'aller le dos tourné vers un objet. On dit alors aller à reculons. (R.)

1085. Réformation, Réforme.

La *réformation* est l'action de *réformer*; la *réforme* en est l'effet.

Dans le temps de la *réformation*, on travaille à mettre en règle, et l'on cherche les moyens de remédier aux abus. Dans le temps de la *réforme*, on est réglé, et les abus sont corrigés.

Il arrive quelquefois que la *réforme* d'une chose dure moins que le temps qu'on a mis à sa *réformation*. (G.)

L'idée objective commune à ces deux mots est celle d'un rétablissement dans l'ancienne forme, ou dans une meilleure forme.

La *réformation* est l'opération qui procure ce rétablissement ; la *réforme* en est le résultat ou le rétablissement même.

Ceux qui sont chargés de travailler à la *réformation* des mœurs ne doivent s'attendre à réussir qu'autant qu'ils commenceront par vivre eux-mêmes dans la *réforme*.

Il n'est pas douteux qu'une bonne *réforme* dans le système de l'institution publique ne produisît de très-grands biens pour l'État et pour les citoyens ; mais la *réformation* n'en doit être confiée à aucun ordre de l'État exclusivement, et encore moins à aucun particulier ; chacun ne voit que pour soi, et il faut voir pour tous. (B.)

1086. Regarder, Concerner, Toucher.

On dit assez indifféremment, et sans beaucoup de choix, qu'une chose nous *regarde*, nous concerne ou nous *touche*, pour marquer la part que nous y avons. Il me paraît néanmoins qu'il y a entre ces trois expressions une différence délicate, qui vient d'abord d'un ordre de gradation, en sorte que l'une enchérit sur l'autre dans le rang que je leur ai donné. Quoique nous ne prenions qu'une légère part à la chose, nous pouvons dire qu'elle nous *regarde ;* mais il en faut prendre davantage pour dire qu'elle nous *concerne ;* et lorsqu'elle nous est plus sensible et personnelle, nous disons qu'elle nous *touche*. Il me paraît aussi qu'on se sert plus communément du mot de *regarder*, lorsqu'il est question de choses sur lesquelles on a des prétentions ou des démêlés d'intérêt ; qu'on emploie avec plus de grâce celui de *concerner* lorsqu'il s'agit de choses commises au soin et à la conduite ; et que celui de *toucher* se trouve mieux placé dans les affaires de cœur, d'honneur et de fortune.

Il n'en est pas des biens publics comme des particuliers ; la succession *regarde* toujours ceux même qui y ont renoncé. Les moindres démêlés dans l'Europe *regardent* tous les états qui la partagent : il est difficile qu'aucun d'eux se conserve longtemps dans une parfaite neutralité, tandis que les autres sont en guerre. Toutes les opérations du gouvernement *concernent* le premier ministre ; il doit être au fait de tout, soit guerre, police, finances, ou intérêt du dehors ; mais chacune de ces parties ne *concerne* que celui qui en est particulièrement chargé. La conduite de la femme *touche* d'assez près le mari pour qu'il doive y avoir l'œil ; mais la trop grande attention y est pour le moins aussi dangereuse que la négligence. Les affaires des moines *touchent* trop la cour de Rome pour qu'elle n'en prenne pas connaissance, et qu'elle ne leur accorde point sa protection lorsqu'on les attaque.

Beaucoup de gens s'inquiètent mal à propos de ce qui ne les *regarde* pas, se mêlent de ce qui ne les *concerne* point, et négligent ce qui les *touche* de près. (G.)

1087. Régie, Direction, Administration, Conduite, Gouvernement.

La *régie* regarde uniquement des biens temporels confiés aux soins de quelqu'un pour les faire valoir au profit d'un autre à qui ils appartiennent, et desquels on doit rendre compte de clerc à maître. La *direction* est pour certaines affaires où il y a distribution, soit de finances, soit d'occupations, et auxquels on est commis pour y maintenir l'ordre convenable. L'*administration* a des objets d'une plus grande conséquence, tels que la justice ou les finances d'un état; elle suppose une prééminence d'emploi qui donne du pouvoir, du crédit, et une sorte de liberté dans le département dont on est chargé. La *conduite* désigne quelque sagesse et quelque habileté à l'égard des choses, et une subordination à l'égard des personnes. Le *gouvernement* résulte de l'autorité et de la dépendance; il indique une supériorité de place sur des inférieurs, et a un rapport particulier à la politique. (G.)

1088. Région, Contrée, Pays.

Ces trois mots servent à désigner les grandes divisions de la terre : mais *région*, qui s'étend aux différentes parties de l'univers, s'emploie surtout quand on les considère sous le rapport des différentes influences auxquelles les soumet leur situation : les *contrées* paraissent se distinguer surtout par l'aspect, soit naturel, soit artificiel, et les divisions naturelles des diverses parties du globe : le mot de *pays* indique jusqu'à une certaine dimension les différents genres de division dont la terre est susceptible.

On dit les *régions éthérées* pour désigner ces parties de l'univers qui sont hors de l'atmosphère terrestre : en appliquant ce mot à notre globe, on dit une *région* brûlante, des *régions* glacées, les désignant ainsi par la température de l'air.

Une *contrée* est triste par l'aspect qu'elle présente; une autre est riante; elle est aride ou fertile, sauvage ou bien cultivée, etc. On comprend assez généralement dans la même *contrée* les espaces contigus contenus entre deux chaînes de montagnes, habités par la même espèce d'hommes, ou remarquables par le même genre de productions.

Ces distinctions sont communes aux *pays*, qui ont de plus toutes celles qu'on peut tirer des différentes dominations, juridictions, des différents usages, des différents caractères, etc. Ainsi on dit les mœurs de ce *pays*, les magistrats du *pays*, l'esprit ou le caractère du *pays*, etc.

Il serait assez difficile de déterminer positivement l'étendue relative que désignent ces trois dénominations; il semble cependant que la *contrée* embrasse de plus vastes espaces, et que le *pays* se soumet à de plus petites subdivisions. L'Europe est une *contrée*, quoiqu'elle en renferme plusieurs autres, et ce n'est point un *pays* : la France est un *pays*; une province est un *pays*; pour un paysan, son village est son *pays*. On dit à la vue d'un beau site, que le *pags* est joli, mais ce n'est qu'à une élévation d'où l'on peut apercevoir des châteaux, des villes, des rivières, etc., qu'on dit que la vue s'étend sur toute la *contrée*. La *région* n'a rien qui détermine son étendue relative : sur la pointe d'une montagne qui ne fait qu'une petite partie d'un *pays*, on se trouve dans une *région* différente de celle du bas de la montagne : la *région* du tropique embrasse d'immenses *contrées*.

Dire qu'une *contrée* est riche, c'est exprimer la fertilité et l'aspect de la terre. Un *pays* est riche, c'est-à-dire heureux eu égard à l'état de ceux qui l'habitent; une *région* est douce en raison de la température dont on y jouit. (F. G.)

1089. Règle, Modèle.

L'un et l'autre ont pour objet de diriger, mais en diverses manières. La *règle* prescrit ce qu'il faut faire; le *modèle* le montre tout fait : on doit suivre l'une et imiter l'autre.

La *règle* parle à l'esprit, elle l'éclaire, elle lui fait connaître ce qui doit se faire; mais elle est froide et sans force. Le *modèle* échauffe l'âme, la met en mouvement, fait disparaître toutes les difficultés, anéantit tous les prétextes.

On trouve dans les écrits d'Aristote, de Longin, de Denis d'Halicarnasse, de Cicéron, de Quintilien et de plusieurs modernes, d'excellentes *règles* sur l'éloquence; mais elles seront infructueuses, ou bien peu utiles pour former les orateurs, si l'on ne s'attache à l'étude des grands *modèles*, comme Démosthènes et Cicéron, Bossuet et Fléchier, Bourdaloue et Massillon, d'Aguesseau et Cochin.

Les philosophes nous prescrivent des *règles* de conduite qui sont admirables, si l'on veut, et pleines de sagesse; mais ils ne gagneront rien s'ils s'en tiennent à la théorie: il faut qu'ils aient recours à l'histoire, qui, en nous proposant de grands et d'illustres *modèles*, nous soumet aux *règles* par l'imitation.

Les lois sont des *règles* déterminées par l'autorité du législateur; les *modèles* montrent des exemples qui justifient les *règles*, et qui condamnent les réfractaires. Ainsi l'on peut appliquer *loi* à la *règle* et au *modèle* ce que Rousseau a dit de la *loi* et de l'*exemple* :

> Contre la *loi* qui nous gêne,
> La nature se déchaîne
> Et cherche à se révolter ;
> Mais l'*exemple* nous entraîne
> Et nous force à l'imiter.

« Il y a des endroits, dit le P. Bouhours, où l'on peut employer également les deux mots de *règle* ou de *modèle* : par exemple, on peut dire : La vie de Notre Seigneur est la *règle* des chrétiens, ou le *modèle* des chrétiens. »

Cela peut se dire sans doute, mais ce n'en sont pas moins deux expressions différentes par la forme et par le sens ; la première signifie que de la vie de Notre Seigneur nous pouvons conclure quelles sont les véritables *règles* de la vie chrétienne ; la seconde, que dans la vie de Notre Seigneur nous trouvons un *modèle* qui nous porte à nous conformer aux *règles* de la vie chrétienne, et qui nous en montre la manière. La première expression est, pour ainsi dire, de pure théorie. La seconde est de pratique : ainsi il y a encore un choix qui dépend des circonstances, et qui n'échappera pas au bon goût. (B.)

1090. Règle, Règlement.

La *règle* regarde proprement les choses qu'on doit faire ; et le *règlement*, la manière dont on les doit faire. Il entre dans l'idée de l'un quelque chose qui tient plus du droit naturel ; et dans l'idée de l'autre, quelque chose qui tient plus du droit positif.

L'équité et la charité doivent être les deux grandes *règles* de la conduite des hommes ; elles sont même en droit de déroger à tous les *règlements* particuliers.

On se soumet à la *règle*, on se conforme au *règlement*. Quoique celle-là soit plus indispensable, elle est néanmoins plus transgressée, parce qu'on est plus frappé du détail du *règlement* que de l'avantage de la *règle*. (G.)

1091. Réglé, Rangé.

On est *réglé* par ses mœurs et par sa conduite. On est *rangé* dans ses affaires et dans ses occupations.

L'homme *réglé* ménage sa réputation et sa personne ; il a de la modération, il ne fait point d'excès. L'homme *rangé* ménage son temps et son bien ; il a de l'ordre, et il ne fait point de dissipation.

A l'égard de la dépense à laquelle l'on applique souvent ces deux épithètes, elle est *réglée* par les bornes qu'on y met, et *rangée* par la manière dont on la fait. Il faut la *régler* sur ses moyens, et la *ranger* selon le goût de la société où l'on vit, de façon néanmoins que les commodités domestiques ne souffrent point de l'envie de briller. (G.)

1092. Réglé, Régulier.

Ces deux adjectifs marquent un rapport aux règles ; mais ce sont des rapports différents, et les règles n'y sont pas envisagées sous les mêmes points de vue.

Ce qui est *réglé* est assujetti à une *règle* quelconque, uniforme ou variable, bonne ou mauvaise. Ce qui est *régulier* est conforme à une règle uniforme et louable.

Le mouvement de la lune est *réglé*, puisqu'il est soumis à des retours périodiques égaux : mais il n'est pas *régulier*, parce qu'il n'est pas uniforme dans la même période.

Toutes les actions des chrétiens sont *réglées* par l'Évangile ; mais elles ne sont pas toutes *régulières*, parce qu'elles ne sont pas toutes conformes à ces règles sacrées.

Il me semble qu'en parlant de la vie, de la conduite, des mœurs, le mot de *règle* dit autre chose que celui de *régulier*. Une vie *réglée* peut s'entendre au physique ou au moral : au physique, c'est une vie assujettie à une règle suggérée par des vues de santé ou d'économie ; au moral, c'est une vie extérieurement conforme aux règles de morale que le monde même exige : mais une vie *régulière* est conforme aux principes de la morale et aux maximes de la religion. C'est à peu près la même différence, en parlant de la conduite et des mœurs.

On dit d'une femme qu'elle est *réglée*, dans un sens purement physique, pour dire que le retour périodique des menstrues est exact. C'est pourquoi, dans un sens moral, on dit qu'elle est *régulière*, pour dire qu'elle garde toutes les bienséances qu'exige la vertu : ce mot alors n'a aucun trait à la religion : « Ce n'est pas une femme dévote, dit le P. Bouhours : *régulière* dit moins que dévote ; et les femmes que nous appelons *régulières* ne sont la plupart que de vertueuses païennes ; elles ont beaucoup de vertu, et très-peu de dévotion. »

Hors de la morale, ce qui est *réglé* était originairement libre et n'est soumis à une règle que par un choix libre ou par convention ; c'est ainsi qu'il faut l'entendre d'une dispute *réglée*, d'un ordinaire *réglé*, d'un commerce *réglé*, d'un temps *réglé*, etc. : ou bien il s'agit d'une règle établie par le fait, et dont il est difficile ou impossible de rendre raison, comme quand on parle d'une fièvre *réglée*. Mais tout ce qui est *régulier* doit être conforme à la règle, et tend au vicieux dès qu'il s'y soustrait ; tels sont un bâtiment, un discours, un poème, une construction, une procédure, etc. (B.)

1093. Réglement. Régulièrement.

Quand on ne veut marquer que la persévérance à faire toujours de la même manière, ces deux adverbes sont synonymes, et se prennent indifféremment l'un pour l'autre : ainsi l'on peut dire d'un homme de cabinet, qu'il étudie *réglément* ou *régulièrement* huit heures par jour ; que tous les jours il se lève *réglément* ou *régulièrement* à cinq heures, etc.

Mais il y a des circonstances où l'on ne doit pas prendre l'un pour l'autre. *Réglément* veut dire alors, d'une manière égale, que l'on peut

regarder comme règle, et qui semble soumise à une règle ; *régulièrement* veut dire, d'une manière conforme à une règle réelle, ou aux
règles en général.

Réglément indique de la précision, et suppose de la sagesse et de
l'ordre : *régulièrement* désigne de l'attention, et suppose de la soumission et de l'obéissance.

Vivre *réglément* est un moyen assuré de ménager tout à fait sa
bourse et sa santé. Vivre *régulièrement* est le moyen efficace d'assurer
son bonheur dans ce monde et dans l'autre. (B.)

1094. Relâche, Relâchement.

Le *relâche* est une cessation de travail ; on en prend quand on est
las ; il sert à réparer les forces. Le *relâchement* est une cessation d'austérité ou de zèle : on y tombe quand la ferveur diminue ; il peut mener
au dérèglement, ou à une inattention coupable.

L'homme infatigable travaille sans *relâche*. L'homme exact remplit
son devoir sans *relâchement*. (G.)

C'est l'interruption, l'intermission, la discontinuation d'un premier
état ; mais quelques idées accessoires ajoutées à ce premier fond, la synonymie disparaît.

Relâche se prend toujours en bonne part ; c'est la discontinuation de
quelque exercice pénible, soit pour le corps, soit pour l'esprit ; *relâchement,* employé seul, se prend souvent en mauvaise part ; c'est la
diminution de l'activité dans le travail ou dans quelque exercice, ou de
la régularité dans ce qui concerne les mœurs ou la piété.

Il est nécessaire que par intervalles l'esprit et le corps prennent du
relâche ; il sert à ranimer les forces. En fait de mœurs et de discipline,
le moindre *relâchement* est dangereux ; il fait mieux sentir le poids de
la règle, et ne manque guère de la rendre odieuse.

Le *relâche* est un soulagement qui prépare à de nouveaux travaux :
le *relâchement,* dans ce qui concerne la piété, la discipline ou les
mœurs, est une infraction qui en amène d'autres, et conduit au désordre. Mais par rapport au travail, le *relâchement* ne tire pas toujours à
si grande conséquence ; et l'on peut se le permettre quelquefois jusqu'à
certain point, quand on n'a pas le loisir de se donner entièrement
relâche. (B.)

1095. Relevé, Sublime.

On ne prend ici ces deux mots que dans le sens où ils s'appliquent au
discours. Alors il me semble que celui de *relevé* a plus de rapport à la
science et à la nature des choses que l'on traite ; et que celui de *sublime*
en a davantage à l'esprit et à la manière dont on traite les choses.

L'*Entendement humain* de Locke est un ouvrage très-*relevé.* On
trouve du *sublime* dans les narrations de La Fontaine.

Un discours *relevé* est quelquefois guindé, et fait sentir la peine qu'il a coûté à l'auteur : mais un discours *sublime*, quoique travaillé avec beaucoup d'art, paraît toujours naturel.

Des mots recherchés, connus seulement des doctes, joints à des raisonnements profonds et métaphysiques, forment le style *relevé*. Des expressions également justes et brillantes, jointes à des pensées vraies, finement et noblement tournées, font le style *sublime*.

Tous les différents ouvrages de l'esprit ne peuvent pas être *relevés;* mais ils peuvent être *sublimes :* il est cependant plus rare d'en trouver de *sublimes* que de *relevés*. (G.)

1096. Religion, Dévotion, Piété.

Le mot de *religion* n'est pas pris ici dans un sens objectif, qui signifie le culte que nous devons à la Divinité, et le tribut de dépendance que nous lui rendons, mais dans un sens formel, qui marque une qualité de l'âme et une disposition de cœur à l'égard de Dieu : ce n'est que dans ce seul sens qu'il est synonyme avec les deux autres ; et cette disposition fait simplement qu'on ne manque point à ce qu'on doit à l'Être suprême. La *piété* fait qu'on s'en acquitte avec plus de respect et plus de zèle. La *dévotion* ajoute un extérieur plus composé.

C'est assez pour une personne du monde d'avoir de la *religion;* la *piété* convient aux personnes qui se piquent de vertu ; et la *dévotion* est le partage des gens entièrement retirés.

La *religion* est plus dans le cœur qu'elle ne paraît au dehors. La *piété* est dans le cœur, et paraît au dehors. La *dévotion* paraît quelquefois au dehors sans être dans le cœur.

Où il n'y a point de probité, il n'y a point de *religion*. Qui manque de respect pour les temples, manque de *piété*. Point de *dévotion* sans attachement au culte des autels. (G.)

1097. Remarquer, Observer.

On *remarque* les choses par attention pour s'en ressouvenir. On les *observe* par examen pour en juger,

Le voyageur *remarque* ce qui le frappe le plus. L'espion *observe* les démarches qu'il croit importantes.

Le général doit *remarquer* ceux qui se distinguent dans ses troupes, et *observer* les mouvements de l'ennemi.

On peut *observer* pour *remarquer :* mais l'usage ne permet pas de retourner la phrase.

Ceux qui *observent* la conduite des autres pour en *remarquer* les fautes, le font ordinairement pour avoir le plaisir de censurer, plutôt que pour apprendre à rectifier leur propre conduite.

Lorsqu'on parle de soi, on s'*observe*, et l'on se fait *remarquer*.

Les femmes ne s'*observent* plus tant qu'autrefois : leur indiscrétion va de pair avec celle des hommes. Elles aiment mieux se faire *remarquer* par leurs faiblesses, que de n'être point fêtées par la renommée. (G.)

1098. Remède, Médicament.

Remède et *médicament* sont deux substantifs latins, dont le premier appartient au verbe *mederi*, qui signifie proprement guérir, remédier, rétablir, soulager, et le second au verbe *medicor*, qui signifie médicamenter, donner des remèdes, traiter, soigner, surtout en donnant des mixtions. Le *remède* est donc ce qui guérit, ce qui rend la santé, ce qui remet en bon état ; et *médicament*, ce qui est préparé et administré, ce qui est employé comme *remède*, ce qui est pris ou appliqué pour guérir. Le *remède* guérit le mal : le *médicament* est un traitement fait au malade. C'est comme *remède* que le *médicament* guérit. Contre un mal sans *remède*, on emploie encore des *médicaments*.

Tout ce qui contribue à guérir est *remède :* toute matière, toute mixtion, préparée pour servir de *remède* est *médicament*. La diète, l'exercice, l'eau, le lait, la saignée, etc., sont des *remèdes*, et non des *médicaments*. Tous les *médicaments* sont des espèces de *remèdes* ou employés comme tels.

La nature fourgit ou suggère les *remèdes :* la pharmacie compose, apprête les *médicaments*. Les *remèdes* chimiques sont des *médicaments;* et ces *médicaments* sont au moins des *remèdes* bien suspects. Le mot latin *medicamen*, comme le grec *pharmacon*, signifie *médicament* et *poison. Medicamentarius* signifie apothicaire ou empoisonneur, ainsi que *pharmacos*.

En médecine, le *médicament* est opposé à l'*aliment*, en ce que l'*aliment* se convertit en notre substance, au lieu que notre substance est altérée par le *médicament*. Il y a pourtant des *aliments médicamenteux*, comme des *médicaments alimenteux*. Tout cela n'indique que des moyens de changer la substance. Mais le *remède* est proprement opposé au mal ; et ce mot annonce l'effet, un bon effet, un soulagement, un bien, si ce n'est pas toujours la guérison, la cure entière ; et c'est aussi ce qu'il exprime au figuré, lorsqu'il s'agit de mal moral, de malheur, de disgrâce, d'inconvéniént. (R.)

1099. Reminiscence, Ressouvenir, Souvenir, Mémoire.

Ces quatre mots, dit un habile grammairien, expriment également l'attention renouvelée de l'esprit à des idées qu'il a déjà aperçus. Mais la différence des points de vue accessoires qu'ils ajoutent, assigne à ces mots des caractères distinctifs qui n'échappent point à la justesse des bons écrivains, dans le temps même qu'ils s'en doutent le moins.

Mais est-il vrai, comme on l'a dit dans l'Encyclopédie, à la suite des synonymes de l'abbé Girard, et dans le nouveau Dictionnaire de Trévoux, est-il vrai que la *mémoire* et le *souvenir* expriment *toujours* une attention *libre* de l'esprit à des idées qu'il n'a point oubliées, quoiqu'il ait discontinué de s'en occuper, et qu'on se rappelle la *mémoire* et le *souvenir* des choses quand on veut et parce qu'on le veut, par choix, et uniquement par une action libre de l'âme ? est-il vrai que le *ressouvenir* et la *réminiscence* n'expriment *également* qu'une attention *fortuite* à des idées que l'esprit avait entièrement oubliées et perdues de vue, et qu'on n'a le *ressouvenir* comme la *réminiscence* des choses que quand on peut, par des causes indépendantes de notre liberté, sans concours de notre part, l'âme étant entièrement passive ?

Je crois que la *mémoire* et le *souvenir* ne sont pas toujours volontaires et libres : je crois que le *ressouvenir* n'est pas toujours involontaire et indélibéré, comme la *réminiscence;* et dès lors la distinction, tirée de la part que la volonté prend ou ne prend pas à ces différents actes, s'évanouit. Il y a des objets dont la *mémoire* ou le *souvenir* nous revient à notre insu, nous importune, nous poursuit malgré tous nos efforts; en songeant qu'il faut qu'on les oublie, on s'en souvient. L'affinité d'un objet présent à notre esprit avec un autre imprimé dans notre *mémoire*, réveille naturellement l'idée de celui-ci, sans notre participation ?

Si le *souvenir* est quelquefois involontaire, le *ressouvenir* est quelquefois l'ouvrage de notre volonté. Nous cherchons avec soin à nous *ressouvenir* d'une chose cachée dans le fond de notre *mémoire*. Le *ressouvenir* n'est ordinairement distingué du *souvenir* que par la répétition des actes, le redoublement des recherches, les difficultés et l'imperfection des succès, quand il s'agit d'un objet éloigné de notre pensée, oublié ou enseveli sous un amas d'idées, ou plus fraîches ou plus saillantes.

Est-il vrai que la *mémoire* ne concerne que les idées de l'esprit, au lieu que le *souvenir* regarde les idées qui intéressent le cœur ? La *mémoire* embrasse comme le *souvenir*, tout ce dont on se souvient, tout ce dont on a conservé la *mémoire*. On perd le *souvenir* comme la *mémoire* des faits indifférents : on conserve la *mémoire* comme le *souvenir* d'un bienfait; mais le mot de *mémoire* ne sert proprement qu'à désigner la faculté intellectuelle qui nous rappelle les objets ou l'action de cette faculté; il est pris dans un sens métaphysique : on a ou on n'a pas la *mémoire*. Le mot *souvenir* n'exprime que l'action, sans aucune idée métaphysique de faculté : on lui applique ordinairement les accessoires ou les modifications particulières de l'action : on a des *souvenirs* agréables ou fâcheux. La *mémoire* nous représente simplement l'objet : cet objet est douloureux ou doux à notre *souvenir*, ainsi de tout autre rapport.

Réminiscence, latin *reminiscentia*, vient de *mens*, esprit, intelligence, *mémoire*. La *mémoire*, latin *memoria*, est, mot à mot, l'esprit, l'intelligence qui retient, qui garde, de *mens*, esprit, et de *mor*, arrêter, retenir. La *réminiscence*, chez des disciples de Socrate, était le *souvenir* des choses purement intelligibles, ou des connaissances naturelles que les âmes avaient eues avant d'être unies aux corps : tandis que la *mémoire* s'exerçait sur les choses sensibles, ou sur les connaissances acquises par les sens. Ainsi, les Latins disaient que la *réminiscence* n'appartient qu'à l'homme, parce qu'elle est purement intellectuelle, et que la *mémoire* est commune à tous les animaux, parce qu'elle n'est que le dépôt des sensations. Mais cette métaphysique n'a point passé dans notre langue et dans nos opinions. *Mémoire* est un mot générique : toute idée rappelée à l'esprit est la *mémoire* de la chose, comme toute idée retenue dans l'esprit est un dépôt de la *mémoire*. La *réminiscence* est des choses qui n'ont fait qu'une impression si faible, ou d'ont l'impression a été si fort effacée, qu'à peine est-il possible d'en retrouver ou d'en reconnaître les traces.

Le *souvenir* est littéralement ce qui *revient dans* l'esprit. Le *ressouvenir* est manifestement un *souvenir* nouveau ou renouvelé.

Le *souvenir* qui se renouvelle, suppose que l'oubli se renouvelle également, et par conséquent il s'affaiblit ; et dès-lors il faut se rappeler souvent la chose, et à la fin il faut des efforts pour s'en *ressouvenir*. Alors on ne s'en souvient plus qu'imparfaitement ; car à force d'oublier la chose, on en oublie totalement, tantôt une circonstance, tantôt une autre, on s'en souvient mal. Ainsi, l'on dit, assez mal à propos à la vérité, qu'on a des *ressouvenirs*, c'est-à-dire des *ressentiments* de quelque mal, lorsqu'on en éprouve de temps en temps de légères atteintes. On dit que le *souvenir* est d'un temps plus voisin, et *ressouvenir* d'un temps plus éloigné : distinction que Cicéron fait entre *memoria* et *recordatio*. Le *souvenir* pur est plutôt d'une chose plus ou moins présente à l'esprit, plus ou moins facile à rappeler, plus ou moins fidèlement représentée : le *ressouvenir* est plutôt d'une chose plus ou moins oubliée, plus ou moins difficile à retrouver, plus ou moins imparfaitement retracée. Le *souvenir* est d'une *mémoire* fraîche : le *ressouvenir*, d'une *mémoire* caduque.

Ainsi donc la *réminiscence* est le plus léger et le plus faible des *souvenirs*; ou plutôt c'est un *ressouvenir* si faible et si léger, qu'en nous rappelant une chose, nous ne nous rappelons pas ou nous ne nous rappelons qu'à peine d'en avoir eu peut-être quelque idée. Le *ressouvenir* est le *souvenir* renouvelé d'une chose plus ou moins éloignée, du moins de notre esprit, oubliée autant de fois que rappelée, et difficile, soit à retrouver, soit à reconnaître. Le *souvenir* est l'idée d'une chose qui plutôt détournée de notre attention qu'absente de notre esprit, nous redevient présente par la *mémoire* et rappelle notre attention. La *mémoire* est un acte quelconque de cette faculté qui nous rappelle nos idées. (R.)

1100. Rémission, Abolition, Absolution, Pardon, Grâce.

Exposons d'abord ce que ces termes signifient dans le langage de la jurisprudence : langage singulier qui n'est ni trop intelligible, ni trop exact, ni trop correct, ni trop pur, j'ignore pourquoi.

La *grâce* est le genre à l'égard du *pardon*, de la *rémission*, de l'*abolition*. Le *pardon* est la *grâce* accordée par le prince à celui qui, impliqué dans une affaire, n'a été ni l'auteur, ni le complice du crime commis : c'est donc en effet la *grâce* de ne pas punir un innocent. La *rémission* est la *grâce* accordée à celui qui a commis un meurtre involontaire, ou qui l'a commis en défendant sa vie : cette *grâce* est donc une justice accordée à un homme qui n'a été que malheureux ou qui n'a fait qu'user de son droit. L'*abolition* est la *grâce* accordée par la puissance absolue au criminel vraiment coupable, et coupable d'un crime irrémissible par sa nature : oh ! c'est là vraiment une *grâce* et la plus étonnante des *grâces*, qui dérobe au supplice et assure l'impunité. Quant à l'*absolution*, c'est un jugement par lequel un accusé est déclaré innocent, ou réhabilité comme tel.

Revenons à la langue vulgaire. L'idée propre de *rémission* est celle de se désister de la peine qu'on a droit d'exiger de quelqu'un. On *remet* une peine, une dette dont on fait *grâce* : c'est renoncer à exercer son droit. La *rémission* est entière ou partielle ; car ce mot signifie quelquefois modération, diminution, relâchement.

L'idée propre d'*abolition* est celle de détruire, d'effacer, d'anéantir le crime, comme si la chose était nulle ou non avenue.

L'idée propre d'*absolution* est celle de délier l'accusé ou de le délivrer des liens par lesquels il était enchaîné. On dit les *liens* du péché, les *liens* des censures, etc. : l'*absolution* rompt ces *liens*.

L'idée propre de *pardon* est de faire la *rémission* entière de la faute qu'on a droit de punir comme supérieur, ou de l'offense qu'on est dans le cas de ressentir, comme si on l'oubliait et s'il n'en restait aucune trace. *Pardonner*, c'est, à la lettre, donner parfaitement ou sans réserve, remettre sans restriction.

L'idée propre de *grâce* est ici celle d'accorder un *pardon* purement *gratuit*, et de recevoir le coupable en *grâce*, en faveur. Je n'ai pas besoin d'expliquer encore la signification de ce mot.

La *rémission* est un acte de modération : l'*abolition* est l'acte d'une volonté absolue et d'une insigne faveur : l'*absolution* est l'acte d'un juge équitable ou propice : le *pardon* est un acte ou de clémence, ou de générosité : la *grâce* est un acte d'affection et de bonté.

La *rémission* produit l'effet de décharger le coupable de la peine qu'il avait encourue. L'*abolition* produit l'effet de soustraire le coupable à la justice, et de le faire jouir des droits de l'innocence. L'*absolution* produit l'effet de rétablir l'accusé ou le pénitent dans son innocence et dans la jouissance de toute sa liberté et de tous ses droits. Le *pardon* produit l'effet d'ôter la division entre l'offenseur et l'offensé, ou de ramener l'inférieur dans les bras du supérieur. La *grâce* produit l'effet de remettre le coupable en *grâce*.

Remettre est ici opposé à exiger ; *abolir*, à faire justice ; *absoudre*, à condamner ; *pardonner*, à punir ou poursuivre la peine : la *grâce* exclut la justice rigoureuse.

Appliquons ces termes aux péchés, par exemple. La *rémission* des péchés fait que le pécheur n'en rendra plus compte : l'*abolition* des péchés fait qu'ils sont entièrement effacés : l'*absolution* des péchés fait que le pécheur est délié dans le ciel comme sur la terre : le *pardon* des péchés fait qu'il n'en sera point tiré de vengeance : la *grâce* fait que le pécheur rentre en *grâce* auprès de Dieu. (R.)

1101. Renaissance, Régénération.

L'un et l'autre marquent une nouvelle existence, mais sous des aspects différents.

Renaissance ne s'emploie qu'au figuré, et se dit du renouvellement d'une chose, comme si, après avoir cessé, elle naissait une seconde fois. *Régénération* s'emploie au propre et au figuré ; au propre, il se dit, dans les traités de chirurgie, pour la reproduction de la substance perdue ; au figuré c'est un terme consacré à la religion, où il marque une nouvelle vie.

Depuis la *renaissance* des lettres en Europe, la rusticité des barbares qui l'avaient inondée a fait place à des mœurs plus polies et plus douces ; mais on y est encore aussi entêté qu'eux-mêmes de leurs absurdes préjugés.

Dans les parties molles de l'animal, il ne se fait aucune *régénération*, et l'opinion contraire a été funeste aux progrès de l'art ; mais il y a des exemples de *régénération* d'os dans des sujets jeunes et qui n'avaient pas encore pris tout leur accroissement.

Dans le langage de la religion, la *régénération* s'entend de la naissance spirituelle que nous recevons au baptême, et de la nouvelle vie qui suivra la résurrection générale. La première *régénération* nous rend enfants de Dieu, nous accorde l'innocence, et nous donne droit à l'héritage de la vie éternelle : la seconde *régénération*, la résurrection, nous fait entrer en possession de cet héritage. (B.)

1102. Rencontrer, Trouver.

De modernes vocabulistes reprennent l'Académie et leurs confrères, d'avoir avancé, conformément à l'usage, que *rencontrer* et *trouver* se disent des personnes et des choses, soit qu'on les cherche, soit qu'on ne les cherche pas. Et sur quoi fondent-ils leur censure? sur l'autorité de l'abbé Girard, qui, sans preuve et sans motif, décide que nous *trouvons* les choses inconnues ou celles que nous cherchons; et que nous *rencontrons* les choses qui sont à notre chemin, ou qui se présentent à nous, et que nous ne cherchons point.

Cependant l'Académie a raison, et l'abbé Girard a tort. Ces deux verbes ne supposent ni n'excluent l'idée de chercher, soit une chose, soit une autre. Est-ce que, quand vous allez dans une maison, vous n'y *trouvez* pas votre ami tout comme une personne inconnue qui s'y trouve, et sans le chercher? Et quand vous allez à la *rencontre* de quelqu'un, n'est-ce pas pour le *rencontrer?*

L'abbé Girard avait saisi l'idée propre de *rencontrer;* mais pour l'expliquer, il l'abandonne. *Rencontrer* exprime sensiblement l'idée de *trouver* en allant à l'*encontre*, *contre*, dans la direction *contraire* à celle de l'objet, face à face. *Trouver* est exactement le latin *invenire*, *venire in*, parvenir dans le lieu, à l'endroit où est la chose, où on voulait atteindre.

Ainsi vous *rencontrez* une chose dans votre chemin, en chemin faisant, et vous la *trouvez* à sa place, où elle est.

La personne que vous allez voir chez elle, vous ne l'y *rencontrez* pas, vous l'y *trouvez :* vous la *rencontreriez* dans les rues. Vous allez à la promenade dans l'espérance d'y *rencontrer* votre ami : vous indiquez à celui qui cherche quelqu'un le lieu où il le *trouvera*. Un torrent entraîne tout ce qu'il *rencontre sur son passage :* des voleurs emportent tout ce qu'ils *trouvent dans une maison*. Des armées se *rencontrent*, et *trouvent* sous leurs pas un effroyable cimetière.

Le moyen de *rencontrer* est d'aller au-devant; le moyen de *trouver*, c'est de chercher. Mais vous *trouvez* aussi ce que vous ne cherchiez pas, vous *rencontrez* aussi ce que vous cherchiez, et par une sorte de bonne fortune, par un cas fortuit, par un hasard heureux, qui fait qu'il se trouve comme en passant sur le chemin où vous passiez.

Je me *trouve* mieux, dit agréablement Montaigne, quand je me *rencontre* que quand je me cherche. On *trouve* donc en ne cherchant pas comme en cherchant : il y a toujours quelque hasard à *rencontrer*, et beaucoup plus quand on ne cherche point.

Les gens qu'on *rencontre* partout, on ne les *trouve* nulle part.

Il y a des gens qui font toujours des *rencontres* extraordinaires : je le conçois ; les petits esprits grossissent bien les objets. Il y a des gens qui ne savent jamais rien *trouver* : je le comprends ; qui ne connaît pas cette sorte d'yeux qui regardent sans voir ?

Rigoureusement parlant, on ne *rencontre* que ce qui se *trouve* en face, en allant au-devant, et *contre* ou à l'*encontre*, comme pour le heurter. On se *rencontre* face à face, nez à nez. Ainsi l'italien *rincontro* signifie choc, heurt, confrontation vis-à-vis. Deux objets ne se *rencontrent* qu'en allant, chacun de son côté, l'un vers l'autre : les atomes d'Épicure se *rencontrent*, s'entre-heurtent et s'accrochent.: une *rencontre*, dans l'art militaire, est un choc. (R.)

1103. Rendre, Remettre, Restituer.

Nous *rendons* ce qu'on nous avait prêté ou donné ; nous *remettons* ce que nous avons en gage ou en dépôt ; nous *restituons* ce que nous avons pris ou volé.

On doit *rendre* exactement, *remettre* fidèlement, et *restituer* entièrement. On emprunte pour *rendre* ; on se charge d'une chose pour la *remettre* ; mais on ne prend guère à dessein de *restituer*.

L'usage emploie et distingue encore ces mots dans les occasions suivantes. Il se sert du premier à l'égard des devoirs civils, des faveurs interrompues, et des présents ou monuments de tendresse : on *rend* hommage à son seigneur suzerain; son amitié à qui en avait été privé ; les lettres à une maîtresse abandonnée. Le second se dit à l'égard de ce qui a été confié, et des honneurs, emplois ou charges dont on est revêtu : on *remet* un enfant à ses parents ; le cordon de l'ordre, le bâton de commandement, les sceaux et les dignités au prince. Le troisième se place pour les choses qui, ayant été ou ôtées ou retenues, se trouvent dues ; à l'innocent accusé, son état et son honneur ; on *restitue* un mineur dans la possession de ses biens aliénés. (G.)

1104. Renoncer, Renier, Abjurer.

On *renonce* à des maximes et à des usages qu'on ne veut plus suivre, ou à des prétentions dont on se désiste. On *renie* le maître qu'on sert, ou la religion qu'on avait embrassée. On *abjure* l'erreur dans laquelle on s'était engagé et dont on faisait profession publique.

Philippe V a *renoncé* à la couronne de France. Saint Pierre a *renié* Jésus-Christ. Henri IV a fait *abjuration* du calvinisme.

Abjurer se dit toujours en bonne part ; c'est l'amour de la vérité et l'aversion du faux, ou du moins de ce que nous regardons comme tel, qui nous engage à faire *abjuration*. *Renier* s'emploie toujours en mauvaise part ; un libertinage outré ou un intérêt criminel fait les renégats. *Renoncer* est d'usage de l'une et de l'autre façon, tantôt en bien, tantôt en mal : le choix du bon nous fait quelquefois *renoncer* à nos anciennes habitudes pour en prendre de meilleures ; mais il arrive encore plus souvent que le caprice et le goût dépravé nous font *renoncer* à ce qui est bon pour nous livrer à ce qui est mauvais.

L'hérétique *abjure* quand il rentre dans le sein de l'Église : le chrétien *renie* quand il se fait mahométan ; le schismatique *renonce* à la communion universelle des fidèles pour s'attacher à une société particulière.

Ce n'est que par formalité que les princes *renoncent* à leurs prétentions : ils sont toujours prêts à les faire valoir quand la force et l'occasion leur en fournissent les moyens. Tel résiste aux persécutions qui n'est pas à l'épreuve des caresses ; ce qu'il défendait avec fermeté dans l'oppression, il le *renie* ensuite avec lâcheté dans la faveur. Quoique l'intérêt soit très-souvent le véritable motif des *abjurations*, je ne me défie pourtant pas toujours de leur sincérité, parce que je sens que l'intérêt agit sur l'esprit comme sur le cœur. (G.)

1105. Renonciation, Renoncement.

La désappropriation est l'effet de l'un et de l'autre, et tous deux sont des actes volontaires : voici en quoi ils diffèrent.

Renonciation est un terme d'affaire et de jurisprudence ; c'est l'abandon volontaire des droits que l'on avait ou que l'on prétendait avoir sur quelque chose. *Renoncement* est un terme de spiritualité et de morale chrétienne ; c'est le détachement des choses de ce monde et de l'amour-propre.

La *renonciation* est un acte extérieur qui ne suppose pas toujours le détachement intérieur. Le *renoncement*, au contraire, est une disposition intérieure qui n'exige pas l'abandon extérieur des choses dont on se détache.

La profession de la vie religieuse exige dans l'intérieur un *renoncement* entier de soi-même et de toutes les choses de ce monde, et emporte, par le fait, la *renonciation* à tous les droits de propriété que l'on pouvait avoir avant la prononciation des vœux. (B.)

1106. Rente, Revenu.

On dit également qu'une personne jouit de dix mille livres de *rente*, ou d'un *revenu* de dix mille livres, sans égard à la nature de ses biens, qu'il est inutile et impossible de distinguer dans le courant de la conversationn. L'idée commune de ces deux termes est celle d'une recette annuellement renouvelée.

La *rente* est ce qu'on vous *rend*, ce qu'on vous paie annuellement, comme prix ou intérêt d'un fonds ou d'un capital aliéné ou cédé : le *revenu* est ce qui *revient*, ce qui est annuellement reproduit à votre profit, comme fruit de votre propriété et de vos avances productives. L'Académie a fort bien observé que *rente* vient de *rendre*; c'est le latin *redditus* : quant au mot *revenu*, ce qui renaît après avoir été détruit, c'est à peu près le *proventus* des Latins. Vous direz que votre *rente* vous *revient* chaque année; oui, le paiement de votre *rente*, et il vous *revient* par une nouvelle distribution d'argent. Mais le *revenu* revient dans toute la force du terme; il est reproduit : ce sont les fruits qui repoussent sur l'arbre. La terre ne vous donne pas une *rente*, mais elle vous donne un *revenu* par ces productions renaissantes annuellement. On vous paie une *rente* et vous recueillez un *revenu*. Pour payer chaque année une *rente*, il faut chaque année un *revenu* nouveau ou une richesse nouvelle; car, sans cela, sur quoi payer ? Or, quel autre *revenu* annuellement régénéré, que le *revenu* territorial ?

Les *rentes* ne sont que des charges du *revenu*. Les *rentes* publiques sont des charges du *revenu* public : sans le *revenu*, on ne peut payer les *rentes*. La *rente* est la représentation d'un droit sur le *revenu*.

C'est une recette très-commode que celle des *rentes*; il est vrai que de toutes les *rentes* constituées à perpétuité, il y en a très-peu qui se maintiennent jusqu'à la troisième ou quatrième génération. Il y a bien de l'embarras et des inconvénients dans le *revenu* des terres : il est vrai que la terre ne vous manquera jamais, et que quand vous voudrez vous enrichir de plus en plus, vous n'aurez qu'à vivre heureux sur votre domaine et à le soigner.

Il n'y a qu'à créer des *rentes* pour détruire le *revenu*; car, en attirant par l'appât d'un gros intérêt les capitaux de l'agriculture et du commerce, vous tarissez d'un côté la source de votre *revenu*, pendant que de l'autre vous le surchargez de *rentes*.

Je sais fort bien qu'on dit le *revenu* d'une charge, d'un office, d'une place comme d'une terre; et qu'on assimile ainsi des choses qui ne peuvent être comparées. Les *émoluments* des places ne sont pas plus *revenus* que *rentes*; ce sont des salaires, des bénéfices.

1107. Réponse, Réplique, Repartie.

La *réponse* se fait à une demande ou à une question. La *réplique* se fait à une *réponse*, ou à une remontrance. La *repartie* se fait à une raillerie ou à un discours offensant.

Les scolastiques enseignent à proposer de mauvaises difficultés, et à y donner encore de plus mauvaises *réponses*. Il est plus grand d'écouter une sage remontrance et d'en profiter, que d'y *répliquer*. On ne se défend jamais mieux contre des paroles piquantes que par des *reparties* fines et honnêtes.

Le mot de *réponse* a, dans sa signification, plus d'étendue que les deux autres : on *répond* aux questions des personnes qui s'informent ; aux demandes de celles qui attendent des grâces ou des services ; aux interrogations des maîtres et des juges ; aux arguments de ceux qui nous exercent dans les écoles ; aux lettres qu'on nous écrit ; et aux difficultés qu'on nous propose touchant la conduite, les affaires et les sentiments. Le mot de *replique* a un sens plus restreint ; il suppose une dispute commencée à l'occasion des diverses opinions qu'on suit, ou des différents sentiments dans lesquels on est, ou des partis et des intérêts opposés qu'on a embrassés : on *réplique* à la *réponse* d'un auteur qu'on a critiqué ; aux réprimandes de ceux dont on ne veut pas recevoir de correction, et aux plaidoyers ou aux écritures de l'avocat de la partie adverse. Le mot de *repartie* a une énergie propre et particulière pour faire naître l'idée d'une apostrophe personnelle contre laquelle on se défend, soit sur le même ton, en apostrophant aussi de son côté ; soit sur un ton plus honnête, en émoussant seulement les traits qu'on nous lance : on fait des *reparties* aux gens qui veulent se divertir à nos dépens, à ceux qui cherchent à nous tourner en ridicule, et aux personnes qui n'ont, dans la conversation, aucun ménagement pour nous.

La *réponse* doit être claire et juste, il faut que ce soit le bon sens et la raison qui la dictent. La *réplique* doit être forte et convaincante ; il faut que la vérité y paraisse armée et fortifiée de toutes ses preuves. La *repartie* doit être vive et prompte ; il faut que le sel de l'esprit y domine et la fasse briller.

Il faut élever les enfants à faire toujours, autant qu'il se peut, des *réponses* précises et judicieuses ; et leur faire sentir qu'il y a plus d'honneur pour eux à écouter, qu'à faire des *répliques* à ceux qui ont la bonté de les instruire : mais il n'est pas toujours à propos de blâmer leurs petites *reparties*, quoiqu'un peu contraires à la docilité, de peur d'émousser leur esprit par une gêne trop sévère.

Les *réponses*, les *répliques* et les *reparties*, doivent être promptes, justes, judicieuses, convenables aux personnes, aux temps, aux lieux, et aux conjonctures. Donnons des exemples de chaque espèce.

Une belle *réponse* est celle de la maréchale d'Ancre, qui fut brûlée en place de Grève comme sorcière. Le conseiller Courtin, interrogeant cette femme infortunée, lui demanda de quel sortilége elle s'était servi pour gouverner l'esprit de Marie de Médicis : « Je me suis servie, *répondit* la maréchale, du pouvoir qu'ont les âmes fortes sur les esprits faibles. »

Une femme vint le matin se plaindre à Soliman II, que la nuit, pendant qu'elle dormait, ses janissaires avaient tout emporté de chez elle. Soliman sourit, et *répondit* qu'elle avait donc dormi bien profondément, si elle n'avait rien entendu du bruit qu'on avait dû faire en pillant sa maison. « Il est vrai, seigneur, *répliqua* cette femme, que je dormais profondément, parce que je croyais que ta hautesse veillait pour moi. » Le sultan admira cette *réplique*, et la récompensa.

Saint Thomas d'Aquin entrait dans la chambre du pape Innocent IV pendant que l'on comptait de l'argent; sur quoi ce pape lui dit : Vous voyez que l'Eglise n'est plus dans le siècle où elle disait : je n'ai ni or ni argent. Le docteur angélique *repartit* : Il est vrai, saint père, mais elle ne peut plus dire au boiteux : *lève-toi, et marche.* (*Encycl.*, XIV, 137.)

1108. Représenter, Remontrer.

Le sens littéral de *représenter*, c'est de *présenter* de nouveau, de rendre présent, de remettre devant les yeux : celui de *remontrer*, c'est de *montrer* de nouveau, de faire bien remarquer, d'avertir avec force.

Dans l'acception présente, *représenter* signifie exposer, mettre sous les yeux de quelqu'un, avec douceur ou modestie, des motifs ou des raisons pour l'engager à changer d'opinion, de dessein, de conduite : *remontrer* signifie exposer, retracer aux yeux de quelqu'un, avec plus ou moins de force, ses devoirs et ses obligations, pour le détourner ou le ramener d'une faute, d'une erreur, de ses écarts. Vous me *représentez* ce que je semble oublier : vous me *remontrez* ce que je dois respecter. La *représentation* porte instruction, avis, conseil : la *remontrance* porte instruction, avertissement, censure ou repréhension honnête. C'est surtout à m'éclairer que votre *représentation* tend; et c'est proprement à me corriger que tend votre *remontrance*. La *remontrance* suppose un tort, une action mauvaise, un acte repréhensible; la *représentation* n'exige absolument qu'un danger, un inconvénient, un mal à craindre.

On *représente* également à ses inférieurs, à ses égaux, à ses supérieurs : on *remontre* surtout à ses inférieurs, à ses égaux aussi, même à ses supérieurs; mais avec les égards et les respects d'une humble supplication.

Suivant le précepte de l'Evangile, le chrétien *représente* en secret à ses frères leurs fautes par charité : s'ils sont opiniâtres, l'Eglise avertie les leur *remontre* avec autorité.

Vous *représentez* à votre ami le tort qu'il se fait; vous lui *remontrez* le tort qu'il fait aux autres.

Sans le droit de *représenter*, mes droits sont des chimères; et sans le droit de *remontrer*, il n'y a plus de ressources contre la violation de tous les droits.

Si l'on ne *représente* souvent aux hommes leurs devoirs, on sera souvent obligé de leur *remontrer* leurs fautes. Ecoutons, encourageons les *représentations*, c'est le moyen d'éviter, de prévenir les *remontrances*.

L'instruction indirecte est quelquefois la *représentation* la plus efficace ; et un morne silence, la *remontrance* la plus éloquente.

Mécène *représentait* sagement à Auguste qu'il devait louer et honorer ceux qui lui donnaient de bons avis, puisque ces avis tournaient à sa gloire : il lui *remontrait* fortement qu'il ne devait pas affliger et maltraiter ceux dont les avis n'auraient pas été si heureux, parce qu'il était juste de les juger sur leurs intentions et non sur leurs opinions.

Le pédant a toujours des *représentations* à faire, et fait des *remontrances* à l'enfant qui se noie.

Qui est-ce qui ne souffre pas une *représentation* ? qui est-ce qui aime les *remontrances* ? (R.)

1109. Réputation, Célébrité, Renommée, Considération.

Le désir d'occuper une place dans l'opinion des hommes, a donné naissance à la *réputation*, à la *célébrité* et à la *renommée*, ressorts puissants de la société, qui partent du même principe, mais dont les moyens et les effets ne sont pas totalement les mêmes.

Plusieurs moyens servent également à la *réputation* et à la *renommée*, et ne diffèrent que par les degrés ; d'autres sont exclusivement propres à l'un ou à l'autre.

Une *réputation* honnête est à la portée du commun des hommes ; on l'obtient par des vertus sociales et la pratique constante de ses devoirs : cette espèce de *réputation* n'est, à la vérité, ni étendue, ni brillante ; mais elle est souvent la plus utile pour le bonheur.

L'esprit, les talents, le génie procurent la *célébrité* : c'est le premier pas vers la *renommée*, qui ne diffère que par plus d'étendue : mais les avantages en sont peut-être moins réels que ceux d'une bonne *réputation*.

Deux sortes d'hommes sont faits pour la *renommée*. Les premiers, qui se rendent illustres par eux-mêmes, y ont droit : les autres, qui sont les princes, y sont assujettis ; ils ne peuvent échapper à la *renommée*. On remarque également dans la multitude, celui qui est plus grand que les autres, et celui qui est placé sur un lieu plus élevé : on distingue en même temps si la supériorité de l'un et de l'autre vient de la personne ou du lieu où elle est placée. Tels sont le rapport et la différence qui se trouvent entre les grands hommes et les princes qui ne sont que princes.

Les qualités qui sont uniquement propres à la *renommée*, s'annoncent avec éclat : telles sont les qualités des hommes d'État, destinés à faire la gloire et le bonheur ou le malheur des peuples, soit par les armes, soit dans le gouvernement. Les grands talents, les dons du génie, procurent autant ou plus de *renommée* que les qualités de l'homme d'État, et ordinairement transmettent un nom à une postérité plus reculée.

Quelques-uns des talents qui font la *renommée*, seraient inutiles et quelquefois dangereux dans la vie privée. Tel a été un héros, qui, s'il fût né dans l'obscurité, n'eût été qu'un brigand, et au lieu d'un triomphe n'eût mérité qu'un supplice. Il y a eu dans tous les genres des grands hommes qui, s'ils ne le fussent pas devenus, faute de quelques circonstances, n'auraient jamais pu être autre chose, et auraient paru incapables de tout.

La *réputation* et la *renommée* peuvent être fort différentes, et subsister ensemble.

Un homme d'État ne doit rien négliger pour sa *réputation*; mais il ne doit compter que sur la *renommée*, qui peut seule le justifier contre ceux qui attaquent sa *réputation* : il en est comptable au monde, et non pas à des particuliers intéressés, aveugles ou téméraires.

Ce n'est pas qu'on puisse mériter à la fois une grande *renommée* et une mauvaise *réputation*; mais la *renommée*, portant principalement sur des faits connus, est ordinairement mieux fondée que la *réputation*, dont les principes peuvent être équivoques. La *renommée* est assez constante et uniforme, la *réputation* ne l'est presque jamais.

Ce qui peut consoler les grands hommes sur les injustices qu'on fait à leur *réputation*, ne doit pas la leur faire sacrifier légèrement à la *renommée*, parce qu'elles se prêtent réciproquement beaucoup d'éclat. Quand on fait le sacrifice de la *réputation* par une circonstance forcée de son état, c'est un malheur qui doit se faire sentir, et qui exige tout le courage que peut inspirer l'amour du bien public. Ce serait aimer bien généreusement l'humanité, que de la servir au mépris de la *réputation* : ou ce serait trop mépriser les hommes que de ne tenir aucun compte de leurs jugements; et dans ce cas les servirait-on ? Quand le sacrifice de la *réputation* à la *renommée* n'est pas forcé par le devoir, c'est une grande folie, parce qu'on jouit réellement plus de sa *réputation* que de sa *renommée*.

On ne jouit en effet de l'amitié, de l'estime, du respect et de la *considération*, que de la part de ceux dont on est entouré : il est donc plus avantageux que la *réputation* soit honnête, que si elle n'était qu'étendue et brillante. La *renommée* n'est, dans bien des occasions, qu'un hommage rendu aux syllabes d'un nom.

Si l'on réduisait la *célébrité* à sa valeur réelle, on lui ferait perdre bien des sectateurs. La *réputation* la plus étendue est toujours très bornée : la *renommée* même n'est jamais universelle. A prendre les hommes numériquement, combien y en a-t-il à qui le nom d'Alexandre n'est jamais parvenu ? Ce nombre surpasse, sans aucune proportion, ceux qui savent qu'il a été le conquérant de l'Asie. Combien y avait-il d'hommes qui ignoraient l'existence de Kouli-Kham, dans le temps qu'il changeait une partie de la face de la terre ? Elle a des bornes assez étroites, et la *renommée* peut toujours s'étendre sans jamais y atteindre. Quel caractère de faiblesse, que de pouvoir croître continuellement sans atteindre à un terme limité !

On se flatte du moins que l'admiration des hommes instruits doit dédommager de l'ignorance des autres. Mais le propre de la *renommée* est de compter, de multiplier les voix et non pas de les apprécier.

Cependant plusieurs ne plaignent ni travaux, ni peines, uniquement pour être connus : ils veulent qu'on parle d'eux, qu'on en soit occupé; ils aiment mieux être malheureux qu'ignorés. Celui dont les malheurs attirent l'attention est à demi consolé.

Quand le désir de la *célébrité* n'est qu'un sentiment, il peut être, suivant son objet, honnête pour celui qui l'éprouve, et utile à la société. Mais si c'est une manie, elle est bientôt injuste, artificieuse et avilissante par les manœuvres qu'elle emploie : l'orgueil fait faire autant de bassesses que l'intérêt. Voilà ce qui produit tant de *réputations* usurpées et peu solides.

Rien ne rendrait plus indifférent sur la *réputation*, que de voir comment elle s'établit souvent, se détruit, se varie, et quels sont les auteurs de ces révolutions.

Il arrive souvent que le public est étonné de certaines *réputations* qu'il a faites ; il en cherche la cause, et ne pouvant la découvrir parce qu'elle n'existe pas, il n'en conçoit que plus d'admiration et de respect pour le fantôme qu'il a créé. Ces *réputations* ressemblent aux fortunes qui, sans fonds réels, portent le crédit, et n'en sont que plus brillantes.

Comme le public fait des *réputations* par caprice, des particuliers en usurpent par manége, ou par une sorte d'impudence, qu'on ne doit pas même honorer du nom d'amour-propre.

On entreprend de dessein formé de se faire une *réputation*, et l'on en vient à bout. Quelque brillante que soit une telle *réputation*, il n'y a quelquefois que celui qui en est le sujet qui en soit la dupe : ceux qui l'ont créée savent à quoi s'en tenir, quoiqu'il y en ait aussi qui finissent par respecter leur propre ouvrage.

D'autres, frappés du contraste de la personne et de sa *réputation*, ne trouvant rien qui justifie l'opinion publique, n'osent manifester leur sentiment propre, ils acquiescent au préjugé par timidité, complaisance, ou intérêt; de sorte qu'il n'est pas rare d'entendre quantité de gens répéter le même propos, qu'ils désavouent tous intérieurement.

Les *réputations* usurpées qui produisent le plus d'illusion ont toujours un côté ridicule qui devrait empêcher d'en être flatté. Cependant on voit quelquefois employer les mêmes manœuvres par ceux qui auraient assez de mérite pour s'en passer. Quand le mérite sert de base à la *réputation*, c'est une grande maladresse que d'y joindre l'artifice, parce qu'il nuit plus à la *réputation* méritée, qu'il ne sert à celle qu'on ambitionne. Une sorte d'indifférence sur son propre mérite est le plus sûr appui de la *réputation ;* on ne doit pas affecter d'ouvrir les yeux de ceux que la lumière éblouit. La modestie est le seul éclat qu'il soit permis d'ajouter à sa gloire.

Si les *réputations* se forment et se détruisent avec facilité, il n'est pas étonnant qu'elles varient et soient souvent contradictoires dans la même personne. Tel a une *réputation* dans un lieu, qui dans un autre en a une toute différente ; il a celle qu'il mérite le moins, et on lui refuse celle à laquelle il a le plus de droit. On en voit des exemples dans tous les ordres.

Ces faux jugements ne partent pas toujours de la malignité : les hommes font beaucoup d'injustices sans méchanceté, par légèreté, précipitation, sottise, témérité, imprudence. Les décisions hasardées avec le plus de confiance font le plus d'impression. Eh ! qui sont ceux qui jouissent du droit de prononcer ? Des gens qui, à force de braver le mépris, viennent à bout de se faire respecter, et de donner le ton ; qui n'ont que des opinions, et jamais de sentiments, qui en changent, les quittent et les reprennent sans le savoir ni sans s'en douter, et qui sont opiniâtres sans être constants. Voilà cependant les juges des *réputations :* voilà ceux dont on méprise le sentiment, et dont on cherche le suffrage : ceux qui procurent la *considération*, sans en avoir eux-même aucune.

La *considération* est différente de la *célébrité :* la *renommée* même ne la donne pas toujours, et l'on peut en avoir sans imposer par un grand éclat.

La *considération* est un sentiment d'estime mêlé d'une sorte de respect personnel qu'un homme inspire en sa faveur. On en peut jouir également parmi ses inférieurs, ses égaux et ses supérieurs en rang et en naissance. On peut, dans un rang élevé, ou avec une naissance illustre, avec un esprit supérieur ou des talents distingués, on peut même avec de la vertu, si elle est seule et dénuée de tous les autres avantages, être sans *considération*.

On peut en avoir avec un esprit borné, ou malgré l'obscurité de la naissance ou de l'état.

La *considération* ne suit pas nécessairement le grand homme :

l'homme de mérite y a toujours droit; et l'homme de mérite est celui qui, ayant toutes les qualités et tous les avantages de son état, ne les ternit par aucun endroit.

Pour donner une idée plus précise de la *considération*, on l'obtient par la réunion du mérite, de la décence, du respect pour soi-même, par le pouvoir connu d'obliger et de nuire, et par l'usage éclairé qu'on fait du premier, en s'abstenant de l'autre.

On doit conclure de l'analyse que nous venons de faire, et de la discussion dans laquelle nous sommes entrés, que la *renommée* est le prix des talents supérieurs, soutenus de grands efforts, dont l'effet s'étend sur les hommes en général, ou du moins sur une nation; que la *réputation* a moins d'étendue que la *renommée*, et quelquefois d'autres principes; que la *réputation* usurpée n'est jamais sûre; que la plus honnête est toujours la plus utile, et que chacun peut aspirer à la *considération* de son état. (Duclos, *Consid. sur les mœurs de ce siècle*, ch. V, édit. de 1764.)

1110. Réserve, Modestie, Décence, Retenue, Pudeur.

La *réserve* évite de s'avancer; la *modestie* ne cherche pas à se montrer; la *retenue* ne se laisse voir qu'à demi; la *décence* rougirait de paraître dans un état peu convenable; la *pudeur* rougit même en se cachant.

La *modestie* craint qu'on ne la remarque; la *réserve* craint qu'on ne l'approche; la *retenue* craint de se livrer; la *décence* craint de s'exposer trop à découvert; la *pudeur* craint de rougir, et rougit de cette seule crainte : c'est elle qui

> Rougit de plaire, et plaît en rougissant.
>
> *Les Jardins*, de Delille.

Le sentiment de honte qui domine dans la *pudeur* est irréfléchi, involontaire; c'est un don de la nature : le sentiment de convenance qui domine dans la *décence* tient au respect que l'on a pour soi-même et pour les autres; c'est le fruit de l'éducation : la *retenue* est le résultat de la réflexion, qui apprend à réprimer ses mouvements, et de la modération, qui en donne les moyens : la *modestie* est la défiance de soi-même; elle tient au caractère : la *réserve* est le manque de confiance dans les autres; elle est quelquefois commandée par les circonstances.

La *décence* est soigneuse; la *réserve* circonspecte; la *retenue* modérée; la *modestie* timide; la *pudeur* craintive.

Une sorte de fierté peut accompagner la *réserve* et se faire remarquer dans la *retenue :* la *modestie* peut être noble ; la *décence* impose ; la *pudeur* semble toujours demander grâce.

La *modestie* est une vertu qui commande aux femmes la *décence ;* la *réserve* et la *retenue* sont des qualités ; la *pudeur* est un charme.

La *modestie* sert à ceux qui nous approchent, elle met leur amour-propre à l'aise. « C'est par amour-propre, a-t-on dit, que l'on aime tant les gens *modestes.* » La *décence* est utile à la société en général : « elle est la *pudeur* du vice lorsqu'elle n'est pas la *modestie* de la vertu. » La *réserve* et la *retenue* sont avantageuses à ceux qui les possèdent. « La *réserve,* a-t-on dit, est l'armure des femmes ; on n'en peut retrancher une pièce que la partie qu'elle était destinée à couvrir ne reçoive quelque blessure. » La *pudeur* ne sert à personne et charme tout le monde ; elle donne souvent à ceux qui la sentent un embarras pénible.

La *décence* est pour un homme un devoir de société ; il n'a à le remplir qu'à l'égard des autres : la *réserve* est souvent pour lui un devoir de situation : la *modestie* est un mérite dont les autres lui savent gré : la *retenue,* une condition nécessaire pour ne pas s'attirer leur animadversion : la *pudeur,* un mouvement qui lui fait craindre de rougir devant quelqu'un d'une action ou d'un sentiment qui a quelque chose de bas ou de mauvais.

Dans une femme, la *modestie* est un devoir personnel qui a sa source dans le respect qu'elle se doit à elle-même. *Il faut vivre respectueusement avec soi,* dit madame de Lambert à sa fille. « Il y a dans quelques femmes, dit Labruyère, un mérite paisible, mais solide, accompagné de mille vertus qu'elles ne peuvent couvrir de toute leur *modestie.* »

La *réserve* est pour une femme une précaution que demande sa propre sûreté. « La timidité, dit madame de Lambert, doit être le caractère des femmes, elle assure leurs vertus. » — « Elle avertit la *pudeur* et garantit la *décence,* que l'honnêteté même ne sait pas toujours suffisamment conserver. »

La *décence* est une habitude qu'une femme ne saurait blesser sans souffrir ; elle est destinée à maintenir les autres dans le respect qu'ils lui doivent.

La *retenue* est un sacrifice que la position des femmes fait faire à leur franchise ; elles y sont tellement habituées, elle leur devient si naturelle, qu'on les accuse de dissimulation.

La *pudeur* est le mouvement en arrière de la *modestie* blessée, ou même de l'innocence effrayée sans savoir pourquoi : elle tient à la honte d'être vue, et non à celle de mal faire. Une jeune fille surprise au moment où elle fait une bonne action, rougit : c'est de la *pudeur ;*

elle n'est pas étrangère à la naïveté. M. Delille a dit, en faisant le portrait d'Azélie :

Dans ses traits ingénus respirait la candeur :
Son front se colorait d'une aimable *pudeur*.
Tout en elle était calme ; un sentiment *modeste*
Réglait son air, sa voix, son silence, son geste ;
Ses yeux, d'où sa pensée à peine osait sortir, etc.

Ce dernier trait peint la *réserve*.

La *réserve* d'une femme est dans ses manières et dans son maintien ; la *retenue*, dans sa conduite ; la *modestie*, dans ses discours, ses réponses, etc. ; la *décence*, dans ses vêtements et dans tout ce qui doit paraître d'elle ; la *pudeur*, dans ses sentiments secrets et dans tout ce qu'elle doit cacher.

La *réserve* se tient sur ses gardes : la *retenue* gouverne ses mouvements : la *modestie* s'ignore : la *décence* se connaît et se juge elle-même : la *pudeur* se cache, et rougit même quand on ne la voit pas ; il lui suffit d'une pensée.

Une femme vertueuse et *modeste*, franche et *réservée*, *retenue* sans y être forcée et sans savoir pourquoi, *décente* sans affectation, pleine à la fois de *pudeur* et de naïveté, est ce qu'il y a de plus parfait et de plus aimable sur terre.

La grande différence qui existe entre un homme et une femme qui possèdent les qualités dont je viens de parler, c'est qu'un homme *modeste*, *réservé*, *retenu* et *décent*, le sait et s'en fait un devoir : une femme l'ignore ; c'est son instinct, sa disposition, son habitude ; le naturel vient chez elle avant le devoir, et le charme de l'un se joint à la solidité de l'autre. (F. G.)

1111. Résidence, Domicile, Demeure.

L'idée propre de *résidence* est celle d'un lieu où l'on est fixé, établi ; celle de *domicile* est l'idée plus restreinte d'une maison et de l'habitation : l'idée de *demeure* est celle ou d'un lieu vague ou d'un lieu particulier où l'on se renferme.

La *résidence* est la *demeure* habituelle et fixe ; le *domicile*, la *demeure* légale ou reconnue par la loi ; la *demeure*, le lieu où vous êtes établi dans le dessein d'y rester, ou même le lieu où vous logez.

Les gens en place, attachés par une charge, un office, un emploi à un tel lieu, ont une *résidence* nécessaire : on ne prétend pas dire qu'ils soient toujours à leur *résidence*. Les mineurs et les pupilles n'ont d'autre *domicile* que celui de leur père ou de leur tuteur ; et peut-être n'en ont-ils jamais approché. Il y a beaucoup de misérables qui n'ont point de *demeure* ; oh ! cela est vrai, et la terre est bien souvent leur lit.

Il semblerait qu'on peut être en trois endroits à la fois ; car il arrive que des gens qui ont leur *résidence* naturelle dans la province, auront un *domicile* dans la capitale, et feront leur *demeure* habituelle à la cour. Il y a plus, avec vingt procès dans vingt juridictions différentes, on aura vingt *domiciles* différens tout à la fois : c'est ce qu'on appelle *domiciles* d'élection.

Résidence se dit principalement à l'égard des personnes qui exercent un office ou un ministère public. *Domicile* est un mot de pratique ; le *domicile* s'acquiert par tant de temps de *demeure*, et il donne la qualité d'habitant et de citoyen. La *demeure* se considère sous toutes sortes de rapports physiques ou civils, etc. ; on dit une *demeure agréable* ou *triste* : les huissiers doivent marquer dans leurs exploits le lieu de leur *demeure*, etc. (R.)

1112. Respect, Égards, Considération, Déférence.

Termes qui désignent en général l'attention et la retenue dont on doit user dans les procédés à l'égard de quelqu'un.

On a du *respect* pour l'autorité, des *égards* pour la faiblesse, de la *considération* pour la naissance, de la *déférence* pour un avis. On doit du *respect* à soi-même, des *égards* à ses égaux, de la *considération* à ses supérieurs, de la *déférence* à ses amis. Le malheur mérite du *respect* ; le repentir, des *égards* ; les grandes places, de la *considération* ; les prières, de la *déférence*.

On dit : j'ai du *resepct*, des *égards*, de la *déférence* pour M. un tel : et on dit passivement, M. un tel a beaucoup de *considération* pour moi. (*Encycl.*, IV, 43).

1113. Respirer, soupirer après.

On dit *respirer la chose* et *soupirer pour une chose*. Ces mots désignent figurément le désir, l'ardeur, la passion dont le cœur est si plein qu'il semble l'exhaler, ou par une *respiration* forte, ou par des *soupirs* répétés. Cette explication seule donne la différence des deux expressions. La *respiration* forte marque la force du désir, et le *soupir* exprime la peine du cœur. La même passion, dans son impatience, ne *respire* qu'après l'objet après lequel elle *soupire* dans son affliction. *Respirer* annonce un désir plus ardent et plus *énergique* ; et *soupirer*, un désir plus tendre et plus touchant.

La colère, la vengeance, la férocité ne *respirent* que la destruction et le crime ; elles ne *soupirent* pas ces passions fougueuses. Des passions douces et timides *soupirent* pour leur objet plutôt qu'elles ne le *respirent*, jusqu'à ce qu'exaltées par une vive effervescence, elles sortent, pour ainsi dire, de leur caractère.

Vous qui aimez la guerre, vous *respirez* donc le malheur et le sang de vos semblables, de vos amis, de vos frères. Ah ! vous *soupirerez* bientôt pour la paix, quand les coups sensibles auront amorti, dans votre cœur, cette ambition de gloire ou plutôt de sang, qui vous aveugle et vous emporte.

Le loup affamé ne *respire* qu'après la proie : la biche altérée ne *soupire* qu'après les eaux de la fontaine. Les passions prennent le caractère du sujet passionné.

Un courage mâle *respire* la liberté, il brise vos chaînes ou vous brise contre elles. Une âme douce et timide *soupire* pour la liberté ; elle montre ses chaînes pour attendrir un libérateur.

Il est donc vrai qu'un roi qui ne *respire* que le bonheur de ses sujets est quelquefois réduit à *soupirer* longtemps en vain pour leur soulagement.

Une bonne mère, entourée de ses enfants, ne *respire* que leur félicité : c'est là toutes ses pensées, tous ses soins, toutes ses jouissances ; elle vit pour eux et en eux. Une mère tendre, éloignée de son fils bien-aimé, ne *soupire* que pour son retour : sa joie est loin d'elle ; elle n'a que des vœux pour le rappeler, et ils sont étouffés par ses soupirs.

Soupirer marque aussi l'intérêt tendre et la sensibilité touchante. Mais quelle énergie que celle de l'expression (une des plus belles de nos expressions figurées), *respirer le carnage*, *respirer la joie* ! Ce que nous *respirons*, c'est ce qui nous anime, c'est ce que nous attirons et répandons sans cesse, c'est ce qui meut toutes nos facultés, c'est notre vie.

Convenons que *respirer après* une chose n'a pas la même force, et se rapproche davantage de *soupirer après*. Cependant, avec moins d'énergie, cette locution a le même caractère distinctif. *Respirer après* marque un désir plus vif, plus impatient, plus empressé ; et *soupirer après* marque un désir ou un regret plus inquiet, plus triste, plus affectueux.

Le malade, dont le courage renaît avec les forces, ne *respire* qu'après la santé : un malade, trop débile encore et abattu, ne fait que *soupirer après* elle.

Il me reste à observer que *respirer après* n'exprime proprement que le désir d'un bien qu'on voudrait posséder : tandis que *soupirer après* exprime fréquemment le regret d'un bien qu'on a eu le malheur de perdre.

Vous *respirez* après votre ami vivant : cet ami mort, vous *soupirez* en vain après lui. (R.)

1114. Ressemblance, Conformité.

Termes qui désignent l'existence des mêmes qualités dans plusieurs sujets différents ; mais *ressemblance* se dit des sujets intellectuels et des sujets corporels ; au lieu que *conformité* ne s'applique qu'aux objets intellectuels, et même plus souvent aux puissances qu'aux actes.

Il semble qu'il ne faille que la présence d'une seule et même qualité dans deux sujets, pour faire de la *ressemblance*, au lieu qu'il faut la présence de plusieurs qualités pour faire *conformité*; ainsi *ressemblance* peut s'employer presque partout où l'on peut se servir de *conformité*, mais il n'en est pas de même de celui-ci. (*Encycl.*, III, 859.)

Plus il y a de *ressemblance* entre deux objets, plus ils approchent de la *conformité* : ainsi la *conformité* est une *ressemblance* parfaite.

La *ressemblance* est donc susceptible de plus et de moins ; et ce mot peut en conséquence servir de complément à tous ceux qui *expriment* la quantité : peu ou beaucoup de *ressemblance*, assez ou trop de *ressemblance*, plus ou moins ou autant de *ressemblance*. Mais la *conformité* étant une *ressemblance* parfaite, ce mot se construit moins souvent de la même manière. Si l'on veut marquer qu'il manque peu de traits ou qu'il ne manque aucun trait à la plénitude de la *conformité*, on l'indique plutôt par quelque adjectif d'une signification ampliative : une grande ou très-grande *conformité*, une parfaite ou une entière *conformité*.

Quelques traits de *ressemblance* entre la doctrine de l'Église catholique et celle des hérétiques des premiers siècles autorisèrent les païens à condamner absolument le christianisme : leurs préventions les empêchaient de remarquer le défaut de *conformité* des unes avec les autres, et l'exacte *conformité* de la doctrine évangélique. (B.)

1115. Ressemblant, Semblable.

Deux objets *ressemblants* ont la même apparence, la même forme, la même figure, les mêmes rapports sensibles : deux objets *semblables* sont seulement propres à être comparés, dignes d'être assimilés, faits pour aller ensemble ou de pair, à cause des rapports communs qu'ils ont également. Un portrait est en lui-même *ressemblant*; et quand vous comparez deux choses ensemble, vous les trouvez *semblables*

Nous appliquons le mot *ressemblant* à des objets qui semblent faits sur le même modèle, jetés dans le même moule, formés sur le même dessin, copiés l'un sur l'autre, tandis qu'il suffit de certaines apparences, de quelques traits marqués, de divers rapports sensibles, pour que cette sorte de conformité impafaite rende des objets *semblables* ou comparables. Ainsi un portrait est *ressemblant*, qui rend bien la figure : deux jumeaux sont *ressemblants*, dont on reconnaît l'un quand on connaît l'autre : deux étoffes sont si *ressemblantes*, que l'on prendrait l'une pour l'autre. Mais un homme, quoique *semblable* à un autre, ne lui est pas toujours *ressemblant* : Achille n'est pas *ressemblant* à un lion, quoiqu'on dise qu'il lui est *semblable ;* nos *semblables* non-seulement ne nous sont pas toujours *ressemblants,* mais il y a de très-grandes différences entre eux et nous.

Le mot *ressemblant* désigne plutôt une *ressemblance physique* de figure, de forme, d'ordonnance, d'ensemble qui frappe les yeux de la même manière ; au lieu que *semblable* sert également à désigner des rapports métaphysiques, moraux, géométriques, l'espèce, le nombre, la qualité, la valeur, la propriété uniforme ou commune de tout genre. Les malheureux ont des *semblables ,* et non des gens *ressemblants :* des figures géométriques ont des propriétés non *ressemblantes,* mais *semblables,* etc. Il faut pourtant dire que ces choses se *ressemblent,* ou qu'elles ont plus ou moins de *ressemblance ;* ce qui induit naturellement à de fausses applications de l'adjectif *ressemblant.* (R).

1116. Rétablir, Restaurer, Réparer.

Ces verbes expriment l'idée commune de refaire, renouveler, mettre de nouveau en état.

Rétablir signifie proprement mettre de nouveau sur pied, remettre une chose en *état,* en bon état, dans son premier état : *restaurer,* remettre à neuf, restituer une chose dans son intégrité, dans sa force, dans son éclat : *réparer,* raccommoder, redonner à une chose sa forme, sa première apparence, son ancien aspect.

Le travail de *rétablir* est relativement plus grand que celui de *restaurer ;* et le travail de *restaurer,* plus grand que celui de *réparer.* On *rétablit* ce qui est renversé, ruiné, détruit : on *restaure* ce qui est dégradé, défiguré, déchu ; on *répare* ce qui est gâté, endommagé, détérioré.

On *rétablit* un édifice ruiné ; on *rétablit* des fortifications détruites ; on *rétablit* un article oublié dans un compte. On *restaure* un bâtiment qui dépérit ; on *restaure* de vieux tableaux ; on *restaure* une statue mutilée. On *répare* une maison négligée ; on *répare* une brèche faite à un mur ; on *répare* ces ouvrages de l'art qu'on repolit. Ainsi, par le *rétablissement,* ces choses sont remises sur pied et en état : par la *restauration,* elles sont remises comme à neuf et dans leur intégrité : par la *réparation,* elles sont remises comme elles étaient dans les parties qui avaient souffert de l'altération.

Nous disons *rétablir, restaurer, réparer* ses forces. On *rétablit* ses forces qu'on avait perdues, en les *recouvrant* avec le temps : on *restaure* ses forces qui étaient fort affaiblies, en les *ranimant* par un moyen efficace : on *répare* ses forces diminuées, en les *reprenant* petit à petit.

Au figuré, on dit *rétablir* une loi qui avaient été abolie, un usage qui avait été abandonné ou interrompu, un droit qui avait été supprimé, un citoyen qui avait été dépouillé de son état, en un mot, ce qui avait perdu son existence, son influence, son action. On dit *restaurer* une province épuisée, un commerce languissant, les lettres tombées en décadence, les mœurs déchues de leur pureté, tout ce qui, susceptible de variation, a beaucoup perdu de sa force, de sa vigueur, de son activité, de son éclat. On dit *réparer* ses fautes, les torts qu'on a faits, les dommages qu'on a causés, les préjudices qu'on a portés, tout ce qui a donné atteinte à l'état naturel des choses, à leur perfection, à l'ordre établi.

Il ne faut qu'une sottise pour perdre sa réputation ; et il est fort douteux qu'on la *rétablisse*, quoi qu'on fasse pour y parvenir. Il n'est si difficile de *restaurer* un peuple, que parce qu'il est très difficile de réunir ces trois choses : savoir, pouvoir et vouloir. Il n'est guère de maux qu'il ne soit possible de *réparer*, si l'on veut sincèrement en trouver le remède et l'employer. (R.)

1117. Retenue, Modestie.

L'avantage de ces deux qualités se borne au sujet qui les possède : elles contribuent à sa perfection, et ne sont pour les autres qu'un objet de spéculation qui mérite leur applaudissement, mais qui nuit quelquefois à leur satisfaction.

On est *retenu* dans ses paroles et dans ses actions : le trop de liberté qu'on s'y donne, est le défaut contraire ; quand il est poussé à l'excès, et qu'on n'a nulle *retenue*, il devient imprudence. On est *modeste* dans ses désirs, dans ses airs, dans ses postures et dans son habillement, ce qui fait trois genres de *modestie*, par rapport au cœur, à l'esprit et au corps : les vices opposés ne sont pas tous exprimés par le mot d'immodestie, qui ne désigne que celui qui regarde le corps, provenant de l'indécence des postures et des habits. La vanité est, par l'essor et la hauteur des airs qu'on se donne mal à propos, le vice opposé au genre de *modestie* qui concerne l'esprit. Celui qui est contraire à la *modestie* du cœur, est une ambition démesurée, qui fait désirer au-delà de ce qui convient et de ce qu'on peut obtenir.

La *retenue* est bonne partout ; mais elle est absolument nécessaire en public et avec les grands : quelque liberté qu'ils semblent accorder, on en est la dupe quand on s'y livre trop ; car ils se réservent toujours un certain droit de respect, dont ils imputent le manquement comme un crime irrémissible. La *modestie* est un ornement pour les personnes qui peuvent prétendre aux plus hauts rangs, pour celles qui ont un mérite connu et distingué, et pour celles à qui leur mérite permet tout sans conséquence ; mais elle est pour toutes les autres personnes une vertu indispensable et d'état, sans laquelle elles ne sauraient paraître décemment, ni éviter le ridicule. (G.)

1118. Rétif, Rebourgs, Revêche, Récalcitrant.

Rétif, restif, qui *résiste, reste* à la même place, refuse d'avancer. Cette épithète s'applique proprement aux chevaux et aux autres animaux qui servent de monture ou qui sont employés à tirer.

Rebours, qui est à contre-sens, qui prend le contre-pied, qui est *rebroussé* ou relevé en sens contraire. Les ouvriers appellent *bois rebours* celui qui a des nœuds ou de longues fibres croisées, ce qui le rend très difficile à travailler.

Revêche, qui est âpre, rude, rebutant. On dit des vins, des fruits accerbes, âpres, qu'ils grattent, qu'ils sont *revêches*. Ce mot tient peut-être à celui de *vexer*, pris dans le sens propre.

Récalcitrant, qui regimbe, rue, se débat : *recalcitrare*, remuer les talons, jeter les pieds, donner des coups de pied.

Le *rétif* refuse d'obéir ou de céder même à l'aiguillon ; il se raidit et se cabre. Le *rebours*, hérissé contre vous, ne donne aucune prise ; qui s'y frotte, s'y pique. Le *revêche* vous rebute et vous repousse : si vous le pressez, il se révolte ou se soulève. Le *récalcitrant* se débat et se défend ; ce n'est pas lui qui ne *mord ni ne rue*.

Le *rétif* est fantasque, indocile, têtu. Le *rebours* est farouche, morose, intraitable. Le *revêche* est aigre, difficile, entier. Le *récalcitrant* est volontaire, colère, indisciplinable.

L'enfant gâté, accoutumé à faire sa fantaisie, est *rétif*. L'homme bourru, accoutumé à se livrer à son humeur, sans contrariété, sera *rebours*. Une personne haute, accoutumée à l'empire et aux déférences, pourra bien être *revêche*. Un jeune homme ardent, accoutumé à l'indiscipline et à l'impunité, se trouvera *récalcitrant*.

Rétif est du bon style : Boileau dit que pour lui Phébus est sourd et Pégase *rétif ;* et qu'un jeune homme est *rétif* à la censure, et fou dans ses plaisirs.

Rebours est un mot très négligé et abandonné à la conversation familière, quoique très expressif. Louis XIII reprochait à des magistrats d'être *rebours*. Amyot, *Vie d'Agis*, dit qu'Epitadeus, homme *rebours*, fier et superbe de nature, mit en avant (contre la loi de Lycurgue), en haine de son fils, qu'il fut loisible à chacun de donner son héritage à qui l'on voudrait.

Revêche n'est point déplacé dans le style modéré. Boileau (*Satire contre les femmes*) fait le portrait de la *revêche* bizarre. Vaugelas dit qu'Alexandre s'était défié de Callisthènes, comme d'un esprit *revêche*.

Récalcitrant n'est bon que pour le discours familier et plaisant. M. Tout-à-Bas n'a pas mauvaise grâce à dire au père du *joueur* :

> . . . Puisqu'aujourd'hui votre humeur pétulante
> Vous rend l'âme aux leçons un peu *récalcitrante*,
> Je reviendrai demain. (R.)

1119. Rêve, Rêverie.

La *rêverie* est un genre de *rêve*; et ce genre est celui des *rêves* qui obsèdent l'esprit et qui n'en sont que plus dépourvus de raison. Les *rêves* extravagants et continuels du délire sont des *rêveries*.

Le *rêve* est d'un homme *rêvant* : la *rêverie* est d'un *rêveur*.

La *rêverie* est le résultat ou la suite du *rêve*. Le *rêve* est l'imagination qu'on a : la *rêverie* est le rêve dont on se repaît.

Le *rêve* vous a fait voir un objet comme présent : la *rêverie* vous ferait croire qu'il est réel.

Un bon esprit fait quelquefois des *rêves* comme un autre; mais, au rebours d'un esprit faible, il ne les prend que pour des *rêveries*.

Les gens qui font beaucoup de *rêves* sont fort sujets à débiter des *rêveries*.

On est distrait par des *rêves*. A force de *rêveries*, on devient fou.

Il faut bien des *rêves* avant de découvrir une vérité. Combien de *rêveries* on vous débite avant de dire une chose sensée !

Quand on n'a rien à faire, on fait des *rêves*. Le public est comme les gens oisifs, il lui faut toujours quelque *rêverie* pour l'occuper et l'amuser, des nombres à deviner, des influences à croire, toujours de la magie.

Que deviendraient les malheureux sans les *rêves* qui endorment quelquefois leur douleur? Peut-être n'ont-ils jamais rien goûté de si doux que quelques douces *rêveries*. Ils sont bien moins redevables aux promesses de l'espérance, qui les fait sourire à l'avenir, qu'au charme de ces illusions qui les font jouir du présent.

On répète tous les jours que les ouvrages de l'abbé de Saint-Pierre sont des *rêves d'un homme de bien*; si l'on veut dire des *rêveries*, j'en suis fâché pour ceux qui parlent ainsi. Ce bon abbé a beaucoup de projets excellents.

La *rêverie* est une situation de l'âme qui s'abandonne doucement, et se livre enfin tout entière à ses pensées, à ses imaginations, à ses réflexions. Mais il s'agit ici de l'acte et non de l'état, d'une *rêverie*, synonyme d'un *rêve*. (R.)

1120. Rêve, Songe.

Je n'ai trouvé aucune raison de dire que le mot *rêve* a, par lui-même, quelque rapport au sommeil. Ainsi *rêver* signifie proprement s'imaginer toute sorte de chose, vaguer d'un objet à l'autre, sans aucune suite, rouler dans son esprit toutes sortes de pensées décousues et disparates.

Le *songe* est une chose propre au sommeil. Aussi voyons-nous, dans

l es remarques de Vaugelas, que des gens délicats ne pouvaient se ré-
so udre à dire *songer* pour *penser* ou *rêver* à une chose, attendu que
ce mot avait un sens particulier.

Ainsi, dans le sens propre, l'homme éveillé fait des *rêves* : on ne dira
pas qu'il fait des *songes*. Les *rêves* du délire ne s'appellent pas des
songes. Nous disons des *rêves* plutôt que des *songes* politiques. Les
chimères, les imaginations, les idées fantastiques d'un visionnaire,
ressemblent assez à des *songes ;* mais elles ne sont que des *rêves*. Le
rêve n'est donc pas proprement un *songe* fait en dormant, comme le
disent les vocabulistes, et comme si l'on faisait autrement des *songes*
qu'en dormant. Le *songe* n'est que du sommeil : le *rêve* est de la veille
comme du sommeil.

Dans l'état de veille, l'abstraction de l'esprit, une passion concentrée,
des contemplations extatiques, nous bercent de *rêves :* possédés par
nos pensées, nous ne voyons plus, nous n'entendons plus ; c'est un
demi-sommeil. Dans l'état de sommeil, l'ébranlement des nerfs, le désordre des humeurs, l'agitation du sang ou celle de l'âme, provoquent
des *songes :* l'imagination réveillée, nous voyons en elle, nous entendons ; c'est une demi-veille.

Rien ne ressemble plus aux *songes* de la nuit que les *rêves* du jour ;
c'est toujours le travail d'une imagination déréglée. Les *rêves* du jour
ont souvent engendré les songes de la nuit ; et les *songes* de la nuit produisent souvent encore les *rêves* du jour. Les soupçons du jaloux, par
exemple, seront des *rêves ;* et ces *songes* seront des visions.

Ces visionnaires, si communs dans l'Orient, qui voyent dans leurs ex-
tases tout ce qu'ils s'imaginent, sont d'autant plus persuadés de la réalité
des objets de leurs visions, qu'ils ont fait leurs *rêves* les yeux ouverts,
et qu'ils ne peuvent les confondre avec des *songes*.

Mais enfin les *rêves* faits en dormant ne diffèrent-ils pas des *songes ?*
Il en diffèrent en ce que les *rêves*, plus vagues, plus étranges, plus
incohérents, plus désordonnés, n'ont aucune apparence de raison, et
ne laissent guère de trace, parce qu'ils n'ont guère de suite, tandis que
les *songes*, plus frappés, plus sentis, plus liés, plus séduisants, semblent avoir une apparence de raison, et laissent dans le cerveau des
traces plus profondes. Avec le sommeil, le *rêve* passe : le *songe* reste
après le sommeil. Vous direz un mot de vos *rêves*, trop décousus et
trop extravagants pour être retenus : vous racontez vos *songes*, assez
présents et assez remarquables pour être rapportés. Il semble que le
songe soit plutôt d'un esprit préoccupé, et le *rêve*, d'une imagination
exaltée.

Macrobe (*Songe de Scipion,* liv. I.) distingue plusieurs espèces
de *songes*. L'une, produite par les affections présentes du corps et de
l'âme, ne signifie rien, et le réveil la dissipe ; c'est le *rêve*. Une autre,

produite par une cause surnaturelle, est douée d'une vertu prophétique ; et ces *songes* restent gravés dans la mémoire comme des avis faits pour être expliqués par la divination : ce serait le *songe* proprement dit. Selon cette doctrine, commune à tous les peuples anciens, le *rêve* ne présente que de vains fantômes ; et le *songe* révèle des mystères. Cette différence n'existe sans doute pas dans les choses, mais elle aide à discerner celle des termes.

Il y a eu des *songes* prophétiques ; la preuve en est dans l'histoire de *Joseph*, et autres récits de l'Écriture. Il y a des *songes* qui s'accomplissent, tels que celui d'Alexandre à l'égard de Cassandre, celui de la Syracusaine Himère sur l'élévation de Denys le Tyran, celui de Calpurnie sur la mort de César. Mais on ne dira pas que les *rêves* prédisent ou s'accomplissent ; ils ne sont jamais que de fausses visions, des imaginations folles, des idées creuses.

Le *songe* est donc plus spécieux et plus imposant que le *rêve*. Aussi un *songe* formera-t-il le nœud d'une tragédie ; et le *rêve* fournit à peine à la comédie un incident : il est bizarre et extravagant.

Dans un sens figuré, nous disons d'une chose ridicule ou invraisemblable que c'est un *rêve*, une fable, une chimère : nous disons d'une chose fugitive, vaine, illusoire, d'une chose qui n'a ni solidité ni durée, quoique réelle, que c'est un *songe*. Nos projets sont des *rêves*, et la vie est un *songe*. Tout s'accorde à mettre les *rêves* fort au-dessous des *songes*. (R.)

1121. Revenir, Retourner.

On *revient* au lieu d'où l'on était parti. On *retourne* où l'on était allé.

On *revient* dans sa patrie. On *retourne* dans son exil.

On dit aussi *revenir* à la vertu, *retourner* au crime. (G.)

1122. Réussite, succès, Issue.

Réussite et *réussir* viennent de l'ancien verbe *ussir*, comme *issue*, suivant la remarque de La Bruyère, d'*issir*, sortir, en italien *uscir*; *exire* en latin. *Succéder* signifie littéralement *venir après* : le *succès* est ce qui s'ensuit, l'événement, un *cas* qui arrive. Il faut prendre ici le mot *issue* au figuré. *Issue*, comme l'italien *uscita*, marque proprement la *sortie* ; et *réussite*, comme l'italien *riuscita*, l'*issue* d'une affaire, celle qui répond à vos vues, qui aboutit à vos fins.

1° La *réussite* est le *succès* final et une *issue* prospère. Il y a divers *succès*, divers événements *successifs*, jusqu'à la *réussite* qui est le dernier événement et le *succès* décisif. Il y a de bonnes et de mauvaises *issues*, comme de bons et de mauvais *succès*; mais la *réussite* est heureuse, selon la valeur propre du mot, c'est un *succès* réel, le vrai *succès*. *Issue* ne désigne en aucune manière la nature du dénouement : *réussite* la désigne par lui-même, et tant qu'une modification forcée et contraire à l'esprit de la chose n'en altère pas l'idée propre : *succès*, dans un sens absolu, désigne aussi quelquefois bonne *issue*, mais précairement, et non par sa propre vertu, comme le fait *réussite*.

2° L'*issue* est la fin propre de la chose : l'entreprise a une *issue*; mais la personne n'en a pas. Le *succès* est ou le moyen ou la fin des personnes et de leurs actions : les personnes, leurs efforts, leurs entreprises, ont également du *succès*, des *succès*, un bon ou un mauvais *succès*. La *réussite* est la fin des choses et le but des personnes : l'objet de la personne est la *réussite* de l'affaire.

3° L'*issue* est le terme relatif et opposé à l'entrée ou le commencement; la voie est la communication d'un terme à l'autre. Le *succès* roule sur les oppositions et les résistances à vaincre jusqu'à la fin ; et un *succès* est contraire à un autre. La *réussite* est un résultat du travail ; elle est naturellement opposée à la disgrâce d'échouer.

On ne s'engage pas dans une affaire sans en prévoir l'*issue*. Il n'y a point proprement de *succès* là où il n'y a point d'obstacles à surmonter : entouré d'obstacles, soyez encore content si vous avez des *succès* mêlés. On travaille de toutes ses forces pour la *réussite* et à la *réussite*; mais la fortune se mêle de tout.

L'homme borné ne voit d'*issue* à rien ; il craint la fin, n'entreprend pas. Le pusillanime voit toujours devant lui des montagnes ou des abîmes ; il désespère du *succès*, il recule. Le présomptueux ne veut pas voir à ses pieds ; il ne doutait pas de la *réussite*, il a échoué.

On n'a pas bonne *issue* d'une entreprise téméraire. Avec les mêmes moyens, on aura des *succès* différents. La conduite est une chose, et la *réussite* une autre.

4° *Réussite* est un terme simple et modeste : il se dit à l'égard des affaires, des entreprises, des événements et des *succès* communs, ordinaires, qui n'ont rien d'éclatant ou de bien remarquable : un essai de culture, le projet de raccommoder deux amis, un ouvrage sans prétention, auront de la *réussite*, beaucoup, peu de *réussite* : par l'usage la *réussite* est seulement ou bonne, heureuse, ou malheureuse, mauvaise. Mais on dit de grands, de brillants *succès*, des *succès* éclatants, glorieux ; il est vrai aussi qu'on a des *succès* petits, légers, vains, vulgaires, communs ; ainsi ce mot, susceptible de toute sorte de modifications, s'applique à toute sorte d'objets et de choses. *Issue*, au figuré, sied bien dans le style noble ; mais il ne désigne que le *succès* bon ou mauvais ; et il s'emploie à l'égard des affaires, des entreprises difficiles, compliquées, embarrassées, périlleuses, dont il est au moins très-malaisé de sortir, de se retirer, de sortir avec *succès*, de se retirer avec honneur.

César semblait être assuré de la *réussite* dans les entreprises de sa vie privée, comme s'il était né pour être le plus heureux des particuliers. Dans sa vie publique, les merveilleux *succès* de tout genre qu'il ambitionna, il les eut en maître de la fortune et du monde. Mais quelle fut enfin l'*issue* de tous ses projets? il mourut en tyran.

Bouhours observe qu'on ne dirait point que la conjuration des Espagnols contre la république de Venise eut une mauvaise *réussite :* en effet, elle eut un mauvais *succès.* On sait quelle en fut l'*issue* pour les conjurés mus par une puissance étrangère.

Le même grammairien assure que *réussite*, mot assez nouveau de son temps, ne se disait que des ouvrages d'esprit, et qu'il aurait été mal appliqué à des ouvrages graves, comme la tragédie : il aurait plutôt dit, à l'exemple d'un autre maître de langue, qu'*Andromaque* avait eu un fort grand *succès*, et que les *Plaideurs* avaient une *bonne réussite.* Mais l'usage de ce dernier mot s'est étendu ; et nous ne restreignons pas de même celui de *succès.* Une comédie a, comme une tragédie, un grand *succès*, *succès* brillant; ainsi de toute sorte d'ouvrages. Il y a aussi de petits *succès*, et les affaires ordinaires ont une *réussite.* Ce qui gâte presque toutes les *affaires*, dit Montesquieu, c'est ordinairement ceux qui les entreprennent; outre la *réussite principale*, ils cherchent encore de certains *petits succès particuliers* qui flattent leur amour-propre et les rendent contents d'eux. (R.)

1123. Richesse, Opulence, Abondance.

La *richesse* est l'*abondance* des biens ; l'*opulence* est la réunion des jouissances que la *richesse* peut procurer. L'*abondance* n'est *richesse* que par les avantages qu'on en tire : la *richesse* ne devient *opulence* que lorsqu'on se donne les jouissances qu'elle peut fournir.

L'*abondance* des mines n'est pas une *richesse* pour un pays sans industrie et sans commerce. Un avare a de la *richesse* et point d'*opulence.*

L'*abondance* ne désigne que le nombre des moyens de jouissance, que l'on ait ou non la faculté d'en jouir : la *richesse* indique positivement que l'on a la faculté d'en jouir : l'*opulence* indique l'exercice de cette faculté.

L'*abondance* peut être nuisible, la *richesse* inutile ; l'*opulence* est toujours agréable.

L'*abondance* ne se dit que des choses ; la *richesse* des choses et des personnes : les hommes seuls savent jouir de l'*opulence.* Ainsi, un pays *abondant* est celui où la terre produit en *abondance* les choses nécessaires à la vie : la *richesse* d'un pays peut s'entendre également de la fertilité du sol et de la *richesse* des habitants : un pays *opulent* est celui où les hommes jouissent de toutes les ressources et de toutes les commodités de la *richesse.*

De même qu'on peut vivre dans la *richesse* sans jouir de rien, on peut, chez autrui, vivre dans l'*abondance* sans rien posséder; la possession et la jouissance sont deux conditions nécessaires de l'*opulence.* (F. G.)

1124. Ridicule, Risible.

Ridicule, qui doit exciter la risée, qui l'excite : *risible,* qui est propre à exciter le rire, qui l'excite. La *risée* est un *rire* éclatant, long, méprisant et moqueur. On rit de ce qui est *risible;* on se rit de ce qui est *ridicule. Risible* se prend en bonne et en mauvaise part, comme *ridiculus* chez les Latins; tandis que *ridicule* ne se prend qu'en mauvaise part, comme chez les Latins *ridendus.* Il y a des choses qui font rire, parce qu'elles sont déplacées, désordonnées, immodérées; et celles-là sont *risibles* et *ridicules.* Il y a des choses qui doivent faire rire, pour remplir leur destination, leur objet ou leur fin; celles-là sont *risibles* et non *ridicules.*

Un objet est *ridicule* par un contraste frappant entre la manière dont il est et celle dont il doit être, selon le modèle donné, la règle, les bienséances, les convenances. Un objet est *risible* par quelque chose de plaisant et de piquant, qui vous cause une surprise et une joie assez vive pour se manifester par des signes extérieurs et indélibérés.

Un travers d'esprit vous rendrait *ridicule :* ce travers est au moins un commencement de folie. Une singularité comique vous rendra *risible :* cette singularité peut être fort raisonnable.

L'homme *ridicule,* dit La Bruyère, est celui qui, tant qu'il demeure tel, a les apparences d'un sot. Je ne dispute point au sot la qualité de *ridicule :* mais le fou qui me fait rire par un excès de singularité, lui dispute la prééminence. Il est vrai qu'on ne peut pas regarder en face un sot avéré sans lui trouver quelque chose de *risible* au moins, et sans savoir quoi.

Don Quichotte est un personnage très-*ridicule ;* et l'on ne dira pas qu'il soit sot. Sancho Pança parle toujours bon sens, et toujours d'une manière *risible.*

Un homme sage, c'est souvent celui que les fous à la mode trouvent fort *ridicule.* Un discours sensé, ce sera très-souvent celui que les sots trouveront fort *risible.*

Il nous arrive quelquefois des choses *risibles;* et nous en faisons d'assez *ridicules,* chacun à notre tour.

Si vous racontez des choses *ridicules,* que ce soit d'une manière *risible.*

Risible, pris en mauvaise part, dit beaucoup moins que *ridicule :* la chose *risible* peut faire rire ; la chose *ridicule* le fait. On rit aussi de la chose *risible;* c'est un plaisir : mais il faut qu'on rie de la chose *ridicule;* tout le monde en rit, on en rit avec éclat, et on en rit encore : c'est une joie. (R.)

1125. Roc, Roche. Rocher.

Le *roc* est une masse de pierre très-dure, enracinée dans la terre et ordinairement élevée au-dessus de sa surface. Ce mot simple est le genre à l'égard de la *roche* et du *rocher*.

La *roche* est un *roc* isolé, d'une grosseur et d'une grandeur considérables, comme aussi un bloc ou un fragment détaché du *rocher*. La *roche* et la *roque* ont donné leur nom à un grand nombre de villages et de villes, auxquels elles ont même quelquefois fourni l'emplacement; preuve de leur volume ou de leur étendue. La *roche* est donc une grande masse particulière, isolée, coupée; mais c'est aussi la pierre détachée du *roc;* et c'est ainsi que l'architecte appelle les morceaux de *roc* avant qu'ils soient taillés. Il faut donc dire que les héros d'Homère lancent des *roches*, et non pas des *rochers*, comme il arrive aux traducteurs de le dire. On dira donc que Sisyphe roule sans cesse une *roche* dans l'enfer, et non un *rocher*, comme on le dit toujours; mais sa *roche* roule du haut du *rocher*. Permis aux Titans qui vont escalader le ciel de déraciner les *rochers* et d'entasser les montagnes.

Si c'est la masse surtout que l'on considère dans la *roche*, c'est l'élévation et l'escarpement que l'on envisage dans le *rocher*. Le *rocher* est un *roc* très-élevé, très-haut, très-escarpé, scabreux, roide, hérissé de pointes et terminé en pointe. On monte sur une *roche;* on grimpe sur un *rocher*. La *roche* est quelquefois plate, mais le *rocher* pointu. Ariane et Prométhée sont transportés sur la pointe d'un *rocher*. On bâtit une ville sur une *roche*, et une forteresse sur un *rocher*.

Roc désigne proprement la nature de la pierre, la qualité de la matière dont il est formé : cette pierre est très-dure; il est difficile de tailler dans le *roc* vif. Aussi le *roc* est-il ferme et inébranlable : on est *ferme comme un roc*. Ne négligeons pas les idées secondaires ou accessoires.

J'ai dit que la *roche* était quelquefois la pierre détachée; mais ce mot exprime souvent de grandes masses de pierres de différentes qualités, ou même des matières très-différentes. Il y a des *roches molles* comme des *roches dures*. On voit à Houelgouet, en Bretagne, des *roches de granit*, dont la principale (la plus grande que l'on connaisse) a trente pieds de hauteur et plus du double de largeur.

Les *roches* sont aussi regardées comme des sources, des réservoirs, des mines, des laboratoires dans lesquels la nature forme différentes sortes de productions utiles et curieuses : *eau de roche, cristal de roche*, etc.

L'idée de force est particulièrement dominante dans le *rocher*. C'est un écueil ; on se brise contre un *rocher*. Le *rocher* est inébranlable, et un cœur de *rocher* est insensible. Le *rocher* se prend aussi pour un asile, une défense, un rempart, on s'y retire, ou s'y retranche, on s'y fortifie. Le Seigneur est mon *rocher* et ma force, disaient les anciens traducteurs des psaumes.

Roche présente l'idée de masse, d'élévation et d'étendue, mais sans aspérités insurmontables : c'est, pour ainsi dire, la base sur laquelle s'élèvent ces blocs inaccessibles, ardus et dépouillés de verdure ; le *roc*.

Celui-ci, composé d'un son dur et bref, est en quelque sorte l'ellipse de *roche*. Il présente l'idée d'un corps dur et isolé. Nous ne lui supposons qu'une certaine étendue. L'imagination, l'œil le saisit, l'embrasse et le dessine.

Roc est rarement employé au pluriel, il perdrait alors son isolement et les *rochers* prendraient sa place. On dit toucher au *roc*, lorsqu'on fouille ; mais c'est une expression particulière qui annonce la présence d'un corps dur, parce que la dureté est son essence.

Rocher est en quelque sorte le pluriel de *roc*; ce sont des masses entassées, immenses, ardues, dont l'œil ne saisit pas l'ensemble : elles présentent de grands tableaux. Nous disons les *rochers* des Pyrénées et des Alpes : *roche* ne peindrait que l'élévation, l'immensité; *roc* ne désignerait qu'une portion isolée.

On dit un banc de *roche*, un banc de *rocher*, pour exprimer la continuité, l'étendue des écueils ; mais on ne dit pas un banc de *roc*; s'il est isolé, il a son expression particulière, c'est un rescif. (R.)

1126. Rogue, Arrogant, Fier, Dédaigneux.

Vous reconnaissez l'homme *rogue* à sa hauteur, à sa roideur, à sa morgue ; l'*arrogant* à sa morgue, à ses manières hautaines, à ses prétentions hardies ; le *fier*, à sa hauteur, à sa confiance dans ses forces, au cas qu'il fait de lui ; le *dédaigneux*, à sa hauteur, à son affectation de dignité, au grand mépris qu'il témoigne pour les autres.

Le *rogue* affecte dans son air la supériorité. L'*arrogant* affecte dans ses manières et ses entreprises la domination. Le *fier* affecte dans ses habitudes une orgueilleuse indépendance. Le *dédaigneux* affecte dans toute sa personne une opinion injurieuse des autres.

Le *rogue* laisse tomber sur vous ses regards. L'*arrogant* lance sur vous ses regards impérieux, si je puis dire ainsi. Le *fier* ne daigne pas tourner vers vous ses regards. Le *dédaigneux* promène tout autour de lui des regards insolents.

Voyez cet homme étonné et enorgueilli de son élévation : comme il est *rogue!* Voyez celui-là, devenu présomptueux et hautain par ses succès : comme il est *arrogant!* Voyez celui-ci, qui prend sa fortune pour son mérite : comme il est *fier!* Voyez cet autre qui croirait n'être rien, s'il vous comptait pour quelque chose : comme il est *dédaigneux!* Consolez-vous, mes amis; considérez-les tous : comme ils sont sots!

Convenez avec moi que cette mine *rogue* fait rire ; que ces airs *arrogants* font hausser les épaules ; que cette contenance *fière* fait fuir tout le monde; que cet air *dédaigneux* fait pitié. Que voulez-vous de plus ? tout se paie. (R.)

1127. Roi, Monarque, Prince, Potentat, Empereur.

Roi, qui régit, qui dirige, qui guide.

Monarque est le grec μοναρχος, composé de μον , seul, et d'αρχη, gouvernement, magistrature : c'est le gouvernement d'un seul.

Prince, qui est le premier en tête, le chef.

Potentat, qui a une grande puissance, qui a le pouvoir sur un pays étendu.

Empereur, qui commande, qui se fait obéir. Les latins ont dit *imper, imperator.* Ce nom ne désignait chez eux qu'un chef militaire, un général. Les *empereurs* romains furent beaucoup mieux nommés qu'on ne le pensait; car leur gouvernement fut en effet purement militaire.

Le mot *roi* désigne la fonction ou l'office; cet office est de diriger, de conduire. *Monarque* désigne le genre de gouvernement; ce genre est la monarchie, le gouvernement d'un seul. *Potentat* désigne la puissance : cette puissance est la réunion des forces d'un grand état. *Prince* désigne le rang : ce rang est le premier, ou celui de chef. *Empereur* désigne la charge ou l'autorité : cette autorité est le droit de commander.

Un *roi* n'est point *monarque,* si les pouvoirs politiques sont partagés : il y avait deux *rois* à Lacédémone, et son gouvernement n'était point *monarchique.* Un *monarque* n'est guère appelé, dans le style vulgaire, un *potentat,* s'il n'a une grande puissance relative. Le peuple est le *prince* dans la démocratie, comme l'est, dans une *monarchie,* le *roi;* car il y a partout un chef, une souveraineté. L'*empereur* est un grand *potentat* par sa vaste domination, ou un grand *prince* par sa vaste suprématie : il aura une grande puissance, s'il est *monarque;* il n'aura qu'une grande dignité, s'il n'est que le chef d'une grande confédération de *princes* et de *rois*. On appelle *empire* un état vaste, dans lequel sont réunis ou rassemblés divers peuples : tel était l'*empire romain*.

Roi, prince, empereur, sont des titres de dignités affectés à différents chefs : *monarque* et *potentat* ne sont que des qualifications tirées du gouvernement et de la puissance. On dit le *roi d'Espagne ;* et ce *roi* est un *monarque* et un *potentat*. On dit l'*empereur d'Allemagne*, et cet *empereur* n'est réellement, en cette qualité, ni *potentat* ni *monarque ;* tandis que l'*empereur des Turcs* ou *de Constantinople* est un *potentat*, et même un *despote*. On est *prince* d'une province, d'un canton qualifié de *principauté :* ainsi les états d'un *roi* s'appellent *royaume*, et ceux d'un *empereur*, *empire*. Le titre d'*empereur* est regardé comme plus illustre que celui de *roi*, mais sans donner par lui-même une prééminence sur les *rois* indépendants. Quelquefois les *rois* de France, quand ils faisaient leurs enfants *rois*, ont pris la qualité d'*empereur :* cette qualité leur est même donnée par d'autres puissances, telles que la Porte. *Prince* n'est quelquefois qu'un titre d'honneur, sans autorité, comme fut jadis le nom de *roi :* les enfants de nos premiers rois s'appelaient *rois ;* ils ne sont plus que *princes ;* ce titre, selon la valeur du mot, convient assez aux *premiers* sujets d'un royaume. Observons les variations des mots ; mais remontons toujours à leur source. (B.)

1128. Roide, Rigide, Rigoureux.

Au figuré, ces épithètes attribuent aux personnes un mélange de sévérité, de fermeté, de dureté, de rudesse. *Sévère* signifie qui a l'air grave et triste, qui n'a point de douceur, d'agrément, de souplesse : *ferme*, qui se maintient dans le même état, qui résiste à la force, qui persiste constamment dans sa direction : *dur*, qui ne cède point à la pression, qui ne s'amollit pas, dont les parties conservent leur adhérence et leur direction : *rude*, qui est grossier et raboteux, qui blesse ou gratte au toucher, qui fait une impression désagréable.

Roide, qui est fortement tendu, qui tend avec force dans sa direction : ainsi une montagne escarpée est *roide ;* un fleuve coule avec *roideur* ou rapidité ; on se *roidit* en se tendant avec force. Les Latins disaient *rigor* pour exprimer l'idée de *roideur*, mais particulièrement la *roideur* et la *dureté* causées par le froid. Leur mot *rigiditas* désigne surtout la dureté, ou plutôt l'endurcissement. La *roideur* est une forte tension, elle suppose de la dureté ; mais la dureté caractérise proprement la *rigidité*. Un bras tendu a de la *roideur ;* et une barre de fer, de la *rigidité*. Le mot *rigueur* annonce de la dureté, mais en outre une rudesse, une action qui blesse, quelque chose de fâcheux : c'est ainsi qu'une saison est *rigoureuse*. Au moral, ce terme répond bien à notre mot *ric*, *ric-à-ric*, strictement, sans rien passer, sans se rien céder, à la *rigueur*, avec la plus scrupuleuse exactitude.

Ainsi une personne *roide* ne plie pas ; elle résiste sans faiblir ; elle est d'une sévérité inflexible. Une personne *rigide* ne se prête pas ; elle ne ne sait point mollir ; elle est d'une sévérité intraitable. Une personne *rigoureuse* ne se relâche pas ; elle pousse toujours sa pointe ; elle est d'une sévérité impitoyable. Je parle au figuré.

On a le caractère, l'esprit *roide*. On a des principes, des mœurs *rigides*. On a la conduite, l'empire *rigoureux*.

En général, la *roideur* est une sorte de défaut qui fait qu'on n'a ni liant, ni ménagements, ni égards ; qu'on ne sait ni rien céder, ni revenir sur ses pas ; qu'on choque, qu'on heurte, qu'on éloigne les autres. La *rigidité* est la *roideur* d'une vertu ou d'une rectitude d'âme, qui, invariablement attachée aux règles les plus sévères, ne nous paraît quelquefois un défaut qu'à raison de notre faiblesse, de nos imperfections, de notre impuissance, qu'elle condamne, sans adoucissement et sans retour, à subir toute la dureté de la loi la plus dure. La *rigueur* est une *roideur* de jugement et de volonté, qui fait qu'on pousse le droit ou le pouvoir aussi loin qu'ils peuvent aller ; qu'on prend toujours, dans la sanction, sans aucun égard, le sens le plus strict et les peines les plus rudes ; qu'on ne donne nul accès à la pitié, à la clémence, à l'indulgence, dans l'exercice de la justice.

Une censure *roide* choque les esprits : une vertu *rigide* les étonne : une justice *rigoureuse* les effraie.

Une discipline trop *roide* contraint et n'obtient rien ; un morale trop *rigide* effarouche ou désespère ; les lois trop *rigoureuses*, si elles ne soulèvent, abrutissent.

L'indiscipline oblige à la *roideur*; le relâchement, à la *rigidité*; le débordement, à la *rigueur*.

Il faut se tenir ferme plutôt que *roide*. Plus on est *rigide* pour soi, plus on apprend à être indulgent pour autrui. Un juge doit être bien juste, s'il veut avoir quelque droit à être *rigoureux*.

Un instituteur bien *roide* dresse des animaux ; mais il s'agit de former la raison et le cœur de l'homme. Un casuiste *rigide* montre la perfection, chose excellente ; mais il s'agit d'y conduire. Un juge *rigoureux* est toujours pour la rigueur de la loi ; mais il s'agit d'être pour la justice, qui applique la loi selon les actions. (R.)

1129. Rondeur, Rotondité.

Rondeur exprime l'idée abstraite d'une figure *ronde*, et la *rotondité* est la *rondeur* propre à tel ou tel corps, la figure de ce corps *rond*.

Il ne faut donc pas écouter des vocabulistes tranchants, qui vous diront que *rotondité* est un mauvais mot. Ce mot est formé selon l'analogie de la langue, et distingué du mot simple par une nuance particulière. L'Académie en avait mieux jugé, en se bornant à observer qu'il n'était d'usage que dans le genre domestique ; mais il a aussi sa place dans le genre plaisant. Le valet du *Joueur* dit :

> J'aurais un bon carosse à ressorts bien liants ;
> De ma *rotondité* j'emplirais le dedans.
>
> (Regnard.)

Ainsi, tandis que *rondeur* ne désigne que la figure, *rotondité* sert encore à désigner la grosseur, l'ampleur, la capacité de tel corps *rond*. Observez qu'une roue et une boule sont *rondes*, mais qu'elles diffèrent dans leur *rondeur ;* la roue est plate, la boule est ronde en tous sens ; or, c'est ce qui sera fort bien distingué par le mot *rotondité*, déjà employé à désigner la grosseur dans la *rondeur*.

On dira la *rondeur* et la *rotondité* de la terre, avec l'Académie : la *rondeur*, pour désigner sa figure ; la *rotondité*, pour désigner sa capacité ou l'espace renfermé dans sa *rondeur*, en différents sens. A la vérité, j'aimerais mieux dire la *sphéricité de la terre*, et réserver le mot de *rotondité* pour les objets communs.

Et ce n'est pas une supposition gratuite que ce sens particulier attribué au mot *rotondité :* vous le trouvez dans celui de *rotonde*, bâtiment *rond* qui renferme un assez grand espace dans sa capacité, ou qui a un assez gros volume. (R.)

1130. Rôt, Rôti.

Le *rôt* est le service des mets *rôtis :* le *rôti* est la viande *rôtie*. La viande se dore, prend un couleur rougeâtre en *rôtissant*.

Les viandes de boucherie, la volaille, le gibier, etc. , cuits à la broche, sont du *rôti :* les différents plats de cette espèce composent le *rôt :* les grosses pièces, le gros *rôt ;* et les petites, le menu *rôt*. On sert le *rôt*, et vous mangez du *rôti*. Le *rôt* est servi après les *entrées :* le *rôti* est autrement préparé que le *bouilli*. Il y a un *rôt* en maigre comme en gras ; mais la viande *rôtie* est seule du *rôti*.

Nos bons aïeux ne connaissaient guère que le *pot* et le *rôt*, ou les deux services du *bouilli* et du *rôti :* ainsi l'on disait, et nous le répétons encore : tel homme est à *pot* et à *rôt* dans cette maison, quand il y est très-familier. Jusque dans le sixième siècle, on ne vit, en viande, sur les tables, et même aux repas d'appareil, que du bouilli et du *rôti*, avec quelques sauces à part ; le gibier fut longtemps réservé pour les grands jours. La magnificence des festins consistait surtout dans la somptuosité du *rôt*, comme aujourd'hui aux noces de village :

on y servait des sangliers et des bœufs entiers et remplis d'autres animaux.

Aujourd'hui la cuisine française, la plus habile, la plus agaçante, la plus mortelle de l'Europe, a trouvé l'art de nous faire simplement dîner avec les entrées. Le service du *rôt* est presque entièrement retranché : dans les repas ordinaires, il y a seulement quelques plats de *rôti* mêlés avec l'entremets. (R.)

1131. Route, Voie, Chemin.

Le mot *route* renferme dans son idée quelque chose d'ordinaire et de fréquenté ; c'est pourquoi l'on dit la *route* de Lyon, la *route* de Flandre. Le mot de *voie* marque une conduite certaine vers le lieu dont il est question : ainsi l'on dit que les souffrances sont la *voie* du ciel. Le mot de *chemin* signifie précisément le terrain qu'on suit et dans lequel on marche, et en ce sens on dit que les *chemins* coupés sont quelquefois les plus courts, mais que le grand *chemin* est toujours plus sûr.

Les *routes* diffèrent proprement entre elles par la diversité des places et des pays par où l'on veut passer : on va de Paris à Lyon par la *route* de Bourgogne ou par la *route* du Nivernais. La différence qu'il y a entre les *voies* semble venir de la diversité des manières dont on peut voyager : on va à Rome, ou par la *voie* de l'eau, ou par la *voie* de terre. Les *chemins* paraissent différer entre eux par la diversité de leur situation et de leurs contours : on suit le *chemin* pavé, ou le *chemin* des terres.

Si vous allez en Champagne par la *voie* de terre, votre *route* ne sera pas longue, et vous aurez un beau *chemin*. (*Encycl.*, III, 275.)

On dit d'une *route* qu'elle est belle ou ennuyeuse, à raison des agréments qu'elle présente aux voyageurs ; d'une *voie*, qu'elle est commode ou incommode, à raison des avantages qu'elle leur offre ; et d'un *chemin*, qu'il est bon ou mauvais, à raison du plus ou du moins de facilité dont il est pour la marche. (B.)

Dans le sens figuré, la bonne *route* conduit sûrement au but ; la bonne *voie* y mène avec honneur ; le bon *chemin* y mène facilement.

On se sert aussi des mots de *route* et de *chemin* pour désigner la marche ; mais il y a alors cette différence que le premier, ne regardant que la marche en elle-même, s'emploie dans un sens absolu en général, sans admettre aucune idée de mesure ou de quantité : ainsi l'on dit simplement être en *route*, faire *route* : au lieu que le second, ayant non-seulement rapport à la marche, mais encore à l'arrivée qui en est le but, s'emploie dans un sens relatif à une idée de quantité, marquée par un terme exprès, ou indiquée par la valeur de ce qui lui est joint ; de sorte qu'on dit faire peu ou beaucoup de *chemin*, avancer *chemin*.

Quant au mot de *voie*, s'il n'est en aucune façon d'usage pour désigner la marche, il l'est en revanche pour désigner la voiture ou la
façon dont on fait cette marche : ainsi l'on dit d'un voyageur qu'il va
par la *voie* de la poste, par la *voie* du coche, par la *voie* du messager ;
mais cette idée est tout-à-fait étrangère aux deux autres, et tire
par conséquent celui-ci hors du rang de leurs synonymes à cet
égard. (G.)

1132. Rustaud, Rustre.

Gens fort *rustiques*, qui ont toute la rusticité ou toute la grossièreté
et la rudesse des gens de la campagne.

Rustaud ne s'applique qu'aux gens de la campagne ou du peuple
qui ont conservé tout l'air et les manières de leur état, sans aucune
éducation. *Rustre* s'applique même aux gens qui, ayant reçu de l'éducation et ayant vécu dans un monde bien élevé, ont néanmoins des
manières semblables à celles du paysan ou de la populace qui a manqué
totalement de culture. Le manant est *rustaud* ou *rustre :* le bourgeois
ou autre est *rustre* et non *rustaud.*

Ainsi, c'est faute d'éducation, faute d'usage, qu'on est *rustaud :*
c'est par humeur, par rudesse de caractère, qu'on est *rustre.* Un gros
franc paysan a l'air *rustaud*, la mine *rustaude :* un homme farouche
et bourru a l'air *rustre*, la mine *rustre.*

Le *rustaud* ne se gêne point ; il est hardiment ce qu'il est : le
rustre ne ménage rien ; il est rudement ce qu'il est. Les manières du
rustaud choquent, heurtent : les manières du *rustre* vous choquent,
vous heurtent. Les manières du *rustaud* sont ses formes : les manières
du *rustre* sont ses mœurs. Le *rustaud* l'est en action : le *rustre* l'est
par caractère. (R.)

S

1133. Sacrifier, Immoler.

Sacrifier signifie rendre *sacré*, se dépouiller d'une chose pour la
consacrer à la Divinité, la dévouer de manière qu'elle soit perdue ou
transformée. *Immoler* signifie offrir un sacrifice sanglant, égorger une
victime sur l'autel, détruire ce qu'on dévoue : ce mot vient de *mola*,
nom de la pâte sacrée qu'on mettait sur la tête de la victime avant de
l'égorger.

Il y a différentes sortes de *sacrifices ;* l'*immolation* est le plus
grand des *sacrifices.* On *sacrifie* toute sorte d'objets : on n'*immole*
que des victimes, des êtres animés. L'objet *sacrifié* est voué à la
Divinité : l'objet *immolé* est détruit à l'honneur de la Divinité. Le *sa-*

crifice a généralement pour but d'honorer, et l'*immolation* a pour but particulier d'apaiser.

Les persécuteurs du christianisme naissant obligeaient les chrétiens à *sacrifier* aux faux dieux, non en leur faisant *immoler* des animaux, mais seulement en exigeant d'eux un acte de culte, comme de brûler de l'encens, de goûter des viandes consacrées.

Si nous dérobons à ces termes leur idée religieuse, si nous en adoucissons la force dans un sens profane et figuré, ils conservent néanmoins encore leur différence. Vous *sacrifiez* tous les genres d'objets ou de choses auxquelles vous renoncez volontairement, dont vous vous dépouillez, que vous abandonnez pour quelque autre intérêt ou pour l'intérêt d'un autre : vous *immolez*, pour votre satisfaction ou pour la satisfaction d'autrui, des objets animés ou des êtres personnifiés, que vous traitez comme des victimes, que vous dépouillez de ce qu'ils ont de plus précieux, que vous vouez à la mort, à l'anathème, au malheur, etc. L'idée de *sacrifier* est plus vague et plus étendue ; et celle d'*immoler*, plus forte et plus restreinte.

Aristide se *sacrifie* pour sa patrie, en la servant même contre lui, toute ingrate qu'elle est. Codrus s'*immole* pour elle, en achetant la victoire sur ses ennemis par une mort obscure et ignoble.

Celui qui ne sait rien *sacrifier*, ne sait pas conserver. Celui qui n'est pas prêt à s'*immoler*, ne peut rien de grand.

Celui qui s'accoutumerait à *sacrifier* tous les jours quelque chose de ses intérêts, de ses goûts ou de ses plaisirs, parviendrait enfin à s'*immoler* ou à supporter les privations les plus rudes, à faire les plus grands *sacrifices* sans aucun effort.

Il faut sans doute beaucoup *sacrifier* à la société : quel est l'homme qui ne soit ici que pour lui, et qui n'existe que pour lui ? Il faut bien que quelqu'un s'*immole* pour la vérité : si la vérité elle-même, disait Platon, descend incarnée sur la terre, elle sera mise en croix.

Il est beau de *sacrifier* le monde et d'*immoler* son cœur à la sainteté, en se dévouant, au pied des autels, à une vie angélique. Quelle vertu, grand Dieu, pour un tel *sacrifice* !

Il est nécessaire de remarquer que, selon mes définitions, le poids du *sacrifice* tombe quelquefois tout entier sur celui qui le fait, mais que l'action d'*immoler* pèse toujours sur la victime qu'on *immole*. Quand vous *sacrifiez* vos prétentions, vos droits, votre fortune, vous seul en souffrez : si vous *immolez* votre ennemi à votre vengeance, le mal est pour votre victime.

Sacrifier n'exprime qu'un renoncement de votre part : *immoler* exprime la destruction ou la dégradation.

Le *sacrifice* est des choses inanimées comme des objets animés : on n'*immole* que des objets animés, ou du moins des êtres moraux ou métaphysiques, personnifiés dans le discours. Les poètes d'abord ont dit *immoler la vertu, la gloire, la passion*, etc. ; objets souvent personnifiés, et même autrefois déifiés par le paganisme qui règne encore dans notre poésie. Souvent même cette manière de parler revient à celle de s'*immoler soi-même*, en *sacrifiant* ce qu'on a le plus à cœur.

> Je vais *sacrifier*; mais c'est à ces beautés
> Que je vais *immoler* toutes mes volontés.
>
> *Polyeucte*, acte II, sc. 2.

> . . . Pour sauver notre honneur combattu,
> Il faut *immoler* tout, et jusqu'à la vertu.
>
> *Phèdre*, acte III, sc. 3.

> Lorsqu'il faut au devoir *immoler* sa tendresse,
> Un cœur s'alarme peu du danger qui le presse.
>
> *Rhadam*, acte IV, sc. 5.

Ces sortes de *sacrifices* vous obligent à vous combattre, a vous vaincre, à étouffer des sentiments actifs et impérieux, à vous déchirer le cœur, à vous *immoler* en quelque sorte vous-même. Ainsi, dans Adélaïde du Guesclin, Coucy dit à Vendôme qu'il s'est *immolé* pour lui, parce qu'il a étouffé son amour pour Adélaïde.

> Pour vous, contre moi, j'ai fait ce que j'ai dû.
> Je m'*immole* à vous seul, et je me rends justice;
> Et si ce n'est assez d'un si *grand sacrifice*,
> S'il est quelque rival qui vous ose outrager,
> Tout mon sang est à vous, et je cours vous venger.

Je ne conçois pas comment les grammairiens les plus célèbres du dernier siècle se sont agités sérieusement sur la question (encore indécise) s'il est bien de dire s'*immoler* pour s'exposer à la risée publique. On s'*immole* aux dieux, à sa patrie, à sa famille, c'est-à-dire pour leur satisfaction, leur gloire, leur intérêt : on ne s'*immole* pas à la risée; car on ne s'*immole* pas pour elle. (R.)

1134. Sagacité, Perspicacité.

Selon l'Académie, la *sagacité* est une pénétration d'esprit, une *perspicacité* par laquelle on découvre, on démêle ce qu'il y a de plus caché, de plus difficile dans une intrigue, une affaire, etc. La *perspicacité* est une force, une vivacité, une pénétration d'esprit qui sert à découvrir les choses les plus difficiles à connaître.

Il est dit dans l'Encyclopédie que la *perspicacité* est une pénétration prompte et subtile qui s'exerce sur les choses difficiles à pénétrer. On dit ailleurs que la *sagacité* découvre, démêle ce qu'il y a de difficile, de caché dans les sciences, dans les affaires.

Selon Trévoux, la *perspicacité* paraît plus tenir de l'*esprit perçant*: elle suppose la force de la lumière et du coup d'œil : elle est clairvoyante ; et c'est la *sagacité* qui est *pénétrante.* C'est-à-dire que la *perspicacité* n'est pas *pénétrante* comme la *sagacité,* quoiqu'elle se distingue par un esprit perçant.

Sagacité, dit Bouhours, exprime la pénétration, le discernement d'un esprit qui recherche et qui découvre ce qu'il y a de plus caché dans les choses. *Perspicacité,* dit ce grammairien, est nécessaire pour exprimer la vertu intellectuelle, par laquelle l'esprit pénètre et voit clairement les choses. Tâchons de distinguer et de fixer les idées.

Sagire, sentir, voir, savoir finement, clairement, distinctement ; d'où *sagacitas.* *Perspicere,* voir à travers, pénétrer dans toute l'étendue, connaître pleinement, parfaitement ; d'où *perspicacitas.* Ainsi le mot de *perspicacité,* beaucoup plus fort et plus expressif, marque la profonde pénétration qui donne la connaissance parfaite ; et celui de *sagacité,* le discernement fin qui acquiert une connaissance claire.

Vous trouverez chez tous les auteurs latins la *sagacité* de l'odorat, du palais, des yeux, des sens, et par métaphore, la *sagacité* de l'homme avisé, prudent, sage, subtil, qui sent, voit, distingue, conjecture, prévoit avec vivacité, finesse, habileté. Cicéron, Horace disent des soins *sagaces,* attentifs, délicats, prévoyants.

Perspicuus est, selon tous les savants, le synonyme de *pellucidus, translucidus,* parfaitement clair, manifeste, transparent, et comme dit Calepin, si clair qu'on voit *à travers,* comme l'eau. *Perspicax* est très-souvent joint à l'épithète *acutus ;* ces deux mots marquent proprement une force vive, subtile, pénétrante, qui perce et découvre tout ce qu'on veut dire, tout ce qu'on peut voir. Vous avez tant de *perspicacité,* écrit Cicéron à Atticus, liv. 1, qu'*à travers* de ce que je dis, vous découvrez même ce que je ne dis pas.

Ainsi donc la *sagacité* est rigoureusement la finesse, l'excellence d'un discernement si subtil, si clairvoyant, si sûr, qu'il distingue sans peine, démêle et voit nettement ce qu'il y a de plus confus et de plus obscur. La *perspicacité* est, à la rigueur, la pénétration, la profondeur d'un esprit si subtil, si perçant, si rapide, qu'il découvre tout d'un coup, approfondit à l'instant, et acquiert la connaissance la plus pleine et la plus parfaite de ce qu'il y a de plus caché et de plus impénétrable. Rappelons-nous que la *finesse* regarde proprement la surface et la *pénétration,* l'intérieur ou la substance des choses. Ainsi le grand discernement fait la *sagacité :* et la grande pénétration, la *perspicacité.*

La *sagacité* est pénétrante, parce qu'elle est clairvoyante : la *perspicacité* est clairvoyante, parce qu'elle est pénétrante. La *sagacité* discerne si bien les objets, qu'elle ne permet plus de les confondre l'un avec l'autre : la *perspicacité* manifeste si bien les objets, qu'elle n'y laisse plus rien à découvrir. La *sagacité* voit de loin, et sa connaissance est distincte : la *perspicacité* voit à fond, et sa connaissance est plénière. La *sagacité* voit bien la chose malgré tous les obstacles ; la *perspicacité* voit parfaitement dans la chose malgré sa résistance : la *sagacité* conjecture, devine, prévoit ; la *perspicacité* tire au clair, démontre, met en évidence.

La *sagacité* agit proprement sur les choses obscures ou embrouillées : la *perspicacité*, sur les choses difficiles ou rebelles par elles-mêmes. Il faut surtout de la *sagacité* dans les affaires, et de la *perspicacité* dans les sciences. La prudence veut de la *sagacité* : l'instruction veut de la *perspicacité*. La *perspicacité* est toute intelligence : la *sagacité* sera quelquefois un goût ou un tact très-fin. En belles-lettres, le goût est une sorte de *sagacité* naturelle qui fait sur-le-champ distinguer le beau, le bon de ce qui ne l'est pas : le génie est la *perspicacité* d'une intelligence supérieure, qui voit d'un coup d'œil ce que l'œil ordinaire ne saurait voir.

Avec de la *sagacité*, on démêle, on trie le fil d'une affaire, d'une intrigue embrouillée ; avec de la *perspicacité*, on perce à travers les obstacles, l'on arrive au but par la ligne droite, en renversant les obstacles ; l'autre l'atteint en suivant les replis. La *perspicacité* est plus prompte, l'autre est peut-être plus sûre. (R.)

1135. Sagesse, Prudence.

La *sagesse* fait agir et parler à propos. La *prudence* empêche d'agir et de parler mal à propos. La première, pour aller à ses fins, cherche à découvrir les bonnes routes, afin de les suivre. La seconde, pour ne pas manquer son but, tâche de connaître les mauvaises routes, afin de s'en écarter.

Il semble que la *sagesse* soit plus éclairée, et que la *prudence* soit plus réservée.

« Le *sage* emploie les moyens qui paraissent les plus propres pour réussir : il se conduit par les lumières de la raison. Le *prudent* prend les voies qu'il croit le plus sûres ; il ne s'expose point dans les chemins inconnus. »

Un ancien a dit qu'il est de la *sagesse* de ne parler que de ce qu'on sait parfaitement, surtout lorsqu'on veut se faire estimer. On peut ajouter à cette maxime, qu'il est de la *prudence* de ne parler que de ce qui peut plaire, surtout quand on a dessein de se faire aimer. (G).

La *sagesse* a pour objet la vérité ; la *prudence*, le bonheur : la *sagesse* s'occupe des choses ; la *prudence*, de nos intérêts. La *sagesse* médite pour découvrir ; la *prudence* travaille sur l'homme, comme dit La Rochefoucauld, pour le régler. La *sagesse* est la raison perfectionnée par la science : la *prudence* est la droite raison appliquée à la conduite de la vie. La *sagesse* vous donnera l'instruction bien ordonnée; et la *prudence*, le grand art de vivre, comme dit Cicéron. lib. 5, *de finib.*

La *sagesse* participe, selon Aristote, de l'intelligence qui voit, et de la science qui démontre. La *prudence* tient à cette *sagesse* qui apprend à apprécier les biens et les maux, ce qu'il faut éviter ou ce qu'il faut rechercher ; et à l'expérience qui, jugeant par ce qui s'est fait, de ce qu'il convient de faire, sert à déterminer la volonté sur le choix des moyens pour assurer le succès. La *sagesse* sera peut-être le partage de quelques jeunes gens : la *prudence* est en général l'apanage de la vieillesse. La *sagesse*, absorbée dans les méditations, se repose sur la *prudence* du soin de régler nos penchants. La *sagesse* est proprement en théorie ; la *prudence* est essentiellement en pratique. Suivant ces philosophes, de toutes les qualités de l'âme, la plus éminente est la *sagesse* ; la plus utile est la *prudence*.

Xénophon, Platon, etc., d'après Socrate, uniquement occupés des mœurs, donnent le nom de *sagesse* à la *prudence* proprement dite. Archytas, Cicéron, etc., d'après un usage commun, prennent la *prudence* pour la *sagesse*, ou du moins pour la science des biens qui conviennent à l'homme, ainsi que des maux qui lui sont funestes.

La *sagesse* n'est une vertu proprement dite, qu'autant qu'elle influe sur les mœurs. La *prudence*, uniquement attachée aux mœurs, est non-seulement une vertu, mais la première des vertus cardinales, la source et la règle de toutes les autres, en un mot, l'habitude de la vertu. La *sagesse* morale, distinguée de la *prudence*, montre les voies générales et le but. La *prudence* vous mène au but par des routes souvent inconnues à la *sagesse*.

La *sagesse* propose ce qui est juste ; la *prudence* détermine le choix des moyens. La *sagesse*, éclairée par la science, dicte des préceptes certains. La *prudence*, aidée de l'expérience, donne des règles approuvées par la raison. La *sagesse* voit bien et en grand. La *prudence* voit jusque dans les plus petits détails, et prévoit : l'une pense bien, l'autre agit bien. La *sagesse* n'a que l'économie générale du savoir, tandis que la *prudence* est une sorte de *providence* humaine prête à tout événement. La *prudence*, souvent incertaine et souvent trompée, emploie la circonspection, la diligence, la finesse même, l'art, l'industrie, enfin toutes les ressources légitimes, quand la *sagesse* ne suffit pas. (R.)

1136. Sagesse, Vertu.

Ces deux termes, également relatifs à la conduite de la vie, sont synonymes sous ce point de vue, parce qu'ils indiquent l'un et l'autre le principe d'une conduite louable ; mais ils ont des différences bien marquées.

La *sagesse* suppose, dans l'esprit, des lumières naturelles ou acquises ; son objet est de diriger l'homme par les meilleures voies. La *vertu* suppose dans le cœur, par tempérament ou par réflexion, du penchant pour le bien moral, et de l'éloignement pour le mal : son objet est de soumettre les passions aux lois.

La *sagesse* est comme un fanal qui montre la meilleure voie dès qu'on lui propose un but ; mais par elle-même elle n'en a point, et les méchants ont leur *sagesse* comme les bons. La *vertu* a un but marqué par les lois, et elle y tend invariablement par quelque voie qu'elle soit forcée d'y aller. (B.)

La *sagesse* consiste à se rendre attentif à ses véritables et solides intérêts, à les démêler d'avec ce qui n'en a que l'apparence, à choisir bien, et à se soutenir dans des lois éclairées. La *vertu* va plus loin ; elle a à cœur le bien de la société ; elle lui sacrifie, dans le besoin, ses propres avantages ; elle sent la beauté et le prix de ce sacrifice, et par là ne balance point de le faire quand il le faut. (*Encycl.*, XIV, 496.)

1137. Sain, Salubre, Salutaire.

Ces trois mots ne peuvent être considérés comme synonymes, qu'autant qu'on les applique aux choses qui intéressent la santé, à moins que par figure on ne les transporte à d'autres objets considérés sous un point de vue analogue ; mais *salubre* ne se dit que dans le sens propre.

Les choses *saines* ne nuisent point ; les choses *salubres* font du bien ; les choses *salutaires* sauvent de quelque danger, de quelque mal, de quelque dommage : ainsi ces trois mots sont en gradation.

Il est de l'intérêt du gouvernement que les lieux destinés à l'éducation publique soient dans une situation *saine ;* que les aliments de la jeunesse soient plutôt *salubres* que délicats, et qu'on n'épargne rien pour administrer aux enfants, dans leurs maladies, les remèdes les plus *salutaires.*

Mais ce qu'il y a de plus important, c'est qu'on leur inspire la doctrine la plus *saine*, en ce qui concerne la religion et les mœurs, et que, sur ce qui constitue leurs devoirs envers Dieu, envers la patrie, envers les différentes classes d'hommes, ils ne voient que les meilleurs exemples, et ne reçoivent que les instructions les plus *salutaires*. (B.)

1138. Salut, Salutation, Révérence.

Salut, en latin *salus*, signifie proprement *santé*, état dans lequel on se porte bien. Le *salut*, pris pour l'action de *saluer*, est dont le *bonjour* qu'on donne, le signe du souhait *portez-vous bien :* c'est ce qu'exprimait le *salut* ordinaire des Latins, *salve*, *vale*. Nous considérons surtout, dans le *salut*, le geste et la posture. La *salutation* est l'acte particulier de *saluer*, avec telles circonstances, surtout celles d'un geste ou humble ou animé : l'Académie observe qu'on dit une *salutation profonde*, de *grandes salutations ;* et ce n'est guère que dans le style familier (j'ignore pourquoi). Le mot *révérence* signifie proprement crainte respectueuse ; du latin *revereri*, craindre, honorer : c'est ici un genre de *salut* compassé par lequel on s'abaisse devant ceux qu'on veut honorer.

Le *salut* est une démonstration extérieure de civilité, d'amitié, de respect, faite aux personnes qu'on rencontre, qu'on aborde, qu'on visite. La *salutation* est le *salut* particulier tel qu'on le fait dans telle occasion, surtout avec des marques très-apparentes de respect ou d'empressement. La *révérence* est un *salut* de respect et d'honneur, par lequel on incline le corps ou on ploie les genoux pour rendre par cet abaissement un hommage particulier aux personnes.

Vous trouveriez peut-être dans les différents *saluts* des divers peuples, des traits particuliers de caractère ; ainsi celui qui porte la main à la bouche, celui qui la pose sur le cœur, celui qui l'applique sur le front, expriment des sentiments différents. Des *salutations* particulières, vous tirerez peut-être quelquefois des inductions sur le caractère, l'éducation, les affections présentes des personnes : un homme ne salue pas comme un autre, en faisant le même *salut*. Quant aux *révérences*, elles sont d'étiquette et d'usage comme les compliments.

Il y a le *salut* de protection, dont on se moque quelquefois par des *salutations* affectées. Il y a des *salutations* empressées, répétées, avec lesquelles on semble dire de loin beaucoup de choses aux personnes auxquelles on n'est pas à portée de parler. Il y a l'homme aux *révérences*, qui semble manquer de respects, à force de respects.

Il n'y a que de la grossièreté à ne pas rendre le *salut* : il est vrai que rien n'est si grossier qu'un orgueil grossier. Un certain abandon dans les *salutations* paraît quelquefois ridicule : je ne sais si c'est parce qu'elles en sont plus cordiales. C'est surtout par les petites choses qu'on réussit dans le monde : rien ne recommande plus une femme au premier abord qu'une *révérence* faite avec grâce ou avec noblesse. (R.)

1139. De sang froid, De sang rassis, De sens froid, De sens rassis.

L'usage et les opinions n'ont fait que varier à l'égard de ces locutions. L'Académie dit actuellement *de sang froid, de sang rassis :* elle avait dit *de sens rassis* sans aucun doute, et *de sang froid* en ajoutant que quelques-uns disaient *de sens froid*. Trévoux, après avoir dit *de sens rassis*, ne dit plus que *de sang rassis*, avec l'Académie. J'aurais désiré connaître les motifs de ces décisions.

Pour moi, à qui il ne convient pas de décider, je donnerai les raisons de mon opinion particulière, peu différente de celle de Ménage. Je pense qu'il vaut mieux dire de *sang froid*, comme les Italiens disent *a sangue freddo*, et sans proscrire *de sens froid*; et qu'il faut plutôt dire *de sens rassis*, comme les Latins disent *sedatâ mente*, mais sans exclure *de sang rassis*.

Je dis *de sang froid*, par préférence à *de sens froid*, par la raison que c'est le propre du *sang* et non pas du *sens*, de s'échauffer, de s'enflammer, de se refroidir, de se glacer.

> Je l'avoue, entre nous, quand je lui fis l'affront,
> J'eus le *sang* un peu *chaud*, et le bras un peu prompt,

dit le comte de Gormaz. Mais, à proprement parler, le *sens*, c'est-à-dire la raison, le jugement, la faculté de juger, ne s'échauffe ni ne se refroidit. Cependant, comme on dit une *tête chaude* ou *froide*, comme on dit qu'un esprit est *froid*, et que l'*esprit s'échauffe*, je n'oserais condamner absolument la locution de *sens froid*, que je ne voudrais pourtant pas employer sans y être déterminé par des considérations particulières.

Le *sang froid* des personnes est donc une circonstance que nous remarquons dans les occasions où il est naturel que le *sens s'échauffe* : car s'il est naturel que le *sang* ne *s'échauffe* pas dans une conjoncture, s'il est même naturel qu'il *se refroidisse* et qu'il *se glace*, ce n'est nullement une chose à remarquer que le *sang froid*, puisque alors le *sang* doit être *froid*. C'est donc parler bien improprement que de dire qu'une personne est de *sang froid* à la vue du péril, pour marquer qu'elle n'a point de crainte; quand, si elle était glacée de peur, elle serait naturellement et rigoureusement *de sang froid*. Vous employez donc au figuré pour louer quelqu'un l'expression de *sang froid*, tandis qu'au propre cette expression convient très-bien pour désigner l'état de l'homme que vous trouvez au contraire à blâmer. Ce qui est remarquable, c'est qu'on soit de *sang froid* au milieu de ce qui *échauffe*, mais non au milieu de ce qui *glace*. Voilà les cas où je pourrais préférer *de sens froid*, parce qu'on ne dit pas que l'esprit ou la raison se *glace*; mais je dirais bien plutôt *de sens calme* ou *tranquille*, ce qui exclut tous les effets de la crainte et autres semblables.

Je dirai plutôt *de sens rassis*, que *de sang rassis*, quoiqu'on entende par le mot *sens*, soit le jugement et la raison, soit les *sens* ou les organes, soit le *sens*, ou le *bon sens*, l'assiette ou l'état naturel de la chose. *Rassis* suppose seulement le trouble, l'agitation, un désordre, et marque le retour de la chose dans son *assiette*, dans sa première situation, dans son état naturel. Ainsi l'on dira fort bien *de sens rassis*, pour désigner que la chose a repris son vrai *sens*, son état propre. On dira fort bien *de sens rassis*, pour exprimer la cessation du désordre des *sens ;* puisqu'on dit rasseoir, reprendre ses *sens,* ses esprits. On dira fort bien *de sens rassis,* lorsque le *sens,* la raison, l'esprit, auparavant agités ou troublés, seront rentrés dans le calme et dans l'ordre acoutumé. C'est ainsi que, par trois acceptions différentes, *sens rassis* rend bien la même idée. Il n'est pas inutile de remarquer ici qu'on dit *être hors de sens, n'être pas dans son bon sens, avoir les sens renversés, perdre le sens ; qui perd son bien perd son sens,* et non *son sang.* Toutes ces manières de parler usitées viennent à l'appui de' mon opinion.

Je n'exclus pas *sang rassis,* parce qu'on dit fort bien *rasseoir* en parlant des liqueurs, des humeurs, de la bile, du *sang.* Mais cette expression convient proprement lorsque le *sang,* la bile, les humeurs ont été échauffés, selon leur propriété particulière, plutôt que dans une autre circonstance.

Il existe donc une raison générale d'employer une de ces locutions plutôt qu'une autre : il y aura, dans le discours, des circonstances particulières qui feront donner la préférence à celle-ci sur la première. (R.)

1140. Satisfaction, Contentement.

La *satisfaction* est l'accomplissement de ses désirs : le *contentement* est un sentiment de joie, d'une joie douce, produite par la *satisfaction* des désirs, ou même par tout autre événement agréable.

L'homme *satisfait* est celui qui a ce qu'il désirait ; votre désir accompli fait votre *satisfaction.*

L'homme *content* est celui qui ne désire pas davantage : la jouissance de l'objet fait votre *contentement.*

La *satisfaction* suppose donc nécessairement le désir ; le *contentement* n'exprime que le plaisir de posséder. Vous êtes *satisfait* d'obtenir ce que vous souhaitiez, ce que vous poursuiviez : vous êtes *content* d'avoir ce que vous avez, soit que la chose ait rempli, soit qu'elle ait prévenu vos désirs et vos recherches.

Votre *satisfaction* est d'obtenir ou d'avoir obtenu : votre *contentement* est de jouir et de jouir en paix.

La *satisfaction* mène au *contentement ;* mais il faut que l'objet le procure. Vous êtes *satisfait* quand on vous donne ce que vous vouliez : vous êtes *content* quand l'objet vous donne le plaisir que vous vous promettiez.

Le *contentement* ajoute à la *satisfaction* des désir une *satisfaction* douce de la possession.

Je ne vous dirai pas *soyez satisfait :* je vous dirai *soyez content.* Quand tous vos désirs seraient *satisfaits,* il vous resterait encore d'être *content,* et c'est tout.

Il faut en avoir *assez*, c'est-à-dire en raison de vos désirs, pour être *satisfait*. Il suffit de peu, quand on sait borner ses désirs, pour être *content*.

La richesse vous procure beaucoup de *satisfaction*; mais *contentement* passe richesse, et c'est ce qu'elle procure rarement. Il en est du bonheur comme de la santé, qui ne s'assied qu'aux petites tables.

Il serait bien facile de *contenter* le peuple : il est impossible de *satisfaire* les grands.

On fait tout pour sa *satisfaction* : on ne fait rien pour son *contentement*.

Il est donc vrai, comme dit l'Encyclopédie, que le *contentement* tient plus au cœur, puisque c'est un sentiment agréable, et que la *satisfaction* tient plus aux passions, puisqu'elle regarde les désirs. Mais il ne faut pas donner des distinctions métaphysiques sans les éclaircir, ou plutôt sans y avoir préparé les esprits, de manière qu'elles ne paraissent plus l'être.

Il y a bien toujours un plaisir dans la *satisfaction :* mais le plaisir n'est pas la joie; et il y a une joie douce et paisible dans le *contentement :* il serait le bonheur, s'il durait toujours.

Il y a beaucoup de *satisfaction* et peu de *contentement* pour celui qui n'a qu'à désirer. (R.)

1141. Satisfait, Content.

On est *satisfait* quand on a obtenu ce que l'on souhaitait. On est *content* lorsqu'on ne souhaite plus.

Il arrive souvent qu'après s'être *satisfait*, on n'en est pas plus *content*.

La possession doit toujours nous rendre *satisfaits ;* mais il n'y a que le goût de ce que nous possédons qui puisse nous rendre *contents*. (G.)

1142. Sauvage, Farouche.

Sauvage est le latin *silvaticus*, qui appartient aux bois : du latin *silva*, bois ; en vieux français *selve*. Les bois sont des lieux incultes, ainsi que leurs productions. Une plante s'appelle *sauvage*, lorsqu'elle vient sans culture : un pays inculte et inhabité est *sauvage :* un animal est *sauvage*, qui vit solitaire et cherche les bois ; on appelle *sauvages* les peuples qui, n'étant point civilisés et attachés à la terre, errent et vivent à la manière des bêtes : une personne qui fuit la société et qui n'en a pas les manières est *sauvage*.

Farouche en latin *ferus*, emporte l'idée de brutalité, de dureté, de cruauté même, ainsi que la fierté. Hippolyte est *fier*, et même un peu *farouche*. *Farouche* ne se dit donc que des animaux, qui, s'ils attaquaient, s'ils poursuivaient, s'ils déchiraient, s'ils dévoraient, seraient *féroces*.

Ainsi, un objet est *sauvage* par défaut de culture : un animal est
farouche par un vice d'humeur. Le *sauvage* serait *farouche*, s'il avait
dans le caractère et dans les mœurs de la rudesse, de la dureté, de la
brutalité, de l'inflexibilité.

Apprivoisez l'animal *sauvage*, il deviendra domestique. Domptez
l'animal *farouche*, il paraîtra soumis.

L'homme *sauvage* évite la société, parce qu'il la craint : l'homme
farouche la repousse, parce qu'il ne l'aime pas. Celui-ci n'est pas *sociable*; celui-là n'est pas *social*, si je puis parler ainsi.

Le *sauvage* est dans la société comme l'oiseau dans la volière ; il s'y
agite d'abord, mais il s'y accoutume. Le *farouche* est dans la société
comme l'animal intraitable dans les chaînes ; il s'en irrite d'abord, mais
à la fin il les supporte.

Le vrai misanthrope, celui qui haïrait les hommes, serait plus que
farouche : sauvage comme une bête féroce, il serait naturellement
en guerre avec le genre humain. Celui qui ne hait que les vices, n'est
farouche que pour votre société corrompue : voyez s'il est *sauvage*
avec les gens de bien.

Souvent, dit un orateur, dans la solitude on contracte une humeur
sauvage : à force d'être loin des hommes, on oublie l'humanité. Un
extérieur négligé marque souvent, selon l'observation d'un moraliste,
un mérite orgueilleux et *farouche :* on se met dédaigneusement au-
dessous des autres pour être mis fort au-dessus.

Il y a une sorte d'humeur capricieuse et *sauvage* qu'on aime assez,
et qui quelquefois tient lieu de mérite. Il y a une sorte d'humeur et de
franchise *farouches* qu'on estime et qu'on ne peut pas souffrir.

Un pays est *sauvage* où les bêtes font trembler les hommes, où les
mauvaises plantes étouffent le bon grain, où les grands mangent les
petits, où les productions sont dévorées par les insectes, où la corruption se répand, comme l'air, de tous les points.

La politique est *farouche* lorsqu'elle divise les peuples, qu'elle élève
entre eux des barrières, qu'elle détruit la communication naturelle des
secours, qu'elle rompt les liens de la société universelle, et qu'elle vous
fait traiter vos amis comme s'ils devaient être un jour vos ennemis ou
plutôt comme s'ils n'étaient que des ennemis cachés. (R.)

1143. Savant homme, Homme savant.

Le mot de *savant homme* marque seulement une mémoire remplie
de beaucoup de choses apprises par le moyen de l'étude et du travail ;
au lieu que le mot d'*habile homme* enchérit sur cela ; il suppose cette

science, et ajoute un génie élevé, un esprit solide, un jugement profond, un discernement étendu.

Un homme né avec un esprit médiocre peut devenir *savant* par l'étude et par le travail, mais non pas *habile homme*, parce qu'il trouvera bien dans les livres de quoi remplir sa mémoire, mais non pas de quoi élever la bassesse de son génie, et fortifier la faiblesse de son jugement. (Andry de Boisregard, *Réflexions sur l'usage présent de la langue française*, tom. 1.)

Nos grammairiens observent qu'il est une classe d'adjectifs qui ont le privilége de se placer devant ou après leurs substantifs, tandis que les autres n'ont qu'une place déterminée, les uns après, et c'est l'ordre commun; les autres devant, et c'est une exception particulière.

Les adjectifs privilégiés sont en assez grand nombre. Nous disons également *homme savant* et *savant homme; habile ouvrier, ouvrier habile; ami véritable, véritable ami; regards tendres, tendres regards; suprême intelligence, intelligence suprême; savoir profond, profond savoir; malheureuse affaire, affaire malheureuse,* etc.

La manière de placer ces adjectifs produit-elle quelque différence dans le sens de la chose ou la valeur de la locution? Quelle serait cette différence? Ce sujet mériterait d'être traité par nos bons grammairiens : je vais tâcher de suppléer à leur omission. L'explication d'un exemple donnera l'intelligence de tous les autres. J'ai pris, sans choix, *savant homme* et *homme savant* pour mon texte.

Cette position de l'adjectif devant ou *après le substantif,* dit Dumarsais, *est si peu indifférente, qu'elle change quelquefois entièrement la valeur du substantif,* ou plutôt celle de l'adjectif, comme ces propres exemples le prouvent. Mais il nous suffit qu'elle opère un changement d'idées et de sens.

Cet habile grammairien, M. Beauzée, M. de Wailly, etc., après nos anciens maîtres, ont recueilli beaucoup d'exemples sensibles et utiles de cet effet remarquable. J'en rapporterai quelques-uns, non pour expliquer des différences déjà connues qui forment des sens étrangers l'un à l'autre, mais pour prouver que la différente position des adjectifs est une raison naturelle et suffisante de soupçonner que cette différence en met une réelle dans les locutions qui paraissent identiques. De ce que *plaisant* mis devant ou après le substantif *homme,* a deux sens opposés, je crois être en droit d'inférer que *savant,* mis après ou devant le même substantif, pourrait bien, sans perdre son idée essentielle, se charger de nuances différentes.

Un *honnête homme* et un *homme honnête* sont, dans l'usage ordinaire, deux hommes différents : celui-ci a l'honnêteté des manières et des procédés ; l'autre celle des mœurs et de l'âme.

Un *galant homme* est un homme honnête, franc, loyal : un *homme galant* est un homme adonné à la galanterie, attentif auprès des femmes, leur courtisan ; et très-souvent un *galant homme* n'est pas *homme galant*.

Un *homme brave* a du cœur ; un *brave homme*, de la probité, des vertus, des qualités sociales.

Le *haut ton* est arrogant ; le *ton haut* est élevé.

Le *grand air* est l'imitation des manières des grands ; l'*air grand* est la physionomie qui annonce de grandes qualités.

Une *fausse corde*, suivant l'Académie, n'est pas montée au ton convenable ; et une *corde fausse* ne peut jamais s'accorder avec une autre.

Un *taureau furieux* est en furie ; un *furieux taureau* est d'une grandeur énorme.

Un *nouvel habit*, dit l'Académie, est un habit différent d'un autre qu'on vient de quitter ; un *habit nouveau*, un habit d'une nouvelle mode ; un *habit neuf*, un habit qui n'a point servi ou qui n'a que peu servi.

Une *fausse porte* est une porte secrète ; une *porte fausse* est un simulacre de porte.

Cléon, lorsque vous nous bravez
En démontant votre figure,
Vous n'avez pas l'*air mauvais* (redoutable) je vous jure :
C'est *mauvais* (vilain) *air* que vous avez.

Vous parlez en *termes propres* ou convenables : vous répétez les *propres termes* de quelqu'un, ou ses mêmes termes.

Linière voyant ensemble Chapelain et Patru, disait que le premier était un *pauvre auteur*, et l'autre un *auteur pauvre*. L'*homme pauvre* manque de biens : le *pauvre homme* est un objet de mépris ou de compassion.

C'est pour marquer de la pitié ou pour en exciter, que nous disons de l'*homme pauvre* : Ce *pauvre homme* !

Cet exemple prouve que, sans perdre son véritable sens, l'adjectif, placé devant le substantif, prend une nuance particulière et même une nouvelle couleur. Expliquons les effets de cet arrangement, en appliquant nos réflexions aux termes qui nous servent de texte.

1° Lorsque vous dites un *savant homme*, vous *supposez* que cet homme est savant ; et lorsque vous dites un *homme savant*, vous *assurez* qu'il l'est. Dans le premier cas, vous lui donnez la qualification par laquelle il est distingué ; dans le second, celle par laquelle vous voulez le faire distinguer. Là, sa science est hors de doute ; ici, vous voulez la faire connaître.

Si un homme est renommé par sa science, ou si vous venez de parler
de sa science imminente, vous direz plutôt ce *savant homme :* sinon
vous direz plutôt cet *homme savant* ou qui est *savant.* Après que
vous aurez parlé des émotions qu'une mère éprouve à la vue de son
enfant, vous direz ses *tendres regards* plutôt que ses *regards tendres.*
Les regards d'une mère émue sont nécessairement tendres, et c'est ce
que vous exprimez par *tendres regards ;* mais lorsque la qualité des
regards n'est point déterminée, vous la distinguez en mettant, après le
sujet, l'épithète de *tendre.*

2° L'adjectif préposé est à l'égard du substantif comme le prénom à
l'égard du nom ; son idée devient idée principale, essentielle, caractéristique, inséparable de celle du substantif, de manière que des deux
idées et des deux mots, il semble ne résulter qu'une idée complète et un
mot composé. L'adjectif *postposé,* au contraire, n'est jamais au substantif que comme l'accident à l'égard de la substance ; son idée n'est qu'accessoire, secondaire, indicative, et susceptible d'une suite de modifications différentes, qui présentent divers points de vue de l'objet. Dans le
savant homme, vous considérez surtout, et vous présentez l'*homme*
comme *savant ;* aussi cette construction ne souffre-t-elle guère de qualifications subséquentes : dans l'*homme savant,* vous remarquez et
vous faites remarquer la science sans y attacher votre discours et votre
attention ; aussi cette tournure admet-elle souvent une suite d'épithètes
diverses, étrangères à celle-là.

J'appelle Démosthènes un *éloquent orateur,* si je veux traiter de son
talent et de son génie, et cette idée caractéristique l'accompagnera dans
la suite de mon discours : je l'appellerai *orateur éloquent* si mon dessein n'est que de détailler ses qualités particulières, et il se présentera
successivement sous différentes faces.

Rarement ajouterez-vous d'autres épithètes, lorsque vous en aurez
placé une de la première façon ; elle semble tout absorber ou tout exclure : vous en ajouterez tant qu'il vous plaira, lorsque l'adjectif suivra
le substantif ; ce n'est point alors une idée exclusive ou dominante par
sa position, vous dites c'est un *excellent ouvrage,* sans addition :
vous direz c'est un *ouvrage excellent,* profond, lumineux. Comment
se sont formés tant de mots composés d'un adjectif et d'un substantif,
encore bien distingués l'un de l'autre, tels que *petit-maître, gentil-
homme, sage-femme,* si ce n'est parce que la position des adjectifs les
rendait caractéristiques et singulièrement propres à faire corps avec le
substantif ?

3° L'idée de l'adjectif suivi du substantif est si bien dominante, caractéristique, et en quelque sorte nécessaire au sujet, que vous rendrez
quelquefois l'idée totale de l'expression par l'adjectif seul, lorsque la
langue permettra de l'employer substantivement, tandis qu'elle n'aura

par la même propriété s'il ne paraît qu'à la suite. Un *savant homme* est un *savant*; un *homme savant* n'est que *savant*. La première expression indique spécificativement une classe, une espèce particulière d'hommes à laquelle appartient celui-là, les *savans*; la seconde ne fait qu'attribuer une qualité individuelle qui distingue un homme de plusieurs autres. Il résulte de là que le *savant homme* possède la science ou le savoir, et que l'*homme savant* a du savoir ou de la science; et cette différence est tranchante.

En disant un *triste accident*, une *malheureuse aventure*, une *fâcheuse affaire*, vous distinguez l'espèce d'affaire, d'aventure, d'accident, car il y a des accidents heureux, des aventures agréables, des affaires utiles, etc. Mais en disant un *accident triste*, vous désignez seulement la circonstance qui le rend désagréable à la personne.

4°. Il n'est personne qui ne sente combien l'adjectif devant le substantif est expressif et énergique. Aussi, lorsque vous voudrez vous exprimer avec force, avec enthousiasme, avec le ton de l'affirmation, de l'horreur, de l'indignation, de la douleur, de la passion enfin, vous direz tout naturellement et sans recherche : C'est un *sot animal*, à mon avis, que l'homme : le plus *horrible aspect*, c'est l'aspect du méchant : descends du haut des cieux, *auguste vérité* : la prison la plus belle est un *affreux séjour* : le *farouche aspect* des *fiers ravisseurs* de Junie relève de ses yeux les *timides douceurs* : *frêles machines* que nous sommes ! un rien peut nous détruire. Remarquez que souvent, pour donner à l'adjectif qui suit la même force qu'à celui qui précède le substantif, vous êtes obligé de le relever par quelque augmentatif : une *jolie maison* équivaut à une *maison fort jolie* ; une *belle situation*, à une *situation bien belle* ; une *dure nécessité*, à une *nécessité fort dure*, etc. L'adjectif préposé prend un sens plein et absolu.

5°. La poésie se servira par préférence de la première de ces constructions, parce qu'elle est moins commune, et parce qu'elle est plus expressive, plus animée, plus pittoresque, et parce que la versification devient faible et lâche, si elle laisse souvent tomber le sens, le vers, la phrase, sur une épithète, etc.

6°. Le choix est encore quelquefois déterminé par des considérations particulières. Par exemple, nous souffrirons *vaillant héros*, parce que l'idée la plus faible, celle de *vaillant*, va se perfectionner, se confondre, se perdre dans celle de *héros* : nous supporterions difficilement celle de *héros vaillant*, où l'adjectif n'est pas rehaussé par un terme de comparaison; parce que l'idée de *héros* renferme celle de *vaillant*, et que l'idée de *vaillant* est au-dessous de celle de *héros*.

Mais c'est l'oreille surtout qui ordonne la disposition du sujet et des épithètes versatiles. L'euphonie nous fait la loi, et souvent elle nous force à nous écarter de la règle : de là une foule d'exceptions qui semblent la combattre, et qui la feraient abandonner, si la cause de l'usage contraire nous échappait. Nous dirons donc, pour plaire à l'oreille, *habile avocat* plutôt qu'*avocat habile*; *affaire grave* et non *grave affaire; bonne personne* plutôt que *personne bonne; hautes pensées* mieux que [des *pensées hautes ; lieu charmant* et non *charmant lieu*, etc. Nous évitons surtout le repos sur les monosyllabes, ainsi que les bâillements, le choc des syllabes rudes (R.)

1144. Savoureux, Succulent.

Savoureux, qui a beaucoup de *saveur*, un très-bon goût; *succulent*, qui est plein de *suc* et très-nourrissant. Ainsi le mot *savoureux* exprime la propriété du corps relative au sens du goût; et le mot *succulent*, la nature de l'aliment et sa propriété nutritive. Je dis *la nature de l'aliment*, car *succulent* ne s'applique qu'aux viandes, aux mets, aux potages, etc. ; au lieu que tout corps peut être appelé *savoureux* dès qu'il a du goût. Un mets *succulent* est sans doute *savoureux*; mais il y a beaucoup de mets *savoureux* qui ne sont nullement *succulens*.

Un bon rôti sera tout à la fois *succulent* et *savoureux*: les champignons sont *savoureux* sans être *succulens*. Artaxercès Memnon réduit, en fuyant, à manger du pain d'orge et des figues sèches, ne put s'empêcher de reconnaître qu'il n'avait jusqu'alors rien goûté de si *savoureux*, et ce repas n'était point *succulent*.

Est-ce à force de se nourrir de mets *succulens* qu'on oublie le mot *savoureux*, et qu'on substitue sans cesse le premier de ces mots au second, pour désigner le goût exquis d'un aliment ?

Il faut à un convalescent une nourriture *succulente*, mais modique, pour restaurer ses forces. A un homme blasé, il faut des jus, des coulis, des essences, des épices, tout ce qu'il y a de plus *succulent* et de plus irritant, pour qu'il y trouve quelque chose de *savoureux*.

Des mets simples, mais *savoureux*, voilà, selon la nature, la bonne chère : ils sont assez *succulens* pour vous nourrir comme elle le demande.

Insipide est le contraire de *savoureux*. Ce qui est *sec* ou plutôt *desséché*, est opposé à ce qui est *succulent*. (R.)

1145. Scrupuleux, Consciencieux.

Le *scrupule* est la manie de la *conscience*. L'homme *consciencieux* s'attache à remplir ses devoirs avec la plus grande régularité : l'homme *scrupuleux* les remplit avec la plus grande minutie. L'homme *consciencieux* n'aura pas de repos qu'il n'ait réparé le tort réel qu'il a fait involontairement à quelqu'un : l'homme *scrupuleux* croira tout perdu, si, en rendant justice, il a éprouvé quelque sentiment étranger à la justice ; il se reprochera le plaisir qu'il a senti en donnant raison à son ami qui avait raison. L'homme *consciencieux* se contentera de donner raison à son ennemi, s'il le mérite.

L'homme *consciencieux* écoute toujours sa conscience : le *scrupuleux* ne s'en fie pas à elle ; le premier, qu'elle avertit toujours, se conduit naturellement par les règles qu'elle lui prescrit ; le second, occupé à l'interroger, oublie souvent ce qu'elle lui dicterait ; pour ce qu'il lui demande. Tandis que le premier s'occupe à remplir tous ses devoirs, le second, en se les exagérant, s'ôte le moyen de vaquer à tous, et la liberté d'esprit nécessaire pour les bien remplir. (F. G.)

1146. Secourir, Aider, Assister.

Je n'ai pas trouvé dans l'abbé Girard ce que je cherchais sur ces termes intéressans pour moi.

« On dit *secourir* dans le danger, *aider* dans la peine, *assister* dans le besoin. Le premier part d'un sentiment de générosité ; le second, d'un sentiment d'humanité ; le troisième, d'un mouvement de compassion.

» On va au *secours* dans un combat ; on *aide* à porter un fardeau ; on *assiste* les pauvres. »

Secourir, latin *succurrere*, composé de *currere*, courir au secours de quelqu'un, le relever, le soutenir, le défendre, le tirer de la presse, etc. Sans la valeur littérale du mot, vous n'en donnerez qu'une idée vague, et commune à ses divers synonymes.

Aider, latin *adjuvare*, ajouter, *addère*, ou plutôt joindre ses forces à celles d'un autre, le seconder, le servir.

Assister, latin, *assistere* ou *adesse*, être présent ou près, s'arrêter ou rester auprès de quelqu'un, veiller sur lui, pourvoir à ses besoins : ce mot est pris dans cette dernière acception.

Ainsi, suivant le sens littéral, vous courez pour *secourir* ; vous prêtez la main, des forces pour *aider* ; vous vous arrêtez, vous vous tenez en présence pour *assister*.

Je vois dans le mot *secourir* le grand empressement, l'extrême diligence de l'action, soit que le zèle vous emporte, soit que la nécessité soit urgente : dans le mot *aider*, l'action propre de seconder, ou de partager le travail d'autrui et de le soulager ; dans le mot *assister*, le désir de connaître les besoins de quelqu'un, et d'y remédier autant qu'il est en vous. Le *secours* est bienfaisant et salutaire ; l'*aide* est auxiliaire et utile ; l'*assistance* est effective et tutélaire.

Ce sera donc au puissant à *secourir* l'infortuné : s'il est homme et généreux, il le fera. Ce sera surtout au fort à *aider* le faible : il le fera, s'il est bon et officieux. Ce sera surtout au riche à *assister* le pauvre : il le fera de grand cœur, s'il est sensible et charitable.

Il est beau de *secourir* un ennemi; c'est une glorieuse manière d'en triompher. Il est doux d'*aider* l'âge et le sexe faibles; vous vous faites une famille de la veuve et de l'orphelin. Il est méritoire d'*assister* l'homme de bien, toutes ses bonnes œuvres seront à vous. (R).

L'action de *secourir* suppose un danger imminent; c'est la célérité, le courage qui la caractérisent. L'œil, l'esprit et la main agissent; c'est à la mort, au péril, à la douleur; c'est au malheur qu'on vous arrache.

Aider suppose un partage de forces et de moyens. On *aide* le faible; ce n'est pas la main protectrice du *secours*, c'est la force agissante qui allége.

Assister suppose la présence du besoin; ce n'est pas la main active du secours, ce n'est pas le partage de vos maux, c'est la main bienfaisante qu'on vous tend.

On *secourt* dans le danger, on vous y arrache; on *aide* à la faiblesse, on partage ses maux et ses travaux; on *assiste* dans le besoin, on soulage. (Anon.)

1147. Secrètement, En secret.

J'ai dit, à l'article des *adverbes* et des *phrases adverbiales*, que l'adverbe exprimait une qualité distinctive de l'action énoncée par le verbe; et la *phrase adverbiale*, une circonstance particulière de l'action : de manière que *secrètement* doit marquer une *action secrète, cachée, mystérieuse, insensible*; et *en secret*, quelque particularité *secrète* de l'action. Or, *en secret* signifie proprement *dans un lieu secret*, ou du moins *à part* ou *en particulier, tout bas*; en sorte qu'il y a quelque chose de caché, de *secret* dans l'action que vous faites. Ce que vous faites *secrètement*, vous le faites à l'insu de tout le monde, de manière que votre action èst absolument ignorée : ce que vous faites *en secret*, vous le faites en particulier, en sorte que la chose se passe sans témoins.

Vous faites *en secret* beaucoup d'actions naturelles et légitimes que la bienséance ne permet pas de faire devant tout le monde ; mais vous ne les faites pas *secrètement*, car vous ne vous en cachez pas, et tout le monde peut savoir ce que vous faites.

Dans votre cabinet, vous traitez *en secret* d'une affaire, mais vous n'en traitez pas *secrètement*, si l'affaire n'est pas un *secret*. Vous trameriez *secrètement* un complot : vous faites *en secret* une confidence.

Au milieu d'un cercle, vous parlez à une personne en particulier et tout bas : vous ne lui parlez pas *secrètement*, car on voit que vous lui parlez : vous lui parlez en *secret* ou à part, car on n'entend pas ce que vous lui dites.

Quelqu'un sort, va, vient, part, fuit *secrètement,* et non pas *en secret :* toutes ses démarches sont faites pour être secrètes, et le sont; mais on ne dira pas qu'elles sont faites dans un lieu *secret* ou en particulier.

L'orgueil se glisse *secrètement* ou imperceptiblement dans le cœur : on s'applaudit *en secret* ou en soi-même de ses succès.

Vous ne feriez pas *publiquement* ce que vous faites *secrètement,* puisque votre intention est de vous cacher : vous feriez en *public* beaucoup de choses que vous faites *en secret,* sans aucun intérêt à vous cacher.

L'homme de cœur soutiendra, s'il le faut, *publiquement* ce qu'il a dit *secrètement.* L'homme de bien pourrait faire en *public* tout ce qu'il fait *en secret.* On fait une chose *publiquement,* au vu et au su de tout le monde, sans aucune espèce de mystère ou de réserve, de la manière la plus manifeste : on la fait *en public,* dans un lieu public, devant une assemblée publique, pour le public. (R.)

1148. Séditieux, Turbulent, Tumultueux.

Séditieux, qui excite ou qui tend à exciter des *séditions.*

La *sédition,* dit Cicéron, liv, 6, *de Rep.,* est une dissension entre les citoyens, qui vont les uns d'un côté, les autres de l'autre, dans des sens contraires.

Turbulent, qui excite ou qui tend à exciter des troubles.

Le *trouble* est une forte émotion qui produit la confusion et le désordre.

Tumultueux se dit plutôt de ce qui se fait en *tumulte,* quoique le sens primitif du mot désigne la personne, la cause qui excite ou tend à exciter le *tumulte,* comme le latin *tumultuosus.* Le *tumulte,* dit Cicéron (8e *Philipp.*), est un *trouble* si grand, qu'il inspire une fort grande crainte. Le *tumulte* est un grand *trouble* qui s'élève subitement ou rapidement avec un grand bruit.

L'action *séditieuse* attaque l'autorité légitime, et trouble la paix intérieure de l'état, de la société. L'action *turbulente* bannit le repos, le calme, la tranquillité, et bouleverse l'ordre, le cours, l'état naturel des choses. L'action *tumultueuse* produit les effets d'une violente et bruyante fermentation, et trouble les esprits, la police, votre sécurité.

Des citoyens puissants et populaires pourront être *séditieux ;* une cour sera *turbulente ;* une populace est *tumultueuse.*

Le gouvernement populaire est fait pour les *séditieux.* Là le champ est vaste et libre pour des citoyens *turbulents.* Tout y réside, pouvoir et sagesse, dans des assemblées *tumultueuses.*

Réprimez promptement les *séditieux*; contenez fortement ces génies *turbulents*; étouffez à l'instant ces mouvements *tumultueux*.

Il y a des propos *séditieux* qu'il faut laisser tomber. Il y a une gaieté *turbulente* qu'il faut laisser aux enfants. Il y a une joie *tumultueuse* qu'il faut laisser au peuple. (R.)

1149. Séduire, Suborner, Corrompre.

Séduire et *suborner* ne se disent que dans un sens figuré : c'est donc dans ce sens que nous considérons le mot *corrompre*.

Séduire se dit à l'égard de l'esprit, de la raison, du jugement, en parlant d'opinions, de préjugés, d'erreurs : il en est de même de *corrompre*. *Suborner* ne regarde que les actions morales, les seules que nous ayons donc à considérer ici.

Suborner et *séduire* ne s'appliquent qu'aux personnes, tandis que l'on *corrompt* aussi les choses. On *corrompt* les mœurs et les lois; on ne les *séduit* ni ne les *suborne*.

On donne pour synonyme à ces mots, *débaucher*. Ce mot signifie à la lettre attirer quelqu'un à soi; le tirer hors de chez soi, et, par analogie, hors de sa place, de ses habitudes, de son devoir. Dans le sens de *débauche*, il prend l'idée du latin *debacchari*, enivrer, jeter dans le désordre, entraîner dans la crapule, le libertinage. Dans son odieuse acception, il présente toujours une idée de grossièreté et de libertinage; aussi n'est-il pas noble.

Séduire signifie tirer à part, mettre à l'écart, conduire hors de la voie : latin *ducere*, mener, et *se*, sans, hors, à part, préposition initiale employée dans un grand nombre de verbes latins, *Seducere*, mener à l'écart. Ainsi l'idée propre de *séduire* est d'attirer et de conduire au mal, de détourner quelqu'un de ses voies et de son devoir, et de l'égarer ou de le faire donner dans des écarts.

Suborner est aussi un verbe latin, composé du simple *ornare*, orner, ajuster, arranger, disposer; et *subornare* signifie faire honneur de quelque manière, préparer et disposer secrètement les esprits, les prévenir et les instruire pour qu'on fasse ou qu'on dise. *Sub* veut dire en dessous, secrètement, d'une manière cachée. L'idée propre de *suborner* est de pratiquer, pour ainsi dire, les esprits, de les gagner par des manœuvres sourdes, de les mettre artificieusement dans vos intérêts pour les faire servir à de mauvais desseins.

Corrompre, latin *corrumpere*, est le composé de *rompre*, *rumpere*, et il signifie *rompre avec* ou *ensemble*, l'ensemble, changer la forme, détruire le tissu, diviser la substance, vicier le fond des choses, altérer leurs qualités essentielles, en un mot, changer de bien en mal. Au moral, un homme *corrompu*, comme on l'a fort bien dit, est celui dont les mœurs sont aussi malsaines en elles-mêmes qu'une substance qui tend à tomber en pourriture ; et aussi choquantes pour ceux qui les ont innocentes et pures, que cette substance et la vapeur qui s'en exhale le seraient pour ceux qui ont les sens délicats.

Faire faire à quelqu'un des choses contraires à son devoir, à l'honneur, à la justice, à la fidélité, à la pureté, à la vertu, c'est l'idée commune à ces termes. Conduire ou induire quelqu'un au mal, en lui en imposant et en l'abusant par des moyens spécieux, c'est le *séduire*. Engager quelqu'un à une mauvaise action, en l'y intéressant et en le gagnant par des manœuvres sourdes, c'est le *suborner*. Inspirer à quelqu'un le vice, en l'infectant de mauvais sentiments, de mauvais principes, de quelque manière que ce soit, c'est le *corrompre*.

On *séduit* l'innocence, la droiture, la bonne foi, la jeunesse, le sexe, les gens simples qui ne sont point en garde contre l'artifice, et qu'il est facile de prévenir, de tromper, de mener ; et on les abuse par des apparences, par des dehors attrayants, par des illusions, des prestiges, des impostures. On *suborne* les lâches, les faibles, des gens sans vertu, des hommes pervertis, des femmes, des témoins, des domestiques, des juges, des gens prévenus de quelque passion ou disposés à des faiblesses ; et on les gagne ou on les capte par des flatteries, par des promesses, par des menaces, mais surtout par l'intérêt. On *corrompt* ce qui est pur, sain, bon, vertueux, mais corruptible, accessible au vice, ou capable de changer en mal ; et on y parvient par tous les moyens possibles, par la subornation, par la séduction, par toute sorte de pratiques, d'actions, d'influences, enfin par la force de la contagion.

Celui qui est *séduit* ne songeait pas à l'être : il est la dupe ou la victime du *séducteur*. Celui qui est *suborné* a bien voulu l'être : il est le complice ou l'instrument du *suborneur*. Celui qui est *corrompu* était exposé à l'être : il est la proie ou la conquête du *corrupteur*. Le premier est tombé dans un piége : le second a cédé à la tentation : le dernier a succombé dans le danger.

Souvent la personne *séduite* est indignée contre son *séducteur ;* elle a fait, comme sans le savoir, le mal qu'elle haïssait et qu'elle hait peut-être encore. Rarement la personne *subornée* peut-elle s'excuser par l'ascendant de son *suborneur ;* elle a connu le mal qu'on lui proposait, et elle y a consenti. Quelquefois la personne *corrompue* a tout à reprocher à son *corrupteur ;* mais au moins elle ne s'est pas assez défiée de la *corruption*, et elle y a pris du goût.

C'est la femme surtout qui possède l'art de la *séduction*. C'est surtout l'homme puissant qui emploie les moyens de *subornation*. C'est le sophiste surtout qui répand au loin la *corruption*. (R.)

1150. Sein, Giron.

Ces mots se confondent quelquefois, du moins au figuré. On dit qu'un apostat est revenu au *giron*, ou qu'il est rentré dans le *sein* de l'Église.

Le *sein* est proprement la partie du corps humain qui est depuis le bas du cou jusqu'au creux de l'estomac ; le *giron*, l'espace qui est depuis la ceinture jusqu'aux genoux, dans une personne assise : voyez le *Dictionnaire de l'Académie*. Mais le mot *sein* embrasse ou désigne quelquefois la partie inférieure du buste : il se dit pour ventre. Une femme debout tient son enfant sur son *sein*, entre ses bras ; assise, elle le tiendra dans son *giron*, sur ses genoux : on dira aussi qu'elle l'a porté dans son *sein*, comme dans ses entrailles.

L'oriental *sin* signifie *cœur* : de là le latin *sinus* ; et le français *sein* ; qui sert aussi à désigner le cœur, ainsi que l'esprit, l'intérieur, le dedans, le milieu, ce qui est enfoncé, profond, au fond. *Gyr* signifie cercle, tour, enceinte : de là *giron*, qui, comme le latin *gremium*, et le celte *grem*, marque proprement la capacité de contenir, ce qui entoure et renferme, ce qui forme un cercle, un tour, une enceinte.

Ce terme est tout propre à désigner des rapports proprement locaux, tandis que *sein* annonce les rapports les plus intimes, les liens les plus étroits. Ainsi, le simple habitant d'une ville est dans son *giron* ; mais le bourgeois, membre de la communauté, est dans son *sein*. Le citoyen est dans le *sein* de l'État ; le régnicole n'est que dans son *giron*. L'on retourne au *giron* de l'Église, et l'on rentre dans son *sein*. Vous portez dans votre *sein* celui que vous aimez ; vous accueillez dans votre *giron* celui que vous protégez. Une personne isolée, pour ainsi dire, au milieu des siens, n'est vraiment pas dans le *sein* de sa famille, quoiqu'elle soit dans son *giron*. La patrie rejette de son *giron* celui qui lui déchirait le *sein*. L'enfant dort dans le *sein* de son père ; le domestique repose sous le *giron* de son maître. (R.).

1151. Seing, Signature.

Le *seing* est le *signe* qu'une personne met au bas d'un écrit pour en garantir ou reconnaître le contenu. La *signature* est ce *signe* ou le *seing*, en tant qu'il est apposé au bas de l'écrit par la personne elle-même qui en garantit ou en reconnaît le contenu. La *signature*, selon la terminaison du mot, est le résultat de l'action de *signer* ou de mettre son *seing*.

Le *seing* est une marque quelconque qui confirme la valeur de l'acte même, par opposition au nom de la personne qui en consent l'exécution. Tels étaient les anciens monogrammes, qui tenaient lieu tout-à-la-fois de *signature* et de sceau.

Une tache d'encre, imprimée avec la paume de la main sur un acte public, était le *seing* ordinaire des empereurs ottomans. Lorsque la noblesse ne savait pas écrire, il n'y avait que le *seing* et le sceau pour suppléer à la *signature* du nom.

Ducange pense que le mot *seing* vient du *signe* de la croix qu'on apposait autrefois au bas des actes avec la *signature*, comme un symbole du serment qu'on faisait de l'observer.

Aujourd'hui votre nom est votre *seing*, votre *signe* ordinaire. Il faut suppléer à l'ignorance mentionnée de celui qui ne sait pas *signer* son nom, par des *signatures* de témoins, d'officiers publics.

Le *seing* ordinaire et commun des rois d'Espagne est *Jo, el Rè*, Moi, le Roi. L'écriture distingue la *signature* particulière à chacun d'eux.

Si vous *signez* un écrit d'un nom imaginaire, votre *seing* est faux : si quelqu'un *signe* un acte de votre nom, la *signature* est fausse. Cette distinction mériterait d'être remarquée; car il est essentiel de distinguer le déguisement de celui qui ne *signe* pas son nom, et la fraude de celui qui *signe* du nom d'autrui.

Le mot *seing* indique plutôt un écrit simple, ordinaire, privé; et celui de *signature*, un acte public, authentique, revêtu de formalités.

Des billets, des promesses, des engagements réciproques entre des particuliers, sans interventions d'une personne publique, se font sous *seing privé*. Mais on dit ordinairement *signature*, lorsqu'il s'agit d'un acte public, d'un contrat par-devant notaire, d'un arrêt, d'un brevet, d'une ordonnance.

Signature se prend quelquefois pour la cérémonie, le soin, la formalité de *signer* un acte ou à un acte. A proprement parler, les parties contractantes et les personnes nécessaires pour valider les engagements, *signent un acte;* et les personnes appelées sans nécessité, par honneur, comme témoins, *signent à un acte*. (R.)

1152. Selon, Suivant.

L'abbé Girard, dans ses *Principes de la Langue française*, distingue ainsi ces deux synonymes :

« Ces deux propositions unissent par conformité ou par convenance, avec cette différence que *suivant* dit une conformité plus indispensable, regardant la pratique; et *selon*, une simple convenance, souvent d'opinion.

« Le chrétien se conduit *suivant* les maximes de l'Évangile. Je répondrai à mes critiques, *selon* les objections qu'ils feront. »

On dira également : *Le vrai chrétien se conduit* selon *les maximes de l'Évangile; et je répondrai à mes critiques,* suivant *leurs ob-*

jections. On dit également agir *selon* ou *suivant* les occurrences ; et l'on répond même quelquefois sans régime, *selon :* on dit de même *selon* ou *suivant* l'opinion d'un tel. Un homme *selon* le cœur de Dieu n'est pas tel par *convenance* seulement : il n'y a pas une *nécessité indispensable* à raisonner, *suivant* l'opinion d'Aristote. Ainsi la décision de l'auteur est absolument dénuée de toute preuve, et généralement démentie par l'usage. A la vérité, je ne connais point de synonymes plus indistinctement employés que ceux-là.

Je n'ai rien de positif à dire sur l'origine du mot *selon ;* car je ne crois pas qu'il vienne, comme on le dit, du latin *secundum,* par la raison que la lettre *c* ou *q,* essentielle et caractéristique dans ce mot, ne se transforme point en *l,* et que nous aurions plutôt dit *second.*

Quant au mot *suivant,* l'origine en est manifeste : nous avons fait de *suivre, suivant,* comme les Latins, de *sequi, secundum.*

Bouhours dit que des personnes délicates n'aimaient point le mot *suivant,* à cause de sa ressemblance avec le participe du verbe *suivre.* C'est le participe même, changé en préposition.

Ainsi la préposition *suivant* signifie *en suivant, pour suivre, si l'on suit,* etc. : il exprime l'action de parler ou d'agir après ou d'après une suite, une conséquence. *Selon* revient aux mots ou aux différentes manières de parler, ainsi que, comme, à ce que, conformément à ce que, etc. *Selon* Aristote, c'est-à-dire à ce que dit, ainsi que le dit Aristote : *selon* votre volonté, comme vous voudrez : soit fait ainsi ou *selon* qu'il est requis.

On dit *selon* l'hébreu, *selon* la Vulgate, *selon* les Septante, *selon* le texte samaritain, lorsqu'il s'agit de citer un de ces textes. S'il était question d'en suivre l'un ou l'autre, *suivant* serait bien dit.

Je dirais plutôt *selon* saint Thomas, *selon* Scot, pour citer les auteurs et les autorités ; et *suivant* la doctrine de saint Thomas, *suivant* la doctrine de Scot, parce qu'en effet on dit *suivre la doctrine,* et que c'est dans ce sens qu'on dit *suivre un auteur.*

Il paraît, par exemples familiers, que *selon* exprime quelque chose de plus fort, de plus déterminé, de plus positif, de plus absolu que *suivant ;* aussi désigne-t-il mieux un autorité, une règle à laquelle il faut obéir, se conformer ; tandis que *suivant* laisse plus de liberté et d'incertitude. Il s'en faut donc bien que *suivant* marque la nécessité indispensable, et *selon* une simple convenance.

J'agis *selon* vos ordres, quand je les exécute ; j'agis *suivant* vos ordres, quand je les suis. A proprement parler, je suis un conseil, et j'obéis à un ordre. J'agis *selon* les occurrences, *selon* qu'elles l'exigent, le permettent, l'ordonnent. J'agis *suivant* les occurrences, *suivant* qu'elles me fournissent des raisons, des motifs, des moyens propres à m'engager.

Suivant Dieu, n'aurait certainement pas la même force que *selon* Dieu. *Selon* Dieu marque la volonté, l'ordre, le jugement absolu de Dieu. *Suivant* Dieu ne désignerait, en quelque sorte, qu'une simple pensée, qu'une voie tracée par Dieu lui-même.

Ainsi, je dis plutôt *selon* Bossuet, *selon* Pascal, *selon* l'Académie, lorsque j'adopte les pensées de ces auteurs, lorsque je m'appuie de leur autorité. Je dirai plutôt *suivant* Ménage, *suivant* l'abbé Girard *suivant* quelques grammairiens, quand je ne prends point de parti, ou quand je prends un parti contraire. J'ai observé que *selon* équivaut à *ainsi que, comme;* et que *suivant* signifie *en suivant,* ou *si l'on suit.*

Je me détermine *selon* ma volonté, parce que telle est ma volonté. J'opine *suivant* votre avis, parce que mon esprit juge convenable de l'embrasser.

Nous mourrons tous, *selon* la loi de la nature; c'est une nécessité inévitable. Un jeune homme doit survivre à un vieillard, *suivant* le cours ordinaire de la nature.

On vit moralement, *selon* la règle, ou *suivant* les exemples.

Vous vous comportez *selon* votre devoir; il vous oblige. Vous vous en détournez *suivant* les exemples d'autrui; ils vous engagent. Il est sensible que l'harmonie décide souvent du choix des mots : on ne dira pas, *selon* Longin, *suivant* le divan. (R.)

1153. Sembler, Paraître.

Sembler signifie *paraître* d'une telle manière. Une chose *paraît* dès qu'elle se montre; mais un objet *semble* beau lorsqu'il *paraît* l'être.

Paraître n'est synonyme de *sembler* que quand il marque l'apparence d'être tel.

Un objet *semble* et *paraît* beau, bon, agréable. Il *semble* tel par des traits ou des formes de bonté, de beauté, d'agrément; il *paraît* tel par les apparences, des dehors, de l'agrément, de la bonté, de la beauté. La chose vous *semble* telle par la comparaison que vous en faites avec le modèle, le type, l'idée que vous avez du beau, du bon et de l'agréable : elle vous *paraît* telle à l'aspect, selon qu'elle vous affecte, par le genre d'impression qu'elle fait sur vous. Ce qui vous *semble* bon ressemble à ce qui est bon : ce qui vous *paraît* bon a l'air de l'être. La *ressemblance* a rapport à la différence; l'*apparence*, à la réalité. Ce qui vous *semble* pourrait bien n'être pas tel que vous le croyez : ce qui vous *paraît* pourrait bien ne pas être en effet ce que vous croyez.

Un ouvrage vous *semble* bien fait, lorsque, après quelque examen, vous le trouvez conforme aux règles de l'art : il vous *paraissait* bien fait, lorsque vous n'y aviez encore jeté qu'un coup d'œil. Vous jugiez

de l'ouvrage qui vous *paraissait* tel, sur les apparences et superficiellement : vous en jugez ensuite, pour qu'il vous *semble* tel, par des traits
de comparaison, et avec quelque réflexion.

Si l'objet qui vous *semble* tel ne l'est pas, vous l'avez mal vu, vous
l'avez mal jugé, vous vous êtes trompé. Si l'objet qui vous *paraissait*
tel ne l'est pas, vous ne l'aviez pas assez considéré, vous ne l'aviez point
approfondi, les apparences vous ont trompé.

Nous avons un penchant presque invincible à croire que les choses
sont telles qu'elles nous paraissent être d'abord, et avec cette préoccupation, il arrive assez naturellement qu'elles nous *semblent* être telles
que nous désirons qu'elles soient. L'esprit est prompt, la chair est
faible.

Il faut encore savoir gré à ceux qui, n'étant pas honnêtes gens, veulent le *paraître :* ils *semblent* avoir de la pudeur, et le respect humain
les retient.

On dit impersonnellement, il *paraît*, il *me paraît*, il *semble*, il *me
semble*. La différence est toujours la même. Il *me paraît* ne désigne
que les impressions faites par les apparences ou de simples conjectures
tirées de ces dehors spécieux : il *me semble* annonce plus de persuasion,
et des jugements fondés sur quelques motifs qui ont au moins une apparence de raison.

La modestie, la circonspection, disent il *paraît, il me paraît*. La
politesse dit il *semble, il me semble,* et la raison le dirait bien plus
souvent encore.

La preuve que *sembler* marque une sorte de réflexion, de persuasion, de raison, toutefois mêlée de doute ou de crainte, c'est qu'il
signifie souvent croire et juger, comme dans ces phrases : il *semble* à
beaucoup de gens inutiles qu'on ne saurait se passer d'eux ; que vous
semble de ces ennemis réconciliés ou de ces rivales amies ? A la plupart des gens qui vous demandent des avis, il n'y a qu'un mot à
dire : *Faites ce que bon vous semble. Paraître* n'est point de ce
style. (R.)

1154. Semer, Ensemencer.

Semer a rapport au grain ; c'est le blé qu'on *sème* dans le champ.
Ensemencer a rapport à la terre ; c'est le champ qu'on *ensemence* de
blé. Le premier de ces mots a une signification plus étendue et plus
vaste ; on s'en sert à l'égard de toutes sortes de grains ou de graines, et
dans toutes sortes de terrains. Le second a un sens plus particulier
et plus restreint ; on ne s'en sert qu'à l'égard des grandes pièces
de terre, préparées par le labourage. Ainsi l'on *sème* dans ses terres et
dans ses jardins ; mais l'on n'*ensemence* que ses terres, et non ses
jardins.

On dit, dans le sens figuré, *semer* de l'argent, *semer* la parole :

ensemencer n'est jamais employé que dans le sens propre et littéral.

L'âge viril ne produit point des fruits de science et de sagesse, si les principes n'en ont été *semés* dans le temps de la jeunesse. C'est en *semant* de l'argent à propos qu'on peut plus aisément venir à bout de ses projets. En vain l'on *ensemence* son champ, si le ciel n'y répand ses fécondes influences. (G.)

1155. Sensible, Tendre.

Sensible, capable de faire des impressions sur les sens, ou de recevoir ces impressions. Une chose qui s'aperçoit par le sens ou par la raison, est *sensible* dans la première acception ; un objet qui est susceptible de sensation ou de sentiment, l'est dans la seconde. *Tendre*, le contraire de dur, qui est facile à couper, à pénétrer, à affecter : on connaît une viande *tendre*, une vue *tendre*, un âge *tendre*.

Dans le sens moral, qu'il s'agit ici de considérer, ces termes expriment l'attribut d'un cœur susceptible d'impressions et d'affections relatives et favorables à autrui.

Un cœur est *sensible* par une disposition naturelle à s'affecter de tout ce qui intéresse l'humanité, et à s'y intéresser : un cœur est *tendre* par une qualité particulière qui lui inspire les sentiments les plus affectueux de la nature, et leur imprime ce qu'ils ont de plus touchant.

La *sensibilité*, d'abord passive, attend l'occasion de se développer ; il faut l'exciter : la *tendresse*, active par elle-même, cherche les occasions de se développer ; elle nous excite. On s'attache un cœur *sensible* : un cœur *tendre* s'attache de lui-même.

La *sensibilité* est un feu électrique que le frottement met en activité jusqu'à lui faire produire les plus grands effets. La *tendresse* est un feu vivifiant et brûlant qui échauffe l'âme et les actions d'une chaleur douce et pénétrante, propre à se communiquer, et capable de s'élever jusqu'au plus haut degré d'intensité.

La *sensibilité* dispose à la *tendresse* : la *tendresse* exalte la *sensibilité*. Un cœur *sensible* aimera ; un cœur *tendre* aime : il ne sait peut-être pas encore ce qu'il aime, il aime l'humanité,

L'homme *sensible* a surtout le cœur ouvert à la pitié, à la clémence, à la miséricorde, à la reconnaissance, à tous les sentiments qui nous portent à vouloir du bien aux autres et à leur en faire. L'homme *tendre* a surtout dans le cœur le germe des affections les plus actives, les plus vives, les plus généreuses, l'amour, l'amitié, la bienfaisance, la charité, toutes les passions qui nous font exister pour les autres et dans les autres.

La *sensibilité* est une source de vertus : la *tendresse* est la source et le charme de toutes les vertus. La *tendresse* perfectionne tout ce que la *sensibilité* produit : vous étiez bon, vous serez bienfaisant ; vous étiez bienfaisant, vous serez généreux : les peines et les plaisirs d'autrui vous affectaient, ils deviennent les nôtres.

Eh, quel charme la *tendresse* répand sur toutes les actions qu'inspirent la *sensibilité* et les autres vertus de ce genre ! La *sensibilité* soulage celui qui souffre ; la *tendresse* fait plus, elle le console. L'homme *sensible* porte et administre des secours : l'homme *tendre* porte et administre ces secours avec ce regard *tendre*, cette voix *tendre*, ces pleurs *tendres*, qui pénètrent jusqu'au fond du cœur, et le rappellent à la joie. L'homme *sensible* fait des sacrifices : l'homme *tendre* semble jouir de ceux qu'il fait, et recevoir ce qu'il donne.

Il y a une *sensibilité* lâche et stérile, qui, pour peu qu'elle soit ébranlée, vous fait fuir le malheureux pour en aller perdre l'idée dans des distractions agréables ; faiblesse des organes et de l'âme, à laquelle je voudrais un autre nom. Il y a aussi une *tendresse* molle et funeste, qui ne fait que céder, complaire, et nous livrer à la discrétion ou plutôt aux vices des autres ; passion aveugle et servile qui fait votre malheur, et qui fera la perte des vôtres (1). (R.)

1156. Sentiment, Avis, Opinion.

« Il y a, dit l'abbé Girard, un sens général qui rend ces mots synonymes lorsqu'il est question de conseiller ou de juger ; mais le premier a plus de rapport à la délibération, on dit son *sentiment* ; le second en a davantage à la décision, on donne son *avis* ; le troisième en a un particulier à la formalité de judicature, on va aux *opinions*.

» Le *sentiment* emporte toujours dans son idée celle de sincérité, c'est-à-dire une conformité avec ce qu'on croit intérieurement. L'*avis*

---

(1) Ce même synonyme avait d'abord été inséré par Roubaud dans le Mercure de France du mois d'octobre 1759, avec de très-grandes différences. Nous le donnons avec les retranchements nécessaires, tel que l'auteur l'avait refait et corrigé dans l'édition de ses Synonymes. On trouve dans le premier les trois paragraphes suivants :

La *sensibilité* nous oblige à veiller autour de nous pour notre intérêt personnel ; la *tendresse* nous engage à agir pour l'intérêt des autres.

L'habitude d'aimer n'éteint point la *tendresse*. L'habitude de sentir émousse la *sensibilité*.

L'homme *sensible* est souvent d'un commerce fort difficile ; il faut toujours ménager sa délicatesse. L'homme *tendre* est d'une humeur assez égale, ou du moins dans une disposition toujours favorable ; il veut toujours vous intéresser et vous plaire. (*Voyez* le second volume des *Synonymes de Girard*, édition de Beauzée.)

(*Note de l'Éditeur.*)

ne suppose pas toujours rigoureusement cette sincérité ; il n'est précisément qu'un témoignage en faveur d'un parti. L'*opinion* renferme l'idée d'un suffrage donné en concours de pluralité de voix.

« Il peut y avoir des occasions où un juge soit obligé de donner son *avis* contre son *sentiment*, et de se conformer aux *opinions* de sa compagnie. »

Il me semble que, dans le genre délibératif et judiciaire, le *sentiment* est l'*opinion* que vous avez prise, ou le jugement que vous portez en vous-même sur les choses mises en délibération ; l'*avis*, la suite que vous donnez à ce *sentiment*, ou la conséquence que vous en tirez sur le parti qu'il faut prendre, ou la décision qu'il faut rendre touchant l'objet de la délibération ; l'*opinion*, la voix ou le vœu définitif que vous donnez pour la décision de l'affaire.

Vous exposez votre *sentiment* et vos motifs ; cette exposition vous mène à une conclusion, à un *avis*, et vous *opinez* pour la décision ou le jugement.

Je n'entends pas ce que l'auteur veut dire à l'égard de la sincérité du *sentiment* et de l'*avis*. Certes, mon *sentiment* intérieur est sincère; mais si je voulais avoir un *avis* contraire à ce *sentiment*, il faudrait bien que j'affectasse un *sentiment* contraire, sous peine de les mettre manifestement en contradiction l'un avec l'autre. Je ne comprends pas davantage comment un juge peut donner un *avis* contre son *sentiment*, quoique obligé de se conformer à l'*opinion* définitive de sa compagnie. Sans doute un particulier peut et doit même souvent soumettre son *sentiment*, son *avis*, à celui des autres : un juge est en effet naturellement soumis au *sentiment*, à l'*avis* du plus grand nombre ; mais, comme juge, et dans la discussion des droits et des intérêts des citoyens, il faut que sa conscience conforme toujours son *avis* à son *sentiment*, qu'il ne doit jamais trahir ; et si sa conscience était contraire à la loi elle-même, il ne pourrait *opiner* ni contre la loi ni contre sa conscience, il s'abstiendrait de juger, parce qu'il ne peut juger que selon la loi, et qu'il ne doit pas juger contre sa conscience.

Cette application des termes, relative à l'ordre judiciaire, nous laisse à désirer leur différence générale. L'abbé Girard recherche cette différence dans un autre article à l'égard du *sentiment* et de l'*opinion*, en y joignant la *pensée* au lieu de l'*avis*. (R.)

1157. Sentiment, Opinion, Pensée.

« *Sentiment, opinion, pensée*, sont, dit-il, tous les trois d'usage lorsqu'il ne s'agit que de l'énonciation de ses idées : en ce sens, le *sentiment* est plus certain ; c'est une croyance qu'on a par des raisons ou solides ou apparentes : l'*opinion* est plus douteuse ; c'est un jugement qu'on fait avec quelque fondement : la *pensée* est moins fixe et moins assurée ; elle tient de la conjecture.

» On dit rejeter et soutenir un *sentiment ;* attaquer et défendre une *opinion ;* désapprouver et justifier une *pensée.*

» Le mot de *sentiment* est plus propre en fait de goût : c'est un *sentiment* général qu'Homère est un excellent poète. Le mot d'*opinion* convient mieux en fait de science : l'*opinion* commune est que le soleil est au centre du monde. Le mot de *pensée* se dit plus particulièrement lorsqu'il s'agit de juger des événements, des choses ou des actions des hommes : la *pensée* de quelques politiques est que le Moscovite trouverait mieux ses avantages du côté de l'Asie que du côté de l'Europe.

» Les *sentiments* sont un peu soumis à l'influence du cœur ; il n'est pas rare de les voir se conformer à ceux des personnes qu'on aime. Les *opinions* doivent beaucoup à la prévention ; il est ordinaire aux écoliers de tenir à celles de leurs maîtres. Les *pensées* tiennent assez de l'imagination ; on en a souvent de chimériques. »

L'auteur a mieux senti la force des termes, qu'il n'en a expliqué la valeur. Avec le sens primitif et essentiel des mots, ses idées seront faciles à justifier ou à rectifier. Je m'arrête à ceux que j'ai annoncés. *Pensée*, dans le sens d'*opinion* ou de *sentiment*, dit quelque chose de simple, de léger, de superficiel, qui n'a point été assez réfléchi, assez mûri, assez raisonné ; qui n'est que hasardé comme une première idée, une inspiration subite, ou une pure imagination ; qui n'est, pour ainsi dire, qu'en esquisse ou en ébauche, comme on le dit dans les arts.

L'esprit a son *sentiment* comme le cœur, et il y tient comme le cœur au sien ; c'est ce que les Latins appelaient *sententia*, ce qui forme le sens particulier, la raison propre, l'*opinion* prise, la doctrine adoptive et ferme de chacun, sa manière propre de penser.

L'*avis* est proprement notre manière de voir et de viser à un but : il suppose la considération, l'examen, la réflexion, et il en est le résultat. Il porte l'instruction, et dirige les vues et les moyens. Ainsi *aviser* signifie donner un *avis* ou une instruction : on *avise* aux moyens, à ce qu'on doit faire. Un homme *avisé* est éclairé, circonspect, prudent. L'*avis* nous enseigne donc ce qu'il convient de faire.

L'*opinion* est une *pensée*, une idée qui plaît à l'esprit, au-devant de laquelle l'esprit va ; qui, dans la balance, lui paraît avoir plus de poids, mais que l'esprit n'adopte pas sans crainte et avec un plein acquiescement. La certitude, dit Cicéron, appartient à la science ; l'incertitude à l'*opinion*. Le sage, dit-il encore, n'a point d'*opinion*, car il n'adopte pas une chose incertaine ou inconnue. Si l'acquiescement de l'esprit à une vérité qu'on lui propose est accompagnée de doute, c'est ce qu'on appelle *opinion*, dit la Logique de Port Royal.

Le *sentiment* est donc une croyance dont l'esprit est profondément pénétré ; la persuasion l'inspire et le maintient. L'*avis* est un jugement sur ce qu'il convient de faire ; la prudence le suggère et le dicte. L'*opinion* est une pensée ou une connaissance douteuse qu'on adopte comme par provision ; la vraisemblance nous la fait agréer et soutenir jusqu'à de nouvelles lumières.

Le *sentiment* n'est pas en lui-même certain ; mais chacun regarde son *sentiment* comme certain, on y croit fermement. L'*avis* n'est pas toujours sage ; mais celui qui le donne de bonne foi le croit tel ; c'est ce qu'il trouve de plus convenable et de plus praticable. L'*opinion* n'est jamais que probable ; mais on s'y attache insensiblement ; et il faut bien souvent se déterminer par des raisons plausibles.

Le *sentiment* n'est pas toujours fondé, comme on le dit, sur des raisons solides ou apparentes : il y a beaucoup de *sentiments* inspirés, les uns par ce sens naturel qui devrait être commun à tous les hommes, les autres par ce sens moral que nous appelons la conscience, ou par ce sens intellectuel que nous assimilons au goût, etc. ; et le peuple, si ferme dans ses *sentiments*, n'en a guère que par éducation, par imitation, par insinuation. L'*avis* dépend de la réflexion, de nos lumières, de notre expérience, de notre manière de voir : aussi les avis sont-ils bien souvent partagés, et il faut tout entendre avant que de résoudre ; car *un sot quelquefois ouvre un avis important*. L'*opinion* doit souvent beaucoup à la prévention, j'en conviens ; mais elle doit bien davantage à l'intérêt secret que nous avons de nous attacher à l'une ou à l'autre : on a fort bien dit que les *opinions* s'introduisent souvent comme les coutumes, par la seule raison de l'exemple ; que la plupart des gens, quand ils ont besoin d'une *opinion*, l'empruntent ; que la plupart de nos *opinions* sont celles qu'on nous a données, etc. : mais il est certain qu'en général, de deux *opinions* probables, la plus probable est celle qui nous accomode le mieux.

Les *sentiments* de l'esprit se joignent avec les *sentiments* du cœur pour former nos principes ou nos règles particulières à l'égard de notre manière propre de penser et d'agir. L'*avis* revient à un conseil à suivre dans certain cas, avec la différence que le conseil se donne proprement à ceux qui nous le demandent ou qui sont sous notre direction, et qu'il paraît plus engageant dans sa forme que l'*avis*. L'*opinion* n'est, dans le fond, qu'une sorte de présomption et de conjecture, à laquelle nous donnons un peu de créance ou de crédit. (R.)

1158. Sentiment, Sensation, Perception.

Ces mots désignent l'impression que les objets font sur l'âme : mais le *sentiment* va au cœur, la *sensation* s'arrête au sens, et la *perception* s'adresse à l'esprit.

La vie la plus agréable est sans doute celle qui roule sur des *sentiments* vifs, des *sensations* gracieuses et des *perceptions* claires : c'est aimer, goûter et connaître.

Le *sentiment* étend son ressort jusques aux mœurs ; il fait que nous sommes également touchés de l'honneur et de la vertu comme des autres avantages. La *sensation* ne va pas au-delà du physique ; elle fait uniquement sentir ce que le mouvement des choses matérielles peut occasioner de plaisir ou de douleur par la mécanique des organes. La *perception* enferme dans son district les sciences et tout ce dont l'âme peut se former une image ; mais ses impressions sont plus tranquilles que celles du *sentiment* et de la *sensation*, quoique plus promptes.

Un homme d'esprit et de courage reçoit les honneurs ou souffre les injures avec des *sentiments* bien différents de ceux d'une bête ou d'un poltron. Quand on ne conçoit point d'autre félicité que celle de la vie présente, on ne travaille qu'à se procurer des *sensations* gracieuses. Nous ne jugeons de la composition ou de la simplicité des objets que par le nombre des *perceptions* qu'ils produisent en nous. (G.)

1159. Serment, Jurement, Juron.

Le *serment* se fait proprement pour confirmer la sincérité d'une promesse ; le *jurement*, pour confirmer la vérité d'un témoignage ; le *juron* n'est qu'un style dont le peuple se sert pour donner au discours un air assuré et prévenir la défiance.

Le mot de *serment* est plus d'usage pour exprimer l'action de jurer en public, et d'une manière solennelle. Celui de *jurement* exprime quelquefois l'emportement entre particuliers. Celui de *juron* tient de l'habitude dans la façon de parler.

Le *serment* du prince ne l'engage point contre les lois, ni contre les intérêts de son État. Les fréquents *jurements* ne rendent pas le menteur plus digne d'être cru. Les *jurons* sont presque toujours du bas style, ou du très-familier ; il y a peu d'occasions sérieuses où ils puissent être placés avec grâce. (G.)

1160. Serment, Vœu.

Ce sont deux actes religieux qui supposent également une promesse faite sous les yeux de Dieu, et avec invocation de son saint nom : c'est du moins l'aspect commun sous lequel on doit envisager ces deux mots, quand on les considère comme synonymes ; mais alors même ils ont des différences qu'il est nécessaire de remarquer. (B.)

Tout *serment*, proprement ainsi nommé, se rapporte principalement et directement à quelque homme auquel on le fait. C'est à l'homme qu'on s'engage par là : on prend seulement Dieu à témoin de ce à quoi l'on s'engage, et l'on se soumet aux effets de sa vengeance, si l'on vient à violer la promesse qu'on a faite ; supposé que l'engagement par lui-même n'ait rien qui le rendît illicite ou nul, s'il eût été contracté sans l'interposition du *serment*.

Mais le *vœu* est un engagement où l'on entre directement envers Dieu ; et un engagement volontaire, par lequel on s'impose à soi-même, de son pur mouvement, la nécessité de faire certaines choses auxquelles sans cela on n'aurait pas été tenu, au moins précisément et déterminément : car si l'on y était déjà indispensablement obligé, il n'est pas besoin de s'y engager ; le *vœu* ne fait alors que rendre l'obligation plus forte, et la violation du devoir plus criminelle ; comme le manque de foi accompagné de parjure, en devient plus odieux et plus digne de punition, même de la part des hommes.

Comme le *serment* est un lien accessoire, qui suppose toujours la validité de l'engagement auquel on l'ajoute, pour rendre les hommes envers qui l'on s'engage plus certains de notre bonne foi, dès-lors qu'il ne s'y trouve aucun vice qui rende cet engagement nul ou illicite, cela suffit pour être assuré que Dieu veut bien être pris à témoin de l'accomplissement de la promesse, parce qu'on sait certainement que l'obligation de tenir sa parole est fondée sur une des maximes éviden-tes de la loi naturelle dont il est l'auteur.

Mais quand il s'agit d'un *vœu* par lequel on s'engage, directement envers Dieu, à certaines choses auxquelles on n'était point obligé d'ailleurs, la nature de ces choses n'ayant rien par elle-même qui nous rende certains qu'il veut bien accepter l'engagement, il faut, ou qu'il nous donne à connaître sa volonté par quelque voie extraordinaire, ou que l'on ait là-dessus des présomptions très-raisonnables, fondées sur ce qui convient aux perfections de cet Être souverain. (*Encyclop.*, XV, 99.)

Nulle puissance sur la terre ne peut délier les sujets du *serment* de fidélité qu'ils ont prêté à un prince, si ce n'est le prince même qui l'a reçu. Tout *vœu* contraire à celui de la loi naturelle, ou d'une loi positive, est moins un *vœu* qu'un sacrilège.

« Les Israélites, dit M. Fleury, étaient fort religieux à observer leurs *vœux* et leurs *serments*. Pour les *vœux*, l'exemple de Jephté n'est que trop fort : pour les *serments*, Josué garde la promesse qu'il avait faite aux Gabaonites, quoiqu'elle fût fondée sur une tromperie manifeste. » (B.)

1161. Serviable, Officieux, Obligeant.

Serviable, de service, servir, qui est toujours prêt à rendre service, de ces services ordinaires que nous nous rendons dans la société. Ce mot est familier et ne comporte pas de hautes idées.

Officieux, disposé, empressé à rendre de *bons* offices, c'est-à-dire des services agréables et utiles, qui aident, concourent au succès de vos desseins ; des services que des sentiments et des relations particulières font regarder comme des *devoirs*, *officia*. Les Latins appelaient proprement *officieux*, les cliens, les courtisans, les gens qui font leur *cour*, comme nous disons, qui rendent des devoirs.

Obligeant, qui est disposé à obliger, à rendre des services plus intéressants, plus importants, qui ne sont pas dus, et qui vous *lient*, en vous *obligeant* à un retour, à un sentiment de bienveillance, de reconnaissance. *Obliger*, *obligare*, composé de *ligare*, lier tout autour, entourer de liens.

L'homme *serviable* est prompt et empressé à vous servir dans l'occasion, comme un serviteur l'est à l'égard d'un maître. L'homme *officieux* est affectueux et zélé, comme un client à l'égard de son patron. L'homme *obligeant* est aise et flatté de vous servir dans le besoin : il va au-devant de l'occasion pour obliger.

L'homme *serviable* se fait un plaisir d'être utile : tout ce qu'il peut par lui-même, il le fait, mais il est circonscrit. L'homme *officieux* se fait un devoir de concourir à vos desseins ; mais il peut être intéressé ; c'est moins quelquefois par caractère que par habitude et par combinaison. L'homme *obligeant* ne considère que le plaisir de vous rendre heureux.

C'est faire plaisir à l'homme *serviable*, que de le mettre à portée de vous faire plaisir à vous-même. C'est entrer dans les vues de l'homme *officieux*, que de réclamer ses bons offices avec confiance. C'est *bien mériter* de l'homme vraiment *obligeant*, que de le trouver, par préférence, digne de vous obliger (R.)

1162. Servitude, Esclavage.

Il suffit d'ouvrir l'*Esprit des Lois*, pour se convaincre que ces mots sont ordinairement employés l'un et l'autre avec le même sens strict jusque dans le genre dogmatique. Nous tenons des Romains le mot *servitude*, et vraisemblablement des peuples du Nord, celui d'*esclavage*, sans que l'un ait fait négliger l'autre, et sans que ni l'un ni l'autre aient pris d'une manière marquée des nuances différentes. Cependant le mot *esclave* l'a emporté sur celui de *serf*, jusqu'à le réduire à la simple dénomination du paysan lié par le droit du plus fort à la terre, et assujetti à des corvées et autres charges envers le seigneur. Il est assez singulier qu'en parlant même des Romains, nous n'appelions qu'*esclaves* ceux que les Romains n'appelaient pas autrement que *serfs* (*servi*).

L'affaiblissement de ce dernier mot a dû s'étendre sur celui de *servitude*. Celui-ci a dû perdre encore de sa force en s'étendant des personnes sur les biens. Les champs, les moissons, etc., sont sujets à des *servitudes;* l'*esclavage* n'est que pour les personnes.

Il est certain que l'*esclavage* se présente sous un aspect plus sévère, plus dur, plus effrayant, plus dogmatique que la *servitude*. On traite plutôt de l'*esclavage* politique et civil, que de la *servitude* politique et civile; et il le faut bien, puisque ce genre de tyrannie fait des *esclaves* et non des *serfs*.

Ainsi la *servitude* impose un joug, et l'*esclavage* un joug de fer. Si la *servitude* opprime la liberté, l'*esclavage* la détruit. Dans la *servitude*, on n'est point à soi : dans l'*esclavage*, on est tout à autrui. La *servitude* vous ravale au-dessous de la condition humaine ; l'*esclavage*, jusqu'à la condition des animaux domestiques. La *servitude* abat ; l'*esclavage* abrutit. En un mot, l'*esclavage* est la plus dure des *servitudes*.

On définit l'*esclavage* rigoureux, l'établissement d'un droit qui rend un homme tellement propre à un autre, que celui-ci est le maître absolu de la vie et des biens de celui-là. A la vérité, l'on a dit aussi que la *servitude* peut être comptée entre les genres de mort, puisque ceux à qui l'on imposait ce joug cessaient de vivre pour eux, et ne respiraient que pour un autre. Mais cette *servitude* est précisément l'*esclavage :* or, il peut y avoir une *servitude* assez douce, tandis que l'*esclavage*, même modifié, est toujours très-dur. On dira que la domesticité est une sorte de *servitude* : il n'y aura que des gens à *esclaves* ou à *paradoxes*, qui puissent comparer cet état à l'*esclavage*.

La première chose qu'on apprenait à dire aux enfants de Sparte, c'est : Je ne serai point *esclave*. Cependant la police de cette ville tenait les citoyens dans une grande *servitude*, à l'égard des repas, des vêtements, des exercices, etc.

Dans un sens moral et relâché, nous appelons *servitude* un assujettissement pénible et continuel : porté à un certain excès, cet assujettissement serait un *esclavage*. (R.)

La *servitude* impose des devoirs, des obligations; une fois qu'ils sont remplis, vous êtes libre. L'*esclavage* vous prive de la propriété de votre existence.

La *servitude* n'exclut pas la liberté politique ni l'entière liberté. L'*esclavage* produit seul cet effet. Il en est qu'on chérit, telles que les *servitudes* imposées par les égards, la tendresse et l'amitié. Il est des *servitudes* politiques telles que celles imposées par les lois, que nous devons respecter, quelque gênantes qu'elles puissent être. Ce n'est qu'en abandonnant une portion de nos droits que nous acquérons l'entier exercice des autres. (Anon.)

1163. S'évader, S'échapper, S'enfuir.

Ces mots diffèrent entre eux en ce que *s'évader* se fait en secret; *s'échapper* suppose qu'on a déjà été pris, ou qu'on est prêt de l'être; *s'enfuir* ne suppose aucune de ces conditions.

On *s'évade* d'une prison; on *s'échappe* des mains de quelqu'un; on *s'enfuit* après une bataille perdue. (*Encyl.*, V., 231.)

Il faut de l'adresse et du bonheur pour *s'évader*; de la présence d'esprit et et de la force pour *s'échapper*; de l'agilité et de la vigueur pour *s'enfuir*. (B.)

1164. Sévérité, Rigueur.

La *sévérité* se trouve principalement dans la manière de penser et de juger; elle condamne facilement, et n'excuse pas. La *rigueur* se trouve particulièrement dans la manière de punir; elle n'adoucit pas la peine et ne pardonne rien.

Les faux dévots n'ont de *sévérité* que pour autrui; prêts à tout blâmer, ils ne cessent de s'applaudir eux-mêmes. La *rigueur* ne me paraît bonne que dans les occasions où l'exemple serait de conséquence; il me semble que partout ailleurs, on doit avoir un peu d'égard à la faiblesse humaine.

L'usage a consacré les mots *rigueur* et *sévérité* à de certaines choses particulières. On dit la *sévérité* des mœurs, la *rigueur* de la raison. La *sévérité* des femmes, selon l'auteur des *Maximes*, est un ajustement et un fard qu'elles ajoutent à leur beauté; dans ce sens, le mot de *rigueurs* au pluriel répond à celui de *sévérité*. (*Encycl.*, XV, 132.)

1165. Signalé, Insigne.

Ce qui a ou porte des *signes*, des traits, qui le font remarquer, reconnaître, distinguer. *Signalé*, participe du verbe *signaler*, désigne proprement, en cette qualité, que la chose est devenue au fait telle. *Insigne*, simple adjectif, indique proprement ce que la chose est en elle-même. La chose *signalée* est marquée et remarquée; la chose *insigne* est marquante et remarquable. On est *signalé* par des traits particuliers, et *insigne* par des qualités peu communes.

Votre piété est *signalée* par des actions, par des œuvres d'éclat; elle est *insigne* par sa hauteur, par sa singulière éminence. Vous êtes *signalé* par ces actions, et *insigne* par cette éminence de vertu: du moins les Latins employaient ainsi le mot *insignis* : *Insignem pietate virum*, dit Virgile.

Plusieurs exploits *signalés* annoncent une *insigne* valeur , comme plusieurs crimes *signalés* annoncent un *insigne* scélérat. Ce qui est *insigne* est fait pour être *signalé*.

On dit une faveur *insigne* ou *signalée*, un *insigne* ou *signalé* fripon, un bonheur ou un malheur *insigne* ou *signalé*, etc. *Signalé* marque l'éclat, le bruit, l'effet que produit la chose : *insigne* n'exprime que la qualité, le mérité, le prix de la chose. Ce qui frappe est *signalé* ; ce qui excelle, est *insigne*. Nous en revenons toujours aux idées premières des mots. Ainsi un *insigne* fripon, un très-grand fripon n'est un fripon *signalé* qu'autant qu'il a donné des preuves éclatantes de friponnerie. On sent combien un bonheur est *insigne*, on voit combien il est *signalé* : le bonheur *insigne* est une grande faveur inespérée de la fortune ; et un bonheur *signalé* porte les traits les plus forts et les plus manifestes de cette extrême faveur. Une grace *insigne* n'est signalée qu'autant que tout le prix en est manifeste.

On dit un *insigne fripon*, un *insigne coquin* ; on ne dira guère un *insigne* héros, un *insigne* orateur : mais l'orateur et le héros sont *signalés* comme le coquin et le fripon. Pourquoi cette différence ? parce qu'un coquin et un fripon peuvent l'être sans être connus, mais que vous ne pouvez savoir et dire que quelqu'un est un héros ou un orateur *insigne*, qu'autant qu'il s'est *signalé* par ses actions ou par ses discours, et dès-lors vous direz plutôt *signalé* qu'*insigne*. Mais, dans tout autre cas, je ne vois aucune raison de ne pas appliquer *insigne* comme *signalé* aux personnes en bien tout comme en mal.

Une chose *signalée* est plus ou moins distinguée ; une chose *insigne* l'est toujours à un très haut degré.

On remarquera sans doute que *signalé*, tiré immédiatement de *signal*, doit participer à l'idée de ce mot ; *insigne* n'exprime que l'idée d'un *signe* imprimé sur la chose. Or le *signe* est bien propre à faire remarquer et distinguer ; mais le *signal* est précisément fait et donné pour avertir et annoncer. Tout confirme notre distinction (R).

1166. Signe, Signal.

Le *signe* fait connaître ; il est quelquefois naturel : le *signal* avertit ; il est toujours arbitraire.

Les mouvements qui paraissent dans le visage sont ordinairement les *signes* de ce qui se passe dans le cœur. Le coup de cloche est le *signal* qui appelle le chanoine à l'église.

On s'explique par *signes* avec les muets ou les sourds : et on convient d'un *signal* pour se faire entendre des gens éloignés. (G.)

1167. Silencieux, Taciturne.

Sous quelques rapports que les mots *silencieux* et *taciturne* soient considérés, le premier dit beaucoup moins que le second : le *silencieux* est tranquille et en repos ; il parle peu : le *taciturne* est muet et sans mouvement ; il ne parle pas. Les Latins désignaient le *silence* le plus profond par l'épithète de *taciturne, taciturna, silentia*.

Le *silencieux* garde le *silence ;* le *taciturne* garde un *silence* opiniâtre. Le premier ne parle pas quand il pourrait parler : le second ne parle pas, même quand il devrait parler. Le *silencieux* n'aime point à discourir : le *taciturne* y répugne. Vous peindrez celui-là, un doigt sur la bouche, comme on peignait le Dieu du *silence :* vous représenterez celui-ci, la main sur la bouche, comme on représenterait la *taciturnité*.

On est *silencieux* et *taciturne* par caractère et par humeur, ou par accident ou par l'occasion. L'homme naturellement *silencieux* l'est par timidité ou par modestie, par prudence, par paresse, par stupidité : l'homme naturellement *taciturne* l'est par un tempérament mélancolique, par une humeur farouche ou du moins difficile, par une manière d'exister malheureuse ou du moins pénible. La préoccupation, la réflexion, la méditation, vous rendent actuellement *silencieux* ; et la peine, le chagrin, la souffrance, vous rendront *taciturne*. Aussi le *silencieux* n'a-t-il qu'un air sérieux ; mais le *taciturne* a l'air morne.

Les femmes seront *taciturnes*, s'il faut qu'elles soient *silencieuses*. Cependant le *silence* pare une femme, selon le proverbe grec employé pas Sophocle ; mais la *taciturnité* ternirait la plus belle.

Le *silencieux* est maître de ses paroles : le *taciturne* n'est pas maître de ses rêveries. J'attends quelque chose du premier : je n'attends rien du second. Je crois que celui-là écoute : je vois que celui-ci n'entend pas.

Un cercle d'Anglais sera *taciturne :* un cercle de Français ne sera pas long-temps *silencieux*. Il faut que l'Anglais rêve ; il faut que le Français parle.

L'habitude de la retraite rend *silencieux* ; les sauvages parlent peu. La bonne compagnie elle-même, si l'on n'en sortait pas, rendrait *taciture :* on a besoin d'être seul et tranquille.

L'observateur est nécessairement *silencieux ;* s'il parle, c'est pour observer. Le mélancolique est naturellement *taciturne ;* s'il parle, c'est avec humeur et de ses peines.

Sénèque dit : *Parlez peu avec les autres et beaucoup avec vous-même*. Le *silencieux* remplit ce précepte ; le *taciturne* l'outre. (R.)

1168. Similitude, Comparaison.

Rapprochement de deux objets différents, mais analogues à quelques égards, propre à éclaircir le sujet ou à orner le discours par les rapports que les objets ont entre eux.

A la rigueur, la *similitude* existe dans les choses, et la *comparaison* se fait par la pensée. La ressemblance très-sensible constitue la *similitude*, et le rapprochement des traits de ressemblance forme la *comparaison*. Mais le premier de ces mots sert à désigner, comme le second, une figure de style ou de pensée.

Comparaison annonce des rapports plus stricts et plus nécessaires entre les objets *comparés*, que *similitude* n'en suppose entre les objets *assimilés*.

Il y a, dit Cicéron, dans ses *Topiques*, une *similitude* qui consiste dans un rapprochement de rapports entre divers objets, pour en tirer une induction; et il y en a une autre qui consiste dans la *comparaison* d'une chose avec une autre, ou de deux choses *pareilles*.

La *similitude* n'exige, selon la valeur du mot, que de la *ressemblance* entre les objets : la *comparaison* établit, par la même raison, une sorte de *parité* entre eux. Il ne faut à la *similitude* que des apparences semblables qu'elle rapproche : il faudrait à la *comparaison* rigoureuse des qualités presque égales qu'elle balancerait. La *similitude*, purement pittoresque, se borne à l'exposition des traits communs aux choses : la *comparaison*, plus philosophique, considère le plus ou le moins ou les degrés de la chose mise à côté d'une autre. La *similitude* ne fait qu'éclairer un objet par la lumière tirée d'un autre objet connu : la *comparaison* le fera mieux apprécier par son affinité avec un objet d'un mérite reconnu. Des objets *assimilés* l'un à l'autre ne sont pourtant pas réellement *comparables* ou capables d'être mis au *pair*, en *comparaison*, en parallèle. On *assimile* plutôt des objets étrangers l'un à l'autre; on compare plutôt des objets du même genre ou de la même qualité. La *similitude* semble tomber particulièrement sur ces objets que l'on *compare*, sans comparaison, tant il y a d'ailleurs de différence entre eux.

Vous *assimilerez*, sous certains rapports, un homme à un animal : vous *comparerez* un héros à un autre, selon le degré de leur valeur et le mérite de leurs exploits. Si je dis qu'*Achille semblable à un lion*, c'est une *similitude*; je désigne seulement l'espèce de courage et de furie qu'il fait éclater : si je dis qu'il est *tel qu'un lion*, c'est une *comparaison*; car je lui attribue les mêmes qualités, et au même degré qu'au lion. La *similitude* vous dira qu'une chose est blanche *comme* une autre : la *comparaison* vous dira qu'elle est *aussi* blanche *que* l'autre. Enfin, la *similitude* n'est une *comparaison* rigoureuse qu'autant qu'elle peut se convertir en métaphore par une hardiesse de style. Si je dis seulement qu'*Achille ressemble à un lion*, je suis loin d'oser dire que *c'est un lion :* et j'oserais le dire, si je le trouvais *tel qu'un lion.*

La *similitude* est bien une espèce de *comparaison ;* mais, contente d'un rapport apparent, elle n'est ni aussi naturelle, ni aussi rigoureuse que la parfaite *comparaison* doit l'être. L'intention commune de la *similitude* est de rendre un objet plus sensible par un autre : la perfection de la *comparaison* est d'appliquer à un autre objet l'idée ou la face entière de l'autre.

Lorsque Martial dit à quelqu'un que ses jambes sont comme les cornes de la lune, c'est une pure *similitude ;* il s'agit d'une simple ressemblance de forme. Lorsque Henri IV, refusant de donner l'assaut à la ville de Paris, dit qu'il est à l'égard de son peuple aussi vrai père que la bonne femme était vraie mère à l'égard de l'enfant adjugé par Salomon, car il aimerait mieux n'avoir point Paris que de l'avoir tout ruiné, c'est une *comparaison* parfaite ; les deux objets s'accordent dans tous leurs rapports.

La *comparaison* d'Ajax avec un âne n'est qu'une *similitude ;* car l'obstination de l'âne, comme l'observe Marmontel, ne peint qu'à demi l'acharnement d'Ajax.

Comme une eau pure et calme commence à se troubler aux approches de l'orage, dit J.-J. Rousseau, un cœur timide et chaste ne voit point sans quelque alarme le prochain changement de son état. L'amour-propre, dit le même philosophe, est un instrument utile, mais dangereux ; souvent il blesse la main qui s'en sert, et fait rarement de bien sans mal. Là, ce n'est qu'une *similitude* agréable entre des choses éloignées les unes des autres : ici c'est une *comparaison* ou une métaphore fondée sur des rapports sensibles et profonds entre des choses analogues.

Je dois observer qu'on a particulièrement appelé *similitudes* les paraboles et autres figures de ce genre. On dit que Nathan fit connaître à David son péché par une *similitude* ou une parabole ; que Jésus-Christ faisait entendre sa doctrine à ses disciples par des *similitudes* qui sont des paraboles ; que les Orientaux aiment les paraboles ou les *similitudes*, etc. La *similitude* exige alors un récit circonstancié, une exposition détaillée des faits, de vérités, d'imaginations, de choses connues ou sensibles par elles-mêmes, et dont les divers traits s'appliquent naturellement et parfaitement à l'objet qu'il s'agit d'éclaircir ou de représenter d'une manière détournée, mais claire. C'est donc la *similitude* qui sera plutôt instructive que la *comparaison*, la *comparaison* ne sera qu'une courte *similitude*. La *similitude* appartiendra plutôt à la philosophie qui enseigne, et la *comparaison* à la poésie ou à l'art qui décrit. Comme la métaphore rapide est une sorte de *comparaison*, l'allégorie serait plutôt une *similitude* tacite, etc. La *comparaison* est obligée de faire l'application de l'idée d'un objet à un autre ; la *similitude* peut laisser faire à l'auditeur cette application, tant il est naturel et facile qu'il la fasse, etc.

Mais la *similitude* aura toujours, comme son intention propre, le dessein de rendre une chose plus intelligible et plus sensible par une autre, en rapprochant des objets qui n'ont par eux-mêmes point de rapport essentiel ensemble, et qui, éloignés l'un de l'autre, n'ont entre eux que de la ressemblance ou des apparences semblables. La *comparaison* tendra toujours, comme à son vrai but, à renforcer, à relever et parer son idée et son discours par le rapprochement de deux objets qui ont entre eux une analogie marquée et des rapports étroits, et qui sont faits pour être appréciés et jugés l'un par l'autre. (R.)

1169. Simplicité, Simplesse.

Simple, latin *simplex*, *sine plexu*, *sans pli*, sans composition, sans épaisseur, sans doublure, sans mélange, sans apprêt, sans recherche, sans ornement, sans artifice, sans feinte, sans art.

Simplicité a toutes les acceptions de son adjectif ; *simplesse* n'a qu'un sens. Il y a la *simplicité* des éléments, la *simplicité* des choses, la *simplicité* des personnes, la *simplicité* des mœurs et des manières, la *simplicité* des habits et des meubles, la *simplicité* de l'esprit et celle du cœur, etc. : la *simplesse* est propre à l'homme et à l'âme.

Simplesse est donc un mot nécessaire, quoique vieux, puisqu'il exprime nécessairement et clairement ce que *simplicité* n'exprimerait nettement qu'avec des modifications, par la vertu des accessoires, ou d'une manière vague et même équivoque. Qui est-ce qui a lu La Fontaine, Marot, Montaigne, et tous nos anciens auteurs jusqu'à Joinville ? Qui est-ce qui, en les lisant, a senti la douceur et l'énergie de ce mot sans le regretter ?

Les vocabulistes observent que le mot *simplesse* n'est guère d'usage que dans cette phrase familière : *Il ne demande qu'amour et simplesse*, en parlant d'un homme ingénu, doux, uni, facile, qui ne désire que paix et concorde. Ces traits suffisent pour distinguer la *simplesse* de la *simplicité*.

La *simplicité*, prise dans le sens moral que nous cherchons, est, de l'aveu des vocabulistes, la vérité d'un caractère naturel, innocent et droit, qui ne connaît ni le déguisement, ni le raffinement, ni la malice : la *simplesse* est l'ingénuité d'un caractère bon, doux et facile, qui ne connaît ni la dissimulation, ni la finesse, ni, pour ainsi dire, le mal. La *simplicité*, toute franche, montre le caractère à découvert : la *simplesse*, toute cordiale, s'y abandonne sans réserve. Avec la *simplicité*,

on parle du cœur : avec la *simplesse*, on parle de toute l'abondance
du cœur. Autant la *simplicité* est naturelle, autant la *simplesse* est
naïve. La *simplicité* tient à une innocence pure ; la *simplesse* à une
bonhomie charmante. La *simplicité* obéit à des mouvements irréfléchis : la *simplesse* est inspirée par des sentiments innés. La *simplicité*
n'a point de fard : la candeur est le fard de la *simplesse*. En un mot,
la *simplesse* est la *simplicité* de la colombe.

Dites la *simplicité d'un enfant*, et laissez-moi dire la *simplesse d'un
bon enfant*.

Nicole et La Fontaine étaient des hommes *simples* : dans Nicole,
c'était de la *simplicité* ; et dans La Fontaine, de la *simplesse*.

Il y a quelquefois, dans la *simplicité*, de l'ignorance, de l'inexpérience, de la faiblesse d'esprit, de l'imbécillité même et de la bêtise : il
y en aura peut-être souvent plus encore dans la *simplesse* ; mais toujours avec les formes et les caractères d'un naturel si bon et si innocent, qu'elle inspire toujours quelque intérêt.

On pardonne à celui qui pèche par *simplicité*, il a mal fait sans malice. On consolera même celui qui a péché par *simplesse* ; il a mal fait
sans le vouloir, et même à bonne intention. (R.)

1170. Simulacre, Fantôme, Spectre.

Simulacre ne signifie pas seulement ce qui est *semblable*, ressemblant, *similis* ; mais encore ce qui est *simulé*, feint, contrefait, du
verbe *simulare*. On a particulièrement appelé *simulacres* les idoles
ou les fausses représentations de faux dieux. L'*image* est une représentation fidèle d'un objet ; et c'est particulièrement l'ouvrage de la
peinture : la *statue* est la représentation d'une figure en plein relief ;
c'est l'ouvrage de la sculpture : le *simulacre* est une représentation ou
fausse ou grossière, informe, vaine, qui ne rappelle que quelques traits
d'un objet figuré, si l'objet existe ou a existé. On dit un *simulacre* de
ville, de république, de vertu, etc., pour indiquer de fausses ou de
vaines apparences. Le *simulacre* vain, celui d'un objet qui n'a rien de
réel, devient synonyme de *fantôme* et de *spectre*.

Fantôme, mot emprunté du grec, désigne, en philosophie, l'image
qui se forme des objets dans notre esprit, lorsqu'ils frappent nos sens.
Dans l'usage commun, c'est un objet ou une apparition *fantastique*,
ouvrage de l'imagination, sans aucune réalité.

Ce terme s'applique aussi à tout objet destitué de réalité, ou à toute
idée destituée de raison. On dit un *fantôme* de roi, un *fantôme* de
puissance.

Spectre est une figure extraordinaire qu'on voit en effet, ou qu'on
croit voir ; mais une figure horrible, affreuse, effrayante. Il se dit pro-

prement des objets qui apparaissent même dans la veille ; on le dit aussi d'une personne extrêmement décharnée et défigurée.

Ainsi le *simulacre* est l'apparence trompeuse d'un objet vain : le *fantôme* est l'objet fantastique d'une vision extravagante : le *spectre* est la figure ou l'ombre d'un objet hideux ou effrayant qui frappe les yeux ou l'imagination.

Le *simulacre* n'a qu'un caractère vague, et il se dit de tous les objets vains, vides ou faux, et des choses comme des personnes. Le *fantôme* est caractérisé par des formes ou des traits bizarres, étranges, et qui ne sont point dans la nature, et il se dit particulièrement des objets qui paraissent vivants. Le *spectre* a cela de caractéristique, qu'il représente des objets défigurés et faits pour inspirer de l'horreur ou de l'effroi par leurs traits et par tout ce qui les accompagne, et il se dit proprement de ces objets qui semblent évoqués, suscités, envoyés par une puissance supérieure, pour avertir, menacer, tourmenter les hommes.

Le *simulacre* nous abuse ; le *fantôme* nous obsède ; le *spectre* nous poursuit.

Les vapeurs ou les nuages élevés dans le cerveau y forment toutes sortes de *simulacres*, et ces *simulacres* font illusion. L'imagination forte et exaltée crée des *fantômes*, et ces *fantômes* l'aveuglent. La peur fait des *spectres*, et les *spectres* font peur.

Le rêve nous représente toutes sortes de *simulacres*. Les visionnaires sont sujets à voir des *fantômes* dans la veille comme dans le sommeil. L'histoire rapporte beaucoup d'apparitions de *spectres* vus par des hommes qui n'étaient point faibles d'esprit, mais qui néanmoins ont pu ne pas bien voir. (R.)

1171. Sincérité, Franchise, Naïveté, Ingénuité.

La *sincérité* empêche de parler autrement qu'on ne pense ; c'est une vertu. La *franchise* fait parler comme on pense ; c'est un effet du naturel. La *naïveté* fait dire librement ce qu'on pense ; cela vient quelquefois d'un défaut de réflexion. L'*ingénuité* fait avouer ce qu'on sait et ce qu'on sent ; c'est souvent une bêtise.

Un homme *sincère* ne veut point tromper. Un homme *franc* ne saurait dissimuler. Un homme *naïf* n'est guère propre à flatter. Un homme *ingénu* ne sait rien cacher.

La *sincérité* fait le plus grand mérite dans le commerce du cœur. La *franchise* facilite le commerce des affaires civiles. La *naïveté* fait souvent manquer à la politesse. L'*ingénuité* fait pécher contre la prudence.

Le *sincère* est toujours estimable. Le *franc* plaît à tout le monde. Le *naïf* offense quelquefois. L'*ingénu* se trahit. (G.)

1172. Singulier, Extraordinaire.

Il y a quelque chose de *singulier* dans ce qui est *extraordinaire*, et quelque chose d'*extraordinaire*, dans ce qui est *singulier*, soit en bien, soit en mal.

Singulier, seul, unique, rare, distingué des autres, sans concurrence, sans parité. *Extraordinaire*, qui est hors de l'ordre commun ou de la mesure commune, hors de rang, hors de pair ; non commun, inusité.

Le *singulier* ne ressemble pas à ce qui est, il est d'un genre particulier : l'*extraordinaire* sort de la sphère à laquelle il appartient ; il est particulier dans son genre. Le *singulier* n'est pas de l'ordre commun des choses ; il fait, pour ainsi dire, classe à part : l'*extraordinaire* n'est pas dans l'ordre courant des choses ; il fait exception à la règle. Il y a quelque chose d'original dans le *singulier*, et quelque chose d'extrême dans l'*extraordinaire*. Des propriétés rares, des qualités exclusives, des traits distinctifs et uniques, forment le *singulier :* le plus ou le moins, l'excès ou le défaut, la grandeur et la petitesse en tout sens, au-dessus et au-dessous d'une mesure établie, caractérisent l'*extraordinaire*. *Singulier* exclut la comparaison ; *extraordinaire* la suppose.

On appelle *loi singulière* celle qui est seule et unique sous un titre ; un combat d'homme à homme s'appelle combat *singulier* : le *singulier* est opposé au pluriel. On appelle *extraordinaire* au palais ce qui ne suit pas la marche ordinaire des procédures ou des jugements : on appelait *question extraordinaire* la rude torture qui ne se donnait aux accusés que dans certains cas : un courrier ou un ambassadeur *extraordinaire* est chargé, dans un cas pressé, de ce que le courrier ou l'ambassadeur *ordinaire* ferait dans un autre cas, etc. Le *singulier* est une sorte de nouveauté : l'*extraordinaire* est une sorte d'extension des choses.

La boussole a une propriété *singulière*. La vapeur de l'eau bouillante a une force *extraordinaire*.

Tout homme qui a un caractère propre, a nécessairement quelque chose de *singulier*. Tout homme qui a un caractère énergique et fortement prononcé, a quelque chose d'*extraordinaire*.

Un homme paraît *singulier*, qui vit seul. Un homme paraît *extraordinaire* dans le monde, qui ne fait pas comme tout le monde.

Un sage est toujours quelque chose de fort *singulier*, d'unique, quelque part ; et toujours quelque chose d'*extraordinaire*, de fort peu commun partout.

Le *singulier* a donc quelque chose d'original ou de nouveau, de propre ou d'exclusif, de curieux ou de piquant, tandis que l'*extraor-*

dinaire a des traits plus forts ou plus marqués, un caractère de grandeur ou d'excès, une sorte de supériorité ou d'éminence. Aussi par une conséquence naturelle, pris en bonne part, *singulier* sert plutôt à distinguer ce qui se distingue par sa finesse, sa délicatesse, sa rareté, sa recherche, sa subtilité ; *extraordinaire*, ce qui se distingue par sa hauteur, sa beauté, sa sublimité, sa supériorité, son excellence. En mauvaise part, le *singulier* est hors de la nature, de la vérité, de la simplicité, de la justice, des convenances ; l'*extraordinaire*, outré, démesuré, excessif, extravagant, révoltant.

Nous dirons plutôt qu'une femme est *singulièrement* jolie, et qu'une autre est d'une beauté *extraordinaire*. Nous dirons qu'une personne a une adresse *singulière* et une bravoure *extraordinaire*.

Le *singulier* surprend et l'*extraordinaire* étonne.

On a des opinions *singulières*, bizarres, pour se faire distinguer : on a de grands airs, des airs *extraordinaires*, pour se faire remarquer. (R.)

1173. Sinueux, Tortueux.

On dit *sinuosité* et on ne dit guère *sinueux* qu'en poésie. On ne dit pas *tortuosité*, mais plutôt *tortueux*. Voilà ce qui s'appelle *bizarrerie*.

Sinueux, ce qui fait des *S*, des plis et des replis, des courbures et des enfoncements, comme le serpent qui rampe, la rivière qui serpente, la robe qui flotte. *Tortueux*, qui ne fait que tourner, retourner, se contourner, qui va de biais, obliquement, de travers, comme un sentier qui va et vient d'un sens à un autre, un labyrinthe qui a des tours et des détours, un corps qui serait tout tortu.

Sinueux indique plutôt la marche, le cours des choses ; *tortueux*, leur forme, leur coupe. Le cours de la rivière est *sinueux* ; la forme de la côte est *tortueuse*. La rivière, en coulant, s'enfonce dans les terres et fait elle-même ses *sinuosités* ; et la côte, enfoncée de toutes parts, en demeure *tortueuse*. On fait des replis *sinueux*, et on va par des voies *tortueuses*. On dit que les canaux abrègent, avec une grande utilité pour la navigation, le cours *sinueux* des rivières ; le son, en frappant les lieux *tortueux*, en devient plus éclatant. Cette observation est conforme à l'usage le plus ordinaire des termes, sans être exclusif.

Vous considérez surtout les enfoncements dans la chose *sinueuse* ; c'est le sens des mots : vous considérez les obliquités dans la chose *tortueuse* ; c'est ce qui la rend telle.

Sinueux n'a point un mauvais sens ; *tortueux* se prend surtout en mauvaise part. L'objet *sinueux* est plutôt dans l'ordre naturel ou commun de la chose ; l'objet *tortueux* est plutôt tel par une sorte de violence, de contrainte, de désordre. La *sinueux* n'est pas fait pour aller droit ; mais le *tortueux* ne devrait pas aller de travers. Aussi ce dernicr terme ne s'emploie-t-il, au moral, que dans le style du blâme et de la censure.

Le serpent forme naturellement des plis et des replis *sinueux*. Le monstre, lancé par Neptune contre Hippolyte, recourbe avec furie sa croupe en replis *tortueux*.

Il semble que l'auteur du poème des *Jardins* ait voulu faire cette distinction dans les descriptions suivantes :

> Le bocage moins fier, avec plus de mollesse,
> Déploie à nos regards des tableaux plus riants,
> Veut un site plus doux, des contours plus hauts ;
> Fuit, revient et s'égare, en routes *sinueuses*,
> Promène entre des fleurs des eaux voluptueuses.
> . . . . . . Enfin le parc anglais,
> D'une beauté plus libre, avertit les Français.
> Dès-lors on ne vit plus que lignes ondoyantes,
> Que sentiers *tortueux*, que routes tournoyantes.

N'oublions pas enfin le nombre, l'harmonie propre des deux mots, leur expression matérielle ou leur rapport matériel avec la nature des objets, lorsqu'il s'agit de peindre. Quelle douceur dans celui de *sinueux !* dans celui de *tortueux* quelle rudesse !

1174. Situation, Assiette.

Situation et *assiette* ont la même origine, ils viennent de l'ancien verbe *seoir*, mettre en place, placer sur ; en latin *sedere*, poser, asseoir, et *sedes*, siége, place, repos ; ainsi que *situs*, situé, posé, situation, position. Le verbe *asseoir* ajoute à *seoir* la particularité de poser à *demeure*, de laisser à telle place, d'établir et de reposer l'objet sur le lieu, l'emplacement, la base. *Assis* et *situé* ne s'emploient pas indifféremment : on dira bien qu'un château est *situé* ou *assis* sur une éminence ; mais on dit qu'une ville est *situé* et non *assise* dans un pays, qu'un jardin est *situé* et non *assis* au nord, etc. *Situé* marque les différens rapports des lieux ; *assis* ne marque que la place, l'emplacement : une chose est *située* sur, droit, à, vers, près, etc., elle n'est *assise* que sur ou dans.

La terminaison du mot *situation* est active : celle d'*assiette* est passive, comme la terminaison latine *tus* ou *tum*. *Situation* désigne l'action, ce qui ce fait ou ce qu'on a fait : *assiette* désigne l'état, ce qui est, ce qui est ainsi. Vous mettez une chose, vous vous mettez dans une *situation* : vous êtes, la chose est dans telle *assiette*.

La *situation* embrasse proprement les divers rapports locaux que la chose peut avoir avec les objets qu'elle regarde ou qui la regardent : ainsi, en peinture, le *site* marque les aspects, les points de vue, les tableaux, les scènes d'un paysage, etc. L'*assiette* est bornée à la place

ou à l'objet sur lequel la ch ose pose et se repose ; ainsi, le petit plat ,
appelé *assiette*, ne désigne que ce *sur* quoi on sert et on mange.

Une maison de campagne est dans une jolie *situation*, quand les alen-
tours en sont agréables : une place de guerre est forte d'*assiette*, quand
sa base est ferme, escarpée, insurmontable. Une ville est dans une *situation* et non dans une *assiette* favorable pour le commerce : un rempart doit avoir assez d'*assiette* ou de pied , et non de *situation*, pour
que rien ne s'éboule.

La *situation* est la manière d'être présente, actuelle, de la chose stable ou variable, durable ou momentanée. L'*assiette* est la manière d'être,
propre, ordinaire, habituelle, de la chose plus ou moins ferme, plus ou
moins fixe. La *situation*, quand elle est naturelle, convenable, propre
pour le sujet, et faite pour être stable, est une *assiette*.

Votre *situation* est l'état où vous êtes actuellement : votre *assiette*
est l'état où vous êtes naturellement. Vous êtes accidentellement dans
telle *situation* : vous êtes naturellement dans telle *assiette*.

On est toujours dans quelque *situation* ; il s'agit d'avoir une *assiette*.
Il n'y a de calme, de tranquillité, de constance, de bien-être dans une
situation, qu'autant que vous y prenez une *assiette* convenable et
fixe.

Celui qui change sans cesse de *situation*, n'a point d'*assiette*, il la
cherche. Les gens qui ne sont pas à leur place, quelque *situation* qu'ils
prennent, ne se trouvent jamais dans leur *assiette* : et combien peu de
gens à leur place ! (R.)

1175. Situation, État.

Situation a quelque chose d'accidentel et de passager. *État* dit quelque chose d'habituel et de permanent.

On se sert assez communément du mot de *situation* pour les affaires,
le rang ou la fortune ; et de celui d'*état* pour la santé.

Le mauvais *état* de la santé est un prétexte assez ordinaire dans le
monde, pour éviter des *situations* embarrassantes ou désagréables.

La vicissitude des événements de la vie fait souvent que les plus sages
se trouvent dans de tristes *situations*, et que l'on peut être réduit dans
un *état* déplorable , après avoir longtemps vécu dans un *état* brillant. (G.)

Il faut observer que, selon la nature 'et les circonstances des choses,
la *situation* est quelquefois constante, comme la *situation* d'un lieu,
d'une ville, d'un domaine, etc. ; et que l'*état* est quelquefois changeant, par la même raison, comme l'*état* de santé ou de maladie, l'*état*
de grâce ou de péché, etc. Nous disons une *situation* *critique* et un
état chancelant ; mais, par lui-même, l'*état* est plus ferme et plus durable que la *situation* ; et la *situation* n'embrasse point, comme l'*état*,

l'objet entier ou toute sa manière sensible d'être. La *situation* est relative à la base sur laquelle porte l'objet : l'*état* est relatif à tout ce qui constitue la manière d'être générale de l'objet. La *situation* résulte de la position, de l'assiette, de la manière d'être posé, placé, assis ou *séant* : l'*état* résulte des qualités, des modifications, des conditions, des dispositions, des circonstances, qui déterminent la manière d'être. Ainsi, en métaphysique, *état* marque un assemblage de qualités accidentelles qui se trouvent dans les différents êtres, et tant que ces modifications ne changent point, le sujet reste dans le même *état*. Ce mot se dit aussi de la constitution présente, des dispositions actuelles, des conditions différentes dans lesquelles les choses ou les personnes peuvent se trouver, au physique, au moral, en tous sens, l'*état* d'*innocence*, l'*état* de *nature*, l'*état* de *santé*. Nous disons l'*état* pour la profession ou la condition des personnes. Un *état* de recette et de dépense contient un compte détaillé article par article. L'*état de la question* est l'exposition et le développement des rapports à considérer dans le sujet ou la position.

Sans argent, vous pouvez être dans la *situation* d'un pauvre ; mais vous n'êtes pas dans l'*état* de pauvreté, si vous ne manquez de rien, si vous avez des ressources, si vous ne ressentez pas les peines de cet *état*.

L'âme est dans une *situation* tranquille, lorsque rien ne l'agite : elle est dans un *état* de tranquillité, lorsqu'elle n'a aucune cause, aucun motif d'agitation. L'exemption actuelle de soins forme sa *situation* dans le premier cas ; les conditions nécessaires pour rester constamment en paix, constituent son *état* dans le second.

On dit également *état* et *situation* des affaires ; on dit l'*état* comme la *situation* de la fortune de quelqu'un ; on dit même *état* pour condition ou *rang*, et non *situation*.

La *situation* des affaires est le point où elles en sont, et où elles ne doivent naturellement pas rester : l'*état* des affaires est la disposition générale ou l'arrangement dans lequel elles restent ou peuvent rester. Vos affaires sont dans une bonne *situation* quand elles vont d'une manière avantageuse pour vous et à votre but : elles sont en bon *état*, quand elles sont arrangées d'une manière convenable pour vous, et que votre sort en est bon. La *situation* d'une affaire n'est que la circonstance où elle se trouve ; l'*état* actuel de cette même affaire est la forme générale qu'elle a prise, selon ses divers rapports, par sa marche, ses progrès, ses dispositions. Rappelons-nous qu'on entend par *états* de *situation*, des comptes détaillés qui donnent et établissent un résultat.

Il est vrai qu'on dit habituellement, *état de santé*, *état d'enfance*, *état de prospérité*, etc. ; et la raison en est que la santé, l'enfance, la prospérité, sont des *états* propres et non des *situations* particulières de l'homme; et pour distinguer enfin ces termes par des définitions claires, j'observe que les *situations* sont des cas particuliers dans lesquels on ne se trouve que fortuitement ou par événement, et dont il est naturel de sortir; au lieu que les *états* sont des conditions ou des manières d'être absolues et si propres à l'objet, qu'il faut nécessairement qu'il existe d'une de ces manières, qu'il n'en peut sortir que pour en prendre une autre contraire. (R.)

1176. Situation, Position, Disposition.

L'idée commune aux mots *situation* et *position*, est de porter sur une chose, sur une base. La *situation* exprime proprement l'action de seoir ou d'être assis, d'occuper ou de remplir une place où l'on repose, ou l'on est arrêté; la *position*, au contraire, exprime celle de mettre sur pied ou en pied, d'y être d'une certaine manière ou dans une certaine posture, de s'y placer dans un certain but : la *disposition* ajoute à ce mot l'idée d'un arrangement, d'une combinaison, d'un ordre particulier de choses, ainsi que d'une inclinaison, d'une tendance, d'une forte direction vers le but.

La *situation* est une manière générale d'être en place; la *position* est une manière particulière d'être dans un sens. La *situation* désigne plutôt l'habitude entière du corps ou de l'objet : la *position* désigne particulièrement une attitude ou une posture du corps ou de l'objet. La *situation* embrasse les divers rapports de la chose : la *position* n'indique qu'un rapport de direction. La *situation* qui dépend des circonstances, n'a point de règle fixe : la *position* qui tend à un but, a sa règle déterminée; elle est juste, exacte, fausse, irrégulière, droite, oblique, etc. La *disposition* marque la *position* combinée de différentes parties ou de divers objets qui doivent concourir au même dessein, et une tendance particulière au but.

Vous être dans une *situation* quelconque : vous prenez une *position* particulière pour dormir à l'aise : votre corps est, pour cet effet, dans une bonne *disposition*.

Une armée est dans telle ou telle *situation*, selon les circonstances et selon les rapports sous lesquels vous la considérez : elle cherche, elle choisit une *position* pour attaquer ou pour n'être point attaquée : elle est dans la *disposition* de se battre, elle fait pour cela ses *dispositions*.

On est dans une *situation* très-gênée quant à la fortune : on n'est pas dans une *position* à faire du bien aux autres : on est en vain dans la *disposition* d'esprit et de cœur, de leur en faire.

Une maison est dans une *situation*, eu égard à ce qui l'environne : elle est dans telle *position*, eu égard à son *exposition* : elle a une telle *disposition*, eu égard à la distribution des parties qui la *composent*.

On dit au figuré, la *situation*, la *disposition*, plutôt que la *position* des esprits, des affaires, etc. La *situation* ne désigne que l'état actuel des choses, où elles en sont ; la *disposition* désigne leur tournure ou leur tendance, le train qu'elles suivent ou qu'elles veulent prendre. Ce mot sert à exprimer la pente que l'on a, le sentiment où l'on est, l'aptitude dont on est doué, l'impulsion qu'on donne. La *situation* fait qu'on est ainsi : la *disposition* fait qu'on va là, ou qu'on veut cela.

La *situation* des esprits, qui sont pour ou contre vous dans une affaire, est leur *disposition*. Vous êtes dans une *situation* fâcheuse, et vos juges sont dans des *dispositions* favorables pour vous. Selon la *situation* des affaires et la *disposition* des esprits, vous faites vos *dispositions*, vos arrangements pour venir à bout de votre entreprise. La *disposition* dépend de la *situation*. La *situation* de l'esprit ou de l'âme vous met dans une certaine *disposition ;* elle vous dispose à faire ce qu'elle vous *met en état* de faire : c'est la *disposition* qui fait agir et agit de telle façon. (R.)

1177. Sobre, Frugal, Tempérant.

Pas trop pour l'homme *sobre :* peu et des mets simples pour l'homme *frugal :* ni trop ni trop peu pour l'homme *tempérant*.

L'homme *sobre* évite l'excès, content de ce que le besoin exige. Le *frugal* évite l'excès dans la qualité et dans la quantité, content de ce que la nature veut et lui offre. Le *tempérant* évite également tous les excès, il garde un juste milieu.

' *Sobre* se dit proprement du boire, mais on l'étend au manger. *Frugal* ne se dit que dans le sens rigoureux. *Tempérant* ne se dit guère que des appétits et des plaisirs physiques ; mais *tempérance* embrasse toutes les passions et presque toutes les actions, dans l'usage ordinaire du mot.

La faim et la soif sont la juste mesure de la *sobriété*. Les exercices propres à exciter l'appétit, comme la promenade pour Socrate, la chasse ou la course pour les Spartiates, sont les assaisonnements de la *frugalité*. La sage distribution des plaisirs fait la volupté de la *tempérance*.

La simple raison rendra l'homme *sobre*. La philosophie rendra l'homme *frugal*. La vertu le rendra *tempérant*. Le premier conserve sa raison et sa santé ; le second trouvera partout l'abondance et des forces ; le dernier amasse des vertus et des jours sereins pour sa vieillesse.

Sobre prend, dans quelques applications, un sens plus étendu, celui de réserve, de discrétion, de modération et de retenue : ainsi on est *sobre* dans ses paroles ; on est sage avec *sobriété*, comme saint Paul nous le recommande.

> La parfaite raison fuit toute extrêmité,
> Et veut que l'on soit sage avec *sobriété*.
> Mol. *Misanthr.*

Frugal s'applique quelquefois aux choses relatives à l'usage de l'homme : vie *frugale* ; repas *frugal* ; table *frugale*.

Tempérant se dit des personnes, et dans un sens moral. Cependant la médecine ordonne des *tempérants* ou des *calmants*, des poudres *tempérantes*, etc. (R.)

1178. Sociable, Aimable.

L'homme *sociable* a les qualités propres au bien de la société, je veux dire la douceur du caractère, l'humanité, la franchise sans rudesse, la complaisance sans flatterie, et surtout le cœur porté à la bienfaisance ; en un mot, l'homme *sociable* est le vrai citoyen.

L'homme *aimable*, dit Duclos, du moins celui à qui on donne aujourd'hui ce titre, est indifférent sur le bien public, ardent à plaire à toutes les sociétés où son goût et le hasard le jettent, et prêt à en sacrifier chaque particulier : il n'aime personne, n'est aimé de qui que ce soit, plaît à tous, et souvent est méprisé et recherché par les mêmes gens.

Les liaisons particulières de l'homme *sociable* sont des liens qui l'attachent de plus en plus à l'état : celles de l'homme *aimable* ne sont que de nouvelles dissipations, qui retranchent autant de devoirs essentiels. L'homme *sociable* inspire le désir de vivre avec lui : l'homme *aimable* en éloigne ou doit en éloigner tout honnête citoyen. (*Encycl.*, XV, 251.)

1179. Soi, Lui, Soi-même, Lui-même.

Soi et *lui* sont des pronoms personnels qui indiquent grammaticalement la troisième personne, comme *moi* et *toi* indiquent la première et la seconde. *Lui* marque une personne particulière et déterminée, celle qu'on a nommée, celle dont il s'agit dans le discours, qui est à côté ou plus haut. *Soi* n'indique qu'une personne indéterminée, quelqu'un, les gens d'une certaine classe, ceux qui existent ou qui peuvent exister de telle manière.

Lui se place donc dans la proposition particulière, lorsqu'il s'agit d'une telle personne : *soi* se met dans la proposition générale, lorsqu'il est question d'un certain genre de personnes. *Lui-même* et *soi-même* n'ajoutent à *lui* et à *soi* qu'une force nouvelle de désignation, d'augmentation, d'affirmation.

Un homme fait mille fautes, parce qu'il ne fait point de réflexions sur *lui* : *on* fait mille fautes quand on ne fait aucune réflexion sur *soi*. *Quelqu'un, en particulier,* aime mieux dire *du* mal de *lui* que de n'en point parler : en général, l'égoïste aimera mieux dire du mal de *soi* que de n'en point parler. Un tel a la faiblesse d'être trop mécontent de *lui*, tel autre a la sottise d'être trop content de *lui* : être trop mécontent de *soi* est une faiblesse ; être trop content de *soi* est une sottise. *On a souvent besoin d'un plus petit que soi* : un prince a besoin de beaucoup de gens beaucoup plus petits que *lui*. C'est un bon moyen pour s'élever *soi-même* que d'exalter ses pareils ; et un homme adroit s'élève ainsi *lui-même*. Celui-là qui n'excuse pas dans un *autre* les sottises qu'il souffre en *lui*, aime mieux être sot *lui-même* que de voir des sots : ne pas excuser dans *autrui* les sottises qu'on souffre en *soi*, c'est aimer mieux être *soi-même* sot, que de voir des sots. *Lui* est opposé à *autre*, *soi* l'est à *autrui*. *Lui* répond à *il ; soi* répond à *on*, ou à tout autre mot semblable, générique et vague.

Il est évident que quand l'agent ou le sujet n'est point indiqué, il faut dire *soi* ou *se*, et non pas *lui*, comme dans ces manières de parler, *se vaincre, s'oublier soi-même, l'amour de soi, la défense de soi-même*, etc. *Lui* peut se rapporter à l'un ou à l'autre : *soi* ne peut se rapporter qu'à la personne agissante.

Il résulte de là qu'il faut dire *soi* lorsque *lui* serait équivoque, ou bien changer la phrase. On dit *chacun pour soi*, et non *chacun pour lui* : *lui* désignerait plutôt une personne étrangère. C'est *soi* qu'on aime, et non pas *lui*. Un homme *se vante, s'abaisse, se glorifie, s'humilie*, et ce pronom est le régime naturel des verbes réfléchis, qui désignent proprement que celui qui agit, agit sur *lui-même*. Si vous disiez que votre ami a rencontré quelqu'un qui parle de *lui*, on vous demanderait de qui celui-ci parle toujours, si c'est de *soi* ou de *lui-même*, ou si c'est de votre ami.

Soi et *soi-même* se disent quelquefois d'une personne particulière et déterminée, comme *lui* et *lui-même*, tandis que ces derniers termes ne s'appliquent jamais qu'à une personne nommée ou désignée. On dira également : Un héros qui emprunte ou plutôt tire tout son lustre de *soi-même* ou de *lui-même ;* un homme qui a bonne opinion de *soi-même* ou de *lui-même ;* le silence qui est le parti le plus sûr de celui qui se défie de *soi-même* ou de *lui-même ;* la force qui, sans le conseil, se détruit d'elle-*même* ou de *soi-même* (car *soi* est de tous les genres, et *lui* devient *elle* au féminin).

Mais dans ces cas-là, et autres semblables, l'usage de ces termes est-il indifférent ?

Soi désigne le général, une généralité. On dira donc plutôt *soi* que *lui* dans la proposition particulière et à l'égard d'une personne déterminée, lorsque la proposition généralisée serait vraie, et qu'on voudra indiquer que ce qui se dit de telle personne convient à toutes les personnes du même ordre, ou qu'il s'agira d'une propriété, d'une qualité commune à un genre de personnes ou de choses qu'on veut faire remarquer. Ainsi, lorsque vous dites qu'*un héros emprunte de lui son lustre*, vous ne désignez que le fait ou la chose propre à ce héros, à *lui* : si vous dites qu'*un héros emprunte de soi son lustre*, vous indiquez un fait ou une chose commune à tous les héros, au genre. Quelqu'un s'occupe de la défense de *lui-même* ; et il est juste qu'il s'occupe de la défense de *soi-même*, ce qui désigne le droit commun et naturel de la défense légitime de *soi-même*, comme on a coutume de parler. Un homme a bonne opinion de *lui*, c'est le fait : un autre a bonne opinion de *soi*, c'est une chose fort ordinaire que la *bonne opinion de soi*.

Dans ces cas-là, dit Bouhours, il semble que *lui-même* soit plus ordinaire et plus élégant en prose que *soi-même* ; et qu'au contraire *soi-même* a plus de grâce et de force en poésie que *lui-même*. Ce n'est là visiblement qu'une imagination, autorisée, ce semble, par l'usage d'employer l'un en poésie et l'autre en prose. Cependant je remarquerai que *soi* paraît avoir quelque chose de plus magique et de plus fort que *lui*.

Les grammairiens observent qu'on met d'ordinaire *soi* quand il s'agit des choses et non des personnes. *L'aimant attire le fer à soi. De deux corps mêlés ensemble, celui qui a le plus de force, attire à soi la vertu de l'autre. Une figure porte avec soi le caractère d'une passion violente.* Il faut convenir qu'on parlait généralement autrefois de la sorte : Boileau en offre surtout de nombreux exemples dans le *Traité du Sublime*. A la réserve de quelques écrivains jaloux de l'énergie, nous disons plus communément *lui* ou *elle* que *soi*, des choses comme des personnes.

Nos pères et nos maîtres pensaient donc, et je pense d'après eux, que le mot *soi* est plus propre pour désigner la nature, le fond, le caractère, l'action nécessaire, l'efficacité, ou la vertu naturelle et commune des choses ; au lieu que *lui*, ordinairement appliqué aux personnes, doit également indiquer des actions libres, des effets accidentels, des opérations volontaires, ce qui n'est point nécessité par la nature, par le caractère, par les qualités communes de la chose. L'homme fait une chose librement, et de *lui-même* ; un agent purement physique produit nécessairement et de *soi-même* un effet.

Soi se prend pour la personne même, *propre sur soi, se replier sur soi*. Il se prend pour l'indépendance ou la puissance naturelle de l'homme sur *lui, être à soi*. Il se prend pour la nature même de la chose ; *une chose est bonne, mauvaise, indifférente de soi*.

Pourquoi ne dirait-on pas que des choses sont de *soi* indifférentes ? On dit, au singulier, une chose indifférente *de soi*, parfaite *de soi* ou *en soi*, puissante *par soi*, On prétend que *soi* ne s'accorde pas avec un pluriel : pourquoi, quand *se* s'accorde avec le pluriel comme avec le singulier ? Pourquoi n'en serait-il pas de *soi* comme du *sibi* des Latins ? eh ! qu'importe ici le singulier ou le pluriel ? *de soi* est une façon particulière de parler, et il signifie *la nature des choses,* comme *chez soi* signifie *dans sa maison*. Vaugelas, en désapprouvant *choses indifférentes de soi*, ne peut s'empêcher d'avouer que c'est une bizarre chose que l'usage. Un jugement encore plus bizarre, c'est celui de Thomas Corneille, qui, en condamnant la phrase *ces choses sont indifférentes de soi* ou *de soi indifférentes*, approuve celle-ci : *de soi ces choses sont indifférentes*, parce que *de soi* se présente alors d'une manière indéterminée ; comme si, devant ou après, sa valeur ne devait pas être nécessairement déterminée par la phrase entière.

Il ne me reste plus qu'à justifier une remarque très-délicate de Bouhours sur la manière d'employer et d'entendre *soi-même* et *lui-même* dans un cas particulier. Les écrivains les plus purs n'ont pas toujours respecté en ce point la justesse du langage.

« *Se sauver, se perdre soi-même*, signifie sauver, perdre sa propre personne. Il est inutile de sauver ses biens dans un naufrage, si on ne *se sauve soi-même*. Que servirait-il à un homme de gagner tout le monde et de *se perdre soi-même ?*

» *Lui-même* signifie autre chose. Il s'est sauvé *lui-même*, c'est-à-dire sans le secours d'autrui. Il s'est perdu *lui-même*, c'est-à-dire par sa faute, par sa mauvaise conduite.

» Dans les phrases où *soi-même* est joint avec les verbes *sauver* et *perdre*, le mot de *soi-même* est complément au régime de ces verbes. *Il s'est sauvé, il s'est perdu soi-même;* mais il n'a pas *sauvé* ou *perdu* autre chose (c'est ce que la phrase ne dit point, car on peut *se -sauver* ou *se perdre soi-même*, après avoir *sauvé* ou *perdu* d'autres choses).

» Dans les phrases où *lui-même* est joint avec ces verbes, *lui-même* est sujet ou en tient lieu. *Il s'est sauvé, il s'est perdu lui-même;* c'est comme si on disait : *lui-même, il s'est sauvé, il s'est perdu*, il est l'auteur de son salut, de sa perte. »

M. Beauzée observe fort à propos que cette remarque doit s'étendre généralement à tous les verbes actifs après lesquels on peut mettre *soi-même*, sans préposition. *Il se loue lui-même*, c'est-à-dire *lui-même se loue*, et les autres ne le louent peut-être pas. *Il se loue soi-même*, c'est-à-dire *il loue sa propre personne*, et non pas celle d'un autre (ou peut-être après tous les autres).

Quelle est la raison de cette différence ? elle est sensible : *lui-même* est la réduplication du pronom *il*, et *soi* celle du pronom *se*. Or *il* marque le sujet qui agit, la personne active ; et *se* marque l'objet sur lequel il agit, la personne passive.

Boileau se conforme à cette règle lorsqu'il dit de quelqu'un,

> Qu'il mêle, en se vantant *soi-même* à tous propos,
> Les louanges d'un fat à celles d'un héros. ›

Soi-même désigne la personne que le fat loue, sa propre personne, en même temps qu'il loue un héros.

Racine désigne très-exactement par *lui-même* le dieu de bois, qui par lui ne peut pas subsister :

> J'adorerais un dieu sans force et sans vertu,
> Reste d'un tronc pourri, par les vents abattu, ·
> Qui ne peut se sauver *lui-même* ! *Esther.*

1180. Soigneusement, Curieusement.

Ces deux espèces de termes ne sont synonymes que dans certains cas ; car *curieux* désigne proprement l'envie de savoir, de découvrir, de voir, de posséder ; tandis que *soigneux* désigne la manière de traiter les choses : on dit *curieux* et *soigneux de sa parure*, garder *soigneusement*, ou *curieusement* quelque chose, conserver *curieusement* ou *soigneusement* sa santé, etc. La manière *curieuse* est plus recherchée, plus avide, plus minutieuse, plus difficile que la manière purement *soigneuse*.

L'homme *curieux* de sa parure y met de la recherche, de l'importance, une envie de se faire distinguer ou remarquer : l'homme *soigneux* de sa parure y met un soin convenable ou qu'on ne saurait blâmer, une attention soutenue, une envie de ne pas s'exposer à la critique ou au blâme. Vous prendrez pour un petit esprit celui qui est *curieux* dans ses ajustements : vous prendrez pour un homme décent ou propre, celui qui est *soigneux* dans son habillement. Des *soins* trop *curieux* annoncent un dessein particulier ou une faiblesse d'esprit.

On garde *soigneusement* ce qui est utile : on garde plutôt *curieusement* ce qui est rare. On est *soigneux* dans les choses qu'on doit faire : on est *curieux* dans les choses qu'on se plaît à faire. La raison ou l'attachement nous rend *soigneux :* le goût ou la passion nous rend *curieux.*

Soyez plus *soigneux* de votre honneur, et moins *curieux* de votre réputation.

Le plus heureux naturel a besoin d'être *soigneusement* cultivé. Les inclinations des enfants doivent être *curieusement* observées.

Celui qui est *soigneux* de sa santé la conserve ; celui qui en est *curieux* la perd. (R.)

1181. Soin, Souci, Sollicitude.

Le *soin* est une application à faire, une vigilance pour conserver, une attention à servir ; et il ne faut pas perdre de vue cette acception du mot. Mais son acception primitive, quoique regardée comme secondaire, est de désigner l'embarras *intérieur*, la peine d'esprit, le *souci* ou la *sollicitude ;* car *soin* tient, comme Ménage l'observe, au latin *senium,* embarras, ennui, deuil, vieillesse, abattement, état pénible de la vieillesse.

Ménage tire *souci,* autrefois *soulci,* du latin *sollicitus,* inquiet, tout agité. Les *soins* et les *soucis* (*soins* inquiets) habituels, constants, vifs et pressants, attachés surtout à un objet particulier, forment la *sollicitude,* qui est l'état d'un esprit sans cesse tourmenté, et, pour ainsi dire, absorbé dans ses pensers et ses *soins ;* car Cicéron l'appelle une maladie de l'esprit (*ægritudo*) enfoncé dans la méditation. Ce mot a le sens du verbe *solliciter,* latin *sollicitare,* exciter fortement, presser vivement, aiguillonner sans cesse.

Le *soin* est un embarras et un travail de l'esprit, causé par une situation critique dont il s'agit de sortir ou même de se garantir, ou par une situation pénible qu'il faudrait adoucir du moins par sa vigilance, son activité et ses efforts. Le *souci* est une agitation et une inquiétude d'esprit, causée par des accidens qui troublent le calme et la sécurité de l'âme, et la jette dans une triste rêverie. La *sollicitude* est une agitation vive et continuelle, une espèce de tourment habituel de l'esprit, causé par des attaches particulières ou par des intérêts particuliers qui nous sollicitent sans cesse, et nous obligent à des *soins* sans cesse renaissants, ou à une vigilance constante et laborieuse.

Toute affaire, tout embarras, nous donne du *soin.* Toute crainte, tout désir, nous donne du *souci.* Toute charge, toute surveillance nous donne de la *sollicitude.*

Le *soin* pousse à l'action : les *soins* que vous prenez manifestent ceux que vous éprouvez. Le *souci* vous replie sur vous, un air pensif et sombre le décèle. La *sollicitude* vous tient en éveil et en exercice : des mouvements et des *soins* curieux l'annoncent.

Le *soin* ôte la liberté d'esprit ; il occupe. Le *souci* ôte la tranquillité ; il agite. La *sollicitude* ôte le repos de l'esprit et la liberté des actions ; elle possède, si elle n'absorbe.

Le *soin* raisonnable nous attache à la poursuite de l'objet. Le *souci* profond nous fait chercher la solitude. La *sollicitude* pastorale voue le pasteur au soin de son troupeau.

Il y a des *soins* superflus et stériles, qui ressemblent à la douleur qu'on sent au bras qu'on a perdu. Il y a des *soucis* importuns et vagues qui ne sont que des vapeurs envoyées au cerveau par une humeur mélancolique. Il y a une *sollicitude* aveugle et turbulente, qui consiste à se donner beaucoup de tourment pour ne rien exécuter.

Trop de prudence entraîne trop de *soins :* trop de sensibilité entraîne trop de *soucis :* trop de zèle entraîne trop de *sollicitude.*

1182. Solidité, Solide.

Le mot *solidité* a plus de rapport à la durée ; celui de *solide* en a davantage à l'utilité. On donne de la *solidité* à ses ouvrages, et l'on cherche le *solide* dans ses desseins.

Il y a dans quelques auteurs et dans quelques bâtiments plus de grâce que de *solidité.* Les biens et la santé, joints à l'art d'en jouir, sont le *solide* de la vie ; les honneurs n'en sont que l'ornement. (G.)

1183. Solennel, Authentique.

Solennel et *authentique* ne se trouvent guère confondus, quoique présentés comme synonymes par quelques vocabulistes. Il est vrai qu'on dit un *testament solennel* ou *authentique*, un mariage *authentique* ou *solennel*, et ainsi des traités ou de divers actes, dans le même sens.

Mais l'acte est proprement *solennel* par l'appareil, la cérémonie, la publicité ou la notoriété de la chose ; et *authentique* par les formalités légales, les preuves, l'autorité de la chose. La *solennité* constate l'acte, l'*authenticité* en constate la validité. On ne saurait méconnaître ou révoquer en doute ce qui est *solennel :* on ne saurait se refuser ou refuser sa foi à ce qui est *authentique.* La chose *solennelle* est notoirement vraie et incontestable : la chose *authentique* est légalement certaine et inattaquable. (R.)

1184. Soliloque, Monologue, Colloque, Dialogue.

Ces deux premiers mots, l'un latin, l'autre grec, parfaitement synonymes dans leur sens naturel, désignent le discours de quelqu'un qui parle *seul ;* mais l'usage les a distingués, en affectant à celui de *monologue* une idée ou un emploi particulier qui le restreint au théâtre : le *monologue* est le *soliloque* d'un personnage qui, seul sur la scène, ne parle que pour les spectateurs. On disait autrefois les *soliloques* des pièces dramatiques, les *soliloques* de Corneille, l'abus des *soliloques* sur le théâtre : on ne dit plus que *monologues ;* c'est une espèce d'hommage que nous rendons aux Grecs, de qui nous tenons particulièrement l'art dramatique. *Soliloque*, plus étendu dans sa signification, est mois usité, et il a un certain air dogmatique ou moral : on dit les *soliloques* de saint Augustin. Ce mot désigne particulièrement les réflexions et les raisonnements qu'on fait avec soi, à part soi.

Le *soliloque* est une conversation que l'on fait avec soi comme avec un second. Le *monologue* est une espèce de dialogue dans lequel le personnage joue tout à la fois son rôle et celui d'un confident.

Le *soliloque* est puéril, s'il est sans objet, sans suite, sans intérêt ; ou plutôt ce n'est pas un *soliloque* : les enfants, les fous, les gens ivres, parlent seuls. Le *monologue* est absurde, s'il se réduit à un récit historique, qui n'est ni obligé par la situation présente du personnage, ni fondu dans l'action : ou plutôt ce n'est pas là un *monologue ;* c'est l'auteur qui parle, quand le personnage devrait agir ; et en parlant aux spectateurs pour les instruire ou pour amuser le tapis, il étale sa misère.

Soliloque est naturellement opposé à *colloque ;* et *monologue* à *dialogue.* Mais l'usage, maître absolu des langues, s'astreint rarement à suivre tous les rapports d'analogie que les mots ont entre eux. Le *colloque* et le *dialogue* conservent leur idée commune de conversation entre deux ou plusieurs personnes, sans se distinguer par les différences propres du *soliloque* et du *monologue.* Le *dialogue* n'est point, comme le *monologue*, exclusivement affecté au théâtre : le *colloque* n'est point, dans sa valeur usuelle, grave ou philosophique, comme le *soliloque.*

Le *colloque* est proprement une conversation familière et libre, qui n'est astreinte à aucune règle particulière : le *dialogue* est un entretien suivi et raisonné, qui est assujetti à des règles. On dit les *Colloques* d'Érasme ou de Matthieu Cordier, et les *Dialogues* de Platon ou de Fénelon.

Dans le *colloque*, on divise, et quelquefois on parlemente. Cicéron dit que les lettres sont des *colloques* entre des amis absents. Dans le *dialogue*, on s'instruit, et ordinairement on discute. Quintilien définit le *dialogue*, un discours par demandes et par réponses, sur une matière telle que la philosophie ou la politique, traitée par les personnes dans le style convenable à leur caractère : Cicéron observe que la dispute est dans la marche ordinaire du *dialogue.*

Le *colloque* est une espèce particulière de *conversation ;* mais, comme ce mot ne se dit guère que familièrement, il ne doit être appliqué qu'à des conversations légères, frivoles, ou considérées comme des verbiages : on dira les *colloques* de ces enfants, de ces caillettes, et même de ces amants qui ne font que se parler sans rien dire. Le *dialogue* est une sorte d'*entretien ;* mais il n'est pas toujours aussi grave que l'*entretien* rigoureusement pris, ni sur des affaires ou des matières aussi importantes et aussi sérieuses que le sujet des *entretiens* : d'ailleurs, dans cette dernière espèce de discours, c'est le fond que l'on considère ; et dans le *dialogue*, on considère spécialement les formes, la composition, l'exécution, l'art.

Je sais que la fameuse *conférence* de Poissy, entre les catholiques et les protestants, a été appelée *colloque* : mais un exemple unique, si je ne me trompe, ne suffit point pour ériger les *colloques* en discours prémédités sur des matières de doctrine et de controverse. Tout le monde sait que le *dialogue* est spécialement pris pour un genre particulier de composition ou d'ouvrage, qu'il a son art propre, qu'il se divise en plusieurs espèces, etc. Le *dialogue* est la manière la plus naturelle et peut-être la plus efficace d'instruire, mais surtout de discuter : c'est celle que les premiers auteurs, les philosophes grecs, les pères de l'Église, ont le plus souvent employée dans leurs traités et surtout dans la dispute. (R.)

1185. Sombre, Morne.

En général, *sombre* a quelque chose de plus noir, de plus triste, de plus austère ou de plus horrible que *morne*. *Sombre* est synonyme de ténébreux, et non *morne*. Avec une très-forte teinte de noir, une couleur est *sombre* : sans lustre et sans gaieté, une couleur est *morne*. Nous disons les *royaumes sombres*, pour désigner l'enfer des païens, le lieu le plus obscur ou plutôt ténébreux, le lieu des ombres ; *morne* serait une épithète trop faible. Le soleil est *morne* quand il est fort pâle et sans éclat : par elle-même, la nuit est *sombre* autant qu'elle est profonde. Les mêmes nuances distinguent ces termes dans le sens figuré.

Voulez-vous parfaitement connaître le caractère *sombre*, voyez le portrait du pic, tracé par M. de Buffon, son air inquiet, ses mouvements brusques, ses traits rudes, son naturel farouche, son éloignement pour toute société. La cigogne a l'air *triste* et la contenance *morne*, mais sans avoir la *rudesse* et la farouche insociabilité du pic.

Le tyran est *sombre*, il est farouche, il effraie : l'esclave abruti n'est peut-être que *morne*, il afflige, on le plaint. Le *sombre* Cromwell ne peut exciter dans les accès de sa gaieté bouffonne qu'un rire faux et démenti par des visages *mornes*.

On est *morne* dans le malheur : dans le malheur et le crime, on est *sombre*. Les passions ardentes et concentrées vous rendent *sombre* ; les passions douces et trompées vous rendent *morne*. (R.)

1186. Somme, Sommeil.

Ces mots désignent l'assoupissement, qui,

> Quand l'homme accablé, sent de son faible corps
> Les organes vaincus, sans force et sans ressorts,
> Vient, par un calme heureux, soulager la nature,
> Et lui porter l'oubli des peines qu'elle endure.
>
> *Henriade*, ch. VII.

Il y a *quelquefois* de la différence entre ces deux mots. (B.)

Somme signifie toujours le dormir ou l'usage du temps qu'on dort. *Sommeil* se prend quelquefois pour l'envie de dormir.

On est pressé du *sommeil* en été, après le repas : on dort d'un profond *somme* après une grande fatigue.

Sommeil a beaucoup plus d'usage et d'étendue que *somme*. (*Encyclopédie*, XV, 350.)

Le *sommeil* exprime proprement l'état de l'animal pendant l'assoupissement naturel de tous ses sens ; c'est pourquoi on en fait usage avec tous les mots qui peuvent être relatifs à un état, à une situation. Être enseveli dans le *sommeil* ; troubler, rompre, interrompre, respecter le *sommeil* de quelqu'un ; un long, un profond *sommeil* ; un *sommeil* tranquille, doux, paisible, inquiet, fâcheux : la mort est un *sommeil* de fer, l'oubli de la religion est un *sommeil* funeste.

Le *somme* signifie principalement le temps que dure l'assoupissement naturel, et le présente en quelque sorte comme un acte de la vie humaine ; c'est pourquoi l'on s'en sert avec les termes qui se rapportent aux actes, et il ne se dit guère qu'en parlant de l'homme : un *bon somme*, un *somme* léger, le premier *somme*. On dit faire un *somme*, un petit *somme* ; et l'on ne dirait pas de même *faire un sommeil*. (B.)

Avec ces notions, vous rendrez facilement raison de toutes les manières usitées d'employer l'un et l'autre mot ; et c'est ce qui en prouvera la justesse.

Le *somme* est l'acte que nous faisons : le *sommeil* est, ou l'état dans lequel nous sommes, ou l'envie, le besoin que nous éprouvons ; car ce mot a ces deux acceptions, qui répondent à celles des deux mots latins *somnus* et *sopor*.

On *fait* un *somme* comme on fait un repas : on fait un bon *somme*, un léger *somme*, un long *somme*, comme on fait un bon repas, un léger travail, une longue promenade ; circonstances propres de l'action ou plutôt de l'acte présent. On est dans le *sommeil*, comme on est en repos, en action, dans une situation : on est dans un profond *sommeil*, enseveli dans le *sommeil*, comme on est dans une grande agitation, dans un calme profond, dans une assiette tranquille, circonstances de situation ou d'état. Aussi le *sommeil* est-il l'*état* opposé à celui de *veille*. Or, observez que ce qui convient au *sommeil* ne convient pas au *somme*.

Le *somme* embrasse tout le temps que l'on dort ; par la raison que la durée est une circonstance nécessaire de l'acte, et surtout essentielle dans l'action de dormir ; mais dès que l'acte est interrompu, le *somme* est achevé, on ne peut faire qu'un nouveau *somme*. Le *sommeil* embrasse aussi la durée ; car cette circonstance est aussi propre à l'état ou à la situation plus ou moins durable : mais le *sommeil* interrompu se reprend ; vous rentrez, par un nouveau *somme*, dans le *sommeil* ; et le *sommeil* d'une nuit est composé de tout le temps que vous avez dormi, même à différentes reprises.

On achève son *somme* comme on achève son ouvrage. On sort du *sommeil* comme on sort du lit.

Vous avez dormi *un bon somme*, après avoir mangé un bon dîner ; le *somme* est donc en effet ce que vous faites comme le dîner que vous faites. Vous avez dormi d'un *profond sommeil*, après avoir mangé d'un grand appétit ; le *sommeil* est ce qui vous a fait bien dormir, comme l'appétit est ce qui vous a fait bien manger.

Le dormir est l'effet du *sommeil* ; le *somme* est le résultat du dormir. (R.)

1187. Sommet, Cime, Comble, Faîte.

Ces mots désignent le haut ou la partie supérieure d'un corps élevé.

Le latin *summus* se prend pour le plus haut ; très grand, extrême, suprême, supérieur. On dit le *sommet* d'une montagne, d'un rocher, de la tête, de tout ce qui est élevé, mais surtout pointu, sans absolument exiger cette condition.

La pointe constitue essentiellement la *cime*. Les corps très-élevés sont ordinairement moins larges à leur *sommet* qu'à leur base : mais il faut, pour la *cime*, que cette différence soit très-remarquable et caractéristique. On dit la *cime* d'un arbre, d'un rocher, d'un clocher, d'un corps pyramidal.

Le *comble* est un surcroît, ce qui s'élève par-dessus les côtés ou les supports, comme une voûte : c'est là calotte de l'édifice.

Nous disons proprement *faîte* en parlant des bâtiments, et c'est, à la rigueur, la plus haute pièce de la charpente du toit : mais on dit aussi le *faîte* comme le *sommet* de la montagne, le *faîte* comme la *cime* d'un arbre, quoique son idée propre soit de former un toit, une couverture à peu près comme le *comble*. Au figuré, le *faîte* est le plus haut degré, la position la plus élevée dans un ordre de choses.

Ainsi le *sommet* est la partie la plus haute ou l'extrémité supérieure d'un corps élevé : la *cime* est le *sommet* aigu ou la partie la plus élancée d'un corps terminé en pointe : le *comble* est le surcroît ou le commencement en forme de voûte au-dessus du corps du bâtiment pour le couvrir : le *faîte* est l'ouvrage où la place qui fait le complément ou le dernier terme de l'élévation et de la chose.

Le *sommet* suppose une assez grande élévation ; la *cime*, la figure particulière du corps pointu ; le *comble*, une accumulation de matériaux avec une sorte de courbure ; le *faîte*, des degrés ou des rangs différents.

Le *sommet* est opposé à l'extrémité inférieure ; la *cime*, au pied ou à la base ; le *comble*, au fond ; le *faîte*, au rang le plus bas.

Enfin, au figuré, le *sommet* est toujours le plus haut point de la chose ; le *faîte* est le plus haut rang établi ou connu auquel on parvienne ; le *comble* est le plus haut période auquel il paraisse possible d'atteindre. Il n'y a rien au-dessus du *sommet* ; il n'y a rien de plus élevé ou d'aussi élevé que le *faîte* ; il ne peut y avoir rien au-delà ou au-dessus du *comble*. Arrivé au *sommet*, on s'y arrête ; monté sur le *faîte* on aspire quelquefois à descendre ; porté au *comble*, on y est dans un état violent. (R.)

1188. Son de voix, Ton de voix.

On reconnaît les personnes au *son* de leur *voix*, comme on distingue une flûte, un fifre, un hautbois, une vielle, un violon et tout autre instrument de musique, au son déterminé par sa construction : on distingue les diverses affections de l'âme d'une personne qui parle avec intelligence, ou avec feu, par la diversité des *tons de voix*, comme on distingue sur un même instrument les différents airs, les mesures, les modes et autres variétés nécessaires.

Le *son de voix* est donc déterminé par la constitution physique de l'organe ; il est doux ou rude, agréable ou désagréable, grêle ou vigoureux. Le *ton de voix* est une inflexion déterminée par les affections intérieures que l'on veut peindre ; il est, selon l'occurrence, élevé ou bas, impérieux ou soumis, fier ou ironique, grave ou badin, triste ou gai, lamentable ou plaisant, etc. (B.)

1189. Songer à, Penser à.

Penser est un terme vague qui annonce un travail de l'esprit sans indiquer aucun sujet particulier. *Songer* et *rêver* sont des imaginations du sommeil ou des pensées semblables à celles du sommeil ; et le *rêve* est plus irrégulier, plus tourmentant, plus bizarre que le *songe*. Les yeux ouverts, on *songe* à la chose qu'on a dans l'esprit, à ce qu'on projette, à ce qu'on doit exécuter, à l'objet qui se présente ; mais ce mot rappelle nécessairement l'idée d'une pensée légère, fugitive, superficielle, qui se dissipe facilement, qui n'occupe pas fort profondément. On *rêve* vaguement, même à un objet déterminé ; la *rêverie* absorbe : on *rêve* fort *tristement* comme on *rêve agréablement*. *Rêver* ne se prend que dans cette acception ; et ce caractère distinctif ne permet pas de l'employer selon l'idée simple de *penser*. Vous ne direz pas, *rêvez* à ce que vous faites ; comme on dit, *pensez* ou *songez* à ce que vous faites. On vous demandera si vous avez *pensé* ou *songé* à la commission qu'on vous avait donnée, et non si vous y avez *rêvé*. Or, quelle différence y a-t-il dans ces cas particuliers entre *songer* et *penser* ?

Les grammairiens ont examiné si l'on pouvait dire *songer* pour *penser* : l'usage avait décidé la question. A l'égard de *rêver* pour *penser*, il n'y avait pas lieu à la discussion ; car il ne se dit pas, quoique dans certains cas on dise l'un et l'autre, mais non l'un pour l'autre. Vaugelas et Thomas Corneille observent que *songer* a même quelquefois meilleure grâce que *penser*. D'où lui vient donc cette bonne grâce ? de l'idée particulière et déterminée qu'il exprime, comme je vais l'expliquer. La grâce même a sa raion.

Penser signifie avoir vaguement une chose dans l'esprit, s'en occuper, y attacher sa pensée, y donner son attention, réfléchir, méditer. Selon le caractère propre du songe, qu'il ne faut point perdre de vue, *songer* signifie seulement rouler une idée dans son esprit, y faire quelque attention, se la rappeler, s'en occuper légèrement, l'avoir présente à sa mémoire. Vous ne direz point *songer* profondément, mûrement, fortement : vous direz *penser* toutes les fois qu'il s'agira de réflexion, de méditation, d'occupation suivie. Vous *pensez* à la chose que vous avez à cœur : il suffit qu'une chose soit présente à votre esprit, pour que vous y *songiez*. Quelqu'un qui vous donne une commission vous recommande d'y *songer*, c'est-à-dire de ne pas l'oublier ; si c'est une affaire grave dont vous deviez vous occuper, il vous recommandera d'y *penser*. *Songez à ce que vous faites*, signifie *faites-y attention* : *pensez à ce que vous avez à faire*, signifie, *occupez-vous*, *réfléchissez*, *délibérez*. A l'homme qu'il s'agit d'avertir, vous dites *songez-y* : à celui que vous voulez corriger, vous dites *pensez-y bien*. *Songer* a donc meilleur grâce, lorsqu'il s'agit de choses ou de considérations légères qui ne demandent que de l'attention ou de la mémoire, qui ne font pas des impressions ou ne laissent pas des traces profondes, qui n'ont point de suite ou n'exigent point de tenue : c'est alors le mot propre, et vous le préférez à *penser*, que vous employez dans tout autre cas.

Pensez bien à ce qu'il s'agit de faire, et vous y *songerez* dans le temps.

On ne *songe* pas toujours à ce qu'on dit : rarement y *pense-t-on* assez.

Une absence d'esprit fait que vous ne *songez* pas à ce que vous dites, la préoccupation de l'esprit fait que vous n'y *pensez* pas. La personne distraite *songe* à autre chose : l'homme abstrait *pense* à tout autre chose. *Vous n'y songez pas* est un avis : *vous n'y pensez pas* est un reproche.

Il n'y a qu'à *songer* aux petites choses ; il faut *penser* aux grandes : les gens qui *pensent* beaucoup aux petites, ne *songent* guère aux grandes.

On *songe* aux autres, on *pense* à soi. (R.)

1190. Sot, Fat, Impertinent.

Ce sont là de ces mots que dans toutes les langues il est impossible de définir, parce qu'ils renferment une collection d'idées qui varient suivant les mœurs dans chaque pays et dans chaque siècle, et qu'ils s'étendent encore sur les tons, les gestes et les manières. Il me paraît, en général, que les épithètes de *sot*, de *fat* et d'*impertinent*, prises dans un sens aggravant, n'indiquent pas seulement un défaut, mais portent avec soi l'idée d'un vice de caractère et d'éducation.

Il me semble aussi que la première épithète attaque plus l'esprit; et les deux autres, les manières.

C'est inutilement qu'on fait des leçons à un *sot* : la nature lui a refusé les moyens d'en profiter. Les discours les plus raisonnables sont perdus auprès d'un *fat;* mais le temps et l'âge lui montrent quelquefois l'extravagance de la *fatuité*. Ce n'est qu'avec beaucoup de peine qu'on peut venir à bout de corriger un *impertinent*.

Le *sot* est celui qui n'a pas même ce qu'il faut d'esprit pour être un *fat*. Un *fat* est celui que les *sots* croient un homme d'esprit. L'*impertinent* est une espèce de *fat* enté sur la grossièreté.

Un *sot* ne se tire jamais du ridicule, c'est son caractère; un *impertinent* s'y jette tête baissée sans aucune prudence. Un *fat* donne aux autres des ridicules qu'il mérite encore davantage.

Le *sot* est embarrassé de sa personne; le *fat* a l'air libre et assuré; s'il pouvait craindre de mal parler, il sortirait de son caractère. L'*impertinent* passe à l'effronterie.

Le sot, au lieu de se borner à n'être rien, veut être quelque chose; au lieu d'écouter, il veut parler, et pour lors il ne fait et ne dit que des bêtises. Un *fat* parle beaucoup et d'un certain ton qui lui est particulier; il ne sait rien de ce qu'il importe de savoir dans la vie, il s'écoute et s'admire, il ajoute à la sottise la vanité et le dédain. L'*impertinent* est un *fat* qui parle en même temps contre la politesse et la bienséance; ses propos sont sans égards, sans considération, sans respect; il confond l'honnête liberté avec une familiarité excessive; il parle et agit avec une hardiesse insolente : c'est un *fat* outré.

Le *fat* lasse, ennuie, dégoûte, rebute; l'*impertinent* rebute, aigrit, irrite, offense, il commence où l'autre finit. (La Bruyère, *Caract.*, chap. 12. *Encycl.*, XV, 383.)

1191. Soudain, Subit.

Soudain est en soi plus prompt que *subit*. Le premier n'a point de préliminaire : le second semble en supposer. La chose *soudaine* étonne; la chose *subite* surprend. L'événement *soudain* n'a été ni prévu, ni imaginé, ni soupçonné, ni pressenti; il n'a pas même pu l'être : l'événement *subit* a pu l'être absolument; mais il n'a été ni préparé, ni ménagé, ni amené, ni indiqué du moins suffisamment. On ne pouvait pas s'attendre au premier : on ne s'attendait pas, du moins sitôt, au second. Ce qui est *soudain*, arrive, pour ainsi dire, comme un coup de foudre dans un temps serein ; ce qui est *subit*, arrive comme un coup de foudre inattendu au commencement d'un orage. *Soudain* a quelque chose de plus extraordinaire que *subit*.

L'apparition de l'ennemi est *soudaine*, lorsqu'elle trompe toute votre prévoyance : elle est *subite*, lorsqu'elle trompe seulement votre attente. Pour l'exécution d'un dessein, vous faites une marche *subite* ; dans un pressant danger, vous prenez une résolution *soudaine*.

Si vous comparez le mouvement de la lumière à celui du son, vous direz que le premier est *soudain*, parce qu'il semble franchir presque en un instant un intervalle immense, et que le dernier est *subit*, parce qu'il s'exécute avec une rapidité singulière. *Soudain* semble n'avoir qu'un instant : *subit* peut avoir une durée.

Soudain est un terme réservé pour la poésie et pour le style relevé. Il exprime un grand mouvement, et il est fait pour être appliqué à de grands objets. *Subit* est, au contraire, dans l'ordre commun des choses; il n'exprime que l'idée simple qui peut se retracer dans tous les styles. Nous voyons tous les jours des accidents et des événements *subits :* les choses plus rares, plus extraordinaires, plus inopinées, plus frappantes, paraissent plutôt *soudaines.* (R.)

1192. Soudoyer, Stipendier.

Prendre, entretenir des troupes à sa solde.

Soudoyer désigne plutôt l'entretien ou la substance des troupes ; et *stipendier*, leur paie, ou rétribution en argent. Le *fidèle* des Gaulois était rigoureusement *soudoyé :* le *miles* des Latins était proprement *stipendié. Soudoyer* est le vrai terme de notre langue, fait pour notre histoire et pour l'histoire moderne : *stipendier* est un terme emprunté fait pour l'histoire romaine et pour l'histoire ancienne des autres peuples étrangers.

Nous disons communément *soudoyer*, lorsqu'il s'agit des troupes étrangères qu'un prince prend à sa solde : cet usage, étranger aux Romains, ne serait pas exprimé si convenablement par le mot *stipendier*.

Les armées carthaginoises étaient presque entièrement composées de troupes étrangères, qui n'avaient d'autre intérêt que d'être bien *soudoyées*, avec le moins de risque possible. Le sénat romain arrêta et prévint beaucoup de désordres, lorsqu'il ordonna que les soldats seraient à l'avenir *stipendiés* aux dépens du public, par une imposition nouvelle dont aucun citoyen ne serait exempt (l'an de Rome 347).

1193. Souffrir, Endurer, Supporter.

Souffrir se dit d'une manière absolue ; on *souffre* le mal dont on ne se venge point. *Endurer* a rapport au temps ; on *endure* le mal dont on diffère à se venger. *Supporter* regarde proprement les défauts personnels ; on *supporte* la mauvaise humeur de ses proches.

L'humilité chrétienne fait *souffrir* les mépris sans ressentiment. La politique fait *endurer* le joug qu'on n'est pas en état de secouer. La politesse fait *supporter*, dans la société, une infinité de choses qui déplaisent.

On *souffre* avec patience ; on *endure* avec dissimulation ; on *supporte* avec douceur. (R.)

1194. Soumettre, Subjuguer, Assujettir, Asservir.

Mettre dans la dépendance.

Soumettre, mettre dessous, sous soi, ranger sous la dépendance, la domination, l'autorité. *Subjuguer, mettre sous le joug* par la force, prendre un empire absolu sur. *Assujettir, mettre dans la sujétion*, la contrainte, soumettre à des obligations, à des devoirs. *Asservir, mettre dans un état de servitude*, réduire à une extrême dépendance.

Il est sensible que *soumettre* et *assujettir* n'ont pas la même dureté de sens qu'*asservir* et *subjuguer*. *Assujettir* et *soumettre* ôtent l'indépendance ; *subjuguer* et *asservir* ôtent la liberté. *Soumis* ou *assujetti*, on peut être encore libre ; *subjugué* ou *asservi*, on est esclave. On est *soumis* à un prince juste, et *assujetti* à des devoirs légitimes ; on est *subjugué* par un ennemi victorieux, et *asservi* par un gouvernement tyrannique.

Soumettre est un terme générique qui marque une certaine disposition des choses, mais susceptible de beaucoup de variétés : la *soumission* va depuis la déférence jusqu'à l'asservissement. Mais *assujettir* marque un état habituel ou une habitude d'obéissance, de devoirs, de travaux ou de soins ; la *sujétion* désigne une contrainte ou une assiduité constante qui annonce la multiplication des actes, comme l'adjectif *sujet* désigne une obéissance, une inclination, une habitude soutenue et prouvée par plusieurs actes. *Subjuguer* exprime un empire ou un ascendant plus ou moins absolu, mais sans exiger nécessairement, comme *asservir*, l'oppression ou l'abus : il y a un *joug* doux, un *joug* léger, comme un *joug* pesant, un *joug* de fer. *Asservir* désigne, au contraire, un état violent, une extrême contrainte, la dépendance d'un *serf*, c'est-à-dire d'un homme enchaîné : la servitude est un esclavage. (Voyez *servitude*.)

Ainsi, *soumettre* exige d'un côté une supériorité, une autorité quelconque; et de l'autre une infériorité, une dépendance vague : on est *soumis* à la force, à la nécessité, à la loi, à la volonté, au jugement d'autrui ; on l'est plus ou moins ; on l'est nécessairement ou involontairement. *Subjuguer* exige, d'une part, une force ou un ascendant victorieux ; et de l'autre, une grande dépendance et une sorte d'impuissance ; on *subjugue* des ennemis, des rebelles par la force des armes ; des passions, par la force et par l'empire de la raison ; des esprits faibles, par l'ascendant du génie ou d'un esprit fort. *Assujettir* exige, d'un côté, une puissance ou un titre ; et, de l'autre, une dépendance ou un dévouement établi ; on est *assujetti* par un maître, par des besoins, par les devoirs d'une charge, par une tâche qu'on s'impose soi-même. *Asservir* exige, d'un côté, une puissance irrésistible ou un pouvoir tyrannique ; et de l'autre, une extrême dépendance, une dure contrainte ; on est *asservi* par des conquérants barbares, par des despotes, par des passions violentes, par des devoirs ou des besoins sans cesse renaissants et pressants, en un mot, par l'oppression.

De par la nature, les femmes sont *soumises* à leurs maris : celui qui par sa faiblesse a besoin d'être protégé n'est pas fait pour commander ; par cette même faiblesse, elles sont plus exposées que les hommes à être *subjuguées.* Par leur sexe et par leur état, elles sont *assujetties* à tant de gênes et à tant de devoirs, qu'il n'est rien de plus respectable dans la société qu'une femme qui se soumet patiemment aux unes, et remplit fidèlement les autres. Dans l'Orient, elles sont *asservies* par une suite naturelle de l'esprit public. (R.)

1195. Soupçon, Suspicion.

C'est tout au plus une connaissance fort incertaine, ou peut-être une vaine imagination. On dit que le *soupçon* est une légère impression sur l'esprit, un sentiment de hasard, une demi-lumière, la moins noble des fonctions de l'esprit, une croyance douteuse et désavantageuse, une idée de défiance.

Soupçon est le terme vulgaire : *suspicion* est un terme de palais. Le *soupçon* roule sur toutes sortes d'objets : la *suspicion* tombe proprement sur les délits : le *soupçon* entre dans les esprits défiants, et la *suspicion* dans le conseil des juges. Le *soupçon* peut donc être sans fondement ; la *suspicion* doit donc avoir quelque fondement, une raison apparente. Justifiée par des indices, la *suspicion* sera donc un *soupçon* légitime, grave, raisonnable. Le *soupçon* fait que l'on est soupçonné : la *suspicion* suppose qu'on est suspect.

Il résulte de là que le verbe *suspecter*, indiqué par l'adjectif *suspect*, est un mot utile, puisqu'il désigne dans l'objet un sujet de le *soupçonner*. La défiance *soupçonne* les gens mêmes qui n'ont donné aucun lieu au *soupçon* : la prudence *suspecte* ceux qui ont donné matière à la *suspicion*. Un homme vrai peut être *soupçonné* de ne pas dire la vérité dans certains cas : le menteur est justement *suspecté* de dire faux dans le cours ordinaire des choses. On voudra rendre le premier *suspect ;* celui-ci l'est à juste titre. La femme la plus vertueuse sera *soupçonnée* par un jaloux : la coquette est *suspectée* de tout le monde ou *suspecte* au public.

Suspecter n'a point encore passé de la conversation dans les fastes de la langue : je ne sais pas pourquoi. Les Latins disaient *suspicari*, soupçonner, et *suspectare*, suspecter ou tenir pour suspect : ce dernier indique une réduplication. (R.)

1196. Souris, Sourire.

Le *souris* est proprement un acte , l'effet particulier de *sourire* ou du *sourire :* le *sourire* est l'action spécifique de *sourire*, la manière habituelle de *sourire*, ou enfin une espèce de *rire*. Si souvent on les confond, souvent on les distingue, et un usage vicieux ne fait point que l'un ne soit préférable à l'autre, selon les cas.

Le *souris* est une des expressions les plus énergiques du sentiment : le *sourire* est un des attraits les plus touchants de la figure. Le *sourire* est la manière d'exprimer une joie douce, modeste, délicate de l'âme ; le *souris* en est l'expression actuelle et passagère. Avec un *souris* fin, il y a de l'esprit jusque dans le silence : avec un *sourire* gracieux la laideur disparaît. Le *souris* est en quelque sorte plus moral, et le *sourire* plus physique : je veux dire qu'on applique plutôt les qualifications morales au *souris* , et les qualifications physiques au *sourire*. Vous ne concevez pas le *souris* sans une intention, un motif, un sentiment, une pensée qui l'anime : vous concevez le *sourire* comme un jeu naturel de la figure, comme un trait ou une habitude du corps, comme un genre d'action physique, familier à l'homme.

Les grâces ont toujours le *sourire* sur les lèvres : le *souris* n'est pas de même, si l'amour allume ou éteint son flambeau.

On voit le *sourire*, il repose sur le visage : on aperçoit le *souris*, il s'évanouit bientôt. Le *souris* prolongé devient *sourire*. Le *sourire* se fixe, et le *souris* s'échappe. On étale le *sourire ;* on cachera son *souris*. Le *souris* est au *sourire* ce que l'accent est à la voix : je veux dire que le *souris* n'est qu'un acte léger, un trait fugitif ; au lieu que le *sourire* est une action suivie, un état de la chose.

La peinture fixe le *sourire* en développant avec aisance ses formes gracieuses et les effets qu'il produit sur toute la figure. Elle esquisse si finement le *souris*, qu'il semble se dissiper à l'instant où on le voit éclore.

Comme un *souris* craintif glisse sur les lèvres de cette personne contrainte qui répond comme à la dérobée au discours ou au coup d'œil qu'elle ne doit pas entendre ! Comme le doux *sourire* repose sur la bouche de cette bonne mère qui contemple délicieusement son tendre nourrisson endormi sur ses genoux !

Une femme artificieuse compose habilement son *sourire* : mais à un *souris* général de l'assemblée, je vois que personne ne s'y trompe. Le *sourire* doit être naturel, sinon c'est une grimace : le *souris* est naïf ; il échappe du cœur, à moins qu'il ne soit malin. (R.)

1197. Souvent, Fréquemment.

L'abbé Girard estime que « *souvent* est pour la répétition des mêmes actes, et *fréquemment* pour la pluralité des objets. On déguise, dit-il, *souvent* ses pensées. On rencontre *fréquemment* des traîtres. »

Il me semble qu'on rencontre aussi *souvent* des traîtres, et qu'on déguise *fréquemment* ses pensées, ses desseins, ses sentiments, sa marche tout à la fois. *Fréquent* signifie ce qui se fait *souvent* ; *fréquence* exprime la réitération rapide des pulsations, des vibrations et des mouvements. *Fréquenter*, c'est voir ou visiter avec assiduité le même objet ; *fréquentatif* marque répétition des mêmes actes. *Fréquemment* a donc, comme tous ces termes, la propriété de désigner cette répétition.

Souvent veut dire, selon l'interprétation commune, beaucoup de fois, maintes fois, souventes fois ; *fréquemment*, selon l'étymologie et la valeur des mots de la même famille, veut dire *souvent*, très-ordinairement, plus que de coutume. Vous allez *souvent* dans un lieu où vous avez coutume d'aller ; vous allez *fréquemment* dans une maison où vous allez avec une grande assiduité. *Souvent* n'indique que la pluralité des actes ; *fréquemment* annonce une habitude formée. Vous faites *souvent* ce qui n'est pas rare, ce qui est ordinaire que vous fassiez ; vous faites *fréquemment* ce que vous êtes le plus accoutumé à faire, ce que vous faites sans cesse.

Celui qui voit *souvent* les ministres, visite *fréquemment* les antichambres.

Un égoïste parle *souvent* de lui ; il en parle même plus *fréquemment* qu'on ne pense ; car, sans se nommer, c'est *souvent* de lui ou relativement à lui qu'il parle.

Le philosophe même se trompe *souvent*, et le juste même pèche *fréquemment*.

Ce qui ne revient pas *souvent* est plus ou moins rare ; ce qui ne revient pas *fréquemment* peut être néanmoins ordinaire. *Fréquemment* est même particulièrement propre à désigner ce qui se fait ordinairement, mais plus *souvent* qu'à l'ordinaire. Ainsi, dans l'état naturel, le pouls bat *souvent* en une minute ; mais si, par accident, les pulsations de-

viennent plus pressées, plus rapides, plus multipliées, il bat *fréquem-*
ment, il est *fréquent*.

On voit *souvent* changer le ministère dans différents gouvernements ;
il faut bien le changer *fréquemment*, lorsque les maux sont tels, qu'il
n'est guère possible d'y remédier, comme dans l'état présent de l'Angleterre.

Enfin, *fréquemment* indique proprement une action, ce qu'on fait,
et *souvent* indique également l'action et l'état, ce qui se fait ou ce qui
est. On *fait souvent* ou *fréquemment* certaines choses : on est *sou-*
vent ou *fort souvent*, et non *fréquemment*, dans une situation. Celui
qui ne fait pas *fréquemment* un exercice modéré, est *souvent* incom-
modé, ou il éprouve *souvent* des incommodités. *Il y a fort souvent*
du monde dans une maison ; et vous y allez vous-même fréquem-
ment, (R.)

1198. Stabilité, Constance, Fermeté.

La *stabilité* empêche de varier, et soutient le cœur contre les mouvements de légèreté et de curiosité que la diversité des objets pourrait
y produire ; elle tient de la préférence, et justifie le choix. La *constance*
empêche de changer, et fournit au cœur des ressources contre le dégoût et l'ennui d'un même objet ; elle tient de la persévérance, et fait
briller l'attachement. La *fermeté* empêche de céder, et donne au cœur
des forces contre les attaques qu'on lui porte ; elle tient de la résistance,
et répand un éclat de victoire.

Les petits-maîtres se piquent aujourd'hui d'être volages, bien loin de
se piquer de *stabilité* dans leurs engagements. Si ceux des dames ne
durent pas éternellement, c'est moins par défaut de *constance* pour
ceux qu'elles aiment, que par défaut de *fermeté* contre ceux qui veulent
s'en faire aimer. (G.)

1199. Stérile, Infertile.

Stérile, qui ne produit, ne porte, ne rapporte rien, aucun fruit,
quoiqu'il soit de nature à produire. *Infertile*, qui n'est pas *fertile*, qui
ne porte guère, qui rend fort peu, rien ou presque rien. *Stérile* est
par lui-même plus exclusif qu'*infertile* ; mais l'usage déplace souvent
les bornes naturelles de leur district.

On dit rigoureusement qu'une femme est *stérile* lorsqu'elle ne fait
point d'enfant, et qu'elle ne paraît pas capable d'en avoir. On ne dira
pas qu'elle est *infertile*, et parce que ce mot n'exclut que la quantité,
et parce qu'en parlant d'une femme, on dit qu'elle est *féconde* et non
fertile ;

On dit qu'une année est *stérile*, quoiqu'elle ne soit réellement qu'*in-*
fertile ; peut-être que la plainte exagère toujours les maux.

Une terre inculte qui ne produit rien, ou du moins rien pour notre usage, s'appelle *stérile ;* une terre cultivée, mais qui ne paie pas assez les avances de la culture, n'est qu'*infertile :* vous la compterez bientôt parmi les terres *stériles.*

Un sujet, *stérile* pour l'un, ne sera qu'*infertile* pour l'autre : tel esprit fait quelque chose de rien ; tel autre ne sait rien faire de quelque chose.

Le mot *stérile* indique un principe de *stérilité,* l'aridité, la sécheresse ; *infertile* n'indique proprement que le fait, la rareté ou la disette des productions, sans désigner la cause de l'*infertilité. Stérile* est opposé à *fécond ; infertile* est la négative de *fertile :* or, *fécond* exprime la faculté de produire, et *fertile* a plus de rapports à l'effet produit. (Voyez *ces deux mots.*)

Il faudrait dire *infertile* dans les cas où l'on dit *fertile* par opposition, et pour désigner l'état contraire à l'abondance. Il ne faudrait dire *stérile* que dans les cas contraires à celui de la *fécondité,* et même pour en exclure le principe. Mais nous avons aussi le mot *infécond* qui ne se disait point autrefois, par la raison que *stérile* en tenait lieu. A la vérité, *infécond* ne se dit guère que des terres et des esprits : on dit une femme, une femelle *stérile* et non *inféconde.* Ce mot pourrait être affecté à l'idée particulière de n'être pas *féconde,* d'avoir besoin de *fécondation :* c'est ainsi qu'un œuf est *infécond* ou qu'une fleur est *inféconde.* Quoiqu'il en soit, il n'exprime point, comme *stérile,* le principe de l'*infécondité.*

Enfin, *infertile* ne se dit guère au figuré que de l'esprit et d'une matière à traiter : *stérile* y est, au contraire, d'un grand usage. La gloire est *stérile,* quand on n'en retire aucun fruit : un travail est *stérile,* quand il ne rapporte aucun avantage : une admiration *stérile* se dissipe sans effet : des louanges *stériles* sont perdues : un siècle est *stérile* en vertu et en grands hommes, etc. (R.)

1200. Stoïciens, Stoïque.

On donna le nom de *stoïciens* aux disciples et aux sectateurs de Zénon, d'un nom grec qui signifie portique, parce que Zénon donnait ses leçons sous le Portique d'Athènes : ainsi la philosophie *stoïcienne* signifie littéralement la philosophie du Portique. Cet adjectif était suffisant pour qualifier tout ce qui pouvait avoir rapport à la secte philosophique de Zénon ; mais elle avait des principes de morale qui la distinguaient des autres par une grande austérité, et qui inspiraient un courage extraordinaire : sans être de cette secte, et même sans la connaître, quelques hommes ont quelquefois donné des exemples d'une vertu aussi austère et d'un courage aussi inébranlable ; ils n'étaient pas *stoïciens,* mais il leur resemblaient, ils étaient *stoïques.*

Stoïcien signifie donc appartenant à la secte philosophique de Zénon ;

et *stoïque* veut dire conforme aux maximes de cette secte. *Stoïcien* va promptement à l'esprit et à la doctrine ; *stoïque* à l'humeur et à la conduite.

Des maximes *stoïciennes* sont celles que Zénon ou ses disciples ont enseignées ; les ouvrages de Sénèque en sont pleins, et en tirent leur principal mérite. Des maximes *stoïques* sont celles qui persuadent un attachement inviolable à la vertu la plus rigide, et le mépris de tout autre chose, indépendamment des leçons du Portique ; telles sont tant de belles maximes répandues dans le Télémaque.

Une vertu *stoïque* est une vertu courageuse et inébranlable : une vertu *stoïcienne* pourrait bien n'être qu'un masque de pure représentation, car il n'y a eu dans aucune école autant d'hypocrites que dans celle de Zénon. Panétius, l'un de ses disciples, plus attaché à la pratique qu'aux dogmes de sa philosophie, était plus *stoïque* que *stoïcien*.

On a cité plusieurs exemples où ces mots sont employés indistinctement dans l'un ou l'autre de ces sens ; et Ménage a presque voulu en conclure qu'ils étaient entièrement synonymes. Ces exemples prouvent seulement de deux choses l'une : ou qu'il était inutile, dans ces exemples, d'insister sur ce qui différencie ces mots, ou que les auteurs chez qui on les a pris n'ont pas fait assez d'attention à ce que la justesse et la précision exigeaient d'eux. (Bouhours, *Rem. nouv.*, *tom. I.*) (B.)

1201. Subreptice, Obreptice.

Quoique ces mots soient des termes de palais et de chancellerie, ils sont cependant d'un usage si fréquent et si commun, qu'il ne saurait être hors de propos de les faire connaître ici. Ils servent l'un et l'autre à caractériser des grâces obtenues par surprise, ou de la puissance séculière, ou des magistrats dispensateurs de la justice.

La surprise suppose que ceux qui ont accordé la grâce, n'ont pas eu les lumières nécessaires pour se décider avec équité, et que les personnes qui l'ont sollicité y ont mis obstacle, ce qui peut se faire de deux façons. La première est, lorsqu'on avance comme vraie une chose fausse, et alors il y a *subreption* : la seconde est, lorsqu'on supprime, dans son exposé, une vérité qui empêcherait l'effet de la demande, et alors il y a *obreption*.

Un titre *obreptice* peut avoir été obtenu de bonne foi, mais manque néanmoins de solidité ; il ne donne pas un droit réel. Un titre *subreptice* a été obtenu de mauvaise foi, et loin de donner un droit réel, il est sujet à l'anidmadversion du collateur. Un titre *obreptice* et *subreptice* tout à la fois, a les caractères les plus certains de réprobation, et l'*obreption* même peut justement être soupçonné d'aussi mauvaise foi que la *subreption*. (R.)

1202. Subsistance, Nourriture, Aliments.

On fait des provisions pour la *subsistance :* on apprête à manger pour la *nourriture :* on choisit entre les mets les *aliments* convenables.

La *subsistance* est commise aux soins du pourvoyeur et du maître d'hôtel. La *nourriture* se prépare à la cuisine. Sur les *aliments,* on consulte le goût ou le médecin, selon l'état de la santé.

Le premier de ces termes a un rapport particulier au besoin ; le second, à la satisfaction de ce besoin, et le troisième à la manière de le satisfaire.

Dans la conduite des armées, la *subsistance* doit être un des objets du général : les troupes à qui la *nourriture* manque, perdent nécessairement de leur valeur, et se relâchent aisément sur la discipline : il ne faut pourtant pas que les *aliments* en soient délicats ; mais il est nécessaire qu'ils soient bons dans leur espèce et en quantité suffisante. (G.)

1203. Subsistance, Substance.

Ces deux termes ont également rapport à la nourriture et à l'entretien de la vie. (B.)

Le premier de ces mots veut dire proprement ce qui sert à nourrir, à entretenir, à faire subsister, de quelque part qu'on le reçoive. Le second signifie tout le bien qu'on a pour subsister étroitement, ce qui est absolument nécessaire pour pouvoir se nourrir et pour pouvoir vivre.

Les ordres mendiants trouvent aisément leur *subsistance ;* mais combien de pauvres honteux qui consument dans la douleur leur *substance* et leurs jours !

Combien de partisans qui s'engraissent de la pure *substance* du peuple, et qui mangent en un jour la *subsistance* de cent familles ? (*Encycl.,* XV, 582.)

1204. Subsistances, Denrées, Vivres.

Les *subsistances* sont les productions de la terre, qui nous font subsister, c'est-à-dire qui maintiennent la durée de notre existence, ou qui forment notre *subsistance,* composée de la nourriture et de l'entretien. Les *denrées* sont des productions ou les espèces de *subsistances* qui entrent dans le commerce journalier, et qui se vendent couramment en argent, en *deniers.* Les *vivres* sont les espèces de *subsistances* et de *denrées* qui nous font *vivre* ou qui alimentent et reproduisent, pour ainsi dire, chaque jour, notre *vie* par la nourriture.

Le premier de ces noms est tiré de l'utilité générale des choses et de leur effet commun : le second, de la valeur vénale qu'elles ont : le troisième, de l'effet particulier que certaines choses produisent.

Les *subsistances* embrassent nos besoins réels, et surtout les divers objets de nécessité. Les *denrées* sont des objets d'un commerce journalier et d'une consommation commune. Les *vivres* se bornent à la nourriture et aux consommations journalières.

L'économie sociale considère les *subsistances* comme productions propres et nécessaires à la conservation et à la multiplication des hommes, ainsi qu'à la conservation et à la prospérité de la société. L'économie distributive considère particulièrement dans les *denrées* leur abondance, leur bonté, leur circulation, leur prix et leur débit. L'économie domestique considère les *vivres*, eu égard à l'achat, à l'approvisionnement, à la consommation.

Un pays est fertile en *subsistances*. Un marché est pourvu de *denrées*. Une place est approvisionnée de *vivres*.

Le cultivateur produit toutes les *subsistances* : c'est donc par lui que tout existe, que tout subsiste, que tout prospère dans la société. Le vendeur ou bien le marchand débite les *denrées* produites par l'agriculture : service utile qui, par le débit, assure la production, et d'autant plus utile qu'il la favorise davantage. Le pourvoyeur amasse des *vivres* que l'art apprête : ce qui forme la plus précieuse des consommations, celle qui rend sans cesse à l'agriculture des avances en lui demandant sans cesse une nouvelle reproduction.

Dans le Bengale, un des pays de l'univers le plus abondant en *subsistances*, le monopole des *denrées* exercé par la compagnie anglaise, a, de nos jours, englouti les *vivres* et causé la destruction d'un peuple immense.

Les *subsistances* comme les *vivres* ne se prennent qu'en gros : ces mots n'ont point de singulier ; ce qui semble en désigner l'abondance et même la variété. On dit une *denrée* et avec raison, puisque ce mot n'énonçait originairement que la vente de détail.

Il y a plusieurs espèces de *subsistances*, selon qu'elles servent à nourrir, à vêtir, à chauffer, à éclairer, à conserver. Les *denrées* se divisent, dans le commerce, en menues *denrées* qui se vendent en petit détail comme les fruits, les légumes, les racines, les œufs, le laitage ; et en grosses *denrées*, comme les blés, les vins, le foin, etc. Les *vivres* peuvent être physiquement distingués en deux classes, les aliments proprement dits, ou qui se convertissent en notre substance, comme les grains, la viande, le lait et les autres objets de consommation qui ne sont qu'utiles à la digestion, ou agréables au goût, ou faits pour rafraîchir, pour ranimer, etc., comme certaines boissons, le sel et les épices, la plupart des herbages et des fruits. (R.)

1205. Subtilité d'esprit, Délicatesse.

Ce sont deux termes fort différents : on dira d'un scolastique, grand chicaneur, qu'il a de la *subtilité*, mais non pas de la *délicatesse*. La *subtilité* s'accorde quelquefois avec l'extravagance, et les casuistes relâchés n'en sont qu'une trop bonne preuve. Mais pour la *délicatesse* de l'esprit, la *délicatesse* des pensées, elle ne s'accorde qu'avec le bon sens et la raison ; il serait difficile de la bien définir ; elle est de la nature de ces choses qui se comprennent mieux qu'elles ne s'expriment ; c'est sans doute pour cela que le P. Bouhours, après avoir si bien expliqué ce que c'est qu'un morceau délicat, dit que si on lui demande ce que c'est qu'une pensée *délicate*, il ne sait où prendre des termes pour s'expliquer. (Audry de Boisregard, *Réfl. sur l'usage présent de la langue française*, tome I.)

Le P. Bouhours s'explique cependant un peu plus loin.

« Une pensée, dit-il, où il y a de la *délicatesse*, a cela de propre, qu'elle est renfermée en peu de paroles, et que le sens qu'elle contient n'est pas si visible ni si marqué ; il semble d'abord qu'elle le cache en partie, afin qu'on le cherche et qu'on le devine, ou du moins elle le laisse seulement entrevoir pour nous donner le plaisir de la découvrir tout-à-fait, quand nous avons de l'esprit ; car, comme il faut avoir de bons yeux, et employer même ceux de l'art, je veux dire les lunettes et les microscopes, pour bien voir les chefs-d'œuvre de la nature, il n'appartient qu'aux personnes intelligentes et éclairées, de pénétrer tout le sens d'une pensée *délicate*. Ce petit mystère est comme l'âme de la *délicatesse* des pensées ; en sorte que celles qui n'ont rien de mystérieux ni dans le fond, ni dans le tour, et qui se montrent tout entières à la première vue, ne sont pas *délicates* proprement, quelque spirituelles qu'elles soient d'ailleurs. » (Bouhours, *Man. de bien-penser, dial.* 11.)

1206. Suffisant, Important, Arrogant.

Le *suffisant* est celui en qui la pratique de certains détails, que l'on honore du nom d'affaires, se trouve jointe à une très-grande médiocrité d'esprit.

Un grain d'esprit et une once d'affaires plus qu'il n'en entre dans la composition du *suffisant*, font l'*important*.

Pendant qu'on ne fait que rire de l'*important*, il n'a pas un autre nom : dès qu'on s'en plaint, c'est l'*arrogant*. (La Bruyère, *Caract.*, chap. 12.)

1207. Suggestion, Inspiration, Insinuation, Instigation, Persuasion.

Suggérer, à la lettre, *porter dessous, en dessous, subger-ere :* fournir tout doucement à quelqu'un ce qui lui manque, lui mettre, pour ainsi dire, sourdement dans l'esprit ce qui n'y vient pas.

Inspirer, à la lettre, *souffler dans*, faire entrer en soufflant, *in-spir-are :* introduire dans l'esprit d'une manière insensible, imperceptible.

Insinuer, à la lettre *mettre dans le sein* et d'une manière *si-nueuse, in-si-nu-are :* faire passer adroitement, artificieusement dans l'esprit.

Instiguer, à la lettre, *piquer, imprimer vivement, profondément, in-stig-are :* exciter, aiguillonner fortement quelqu'un à faire une chose.

Persuader, à la lettre, *couler doucement, pénétrer entièrement, per-sua-dere :* gagner entièrement l'esprit. La *persuasion coule*, dit-on, des lèvres; elle pénètre, entraîne, charme : on compare l'éloquence à un ruisseau, à un fleuve, à un torrent.

Quelques-uns de ces verbes ne s'emploient que dans le sens figuré, qu'il s'agit de considérer ici dans leurs substantifs, qui expriment des manières de porter, engager, décider, diriger l'esprit de quelqu'un. La *suggestion* est une manière cachée ou détournée de prévenir et d'occuper l'esprit de quelqu'un de l'idée qu'il n'aurait pas. L'*inspiration* est un moyen insensible et pénétrant de faire naître dans l'esprit de quelqu'un des pensées, ou dans son cœur, des sentiments qui semblent y naître comme d'eux-mêmes. L'*insinuation* est une manière subtile et adroite de se glisser dans l'esprit de quelqu'un, et de s'emparer de sa volonté sans qu'il s'en doute. L'*instigation* est un moyen stimulant et pressant d'exciter secrètement quelqu'un à faire ce à quoi il répugne et résiste. La *persuasion* est le moyen puissant et victorieux de faire croire fermement ou adopter pleinement à quelqu'un ce qu'on veut, même malgré des préjugés ou des préventions contraires, et plus par le charme du discours ou de la chose qui intéresse et gagne, que par la force des raisons qui convainquent et subjuguent

La *suggestion* surprend et entraîne l'esprit inattentif ou dominé. L'*inspiration* étonne les esprits et les fait agir par des lumières et par des mouvements nouveaux et extraordinaires. L'*insinuation* s'ouvre doucement le chemin et se ménage adroitement la confiance des âmes molles et faciles. L'*instigation* sollicite sourdement et fortement, et contraint enfin les esprits faibles et les âmes lâches. La *persuasion* ravit, pour ainsi dire, à force ouverte, mais surtout par la force de l'onction, l'acquiescement de tous les esprits, et surtout elle gagne l'esprit par le cœur.

On cède, on obéit à la *suggestion* ; adroite ou puissante elle nous fait agir, pour ainsi dire, sans notre conseil. On est saisi, agité, par l'*inspiration;* plus ou moins puissante, il faut agir d'après elle ou se défendre contre elle. On se laisse aller à l'*insinuation*, on ne s'en défend pas ; fine et débile, nous croyons agir d'après nous, quand nous n'agissons que d'après elle. On se défend en vain contre l'*instigation*, ses persécutions lassent ; pressante et persevérante, elle nous fait agir malgré nous. On ne résiste point à la *persuasion ;* toujours efficace par sa douceur ou par sa force, elle nous attache même à ce que nous n'aurions voulu ni croire ni fair e.

Suggestion et *instigation* ne se prennent que dans un sens odieux, contre l'usage des Latins. Cependant *suggérer* se prend quelquefois en bonne part ; mais il n'en est pas de même d'*instiguer*, moins usité que son substantif. (R.)

1208. Suivre les exemples, Imiter les exemples.

Bouhours demande si la dernière pureté n'exigerait pas qu'on dît toujours *suivre les exemples* et *imiter les actions* ou *les personnes.* *Imiter les exemples* est l'expression propre et conforme au sens littéral des mots. *Exemple* signifie *modèle. Imiter*, c'est faire l'*image* d'une chose, copier un *modèle*, retracer la ressemblance : on *imite* donc, à la lettre et à la rigueur les *exemples. Suivre*, c'est aller après, en *second*, marcher à la suite, sur les traces, dans la même voie : on ne dit donc que par figure *suivre les exemples*, au lieu de *suivre* les traces, la voie tracée par les *exemples.*

On *suit les exemples* de celui qu'on prend pour guide, pour règle : on *imite les exemples* de celui qu'on prend pour modèle, pour type. On *suit les exemples* du premier, pour agir avec plus de sécurité et parvenir plus sûrement à un but : on *imite les exemples* du second, pour lui ressembler et se distinguer comme lui. C'est surtout la confiance qui fait qu'on *suit ;* et c'est l'émulation qui fait qu'on *imite.*

Les disciples *suivent les exemples* de leurs maîtres : les petits *imitent* les grands autant qu'ils le peuvent.

La vie de Jésus-Christ est la règle et le modèle du chrétien : *sa règle*, en ce qu'elle lui retrace ce qu'il doit faire par les *exemples* qu'elle lui donne à *suivre ; son modèle*, en ce qu'il lui montre ce qu'il doit tâcher d'être dans les *exemples* qu'elle lui offre à *imiter.*

Suivre l'exemple ne se dit qu'en matière de conduite et de mœurs ; en fait d'art ou de belles-lettres, on dit *imiter un exemple*. L'art *imite* des modèles : les mœurs suivent une marche. (R.)

1209. Superbe, Orgueil.

Balzac et Vaugelas ont absolument condamné la *superbe*, quoique
de l'aveu du dernier, une infinité de gens, et particulièrement les
prédicateurs, s'en servent sans difficulté.

Corneille a dit :

> Assez et trop long-temps l'*arrogance* de Rome
> A cru qu'être Romain c'était être plus qu'homme ;
> Abattons sa *superbe* avec sa liberté.
> *Pompée*, acte I, sc. 2.

M. de Voltaire observe que ce mot ne se dit plus dans la poésie noble.

Cependant il est bien noble, ce mot, bien nombreux, bien énergique, bien beau. Il plaisait tant à l'oreille de nos aïeux, il renchérit si
visiblement sur celui d'*orgueil*, il imprime à ce vice un caractère si
distinctif, que la langue semble le réclamer contre l'usage. Pourquoi,
comme substantif, n'aurait-il pas la fortune qu'il a comme adjectif ?
Est-ce un inconvénient que le même mot soit adjectif et substantif et
tout ensemble ? Vaugelas répond lui-même que nous en avons plusieurs
de ce genre, tels que *colère*, *sacrilége*, *chagrin*, etc. ; et ces singu-
larités mêmes répandent dans la langue un agrément particulier.

La *superbe* n'est pas l'*orgueil* tout pur, comme le superbe n'est pas
simplement *orgueilleux*. L'*orgueilleux* est plein de soi ; mais le
superbe en est tout bouffi. Le *superbe* est un *orgueilleux* arrogant
qui, par son air et ses manières, affecte sur les autres une supériorité
humiliante. C'est l'éclat, c'est le faste, c'est la gloire qui forme l'idée
distinctive du *superbe*. Ce mot annonce la *supériorité* qu'on affecte
au-dessus des autres : *orgueil* n'exprime que la hauteur des sentiments,
ou la haute opinion qu'on a de soi.

La *superbe* est un *orgueil* superbe, ou arrogant, ou insolent, fas-
tueux, dédaigneux. L'*orgueil* est, selon Théophraste, une haute opinion de soi-même qui fait qu'on n'estime que soi : la *superbe* est
l'ostentation de cet *orgueil*, qui fait qu'en affectant une très-haute
opinion de soi-même, l'on témoigne ouvertement un grand dédain
pour les autres. Il y a toujours de la sottise dans l'*orgueil*, et de l'im-
pertinence dans la *superbe*.

Tout, dit Bossuet, jusqu'à l'humilité, sert de pâture à l'*orgueil* ; la
superbe se repaît de vaine gloire, mais surtout de son propre encens.
Et comme l'*orgueil* raffiné se rit des vanités de la *superbe* !

L'*orgueil*, quelquefois fin et subtil, se déguise de mille manières.
La *superbe*, sans adresse et sans pudeur, a toujours son enseigne
déployée.

L'*orgueil*, se trouve partout, dans toutes les conditions, dans toutes les âmes ; la *superbe* n'est faite que pour un état brillant des avantages de la fortune, pour des âmes vaines. Le pauvre sera *orgueilleux*,
mais comment serait-il *superbe* ? (R.)

1210. Suppléer une chose, Suppléer à une chose.

Les grammairiens ont bien connu, mais peut-être insuffisamment expliqué la différence de ces deux manières de parler. *Suppléer* actif ou avec le régime simple, *suppléer une chose* c'est, dit-on, ajouter ce qui manque, fournir ce qu'il faut de surplus : *suppléer* neutre ou avec le régime composé, *suppléer à une chose*, c'est réparer ou suffire à réparer le manquement, le défaut de quelque chose. Le lecteur est donc ensuite obligé de chercher une différence peu sensible entre *ajouter ce qui manque*, et *réparer le manquement*. D'autres ont mieux dit que *suppléer à* signifie réparer *une chose par une autre :* mais ils s'expriment mal, lorsqu'ils disent que *suppléer* sans préposition signifie ajouter *une chose* pour *la* rendre *entière* et *complète*, ajouter ce qui manque : il fallait dire ajouter *à une chose ce qui y manque* pour la rendre entière et complète ; car ce n'est pas la chose qu'on ajoute qui devient complète, c'est celle à laquelle on l'ajoute.

Suppléer une chose, c'est la fournir pour compléter un tout ; remplir par cette addition le vide, la lacune, le *déficit* qui se trouve dans un objet incomplet ou imparfait : vous *suppléez* ce qui manque pour parfaire une somme de cent pistoles, en le fournissant. *Suppléer à une chose*, c'est mettre à sa place une autre chose qui en tient lieu : si votre troupe est inférieure à celle de l'ennemi, la valeur *suppléera* au nombre.

Ainsi vous *suppléerez* la chose même qui manque : vous *suppléez* à la chose qui manque par un équivalent. Deux objets du même genre, égaux l'un à l'autre, *se suppléent l'un à l'autre :* deux objets d'un genre différent, mais d'une égale valeur, *suppléent l'un à l'autre.* A proprement parler, il faut exactement remplir la place de ce qu'on *supplée :* il suffit de produire à peu près le même effet que la chose à *laquelle* on *supplée.* (R.)

1211. Supposition, Hypothèse.

L'Académie a défini la *supposition* une proposition qu'on pose comme *vraie* ou comme *possible*, afin d'en tirer ensuite quelque induction ; et l'*hypothèse*, la *supposition* d'une chose soit *possible*, soit *impossible*, de laquelle on tire une conséquence. Il résulte de là, et l'usage le confirme, que l'*hypothèse* est une *supposition* purement idéale, tandis que la *supposition* se prend pour une proposition ou vraie ou avouée. L'*hypothèse* est au moins précaire ; vous ne direz point que la chose soit ou puisse être. La *supposition* est gratuite ; vous ne prouvez point que la chose soit ou puisse être. Vous soutenez un système comme *hypothèse* et non comme *thèse ;* c'est-à-dire que, sans prétendre que le système soit vrai, vous prétendez qu'en le supposant tel, vous expliquerez fort bien ce qui concerne la chose dont il s'agit : vous faites une *supposition*, comme une proposition vraie ou reçue, établie, accordée, de manière que vous ne la mettez pas en *thèse* pour la prouver, parce que vous la regardez comme constante et incontestable.

L'*hypothèse* se prend souvent pour un assemblage de *propositions* ou de *suppositions* liées, enchaînées, ordonnées de manière à former un corps ou un système. Les systèmes de Copernic, de Gassendi, de Descartes, s'appellent *hypothèses* et non *suppositions*.

L'*hypothèse* est savante, je veux dire que ce mot ne s'emploie qu'en matière de sciences, en physique, en astronomie, en métaphysique, en logique, etc. La *supposition* est souvent très-familière : je veux dire qu'elle entre jusque dans le discours ordinaire ou dans la conversation commune. Vous tâchez d'éclaircir les grands mystères de la nature par des *hypothèses*, et vos idées particulières par des *suppositions* sensibles.

Enfin, *hypothèse* n'a qu'un sens philosophique relatif à l'instruction, à l'intelligence, à l'explication des choses. *Supposition* se prend dans une acception morale et en mauvaise part, il signifie alors allégation, production fausse, chose feinte ou controuvée pour nuire ; ainsi l'on dit *supposition* de pièces, d'un testament, de nom, de personne, de part, etc., tant il est vrai que ce mot a spécialement rapport à la vérité ou à la réalité des choses. (R.)

1212. Suprême, Souverain.

C'est l'idée de puissance qui forme l'idée distinctive et caractéristique du *souverain*, tandis que l'idée seule d'élévation, de la plus haute élévation, se trouve dans le mot *suprême*. Dans quelque genre que ce soit, la chose *suprême* est ce qu'il y a de plus élevé : en fait d'autorité, de puissance, d'influence, d'efficacité, ce qui peut tout, ce qu'il y a de pleinement et absolument efficace, est *souverain*. Ainsi l'autorité indépendante et absolue fait le *souverain* et la *souveraineté* ; et sans doute cette autorité est *suprême*, puisqu'il n'y a point de pouvoir et de droit qui ne soit au-dessous d'elle. Tout est inférieur en rang à ce qui est *suprême* : tout est soumis à l'influence de ce qui est *souverain*.

Un remède *souverain* est efficace au *suprême* degré : on ne dit pas un remède *suprême*, parce qu'on considère le remède relativement au mal et à la guérison.

Il faut s'abaisser, s'humilier devant ce qui est *suprême* : il faut céder, obéir à ce qui est *souverain*.

La loi *suprême* est la première de toutes les lois : la loi *souveraine* est la loi de l'obéissance universelle et le vrai *souverain* des états.

Le bien *suprême* est le plus grand que vous puissiez obtenir : le *sou-*

verain bien est celui qui remplit du sentiment de tous les vrais biens toute la capacité de votre âme.

Dieu est l'Être *Suprême*, en tant qu'il est l'être par excellence et par essence : il est le *souverain* seigneur de toutes choses, en tant qu'il est le Tout-Puissant et l'auteur de toutes choses. (R.)

1213. Sûr, Assuré, Certain.

Soit que l'on considère ces mots dans le sens qui a rapport à la réalité de la chose ou dans celui qui a rapport à la persuasion de l'esprit, leur différence est toujours analogique, comme on le remarquera par les traits suivants, où je les place tantôt dans l'un et tantôt dans l'autre de ces deux sens.

Certain semble mieux convenir à l'égard des choses de spéculation et partout où la force de l'évidence a lieu ; les premiers principes sont *certains*, ce que la raison démontre l'est aussi. *Sûr* pourrait être à sa place dans les choses qui concernent la pratique, et dans tout ce qui sert à la conduite ; les règles générales sont *sûres*, ce que l'épreuve vérifie l'est également. *Assuré* a un rapport particulier à la durée des choses et au témoignage des hommes. Les fortunes sont *assurées*, mais légitimes dans tous les bons gouvernements : les commerces ne peuvent être mieux *assurés* que par l'attestation des témoins oculaires ou par l'uniformité des relations.

On est *certain* d'un point de science, on est *sûr* d'une maxime de morale. On est *assuré* d'un fait ou d'un trait d'histoire.

La justesse d'un raisonnement consiste à ne poser que des principes *certains*, pour n'en tirer ensuite que des conclusions nécessaires. La conduite la plus *sûre* n'est pas toujours la plus louable. La faveur des princes ne fut jamais un bien *assuré*.

L'homme docte doute de tout ce qui n'est pas *certain*. Le prudent se défie de tout ce qui n'est pas *sûr*. Le sage abandonne aux préjugés populaires tout ce qui n'est pas suffisamment *assuré*. (G.)

1214. Surface, Superficie.

C'est le dehors, la partie extérieure et sensible des corps : telle est l'idée commune qui rend ces deux mots synonymes. Ils le sont même par leur composition matérielle, puisque par là l'un et l'autre signifient *la face de dessus* : la seule différence qui les distingue à cet égard, c'est que le mot *surface* est composé de deux mots français ; et le mot *superficie* est fait de deux mots latins correspondants, ce qui lui donne l'air un peu plus savant.

On dit *surface* quand on ne veut parler que de ce qui est extérieur et visible, sans aucun égard à ce qui ne paraît point : on dit *superficie*, quand on a dessein de mettre ce qui paraît au dehors en opposition avec ce qui ne paraît pas.

De tous les animaux qui couvrent la *surface* de la terre, il n'y a que l'homme qui soit capable de connaître toutes les propriétés de ce globe; et entre les hommes la plupart n'en aperçoivent que la *superficie*; il n'y a que l'œil perçant d'un petit nombre de philosophes qui sache en pénétrer l'intérieur.

Cette distinction passe de même au sens figuré; et de là vient que l'on dit de ces esprits vains, qui, pour se faire valoir en parlant de tout, font des excursions légères dans tous les genres de connaissances sans en approfondir aucun, qu'ils ne savent que la *superficie* des choses, qu'ils n'en ont que des notions *superficielles*. (B).

1215. Surprendre, Étonner.

L'abbé Girard associe la *consternation* à l'*étonnement* et à la *surprise*, comme si la *consternation* n'avait pas un caractère si marqué et si connu qu'il fût possible de la confondre avec la *surprise* ou avec l'*étonnement*. Je me borne à ces derniers termes.

« Un événement imprévu, dit cet écrivain, *supérieur* aux connaissances et aux *forces de l'âme*, lui cause les *situations humiliantes* qu'expriment ces mots. »

1° Il y a de simples mouvements passagers d'*étonnement* ou de *surprise*; et ces mouvements ne seront pas regardés comme des *situations*. 2° Ces *situations* ne sont point par elles-mêmes *humiliantes*. Serai-je humilié si je suis *surpris* d'une mauvaise action, ou *étonné* d'un grand crime ? 3° Il y a eu au moins de l'hyperbole à dire que la cause de ces mouvements ou de ces situations soit *supérieure aux forces de l'âme*. La rencontre d'un ami ou d'un ennemi peut, dit l'auteur, causer de la *surprise*. Or, qu'est-ce que la rencontre d'une personne a de *supérieur aux forces de l'âme* ? et qu'est-ce encore qu'elle a d'*humiliant* ?

« L'*étonnement* est plus dans le *sens*, et vient de choses *blâmables* ou peu approuvées : la *surprise* est plus dans l'*esprit*, et vient de choses *extraordinaires*. »

1° Qu'entendez-vous par une *situation de l'âme* qui est plus dans le *sens* que dans l'*esprit* ? ce langage est au moins singulier. Il est vrai que l'*étonnement*, plus fort et plus grand que la *surprise*, se manifeste davantage par le désordre des sens; 2° Comment arrive-t-il qu'un effet dépendant d'une idée morale et de la réflexion, telle qu'un effet produit par des *choses blâmables*, fût plutôt dans le *sens* que dans l'*esprit*, tandis que des choses extraordinaires, telles que des objets physiques, des effets naturels, mais rares (selon l'explication de l'auteur lui-même), feraient plus d'impression sur l'esprit que sur les *sens* ? Il y a là une sorte de contradiction. 3º Enfin, il est faux que l'*étonnement* soit uniquement ou même principalement causé par des *choses blâmables,* et que ce mot ne se dise guère qu'en mauvaise part, comme l'auteur l'ajoute; et qu'il faille des causes *extraordinaires* pour produire la *surprise.* Qu'y a-t-il donc d'*extraordinaire* dans la rencontre d'un ami qui vous *surprend?* Ne dirait-on pas que la beauté, comme la laideur d'une femme, est *étonnante,* malgré l'assertion contraire de l'auteur? Ce sont les *grandes choses* qui *étonnent,* selon La Bruyère. Quand on dit que la nature a des secrets *étonnants,* veut-on dire que ses secrets cachent des *choses blâmables?*

« L'*étonnement,* continue l'abbé Girard, suppose dans l'événement qui le produit une idée de force; il peut frapper jusqu'à suspendre l'action des sens extérieurs : la *surprise* y suppose une idée de merveilleux; elle peut aller jusqu'à l'admiration. »

Je ne conçois plus mon auteur. Est-ce que les choses *extraordinaires, merveilleuses,* capables d'exciter l'*admiration,* ne sont pas précisément celles qui frappent le plus vivement, le plus fortement, et jusqu'à jeter dans cette extase qui *suspend l'action des sens extérieurs?* C'est à l'*étonnement* qu'il faut appliquer ce qu'on dit ici de la *surprise.* Ouvrez tous les dictionnaires, et surtout celui de l'Académie, vous trouverez *étonnant* synonyme d'*extraordinaire, étonnement* synonyme d'*admiration, s'étonner* synonyme de *s'émerveiller,* etc. Mais n'est-il pas superflu de combattre de telles allégations? cherchons la vérité.

Surprendre, prendre sur le fait, lorsqu'on ne s'y attend pas, à l'improviste, au dépourvu; *étonner,* frapper, émouvoir, ébranler par un grand bruit, par une grande cause. Au physique, ce verbe exprime une violente commotion, un fort ébranlement; et l'on dit que les tremblements de terre *ébranlent* les édifices les plus solides.

Ainsi la *surprise* naît de la présence subite d'un objet inattendu, inopiné, imprévu : l'*étonnement* vient du coup violent frappé par un objet puissant, extraordinaire, irrésistible. Comme les choses prévues et calculées ne *surprennent* point, elles n'*étonnent* pas, par la raison qu'on y est préparé, et qu'on s'est prémuni contre. Les choses imprévues ne nous *étonnent* pas, quoiqu'elles nous *surprennent,* lorsqu'elles ne sont pas de nature à nous émouvoir fortement. La même chose *surprend* comme inattendue, tandis qu'elle *étonne* comme éclatante. Dans le cours ordinaire des choses, il arrive beaucoup de *surprises;* il n'y a de l'*étonnement* que dans un cours de choses extraordinaires. La commotion est plus forte, la secousse est plus vive, l'impression est plus profonde, l'effet est plus grand et plus durable dans l'*étonnement* que dans la *surprise :* si la *surprise* trouble vos sens et vos idées, l'*étonnement* les renverse. Il y a des *surprises* agréables et légères; mais l'é-

tonnement n'a rien que de grand et de fort. Enfin l'*étonnement* est une extrême *surprise*, mêlée de crainte, d'admiration, d'effroi, de ravissement, ou de tel autre sentiment distingué par un caractère de grandeur et de force. Je craindrais d'en trop dire, si l'abbé Girard lui-même, et les grammairiens ou les vocabulistes qui l'ont copié, ne s'y étaient trompés d'une manière étrange.

Un bruit ordinaire, mais subit, au milieu d'un grand calme, vous *surprend :* un bruit éclatant, dans les mêmes circonstances et sans cause connue, vous *étonne.* Vous avez vu l'éclair, le bruit de la foudre ne vous *surprend* plus ; mais s'il est si violent qu'il abatte toutes les forces de vos organes et de votre esprit, il vous *étonne* encore.

Le singulier vous *surprend ;* le merveilleux vous *étonne.* Vous êtes *surpris* de la délicatesse d'un travail ; vous êtes *étonné* de la grandeur d'une entreprise. Molière vous *surprend,* et Corneille vous *étonne* sans cesse. Un trait d'esprit nous *surprend :* un coup de génie nous *étonne.*

Nous sommes *surpris* de ce à quoi nous n'avons pas songé ; nous sommes *étonnés* de ce que nous ne concevons pas. Si vous avez calculé les possibles, l'événement ne vous *surprendra* pas : dès que vous connaissez les causes, les effets ne vous *étonnent* plus.

On dit s'*étonner* et non se *surprendre* de quelque chose. Il paraît donc que nous sommes quelquefois actifs dans l'*étonnement,* et seulement passifs dans la *surprise.* La *surprise* ne serait donc imprimée que par l'objet extérieur ; l'*étonnement* serait alors produit par notre propre réflexion ; il serait ainsi plus dans l'*esprit* que dans les *sens.* Si un événement, par lui-même ou par les circonstances étranges de la chose au premier aspect, sans le secours du raisonnement ou de la réflexion, vous cause de l'*étonnement,* vous *en êtes étonné.* Lorsque votre *étonnement* n'est produit que par des considérations particulières de votre esprit, par un examen raisonné, par un jugement critique, *vous vous en étonnez.* (R.)

1216. Surprendre, Tromper, Leurrer, Duper.

Faire donner dans le faux, est l'idée commune qui rend synonymes ces quatre mots. Mais *surprendre,* c'est y faire donner par adresse, en saisissant la circonstance de l'inattention à distinguer le vrai. *Tromper,* c'est y faire donner par déguisement, en donnant au faux air la figure du vrai. *Leurrer,* c'est y faire donner par les appâts de l'espérance, en le faisant briller comme quelque chose de très-avantageux. *Duper,* c'est y faire donner par habileté, en faisant usage de ses connaissances aux dépens de ceux qui n'en ont pas, ou qui en ont moins.

Il semble que *surprendre* marque plus particulièrement quelque chose qui induit l'esprit en erreur ; que *tromper* dise nettement quelque chose qui blesse la probité ou la fidélité ; que *leurrer* exprime quelque chose qui attaque directement l'attente ou le désir ; que *duper* ait proprement pour objet les choses où il est question d'intérêt et de profit.

Il est difficile que la religion du prince ne soit pas *surprise* par l'un ou l'autre des partis, lorsqu'il y en a plusieurs dans ses états. Il y a des gens à qui la vérité est odieuse ; il faut nécessairement les *tromper* pour leur plaire. L'art des grands est de *leurrer* les petits par des promesses magnifiques ; et l'art des petits est de *duper* les grands dans les choses que ceux-ci commettent à leurs soins. (G.)

1217. Survivre à quelqu'un, Survivre quelqu'un.

Survivre, pousser sa *vie* plus loin, *vivre* plus longtemps que. L'usage, conforme à la valeur des mots, est pour *survivre à quelqu'un*. *Survivre quelqu'un* est proprement du palais ; mais il entre quelquefois dans la conversation familière. On dit même *survivre* sans régime, lorsque le régime est suffisamment indiqué.

Survivre quelqu'un désigne la *survie* de la personne dont la vie ou l'existence avait des rapports très-particuliers, très-intimes, très-intéressants avec celle de la personne qui meurt la première. Ainsi l'on dit qu'une femme a *survécu* son mari ; qu'un père a *survécu* ses enfants ; que de deux jumeaux qui ont vécu, l'un n'a *survécu* l'autre que de quelques jours. C'est ainsi qu'on parle, surtout quand il y a quelque intérêt stipulé entre deux personnes pour le *survivant*.

Selon l'ordre de la nature, les enfants doivent *survivre* au père : par des événements particuliers, le père *survit* les enfants. Il me semble que cette différence dans l'expression est très-propre à faire remarquer la singularité.

On dit que quelqu'un se *survit à soi-même*, lorsqu'il perd en détail l'usage de ses sens ou de ses facultés. Ne vaudrait-il pas mieux dire se *survivre soi-même?* Cette expression n'aurait-elle pas même une grâce particulière outre l'énergie, s'il s'agissait d'opposition entre l'existence *physique* et l'existence *morale?* Je dirai donc qu'un homme qui *survit* à sa considération, à sa fortune, à sa réputation, à son honneur, à sa gloire, se *survit lui-même* : le décri, l'oubli, le néant dans lequel il tombe, est une espèce de mort : il vit encore, il se *survit lui-même*. (R.)

T

1218. Tact, Toucher, Attouchement.

Ces trois termes sont relatifs à la sensibilité répandue sur la surface du corps, et excitée par l'action immédiate d'un objet physique sur les houppes nerveuses.

Le *tact* est proprement le sens qui reçoit l'impression des objets, comme la vue, l'ouïe, le goût, l'odorat. Le *toucher* est l'action de ces sens, l'exercice de toucher, de palper, manier, ou le sens actif. L'*attouchement* est l'acte de toucher, de palper, l'application particulière du sens actif ou de l'organe, et particulièrement de la main.

Un corps vous touche, et le sens du *tact* éprouve une sensation analogue à la qualité palpable du corps froid ou chaud, humide ou sec, dur ou mou, etc. Vous touchez un corps; et, par cette action de *toucher*, vous cherchez à connaître et à éprouver ces différentes qualités, ou à produire vous-mêmes divers effets sur les corps. Vous touchez à un corps; et par le simple *attouchement*, vous éprouvez ou vous produisez vous-même tel effet.

C'est au *tact* que l'on attribue les qualités distinctives du sens ou de l'organe : on dit la finesse, la grossièreté, la délicatesse du tact. C'est au *toucher* que vous reconnaissez la qualité des choses : on dit qu'un corps est doux ou rude au *toucher*. C'est par l'*attouchement* que vous distinguez les circonstances particulières de tel acte relativement à tel objet : on dit que les accusés se purgeaient autrefois d'un crime par l'*attouchement* innocent d'un fer chaud; et que Notre-Seigneur guérissait les malades par un simple *attouchement*.

Le *tact* est beaucoup plus fin, plus sûr, plus exquis dans les animaux nus, et surtout dans les reptiles, que dans les autres animaux : il est leur sens dominant et régisseur, comme la vue l'est dans les oiseaux, l'odorat dans les chiens, l'ouïe dans les chats et autres quadrupèdes dont l'oreille est tapissée en dedans de poils très-déliés. Il y a dans les corps des qualités et des modifications qui ne sont sensibles qu'au *toucher*; et c'est par le *toucher* que l'homme parvient à corriger toutes les erreurs de la vue, et même à suppléer à son défaut : ainsi plusieurs aveugles ont distingué les couleurs au *toucher*; le célèbre professeur d'optique *Saunderson* discernait ainsi, dans une suite de médailles, celles qui étaient contrefaites assez bien pour tromper les yeux d'un connaisseur : M. Haüy donne aujourd'hui à ses intéressants élèves aveugles-nés des doigts clairvoyants, si je puis ainsi parler, et capables d'exercer beaucoup d'arts que la nature semblait leur avoir interdits. Enfin, l'*attouchement*, trop restreint dans l'usage, n'exprime qu'un *toucher* assez léger, un maniement doux, analogue à l'idée de palper, ou simplement l'action douce et légère de *tâter*, et avec l'intention propre à l'être animé : lorsqu'il s'agit de deux corps insensibles, on dit dogmatiquement *contact*. *Voyez* les applications que j'ai faites ci-dessus.

Nous disons plutôt *tact* au figuré, pour exprimer un jugement de l'esprit prompt, subtil, juste, qui semble prévenir le jugement et la réflexion, et provenir d'un goût, d'un sentiment, d'une sorte d'instinct droit et sûr; au physique nous disons plutôt le *toucher* pour exprimer le sens, et nous ne le disons qu'au physique. Nous donnons pour l'ordinaire à l'*attouchement* un sens moral et mauvais, relatif à la déshonnêteté et à l'impudicité.

1220. Taille, Stature.

Taille désigne la grandeur, l'étendue figurée, ainsi que la coupe, la configuration, la forme de la chose coupée, *taillée*, dessinée d'une certaine manière. *Stature*, mot latin, vient de *stare*, être debout.

On est d'une *taille* ou d'une *stature* haute ou moyenne ou petite ; mais la *taille* est noble ou fine, belle ou difforme, bien ou mal prise, svelte ou lourde, etc., et non la *stature*.

Les Patagons et les Lapons sont, quant à la stature, les deux extrêmes de l'espèce humaine ; mais la *taille* des Patagons est bien prise et bien proportionnée, au lieu que celle des Lapons est difforme.

La force et la vigueur sont moins dans une *stature* élevée que dans une *taille* moyenne, mâle tout à la fois et souple ; la plus propre, par ses justes proportions, aux exercices naturels à l'homme, et infiniment plus propre à supporter la fatigue que toute autre. Voyez ces grands corps des Germains et des Gaulois auprès du soldat romain.

Nous considérons toujours dans la *stature* toute la hauteur du corps ; nous ne considérons quelquefois la *taille* que dans la configuration du buste distingué du reste, qui n'en est que le piédestal et le couronnement. Aussi nous parlons peu de la *stature* des femmes, mais beaucoup de leur *taille*. Nous ne nous servons guère du mot *stature* qu'en parlant de la grandeur de quelque nation ; et nous disons *taille* lorsqu'il s'agit d'une personne en particulier. (R.)

1221. Taire, Celer, Cacher.

Taire marque le pur silence qu'on garde sur la chose ; *celer*, le secret qu'on en fait ; *cacher*, le mystère dans lequel on veut l'ensevelir.

Pour *taire* une chose, il suffit de ne pas la dire quand il y a occasion d'en parler : pour la *celer*, il faut non-seulement la *taire*, mais encore avoir une intention formelle de ne point la manifester, et une intention particulière à ne pas se *déceler :* pour la *cacher*, on est obligé non-seulement de la *celer*, mais même de la renfermer dans le fond de son cœur, et de l'envelopper de manière qu'elle ne puisse pas être découverte.

Il n'y a qu'à retenir sa langue pour *taire* ce qu'il ne faut pas dire : on a quelquefois besoin de feindre et de dissimuler pour le *celer* avec des gens qui cherchent à tirer votre secret : on est souvent réduit au déguisement, à l'artifice, à la tromperie, pour le *cacher* à des gens pénétrants qui vous sondent et vous retournent de mille manières pour trouver le fond de vos pensées.

Par paresse, par timidité, par caprice, par égard, par raison ou sans raison, vous *taisez* ce que vous pourriez dire ; par prudence, par charité, par justice, par des motifs d'intérêt, par de bonnes raisons, vous le *celez* ; par une grande crainte, par un dessein profond, par de puissants intérêts ou de grands motifs, vous le *cachez*.

Il y a une manière de *taire* les choses, qui en dit trop. Il y a une affectation à *celer* qui vous décèle. Il y a un embarras à les *cacher* qui les fait découvrir. (R.)

1222. Se tapir, Se blottir.

Se *tapir*, c'est proprement se cacher, mais derrière quelque chose qui vous couvre, et en prenant une posture raccourcie et resserrée. *Blottir* paraît exprimer proprement l'action de s'accroupir, de se ramasser, de se rouler sur soi-même.

On se *tapit* derrière un buisson ou dans un coin pour n'être pas vu : on dit qu'un enfant est tout *blotti* ou couché en rond dans son lit, et il n'a pas eu l'intention de se cacher. Le froid fait naturellement qu'on se *blottit*, sans avoir le dessein de se *tapir*.

Je crois donc que l'idée principale de se *tapir* est de se cacher, et que la manière n'est qu'une idée secondaire ; au lieu que cette manière de se ployer en deux ou de se ramasser en un tas est l'idée première de se *blottir*, et que celle de se cacher n'est qu'une idée accessoire. M. de Gébelin dit que se *tapir*, c'est se cacher ; et se *blottir*, se mettre en deux pour se cacher.

Le lièvre se *tapit*, se renferme dans son gîte ; la perdrix se *blottit*, se pelotonne, pour ainsi dire, devant le chien couchant.

Se *blottir* ne se dit que dans le sens de se *ramasser*, selon le style des chasseurs. Se *tapir* s'emploie dans le sens restreint de se *renfermer*, comme l'a fait un ancien poète :

> Qui veut se *tapir* chez soi,
> Est libre comme le roi.

(R.)

1223. Tapisserie, Tenture.

La *tapisserie* est faite pour couvrir quelque chose, et la *tenture* pour être tendue sur quelque chose. La *tapisserie* est un genre d'étoffe ou d'ouvrage en canevas, en tissu, destiné à couvrir les murs d'une chambre et à la parer : la *tenture* est un tissu, un objet quelconque, employé à être tendu sur les murs et à produire le même effet. La *tapisserie* est *tenture*, en tant qu'elle est placée, étendue sur le mur : la *tenture* est *tapisserie*, en tant qu'elle revêt et pare le mur.

La *tapisserie* est proprement un genre particulier de fabrication ou de manufacture : on dit les *tapisseries* de Flandre, de Bergame, d'Aubusson, des Gobelins. La *tenture* désigne vaguement tout ce qui est employé au même usage : on dit des *tentures* de *tapisseries*, des *papiers tentures*, etc.

On dit une pièce de *tapisserie* et une *tenture* de *tapisserie*. La *tenture* renferme toutes les pièces employées à meubler une chambre. (R.)

1224. Tarder, Différer.

L'idée propre de *tarder* est celle d'être, de demeurer longtemps à venir, à faire ; et l'idée de *différer*, celle de remettre, de renvoyer à un autre temps, à un temps plus éloigné. *Tarder* ne signifie pas seulement *différer* à faire une chose, comme le disent les vocabulistes ; c'est, comme l'Académie l'a dit, *différer*, en sorte que ce qu'il y a à faire ne se fasse pas à temps ou à propos, dans le temps convenable. *Tarder* ne désigne que le fait sans aucune raison de retard : *différer* annonce une résolution de la volonté qui détermine le délai. Enfin on *tarde* en ne se pressant pas de faire ou en faisant lentement, sans prendre un certain terme ; on *diffère*, en renvoyant, en rejetant la chose à un autre temps, ou fixe ou déterminé.

Ne *tardez* pas à cueillir le fruit s'il est mûr : s'il n'est pas mûr, *différez*. Il est quelquefois sage de *différer* ; il est toujours imprudent de *tarder*. En tout, il y a le temps ou le moment : *différez* pour l'attendre, mais ne *tardez* point, car il n'attend pas. On perd du temps à *tarder*, on en gagne quelquefois à *différer*. Il résulte de là qu'il convient de dire *tarder* lorsqu'on a tort de *différer*.

Il n'y a pas à *différer* quand la chose presse. Pendant que vous *tardez*, l'occasion est passée.

Tarder est toujours neutre, et Vaugelas a très-bien repris, au jugement même de l'Académie, le poète Malherbe de l'avoir employé dans un sens actif.

A des cœurs bien touchés *tarder la jouissance*,
C'est infailliblement leur *croître le désir*.

On ne dit pas *tarder* une jouissance, une entreprise, un voyage, un paiement : on dit *retarder*, *différer* un paiement, etc. Les distinctions précédentes s'appliquent également à ces derniers verbes. (R.)

1225. Tas, Monceau.

Ils sont également un assemblage de plusieurs choses placées les unes sur les autres ; avec cette différence que le *tas* peut être rangé avec symétrie, et que le *monceau* n'a d'autre arrangement que celui que le hasard lui donne.

Il paraît que le mot *tas* marque toujours un amas fait exprès, afin que les choses, n'étant point écartées, occupent moins de place, et que celui de *monceau* ne désigne quelquefois qu'une portion détachée par accident d'une masse ou d'un amas.

On dit un *tas* de pierres, lorsqu'elles sont des matériaux préparés pour faire un bâtiment, et l'on dit un *monceau* de pierres lorsqu'elles sont les restes d'un édifice renversé. (G.)

1226. Taux, Taxe, Taxation.

L'idée commune qui fonde la synonymie de ces trois mots, est celle de la détermination établie de quelque valeur pécuniaire.

Le *taux* est cette valeur même ; la taxe est le règlement qui la détermine ; les *taxations* sont certains droits fixes attribués à quelques officiers qui ont le maniement des deniers du roi.

On ne dit que *taux*, quand il s'agit du denier auquel les intérêts de l'argent sont fixés par l'ordonnance, parce que la cupidité ne pense pas tant à l'autorité déterminée qu'à ses propres intérêts.

On dit assez indifféremment *taux* ou *taxe*, en parlant du prix établi pour la vente des denrées, ou de la somme fixée que doit payer un contribuable ; mais ce n'est que dans le cas où il n'est pas plus nécessaire de faire attention à la valeur déterminée qu'à la valeur déterminante : car un contribuable qui voudrait représenter qu'il ne peut payer ce qu'on exige de lui, faute de proportion avec ses facultés, devrait dire que son *taux* est trop haut ; et s'il voulait dire que les impositeurs ne l'ont pas traité dans la proportion des autres contribuables, il devrait dire que la *taxe* est trop forte.

On ne dit que *taxe* s'il s'agit du règlement judiciaire pour fixer certains frais qui ont été faits à la poursuite d'un procès ou d'une imposition en deniers sur des personnes, en certains cas : c'est que l'on a alors plus d'égard à l'autorité de la justice qui constate le droit, ou à celle du prince, qui est plus marquée qu'à l'ordinaire.

On dit quelquefois *taxation* au singulier pour signifier l'opération de la *taxe*. (B.)

1227. Taverne, Cabaret, Guinguette, Logis, Auberge, Hôtellerie.

Tous ces mots désignent des lieux ouverts au public, ou chacun, pour son argent, trouve des choses nécessaires et utiles : les trois premiers indiquent proprement des lieux où l'on trouve des *vivres;* et les trois derniers, des lieux où l'on trouve des *logements.*

Des vocabulistes disent que l'on confond aujourd'hui le mot de *cabaret* avec celui de *taverne;* qu'autrefois on ne vendait que du vin dans les *tavernes,* sans y donner à manger, et qu'on donnait à manger dans les *cabarets :* que les *tavernes* sont proprement les lieux où l'on vend du vin par *assiette,* et où l'on donne à manger; et les *cabarets,* des lieux où l'on vend du vin sans nappe et sans assiette, qu'on appelle *huis coupé et pot renversé :* qu'enfin, la *taverne* a quelque chose de moins honnête et de plus bas que le *cabaret.* Ces observations sont justes à notre égard.

La *taverne* a été flétrie parmi nous, sans doute à cause des excès qui s'y commettaient autrefois : ainsi Patru remarquait que, par les lois, les *tavernes* et les mauvais lieux étaient également infâmes; ce qui peut paraître aujourd'hui bien outré.

Les *cabarets* étaient encore, au commencement de ce siècle, des lieux de rendez-vous, de société, d'amusement, de liberté; comme ensuite les cafés, négligés à leur tour, parce qu'ils sont trop publics, trop mêlés et trop suspects; et aujourd'hui les salons, les *clubs,* les musées (variation dont il serait assez curieux d'expliquer les causes, si cette explication n'entraînait une trop longue disgression). Abandonnés au peuple, décriés par cette cause et par la mauvaise qualité des denrées, les *cabarets* ne sont plus guère regardés que comme des *tavernes;* mais le besoin d'un mot honnête pour exprimer un service honnête en lui-même, fait que celui de *cabaret,* terme générique, ne se prend pas toujours en mauvaise part.

La *guinguette* est un petit *cabaret* où l'on boit du petit vin appelé *guinguet,* du mot *guinguet,* étroit, serré, petit, mince. La *guinguette* est le rendez-vous du petit peuple qui, faute de lieu pour s'assembler dans la ville, et d'argent pour y boire du vin potable, va boire la ripopée dans ces *tavernes,* placées au dehors des villes, danser, se divertir, manger les gains de la semaine, perdre la santé des jours suivants.

La destination naturelle du *logis,* de l'*auberge,* de l'*hôtellerie,* est de *loger,* d'*héberger,* de recevoir des hôtes.

Logis, lieu où l'on s'arrête, où l'on demeure, où l'on prend son logement : on y mange ou on n'y mange pas. Il y a des *logis* qui ne sont que des gîtes, des retraites, où l'on ne fait que passer, soit *hôtel-leries*, soit maisons bourgeoises. *Logis* est donc un mot vague et gé-nérique.

Auberge, autrefois *héberge*, est proprement un lieu connu où on loge. Il y a des *auberges* où on loue des chambres garnies ; mais à l'*auberge* du traiteur on n'y fait que manger.

L'*auberge* est faite pour la commodité de ceux qui ne peuvent ou ne veulent pas tenir un ménage. On dit une *auberge* pour un honnête *cabaret.*

L'*hôtellerie* est une maison où un hôte reçoit des hôtes, des étran-gers, des passants, des voyageurs qui y sont logés, nourris et couchés pour leur argent, comme le dit Beauzée.

Les *hôtelleries* ont remplacé les *hospices ;* l'on y donne l'*hospita-lité* pour de l'argent.

1228. Tel, Pareil, Semblable.

Termes de comparaison. Achille, *tel* qu'un lion, *pareil* à un lion, *semblable* à un lion, poursuivant les Troyens.

Tel désigne l'objet qui est de même qu'un autre, qui a les mêmes qualités et les mêmes rapports, qui est parfaitement conforme. Pour sentir toute la force du mot et de la comparaison qu'il exprime, il n'y a qu'à rapidement parcourir ses différentes applications usitées. *Tel fut le discours d'Annibal à Scipion :* c'est là le discours même d'Anni-bal. *Telle est la condition des hommes, qu'ils ne sont jamais con-tents de leur sort ;* c'est leur nature, leur caractère, leur qualité dis-tinctive. *Tel maître, tel valet ;* c'est comme si l'on disait, autant vaut le maître, autant le valet. *Tel* tient lieu de *pronom* et de nom, *un tel a dit ; tel fait des libéralités qui ne paie pas ses dettes. On craint de se voir tel qu'on est,* dit Fléchier, *parce qu'on n'est pas tel qu'on devrait être,* etc. Toutes ces phrases marquent la qualité, la forme, le caractère propre des choses, la rigoureuse exactitude, la parfaite conformité, la comparaison la plus absolue, et jusqu'à l'identité des choses.

Pareil désigne des choses qui, sans être rigoureusement égales entre elles et les mêmes, ont néanmoins de si grands rapports, qu'elles peuvent être mises en *parallèle,* être *comparées* ensemble, s'ap-pareiller l'une avec l'autre, de manière que l'une ne diffère guère de l'autre, qu'elle ne paraisse pas céder à l'autre, qu'elle soit propre à lui servir d'équivalent ou de pendant.

La *ressemblance* n'est pas une égalité ou une conformité parfaite : les choses qui ne sont que *semblables* ne soutiennent pas l'examen et le *parallèle* que les choses *pareilles* comportent ; et elles sont loin d'être *telles* ou les mêmes, quant à leur nature, à leur caractère, à leurs formes et à leurs qualités distinctives. *Semblable* dit moins que *pareil*; et *pareil*, moins que *tel*.

Un objet *tel* qu'un autre ne diffère pas de celui-ci. Un objet *pareil* à un autre ne le cède point à celui-ci. Un objet *semblable* à un autre s'assortit avec celui-ci.

Achille, *tel* qu'un lion, a toute la furie ou la qualité distinctive de cet animal; vous le prendrez pour un lion. *Pareil* à un lion, il a le même degré de furie; vous l'égalerez au lion. *Semblable* à un lion, il en imite la furie; sa vue vous rappelle l'idée du lion.

Vous ne savez lequel choisir de deux objets *tels* l'un que l'autre. Vous ne trouverez guère de raison de préférer un objet *pareil* à un autre. Vous avez besoin d'attention pour distinguer un objet d'un autre auquel il est *semblable*.

Tel sert proprement à fixer l'idée de la chose par la comparaison exacte avec un objet connu. *Pareil* sert à estimer dans la balance le prix de la chose par la comparaison juste avec un objet apprécié. *Semblable* sert à donner une sorte de représentation de la chose, par la comparaison sensible avec un objet familier. (R.)

1229. Temple, Église.

Ces mots signifient un édifice destiné à l'exercice public de la religion. Mais *temple* est du style pompeux; *église*, du style ordinaire, du moins à l'égard de la religion romaine; car, à l'égard du paganisme et de la religion protestante, on se sert du mot de *temple*, même dans le style ordinaire, au lieu de celui d'*église*. Ainsi on dit le *temple* de Janus, le *temple* de Charenton, l'*église* de Saint-Sulpice.

Temple paraît exprimer quelque chose d'auguste, et signifier proprement un édifice consacré à la Divinité. *Église* paraît marquer quelque chose de plus commun, et signifier particulièrement un édifice fait pour l'assemblée des fidèles.

Rien de profane ne doit entrer dans le *temple* du Seigneur. On ne devrait permettre dans nos *églises* que ce qui peut contribuer à l'édification des chrétiens.

L'esprit et le cœur de l'homme sont les *temples* chéris du vrai Dieu, c'est là qu'il veut être adoré; en vain on fréquente les *églises*, il n'écoute que ceux qui lui parlent dans leur intérieur.

Les *temples* des faux dieux étaient autrefois des asiles pour les criminels, mais c'est, ce me semble, déshonorer celui du Très-Haut, qu de d'en faire un refuge de malfaiteurs. Si l'on ne peut apporter à l'*église* un esprit de recueillement, il faut du moins y être d'un air modeste : la bienséance l'exige ainsi que la piété. (G.)

1230. Ténèbres, Obscurité, Nuit.

Les *ténèbres* semblent signifier quelque chose de réel et d'opposé à la lumière. L'*obscurité* est une pure privation de clarté. La *nuit* est la cessation du jour, c'est-à-dire le temps où le soleil n'éclaire plus.

On dit des *ténèbres*, qu'elles sont épaisses ; de l'*obscurité*, qu'elle est grande ; de la *nuit*, qu'elle est sombre.

On marche dans les *ténèbres*, à l'*obscurité* et pendant la *nuit*. (G.)

1231. Termes, Limites, Bornes.

Le *terme* est un point ; les *limites* sont une ligne ; les *bornes*, un obstacle. (*Encycl.*, II, 236.)

Le *terme* est où l'on peut aller. Les *limites* sont ce qu'on ne doit pas passer. Les *bornes* sont ce qui empêche de passer outre.

On approche ou l'on éloigne le *terme*. On resserre ou l'on étend les *limites*. On avance ou on recule les *bornes*.

Le *terme* et les *limites* appartiennent à la chose ; ils la finissent. Les *bornes* lui sont étrangères ; elles la renferment dans le lieu qu'elle occupe, ou la contiennent dans sa sphère.

Le détroit de Gibraltar fut le *terme* des voyages d'Hercule. On dit, avec plus d'éloquence que de vérité, que les *limites* de l'empire romain étaient celles du monde. La mer, les Alpes et les Pyrénées sont les *bornes* naturelles de la France.

Le *terme* de la prospérité arrive souvent dans le moment qu'on projette de ne plus donner de *limites* à son pouvoir, et qu'on ne met plus de *bornes* à son ambition.

Je ne vois le *terme* de nos maux que dans le *terme* de notre vie. Les souhaits n'ont point de *limites*, l'accomplissement ne fait que leur ouvrir une nouvelle carrière. Nous ne sommes heureux que quand les *bornes* de notre fortune sont celles de notre cupidité. (G.)

1232. Termes propres, Propres termes.

Les uns et les autres sont ceux qui conviennent à la circonstance pour laquelle on les emploie.

Les *termes propres* sont ceux que l'usage a consacrés, pour rendre précisément les idées que l'on veut exprimer. Les *propres termes* sont ceux mêmes qui ont été employés par la personne que l'on fait parler, ou par l'écrivain que l'on cite.

La justesse dans le langage exige que l'on choisisse scrupuleusement les *termes propres :* c'est à quoi peut servir l'étude des différences délicates qui distinguent les synonymes. La confiance dans les citations dépend de la fidélité que l'on a à rapporter les *propres termes* des livres ou des actes que l'on allègue. (B.)

1233. Terreur, Épouvante, Effroi, Frayeur.

Tous ces mots indiquent une *grande peur*. La *peur* (*pavor*), dit Cicéron, est un trouble qui met l'âme hors de son assiette ; si l'âme est fortement frappée de l'horreur d'un danger, dit Varron, c'est la *peur*. La *peur* est une *crainte* violente. Le mot *crainte* répond au latin *timor*. La *crainte* est un trouble causé par la considération d'un mal prochain.

Il semble que l'effet propre de la *terreur* soit de faire *trembler*.

L'*épouvante* est une *peur* grande et durable. La grandeur de ce genre de *peur* est non-seulement dans son intensité ou sa force, mais encore dans son étendue ou la multitude des objets qu'elle embrasse ; car l'*épouvante* regarde surtout (mais non pas uniquement), le nombre, la foule, une armée, un peuple. La raison en est que la *peur*, quand elle s'empare de la foule, devient en effet *épouvante*; chacun alors a sa peur et la peur des autres. L'*épouvante* met en fuite.

La *frayeur* n'exprime qu'un frisson, un mouvement qui n'est pas fait pour durer. L'*effroi* est un état durable de *frayeur*, et par conséquent une *frayeur* plus grande, plus profonde, plus puissante.

La *terreur* est une violente peur, qui, causée par la présence ou par l'annonce d'un objet redoutable, abat le courage et jette le corps dans un tremblement universel. L'*épouvante* est une grande peur, qui, causée par un objet ou un appareil extraordinaire, donne les signes de l'étonnement et de l'aversion, et, par la grandeur du trouble qui l'accompagne, ne permet pas la délibération. L'*effroi* est une peur extrême, qui, causée par un objet horrible, jette dans un état funeste, et renverse également les sens et l'esprit. La *frayeur* est un violent accès de peur, qui, causé par l'impression subite d'un objet surprenant, fait frissonner le corps, et trouble toutes nos pensées. Il est à observer que le mot *frayeur* n'exprime que la sensation imprimée ou l'effet produit sans être jamais appliqué à la cause. On ne dira pas qu'un tyran est la *frayeur* de ses peuples, comme il en est l'*effroi*, l'*épouvante*, la *terreur*. (R.)

1234. Tête, Chef.

Le second de ces mots n'est d'usage dans le sens littéral que lorsqu'on parle des reliques des saints, comme quand on dit le *chef* saint Jean. Mais ils sont tous deux usités dans le sens figuré, avec cette différence que le mot de *tête* convient mieux lorsqu'il est question de place ou d'arrangement ; et que le mot de *chef* s'emploie très-proprement lorsqu'il s'agit d'ordre ou de subordination.

On dit : la *tête* d'un bataillon, d'un bâtiment ; le *chef* d'une entreprise, d'un parti. On dit aussi, être à la *tête* d'une armée, et commander en *chef*.

Il sied bien au *chef* de marcher à la *tête* des troupes. (G.)

1235. Têtu, Entêté, Opiniâtre, Obstiné.

Têtu, qui a, comme on dit, une *tête*, un esprit, une humeur roide, absolue, décidée, qui s'en rapporte à sa *tête*, qui s'en tient à son idée, à son caprice, à sa résolution, qui n'en fait qu'à sa *tête*, à sa volonté, à sa guise.

Entêté, qui a fortement une chose en *tête*; qui en a la *tête* pleine, possédée, tournée; qui en est préoccupé de manière à ne pas s'en désabuser. *Entêter*, au propre, signifie remplir la *tête* de vapeurs, l'étourdir, la faire tourner.

Opiniâtre, qui est excessivement attaché à son *opinion*, à sa pensée, qui la défend à outrance et contre toute raison; qui n'en démord pas, quoi qu'on dise, même quand son esprit serait ébranlé. L'*opiniâtreté* suppose la discussion; le combat fait qu'on s'*opiniâtre*.

Obstiné, qui tient invariablement à une chose; qui ne se départ pas de son opposition; qui résiste à tous les efforts contraires. On *obstine* quelqu'un en le contrariant; on s'*obstine* en persévérant dans son opposition et sa résistance.

Le *têtu* veut ce qu'il veut : vous ne l'empêcherez pas d'en croire et d'en faire à sa *tête*. L'*entêté* croit ce qu'il croit : vous ne lui ôterez pas de l'esprit ce qu'il y a mis une fois. L'*opiniâtre* veut avoir raison contre toute raison : vous le convaincriez de la fausseté de son opinion, qu'il la soutiendrait encore. L'*obstiné* veut malgré tout ce qu'on lui oppose : vous ne ferez, par la contradiction, que l'attacher davantage à ce qu'il veut.

Le *têtu* ne se soucie pas de ce que vous dites; l'*entêté* ne l'écoute pas seulement; l'*opiniâtre* ne s'y rendra jamais; l'*obstiné* s'en irrite plutôt que de céder.

Une humeur capricieuse et volontaire, un caractère entier et décidé, un goût d'indépendance, font le *têtu*. Un petit esprit, une tête vaine, quelque intérêt d'amour-propre ou autre, font l'*entêté*. L'ignorance, la présomption, une mauvaise honte, font l'*opiniâtre*. L'indocilité de l'esprit, l'inflexibilité du caractère, l'impatience de la contradiction, font l'*obstiné*. (R.)

On pourrait encore dire que le *têtu* est celui qui s'attache à son sens avec une persévérance impassible. Il paraît dériver de *testor*, qui affirme, persévère, ou de *testu*, terre durcie au feu. Le *têtu*, peu capable de juger, met l'obstination à la place de la raison et de la fermeté; c'est par défaut de lumière, c'est par caractère.

L'*entêté* est celui qui est fortement prévenu, qui a mis dans sa tête, qui est en quelque sorte enivré ; mais il peut revenir. Combien de grands hommes follement *entêtés* d'erreurs, ont fini par s'éclairer en discutant ! C'est erreur de l'esprit, c'est prévention, ce n'est pas un caractère.

L'*opiniâtre* est fortement attaché à son opinion ; il diffère du *têtu*, en ce que celui-ci est plus propre à saisir qu'à raisonner. Il adopte la première idée qui le frappe, et s'y tient ; au lieu que l'*opiniâtre* pèse, juge à sa manière, et ne voit rien au-delà. C'est un caractère qui a beaucoup d'analogie avec la fermeté ; il ne lui manque que de voir mieux ; c'est la fausseté d'esprit. S'il n'est qu'*entêté*, il se rendra, sinon il est *opiniâtre*.

L'*obstiné* tient à son opinion malgré la preuve, il s'élève contre elle, il est inflexible. Il diffère de l'*opiniâtre*, en ce que celui-ci peut être de bonne foi : de l'*entêté*, en ce que celui-ci peut revenir, et du *têtu*, en ce que celui-ci ne sait pas entendre, ni comprendre.

L'*obstiné* ne cède pas même à l'évidence, il a tort, il le sent, mais il ne revient pas. L'*opiniâtre* défend son opinion qu'il croit la meilleure. L'*entêté* est prévenu ; le *têtu* est une borne contre laquelle la raison vient se briser.

Le *têtu* est bête ; l'*entêté* est l'homme à manies ; l'*opiniâtre* est un sot, et l'*obstiné* un insensé.

De toutes ces qualifications, *opiniâtre* est la seule qui puisse ne pas être toujours prise en mauvaise part. (Anon.)

1236. Tic, Manie.

Le *tic* est une mauvaise habitude du corps à laquelle on est attaché et comme cloué : on ne peut s'en défaire. Les animaux ont des *tics* comme les personnes. Il y a des mouvements convulsifs et fréquents qu'on appelle *tics*, tel que le *tic de gorge* ou hoquet auquel était sujet Molière. De mauvais gestes habituels, des grimaces, des habitudes ridicules, comme de se ronger les ongles, sont des *tics*.

Nous appelons *manie* une espèce de folie ; mais, en adoucissant la force du mot, nous l'avons employé à désigner une passion bizarre, un goût immodéré, une attache excessive et singulière. Nous disons qu'un homme a la *manie* des tableaux, des livres, des fleurs, des chevaux, etc. On nous reproche l'*anglomanie*, ou la fureur d'imiter les Anglais jusque dans leurs mauvais usages, ou dans les usages qui, s'ils leur conviennent, ne nous conviennent pas.

Ainsi le *tic* regarde proprement les habitudes du corps, et la *manie*, les travers de l'esprit. Le *tic* est désagréable ; la *manie* est déraisonnable. Le *tic* est une pente qui nous entraîne sans que nous nous en apercevions ; la *manie* est un penchant auquel nous nous livrons sans garder aucune mesure. On voudrait se défaire de son *tic :* on se complaît dans sa *manie.*

Tic s'emploie néanmoins quelquefois familièrement au figuré ; et *manie* ne se dit guère au physique que de la maladie de ce nom. Au figuré, le *tic* est une petite *manie*, plus puérile, plus ridicule que digne d'une censure sérieuse et sévère.

Les petits esprits seront sujets à des *tics*, et les personnes ardentes, à des *manies.*

Il y a des gens qui ont le *tic* de mettre la main à tout ce que vous faites, ou leur mot à tout ce que vous dites, et qui ne savent que gâter. Il y a des gens qui ont la *manie* de vouloir tout réformer, tout changer, tout perfectionner, et qui ne feront que bouleverser.

Me sera-t-il permis de proposer, en passant, une observation sur le mot *entiché*, pris dans le même sens qu'*entaché*, c'est-à-dire taché, gâté, marqué d'une tache imprimée profondément dans la chose, et comme inhérente à la chose même ? ces participes ne sont pas absolument hors d'usage tant au propre qu'au figuré. *Entiché*, dans un sens physique, ne s'est guère dit que des fruits ; *entaché* s'est dit de tous les corps infectés de corruption. Au figuré, l'on est *entiché* ou *entaché* d'avarice, d'hérésie, de libertinage, etc. Il est sensible qu'*entaché* vient de tache ; mais ne serait-il pas plus naturel de dériver *entiché* de *tic ?* alors leur différence serait bien marquée : *entiché* désignerait visiblement la pente, la tendance du sujet vers le vice ; *entaché*, la souillure, la flétrissure imprimée par le vice. Celui qui aurait un goût décidé pour un genre de vice ou d'erreur en serait *entiché ;* celui qui aurait donné lieu à le croire livré à ce genre de corruption en serait *entaché.* Cette distinction s'accorderait assez avec la différence qu'on semble vouloir mettre entre ces deux termes ; à savoir qu'*entiché* se dit de ce qui commence à se gâter, et *entaché* de ce qui est gâté. (R.)

1237. Tissu, Tissure, Texture, Contexture.

Le *tissu* est l'ouvrage *tissu*, l'étoffe, la toile, le tout formé par l'entrelacement de différents fils, avec plus ou moins de longueur et de largeur. La *tissure* est la qualité donnée au *tissu*, à l'ouvrage, par le travail ou la manière d'unir et de lier les fils ensemble. Le *tissu* comprend la manière et la façon : la *tissure* ne désigne que la qualité de la fabrication, résultant de la main-d'œuvre. Un tissu est de soie, de laine, de fil, de cheveux : la *tissure* en est lâche ou serrée, égale ou inégale, etc. La *tissure* est au *tissu* ce que la peinture est au portrait.

Ces mots diffèrent d'abord dans le sens propre de *texture* et *contexture,* en ce qu'ils expriment le travail particulier de *tisser,* c'est-à-dire de faire passer, avec la navette, à travers les fils de la chaîne celui de la trame ; entrelacement que la *texture* et la *contexture*, réduites à l'idée de la liaison et de l'union des parties qui forment un tout, avec l'apparence du *tissu* proprement dit, n'exigent pas.

La *texture* est l'ordonnance ou l'économie résultant de la disposition et de l'arrangement des parties d'un tout. La *contexture* est l'ordonnance et la concordance des rapports que les parties ont les unes avec les autres et avec le tout. Vous considérez la *texture* ou du tout ou des parties : vous considérez la *contexture* particulière des parties d'où résultent l'ensemble et sa *texture : con* désigne l'assemblage des objets. La *contexture* est à la *texture* ce que le *contexte* est au texte : le *contexte* est ce qui accompagne le *texte*, ou bien le texte pris et considéré dans toutes les parties qui en déterminent le sens. Le sens naturel de *texte* est celui de *tissu ;* mais il n'a dans notre langue qu'une acception figurée.

Tissu se dit, au figuré, pour désigner une suite d'actions, de discours, de choses enchaînées les unes aux autres ; le *tissu* d'un discours, un *tissu* de crimes. On disait aussi figurément la *tissure* d'un ouvrage d'esprit ; mais vous n'entendrez pas dire souvent ce mot, même dans le sens propre. Comme le *tissu* comprend également la forme, la matière, et toutes les conditions de la chose, on dit qu'un *tissu* est bien ou mal frappé, etc. ; et nous oublions *tissure*, qui marque proprement la qualité de la fabrication et la main de l'ouvrier, tandis que *tissu* n'indique que par une acception particulière la qualité de l'ouvrage.

Texture et *contexture* ne se disent guère d'un *tissu* proprement dit : on a donc dû les préférer à *tissure* dans le sens figuré. On dit donc *texture* pour exprimer la liaison et l'arrangement des différentes parties d'un discours, d'un poème ; et l'on dit de même *contexture* sans paraître soupçonner une différence entre ces deux mots, quoique ce dernier marque distinctement l'ensemble ou le résultat des parties combinées ou des détails. Vous direz fort bien la *texture* d'une partie, et la *contexture* de toutes les parties ou du tout. Ces mots s'emploient physiquement dans le style dogmatique : on dit la *texture* des corps, des chairs ; la *contexture* des fibres, des muscles (qui forment un assemblage avec des rapports divers entre eux). Ne vaudrait-il pas mieux dire la *texture*, quand il y a égalité, uniformité ; et *contexture* quand il y a inégalité, diversité ? (R.)

1238. Tolérer, Souffrir, Permettre.

On *tolère* les choses, lorsque les connaissant et ayant le pouvoir en main, on ne les empêche pas. On les *souffre*, lorsqu'on ne s'y oppose pas, faisant semblant de les ignorer, ou ne pouvant les empêcher. On les *permet*, lorsqu'on les autorise par un consentement formel.

Tolérer et *souffrir* ne se disent que pour des choses mauvaises, ou qu'on croit telles. *Permettre* se dit et pour le bien et pour le mal.

Les magistrats sont quelquefois obligés de *tolérer* certains maux, de crainte qu'il n'en arrive de plus grands. Il est quelquefois de la prudence de *souffrir* des abus dans la discipline de l'Église, plutôt que d'en rompre l'unité. Les lois humaines ne peuvent jamais *permettre* ce que la loi divine défend : mais elles défendent quelquefois ce que celle-ci *permet*. (G.)

1239. Tombe, Tombeau, Sépulcre, Sépulture.

Lieux où l'on dépose les morts.

La *tombe* et le *tombeau* sont élevés : le *tombeau* est plus élevé que la *tombe*. Les anciens élevaient des monceaux de terre sur les cadavres. Le latin *tumulus* se prend généralement pour élévation, hauteur, colline.

Sépulcre et *sépulture* se distinguent de *tombe* et de *tombeau*, par l'idée contraire à celle d'élévation. Notre mot *ensevelir*, tiré du latin *sepelire*, signifie envelopper dans un linceul. Le *sépulcre* est le lieu où les corps morts sont, suivant leur destination, mis en terre et renfermés. Le *sépulcre* est tout lieu qui renferme profondément et retient à jamais un corps, qui l'engloutit.

La *tombe* et le *tombeau* sont donc des monuments élevés sur les *sépulcres* : c'est ce que Cicéron indique par l'expression de *monuments des sépulcres*. Ces *monuments*, dit Varron, nous *avertissent (monere)* de ce qu'il y a au-dessous, dans le *sépulcre* : c'est pourquoi, continue-t-il, nous les plaçons sur les grands chemins, afin que les passants soient avertis qu'il y a là des morts, et qu'ils sont eux-mêmes mortels. La *sépulture* des morts devrait être l'école des vivants.

Bossuet détermine bien les idées contraires de ces deux genres de mots, lorsqu'il invite les amis du grand prince de Condé à venir entourer son *tombeau*, ce triste *monument ;* et lorsqu'il dit de la reine Marie-Thérèse d'Autriche, que la terre, son origine et sa *sépulture*, n'est pas encore assez *basse* pour la recevoir.

Des savants ont fort bien distingué les *sépultures* des Romains et celles des Germains en divers endroits de l'Allemagne. Les Romains sont enterrés sous des monceaux de terre sans pierre, *tumuli*, des *tombeaux*, et les *Germains*, dans des caveaux souterrains, *sepulcra ;* des *sépulcres*.

La *tombe* est proprement la table de pierre, de marbre ou de toute autre matière, élevée ou placée au-dessus de la fosse qui a reçu les ossements, ou qui contient les cendres des morts. Le *tombeau* est une sorte d'édifice ou d'ouvrage de l'art, érigé à l'honneur des morts. Ainsi la *tombe* est humble, simple, modeste, devant le *tombeau*. Toutes sortes de marques d'honneur parent et relèvent le *tombeau*. On jette quelques fleurs sur la *tombe*. Nous pleurons sur la *tombe*, nous admirons le *tombeau*. L'orateur s'arrête à la *tombe*, lorsqu'il parle de l'homme vulgaire ; lorsqu'il s'agit des grands, il s'élève au *tombeau*.

La *tombe* et le *tombeau* sont donc des monuments élevés dans le dessein de perpétuer la mémoire des morts ; mais le *sépulcre* et la *sépulture* ne sont que des fosses creusées et des souterrains fermés pour en cacher ou dévorer, si je puis ainsi dire, les restes.

L'idée de la *sépulture* n'est pas aussi noire que celle du *sépulcre*. La *sépulture* est proprement le lieu désigné ou consacré, tel que nos cimetières, pour rendre les derniers devoirs aux morts, avec les pieuses et religieuses cérémonies de l'inhumation. Le *sépulcre* est particulièrement le caveau, la fosse, et en général un lieu quelconque qui reçoit, engloutit, consume les corps, les cendres, les dépouilles des morts. Les idées douces et touchantes de la *sépulture* cèdent, à l'égard du *sépulcre*, à des idées d'horreur et d'effroi. Nous allons prier et pleurer dans les *sépultures*, nous allons voir le néant de la vie et du monde, et de l'être, dans les *sépulcres*. Le lieu préparé pour recevoir nos dépouilles est *sépulture* ; tout ce qui nous engloutit pour jamais est *sépulcre* : ainsi nous disons que la mer, des monstres dévorants, une ville renversée sur les habitants, sont des *sépulcres*. La *sépulture* conserve toujours son caractère religieux ; mais ce caractère n'est point essentiel au *sépulcre*. Il y a encore quelque distinction entre les *sépultures* : les unes communes et simples, les autres particulières et honorables ; mais le *sépulcre* efface toutes différences. Enfin la *sépulture* est commune à plusieurs, à un peuple, à une famille ; chaque mort a son *sépulcre*. (R.)

1240. Tomber par terre, Tomber à Terre.

Ces deux expressions ne sont pas aussi indifférentes que l'on croirait. *Tomber par terre* se dit de ce qui étant déjà à terre, tombe de sa hauteur ; et *tomber à terre*, de ce qui, étant élevé au-dessus de terre, tombe de haut.

Un homme, par exemple, qui passe dans une rue, et qui vient à tomber, *tombe par terre* et non *à terre ;* car il y est déjà ; mais un couvreur à qui le pied manque sur un toit, *tombe à terre* et non *par terre*.

Un arbre *tombe par terre*, mais le fruit de l'arbre *tombe à terre*.

« Ils étaient si serrés les uns contre les autres, dit M. de Vaugelas (1), qu'ils ne pouvaient lancer leurs javelots ; et s'ils en lançaient quelques-uns, ils se rencontraient et s'entrechoquaient en l'air, de sorte que la plupart *tombaient à terre* sans effet. »

(1) *Quinte-Curce*, liv. III, ch. 2.

« Lors donc que Jésus leur eut dit : c'est moi, ils furent renversés et *tombèrent par terre* (1). » Andry de Boisregard, *Réflexions sur l'usage présent de la langue française*, t. II.

1241. Tonnerre, Foudre.

L'usage vulgaire est d'attribuer au *tonnerre* les propriétés et les effets propres de la *foudre ;* cependant il en est aussi essentiellement distingué que l'*éclair*. Le *tonnerre* fait le bruit, comme l'éclair la lumière : *foudre* exprime la matière, ses propriétés, ses effets. Le *tonnerre* est une explosion terrible qui se fait dans les airs ; il *tonne*, quand la *foudre* éclate. La *foudre* est le feu du ciel, ce feu électrique qui éclate et s'éteint en jetant une vive lumière et avec un bruit *étonnant*.

La *foudre* (*fulmen*), dit Cicéron, est ce feu qui sort avec violence du sein des nuées, lorsqu'elles s'entrechoquent.

Un corps va vite comme la *foudre :* un personnage redoutable est craint comme la *foudre ;* un héros est un *foudre* de guerre.

Ainsi, au figuré, nous conservons à la *foudre* les caractères qu'au propre on attribue vulgairement au *tonnerre*. C'est le bruit qui frappe, effraie, consterne le peuple ; et c'est le *tonnerre* qu'il redoute, qu'il fait tomber, qu'il voit frapper et détruire. Cette confusion n'a pas lieu au figuré. Nous disons que quelqu'un a une voix de *tonnerre*, pour désigner l'éclat de sa voix, et qu'un orateur lance les *foudres* de l'éloquence pour désigner la force, la véhémence et les effets de son discours. (R.)

1242. Tors, Tortu, Tordu, Tortué, Tortillé.

L'idée commune de ces mots est d'aller en *tournant* au lieu d'aller *droit*, ou de prendre, au lieu de la direction naturelle, une direction oblique ou *détournée*. *Tordre* signifie tourner en long et de biais.

On a dit autrefois, il m'a *tors* ou *mors* le bras, pour *tordu* et *mordu*. Quoi qu'il en soit, *tors* est resté comme adjectif, et l'on dit *fil tors*, *col tors, colonne torse, sucre tors*, etc.

Cet adjectif indique simplement la direction d'un corps qui va en tournant en long et de biais, mais sans marquer un défaut dans la chose torse, quoique absolument cette direction puisse être défectueuse dans quelque objet. Ainsi ce mot, particulièrement affecté aux arts, sert à qualifier divers ouvrages tournés ou contournés en vis, en spirale. Cette direction est précisément celle qu'il convenait ou qu'il s'agissait de leur donner, aussi est-elle avantageuse dans le fil *tors* pour sa

---

(1) Trad. du Nouv. Test. *Joan, XVIII*, 6.

destination , et agréable dans la colonne *torse.* L'ancien usage s'est maintenu de dire *col tors,* jambes *torses;* mais dans ces cas-là même cette direction n'est qu'accidentellement un défaut que l'épithète n'exprime plus.

L'adjectif *tortu* emporte, au contraire, une idée de défaut ou de censure. Un corps est *tortu,* quand, au lieu d'être droit comme il devrait l'être, il est de travers , contrefait, mal *tourné.* Un homme contrefait ou fait de travers est *tortu.*

Un corps peut être ou naturellement ou accidentellement *tortu.* Mais il n'y a de *tordu* que ce qu'on a *tordu* de force, ou en changeant avec effort sa direction propre et naturelle. Le participe passif suppose l'action de *tordre,* et marque l'effet prouvé par le sujet.

Comme le participe *tordu* exprime un rapport à l'action de *tordre,* ou à l'événement de se *tordre,* le participe *tortué* exprime de même un rapport à l'action de *tortuer* et à l'événement de se *tortuer.* Ce dernier verbe, bon à établir, signifie tourner en divers sens, fausser , courber, rebrousser des corps solides, qui par-là se déforment , et qui conservent une direction contraire à leur destination. Vous *tortuez* une aiguille, la pointe d'un compas, une épingle, qui ne sont plus propres alors pour l'usage qu'on en fait.

Tortillé a également le rapport propre au participe. *Tortiller* signifie *tordre* à plusieurs *tours* plus ou moins serrés ; et il se dit proprement des corps flexibles, faciles à plier. On *tortille* des fils, des cheveux, des brins d'osier, de la filasse, du papier, etc. Il y a donc un dessein et un objet particulier dans l'objet *tortillé,* et ce mot, comme le mot *tors,* n'emporte pas un défaut.

Je pourrais ajouter à ces mots celui de *tortueux* dérivé de *tortu,* et celui d'*entortillé,* composé de *tortillé.*

Tortueux signifie ce qui fait beaucoup de tours et de retours, comme une rivière, un serpent, un chemin qui se détourne pour retourner sur lui-même.

Entortillé se dit des choses tournées autour d'une autre, entrelacées avec une autre, ou enveloppées dans une chose *tortillée* ou mêlée d'une manière confuse. (R.)

1243. Tort, Injure.

Le *tort* regarde particulièrement les biens et la réputation ; il ravît ce qui est dû. L'*injure* regarde proprement les qualités personnelles; elle impute des défauts. Le premier nuit, la seconde offense.

Le zèle imprudent d'un ami fait quelquefois plus de *tort* que la colère d'un ennemi. La plus grande *injure* qu'on puisse faire à un honnête homme, est de se défier de sa probité. (G.)

4ᵉ ÉDIT. TOME II.   27

1244. Tort, Préjudice, Dommage, Détriment.

Le *tort* blesse le droit de celui à qui on le fait. Le *préjudice* nuit aux intérêts de celui à qui on le porte. Le *dommage* cause une perte à celui qui le souffre. Le *détriment* détériore la chose de celui qui le reçoit.

L'action injuste fait par elle-même le *tort*. L'action nuisible cause, par ses suites, le *préjudice*. L'action offensive porte avec elle le *dommage*. L'action maligne, en quelque sorte, opère, par contre-coup ou par des influences, le *détriment*.

Un privilége particulier qui prive une sorte de citoyens de l'exercice d'un droit, leur fait *tort*. Une nouvelle maison de commerce qui croise les autres et leur enlève des bénéfices par sa concurrence, leur porte *préjudice*, mais sans attenter au droit d'autrui. De quelque manière que vous opériez la perte, le dépérissement, la diminution d'une chose, vous faites ou vous causez du *dommage*. Une exemption particulière d'impôt tourne au *détriment* du peuple sur qui l'impôt est rejeté.

L'auteur du *tort* fait son bien ou se satisfait par le mal d'autrui. L'auteur du *préjudice* fait son affaire, dont il résulte quelque mal pour autrui. L'auteur du *dommage* fait une action qui fait le mal d'autrui. L'auteur du *détriment* fait une chose qui devient un mal pour autrui.

Nous disons proprement *faire un tort, faire un dommage* : or, cette locution suppose que c'est là son effet propre ou immédiat, direct, naturel. On dit plutôt *faire une chose au préjudice, au détriment de quelqu'un :* or, cette expression n'indique qu'un effet ultérieur, plus ou moins éloigné, résultant seulement de l'action. Ainsi, l'on dit qu'une chose *va, tend, tourne, aboutit au préjudice ou au détriment d'autrui,* et non *à son tort* ou *à son dommage.* Ces deux premiers termes désignent donc une marche, une révolution, une succession d'effets qui aboutissent à un objet éloigné ; tandis que le *tort* et le *dommage* annoncent l'objet ou l'effet propre de la chose.

Le *tort* se fait proprement aux personnes ; et ce mot emporte une idée morale : le *dommage* attaque directement les choses et rejaillit sur les personnes ; l'idée de ce mot est physique. Ainsi, l'on fait *tort* à une personne dans ses biens, dans son honneur ; et le *dommage* qu'on fait aux biens de quelqu'un lui fait un *tort*. L'idée de *préjudice* est plutôt morale, et celle de *détriment* est proprement physique ; tout mauvais effet pour la personne est *préjudice* : le *détriment* est une altération et une dégradation ; c'est un *dommage* opéré sur la chose et par relation sur la personne.

Par le *dommage* et le *détriment* on perd toujours la chose, ou partie de la chose ou de la valeur de la chose qu'on possédait ; mais souvent par le *tort* ou le *préjudice* on ne fait qu'empêcher quelqu'un d'acquérir ce qu'il aurait légitimement acquis sans cela.

Je sais que *tort* se dit souvent, par extension ou par abus, des *dommages* causés sans injustice ou même par des causes inanimées. On dit que la grêle a fait beaucoup de *tort* dans un canton : on dit qu'un deuil de cour fait *tort* à certains marchands. Ces applications du mot indiquent seulement un effet semblable à celui d'un *tort* rigoureux. (R.)

1245. Touchant, Pathétique.

Le *touchant* est ce qui émeut l'âme d'une manière tendre en la frappant dans un endroit sensible : le *pathétique* est ce qui l'émeut par une suite de sentiments attendrissants.

Une chose peut être *touchante* pour une personne chez qui elle réveille d'anciennes émotions, et ne pas l'être pour une autre ; le *pathétique* produit son effet sur toutes les personne susceptibles d'attendrissement.

Le *touchant* s'insinue dans l'âme et la remplit de sentiments conformes à ses plus douces habitudes, et qu'elle aime à entretenir ; le *pathétique* l'arrache à elle-même, à ses propres sentiments, la remue, la déchire et peut lui faire éprouver des sensations douloureuses : on peut sourire d'un mouvement *touchant* ; le *pathétique* fait pleurer : un discours *touchant* attendrit en faveur d'un malheureux ; un discours *pathétique* peut vaincre la colère d'un ennemi.

Un mot peut être *touchant ;* le *pathétique* se compose d'une abondance de sentiments qui demandent une expression un peu plus prolongée.

On peut être *touchant* par la seule simplicité ; le *pathétique* veut toute l'exubérance et, comme on l'a dit, *le luxe de la douleur.*

Ce qui est *touchant* peut élever l'âme et s'allier avec l'héroïsme ; le *pathétique* l'amollit et ne la dispose qu'à la pitié : on est *touché* d'un courage qu'on admire ; des plaintes douloureuses sont *pathétiques.*

Les anciens avaient plus que nous le *pathétique* qui résulte de l'expression des sentiments de la nature dans toute leur naïveté : nous connaissons mieux ces effets *touchants* qui résultent de la force d'âme réunie à la sensibilité.

Le *touchant* peut résulter du simple exposé d'un sentiment attendissant, noble ou généreux ; le spectacle de la douleur est nécessaire pour produire le *pathétique :* une narration pourra être *touchante ;* mais pour que le *pathétique* s'y mêle, il faudra rendre présent à notre imagination le malheureux dont on nous entretient. (F. G.)

1246. Toucher, Émouvoir.

Ces verbes ne se confondent par une synonymie apparente, que quand ils expriment figurément l'action de causer une altération dans l'âme. *Émouvoir* signifie faire mouvoir, mettre en mouvement ; on *émeut* les humeurs, les sens, les esprits. L'*émotion* est un *mouvement* d'agitation et de trouble : c'est ainsi que l'âme est *émue*. *Toucher* se prend dans l'acception d'atteindre et de frapper ; et c'est à peu près dans ce sens qu'on *touche* l'âme.

L'action de *toucher* fait une impression dans l'âme : l'action d'*émouvoir* lui cause une agitation. L'impression produit l'agitation : ce qui vous *touche*, vous *émeut* ; si vous êtes *ému*, vous avez été *touché*. L'orateur a pour objet d'*émouvoir* ; et il emploie les moyens de *toucher*. Pour *émouvoir* l'âme, il faut la *toucher*, comme il faut *toucher* le corps pour le *mouvoir*.

Ce qui *touche*, excite la sensibilité : ce qui *émeut*, excite une passion. On est *touché* de pitié, de compassion, de repentir, etc ; on est *ému* de pitié, de peur, de colère, etc. On cherche à vous *toucher* pour vous attendrir, vous gagner, vous ramener : on vous *émeut*, même sans le chercher, et quelquefois en vous offensant, en vous irritant, en vous causant des mouvements fâcheux, défavorables. L'action d'*émouvoir* s'étend donc plus loin que celle de *toucher*. On est *ému*, et non pas *touché* de colère.

L'adjectif *touchant* désigne, comme *toucher*, ce qui excite la sensibilité ; et l'adjectif *pathétique* désigne, comme *émouvoir*, ce qui excite la passion. Le *pathétique* produit des sentiments ou violents ou tendres : le *touchant* ne produit que des sentiments tendres et doux. Un discours *pathétique* vous inspire l'indignation comme la miséricorde. Un objet *touchant* ne vous inspire que de l'affection.

Pathétique ne se dit que du discours, des mouvements, des sons, des accents, du chant, des signes expressifs et capables d'*émouvoir* le cœur ou les passions : *touchant* se dit également des choses, des objets, des événements qui affectent le cœur de manière à l'intéresser. (R.)

1247. Toucher, Manier.

On *touche* plus légèrement ; on *manie* à pleine main.

On *touche* une colonne, pour savoir si elle est de marbre ou de bois. On *manie* une étoffe pour connaître si elle a du corps et de la force.

Il y a du danger à *toucher* ce qui est fragile : il n'y a point de plaisir à *manier* ce qui est rude. (G.)

1248. Toujours, Continuellement.

Ce qu'on fait *toujours* se fait en tout temps et en toute occasion. Ce qu'on fait *continuellement* se fait sans interruption et sans relâche.

Il faut *toujours* préférer son devoir à son plaisir. Il est difficile d'être *continuellement* appliqué au travail.

Pour plaire en compagnie, il faut y parler *toujours* bien, mais non pas *continuellement*. (G.)

1249. Tour, Tournure.

Le *tour* donne la *tournure;* la chose reçoit la *tournure* donnée par le *tour*. La *tournure* est la forme qui reste à la chose tournée ou changée par un certain *tour*. Les mœurs prennent un certain *tour*, et il en résulte une habitude, une *tournure* particulière. Avec *un tour* d'imagination, on voit les choses comme on veut les voir : avec une certaine *tournure* d'imagination, ou telle manière habituelle de voir, on est heureux ou malheureux dans toutes sortes de positions, quoi qu'il arrive.

Toute forme est un certain *tour*, mais la *tournure* annonce la forme caractéristique ou habituelle, la manière d'être ou l'état des choses.

Vous direz plutôt un *tour* de phrase, et la *tournure* du style.

Les formes ordinaires de la langue ne sont que des *tours;* mais j'appellerais plutôt *tournures* ces *tours* singuliers qui, contraires aux formes communes, et même contraires aux règles ou de l'analogie ou de la grammaire, mais reçus, servent, par leur singularité même et leur désordre grammatical, à donner plus de force à la couleur, plus de mouvement à la passion, plus de philosophie à l'arrangement des idées, plus de grâce à l'expression.

1250. Tour, Circonférence, Circuit.

Dans l'acception présente, le *tour* est la ligne qu'on décrit, ou l'espace qu'on parcourt en suivant la direction courbe des parties extérieures d'un corps ou d'une étendue, de manière à revenir au point d'où l'on était parti. La *circonférence* est la ligne courbe décrite ou formée par les parties d'un corps ou de l'espace, les plus éloignées du centre. Le *circuit* est la ligne ou le terme auquel aboutissent et dans lequel se renferment les parties d'un corps ou d'une étendue, en s'éloignant de la ligne droite ou en formant des *tours*, des détours, des retours.

Vous faites le *tour* de votre jardin ; des remparts font le *tour* de la ville. Vous ne faites pas la *circonférence* d'un corps ; mais le corps a sa *circonférence;* elle est marquée par l'extrémité de ses parties, de ses rayons. Vous ne faites pas le *circuit* de la chose ; mais la chose fait un *circuit* dans lequel elle se renferme, ou vous tracez le *circuit* qui doit former en quelque sorte son enceinte.

Tour est le terme vulgaire, et qui ne se prend pas toujours dans le sens rigoureux. On dit qu'on a fait le tour de la ville quand on a été dans ses différents quartiers. *Circonférence* est un terme de géométrie; et si, à toute rigueur, ce terme regarde proprement le cercle, lorsqu'on l'applique à des figures irrégulières dont il désigne la courbure, il est néanmoins astreint à la rigueur géométrique des rapports que l'on envisage et des calculs que l'on fait. *Circuit* est un terme détourné de son sens propre, qui est de s'éloigner de la ligne droite et de faire des détours.

En style de peinture et de sculpture, on dit le *contour* pour désigner la ligne qui termine la figure ou les lignes qui terminent les différentes parties de la figure, la dessinent ou en marquent la forme.

En style d'architecture, on dit le *pourtour* d'un bâtiment, d'une cour, d'une chambre, pour désigner *tout le tour*, le *tour* entier de la chose, dont on fait le toisé. (R.)

1251. Tout, Chaque.

Ces deux mots désignent également la totalité des individus de l'espèce exprimée par le nom appellatif avant lequel on les place. Voilà jusqu'où va la synonymie de ces deux articles.

Mais *tout* suppose uniformité dans le détail, et exclut les exceptions et les différences : *chaque*, au contraire, suppose et indique nécessairement des différences dans le détail.

Tout homme a des passions; c'est une suite nécessaire de sa nature. *Chaque homme* a sa passion dominante; c'est une suite nécessaire de la diversité des tempéraments. (B. *Gramm. gén.*, liv. II, ch. 3, art. 2.)

1252. Tout, Tout le, Tous les.

Quoique le mot *tout* désigne toujours une totalité, il la marque cependant diversement, selon la manière dont il est construit.

Tout, au singulier, et employé sans l'article *le* avant un nom appellatif, est lui-même article universel collectif; il marque la totalité des individus de l'espèce signifiée par le nom, et les fait considérer sous le même aspect, et comme susceptibles du même attribut, sans aucune différence distinctive.

Tout, au singulier et suivi de l'article indicatif *le*, avant un nom appellatif, est alors ajectif physique qui exprime la totalité, non des individus de l'espèce, mais des parties intégrantes qui constituent l'individu.

De là vient l'énorme différence de ces deux phrases : *Tout homme* est sujet à la mort, et *tout l'homme* est sujet à la mort. Le première veut dire qu'il n'y a pas un seul homme qui ne soit sujet à la mort; vérité dont la méditation peut avoir une influence utile sur la conduite des hommes : la seconde signifie qu'il n'y a aucune partie de l'homme qui ne soit sujette à la mort; erreur dont la croyance pourrait entraîner les plus grands désordres.

Tous, au pluriel, et suivi de *les* avant un nom appellatif, reprend la fonction d'article universel collectif, et marque la totalité des individus de l'espèce, sans exception, comme *tout* sans *le* au singulier : voici la différence qu'il y a alors entre les deux nombres.

Tout, au singulier, marque la totalité physique des individus de l'espèce, dans le cas où l'attribut est en matière nécessaire : et c'est pour cela qu'alors on ne doit pas le joindre à *le* qui a, comme on vient de le dire dans l'article précédent, la même destination; il y aurait périssologie, puisqu'il y aurait inutilement double indication du même point de vue. *Tous les*, au pluriel, marque la totalité physique des individus de l'espèce, dans le cas où l'attribut est en matière contingente. *Les*, on vient de le voir, est alors le signe convenu de la possibilité des exceptions; mais cette possibilité peut exister sans le fait; et pour le marquer, quand il est nécessaire, on joint *tous* avec *les*, afin de déclarer formellement exclues les exceptions que *les* pourrait faire soupçonner.

S'il est question, par exemple, d'un détachement de trois cents hommes, que l'on a d'abord cru enlevés avec leurs équipages, il y aura bien de la différence entre dire : *Les soldats* reparurent, mais *les bagages* ne revinrent pas; et dire : *Tous les soldats* reparurent, mais *tous les bagages* ne revinrent pas.

Par la première phrase, on fait entendre seulement que le gros de la troupe reparut, sans répondre numériquement des trois cents; et que rien des bagages ne revînt, ou du moins qu'il en revînt bien peu de chose : par la seconde phrase, on assure, sans exception, que les trois cents soldats reparurent; mais on fait entendre qu'il ne revînt qu'une partie des bagages. (B. *Grammaire générale*, liv. II, ch. 3, art. 2.)

1253. Tout, Le.

Le et *tout*, comme on vient de le dire dans les deux articles précédents, marquent également la totalité physique des individus de l'espèce signifiée par le nom appellatif : ils sont donc synonymes à cet égard, et il faut voir quelles sont les différences qui peuvent les distinguer dans l'usage.

Le ne marque la totalité des individus que secondairement et indirectement, parce qu'il désigne primitivement et directement l'espèce.

Tout marque, au contraire, primitivement et directement, la totalité physique des individus, et ne peut désigner l'espèce que secondairement et indirectement.

Le marque la totalité des individus, parce que l'espèce les comprend tous. *Tout* désigne l'espèce, parce que la totalité des individus la constitue.

Le choix entre ces deux articles doit donc se régler sur la différence des applications que l'on a à faire de la proposition universelle.

Le doit être préféré, si l'on veut établir un principe général, pour en tirer des conséquences également générales. *L'homme* est faible et continuellement exposé à de dangereuses tentations : il a donc un besoin perpétuel de la grâce pour ne pas succomber.

Tout est mieux, si l'on veut passer d'un principe général à des conséquences et à des applications particulières. *Tout homme* est faible et continuellement exposé à de dangereuses tentations : par quel privilége particulier prétendez-vous donc n'avoir rien à craindre de celles auxquelles vous vous exposez de gaieté de cœur ? (B.)

1254. Traduction, Version.

La *traduction* est en langue moderne et la *version* en langue ancienne. Ainsi la Bible française de Sacy est une *traduction*, et les Bibles latines, grecques, arabes et syriaques, sont des *versions*.

Les *traductions*, pour être parfaitement bonnes, ne doivent être ni plus ornées, ni moins belles que l'original. Les anciennes *versions* de l'Écriture sainte ont acquis presque autant d'autorité que le texte hébreux.

Une nouvelle *traduction* de Virgile et d'Horace pourrait encore plaire après toutes celles qui ont paru. L'auteur et le temps de la *version* des Septante sont inconnus. (G.)

On entend également par ces deux mots la copie qui se fait dans une langue, d'un discours premièrement énoncé dans une autre : comme d'hébreu en grec, de grec en latin, de latin en français, etc. Mais l'usage ordinaire nous indique que ces deux mots diffèrent entre eux par quelques idées accessoires, puisque l'on emploie l'un en bien des cas où l'on ne pourrait pas se servir de l'autre. On dit, en parlant des saintes Écritures, la *version* des Septante, la *version* vulgate ; et l'on ne dirait pas de même la *traduction* des Septante, la *traduction* vulgate : on dit, au contraire, que Vaugélas a fait une excellente *traduction* de Quinte-Curce, et l'on ne pourrait pas dire qu'il en a fait une excellente *version*.

M. l'abbé Girard croit que les *traductions* sont en langues modernes, et les *versions* en langues anciennes : il n'y voit point d'autre différence. Pour moi, je crois que celle-là même est fausse, puisque l'on trouve, par exemple, dans Cicéron, de bonnes *traductions* latines de quelques morceaux de Platon ; et que l'on fait faire aux jeunes étudiants des *versions* du grec et du latin dans leur langue maternelle.

Il me semble que la *version* est plus littérale, plus attachée aux procédés propres de la langue orientale, et plus asservie dans ses moyens aux vues de la construction analytique ; et que la *traduction* est plus occupée du fond des pensées, plus attentive à les présenter sous la forme qui peut leur convenir dans la langue nouvelle, et plus assujettie dans ses expressions aux tours et aux idiotismes de cette langue.

La *version* littérale trouve ses lumières dans la marche invariable de la construction analytique, qui sert à lui faire remarquer les idiotismes de la langue originale, et à lui en donner l'intelligence, en remplissant ou indiquant le remplissage des vides de l'ellipse, en supprimant ou expliquant les redondances du pléonasme, en ramenant ou rappelant à la rectitude de l'ordre naturel les écarts de la construction usuelle.

La *traduction* ajoute aux découvertes de la *version* littérale le tour propre du génie de la langue dans laquelle elle prétend s'expliquer : elle n'emploie les secours analytiques que comme des moyens qui font entendre la pensée ; mais elle doit la rendre, cette pensée, comme on la rendrait dans le second idiome, si on l'avait conçue de soi-même, sans la puiser dans une langue étrangère.

La *version* ne doit être que fidèle et claire. La *traduction* doit avoir de plus de la facilité, de la convenance, de la correction, et le ton propre à la chose, conformément au génie du nouvel idiome.

L'art de la *traduction* suppose nécessairement celui de la *version ;* et c'est pour cela que les premiers essais de *traduction* que l'on fait faire aux enfants, dans les collèges, du grec ou du latin en français, sont très-bien nommés des *versions.*

Dans les *versions* latines, grecques, syriaques, arabes, etc., de l'Écriture sainte, les auteurs ont tâché, par respect pour le texte sacré, de le suivre littéralement, et de mettre en quelque sorte l'hébreu même à la portée du vulgaire, sous les simples apparences du latin, du grec, du syriaque, de l'arabe, etc. ; mais il n'y a point proprement de *traduction*, parce que ce n'était pas l'intention des auteurs de rapprocher l'hébraïsme du génie de la langue dans laquelle ils écrivaient.

Nous pourrions donc avoir en français *version* et *traduction* du même texte, selon la manière dont on le rendrait dans notre langue ; et en voici la preuve sur le verset dix-neuf du premier chapitre de l'évangile selon saint Jean :

« Les Juifs lui envoyèrent de Jérusalem des prêtres et des lévites, afin qu'ils l'interrogeassent : Qui es-tu ? » Voilà la *version* où l'hébraïsme pur se montre d'une manière évidente dans cette interrogation directe.

Adaptons le tour de notre langue à la même pensée, et disons : « Les Juifs lui envoyèrent de Jérusalem des prêtres et des lévites, pour savoir de lui qui il était, » et nous aurons une *traduction.* (B. *Encyclopédie* XVI, 510.)

1255. Train, Équipage.

Le *train* regarde la suite, et l'*équipage* le service.

On dit un grand *train* et un bel *équipage*.

Il n'appartient qu'aux princes d'avoir des *trains* nombreux et de superbes *équipages*. (G.)

1256. Traîner, Entraîner.

Ces mots paraissent être quelquefois employés indifféremment, ou du moins la différence n'en est pas toujours remarquée. On dit que le guet *traîne* ou *entraîne* un homme en prison ; qu'une rivière *traîne* ou *entraîne* beaucoup de sable ; que la guerre *traîne* ou *entraîne* de grands maux, etc. *Entraîner*, c'est *traîner en, dans, en* ou *avec soi*, dans un lieu ou un nouvel état, malgré l'opposition et la résistance de la chose.

Traîner, c'est tirer après soi ; *entraîner*, *traîner* avec soi, comme l'observe l'Académie. On *traîne* à sa suite, on *entraîne* dans son cours.

La guerre *entraîne* avec elle des maux sans nombre, et *traîne* après elle des maux sans fin.

On *traîne* ce qu'on ne peut pas porter ; on *entraîne* ce qui ne veut pas aller.

Il faut bien *traîner* sa chaîne quand on ne peut pas la porter. Il faut bien *entraîner* un insensé quand il ne veut pas qu'on le mène.

L'action de *traîner* demande sans doute souvent une force qui triomphe d'une résistance ; elle est lente quelquefois. L'action d'*entraîner* demande une grande force qui triomphe de toute résistance ; elle a un prompt ou un grand effet.

Le ruisseau *traîne* du sable, et le torrent *entraîne* tout ce qu'il rencontre.

Des chevaux *traînent* un char, le char *entraîne* les chevaux dans une pente rapide.

Entraîner, qui désigne la violence au propre, n'exigera au figuré qu'une violence douce, tandis que *traîner* marquera plutôt une violente contrainte. (R.)

1257. Traite, Trajet.

La *traite* est proprement l'étendue de l'espace ou du chemin qu'il y a d'un lieu à un autre, ou entre l'un et l'autre ; le *trajet* est le passage qu'il faut traverser ou franchir pour aller d'un lieu à un autre.

La *traite* vous mène à un lieu ; il faut en parcourir la longueur pour arriver au terme. Le *trajet* vous sépare d'un lieu ; il faut aller par delà pour parvenir au terme.

On dit proprement *traite* en parlant de la terre, et *trajet* en parlant des eaux. On dit le *trajet* et non la *traite* de Calais à Douvres. Les eaux coupent le chemins, il faut les passer, les *traverser* ; c'est un *trajet* : les chemins de terre sont continus, il faut les suivre ; c'est une *traite*.

La *traite* est plus ou moins longue : on dit *une longue traite, une grande traite, une forte traite*. Le *trajet* peut être fort court : on dit le *trajet de la rivière*, le *trajet d'un fossé*, le *trajet de la rue*, et autre petit passage à traverser.

La *traite* et le *trajet* ne sont pas les chemins ou les passages considérés en eux-mêmes : la *traite* est le chemin que nous faisons ou que nous avons à faire : le *trajet* est le passage que nous traversons ou que nous avons à traverser ; je veux dire que ces termes ont un rapport nécessaire à notre marche, à notre action de parcourir, de franchir les distances.

On dit populairement *trotte* dans le sens de *trajet*. Elle est en petit ce que la *traite* est en grand. La *trotte* regarde particulièrement les gens à pied qui sont obligés de *trotter*, c'est-à-dire de marcher beaucoup à pied. (R.)

1258. Traité, Marché.

Selon l'Académie, le *traité* est une convention, un accommodement sur des affaires d'importance, sur un *marché considérable*. Le *marché* est le prix de la chose qu'on achète avec des conventions, des conditions.

Le roi fait des *traités* avec des financiers pour une levée de droits, pour la fourniture des vivres aux troupes, etc. Chacun fait des *marchés* pour l'acquisition des choses vénales, pour l'exécution de quelque ouvrage.

L'idée propre et dominante du *traité* est celle de fixer les conventions et d'établir les stipulations respectives des parties. L'idée propre et dominante du *marché* est celle de s'accorder sur le prix des choses, et de faire un échange de valeurs et de services.

On négocie pour faire un *traité* ; il y a des intérêts considérables à *régler*. On marchande pour faire un bon *marché* ; il s'agit d'obtenir un bon prix. Il faut savoir les affaires pour faire des *traités* convenables : il faut savoir la valeur des choses pour faire de bons *marchés*.

1259. Tranchant, Décisif, Péremptoire.

On dit des raisons, des arguments, des moyens *tranchants, décisifs, péremptoires*.

Tranchant, qui *tranche,* coupe, sépare en coupant, taille, divise en long ou en travers. Tout le monde connaît l'effet d'un instrument *tranchant.*

Décisif, qui *décide,* juge, résout.

Péremptoire, ce qui fait tomber l'opposition. On a appelé *péremptoire* ce qui met fin aux débats entre les plaideurs, et ne permet pas à un adversaire de tergiverser. Dans le style dogmatique, c'est ce contre quoi il n'y a rien à alléguer, ce qui est sans réplique.

Le mot *tranchant* marque particulièrement ici l'efficacité du moyen et la promptitude de l'effet qu'il produit. *Décisif* annonce la discussion et le moyen qui est propre pour la terminer. *Péremptoire* indique l'opposition, et un moyen qui doit la faire cesser.

Ce qui lève les difficultés et aplanit les obstacles tout d'un coup est *tranchant.* Ce qui ne laisse plus de doute et entraîne le jugement, est *décisif.* Ce qui ne souffre plus d'opposition et interdit la réplique, est *péremptoire.*

Tranchant et *décisif* se disent des personnes. L'homme *tranchant* ne voit point de difficulté : l'homme *décisif* n'a point de doute. A la confiance de celui-ci, l'autre ajoute l'arrogance. Le personnage *tranchant* veut vous imposer : le personnage *décisif* s'en fait accroire. Celui-là prend un ton et un air d'autorité : celui-ci a le ton sec et un air de mérite. Il n'y a pas à raisonner avec le premier ; il n'est pas aisé de raisonner avec le second.

Il y a l'homme *décisif* et l'homme *décidé.* On est *décisif* en fait d'opinion et de jugement ; on est *décidé* quant à ses volontés et ses résolutions. L'homme *décisif* juge hardiment : l'homme *décidé* veut fermement. Le premier a bientôt pris un avis, il y tient opiniâtrément ; le second a bientôt pris son parti, et il y tient invariablement.

1260. Tranquille, Calme, Posé, Rassis.

Être *tranquille,* c'est n'avoir point d'inquiétude ; être *calme,* c'est n'avoir point de passion ; être *posé,* c'est n'avoir point de hâte ; être *rassis,* c'est n'avoir plus d'agitation.

On est *tranquille* par sa situation ; *calme,* par la disposition de son âme et de son esprit ; *posé,* par caractère ou par habitude : un jugement *rassis* est l'effet de la maturité de l'âge.

Un homme *rassis* est un homme de sang-froid, dont les actions et les jugements portent le caractère de la réflexion : un homme *posé* est celui qui ne fait rien à la légère, et dont toutes les manières ont un certain air de solidité : un homme *tranquille* est celui en qui on trouve la liberté d'un esprit exempt de trouble et d'agitation : un homme *calme* est celui qui possède une sérénité d'âme difficile à troubler.

Les peines et les craintes troublent la *tranquillité :* la joie et l'espérance détruisent le *calme* : l'esprit n'est plus *rassis* dès qu'il éprouve la moindre agitation : il suffit d'un mouvement un peu vif pour déranger l'homme *posé*.

La *tranquillité* de caractère tient à une sorte d'indifférence sur les événements qui, nous empêchant de les sentir, nous maintient dans une situation *tranquille*. Une âme *calme* est celle qui se possède assez pour rester immobile au milieu des agitations qui l'environnent. Un caractère *posé* est celui à qui une certaine froideur de tempérament permet d'appuyer sur tout, sans se laisser jamais emporter par rien. Pour être *rassis*, il faut avoir été troublé, emporté par un mouvement quelconque, et être revenu à un état plus *calme*.

On ne dira point d'un jeune homme qu'il est *rassis* ; ce caractère appartient à l'âge mûr d'un homme qui a pu être emporté autrefois par la vivacité de la jeunesse ; mais un jeune homme peut être de sens *rassis* dans le moment où il n'est agité d'aucune des passions auxquelles il est capable de se laisser emporter. On ne dira point d'un vieillard qu'il est *posé* : la lenteur et la gravité étant le caractère de la vieillesse ne marquent en lui aucune disposition particulière. En voyant un sage demeurer *calme* au milieu des tourments qui agitent son corps sans ébranler son âme, on ne dira pas qu'il est *tranquille*. Un homme qu'on laisse mourir *tranquille* dans son lit n'est pas *calme* s'il est agité des terreurs de la mort.

On est *tranquille* sur l'événement d'un procès quand on est sûr de le gagner : on attend cet événement avec *calme*, quand on est décidé à s'y soumettre sans trouble, quel qu'il puisse être : l'homme *posé* va, sans se hâter, en savoir des nouvelles : et celui que sa perte a troublé examine ensuite, lorsqu'il est *rassis*, de quelle manière il doit s'y prendre pour en appeler.

Le caractère de l'homme *posé* se manifeste en tout par sa conduite extérieure : un simple coup d'œil suffit pour distinguer l'homme d'un sens *rassis* de celui qui ne l'est pas ; avec de l'empire sur soi-même, on peut, sous des dehors *calmes*, cacher une âme peu *tranquille*.

Un grand capitaine dont l'esprit est *calme* au milieu d'une bataille, quoique son âme, occupée de l'incertitude du succès, ne soit pas *tranquille*, conserve un jugement *rassis*, et, s'il est nécessaire, des manières *posées*.

On ne tient guère à être plus ou moins *posé*, c'est une manière d'être qui ne fait rien au bonheur : il est toujours avantageux de voir les choses de sens *rassis* : tout le monde veut être *tranquille* : beaucoup de gens, dans le *calme*, regrettent l'agitation qui l'a précédé.

La modération peut produire la *tranquillité* : la religion donne le *calme* en quelque situation que l'on se trouve : on parvient, avec le temps, à un état plus *rassis* : l'air *posé* ne tient quelquefois qu'aux habitudes du corps.

Le feuillage est *tranquille* quand rien ne l'agite : l'air est *calme* quand rien ne le trouble : le pain devient *rassis* à mesure que, s'éloignant du moment de la fermentation, il acquiert plus de consistance : un être agissant peut seul être *posé*. (F. G.)

1261. Tranquillité, Paix, Calme.

Ces mots, soit qu'on les applique à l'âme, à la république ou à quelque société particulière, expriment également une situation exempte de trouble et d'agitation, mais celui de *tranquillité* ne regarde précisément que la situation en elle-même, et dans le temps présent, indépendamment de toute relation : celui de *paix* regarde cette situation par rapport au dehors, et aux ennemis qui pourraient y causer de l'altération : celui de *calme* la regarde par rapport à l'événement, soit passé, soit futur ; en sorte qu'il la désigne comme succédant à une situation agitée, ou comme la précédant.

On a la *tranquillité* en soi-même, la *paix* avec les autres, et le *calme* après l'agitation.

Les gens inquiets n'ont point de *tranquillité* dans leur domestique. Les querelleurs ne sont guère en *paix* avec leurs voisins. Plus la passion a été orageuse, plus on goûte le *calme*.

Pour conserver la *tranquillité* de l'État, il faut faire valoir l'autorité sans abuser du pouvoir. Pour maintenir la *paix*, il faut être en état de faire la guerre. Ce n'est pas toujours en mollissant qu'on rétablit le *calme* chez un peuple mutiné. (G.)

1262. Transcrire, Copier.

Transcrire signifie écrire une seconde fois, transporter sur un autre papier, porter d'un livre dans un autre. *Copier* c'est, à la lettre, multiplier la chose, en tirer un double ou des doubles, former des exemplaires pour multiplier la chose, l'avoir en abondance, *copia*.

Vous *transcrivez* pour mettre au net, en forme, en règle, en état, dans un endroit convenable. Vous *copiez* pour multiplier, distribuer, répandre, conserver.

Un marchand *transcrira* chaque jour la feuille de ses ventes et de ses achats sur ses livres de compte, pour être en règle. Avant l'invention de l'imprimerie, qui fait une espèce de prodige de multiplication, il fallait *copier* les ouvrages à la main.

Transcrire annonce une conformité littérale, exacte ; *copier* ne désigne quelquefois qu'une ressemblance plus ou moins frappante.

Il est superflu d'observer que *transcrire* ne se dit qu'à l'égard de l'*écriture* et qu'on *copie* des tableaux, des dessins, des manières, des actions, des personnes, tout ce qui s'*imite*. (R.)

1263. Transes, Angoisses.

La *transe* est l'effet qu'une grande peur produit sur l'esprit, comme le grand froid sur le corps : on est *transi* de peur comme on l'est de froid, lorsque la peur nous saisit de manière à nous faire trembler, à émousser nos sens, à éteindre notre activité, à nous glacer.

Les *angoisses* désignent un état de peine, de douleur pressante, de détresse, d'*anxiété*, causé par des embarras, des difficultés, la nécessité. M. de Voltaire, dans son Commentaire sur Corneille, se plaint, avec raison, que l'on néglige un mot si expressif. (R.)

1264. Transport, Translation, Transporter, Transférer.

Tous ces mots désignent un changement de lieu ou de temps. *Transporter* et *transport* sont plus propres à marquer spécialement le terme du changement, sans rien marquer par eux-mêmes de l'état précédent de la chose *transportée :* au contraire, *transférer* et *translation* ajoutent à l'idée du changement celle d'une sorte de consistance de la chose *transférée* dans le premier état d'où elle sort.

Ainsi, l'on dit *transporter* des meubles, des marchandises, de l'argent, des troupes, de l'artillerie, d'un lieu à un autre ; qu'un commissaire, un juge, se *transporte* dans le lieu du délit ; qu'on fait *transport* de ses droits à un autre ; parce que, dans tous ces cas, on n'envisage que le lieu où se rendent les choses *transportées*, ou la personne à qui sont remis les droits qu'on abandonne.

Mais on dit *transférer* un prisonnier du Châtelet à la Conciergerie, un corps mort d'un cimetière dans un autre, des reliques d'une châsse ou d'une église dans une autre, une juridiction d'une ville dans une autre, pour marquer que les objets *transférés* résidaient auparavant, de droit ou de nécessité, dans les lieux d'où on les tire : c'est par la même raison que l'on dit la *translation* d'un évêque, d'un concile, d'un siége, d'un empire, d'une fête, etc.

Quand on *transfère* un magasin de marchandises précieuses, il faut tâcher de les *transporter* sans les gâter.

Constantin n'eut pas plutôt *transféré* le siége de l'empire de Rome à Constantinople, que tous les grands abandonnèrent l'Italie pour se transporter en Orient. (B.)

Transporter et *transférer* supposent également l'action de porter d'un lieu à un autre ; mais *transférer* se prend dans un sens figuré.

Vous dites *transporter* toutes les fois que vous voulez rendre l'idée propre de *porter*, et vous dites *transférer* lorsqu'il s'agit de faire changer de place à un objet sans le *porter*. On *transporte* des denrées, des marchandises, de l'argent, qu'on porte, qu'on voiture, et on ne les *transfère* pas : on *transfère* un marché, une fête, une résidence qu'on change, qu'on place, qu'on établit ailleurs ; et on ne les porte ni ne les voiture.

Voilà pourquoi on *transporte* ses marchandises et on *transfère* son magasin, on *transporte* ses meubles et on *transfère* sa résidence, on *transfère* les cimetières et on *transporte* les ossements. On ne porte pas la résidence, les magasins, le cimetière, comme on porte les meubles, les marchaudises, les ossements.

On *transporte* enfin des choses mobiles ; on *transfère* des objets stables par eux-mêmes. Vous *transportez* des provisions, des secours, tout ce qui est portatif : vous *transférez* un tribunal, un établissement, ce qui a par-soi une consistance fixe.

Il est clair que la *translation* ne regarde que certains objets, et qu'elle se fait de différentes manières ; mais que le *transport* se fait de telle manière qu'il embrasse un plus grand nombre de choses. Toutes les fois que l'idée physique de *transport* n'est pas assez rigoureusement applicable à l'objet, dans un sens figuré et moral, il convient mieux de dire *translation :* ce qui n'empêche pas qu'on ne dise souvent *transporter*, dans le sens particulier et moral de *tranférer ;* car le premier de ces verbes est comme le genre à l'égard du second. (R.)

1265. Travail, Labeur.

Ces termes ne se distinguent, dans l'usage ordinaire, que par les différents degrés de peine que donne un ouvrage. Le *travail* est une application soigneuse ; le *labeur* est un *travail* pénible. Le *travail* occupe nos forces ; le *labeur* exige des efforts soutenus.

L'homme est né pour le *travail*, le malheureux est condamné au *labeur*. *Travaille ou péris*, voilà l'ordre de la nature : *travaille et péris*, voilà le vœu de l'injustice humaine.

Le *labeur* est proprement un *travail*, un exercice de la main et du corps : l'art mécanique fait un *labeur*. (R.)

1266. A travers, Au travers.

A travers marque purement et simplement l'action de passer par un milieu, et d'aller par-delà, ou d'un bout à l'autre. *Au travers* marque proprement ou particulièrement l'action et l'effet de pénétrer dans un milieu, de le percer de part en part ou d'outre en outre. Vous passez *à travers* le milieu qui vous laisse un passage, une ouverture, un jour : vous passez *au travers* d'un milieu dans lequel il faut vous faire un passage, faire une ouverture, vous faire jour pour passer. Là, vous avez la liberté de passer, rien ne s'y oppose : ici, vous trouvez de la résistance, il faut la forcer.

Il est constant que nous disons plutôt passer son épée *au travers* du corps, et passer *à travers* les champs. L'épée passe *au travers* du corps en le perçant d'outre en outre; et vous passez *à travers* les champs en les parcourant dans un sens d'un bout à l'autre.

Un espion passe habilement et adroitement *à travers* le camp ennemi, et se sauve. Le soldat se jette tout *au travers* d'un bataillon et l'enfonce.

Une liqueur passe *à travers* une chausse par les interstices que les fils laissent entre eux. La matière fulminante passe *au travers* des corps qui lui résistent et qu'elle renverse.

Ces deux locutions servent à distinguer deux acceptions différentes du verbe *traverser*, mais peut-être trouverait-on encore quelque différence entre *traverser* dans l'un ou dans l'autre sens, et passer *à travers* ou *au travers*. Ces deux manières de parler semblent ajouter au verbe une circonstance particulière, singulière, extraordinaire. Vous *traversez* la rivière en bac; c'est le chemin; vous passez *à travers* les champs; c'est une voie extraordinaire ou détournée que vous prenez. S'il faut de la force pour qu'un clou *traverse* une planche, ce n'en est pas moins une chose ordinaire; mais il y a quelque chose d'extraordinaire dans la violence qu'on fait en passant l'épée *au travers* du corps. (R.)

1267. Trébucher, Broncher.

Ces mots désignent l'accident de faire un faux pas. C'est en ce sens que *trébucher* est synonyme de *broncher*, qui ne se dit que des animaux, au lieu que *trébucher* se dit des choses; mais alors il signifie *tomber*.

On *trébuche* lorsqu'on perd l'équilibre et qu'on va tomber.

On *bronche* lorsqu'on fait un faux pas, qu'on cesse d'aller droit et ferme, pour avoir *choppé*, heurté contre un corps pointu ou éminent.

Celui qui n'a pas le pied ferme est sujet à *trébucher*; celui qui marche dans un mauvais chemin est sujet à *broncher*. Il ne faut qu'un petit caillou pour vous faire *broncher* : si vous perdez l'équilibre, vous *trébuchez*. On peut *broncher* et se redresser tout de suite : si l'on ne tombe pas en *trébuchant*, du moins on chancelle. (R.)

1268. Trépas, Mort, Décès.

Trépas est poétique, et emporte dans son idée le passage d'une vie à l'autre. *Mort* est du style ordinaire, et signifie précisément la cessation de vivre. *Décès* est d'un style plus recherché, tenant un peu de l'usage du palais, et marquant proprement le retranchement du nombre des mortels. Le second de ces mots se dit à l'égard de toutes sortes d'animaux, et les deux autres ne se disent qu'à l'égard de l'homme. Un *trépas* glorieux est préférable à une vie honteuse. La *mort* est le terme commun de tout ce qui est animé sur la terre. Toute succession n'est ouverte qu'au moment du *décès*.

Le *trépas* ne présente rien de laid à l'imagination ; il peut même faire envisager quelque chose de gracieux dans l'éternité. Le *décès* ne fait naître que l'idée d'une peine causée par la séparation des choses auxquelles on était attaché ; mais la *mort* présente quelque chose de laid et d'affreux. (G.)

Le *trépas* est donc le passage de cette vie à une autre vie, le grand passage. La *mort* est l'extinction de la vie, la perte de tout sentiment. Le *décès* est la sortie hors de la vie, de la société de ce monde, la fin du cours ou de la carrière humaine.

Il y a les *trépassés* et les *morts :* il y a aussi les *défunts*. C'est une excellente idée que celle de *défunt*. Ce mot signifie, à la lettre, *qui s'est acquitté* de la vie ; de *fungi*, s'acquitter d'une charge, faire une fonction, fournir une carrière, remplir sa destination ou son devoir. *Defungi* désigne proprement l'action d'achever sa charge, de terminer sa carrière, de consommer sa destinée, mais surtout celle de se délivrer d'un onéreux fardeau. La charge de l'homme, sa charge par excellence, c'est la vie ; le *défunt* s'en est acquitté.

Le *défunt* a vécu, il a rempli sa charge. Le *trépassé* vit encore, mais d'une vie nouvelle. Le *mort* n'est plus ; il est cendre et poussière.

Malgré ces différences importantes, *trépassé* ne se dit presque plus, même dans le style religieux et ordinaire ; il n'y a guère que le peuple qui dise encore *défunt* : il n'est plus question que de *mort*.

Le peuple dit plutôt *défunt ;* le langage plus poli préfère *feu*. (R.)

1269. Très, Fort, Bien.

On se sert assez indifféremment de l'un ou de l'autre de ces trois mots pour marquer ce que les grammairiens nomment SUPERLATIF, c'est-à-dire le plus haut degré : par exemple, on dit dans le même sens, *très-sage*, *fort* sage, *bien* sage. Il me paraît cependant qu'il y a entre eux quelque petite différence : en ce que le mot *très* marque précisément et clairement ce superlatif, sans mélange d'autre idée ni d'aucun sentiment ; que le mot de *fort* le marque peut-être moins précisément, mais qu'il y ajoute une espèce d'affirmation, et que le mot de *bien* exprime de plus un sentiment d'admiration. Ainsi l'on dit : Dieu est *très-juste*, les hommes sont *fort* mauvais, la Providence est *bien* grande.

Outre cette différence, il y en a une autre plus sensible, ce me semble : c'est que *très* ne convient que dans le sens naturel et littéral ; car, lorsqu'on dit d'un homme qu'il est *très-sage*, cela veut dire qu'il l'est véritablement, au lieu que *fort* et *bien* peuvent quelquefois être employés dans un sens ironique, avec cette différence, que *fort* convient mieux lorsque l'ironie fait entendre qu'on pêche par défaut, et que *bien* est plus d'usage lorsque l'ironie fait entendre qu'on pêche par excès.

On dirait donc en raillant : C'est être *fort* sage que de quitter ce qu'on a pour courir après ce qu'on ne saurait avoir ; et c'est être *bien* patient que de souffrir des coups de bâtons sans en rendre. (G.)

Je crois que *très* n'est pas du tout incompatible avec l'ironie, et qu'il est même préférable à *bien* et à *fort*, en ce qu'il la marque moins. Lorsque *fort* et *bien* sont ironiques, il n'y a qu'une façon de les prononcer ; et cette façon étant ironique elle-même, elle ne laisse rien à deviner à celui à qui on parle : *très*, au contraire, pouvant, quand il est ironique, se prononcer comme s'il ne l'était pas, enveloppe davantage la raillerie, et laisse dans l'embarras celui qu'on raille. (*Encyclopédie*, II, 245.)

Très est le mot propre et consacré pour désigner le plus haut degré dans la comparaison. *Fort* n'indique qu'un haut degré indéfini, avec une sorte de surprise, sans marquer le plus haut ; mais il est en effet affirmatif. *Bien* est également un peu vague ; il marque un assentiment d'approbation et d'improbation.

Vous dites qu'un homme est *très* sage, pour fixer le degré de sa sagesse : vous dites qu'il est *fort* sage, pour assurer qu'il l'est beaucoup : vous dites qu'il est *bien* sage, pour exprimer votre approbation et votre satisfaction ; vous diriez de même qu'il est *bien* sage, avec des sentiments contraires.

Très ne marque point d'autre intention que celle d'exprimer à quel point une chose est ou nous paraît être telle. *Fort* marque l'intention de communiquer aux autres l'impression forte que la chose a faite sur vous. *Bien* marque moins une intention que l'effusion naturelle du sentiment qu'on éprouve. (R.)

1270. Tromper, Décevoir, Abuser.

Tromper, c'est induire malicieusement dans l'erreur ou le faux ; *décevoir*, y engager par des moyens séduisants ou spécieux ; *abuser*, y plonger par un abus odieux de ses forces et de la faiblesse d'autrui.

On vous *trompe* en vous donnant pour vrai ce qui est faux, pour bon ce qui est mauvais, et vous serez *trompé* tant que vous ne serez pas en garde contre les personnes, et que vous ne voudrez pas connaître la valeur des choses. On vous *déçoit* en flattant vos goûts et en connivant à vos idées, et vous serez *déçu*, tant que vous croirez facilement ce qui vous plaît, et que légèrement vous vous attacherez à ce qui vous rit. On vous *abuse* en captivant votre esprit et en vous livrant à la séduction ; vous serez *abusé*, tant que vous n'apprendrez pas à douter et à craindre, et que vous vous abandonnerez vous-même sans savoir vous défendre.

On *trompe* tout le monde, et même beaucoup plus habile que soi : on *déçoit* les gens qui s'en rapportent aux apparences, qui voient facilement en beau, qui aiment à se flatter, qui abondent dans leur sens : on *abuse* les personnes faibles, crédules, vives, qui ne soupçonnent pas qu'on veuille les tromper, qui ne voudront pas croire qu'on les a trompées, qui se persuadent sans raison ce qu'on leur dit, qui se passionnent pour l'objet qu'on leur présente, les jeunes gens, le peuple, etc.

On *trompe* celui qui s'en laisse imposer, on *déçoit* celui qui se laisse capter, on *abuse* celui qui se laisse captiver. Il ne suffit pas d'être *détrompé* de ce qui nous tient au cœur, il faut en être *désabusé*. L'objet ne nous *déçoit* plus, mais nous sommes encore entraînés par notre penchant. (R.)

1271. Troupe, Bande, Compagnie.

Plusieurs personnes jointes pour aller ensemble font la *troupe*. Plusieurs personnes séparées des autres pour se suivre, et ne se point quitter, font la *bande.* Plusieurs personnes réunies par l'occupation, l'emploi ou l'intérêt, font la *compagnie.*

On dit une *troupe* de comédiens, une *bande* de voleurs, et la *compagnie* des Indes.

Il n'est pas honnête de se séparer de sa *troupe* pour faire *bande* à part ; et il faut toujours prendre l'intérêt de la *compagnie* où l'on se trouve engagé. (G.)

M. Beauzée observe, avec raison, que ces termes s'appliquent aussi aux animaux : on dit des *troupes* d'oies, d'insectes, des *bandes* d'étourneaux, des *compagnies* de perdrix. La *troupe* est nombreuse ; la *bande* va par détachement et à la file : la *compagnie* vit ensemble et forme une sorte de famille. Les étournaux ne paraissent guère qu'en *troupes*, et ils volent par *bandes* séparées.

Nous appelons *troupes* les gens de guerre, en général. On dit les *bandes prétoriennes*, les *vieilles bandes*, espèce particulière de *troupes* qu'il s'agit de distinguer. Il y a dans les régiments des *compagnies*, divisions particulièrement destinées à agir ensemble sous un chef particulier. (R.)

1272. Trouver, Rencontrer.

Nous *trouvons* les choses inconnues ou celles que nous cherchions. Nous *rencontrons* les choses qui sont en notre chemin, ou qui se présentent à nous, et que nous ne cherchons point.

Les plus infortunés *trouvent* toujours quelque ressource dans leur disgrâce. Les gens qui se lient aisément avec tout le monde sont sujets à *rencontrer* mauvaise compagnie. (G.)

1273. Tumultueux, Tumultuaire.

Tumultu-eux, à la lettre, qui est plein de tumulte ; *tumultu-aire*, qui a rapport au tumulte. *Tumultueux* a deux sens : 1° qui excite beaucoup de tumulte ; 2° qui se fait avec beaucoup de tumulte. *Tumultuaire* signifie seulement qui est fait dans le tumulte, comme en tumulte, avec précipitation, en grande hâte, sans ordre, contre les formes.

Les assemblées du peuple sont *tumultueuses*, et il prend des résolutions *tumultuaires*.

Nous appelons *tumultueux*, au propre et au figuré, de grands mouvements irréguliers, incertains, désordonnés. Les Romains appelaient *tumultuaires* des soldats, des armées, des chefs levés ou élus à la hâte, sur-le-champ, sans choix : ils disaient même dans le même esprit, un discours, une harangue *tumultuaire*.

Il y a des gens qui, à leurs mouvements *tumultueux*, paraissent toujours pressés de soins, et ils n'ont rien à faire. Il y en a qui sont si longtemps à délibérer de sang froid sur ce qu'ils ont à faire, qu'ils finissent par se déterminer *tumultuairement*. (R.)

1274. Tuyau, Tube.

Ces mots sont synonymes, en ce qu'on désigne par l'un et par l'autre un cylindre creux en dedans, qui sert à donner passage à l'air ou à tout autre fluide.

Ce qui les distingue, c'est que le premier se dit des cylindres préparés par la nature pour l'économie animale, ou par l'art pour le service de la société, et le second ne se dit guère que de ceux dont on se sert pour faire des observations et des expériences en physique, en astronomie, en anatomie.

Ainsi l'on appelle *tuyaux* les tiges cylindriques des plumes des oiseaux, celles du blé, du chanvre, et des autres plantes qui ont la tige creuse ; les canaux cylindriques de fer, de plomb, de bois, de terre cuite, ou autre matière que l'on emploie à la conduite des eaux, des immondices, de la fumée, etc. ; ceux d'étain ou de fer-blanc qui servent à la construction des orgues, des serinettes, etc.

Mais on appelle *tubes*, les *tuyaux* dont on construit les thermomètres, les baromètres, et autres qui servent aux expériences sur l'air et les autres fluides ; ceux des lunettes à longue vue, des télescopes, etc. (B.)

Tube est un terme de science : *tuyau* est de l'usage ordinaire. Le physicien et l'astronome se servent de *tubes* : nous employons différentes sortes de *tuyaux* pour conduire les liquides. Le géomètre et le physicien considèrent les propriétés du *tube* ; nous considérons l'utilité du *tuyau*. L'ingénieur en instruments de physique et de mathématique fait des *tubes* : l'ouvrier en plomb, en fer, en maçonnerie, fait des *tuyaux*.

Le *tube* est en général un corps d'une telle figure. Le *tuyau* est plutôt un ouvrage propre pour tel usage. Ainsi nous dirons fort bien le *tube*, le cylindre d'un fusil, d'un canon et de tout autre corps dont il ne s'agira que de désigner la forme : s'il est question d'un objet de telle forme, affecté à tel emploi, ce sera un *tuyau* dans le style ordinaire. (R.)

1275. Type, Modèle.

Type est un mot grec qui signifie proprement trace, vestige, empreinte, et, par une conséquence naturelle, figure, forme, image.

Du latin *modus*, mesure, règle, façon, manière, etc. , est venu *modèle*, ce sur quoi on doit se régler, la façon propre qui convient aux choses, l'objet qu'il s'agit d'imiter : *modèle* de sculpture, de peinture, d'écriture.

Le *type* porte l'empreinte de l'objet : le *modèle* en donne la règle. Le type vous représente ce que les objets sont aux yeux, le *modèle* vous montre ce que les objets doivent être. Le *type* est fidèle, il est tel que la chose : le *modèle* est bon, il faut faire la chose d'après lui.

Vous tirerez des espèces de copies du *type* par impression ; vous en ferez le *modèle* par imitation. L'imprimeur ou le typographe travaille sur des *types* : le sculpteur , comme le peintre, travaille d'après des *modèles*.

Type n'annonce que la vérité de la figure sans emporter l'idée de règle ou de *modèle* ; ainsi nous appelons *types* des figures symboliques, qui n'ont d'autre rapport avec l'objet figuré qu'une sorte de ressemblance, et qui, loin d'être des *modèles*, ne sont que des signes très-imparfaits. L'agneau pascal est le *type* de Jésus-Christ, le serpent d'airain celui de la croix, etc. (R.)

U

1276. Uni, Plain.

Ce qui est *uni* n'est pas raboteux. Ce qui est *plain* n'a ni enfoncement, ni élévation.

Le marbre le plus *uni* est le plus beau. Un pays où il n'y a ni montagnes, ni vallées, est un pays *plain*. (G.)

1277. Union, Jonction.

L'*union* regarde particulièrement deux différentes choses qui se trouvent bien ensemble. La *jonction* regarde proprement deux choses qui se rapprochent l'une auprès de l'autre.

Le mot d'*union* renferme une idée d'accord ou de convenance. Celui de *jonction* semble supposer une marche ou quelque mouvement.

On dit l'*union* des couleurs, et la *jonction* des armées, l'*union* de deux voisins, et la *jonction* de deux rivières.

Ce qui n'est pas *uni* est divisé. Ce qui n'est pas *joint* est séparé.

On s'*unit* pour former des corps de société. On se *joint* pour se rassembler et n'être pas seul.

Union s'emploie souvent au figuré ; mais on ne se sert de *jonction* que dans le sens littéral.

L'*union* soutient les familles et fait la puissance des états ; la *jonction* des ruisseaux forme les grands fleuves. (G.)

1278. Unique, Seul.

Une chose est *unique* lorsqu'il n'y en a point d'autre de la même espèce. Elle est *seule* lorsqu'elle n'est pas accompagnée.

Un enfant qui n'a ni frère ni sœur est *unique*. Un homme abandonné de tout le monde reste *seul*.

Rien n'est plus rare que ce qui est *unique*. Rien n'est plus ennuyant que d'être toujours *seul*. (G.)

1279. Usage, Coutume.

L'*usage* semble être plus universel. La *coutume* paraît être plus ancienne. Ce que la plus grande partie des gens pratiquent est en *usage*. Ce qui s'est pratiqué depuis longtemps est une *coutume*.

L'*usage* s'introduit et s'étend. La *coutume* s'établit, et acquiert de l'autorité. Le premier fait la mode. La seconde forme l'habitude. L'une et l'autre sont des espèces de lois, entièrement indépendantes de la raison dans ce qui regarde l'extérieur de la conduite.

Il est quelquefois plus à propos de se conformer à un mauvais *usage*, que de se distinguer même par quelque chose de bon. Bien des gens suivent la *coutume* dans la façon de penser comme dans le cérémonial ; ils s'en tiennent à ce que leurs mères et leurs nourrices ont pensé avant eux. (G.)

L'*usage*, dans le sens propre du mot, regarde les choses *usuelles*, *usitées*, *utiles*, ou dont on se sert, dont on *use* avec des vues d'intérêt, de jouissance, en un mot, d'*utilité*.

La *coutume* regarde particulièrement les choses que l'on fait assez souvent, fréquemment, les actions ordinaires, les habitudes, les manières surtout.

L'*usage* est une pratique constante. La *coutume*, une habitude familière.

L'*usage*, soit par son universalité, soit par son ancienneté, soit par son utilité, a plus d'autorité, plus d'empire en général que la simple *coutume*. Il faut souvent obéir à l'*usage*, quand nous n'avons qu'à suivre la *coutume*. La *coutume* sera notre excuse, et l'*usage* notre justification.

L'*usage* tient plutôt à la raison, aux facultés intellectuelles, aux causes morales : la *coutume*, à la nature, aux dispositions, aux habitudes, aux causes physiques. Un peuple policé a des *usages*, un peuple barbare a des *coutumes*.

L'*usage* nous détermine quelquefois malgré la raison, et la *coutume* nous entraîne malgré la nature. Les abus ne manquent pas de réclamer l'*usage*, comme la routine d'en appeler à la *coutume*. (R.)

1280. User, Se servir, Employer.

User exprime l'action de faire *usage* d'une chose, selon le droit ou la liberté qu'on a d'en disposer à son gré et à son avantage. *Se servir* exprime l'action de tirer un *service* d'une chose, selon le pouvoir et les moyens qu'on a de s'en aider dans l'occasion donnée. *Employer* exprime l'action de faire une *application* particulière d'une chose, selon les propriétés qu'elle a, et le pouvoir que vous avez d'en régler la destination.

On *use* de sa chose, de son droit, de ses facultés à sa fantaisie : on en *use* bien ou mal, selon qu'on en fait un *emploi* bon ou mauvais, une application louable ou blâmable, une disposition raisonnable ou déraisonnable. On *se sert* d'un agent, d'un instrument, d'un moyen, comme on le peut, comme on le sait : on *s'en sert* bien ou mal, selon le talent ou l'habileté que l'on a, la manière dont on s'y prend, le rapport qu'a le moyen avec la fin. On *emploie* les choses, les personnes, ses moyens, ses ressources, comme on le juge convenable, eu égard à l'objet qu'il s'agit de remplir : on les *emploie* bien ou mal, selon qu'ils sont propres ou non à faire une fonction déterminée, à produire l'effet que l'on désire, à procurer le succès qu'on en attend.

Vous *usez* d'un bien, d'un avantage que vous avez. On *se sert* d'un domestique, d'un meuble, de ce qu'on a, dans quelque sens que ce soit, à son service. Vous *employez* un ouvrier, l'argent, toute sorte de choses, à la fonction qui leur convient.

Il n'est pas inutile d'observer que les idées d'habitude ou d'*usage* fréquent, de façon d'agir, de jouissance, ou de consommation de la chose, etc., sont particulièrement affectées au mot *user*. Celles d'assister, de seconder, de cultiver, de rendre de bons offices, etc., au mot *servir*. Celles d'occuper, de mettre en exercice, de faire valoir, au mot *employer*.

1281. Usurper, Envahir, S'emparer.

Usurper, c'est prendre injustement une chose à son légitime maître par voie d'autorité et de puissance : il se dit également des biens, des droits et du pouvoir. *Envahir*, c'est prendre tout d'un coup par voie de fait quelque pays ou quelque canton, sans prévenir par aucun acte d'hostilité. *S'emparer*, c'est précisément se rendre maître d'une chose, en prévenant les concurrens, et tous ceux qui peuvent y prétendre avec plus de droit.

Il me semble aussi que le mot d'*usurper* renferme quelquefois une idée de trahison ; que celui d'*envahir* fait entendre qu'il y a du mauvais procédé ; que celui de s'*emparer* emporte une idée d'adresse et de diligence.

On n'*usurpe* point la couronne, lorsqu'on la reçoit des mains de la nation. Prendre des provinces après que la guerre est déclarée, c'est en faire la conquête, et non les *envahir*.

Il n'y a point d'injustice à s'*emparer* des choses qui nous appartiennent, quoique nos droits et nos prétentions soient contestés. (G.)

1282. Utilité, Profit. Avantage.

L'*utilité* naît du service qu'on tire des choses. Le *profit* naît du gain qu'elles produisent. L'*avantage* naît de l'honneur ou de la commodité qu'on y trouve.

Un meuble a son *utilité*. Une terre apporte du *profit*. Une grande maison a son *avantage*.

Les richesses ne sont d'aucune *utilité*, quand on n'en fait point usage. Les *profits* sont plus grands dans les finances, et plus fréquents dans le commerce. L'argent donne beaucoup d'*avantage* dans les affaires, il en facilite le succès.

Je souhaite que cet ouvrage soit *utile* au lecteur ; qu'il fasse le *profit* du libraire ; et qu'il me procure l'*avantage* de l'estime publique. (G.)

V

1283. Vacances, Vacations.

Ces deux noms pluriels marquent le temps auquel cessent les exercices publics ; ce qui les distingue, c'est la différence des exercices et celle de leur distinction.

Vacances se dit de la cessation des études publiques dans les écoles et dans les colléges. *Vacations*, de la cessation des séances des gens de justice.

Le temps des *vacances* semble plus particulièrement destiné au plaisir ; c'est un relâche accordé au travail, afin de reprendre de nouvelles forces : le temps des *vacations* semble plus spécialement destiné aux besoins personnels des gens de justice ; c'est une interruption des affaires publiques accordée aux gens de loi, afin qu'ils puissent s'occuper des leurs.

Les écoliers perdent le temps durant les *vacances ;* les avocats étudient durant les *vacations*.

On ne doit pas dire *vacations* en parlant des études, parce que ce n'est qu'une suspension accordée au plaisir. Mais on peut dire *vacances* en parlant des séances des gens de justice ; parce que ce temps étant abandonné à leur disposition, ils peuvent, à leur gré, l'employer à leurs affaires personnelles ou à leur récréation : dans le premier cas, ils sont en *vacations ;* dans le second cas, ils sont en *vacances*. (*Dictionn. de l'Acad. ; Rem. nouv.* du P. Bouhours, t. 1.) (B.)

1284. Vacarme, Tumulte.

Vacarme emporte par sa valeur l'idée d'un plus grand bruit, et *tumulte* celle d'un plus grand désordre.

Une seule personne fait quelquefois du *vacarme* : mais le *tumulte* suppose toujours qu'il y a un grand nombre de gens.

Les maisons de débauche sont sujettes aux *vacarmes*. Il arrive souvent du *tumulte* dans les villes mal policées.

Vacarme ne se dit qu'au propre ; *tumulte* se dit, au figuré, du trouble et de l'agitation de l'âme. On tient mal une résolution qu'on a prise dans le *tumulte* des passions. (*Encycl.*, XVI, 790.)

1285. Vaillant et Vaillance, Valeureux et Valeur.

La *vaillance* est la vertu ou la force courageuse qui règne dans le cœur, et constitue l'homme essentiellement *vaillant ;* la *valeur* est cette vertu qui se déploie avec éclat dans l'occasion de s'exercer, et qui rend l'homme *valeureux* dans les combats.

La *vaillance* annonce la grandeur du courage, et la *valeur*, la grandeur des exploits. La *vaillance* ordonne, et la *valeur* exécute. Le héros a une haute *vaillance* et fait des prodiges de *valeur*.

Il faut que l'officier soit *vaillant*, et le soldat *valeureux*. Le *vaillant* capitaine sera *valeureux* quand il faudra l'être ; car la prudence est de s'abandonner au courage, lorsqu'elle n'est pas de le contenir. Condé paraîtra peut-être plus *valeureux* que Turenne ; était-il moins *vaillant* ? (R.)

1286. Vaincre, Surmonter.

Vaincre suppose un combat contre un ennemi qu'on attaque, et qui se défend. *Surmonter* suppose seulement des efforts contre quelque obstacle qu'on rencontre et qui fait de la résistance.

On a *vaincu* ses ennemis, quand on les a si bien battus qu'ils sont hors d'état de nuire. On a *surmonté* ses adversaires, quand on est venu à bout de ses desseins, malgré leur opposition.

Il faut du courage et de la valeur pour *vaincre*, de la patience et de la force pour *surmonter*.

On se sert du mot *vaincre* à l'égard des passions, et de celui de *surmonter* pour les difficultés.

De toutes les passions, l'avarice est la plus difficile à *vaincre*, parce qu'on ne trouve point de secours contre elle, ni dans l'âge, ni dans la faiblesse du tempérament, comme on en trouve contre les autres, et que d'ailleurs, étant plus resserrée qu'entreprenante, les choses extérieures ne lui opposent aucune difficulté à *surmonter*. (G.)

1287. Vaincu, Battu, Défait.

Ces termes s'appliquent en général à une armée qui a eu du dessous dans une action : voici les nuances qui les distinguent.

Une armée est *vaincue* quand elle perd le champ de bataille ; elle est *battue* quand elle le perd avec un échec considérable, c'est-à-dire en laissant beaucoup de morts et de prisonniers ; elle est *défaite*, lorsque cet échec va au point que l'armée est dissipée, ou tellement affaiblie qu'elle ne puisse plus tenir la campagne.

On a dit de plusieurs généraux, qu'ils avaient été *vaincus* sans avoir été *défaits*, parce que le lendemain de la perte d'une bataille, ils étaient en état d'en donner une nouvelle.

On peut aussi observer que les mots *vaincu* et *défait*, ne s'appliquent qu'à des armées ou à de grands corps ; aussi on ne dit point d'un détachement, qu'il a été *défait* ou *vaincu :* on dit qu'il a été *battu*. (*Encycl.*, IV, 731.)

1288. Vainement, Inutilement, En vain.

On a travaillé *vainement*, lorsqu'on n'est pas récompensé de son travail ou qu'il n'est pas agréé : on a travaillé *en vain*, lorsqu'on n'est pas venu à bout de ce qu'on voulait faire.

J'aurai travaillé *vainement* si cet ouvrage ne me procure pas l'estime du public ; je l'aurai fait *inutilement*, si l'on n'en profite pas pour rendre ses idées et ses expressions justes ; c'est *en vain* que je me serai donné beaucoup de peine, si je n'ai pas rencontré la vraie différence et le propre caractère des synonymes de notre langue. (G.)

Je crois qu'on a travaillé *vainement*, quand on l'a fait sans *succès ;* et *en vain*, quand on l'a fait sans *fruit*. L'*ouvrage* est manqué dans le premier cas, et l'*objet* est manqué dans le second. Si je ne puis pas venir à bout de ma besogne, je travaille *vainement ;* c'est-à-dire d'une *manière vaine*, et je ne la fais pas : si ma besogne faite n'a pas l'effet que j'en attendais, j'ai travaillé *en vain*, c'est-à-dire que je n'ai fait qu'une chose inutile.

Si vous me parlez sans que je vous entende, vous parlez *vainement ;* si vous me parlez sans me persuader, vous me parlez *en vain*.

Celui qui ne fait que des choses vides de sens, de raison, de vertu, consume *vainement* le temps ; celui qui fait des choses utiles, mais inutilement ou sans qu'on en profite, l'emploie *en vain*. (R.)

1289. Valet, Laquais.

Le mot de *valet* a un sens général qu'on applique à tous ceux qui servent. Celui de *laquais* a un sens particulier, qui ne convient qu'à une sorte de domestique. Le premier désigne proprement un homme de service, et le second un homme de suite. L'un emporte une idée d'utilité, l'autre une idée d'ostentation : voilà pourquoi il est plus honorable d'avoir un *laquais* que d'avoir un *valet ;* et qu'on dit que le *laquais* ne déroge point à sa noblesse, au lieu que le *valet* de chambre y déroge, quoique la qualité et l'office de celui-ci soient au-dessus de l'autre.

Les princes et les gens de basse condition n'ont point de *laquais :* mais les premiers ont des *valets* de pied qui en font la fonction et qui en portaient même autrefois le nom, et les seconds ont des *valets* de labeur. (G.)

1290. Valétudinaire, Maladif, Infirme, Cacochyme:

Le *valétudinaire* du latin *valetudo*, santé et *maladie*, bonne ou mauvaise santé. Le *valétudinaire* flotte, en quelque sorte, entre la bonne ou la mauvaise santé, de l'une à l'autre.

Maladif, qui a un principe particulier et actif de *maladie* et qui en éprouve souvent les effets.

Infirme, non ferme, faible, qui ne se *porte* pas d'une manière assurée, qui se soutient mal : *faible* est un mot plus vague et plus étendu qu'*infirme*, par la loi de l'usage : *infirme* ne s'applique proprement qu'aux corps qui sont mal constitués, qui n'ont pas la vigueur convenable, et particulièrement la jouissance ou la liberté de quelque fonction.

Cacochyme, mot grec formé de *cacos*, mauvais, et de *chymos*, suc, humeur. La réplétion et la dépravation des humeurs font le *cacochyme*.

Ainsi le *valétudinaire* est d'une santé chancelante : le *maladif* est sujet à être malade : l'*infirme* est affligé de quelque dérangement d'organes : le *cacochyme* est plein de mauvaises humeurs.

Les femmes, par la constitution propre de leur sexe, sont naturellement plus *valétudinaires* que les hommes. Les gens malsains sont nécessairement *maladifs*. Les vieillards sont *infirmes* par le dépérissement naturel de leurs organes. Il y a beaucoup d'enfants *cacochymes* par le vice de leur origine ou de leur nourriture.

1291. Valeur, Courage.

Le *valeureux* peut manquer de *courage*, le *courageux* est toujours maître d'avoir de la *valeur*.

La *valeur* sert au guerrier qui va combattre ; le *courage*, à tous les êtres qui, jouissant de l'existence, sont sujets à toutes les calamités qui l'accompagnent.

Que vous servirait la *valeur*, amant que l'on a trahi, père éploré que le sort prive d'un fils, père plus à plaindre dont le fils n'est pas vertueux ? O fils désolé, qui allez être sans père et sans mère, ami dont l'ami craint la vérité ; ô vieillards qui allez mourir ; infortunés, c'est de *courage* que vous avez besoin.

Contre les passions que peut la *valeur* sans *courage ?* Elle est leur esclave, et le *courage* est leur maître.

La *valeur* outragée se venge avec éclat, tandis que le *courage* pardonne en silence.

Près d'une maîtresse perfide le *courage* combat l'amour, tandis que la *valeur* combat le rival.

La *valeur* brave les horreurs de la mort ; le *courage*, plus grand, brave la mort et la vie. (*Encycl.*, XVI, 820.)

1292. Valeur, Prix.

Le mérite des choses en elles-mêmes en fait la *valeur*, et l'estimation en fait le prix.

La *valeur* est la règle du *prix*, mais une règle assez incertaine et qu'on ne suit pas toujours.

De deux choses celle qui est d'une plus grande *valeur* vaut mieux ; et celle qui est d'un plus grand *prix*, vaut plus.

Il semble que le mot de *prix* suppose quelque rapport à l'achat ou à la vente, ce qui ne se trouve pas dans le mot de *valeur*. Ainsi, l'on dit que ce n'est pas être connaisseur, que de ne juger de la *valeur* des choses que par le *prix* qu'elles coûtent. (G.)

1293. Vallée, Vallon.

Vallée semble signifier un espace plus étendu. *Vallon* semble en marquer un plus resserré.

Les poètes ont rendu le mot de *vallon* plus usité, parce qu'ils ont ajouté à la force de ce mot une idée de quelque chose d'agréable ou de champêtre ; et que celui de *vallée* n'a retenu que l'idée d'un lieu bas et situé entre d'autres lieux plus élevés.

On dit la *vallée* de Josaphat, où le vulgaire pense que se doit faire le jugement universel ; et l'on dit le sacré *vallon*, où la fable établit une demeure des Muses. (G.)

1294. Vanter, Louer.

On *vante* une personne pour lui procurer l'estime des autres, ou pour lui donner de la réputation. On la *loue* pour témoigner l'estime qu'on fait d'elle, ou pour lui applaudir.

Vanter, c'est dire beaucoup de bien des gens, et leur attribuer de grandes qualités, soit qu'ils les aient, ou qu'ils ne les aient pas. *Louer*, c'est approuver, avec une sorte d'admiration, ce qu'ils ont dit ou ce qu'ils ont fait, soit que cela le mérite ou ne le mérite pas.

On *vante* les forces d'un homme ; on *loue* sa conduite.

Le mot *vanter* suppose que la personne dont on parle est différente de celle à qui la parole s'adresse : ce que le mot de *louer* ne suppose point.

Les charlatans ne manquent jamais de se *vanter;* ils promettent toujours plus qu'ils ne peuvent tenir, ou se font honneur d'une estime qui ne leur a pas été accordée. Les personnes pleines d'amour-propre se donnent souvent des *louanges;* elles sont ordinairement très-contentes d'elles-mêmes.

Il est plus *ridicule,* selon mon sens, de se *louer* soi-même que de se *vanter :* car on se *vante* par un grand désir d'être estimé, c'est une vanité qu'on pardonne ; mais on se *loue* par une grande estime de soi, c'est un orgueil dont on se moque. (G.)

1295. Variation, Changement.

La *variation* consiste à être tantôt d'une façon et tantôt d'une autre. Le *changement* consiste seulement à cesser d'être le même.

C'est *varier* dans ses sentiments que de les abandonner et les reprendre successivement. C'est *changer* d'opinion que de rejeter celle qu'on avait embrassée pour en suivre une nouvelle.

Les *variations* sont ordinaires aux personnes qui n'ont point de volonté déterminée. Le *changement* est le propre des inconstants.

Qui n'a point de principes certains est sujet à *varier.* Qui est plus attaché à la fortune qu'à la vérité, n'a pas de peine à *changer* de doctrine. (G.)

1296. Variation, Variété.

Les changements successifs dans le même sujet font la *variation*. La multitude des différents objets fait la *variété*. Ainsi l'on dit la *variation* du temps, la *variété* des couleurs.

Il n'y a point de gouvernement où il n'y ait eu des *variations*. Il n'y a point d'espèces dans la nature où l'on ne remarque beaucoup de *variétés*. (G.) (1).

1297. Variété, Diversité, Différence.

La *variété* consiste dans un assortiment de plusieurs choses différentes, quant à l'apparence ou aux formes; de manière qu'il en résulte un ensemble, un tableau agréable par leurs *différences* mêmes. La *diversité* consiste dans des *différences* assez grandes, soit quant à l'objet qui a changé, soit quant à deux ou plusieurs objets qui concourent ensemble, pour qu'ils ne se ressemblent pas, ou ne s'accordent pas, ou ne se rapportent pas l'un à l'autre; de manière qu'ils semblent former un autre ordre de choses. La *différence* consiste dans la qualité ou la forme qui appartient à une chose exclusivement à l'autre, de manière qu'elle empêche de les confondre ensemble.

La *variété* suppose plusieurs choses dissemblables et rassemblées comme sur un même fond; la *diversité* suppose une opposition et un contraste; la *différence* suppose la ressemblance.

La *variété* coupe, rompt l'uniformité: la *diversité* détruit, exclut la conformité; la *différence* exclut l'identité ou la parfaite ressemblance. (R.)

1298. Vaste, Grand.

M. de Saint-Evremond a fait une dissertation pour prouver que *vaste* désigne toujours un défaut: voici comment il se trouva engagé à écrire sur ce sujet en 1667. Quelqu'un ayant dit, en louant le cardinal de Richelieu, qu'il avait l'esprit *vaste*, sans y ajouter d'autre épithète, M. de Saint-Evremond soutint que cette expression n'était pas juste; qu'esprit *vaste* se prenait en bonne ou en mauvaise part, selon les circonstances qui s'y trouvaient jointes; qu'un esprit *vaste*, merveilleux, pénétrant, marquait une capacité admirable; et qu'au contraire

---

(1) Dans l'Encyclopédie, on a rapporté en un seul article les trois mots *changement*, *variation* et *variété*: je crois que c'est mal à propos, parce que ce n'est pas sous le même aspect que le mot *variation* est synonyme des deux autres. L'altération de l'identité d'état est l'idée commune des deux mots *variation* et *changement*; la diversité est le caractère commun des mots *variation* et *variété*. (B.) (*Voyez* l'article de l'*Encyclopédie*, page 193.)

un esprit *vaste* et demesuré était un esprit qui se perdait en des pensées vagues, en de vaines idées, en des desseins trop *grands* et peu proportionnés aux moyens qui nous peuvent faire réussir. Madame de Mazarin (la belle Hortense) prit parti contre M. de Saint-Evremond; et après avoir longtemps disputé, ils convinrent de s'en rapporter à MM. de l'Académie.

L'abbé de Saint-Réal se chargea de faire la consultation, et l'Académie, polie, décida en faveur de madame de Mazarin. M. de Saint-Evremond s'était déjà condamné lui-même avant que cette décision arrivât : mais quand il l'eut vue, il déclara que son désaveu n'était point sincère, et que c'était un pur effet de docilité et un assujettissement volontaire de ses sentiments à ceux de madame de Mazarin : mais que quant à l'Académie, il ne lui devait de soumission que pour la vérité.

Là-dessus il reprit non-seulement l'opinion qu'il avait d'abord défendue, mais il nia absolument que *vaste* seul pût jamais être une louange vraie : il soutint que le *grand* était une perfection dans les esprits; le *vaste*, un vice; que l'étendue juste et réglée faisait le *grand*, et que la grandeur démesurée faisait le *vaste*; qu'enfin, la signification la plus ordinaire du *vastus* des Latins, c'est trop spacieux, trop étendu, démesuré.

Je crois, pour moi, qu'il avait à peu près raison en tous points. Je vois du moins que *vastus homo*, dans Cicéron, est un colosse, un homme d'une taille trop *grande*; et dans Salluste, *vastus animus* est un esprit immodéré, qui porte trop loin ses vues et ses espérances. (*Encycl.*, XVI, 857.)

1299. Vedette, Sentinelle.

Une *vedette* est à cheval; une *sentinelle* est à pied : l'une et l'autre veillent à la sûreté du corps dont elles sont détachées, et pour la garde duquel elles sont mises en faction. (G.)

1300. Veiller à, Veiller sur, Surveiller.

On *veille à*, afin que, pour que; on *veille à* une chose, à son exécution, à sa conservation; on *veille à* ce qu'elle se fasse, se maintienne. On *veille sur*, au-dessus, par-dessus : on *veille sur* ce qui est fait, *sur* les gens qui font la chose : on *veille sur* les objets, *sur* les personnes, *sur* ce qu'on a dans sa dépendance, sous son inspection, en sa garde. On *surveille* d'en haut, d'office, avec charge ou autorité : on *surveille* à tout, sur tout : on *surveille* les personnes, celles mêmes qui *veillent sur* et par une inspection supérieure, générale, comme chef, comme conducteur.

Les soldats *veillent à* leurs postes; leurs officiers *veillent sur* la chose et sur eux : le général *surveille* à tout, et les *surveille* tous. Vous *veillez* à votre besogne, à vos affaires, à vos intérêts : vous *veillez* sur vos enfants, sur vos domestiques, sur votre ménage. Quoique vous ayez confié divers soins, différentes inspections à des gens qui doivent *veiller* pour vous, vous *surveillez* et vous réglez tout. (R.)

1301. Vélocité, Vitesse, Rapidité.

La *vélocité* est la qualité du mouvement fort et léger ; la *vitesse*, celle du mouvement prompt et accéléré ; la *rapidité*, celle du mouvement impétueux et violent.

La *vélocité* marque une grande *vitesse* : elle marque proprement la *vitesse* de ce qui vole, de ce qui s'élève dans les airs, de ce qui en parcourt l'espace avec un mouvement très-vif.

La *vitesse* exprime donc un mouvement pressé, hâté : il exprime proprement une course prompte et accélérée.

La *rapidité* est toujours plus ou moins impétueuse, violente, assez forte pour vaincre les obstacles, pour ravager, pour enlever ce qui se rencontre sur son passage.

Ainsi, à proprement parler, vous direz la *vélocité* d'un oiseau, la *vitesse* d'un cheval, la *rapidité* d'un torrent. (R.)

1302. Vénal, Mercenaire.

La chose *vénale* est à vendre : on l'acquiert ; elle est à vous en toute propriété : son effet est toujours absolu. Le *mercenaire*, au contraire, n'est qu'au jour le jour ; il est au plus offrant, aujourd'hui pour, et demain contre. On dira que le parlement d'Angleterre est *vénal*, mais non pas qu'il est *mercenaire*. On ne dira pas d'un écrivain qui se vend alternativement, qu'il est *vénal*, mais qu'il est *mercenaire*, et que sa plume est *vénale*, car elle aliène définitivement ce qu'elle émet.

Le caractère de la vénalité est de transmettre sa propriété ; celui du *mercenaire* n'est que de la louer à temps. Le premier a la capacité, le second l'habitude. Le *mercenaire* fut *vénal*, mais l'homme *vénal* n'est pas toujours *mercenaire*. (R.)

1303. Vendre, Aliéner.

Vendre, c'est donner, céder pour de l'argent, pour un certain prix, une chose dont on a la propriété, la libre disposition : *aliéner* c'est transférer à un autre la propriété d'un bien qu'on lui *vend* ou qu'on lui donne, dont on le rend le maître d'une manière ou d'une autre.

On *vend* ce que quelqu'un achète : on *aliène* ce qu'un autre acquiert.

Tout ce qui s'apprécie en argent, se *vend*, fonds, mobilier, denrée, marchandise, travail, etc. On n'*aliène* que des fonds, des rentes, des droits, une succession, un mobilier de prix qui tient lieu de fonds.

On n'*aliène* que ce qu'on a; car comment transférer une propriété qu'on n'a point? Mais on *vendra* fort bien quelquefois ce qu'on n'a pas, comme, par exemple, son crédit, son honneur, sa conscience, etc.; c'est surtout quand on n'en a point qu'on les *vend*. (R.)

1304. Vénération, Respect.

Ce sont des égards qu'on a pour les gens : mais on leur témoigne de l'estime par la *vénération*; et on leur marque de la soumission par le *respect*.

Nous avons de la *vénération* pour les personnes en qui nous reconnaissons des qualités éminentes ; et nous avons du *respect* pour celles qui sont fort au-dessus de nous ou par leur naissance, ou par leur fortune.

L'âge et le mérite rendent *vénérable*. Le rang et la dignité rendent *respectable*.

La gravité attire la *vénération* du peuple : la crainte qu'on lui inspire le tient dans le *respect*. (G.)

1305. Vénération, Révérence, Respect.

La *vénération* est un profond *respect*; elle n'a au-dessus d'elle que l'adoration. La *révérence* est une crainte respectueuse ; elle impose donc avec le *respect* une sorte de frein. Le *respect* est une distinction honorable ; c'est le premier ou le moindre degré d'honneur.

La *vénération* est l'hommage de l'humilité ou de la supplication : vous la devez à l'éminence des objets qu'il convient d'exalter. La *révérence* est l'hommage de la soumission ou de la faiblesse : vous la devez à l'autorité des objets qu'il faut craindre. Le *respect* est l'hommage de l'infériorité ou de l'abaissement volontaire : vous le devez à l'élévation des objets qu'il s'agit d'honorer. Pascal dit que le *respect* est de se gêner pour les autres : je crois que le *respect* consiste proprement à se mettre au-dessous des autres ; la *révérence*, à se tenir devant les autres dans la réserve d'une grande modestie ; la *vénération*, à tomber, pour ainsi dire, aux pieds des autres ou à leurs genoux.

La *vénération* exprime une sorte de piété par une sorte de culte : ainsi nous *vénérons* proprement les choses saintes ; mais, outre la piété religieuse, il y a la piété naturelle qu'un fils a pour son père, un citoyen pour la patrie. La *révérence* exprime un sentiment presque semblable à celui de la crainte filiale, et de la manière dont un fils est en présence d'un père : ainsi les Latins disaient la *révérence* du disciple à l'égard du maître, du citoyen à l'égard du magistrat. Enfin le *respect* de sentiment exprime une estime distinguée par le rang supérieur qu'elle affecte aux personnes : l'estime est le cas particulier qu'on fait des objets ; et les préférences ou les distinctions honorables marquent l'estime respectueuse. (R.)

1306. Venimeux, Vénéneux.

Ménage ne voulait que *venimeux*, et rejetait *vénéneux*. Dans l'Encyclopédie on les donne presque comme des synonymes parfaits, dont le choix est indifférent. Mais il est certain, 1° que les deux mots sont autorisés par l'usage, nonobstant la décision de Ménage ; 2° qu'il ne saurait y avoir une synonymie aussi entière qu'on la suppose entre ces deux termes dans l'Encyclopédie.

Ils signifient l'un et l'autre, qui a du venin. Mais, selon l'Académie, *venimeux* ne se dit proprement que des animaux, ou des choses qui sont infectées du venin de quelque animal ; et *vénéneux* ne se dit que des plantes. Ainsi le scorpion et la vipère sont des animaux *venimeux* et le suc de la ciguë est *vénéneux*.

Si l'on passe au sens figuré, *venimeux* sera très-propre à caractériser tout ce qui peut produire un grand mal sans avoir des apparences bien marquées ; *vénéneux* pourra s'appliquer aux choses dont on envisagera la fécondité comme dangereuse : c'est, dans les deux cas, suivre le sens propre autant qu'il est possible ; les animaux *venimeux* faisant le mal par eux-mêmes, et les plantes *vénéneuses* perpétuant, par leur fécondité naturelles, les causes du mal qu'elles peuvent faire.

Il peut se trouver dans un ouvrage, utile à beaucoup d'égards, des principes *vénéneux*, contre lesquels il faut prémunir les lecteurs, ou par des préparations, ou par la suppression totale de ces principes. Mais il faut rejeter sans ménagement ces écrits séduisants par le coloris dont les auteurs ont affecté de couvrir la doctrine *venimeuse* qu'ils y établissent. (B.)

Vénéneux signifie qui a, contient, renferme un venin ; *venimeux* signifie qui porte, communique, introduit son venin. Ainsi nous disons *venimeux* pour exprimer l'action d'introduire, d'insinuer, d'aigrir le venin. Le venin est dans la chose *vénéneuse* dont ce mot marque la qualité ; le venin est versé par l'objet *venimeux* dont ce mot exprime l'action. Une langue, une morsure, une piqûre, sont *venimeuses*, parce qu'elles répandent ou distillent le venin. Mais une piqûre n'est pas *vénéneuse*, parce qu'elle n'est que l'action qui introduit le venin. Le corps *vénéneux* ne vous communique son venin que par l'usage que vous en faites ; l'insecte *venimeux* vous communique le sien par l'atteinte qu'il vous porte.

Voilà pourquoi les animaux sont *venimeux* ; voilà pourquoi les

plantes sont *vénéneuses.* Mais il résulte encore de là que l'animal *veni-*
meux est *vénéneux ;* car pour répandre le venin, il faut l'avoir ; et
que la plante, qui d'elle-même répand des exhalaisons mortelles, est
non-seulement *vénéneuse,* mais *venimeuse.* (R.)

1307. Vérifier, Avérer.

Vérifier, employer les moyens de se convaincre, ou de convaincre
quelqu'un qu'une chose est *véritable* ou conforme à ce qui est, qu'elle
est exacte. *Avérer,* prouver, constater d'une manière convaincante
qu'une chose est *vraie* ou réelle.

Vous *vérifiez* un rapport, pour savoir s'il est *véritable* ou fidèle :
vous *avérez* un fait, en assurant qu'il est vrai ou réel. Vous *vérifiez*
par l'examen des pièces, des titres, des dispositions, des probabilités,
l'exactitude, la justesse, la fidélité, la force du rapport, et le fait reste
avéré. La vérité du rapport suppose et prouve la vérité du fait.

L'écriture et la signature d'un billet étant *vérifiées* et reconnues
conformes à la main du souscripteur, l'obligation est *avérée* ou
constatée.

On *vérifie* une citation, en la comparant avec le texte cité. Il s'agit
alors seulement de savoir si la copie est conforme à l'original ; et il n'y
a rien à *avérer* à l'égard de la chose citée. On *vérifie* aussi les faits,
mais les faits contenus dans une plainte, dans une accusation, dans
une requête, etc. La *vérification* prouve que la plainte est légitime ou
que la demande est juste, puisqu'il en résulte que les faits sont vrais et
avérés. La *vérification* est un moyen d'*avérer* les choses. On n'*avère*
que les faits. (R.)

1308. Verser, Répandre.

Ces deux verbes, dans leur sens propre et primitif, marquent également le transport d'une liqueur par effusion hors du vase qui la conte-
nait. Ce qui les différencie, c'est que *verser* marque ce transport par
effusion, sans rien indiquer de ce que devient la liqueur, et que *ré-*
pandre y ajoute, par idée accessoire, que la liqueur n'est plus en corps,
que les éléments en sont épars ; tous deux énoncent effusion, mais le
second y joint l'idée accessoire de dispersion.

De là vient, comme le remarque l'Académie, que *verser* se dit
d'une liqueur que l'on épanche à dessein dans un vase ; et *répandre* se
dit d'une liqueur qu'on laisse tomber sans le vouloir. Ainsi l'on dit,
verser du vin dans un verre, non pas *répandre* du vin dans un verre :
et on dit à un homme qui porte un vase plein de quelque liqueur :
prenez garde de *répandre,* et non pas, prenez garde de *verser :* on
ne craint pas alors la transfusion de la liqueur, qui se ferait en la *ver-*

sant dans un autre vase, on en craint la perte, qui serait infaillible si on la *répandait*.

Les mêmes nuances subsistent dans le sens figuré. *Verser* l'argent à pleines mains est une expression qui désigne simplement le transport que l'on fait à d'autres de beaucoup d'argent que l'on possédait ; elle peut marquer la libéralité ou la prodigalité. *Répandre* l'argent à pleines mains est une expression qui ajoute à la précédente l'idée accessoire d'une distribution, d'un partage ; elle peut marquer des vues d'intérêt ou d'économie.

Dieu *verse* ses grâces avec abondance sur ses élus, et il les *répand* comme il lui plaît, selon les vues de sa miséricorde.

A l'égard du sang et des larmes, on dit indifféremment *verser* ou *répandre ;* parce que l'idée de l'effusion, qui est commune à ces deux mots, est la seule que l'on veuille rendre sensible, et qu'il est indifférent de marquer ou de ne pas marquer expressément la dispersion du sang ou des larmes, puisque la simple effusion dit tout ce qu'on a besoin de dire.

Mais à l'égard de tout ce qui s'étend dans un grand espace, en différents points, en différents lieux, en différents temps, on ne peut dire que *répandre*, dans le sens figuré comme dans le sens propre.

Le soleil *répand* la lumière dans toute l'étendue de sa sphère. Les fleurs *répandent* dans l'air environnant un parfum délicieux. Un fleuve qui déborde, *répand* ses eaux dans la campagne. Un général *répand* ses troupes dans les villages.

Une opinion, une doctrine, une hérésie, un bruit, une nouvelle, se *répandent* et gagnent de proche en proche. Un auteur *répand* dans son ouvrage des principes, des maximes louables ou répréhensibles, de la clarté, de l'agrément, de l'enjouement, etc. (B.)

Verser exprime proprement un changement de direction dans la chose, et *répandre*, un étalage de la chose. On *verse* en bas, on *répand* en tous sens : vous *versez* de l'eau dans un vase inférieur ; l'odeur d'une fleur se *répand* dans les airs et de toutes parts.

Verser ne se dit que des liquides ; son idée propre, c'est l'*effusion :* *répandre* ne prend qu'accidentellement l'idée d'*effusion* en s'appliquant aux liqueurs, et parce qu'il est dans la nature des liquides de couler ; mais alors même son idée distinctive est celle de *diffusion* ou de *dispersion.*

L'*effusion* marque une succession, une continuité d'écoulement dans les choses *versées ;* et la *dispersion*, par étendue, une certaine abondance de choses *répandues* çà et là. Le ciel *verse* la pluie sur nos campagnes, et *répand* au loin sa rosée.

On *verse* l'argent par une continuité ou une succession assez rapide de dons ou de dépenses pour le même objet, ou pour un petit nombre d'objets considérés ensemble. On *répand* l'argent par l'étendue et la multiplicité des dépenses et des dons çà et là dispersés sur divers objets.

On dira mieux *verser* le sang d'un citoyen et *répandre* le sang des peuples. (R.)

1309. Vestige. Trace.

« Les *vestiges,* dit l'abbé Girard, sont les restes de ce qui a été dans un lieu. Les *traces* sont les marques de ce qui y a passé.

» On connaît les *vestiges,* on suit les *traces.*

» On voit les *vestiges* d'un vieux château. On remarque les *traces* d'un cerf ou d'un sanglier. »

Il est vrai qu'on dit les *vestiges* pour les *marques* qui restent (et non pour les restes ou les débris) de certains objets fixement établis à une place, mais ruinés, tels que des édifices, des villes, des maisons, des fortifications, des monuments, etc. ; et ce n'est que dans une acception secondaire, ainsi que l'Académie le remarque, et comme on le dit de *traces;* ainsi la distinction est fausse. Le *vestige* est l'empreinte laissée par un corps sur l'endroit où il a posé et pesé ; la *trace* est un trait quelconque de l'objet imprimé ou décrit d'une manière quelconque sur un autre corps. Tout *vestige* est *trace,* car l'empreinte porte quelque forme de la chose. Les *traces* ne sont pas toutes des *vestiges,* car les traits ne sont pas tous formés par l'impression seule du corps.

Le *vestige* n'est guère qu'une *trace* très-légère et très-imparfaite de l'objet, comme l'empreinte du pied : la *trace* en représente quelquefois la forme entière, ou du moins le dessin, comme l'empreinte d'un corps étendu sur le sable. On ne dit pas de grands *vestiges* comme de grandes *traces.* Un pas est le *vestige* d'un homme : un sillon est la *trace* d'un peuple policé.

On cherche, on découvre les *vestiges;* on reconnaît, on suit les *traces.* Le *vestige* n'est qu'un trait imprimé ; on le cherche : la *trace* est une ligne plus ou moins prolongée ; on la suit. Le *vestige* marque l'endroit où un homme a passé : la *trace* marque la voie qu'il a suivie. A proprement parler, les *vestiges* sont une *trace,* et voilà pourquoi l'on ne dit guère *vestige* qu'au pluriel. (R.)

1310. Vêtement, Habillement, Habit.

Vêtement exprime simplement ce qui sert à couvrir les corps; et il comprend tout ce qui est à cet usage, même la coiffure et la chaussure et rien au-delà : voilà pourquoi l'on s'en sert avec grâce, en disant que tout le nécessaire consiste dans la nourriture, le *vêtement* et le logement. *Habillement* a une signification plus composée : outre l'essentiel de vêtir, il renferme dans son idée un rapport à la forme, à la façon dont on est vêtu ; et son district s'étend, non-seulement à tout ce qui sert à couvrir le corps, mais encore à la parure et à tout ce qui n'est que pur ornement, comme les rubans, les colliers, les pierreries : c'est par cette raison qu'on dit la description d'un *habillement* de cérémonie et de théâtre. *Habit* a un sens bien plus restreint que les deux autres mots : il ne signifie que ce qui est robe, ou ce qui tient de la robe ; en sorte que le linge, le chapeau et les souliers, ne sont pas compris sous l'idée de ce mot : ainsi l'on ne s'en sert que pour marquer ce qui est l'ouvrage du tailleur ou de la couturière. Le justaucorps, la veste, la culotte, la robe, la jupe, le corset, sont des *habits*; mais la chemise et la cravate ne le sont point, quoiqu'ils soient *vêtements*; et l'épée n'est ni *habit*, ni *vêtement*, quoiqu'elle soit de l'*habillement* du cavalier. (G.)

1311. Vêtu, Revêtu, Affublé.

Vêtu se dit des habits ordinaires, faits pour le besoin et la commodité, ou même pour les ornements de mode. *Revêtu* s'applique aux habillement établis pour distinguer dans l'ordre civil des emplois, les honneurs et les dignités. *Affublé* est d'un usage ironique pour les habillements extraordinaires et de caprice, ou pour ceux que portent les personnes qui ont fait le sacrifice de leur liberté.

L'ecclésiastique et le magistrat doivent être *vêtus* décemment, selon le goût qu'exige la gravité de leur état. Les femmes peuvent être *vêtues* galamment, mais toujours selon les lois de la pudeur.

Le commissaire du quartier doit être *revêtu* de sa robe lorsqu'il remplit les fonctions de sa charge. Le mousquetaire est *revêtu* de sa soubreveste quand il va à l'ordre. Les ducs ne sont *revêtus* du manteau ducal que dans les occasions de cérémonies, et lorsqu'ils prennent séance au parlement.

Pour se déguiser, elle s'était *affublée* d'une vieille casaque, d'un bonnet à la polonaise, de hauts-de-chausses à la rhingrave et d'un cimeterre de janissaire. Les personnes qui ont eu de ces faiblesses auxquelles on attache de la honte et du déshonneur, ne sont plus propres qu'à être *affublées* d'un froc. (G.)

1312. Vexer, Molester, Tourmenter.

Nous nous servons particulièrement du mot *vexer* pour exprimer un abus d'autorité ou de pouvoir par une sorte de persécution.

Ce qui est à charge, ce qu'il est difficile de supporter, ce qui pèse sur nous jusqu'à nous blesser ou nous fatiguer, nous *moleste*.

Tourmenter exprime littéralement l'action de causer une agitation violente, qui vous fait, pour ainsi dire, tourner en tout sens, ne vous laisse jamais à la même place, ne vous permet point le repos, et vous tient dans une souffrance, une peine ou une gêne continuelle.

Vous êtes *vexé* par la violence qui vous tourmente pour vous dépouiller injustement. Vous êtes *molesté* par des charges, des attaques, des poursuites qui vous harcèlent et vous fatiguent. Vous êtes *tourmenté* par toutes sortes de peines dont la force et la continuité ne vous laissent point de repos. C'est le sort qui *vexe*, c'est le fâcheux qui *moleste*; il n'y a pas jusqu'au plus petit insecte qui ne *tourmente*. (R.)

1313. Viande, Chair.

Le mot de *viande* porte avec lui une idée de nourriture que n'a pas celui de *chair* : mais ce dernier a, à la composition physique de l'animal, un rapport que n'a pas le premier. Ainsi l'on dit que le poisson et les légumes sont *viandes* de carême; que la perdrix a la *chair* courte et tendre.

Nous ajouterons que *chair* ne se dit que des parties molles; et que *viande*, au contraire, se dit d'une portion de substance animale mêlée de parties molles et de parties dures, comme il paraît par le proverbe, il n'y a point de *viande* sans os.

Viande se prend encore d'une façon plus générale et plus abstraite que *chair*. Car on dit, de la *chair* de perdrix, de poulet, de lièvre, etc. ; et de toutes ces *chairs*, que ce sont des *viandes :* mais on ne dit pas de la *viande* de perdrix, de poulet, etc. ; ce qui vient peut-être de ce qu'anciennement *viande* et *aliments* étaient synonymes. En effet, toute *viande* se mange, et il y a des *chairs* qui ne se mangent pas. On dit, *viande* de boucherie, et non *chair* de boucherie.

Quand on dit, voilà de belles *chairs*, et voilà de belle *viande*, on entend encore des choses fort différentes. La première de ces expressions peut être l'éloge d'une jolie femme; et l'autre est celui d'un bon morceau de bœuf ou de veau non cuit. (*Encycl.,* III, 11.)

1314. Vibration, Oscillation.

Chez tous les physiciens ces termes sont synonymes, et avec raison, puisqu'ils expriment tous deux le mouvement alternatif ou réciproque qui revient sur lui-même; mais il y a une différence prise de la différence des causes qui produisent ce mouvement.

Je conçois donc plus particulièrement par *vibration* tout mouvement alternatif ou réciproque sur lui-même, dont la cause réside uniquement dans l'élasticité : tels sont les mouvements des cordes *vibrantes,* et des parties internes de tout corps sonore en général : tels sont aussi les balanciers, les montres, qui font leurs *vibrations* en vertu de l'élasticité des ressorts spiraux qu'on leur applique.

J'entends, au contraire, par *oscillation*, tout mouvement alternatif ou réciproque sur lui-même, dont la cause réside uniquement dans la pesanteur ou gravitation ; tels sont les mouvements des ondes et tous ceux des corps suspendus d'où dérive la théorie des pendules.

Le mouvement de *vibration* mesure les sons ; celui d'*oscillation* mesure les temps. Les cloches, par exemple, font des *vibrations* et des *oscillations :* les premières dérivent du corps qui frappe et comprime la cloche en vertu de son élasticité, ce qui la rend ovale alternativement, et produit les sons ; les secondes sont déterminées par le mouvement total de la cloche qui est en proie à la gravitation, ce qui détermine les intervalles de temps entre les sons. Reste à voir si le son d'une cloche n'est pas d'autant plus étendu, que les temps des *oscillations* sont plus près de coïncider avec les temps des *vibraions.* (*Encycl.*, XVIII, 850.)

1315. Vice, Défaut, Imperfection.

Ces trois mots désignent en général une qualité répréhensible ; avec cette différence, que *vice* marque une mauvaise qualité morale, qui procède de la dépravation ou de la bassesse du cœur ; que *défaut* marque une mauvaise qualité de l'esprit, ou une mauvaise qualité purement extérieure ; et qu'*imperfection* est le diminutif de *défaut*.

La négligence dans le maintien est une *imperfection ;* la difformité et la timidité sont des *défauts ;* la cruauté et la lâcheté sont des *vices*.

Ces termes diffèrent aussi par les différents mots auxquels on les joint, surtout dans le sens physique ou figuré. Exemples : Souvent une guérison reste dans un état d'*imperfection* lorsqu'on n'a pas corrigé le *vice* des humeurs ou le *défaut* de fluidité du sang. Le commerce d'un état s'affaiblit par l'*imperfection* des manufactures, par le *défaut* d'industrie, et par le *vice* de la constitution. (*Encycl.*, IV, 731.)

1316. Vice, Défaut, Ridicule.

Les *vices* partent d'une dépravation du cœur ; les *défauts*, d'un *vice* de tempérament ; le *ridicule*, d'un *défaut* d'esprit. (La Bruyère, *Caract.*, ch. 12.)

Pour entendre La Bruyère, il ne faut considérer ces trois synonymes que dans le rapport commun qu'ils ont à quelque imperfection de l'âme ; autrement il serait en contradiction avec lui-même, puisque les *vices* qui partent d'une dépravation du cœur n'ont rien de commun avec ce qu'il appelle *vices* de tempérament. On est criminel par les *vices* du cœur ; on est malheureux et à plaindre par ceux du tempérament : les premiers sont inexcusables, parce qu'ils viennent de notre propre perversité ; les autres sont irréprochables, parce qu'ils viennent de la nature. (B.)

1317. Vicieux, Pervers, Corrompu, Dépravé.

Vicieux, porté au mal par un défaut de sa nature, ou par une mauvaise habitude qui le lui a rendu naturel : *dépravé*, perverti par l'habitude du mal, au point de n'avoir plus de goût que pour ce qui est mauvais : *corrompu*, en qui l'habitude du mal a détruit le germe du bien : *pervers*, opposé au bien par inclination, ennemi du bien.

Un homme *vicieux* est entraîné par son penchant à de mauvaises actions ; un homme *dépravé* les choisit de préférence ; l'homme *corrompu* n'en peut faire d'autres ; l'homme *pervers* n'en veut point faire d'autres.

Un homme *vicieux* peut connaître la vertu, quoiqu'il y manque ; un homme *dépravé* n'en sent pas le prix ; un homme *corrompu* croit à peine à son existence ; l'homme *pervers* la hait.

Un être *vicieux* peut trouver quelque plaisir à faire le bien quand il ne contrarie pas ses inclinations *vicieuses ;* celui dont le cœur est *dépravé* ne le fera jamais que par hasard et sans goût ; si un homme *corrompu* le fait, ce ne sera point dans des intentions honnêtes ; un homme *pervers* ne le fera que dans des intentions malfaisantes.

Le *vicieux* ne cherche point les honnêtes gens ; l'homme *dépravé* les évite ; l'homme *corrompu* s'en moque ; le *pervers* les persécute s'il le peut.

On dit un caractère *vicieux*, un goût *dépravé*, un cœur *corrompu*, une âme *perverse*.

On est *vicieux* par de mauvais penchans ; *dépravé*, par la *corruption* des sentiments naturels ; *corrompu*, par la destruction de tout principe aussi bien que de tout sentiment ; *pervers*, par un sentiment actif de méchanceté.

« Si vous êtes né *vicieux*, ô Théagène, je vous plains ; si vous le devenez par faiblesse pour ceux qui ont intérêt que vous le soyez, qui ont juré entre eux de vous *corrompre*, et qui se vantent déjà de pouvoir y réussir, souffrez que je vous méprise. » (La Bruyère, *Caract.*, ch. 9.)

Boileau, dans la 10ᵉ satire, dit à Alcipe :

> Mais que deviendras-tu, si folle en son caprice,
> N'aimant que le scandale et l'éclat dans le vice,
> Bien moins pour son plaisir que pour t'inquiéter,
> Au fond peu *vicieuse*, elle aime à coqueter ?

On s'éloigne de l'homme *vicieux ;* l'homme *dépravé* dégoûte ; l'homme *corrompu* peut être à craindre ; le *pervers* est odieux.

Néron, dans *Britannicus*, n'est encore que *vicieux* : Narcisse est *corrompu* : l'absence des sentiments naturels est dans Cléopâtre une sorte de *dépravation* : Mathan est *pervers*.

Parmi les personnages de roman, Lovelace est *pervers*, ses camarades sont *vicieux*. Dans les *Liaisons dangereuses*, Valmont est *corrompu ;* la marquise de Merteuil est *perverse :* on peut trouver des
personnages *dépravés* dans des romans de crapule.

On dit qu'un raisonnement est *vicieux* quand il pèche par sa base et
par quelque défaut qui tient à son principe : un goût *dépravé* est un
goût gâté par de mauvaises habitudes qui lui font préférer le mauvais
au bon : une imagination *corrompue* est une imagination à qui il ne
s'offre plus rien de bon et d'honnête : une morale *perverse* est celle qui
tend à détruire le principe de toute vertu. (F. G.)

1318. Viduité, Veuvage.

Tous deux se disent à l'égard d'une personne qui a été mariée, et qui
a perdu son conjoint.

La *viduité* est l'état actuel du survivant des deux conjoints qui n'a
point encore passé à un autre mariage. Le *veuvage* est le temps que
dure cet état.

Aussi on ne joint à *viduité* que des prépositions relatives à l'état ; et
à *veuvage*, des prépositions relatives à la durée.

Plusieurs saintes femmes ont passé de la *viduité* à la profession religieuse ; mais aujourd'hui que la plupart des mariages se contractent par
des vues que la religion et la saine raison proscrivent également, un
veuvage d'un an paraît un fardeau bien lourd.

L'esprit du christianisme recommande singulièrement la modestie,
la retraite et la prière, aux femmes qui vivent en *viduité :* que faut-il
donc penser de la religion de celles qui, pendant leur *veuvage*, affi-
chent des liaisons, et se donnent des licences qu'elles n'auraient osé se
permettre étant filles ? (B.)

1319. Vieux, Ancien, Antique.

Ils enchérissent l'un sur l'autre : *antique* sur *ancien*, et celui-ci au-
dessus de *vieux*.

Une mode est *vieille* lorsqu'elle cesse d'être en usage : elle est *ancienne* lorsque l'usage en est entièrement passé : elle est *antique* lorsqu'il y a déjà longtemps qu'elle est *ancienne*.

Ce qui est récent n'est pas *vieux ;* ce qui est nouveau n'est pas *ancien ;* ce qui est moderne n'est pas *antique*

La *vieillesse* regarde particulièrement l'âge : l'*ancienneté* est plus
propre à l'égard de l'origine des familles : l'*antiquité* convient mieux à
ce qui a été dans des temps fort éloignés de ceux où nous vivons.

On dit *vieillesse* décrépite, *ancienneté* immémoriale, *antiquité* reculée.

La *vieillesse* diminue les forces du corps et augmente les lumières de l'esprit. L'*ancienneté* fait perdre aux modes leurs agréments, et donne de l'éclat à la noblesse. L'*antiquité* faisant périr les preuves de l'histoire, en affaiblit la vérité, et fait valoir les monuments qui se conservent. (G.)

1320. Vigoureux, Fort, Robuste.

Le *vigoureux* semble plus agile, et doit beaucoup au courage. Le *fort* paraît être plus ferme, et doit beaucoup à la construction des muscles. Le *robuste* est moins sujet aux infirmités, et doit beaucoup à la nature du tempérament.

On est *vigoureux* par le mouvement et par les efforts qu'on fait. On est *fort* par la solidité et par la résistance des membres.

On est *robuste* par la bonne conformation des parties qui servent aux fonctions naturelles.

Vigoureux est d'un usage propre pour le combat, et pour tout ce qui demande de la vivacité dans l'action. *Fort* convient en fait de fardeau et de tout ce qui est de défense. *Robuste* se dit à l'égard de la santé et de l'assiduité au travail.

Un homme *vigoureux* attaque avec violence. Un homme *fort* porte d'un air aisé ce qui accablerait un autre. Un homme *robuste* est à l'épreuve de la fatigue. (G.)

1321. Viol, Violement, Violation.

Ces termes expriment tous trois l'infraction de quelque devoir considérable; c'est la différence des objets violés qui fait celle des termes.

Le *viol* est le crime de celui qui attente par force à la pudicité d'une fille ou d'une femme. *Violement* ne se dit que de l'infraction de ce qu'on doit observer, et ce mot exige toujours un complément qui fasse connaître la nature du devoir qui est transgressé. *Violation* se dit plus spécialement des choses sacrées ou très-respectables, quand elles sont comme profanées.

Quand les mœurs d'une nation sont corrompues, au point que le *violement* des bienséances fait partie des manières reçues, et que l'impudicité ose se permettre impunément la *violation* publique des saints lieux, on ne saurait plus répondre que le *viol* n'y sera pas bientôt traité comme une pure galanterie. (B.)

1322. Violent, Emporté.

Il me semble que le *violent* va jusqu'à l'action, et que l'*emporté* s'arrête ordinairement aux discours.

Un homme *violent* est prompt à lever la main; il frappe aussitôt qu'il menace. Un homme *emporté* est prompt à dire des injures et il se fâche aisément.

Les *emportés* n'ont quelquefois que le premier feu de mauvais : les *violents* sont plus dangereux.

Il faut se tenir sur ses gardes avec les personnes *violentes*, et il ne faut souvent que de la patience avec les personnes *emportées*. (G.)

1323. Vis-à-vis, En face, Face à face.

Vis-à-vis désigne le rapport de deux objets qui sont en vue l'un de l'autre, en perspective l'un à l'autre; qui se regardent, qui sont en opposition directe et sur la même ligne du rayon visuel.

La *face* a toujours plus ou moins d'étendue; on ne dit pas la *face* d'un corps pointu : un point n'est pas en *face* d'un autre, il est *vis-à-vis* sur la même ligne. Une maison est en *face* d'un édifice, quoiqu'il n'en regarde que l'aile. Deux objets sont *face à face* lorsque la *face* de l'un correspond à la *face* de l'autre dans une certaine étendue. Un objet est en *face* d'un autre, mais deux objets sont *face à face* l'un à l'égard de l'autre. La première locution ne marque qu'un simple rapport de perspective, et l'autre marque fortement un double rapport de réciprocité.

Ainsi *vis-à-vis* marque un rapport ou un aspect plus rigoureusement direct entre les deux objets, qu'*en face;* c'est pourquoi l'on renforce quelquefois l'indication *vis-à-vis*, par le mot tout, *tout vis-à-vis*. Il marque, comme *face à face*, une parfaite correspondance, mais abstraction faite de l'étendue des objets, désignée par le mot *face*.

On ne dira pas qu'une maison est en *face* d'un arbre : un arbre peut être *en face* d'une maison; deux arbres seront *vis-à-vis* l'un de l'autre, et non *face à face*. (R.)

1324. Viscères, Intestins, Entrailles.

Les *viscères* sont des organes intérieurs, destinés à produire dans les aliments ou dans les humeurs des changements utiles à la santé ou à la vie : le cœur, le foie, les poumons, comme les boyaux, ect., sont des *viscères*. Les *intestins* sont proprement des substances charnues en dedans, membraneuses en dehors, qui servent à digérer, à purifier, à distribuer le chyle, et à vider les excréments. Tout cela est renfermé dans les *entrailles*, mais indistinctement et indéfiniment, de manière qu'un *viscère*, un *intestin*, fait partie des *entrailles*.

Les *viscères* se distinguent comme des corps différents, chargés chacun d'une fonction particulière, tendant à un but commun. Les *intestins* forment un corps continu (le canal *intestinal*), qu'on distingue en différentes parties, selon leur place, leur grosseur, leur service particulier dans un genre particulier de travail. Vous distinguez surtout les *entrailles* par les sensations que vous éprouvez, et par un caractère de sensibilité que vous leur attribuez.

Les *entrailles* ont donc un caractère moral. On a des *entrailles*, lorsqu'on a un cœur sensible : on dit des *entrailles paternelles*, les *entrailles* de la miséricorde, etc. Elles semblent alors tenir particulièrement au cœur, comme *præcordia*, chez les Latins. (R.)

1325. Vision, Apparition.

La *vision* se passe dans les sens intérieurs, et ne suppose que l'action de l'imagination. L'*apparition* frappe de plus les sens extérieurs, et suppose un objet au dehors.

Saint Joseph fut averti par une *vision* de fuir en Égypte avec sa famille : la Madeleine fut instruite de la résurrection du Sauveur par une *apparition*.

Les cerveaux échauffés et vides de nourriture croient souvent avoir des *visions :* les esprits timides et crédules prennent quelquefois pour des *apparitions* ce qui n'est rien, ou ce qui n'est qu'un jeu. (G.)

1326. Visqueux, Gluant.

Le mot latin *viscus* signifie *glu*. La *glu* est une composition qui s'attache fortement, et qui sert à prendre les oiseaux ou à retenir les insectes. *Gluant* nous annonce la *glu*, nom français de la chose ; *visqueux* ne nous indique qu'une qualité, puisque le nom de *viscus* nous est étranger. *Gluant* signifie ce qui est fait comme de la *glu*, ce qui a ou possède la qualité de s'attacher. *Visqueux* signifie ce qui s'attache avec force, ce qui a la propriété essentielle ou très-énergique de se coller, ce qui tient fort aux objets auxquels il s'attache. La chose *gluante* est telle : la chose *visqueuse* est faite pour produire un tel effet.

La bave des limaçons, le jus des confitures, les humeurs épaisses qui découlent des arbres, en général ce qui coule d'abord et se fixe ou se fige ensuite et s'attache, s'appelle proprement *gluant*. Les choses qui, par elles-mêmes, ont une grande ténacité ; les fluides, dont les molécules ont entre elles une forte adhésion, comme l'huile ; les humeurs, qui se coagulent de manière à former une couche durable, comme l'enduit naturel qui couvre les feuilles et les fleurs, ou un corps solide, comme la pierre dans la vessie ; en général, ce qui est si tenace qu'il est très-difficile de le détacher d'un corps s'appelle plutôt *visqueux*. Vous qualifiez plutôt de *gluant* un fluide qui ne fait que s'attacher aux mains, aux habits, à un corps, quand il y touche, et de *visqueux* ce qui a la propriété de produire cette adhérence, que les objets restent comme attachés, liés, collés, incorporés, pour ainsi dire, ensemble. (R.)

1327. Vite, Tôt, Promptement.

Le mot de *vite* paraît plus propre pour exprimer le mouvement avec lequel on agit : son opposé est lentement. Le mot de *tôt* regarde le moment où l'action se fait : son opposé est tard. Le mot de *promptement* semble avoir plus de rapport au temps qu'on emploie à la chose : son opposé est longtemps.

On avance en allant *vite*, mais on va sûrement en allant lentement. Le crime est toujours puni ; si ce n'est *tôt*, c'est tard. Il faut être longtemps à délibérer ; mais il faut exécuter promptement.

Qui commence *tôt* et travaille *vite*, achève *promptement*. (G.)

1328. Vivacité, Promptitude.

La *vivacité* tient beaucoup de la sensibilité et de l'esprit : les moindres choses piquent un homme vif ; il sent d'abord ce qu'on lui dit, et réfléchit moins qu'un autre dans ses réponses.

La *promptitude* tient davantage de l'humeur et de l'action : un homme prompt est plus sujet aux emportements qu'un autre ; il a la main légère et il est expéditif au travail.

L'indolence est l'opposé de la *vivacité*, et la lenteur l'est de la *promptitude*. (O.)

1329. Vogue, Mode.

La *mode* est un usage régnant et passager, introduit dans la société par le goût, la fantaisie, le caprice. La *vogue* est un concours excité par la réputation, le crédit, l'estime, et par la préférence aux autres objets du même genre.

Une marchandise *est à la mode ;* on en fait un grand *usage :* le marchand qui la vend *a la vogue ;* on y *court* de toutes parts.

La *mode* vous promet une sorte de renouvellement ; il faut bien qu'elle passe vite : les *modes* qui durent deviennent *manières*. La *vogue* vous promet que vous serez mieux servi : on regarde volontiers comme le meilleur ce qui est le plus renommé ; si la *vogue* dure, elle en fait la fortune.

On prend la coiffure, le ton, et jusqu'au remède qui est à la *mode,* parce que c'est la *mode*. On prend le médecin, l'avocat, l'ouvrier qui a la *vogue,* parce qu'on croit en tirer un meilleur service.

On fait la *mode,* c'est une invention bien souvent renouvelée.

On donne la *vogue*, c'est une impulsion quelquefois bien aveugle. (R.)

1330. Voie, Moyen.

On suit les *voies*. On se sert des *moyens*.

La *voie* est la manière de s'y prendre pour réussir. Le *moyen* est ce qu'on met en œuvre pour cet effet. La première a un rapport particulier aux mœurs, et le second aux événements. On a égard à ce rapport, lorsqu'il s'agit de s'énoncer sur leur bonté : celle de la *voie* dépend de l'honneur et de la probité; celle du *moyen* consiste dans la conséquence et dans l'effet. Ainsi, la bonne *voie* est celle qui est juste. Le bon *moyen* est celui qui est sûr.

La simonie est une très-mauvaise *voie*, mais un fort bon *moyen* pour avoir des bénéfices. (G.)

Je ne voudrais pas dire, avec l'abbé Girard, que la *voie* est la manière de s'y prendre pour réussir ; et le *moyen*, ce qu'on met en œuvre pour cet effet. La distinction n'est pas assez marquée, car le *moyen* est vraiment une manière de s'y prendre. Mais le propre de la *voie* est de tracer ou de retracer votre marche, ce que vous avez à faire, ce que vous faites avec suite; et le propre du *moyen* est d'agir, d'exécuter, de produire l'effet. La *voie* est bonne, juste, sage ; elle va au *but :* le *moyen* est puissant, efficace, sûr ; il tend à la fin.

Sylla veut ramener Rome à la liberté; la *voie* qu'il prend c'est la tyrannie : les proscriptions sont les *moyens* qu'il emploie. (R.)

1331. Voiler, Déguiser, Pallier, Dissimuler.

Voiler c'est se servir de l'apparence réelle de certaines choses pour en couvrir d'autres qu'on veut tenir cachées. *Déguiser*, c'est donner aux choses l'apparence de choses qui ne sont pas. *Pallier*, c'est présenter les choses sous une apparence adoucie. *Dissimuler*, c'est supprimer toutes les apparences.

On *voile* ses défauts des apparences de quelques qualités louables qui y tiennent, et qu'on peut posséder en effet. On *déguise* ses intentions, en affectant des intentions différentes de celles qu'on a. On cherche à *pallier* sa conduite, en la présentant sous un jour qui la rend moins odieuse. On *dissimule* ses sentiments, en évitant d'en donner aucune marque extérieure.

Une liaison de parenté sert de *voile* à une intrigue d'amour : une femme piquée *déguise* son dépit sous l'air du dédain ; une femme réservée *dissimule* ses sentiments ; une femme dont l'amour a éclaté s'occupe à *pallier* ses écarts.

Il faut au moins du soin pour *voiler* une chose, et de l'adresse pour la *pallier :* se *déguiser* est toujours une sorte de fausseté; *dissimuler* n'est souvent que prudence.

Il faut des prétextes plausibles à celui qui veut *voiler* ses motifs : celui qui cherche à *pallier* des fautes a besoin de circonstances dont il puisse tirer parti; on ne parvient guère à se *déguiser* sans mentir ; pour *dissimuler*, il suffit de savoir se contenir et se taire.

Un prince *voile* son ambition d'une apparence de justice; *déguise* sous un vain éclat l'épuisement de ses peuples ; *pallie*, c'est-à-dire, adoucit en apparence les maux qu'il ne peut guérir ; et *dissimule*, c'est-à-dire, feint de ne pas sentir les outrages qu'il ne peut venger. (F. G.)

1332. Voir, Apercevoir.

Les objets qui ont quelque durée ou qui se montrent, sont *vus* ; ceux qui fuient ou qui se cachent, sont *aperçus*.

On *voit* dans un visage la régularité des traits ; et l'on y *aperçoit* les mouvements de l'âme.

Dans une nombreuse cour, les premiers sont *vus* du prince ; à peine les autres en sont-ils *aperçus*.

Une complaisance *vue* de tout le monde, en explique quelquefois moins qu'un coup d'œil *aperçu*.

Les novices et les sottes en amour ignorent les avantages du mystère, et font *voir* ce qu'elles ont intérêt de cacher ; les plus fines, quelque attention qu'elles aient, ont bien de la peine à empêcher qu'on ne s'*aperçoive* de ce qui se passe au fond de leur cœur.

L'amour qui se fait *voir* tombe dans le ridicule aux yeux du spectateur ; celui qui se laisse seulement *apercevoir*, fait sur le théâtre du monde une scène amusante pour ceux à qui plaît le jeu des passions. (G).

1333. Voir, Regarder.

On *voit* ce qui frappe la vue. On *regarde* où l'on jette le coup d'œil.

Nous *voyons* les objets qui se présentent à nos yeux. Nous *regardons* ceux qui excitent notre curiosité.

On *voit* ou distinctement ou confusément ; on *regarde* ou de loin ou de près. Les yeux s'ouvrent pour *voir* ; ils se tournent pour *regarder*.

Les hommes indifférents *voient*, comme les autres, les agréments du sexe ; mais ceux qui en sont frappés, les *regardent*.

Le connaisseur *regarde* les beautés d'un tableau qu'il *voit* ; celui qui ne l'est pas, *regarde* le tableau sans en *voir* les beautés. (G.)

1334. Vol, Volée, Essor.

Le *vol* est l'action de s'élever dans les airs et d'en parcourir un espace : la *volée* est un *vol* soutenu et prolongé ou varié : l'*essor* est un *vol* hardi, haut et long ; le plein *vol* d'un grand oiseau.

Le *vol* de la perdrix n'est pas long : les hirondelles passent, dit-on, la mer tout d'une *volée* : le faucon mis en liberté prend quelquefois un *essor* si haut, qu'on l'a bientôt perdu de vue.

Tout oiseau prend son *vol :* vous donnez la *volée* à celui à qui vous donnez la liberté de s'envoler ; vous le prenez à la *volée*, dans le cours de son *vol.* L'oiseau de proie prend un *essor* d'autant plus véhément, qu'il a été plus longtemps contraint.

Au figuré, une personne prend son *vol* et son *essor :* son *vol*, lorsqu'elle s'affranchit de ses entraves et qu'elle use de toute sa liberté ; son *essor*, quand elle essaie librement ses forces et qu'elle s'abandonne à toute leur énergie. Il y a de la hardiesse dans le *vol* : dans l'*essor*, il y a une ardeur égale à la hardiesse. (R.)

1335. Volonté, Intention, Dessein.

La *volonté* est une détermination fixe qui regarde quelque chose de prochain ; elle le fait rechercher. L'*intention* est un mouvement ou un penchant de l'âme, qui envisage quelque chose d'éloigné ; elle y fait tendre. Le *dessein* est une idée adoptée et choisie, qui paraît supposer quelque chose de médité et de méthodique ; il fait chercher les moyens de l'exécution.

Quand la *volonté* de servir Dieu vint à l'abbé de la Trappe, ses premières *intentions* furent de faire une austère pénitence, et il forma pour cela le *dessein* de se retirer dans son abbaye et d'y établir la réforme.

Les *volontés* sont plus connues et plus précises. Les *intentions* sont plus cachées et plus vagues. Les *desseins* sont plus vastes et plus raisonnés.

La *volonté* suffit pour nous rendre criminels devant Dieu ; mais elle ne suffit pas pour nous rendre vertueux, ni devant Dieu, ni devant les hommes. L'*intention* est l'âme de l'action et la source de son vrai mérite ; mais il est difficile d'en juger bien sainement. Le *dessein* est un effet de la réflexion ; mais cette réflexion peut être bonne ou mauvaise.

On dit faire une chose de bonne *volonté*, avec une *intention* pure et de *dessein* prémédité.

Personne n'aime à être contrarié dans ses *volontés*, ni trompé dans ses *intentions*, ni traversé dans ses *desseins :* pour cet effet, il ne faut point avoir d'autre *volonté* que celle de ses maîtres, d'autre *intention* que de faire son devoir, ni d'autre *dessein* que de se conformer à l'ordre de la Providence.

Il n'y a rien dont on soit moins le maître que de l'exécution de ses dernières *volontés* : rien de moins suivi que l'*intention* de la plupart des fondateurs de bénéfices. Rien n'est plus extravagant que le *dessein* de réunir tous les hommes à une même opinion.

Il est d'un grand homme d'être ferme dans ses *volontés*, droit dans ses *intentions*, et raisonnable dans ses *desseins*. (G.)

1336. Volume, Tome.

Le *volume* peut contenir plusieurs *tomes*, et le *tome* peut faire plusieurs *volumes*; mais la reliure sépare les *volumes*, et la division de l'ouvrage distingue les *tomes*.

Il ne faut pas toujours juger de la science de l'auteur par la grosseur du *volume*. Il y a beaucoup d'ouvrages en plusieurs *tomes*, qui seraient meilleurs s'ils étaient réduits en un seul. (G.)

1337. Volupté, Débauche, Crapule.

La *volupté* suppose beaucoup de choix dans les objets, et même de la modération dans la jouissance. La *débauche* suppose le même choix dans les objets, mais nulle modération dans la jouissance. La *crapule* exclut l'un et l'autre. (*Encycl.*, IV, 435.)

1338. Vouer, Dévouer, Dédier, Consacrer.

Vouer, promettre, engager, affecter d'une manière rigoureuse, étroite, irrévocable, par l'expression d'un désir très-ardent, de la volonté la plus ferme. *Dévouer*, attacher, adonner, livrer sans réserve, sans restriction, par le sentiment le plus vif et le plus profond du zèle le plus généreux ou le plus brûlant. *Dédier*, mettre sous l'invocation, sous les auspices, à la dévotion de l'objet à qui l'on *dédie*, par un hommage public, solennel, authentique. *Consacrer*, dévouer religieusement, entièrement, inviolablement, par un vrai sacrifice, de manière à rendre la chose sacrée et inviolable.

Ces termes s'emploient proprement dans le style religieux. Dans un danger, vous *vouez*, vous faites vœu d'offrir une lampe à la Vierge, vous *vouez*, vous engagez par un lien sacré vos enfants à Dieu. Les religieux se *dévouent* ou se *vouent* sans réserve au service de Dieu; les martyrs se *dévouaient* à la mort pour le triomphe de la religion. On *dédie* une église, une chapelle, un autel, sous l'invocation de quelque saint; on dit aussi *dédier*, destiner, appliquer, donner tout entier à une profession sainte, sous de saints auspices. On ne *consacre* qu'à Dieu; on *consacre* une église avec des cérémonies majestueuses et religieuses; le prêtre *consacre*, à la sainte messe, le pain et le vin.

Les Romains, dans des calamités, *vouaient* des autels à la Peur, à la Fièvre, à la Mort, aux maux qu'ils redoutaient. Ils *dévouaient* avec des imprécations, aux dieux infernaux, la tête de ceux qu'ils anathématisaient. Ils *dédiaient* tous leurs maisons à des lares, aux pénates particuliers; en sorte que chaque famille avait ses dieux propres. Ils *consacraient* aux dieux et à leur culte une partie des terres qu'ils avaient conquises, usage qu'ils conservèrent sans doute dans les Gaules.

Ces termes ont passé dans le style profane; et le *vœu* est toujours un engagement inviolable ; le *dévouement*, un abandonnement entier aux volontés d'autrui ; la *dédicace*, le tribut d'honneur d'un client ; la *consécration*, un dévouement si absolu, si inaltérable, si inviolable, qu'il en est comme sacré. J'emploie ces substantifs dans le sens relâché des verbes et pour en exprimer l'action, quoique *consécration* ne se dise que dans un sens religieux ; quoique *dédicace* ne désigne proprement que la cérémonie de *dédier ;* quoique *vœu* marque la chose qu'on fait plutôt que l'action de faire, action qu'il faudrait appeler *vouement* comme *dévouement*. On *voue* ses services à un prince , une éternelle gratitude à un bienfaiteur ; on se *voue* à une profession, etc. On se *dévoue* en vouant l'attachement , l'obéissance la plus profonde , jusqu'à tout sacrifier, même la vie. On *dédie* des monuments qui honorent les personnes ; on *dédie* des ouvrages, on *dédie* à un patron, on *consacre* son temps, ses veilles, etc. ; on se *consacre* à des travaux, à des services, à l'étude, à des œuvres qui occupent l'homme tout entier , qui remplissent une vocation respectable, etc. (R..)

1339. Vouloir, Avoir envie, Souhaiter, Désirer, Soupirer, Convoiter.

Le dernier de ces mots n'est d'usage que dans la théologie morale ; et il suppose toujours un objet illicite et défendu par la loi de Dieu : on *convoite* la femme ou le bien d'autrui. Les autres mots sont d'un usage ordinaire, et la force de leur signification ne dit rien de bon ou de mauvais dans l'objet : elle n'exprime que le mouvement par lequel l'âme se porte vers lui, quel qu'il soit, avec les différences suivantes pour chacun d'eux. On *veut* un objet présent , et l'on en *a envie*, mais on le *veut*, ce me semble, avec plus de connaissance et de réflexion, et l'on en *a envie* avec plus de sentiment et plus de goût. On *souhaite* et on *désire* des choses plus éloignées ; mais les *souhaits* sont plus vagues, et les *désirs* plus ardents. On *soupire* pour des choses plus touchantes.

Les *volontés* se conduisent par l'esprit ; elles doivent être justes. Les *envies* tiennent des sens ; elles doivent être réglées. Les *souhaits* se nourrissent d'imaginations ; ils doivent être bornés. Les *désirs* viennent des passions ; ils doivent être modérés. Les *soupirs* partent du cœur ; ils doivent être bien adressés.

On fait sa *volonté*. On satisfait son *envie*. On se repaît de *souhaits*. On s'abandonne à ses *désirs*. On pousse des *soupirs*.

Nous *voulons* ce qui peut nous convenir. Nous *avons envie* de ce qui nous plaît. Nous *souhaitons* ce qui nous flatte. Nous *désirons* ce que nous estimons. Nous *soupirons* pour ce qui nous attire.

On dit de la *volonté* qu'elle est éclairée ou aveugle ; de l'*envie*, qu'elle est bonne ou mauvaise ; du *souhait* , qu'il est raisonnable ou

ridicule; du *désir*, qu'il est faible ou violent; et du *soupir*, qu'il est naturel ou affecté.

Les princes *veulent* d'une manière absolue. Les femmes ont de fortes *envies*. Les paresseux s'occupent à faire des *souhaits* chimériques. Les courtisans se tourmentent par des *désirs* ambitieux. Les amants romanesques s'amusent à de vains *soupirs*. (G.)

1340. Vrai, Véridique.

Vrai se prend quelquefois dans l'acception de *véridique*, qui dit la *vérité*, qui dit *vérité*, mais avec un bien plus grand sens. Les Latins disaient aussi *verus* pour *veridicus: Verus sum?* suis-je *vrai?* dit Térence dans l'*Andrienne*.

L'homme *véridique* dit vrai; l'homme *vrai* dit le *vrai*.

L'homme *vrai* est *véridique* par caractère, par la simplicité, la droiture, l'honnêteté, la véracité de son caractère.

L'homme *véridique* aimera bien à dire la *vérité*; mais l'homme *vrai* ne peut que la dire.

Dieu est *vrai* par essence: l'écrivain inspiré par lui est contraint d'être *véridique*.

Les gens *véridiques* le sont dans leurs récits, dans leurs rapports, dans leurs témoignages. L'homme vrai l'est en tout, dans ses actions comme dans ses discours. L'homme *vrai* est le contraire de l'homme faux; l'homme *véridique* est le contraire du menteur. (R.)

1341. Vrai, Véritable.

Vrai marque précisément la vérité objective, c'est-à-dire qu'il tombe directement sur la réalité de la chose; il signifie qu'elle est telle qu'on la dit. *Véritable* désigne proprement la vérité expressive, c'est-à-dire qu'il se rapporte principalement à l'exposition de la chose, et il signifie qu'on la dit telle qu'elle est. Ainsi, le premier de ces mots aura une grâce particulière, lorsque, dans l'emploi, on portera d'abord son point de vue sur le sujet en lui-même; et le second conviendra mieux, lorsqu'on portera ce point de vue sur le discours. Cette différence est extrêmement métaphysique, et j'avoue qu'il faut des yeux fins pour l'apercevoir; mais elle n'en subsiste pas moins, et d'ailleurs on ne doit pas exiger de moi des différences marquées où l'usage n'en a mis que de très-délicates: peut-être que l'exemple suivant donnera du jour à ce que je viens d'expliquer, et qu'on sentira mieux cette distinction dans l'application que dans la définition.

Quelques auteurs, même protestants, soutiennent qu'il n'est pas *vrai* qu'il y ait eu une papesse JEANNE, et que l'histoire qu'on en a faite n'est pas *véritable*. (G.)

Z

1342. Zéphyr, Zéphire.

Le *Zéphire* est le *zéphyr* personnifié. Le *zéphyr* souffle ; le *Zéphire* voltige et folâtre. Le *zéphyr* échauffe ou rafraîchit l'air selon la saison ; le *Zéphire* caresse Flore, et fait éclore les fleurs.

Zéphire est aux *zéphyrs* ce qu'est l'Amour à cet essaim de petits Amours. *Zéphire* est un personnage, on l'invoque, il commande ; les *zéphyrs* obéissent. (R.)

FIN.

TABLE DES MATIÈRES.

(Le chiffre romain indique le volume, et le chiffre arabe la page.)

B

B

D

F

G

H

I

J

L

M

O

P

Q

500. TABLE DES MATIÈRES.

Z

FIN DE LA TABLE.

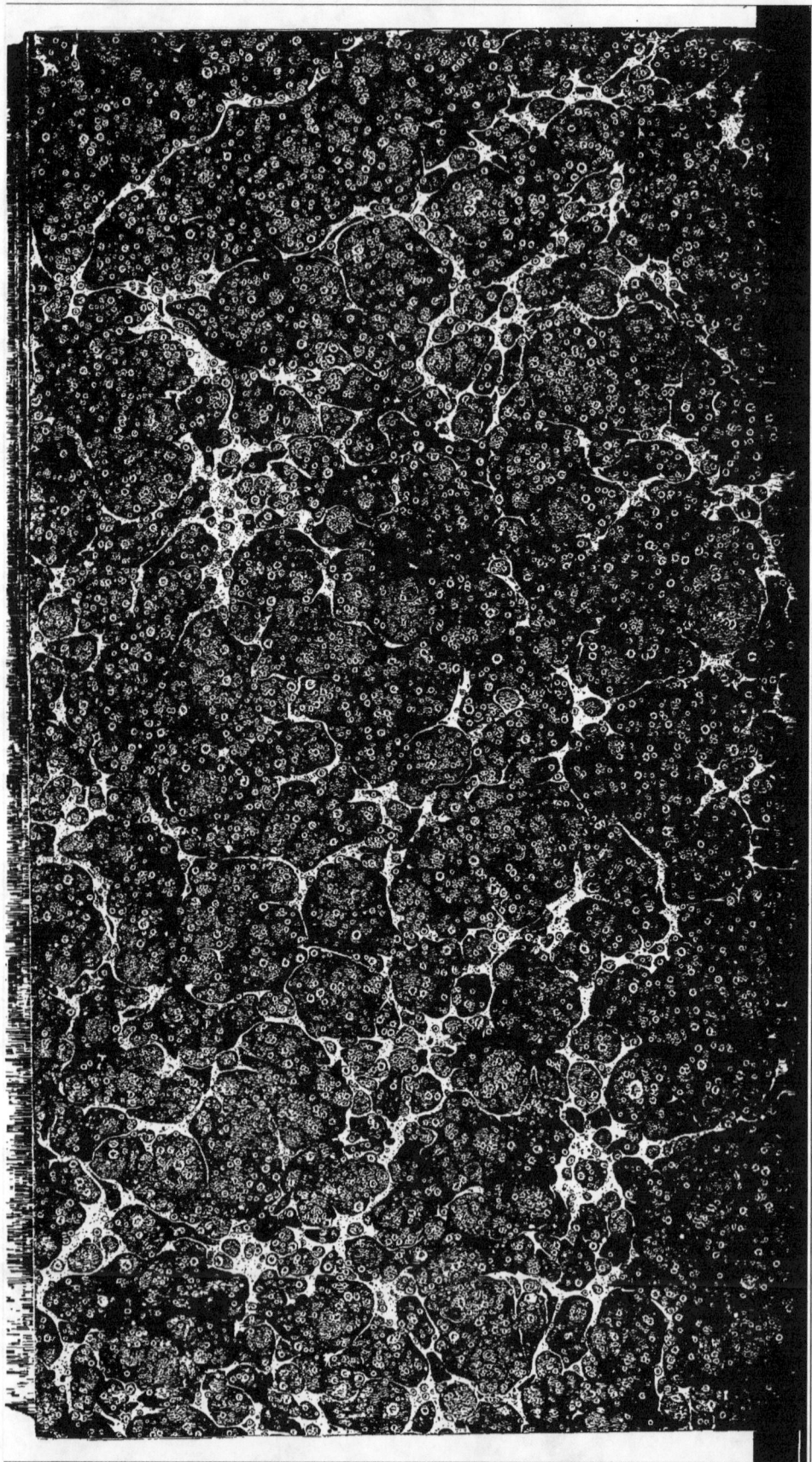

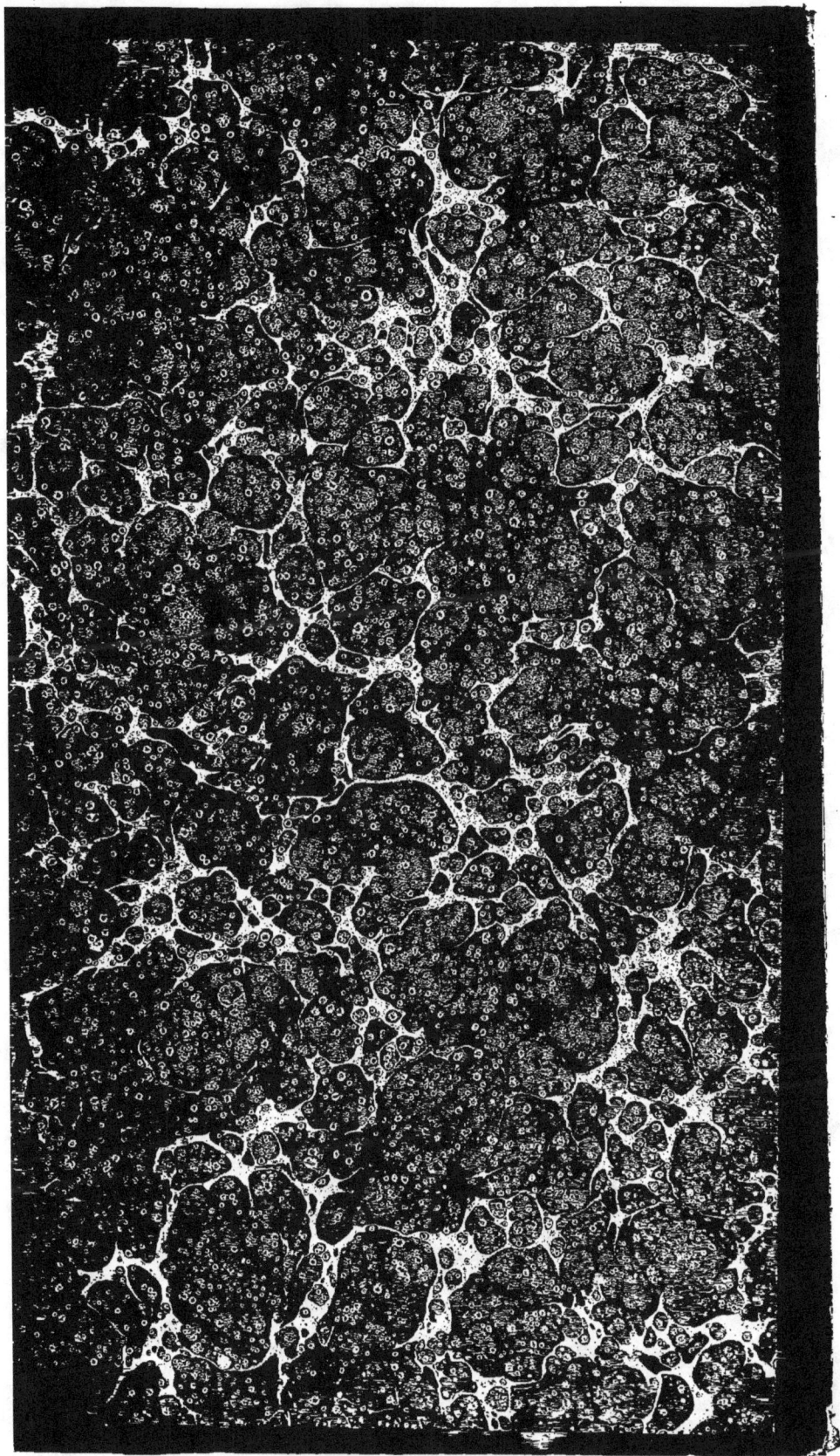